"Es la tierra más hermosa que ojos humanos vieron".

Cristóbal Colón
El Almirante

La villa de San Cristóbal de La Habana, fundada en 1515, asediada por corsarios y piratas, que navegaban por el Mar Caribe en busca de riquezas y botines. Se refuerza su defensa con la muralla, fortaleciéndole, y se convierte en la villa Española más protegida en aquellos tiempos en las Américas y el Caribe. Se convirtió en la llave al Nuevo Mundo descubierto en 1492 por el genovés Cristóbal Colón, avalado por los Reyes de España Isabel II. La Católica de Castilla y Fernando de Aragón. Forma parte del grupo de islas de La Antillas, siendo la más grande de las islas que forman su archipiélago, con su forma larga y estrecha, parecida a la un caimán descansando sobre las aguas azules del mar Caribe. Cuba y su capital, La Habana, mística, interesante, llena de misterios, donde todo habla, desde sus piedras en las calles que encieran sus historias de sucesos e intrigas, ocultadas en ella por siglos y siglos para ser algún día descubiertas y contadas. La Habana es... como... como se siente con su sabroso calor tropical que la hace un paraíso en la tierra. La Habana, con sus gentes y con sus vidas, sus sueños, sus pasiones, sus mezcla, su musicalidad, rodeándole de día y de noche en cada espacio, en cada punto de esta isla bella. La urbe capitalina, La Habana, donde todo el mundo quiere llegar, donde todo el mundo quiere sentir y experimentar: "ESO". Que no se puede decir, ni explicar con palabras. Eso que solo los cubanos sabemos sentir, aún encontrándonos fuera de la isla amada.

El 20 de Mayo de 1902 se instauró la república de Cuba, los tiempos no fueron, ni tan malos, ni tan buenos. Ya eramos república, con toda el material humano y las condiciones para crecer como un solo país, un solo pueblo. Y seguir el camino de la civilización. Con nuestras diferencias y similitudes, creciendo y creciendo en el tiempo. Vinieron gobiernos buenos, otros no tan buenos, y así seguíamos con nuestras vidas, en nuestro diario avance y quehacer que hace de la vida, lo que es. La vida.

Siempre avisorando un mundo mejor para todos y luchando por nuestro derecho a tenerlo y a conquistarlo como fuese. Nuestros grandes próceres nos ayudaron a entender nuestro papel dentro de la sociedad y la historia en el tiempo que nos ha tocado vivir. Fueron nuestros guias con sus grandes ideales de libertad y del bien común para todos. Y de esta forma seguimos pensando en un BIEN MANCOMUNADO PARA TODOS LOS CUBANOS.

Hoy es 17 de diciembre de 2014. Es un día especial para el pueblo de Cuba, que desde centurias celebra hoy el Día de San Lázaro. El santo, el Viejo de las llagas, las muletas y los perros. El Santo Lázaro al que en alguna ocasión alguien le pidió ayuda, o fue hasta él a pedirle por algo que necesita para seguir en su vida de cada día, y luego concedido su petición un día como hoy se va a su santuario. Allá en Bejucal, en El Rincón a pagarle y rendirle tributo al Viejo Lázaro, el Santo de los cubanos, Babalúaye... Babalúaye.

Es 17 de diciembre de 2014, la mañana pasa lenta, como a veces sucede para muchos, cuando están en la espera de algo que se ansía y se desea mucho en el tiempo.
Gilberta, la vecina del solar de San Isidro se halla sentada frente al televisor, tomando un descanso después de haber estado parte de la noche y la mañana al cuidado de su mamá. Evangelina Mendieta.

Evangelina es una señora de entre los setenta y los ochenta años y siempre ha vivido en el mismo lugar: El solar de San Isidro, en La Habana Vieja Cuba. Toda su vida trabajó como conserje en el Instituto Pre-universitario de La Habana. Se retiró por enfermedad. Y su hija, Gilberta que hacía el mismo trabajo que ella la habían retirado hace dos años por peritaje médico. Evangelina, tuvo dos hijos Gilberta y Vicente. Esa es otra historia a contar. Gilberta está casada con Avelino, él trabaja en una empresa estatal, como todas en Cuba, donde no existe la propiedad privada. Él es carpintero y en la carpintería se hacen ataúd, que el gobierno los oferta al pueblo gratis, no hay que pagar por la caja cuando te llega La Pelona o cantas el manisero, como se dice en la isla y es el último día cuando hay que decirle adiós a alguien que se va, para el más allá, ese aún desconocido por nosotros. Donde quizás no se sufre tanto como aquí en La Habana, Cuba.
La pieza habitacional que ocupa la familia, no es grande, pero cuando la familia crecía aparecen: Las Barbacoas en toda La Habana, todo el mundo por su necesidad empezó a construir su barbacoa que no es más que un entrepiso, que más de las veces sirve de cuarto para dormir que llega a ser muy difícil cuando el verano se asoma, el calor que hace a la hora de ir a la cama es insoportable en la barbacoa, y es cuando muchos vecinos se van para la azotea a dormir, allá arriba a la intemperie, mirando al cielo con todas sus estrellas y constelaciones junto con otras estrellas fugases que se escapan. Y cuando esto pasa ellos le piden un deseo, un milagro a ver sí se les da, sin decirlo a nadie; pero muchos saben que sus deseos, más que cualquier otro deseo, es que sus penurías y pobreza se acaben en el solar de San Isidro, donde por generaciones la vida ha seguido igual o peor a pesar del triunfo revolucionario del 1959. La llamada: Revolución de Fidel Castro.
Pasa la noche y llega el día en el solar de San Isidro en La Habana, Cuba.
Gilberta tuvo tres hijos: Yadira, la mayor que no vive con ella. Se casó por suerte y vive por la calle Muralla con su esposo y sus hijos, casi en las mismas condiciones que su madre; pero ahí va tirando. Su otra hija es Belén. Ella logró ir a al universidad con mucho trabajo y dificultades; pero un día se graduó como Ingeniero Mecánico, pasó el servicio social en en central Mabay en la provincia Granma y ahora está de regreso en La Habana. Su hija más pequeña Clarisa, no se graduó del preuniversitario, no siguió los estudios secundarios y está en el solar de San Isidro, en La Habana viviendo en el mismo cuarto que han vivido tres generaciones.

Gilberta encendió la televisión para oír el Noticiero Nacional de Televisión y enterarse del acontecer nacional, aunque a veces no le interesa saber, se habla más de lo que pasa fuera del territorio nacional que lo que pasa dentro de la isla, que es lo que más le preocupa a todos en el solar y en toda la isla de Cuba.

Es la hora esperada y anuncian el noticiero. Gilberta sentada en la silla del comedor que le hace parte de su limitada sala del cuarto de cuatro por cuatro del solar de San Isidro.

Apareció el locutor diciendo: Queridos televidentes en unos minutos el Presidente de los Consejos de Estados y de ministros. General-presidente Raúl Castro tendrá una intervención especial en este espacio del Noticiero Nacional de la Televisión Cubana. En esta comparecencia de prensa el comandante se dirigirá al todo el pueblo de Cuba. En ese mismo instante Gilberta gritó:
- ¡Corran... corran Lilita... corran... Ofelia!... vengan corriendo que empezó el noticiero, y el locutor del bigotón dice que el comandante Raúl Castro va a dar una importante información al pueblo.

Gilberta grita a todo lo que su garganta podía darle. Salió y en medio de aquel pasillo que separa las dos hileras de cuartos a ambos lados del solar llama a sus vecinas para oír la gran noticia. Entró de nuevo al cuarto a esperar por sus vecinas para enterarse de la noticia de hoy. Su cuarto está más a menos en el medio de aquel largo pasillo. Las familias han crecido y modifican la estructura para ampliarse, y tener... no mucha; pero algo de comodida, donde no hay ninguna. Así viven por muchos años y quizás ya se han acostumbrados a vivir de ese modo para toda su vida. Apilados, amontonados unos a los otros. Desde el gran portón de la entrada principal del solar puede verse los relojes contadores de la electricidad, lleno de cables que parecían una madeja de hilos enredados que se alinean a la pared, corren a lo largo del pasillo y entran a cada cuarto de cuatro por cuatro del solar de San Isidro. En medio del pasillo o corredor central se levanta un casetica de metro y medio por metro y medio, este es el baño, colectivo para todos los moradores del inmueble de la calle de San Isidro en La Habana. Algunos cansados del uso común y la larga espera para tomarse un baño o cumplir con otra necesidad fisiológica le han tomado un pequeño espacio al cuarto de cuatro por cuatro y se bañan dentro, juntos a otras urgencias, sin tener que esperar por el baño común, donde a veces hay una persona detrás de la otra esperando por el servicio.

Las vecinas venían a ver el Noticiero y enterarse de la gran noticia de hoy. Lilita llegó y dijo:
- ¿Qué pasa mujer? Me has dado un susto con esa gritería.
- ¡Ay, Lilita!... Lilita es que no sé, pero tengo un presentimiento, es una corazonada desde anoche cuando lo esperé a las doce de la noche. Le di un vistazo a mima y me fui a la cama con mi presentimiento en mi corazón.

Continuó Gilberta diciéndole a su amiga y vecina Libertad, aunque todos la llaman Lilita.
- No sé... no sé... no sé.

Decía Gilberta. Es algo que tengo aquí. Y se apunta con su dedo índice al pecho señalándole a Lilita donde está su presentimiento, su corazonada de hoy como ella misma ha llamado a ese sentimiento precoz. Y Luego dijo:
- Además Lilita, fíjate bien... fíjate que día es hoy... Lilita. Es el día del viejo. Y algo bueno nos tiene que tener reservado el viejo para todos nosotros que tanto lo necesitamos.
- Mira Gilberta, sí me estás hablando del viejo que yo me imagino, la única buena noticia sería su muerte, la que todos estamos esperando y deseando desde hace mucho rato y no acaba de llegarle. Una monja del convento del Cerro, un día me pidió que rezara por la muerte de una feligrés amiga que padecía de cáncer terminal. Yo me quede eléctrificada cuando oí aquello, y le dije mire hermana como vamos a orar y pedir por la muerte de alguien y ella me contestó ¡ay, así descansa en paz esa pobre mujer que está sufriendo en cama! Y recapacité y me dije, tal vez la hermana Teresa tiene razón. La hermana Teresa se me quedó mirando por un rato a los ojos y yo a ella. Y saltó diciéndome y que te parece sí después oramos por la muerte de Fidel Castro y de esa forma liberamos a once millones de habitantes que ya han sufrido demasiado, me quede muda, no supe que decirle a sus palabras. Rezar por la muerte de Fidel Castro.

- Lilita no... no amiga, yo te estoy hablando del viejo que tengo cerca de mí cama en el altar y le pongo una vela todos los diecisiete. Él, de las muletas y los perros, San Lázaro hoy es su día 17 de diciembre. El Viejo Lázaro, al que le debo tanto y le he pedido tanto por todos nosotros y en especial por Vicente, mi hermano, mi único hermanito que nunca lo olvidamos y no sabemos que pasó con él desde aquel día del año 1980. Aquella noche fatal en que dos policías tocaron en la puerta del cuarto y preguntaron por Vicente. Yo corrí a la barbacoa a llamarlo y dije Vicente... Vicente unos guardias te buscan. El se levantó corriendo se puso el pantalón y bajo así mismo en camiseta. Cuando llegó a la puerta un guardia le dijo:
- Tienes dos horas para presentarse en la estación de policías. Todos nos quedamos pensando que habrá pasado ahora con Vicente. Desde que salió de la prisión ha tratado de hacer todo lo mejor possible. Él no pronunció una palabra, subió a la barbacoa se vistió. Mamá dormía y no había pasado bien la noche y decidimos no despertarle. Mañana yo le contaré lo que sucedió le dije, y se fue. Se lo habían llevado al puerto del Mariel. Alguien nos lo dijo más tarde y ahí se acabo la historia de mi hermano Vicente.

Dijo Gilberta, con una tristeza que le embargo toda su existencia en un día como hoy 17 de diciembre. Día de San Lázaro en Cuba. Y siguió diciéndo:

- No sabemos que pasó con él. Ni nadie nos ha explicado que pasó. Algunos amigos que vienen a saber de él nos dicen se fue pa'l Yuma, y se tomó La Coca-Cola del olvido. Otros pájaros de mal aguero nos hacen historias que dan miedo oírlas, como que el bote donde lo subieron se hundió en el mar, porqué iba sobrepesado y metían a muchas gentes en los botes que no estaban preparados para esa carga y zozobraban en altamar. La primera vez que oí esta historia me horroricé y empecé a orar por mi hermanito todas las noches y todavía lo hago al viejo Lázaro. Yo nunca le he contado esta historia a la vieja. Ella sigue con la esperanza de que un día lo va a ver entrar por esa puerta diciéndole: Mamá soy yo... yo... Vicente... sí Vicente, su hijo, aquí estoy... mamá... aquí estoy. Eso me dice ella que lo soñó hace muchos años y nunca se le olvida, a veces me lo repite de nuevo ese sueño que espera que algún día se haga realidad para ella. ¡Ojalá! Dios y el viejo Lázaro lo permitan.

Terminó Gilberta diciéndole a su amiga y vecina Libertad en espera de la noticia de hoy. El noticiero seguía su programación habitual y todos por la comparecencia del general-comandante Raúl Castro. La otra vecina, Ofelia llegó y dijo:
- ¿A ver Gilberta qué pasa, pa' qué nos llamas con esos gritos?
- ¡Ay!... ¡Ay, Ofelia! Estamos esperando por la noticia del Noticiero Nacional de la Televisión donde el hombre del bigotón dijo que Raúl Castro, el número dos va dar una gran noticia y yo tengo un presentimiento con el viejo.
- ¿De qué viejo estás hablando? Por qué sí es del viejo que tú sabes. Solo cuando él se muera sí va ser la gran noticia de la historia en nuestro país, por la que yo oró todos los días de mí vida, Gilberta.

Dijo Ofelia, que luego continuó diciendo:
- ¡Que Dios me perdone! Porque yo no le deseo mal a nadie, ni a mí peor enemigo, sí lo tuviera. Pero es tanto nuestro lucha de cada día por sus locuras, que no digo yo sí su muerte quizás NOS SALVE DE ESTA. DE UNA VEZ Y POR TODAS. HA HECHO TANTO DAÑO.

Dijo poniéndose su mano en la boca como para evitar ser oída:
- Perdónenme; pero me demoré unos minutos haciendo un bisnecito. Uds. bien saben cómo yo, como está la cosa aquí, y sí no bisneamos nos morimos de hambre. ¡Porque esto está en candela! No hay na' pa' nadie, hay que salir a buscarla, sino a inventarla como quiera que sea día a día para sobrevivir la hecatombe en que este loco nos ha metido. Bueno, dime Gilberta, a qué se debe tanta la gritería que formaste hace unos minutos mi amiga.
- Ofelia, tú nos conoces por muchos años viviendo aquí en este solar de San Isidro y tú también sabes como hemos sufrido en la familia desde que Vicente desapareció y no hemos sabido más de él en todos estos años. Y hoy... hoy... 17 de diciembre, el presidente-general-comandante va a dar una gran noticia. Lo ha dicho el hombre del bigotón del noticiero y aquí estamos esperando Lilita y yo, y ahora tú.

Dijo Gilberta a su amiga y vecina del solar de San Isidro. Entre tristezas y alegrías esperando el notición de hoy en Cuba. Están las cuatro mujeres sentadas frente al televisor en la espera de la noticia del locutor cuando este dijo: Y ahora la comparencia especial del presidente de los Consejos de Estados y de ministros. El comandante Raúl Castro. Y este apareció en la pantalla del televisor, la anciana Evangelina Mendieta exclamó:
- ¡Quítame a ese mar... de mi presencia!
- Mamá compórtese, mire que ese que Ud. dice va dar una gran noticia. Buena pa' todos y pa' Ud. también mamá.

La alocución del genaral-comandante continuó diciendo: Este 17 de diciembre de 2014, después de varias reuniones de intercambio bilateral entre los gobiernos de los Estados Unidos de América y Cuba acordamos reanudar las relaciones diplomáticas a nivel de embajada en las capitales de ambos paises. Las mujeres ponían atención a lo que el general-comandante decía ante las cámaras de la televisión cubana y al terminar. Gilberta dijo:
- No... no... no... no lo puedo creer, esto no puede ser, estoy oyendo bien o qué me pasa... qué me pasa Dios mío... qué me pasa.

Decía una y otra vez y como en un rapto de locura Gilberta salió al pasillo del solar de San Isidro y gritaba:
- ¡Vienen Los Yuma!... ¡Vienen Los Yumas caballeros!... ¡Vienen Los Yumas! Al fin ¡Vienen Los Yumas!... ¡Vienen Los Yumas!... ¡A salvarnos!

Gilberta está fuera de control. Lilita y Ofelia la miran sorprendida, les pareció que no han entendido bien la noticia, o que algo no anda bien en lo que se está diciendo por la televisión cubana. Gilberta salió corriendo, corría de un extremo a otro del pasillo del solar de San Isidro y sigue gritando desaforadamente:
- ¡Los Yumas!... ¡Los Yumas ... ¡Vienen Los Yumas Caballeros!... Increíble... Los Yumas de nuevo en La Habana.

Sus ojos se llenaron de lágrimas, gritos de locura y emoción. Y a su mente vino aquel día que la policía se llevó a su hermano Vicente a la fuerza.

Lilita y Ofelia se han quedado petrificadas, paradas en el marco de la puerta del cuarto de cuatro por cuatro de Gilberta. Ellas están confundidas. No se explican qué puede estar sucediendo en este preciso momento. Después de tanto años de gritarles a los americanos. YANQUI GO HOME y CUBA SI YANQUIS NO. Y de momento Los Johnny, como otros también les llaman a los americanos en Cuba, vuelven a la amistad que nunca debió sucumbir. De pronto Gilberta dijo:
- Lilita... Lilita... por favor pellíscame a ver sí estoy despierta mi amiga, esto es muy grande mi madre, dame un apretón, una bofetada, pínchame, dime que lo que estoy viendo y oyendo es verdad, que no estoy soñando mi amiga.

Y sus lágrimas empezaron a descender de sus ojos, en ese momento Lilita la abrazó, con un abrazo de triunfo, un abrazo de victoria y le contestó:
- No... no... amiga... no estás soñando... no es un sueño. Volvemos a ser amigos de nuevos. De los amigos que nunca debimos darle la espalda.

Las dos se abrazan. Ofelia y Libertad miran como Gilberta salía a la calle y seguía gritando: ¡Los Yumas!... ¡Los Yumas! La alegría se oía en toda la calle de San Isidro y viene un grupo de gentes arrollando por la calle y cantaban:
♪ Tú que me decías que Los Yumas no venían más. Los Yumas están viniendo y preparándolo todo para regresar, ya verás. Los Yumas vienen ya... ¡Ah!... iah!... Los Yumas vienen ya. Yayabo está en la calle con su último detalle y su ritmo sin igual... ¡Ah!... iah!... ¡Los Yumas vienen Ya!... !Ah!...iah!... Los Yumas vienen ya.♪

La gentes despavoridas, alegres, cantan y corren de un lugar a otro parecía que estábamos en los carnavales de La Habana, celebrándolos ahora en el mes de diciembre. Gilberta regresó a su cuarto del solar de San Isidro, allí están sus amigas, aún desconcertadas, conmocionadas de lo que acaba de ocurrir. Cuando Gilberta dijo:
- ¡Ven!... ¡Ven!... qué sí... qué mi corazonada... era mi corazonada. ¡Ay, Gracias San Lázaro... gracias por todo esto que hoy nos das! y ¡Ojalá! sepamos de Vicente, mi pobre hermano que hace tantos años lo obligaron a irse. Y tuvo que escoger entre vivir preso en Cuba o viajar a los Estados Unidos.

A Gilberta se le volvieron a llenar los ojos de lágrimas pensando en su hermano Vicente. Ofelia y Lilita la miran y callan, no quisieron romperle el sueño a la familia que han esperado por más de treinta años por este milagro. Sí, por este milagro del que ya muchos no lo esperaban, que los dos enemigos acérrimos e irreconciliables por sus diferencias hoy se reanudan sus relaciones, rotas en 1961. Hoy parece que todo queda atrás para los dos paises. Evangelina con los ojos muy abiertos mirando a su alrededor, no entiende que pasa a sus años, enferma y quizás con demencia senil, no halla una explicación a lo que oye y solo mira a su alrededor. Gilberta se le acercó y dijo:
- Mamá... mamá le tengo una gran noticia, increíble mamá pero cierta.
- Bueno, acaba... acaba hija, dime la noticia. No me vengas con otro cuento ahora de la chequera, y que el dinero no alcanzó. O qué fuiste a buscar los mandados y no llegao la cuota del mes, porque estoy cansada de todo esto, de verdad, ¡cansada!
- No, mamá es otra la noticia. Fíjese Ud. que no sé cómo empezar.
- Acaba hija... acaba, suelta lo que tienes en el buche.

Dijo Evangelina Mendieta sentada en su silloncito de siempre de todos los días cerca de la puerta del cuarto de cuatro por cuatro del solar de San Isidro, en La Habana, Cuba. Ofelia y Lilita miran la escena, se aprietan la boca con su mano para aguantar el llanto cuando Gilberta trata de decirle a la anciana Evangelina lo que sucede. Cuando sepa la noticia va a llorar, la ausencia de Vicente por todo estos años y su sueño que tal vez podía ahora hacerse realidad para ella con las nuevas relaciones entre Cuba y los Estados Unidos de América. Ellas trataron de contener el llanto que está apareciendo en ellas tres. Ofelia, Lilita y Gilberta en ese momento las amigas del solar de San Isidro. No están segura sí la pobre anciana va a entender lo que acaba de pasar en la television nacional de la isla, este 17 de diciembre de 2014.

Ellas no están tan clara de como será este asunto de la normalización de la relaciones entre los dos paises. Se ha hecho tanto daño en todos estos años.

Los unos a los otros, todos cubanos, en un momento de cubanos contra cubanos por la llamada revolución de Fidel Castro. Una guerra fratricida había comenzado desde aquel primero de enero de 1959. Y más se agudizó ésta aquel día que un grupo de hombres se lanzaron dentro de la Embajada del Perú en La Habana, acontecimiento histórico, donde el gobierno de Fidel Castro no calculó sus dimensiones, y cuando ordenó abrir sus puertas y retirar la guardia que protege la embajada, miles y miles de cubanos empezaron a entrar en busca de lo mismo. La libertad que tanto el pueblo de Cuba necesita y ha estado buscando la manera de obtener por muchas vías. Y entonces nacen los actos de repudio. ¿Cómo del día a la noche olvidar todo? Todo lo orquestrado por el mismo Fidel Castro y sus actos de repudio a todos aquellos que quisieron irse por el Puerto del Mariel en 1980. Golpizas, aquellos huevos tirados a las gentes, gritos de escoria, de ¡Qué se vayan! ¡Qué se vayan! Y tantos otros más. A ellos que oyendo al comandante hicieron caso a lo que él mismo Fidel Castro había dicho en los medios de comunicación, la radio y la television: ¡QUE TODO EL QUE QUIERA, QUE SE VAYA!. Y después les hacían el acto de repudio: Maltratos físicos, sicológicos, ofensas en los llamados: ACTOS DE REPUDIO, que Fidel Castro dio luz verde a todo y a todos en la isla a cometer esta atrocidad que ocurría frente a tú casa, en el centro de trabajo, donde quiera que alguien decidiera abandonar el país. Ahí están los: ACTOS DE REPUDIO. Otra manipulación más del gobierno y otros que le sirven de títeres, le hacen la media al dictador y se dejan usar para sus viles hazañas.

Ofelia mira a Gilberta, y señalándole con su dedo indice cruzando sus labios le indica que callara que tal vez no es el mejor momento. Gilberta lo entendió y no continuó su conversación con su madre, postrada en un silloncito con la cabeza baja y sus pies desnudos, sin esta vez saber, ni entender que está pasando. Gilberta se sentó junto a su madre y le peina sus pelos canosos deslizándolos entre sus dedos, la mira con una tristeza que solo ella como hija sabe, la misma que ella por su hermano Vicente siente. Aún se oye la alegría callejera, las gentes se botó para las calles a celebrar el regreso, de como ellos mismos dicen: LOS YUMAS, LOS JOHNNY, LOS AMERICANOS. Un hecho histórico después de tanto dolor, de tanta separación entre familias y amigos, después de todos estos años de locuras y sacrificios, hoy queda marcado en la historia de ambos paises, vecinos tan cerca y tan distantes a la misma vez en el tiempo. Dos mundos a ambos lados de esa gran masa de agua que es el Estrecho de la Florida. Un día la separación y su conversión en enemigos dio lugar a muchas desdichas y desgracias a todos los cubanos. Un abismo que fue creciendo y creciendo por más de medio siglo.

Lilita mira la escena en la pequeña sala del cuarto de Gilberta.

No sabe que decir, está muda, sin explicación a todo lo que se ha producido hace una hora, cuando esa noticia inimaginable se oyó oír por la boca del general comandante en jefe presidente: Raúl Castro

Una sola pregunta brinca en su cabeza: «¿Quién me lo iba decir? ¿Quién Dios mío? Me iba a decir que una cosa como esta iba a suceder». En su cara se reflejó un dolor que no ha podido sacar de su corazón, la muerte de su hijo en Angola y con una gran preocupación, como un gran peso que le cae ahora arriba, peso que solo ella sabe de ahora en adelante. Todos se miran, nadie dice una palabra. El hecho histórico queda pendiente y solo el futuro podrá decir que fue de positivo o de negativo del re-encuentro de las dos naciones enemigas por más de medio siglo. Gilberta se levantó de su asiento miró a todos y solo dijo:

- Mire mamá Vicente...

Evangelina dio un salto en su silloncito y dijo:

- Vicente... Vicente que ha pasado con Vicente Gilberta, por favor dime que ha pasado con Vicentico. Vicente... Vicentico... mi hijo Vicentico Dios mío.

Gritó la anciana. Gilberta sintió lástima por su madre, cuando pensó en darle la noticia. La gran noticia de este fin de año de 2014. En un momento su mente se fue aquel abril de 1980 y se acordó que una noche viendo el televisor ponían noticias de los cubanos recién llegados a los Estados Unidos, le puso mucha atención y oyó que hablaban de una revuelta de cubanos en una prisión en el estado de Arkansas. Se sintió muy triste, su mamá Evangelina estaba trabajando en ese momento y no se enteró de la revuelta de los cubanos retenidos en Fort chaffee, Arkansas. Ella miraba y miraba la pantalla del televisor, buscando la cara de su hermano Vicente, le parecía que podría verlo, y aunque sea en esa circunstancias de una revuelta en una prisión en los Estados Unidos, le diera cierta tranquilidad, porque ya sabe, al menos que su hermano Vicente está vivo, y no como a veces ella piensa, o como algunos amigos y vecinos del solar le dicen, que su hermano Vicente quizás nunca llegó a los Estados Unidos de América. Gilberta respiró profundo para volver a su realidad, seguía pensando en como contarle, como decirle a su madre todo lo que está pasando en este momento que está ocurriendo, y que ella tendría que saber. Y entonces dijo:

- Mamá, le tengo una gran noticia, una gran noticia que pudiera hacerle Ud. muy feliz. Y es qué... y es qué Vi... Vicen...

Una amiga interrumpió diciendo:

- Bueno, me voy pa' mi cuarto a pensar en este nuevo fenómeno al que nos tenemos que enfrentar de ahora en adelante.

Dijo Libertad que se ve preocupada por lo que ha de venir. Y salió por la puerta del cuarto de Gilberta al pasillo central del solar de San Isidro, mirando hacia arriba, buscando las respuestas a todas esas preguntas que empiezan a aparecer en su mente. Camina lentamente por aquel pasillo de ladrillo rojos por el que tantas veces ha caminado, y ahora una vez más, y con más preocupaciones que antes, a pesar de la gran noticia de hoy.

Llegó al cuarto abrió la puerta entró, se tiró en un silloncito que tiene para que parezca como una salita de una casa de muñeca.

Se sentó por unos minutos a calmar su ansiedad y su nerviosismo. Libertad ya es una persona mayor y todas estas cosas influyen en su estado de ánimo. Le vino a su mente su hijo Antonio al que vio un día partir a Africa a pelear en la guerra de Angola en contra de La UNITA. Sintió mucho dolor, el mismo o más grande que el sintió el día que le dieron la noticia, allá en su trabajo en la fábrica de Tabaco, no sabía como seguir viviendo desde aquel amargo día para ella y para toda la familia. Ella no se ha recuperado más de este duro golpe en su vida. La muerte de su hijo Tony como ella lo llamaba ha sido para Lilita lo que cambió toda su vida, y ahora se pregunta ella misma. «¿Valió la pena el sacrificio de mi hijo?». Y se atorrmentó más con la noticia de hoy. Se acordó del día del acto de entrega de los restos mortales de su hijo en aquella cajita, por un momento vaciló, sí en realidad serían los de su hijo los que están en esa cajita. Cerro los ojos no quiere volver a ese pasado que aún carga en su pecho. Recostó su cuerpo totalmente en la sillita y miró al techo de su cuarto en el que ha vivido casi toda su vida. Y se dijo a ella misma: «¡Dios mio!... ¡Dios mio!... no sé... no sé como va ser todo esto de ahora en adelante. Me preocupa Isabel mi hija, mi nieto Abel y su esposo, él que es miembro de la Seguridad del Estado y viven en el Nuevo Vedado en esa casa grandísima y sí Los Yumas vienen, también vendrán los cubanos que se fueron al principio de la revolución. Y quién sabe, va y vienen reclamando sus casas y entonces que será de la vida de ellos, a dónde van a ir a parar, aquí en el solar, no hay espacio pa' más nadie. Y Eutimio, está enfermo. ¡Ay!... ¡Ay!... Dios mío... Dios mío como será todo esto. Abelito no se va acostumbrar a vivir aquí, después de tantos años viviendo en el Nuevo Vedado desde que a Rafael la Seguridad le dio esa gran mansion. Qué por cierto es una mansión que hay que decirle como lo que es una mansión». De ese modo pensó Libertad, Lilita la amiga de Gilberta en el Solar de San Isidro en La Habana Vieja. Se levantó y caminó menos de un metro en su cuarto del solar y tomó un vaso de agua para refrescarse un poco y ordenar sus pensamientos a pesar de ser el mes de diciembre sentía calor en esa pequeña pieza para vivir que es más bien inhabitable para ella. Allí vivía con su esposo Eutimio Linares, al que conoció en la fábrica de Tabaco Partagas, donde empezó a trabajar muy joven, donde también había trabajado él, y casi toda su familia antes del triunfo de la revolución de Fidel Castro. Eutimio, era lector de tabaquería y allí Libertad se enamoró de su voz oyéndole en las lecturas de cada día, se acuerda que ese día él leía: LOS INTERESES CREADOS de Jacinto Benavente y ella le encantó oírlo y ahí cayó en los brazos del lector de tabaqueria Eutimio Linares, se casó con el a mediados del año 1965, no tenían donde vivir, como siempre la situación de la vivienda en Cuba es un horror, precaria cada día más, es un hueco insalvable dentro de la sociedad, hay muchas restricciones para la venta y compra de casas en la isla entera. Y no hay desarrollo unbanístico por parte de nadie, todo en manos del estado. En manos del único dueño de la isla: Fidel Castro Ruz. En la capital es aún más difícil y de todas formas la gente la inventa para comprar y vender. No es legal; pero hay que seguir viviendo bajo estas condiciones de la ilegalidad, impuesta por el mismo gobierno. La llamada Reforma Urbana que ha decomisado miles de las casas a los que se van del país. El gobierno se las

da a quién ellos quieren, a familiares, o a amigos o hasta las vendían es un negocio cerrado en la isla para los que controlan la vivienda. La necesidad obliga al negocio en todas partes del país. La corrupción ya hacía tiempo que había llegado en estas instituciones estatales. En Cuba donde el estado es el dueño de todo. O tenías que ser vanguardia nacional por haber cortado una cantidad de caña insuperable que te diera el derecho a tener una casa en un edificio de microbrigada, o tener un televisor, un refrigerador y hasta un carro moscovich de fabricación rusa. Esto fue un dolor de cabeza para Lilita y Eutimio, y como dice el dicho: EL QUE SE CASA, CASA QUIERE. Pero no en Cuba. Y ahí empezó el gran problema de la pareja de Libertad y Eutimio, jóvenes, trabajadores con deseos de vivir. Hasta un día que Eutimio y Lilita viviendo con un hermano de él, su hermano le presentó un corredor que son las personas que están en el negocio ilícito de ventas y compras de casas. Todo empezó asi. Después que salían de la fábrica Partagas iban a buscar lugares acompañado del corredor que les muestra los diferentes inmuebles en venta, consumían unas cuantas horas en esta busqueda hasta que les cogía la noche. Un día llegaron al solar de San Isidro. Desde que entraron por la puerta Libertad dijo:
- ¡Ay, pero esto es un solar!
- ¿ Y qué Ud. quieres por esa cantidad de dinero que Uds. tienen señora?

Dijo el corredor que ripostó a las palabras de Libertad en su asombro. Y dijo:
- Una casa en el Vedado, y con piscina. No... no... Uds. no tiene dinero pa' eso. Allá todo es de 20 a 30 pa' rriba y Uds. lo que tienen no da pa' eso.

Lilita se quedó sin hablar, no pudo contestarle al corredor, que según él los está ayudando a encontrar un techo donde vivir. De esa forma se vivía en Cuba después del 1959. Muchos se esperanzaron con la zafra de LOS DIEZ MILLONES la que nos iba a llevar a la nueva danza de los millones en la historia de Cuba. Eutimio no pronunció una palabra, conoce a su esposa y los deseos que tiene de tener un lugar decente donde vivir, además piensan en que algún día tener un hijo y hacer una familia, «como Dios manda». Se decía Eutimio asimismo en un absoluto silencio. Cuando Victor, el corredor dijo:
- Se decide. ¿Lo quiere ver o no lo quiere ver? señora.
- Bueno, ya que estamos aquí, vamos... vamos a ver como está.

Dijo Lilita con una resignación que solo ella entendía. Eutimio la siguió, y Victor camina apresuradamente frente a ellos, sacó unas llaves y abrió unas de las puertas del solar de San Isidro. Entraron los tres Lilita mira y mira todo a su alrededor, sin decir una palabra. Eutimio abria y cerraba sus ojos en un movimiento casi automático, como quién no quiere ver y a su vez quiere ver lo todo.
- ¿Qué le parece?

Dijo Victor que está desesperado y ansioso en cerrar el negocio con la pareja aprovechando su necesidad.
- No sé... no sé...

Dijo Lilita que no se sentía muy contenta con la idea de vivir en un solar en La Habana Vieja.
- Me parece un poco pequeño.
- Uds. son solo dos personas.

Replicó Victor que no quería perder la oportunidad de hacer unos cuantos pesos en la movida de hoy.
- Sí... sí es cierto; pero algún día seremos tres o más.

Dijo Lilita tratando de salir de aquel lugar, que sería su futuro hogar, sí es que así se le puede llamar a un cuarto de cuatro por cuatro en un solar.
- Mire señora por esa cantidad de dinero, Uds. no van a encontrar nada mejor, no hay billete... mi comadre no hay billete. Pa' aspirar a algo mejor.

Decía el corredor en su empeño de cerrar y coger el billetón de Lilita y Eutimio.
- Vamos pa' la casa, que ya se hecho un poco tarde.

Fueron las palabras de Eutimio, y Libertad accedió sin decir algo más.
- Mire Victor. Por hoy ya hemos visto unos cuantos lugares, vamos pa' la casa y pensaremos que hacer. Si nos decidimos, o no a comprar este cuarto en el solar.
- Como Ud. diga señor.

Contestó Victor que no le gusta perder en su negocio ilícto. Los tres salieron del cuarto y caminaron hacia la puerta principal ya están en la calle, caminan juntos por la calle de San Isidro, sin palabras, hasta que Victor dijo:
- Si se deciden, me llaman su hermano tiene mi número de teléfono, díganle a él que sí no soy yo el sale al teléfono, no deje recado y vuelva a llamar. Uds., saben como son estas cosas y se me agarran haciendo esto, me pudro en la cárcel.

En la próxima esquina se separaron y Lilita y Eutimio siguieron su camino a la casa de Lilita donde están viviendo con sus padres en un apartamento de un solo cuarto y ellos arman un catre de tijera en la noche en la sala para dormir. Así vivieron por un largo tiempo con sus padres.

El retorno de LOS YUMAS tiene a la capital cubana de fiesta. Las gentes en las calles con banderas de los Estados Unidos de América, lo nunca antes visto, en sus camisetas y otros ondeando frente en su carro todos festejando por la nueva era con el que hace hasta unas horas era el enemigo número UNO de todos los días en la television, la radio, las calles, en grandes pancartas vallas. Frente a la Embajada de Suiza. A lo que ellos dieron por llamar: LA PLAZA ANTI-IMPERIALISTA y desde allí cada vez que el gobierno planea y se antoja o pasa algo entre los dos paises moviliza a toda la pablación de La Habana y desde esa plaza anti-IMPERIALISTA se celebran actos de repudio. Como el más famoso en el año 1980: LA MARCHA DEL PUEBLO COMBATIENTE que se llevó a cabo frente a donde todos estos años desarrolló sus funciones la Oficina de Intereses de los Estados Unidos de América en La Habana y ahora se convierte en la Embajada de enemigo frontal en su mismo lugar, su cede que ha tenido por años en la Embajada de Suiza.

El hombre nuevo, la arcilla fundamental de Fidel Castro para construir el socialismo-comunismo ahora gritando por las calles de La Habana dando la bienvenida a los gringos, que ya no son tan gringos, y mucho menos tan imperialistas del modo de que quieren ellos ver a los americanos por otros intereses y el único: Mantenerse en el poder por más tiempo: La nueva dinastia caribeña: Los Castro. Encabezada por Castro I. Le sigue el II y ...

Todos inquietos, absortos pensando en que vendrá después de todo esto, mientras tanto Ofelia ya se había ido a su cuarto, la conmoción fue muy grande para ella. No esperó una cosa así. Está entre muy alegre y triste a la vez. Y se pregunta: «¿Mejoraremos o No?... o todo seguirá igual en manos de los Castro. Porque estoy segura que ellos no van a ceder así por así, por la linda cara de los yanquis. Después de tanta discordia y tensiones por años. ¿Cómo será esta nueva película que empieza hoy 17 de diciembre de 2014. Porque yo me acuerdo muy bien, sí recuerdo a mi mamá llorando y ese día lloró mucho y le pregunte:
- Mama, ¿Qué pasa? ¿Por qué lloras mama?
- ¡Ay, mija!... ¡ay... mija! Tú no entiendes de estas cosas, los americanos nos van atacar, estamos en guerra con unos de los países más poderosos del mundo.

Me dijo mi madre. Sentí miedo en ese momento y lo único que pude hacer fue abrazarla muy fuerte y empecé a llorar junto a ella. Después pasado algún tiempo oí que fue: La Crisis de los Misiles que también se llamó La Crisis de Octubre nos explicaron más tarde en la escuela, seguí sin entender y di gracias a Dios que no llegamos a la guerra, a la confrontación que mi madre tuvo mucho miedo». Ofelia recordando todo de ese pasado y sabe que nunca conoció otra forma de gobierno que la que existe en el país. El gobierno de la revolución de Fidel Castro. El comandante en jefe que con su audacia, soberbia y beligerancia un día estuvo a punto de desencadenar una guerra nuclear, o quizás la tercera guerra mundial a la que todos apelamos que nunca suceda, vivimos otros tiempos de paz y amor. Y «¿Cómo será todo ahora?». Se preguntó sentada en la mesa de su pequeña cocina comedor en el cuarto de cuatro por cuatro en el solar de San Isidro. Descansó su cabeza entre sus manos y apoya sus codos sobre la mesa, se sintió cansada, exhausta del día que aún no se ha acabado para ella. En su cabeza los pensamientos se atropellan unos a los otros, no sabe cómo empezar esta nueva etapa y empezó a soñar despierta como ella misma dice y se dijo: «Yo soy una mujer emprendedora, me gusta hacer cosas y tener éxito en lo que hago. No sé tal vez podría montar una tienda de algo. Sí una tienda para vender artículos artesanales, como una boutique a la cubana, objetos de nuestro folclore y todos prosperaríamos en grande. Yo empresaría… quién me lo diría… quién me lo iba a decir… ni yo misma me lo creo». En ese mismo instante se dio con la mano en la cabeza y se dijo: «Ofelia… Ofelia despierta estás soñando, eso no va ser así como tú crees hija, acuérdate del Plan Maceta, que el comandante acabó en un día con todos ellos, nadie puede ser más rico que él y sus gentes, los que gobiernan». Los sueños de Ofelia se desvanecieron en un segundo. Vio sus sueños rotos en un segundo, la tristeza volvió a adueñarse de ella. Pensó en sus hijas que son jóvenes y no han disfrutado mucho de la vida que les había tocado en su país, la isla de Cuba con la llamada revolución de Fidel Castro.

Y empezó a mencionarlas desde la mayor a la menor y se dijo: «Mi hija mayor Zoe, no me preocupa tanto ya se casó y se mudo con sus suegros, Maritza me preocupa, no la veo muy entusiamada con los libros». Maritza es la menor de sus tres hijas y vive con ella en el solar de San Isidro. No quiso atormentarse con Maritza, ya ha hablado mucho con ella; pero que muchas veces, y parece que no entiende muy bien las cosas como son. «¿Les hará bien el cambio que se nos aproxima?». Se preguntó Ofelia, no quiso darle riendas sueltas a sus pensamientos sobre su hija menor que se graduó de una ESBEC. (Escuela Secundaria Básica en el Campo) hace años atrás y no quiso seguir en el preuniversitario en el campo. Se quejó de mucho trabajo desde muy temprano y tal vez para nada, lo ha visto en su hermano del medio Ramiro que fue a la universidad, estudió Ingenieria Química y le está costando Dios y ayuda para encontrar una plaza donde trabajar. «El servicio social lo tuvo que hacer el Matanzas, en La Rayonera y ahora está aquí en La Habana de nuevo mendingando una plaza profesional». Así piensa Maritza, lo sé aunque nunca me ha dicho como ella piensa de la revolución y de sus dirigentes y de toda esta envolvencia cubana en la que ella se encuentra y le tocó vivir, en la Cuba Socialista y está aquí conmigo en el cuarto». Ese pensamiento encerrado en la mente de Ofelia que trata de explicarse el suceso de hoy, 17 de diciembre de 2014. Maritza es una joven fruto de la revolución cubana. Ella había nacido en 1992. Le gusta todo lo bueno y de marca, lo que no puede pasar en la Cuba de Castro, nada de eso se puede encontrar allí. A Ofelia le duele pensar de esa manera sobre su hija menor Maritza y no quería pensar en eso. Ese es el dolor más grande que lleva dentro desde hace algunos años que descubrió que hacen Maritza su hija y Clarisa la hija de su vecina Gilberta. No le gusta decir la palabra que la gente dice en la calle, le parece baja y ofensiva. La gente en la calle las llama jineteras. La vida, la necesidad de todo, desde un jabón para bañarse, hasta un poco de arroz que llevarse a la boca. Esa es la verdad, una verdad que nadie puede negar. Los salarios no dan, no satisfacen la necesidad del trabajador, hay que buscar otra entrada de dinero. Además la doble moneda hace mucho daño a todos en un país en que circulan dos monedas y con gran diferencia: El peso cubano que es la moneda con que el gobierno le paga a sus trabajadores y el CUC, el dolar cubano, establecido por el Castro I, hace ya muchos años. Pero no es la moneda con la que le pagan a sus trabajadores, solo algunas excepciones en el país pagan un porciento en CUC. Por tanto eres un esclavo en tu tierra en pleno siglo XXI por la dinastia Castro. La circulación de las dos monedas no es justa, no es pareja. No se ajusta la cuenta con el billete como todos dicen. La necesidad las llevó a la calle a buscar la moneda dura a la que no tienen acceso todos los cubanos.

Así en cierta forma Ofelia se tranquiliza a ella misma, sin encontrar la verdadera razón de este desbalance o desequilibrio en que se vive en la isla, ni la razón de las dos monedas circulantes en un mismo país. Ofelia siguió allí en su cuarto del solar de San Isidro aún sin entender.

Gilberta salió de sus pensamientos cuando alguien entró por la única puerta del cuarto que da al pasillo o corredor que separa las dos hileras de cuartos en el solar de San Isidro. Levantó la cabeza y vio que es su hija Belén quien entró y le dijo:
- Dime Belén ¿Cómo ha sido tú día? Me imagino que sabes ya la gran noticia.
- No, me hable de eso mamá Gilberta, no quiero saber nada de la gran noticia de hoy.
- ¿Por qué hija? Dime... dime... ¿Por qué acaso no te alegra?

Preguntó Gilberta a su hija Belén que acaba de llegar de su trabajo temporal. El que encontró, porque aunque está graduada del nivel superior, no consigue una plaza fija como ingeniera, entonces hace estos trabajos temporales para subsistir. Desde que acabó el servicio social en Granma, no ha tenido la oportunidad de ser ubicada en su profesión y se emplea en lo que encuentre y dé un dinerito para sobrevivir. Lo que gana en estos puestos de trabajo donde le pagan en peso cubano, que no es suficiente para la familia. Un ejemplo un médico cubano gana un promedio de veinte y cinco dólares mensuales, más o menos equivalente a seiscientos veinte y cinco pesos cubanos. Por eso muchos se van a cumplir misiones a países extranjeros. Esa es la otra industria cubana de obtener la moneda fuerte el dolar. Los envian a otros países a prestar servicios médicos como ejemplo Venezuela, Bolivia, Ecuador y otros, obteniendo de ellos pagos superiores a los que el gobierno cubano paga a sus médicos. Circulan dos monedas el peso Cubano y el CUC que es un equivalente al dolar y así hemos vivido por muchos años. Algunas compañías, las llamadas mixtas o corporaciones administradas por de las fuerzas armadas y sus generales, solo emplean a la élite del partido comunista, por ser extranjeras, pagándole a sus empleados setenta y cinco por ciento peso cubano y veinte y cinco por ciento en CUC aproximadamente, a la vez con una canasta de regalo. Ese grupo de empleados entra en la otra categoria de trabajadores cubanos, por esta razón muchos abandonan sus profesiones y se van en busca de estos empleos en este tipo de empresa mixtas o en la industria turistica que les de el chance de obtener algo del botín que solo el gobierno y su camarilla se reparten. Esa es la razón del ánimo de Belén al llegar a su cuarto de cuatro por cuatro en el solar de San Isidro. Y respondió a su madre:
- Mamá Gilberta, estoy muy confundida. No sé, sí soy o no soy, no sé que está pasando aquí. Una gran confusión en mi mente, ahora perdóneme mamá Gilberta; pero no... no puedo contestarle esa pregunta en estos momentos. Estoy cansada y es ya muy tarde, mejor me subo a la barbacoa y trato de dormir. Mañana será otro día y veremos que es esto que se avecina en la Cuba Socialista que estábamos construyendo y la construcción se quedó a media o nunca existió como tal. Buenas noches, mamá Gilberta.

Dijo Belén a su madre con una voz sin energías para continuar la no muy agradable conversación para ella.
- Buenas noches, mija.

Dijo Gilberta que la ve diferente a como ella acostumbra a verla por años, con entusiasmo por la vida y seguir por ella luchando. La gran noticia de hoy en la nueva amistad estadounidense-Cuba la ha confundido. Seguro se pregunta: «SOMOS O NO SOMOS». Ese es el pensamientos de Gilberta en este instante y no salió de su mente.

El cuarto de Gilberta que es un cuarto como todos en el solar de San Isidro un cuatro por cuatro. En este momento a Gilberta le pareció que es inmenso y ella se ha empequeñecido de tal manera que todo es el doble o el triple en dimensiones que antes de oír las palabras de su hija Belén. Gilberta enmudeció, no tiene forma de explicarse que está sucediendo con su hija Belén. Suspiro profundamente se había oído el cañonazo de las nueve, poco antes de llegar Belén al cuarto, serían aproximadamente pasada la diez de la noche y su hija Clarisa hoy aún está fuera en su vida, la que los tiempos la habían llevado a tener a pesar de SER UN FRUTO DE LA REVOLUCIÓN DE FIDEL CASTRO. Está trabajando como ella le llama a su actividad nocturna en la calle, en las áreas del turismo en los hoteles o quizás por el malecón, en su empleo de jinetera. Maritza la hija de Ofelia, acostumbra a salir de noche con su amiga Clarisa que hoy salió. Ella, la hija de Gilberta, Clarisa ya no sale mucho de noche desde que se empató con un italiano hace ya un año y medio, y él le prometió volver y casarse ese es el motivo de permanecer en el cuarto en la espera de Enzo Mosetti en algunas noches, el italiano que vendrá a buscarla a rescatarla de ese país y de esa vida, que para algunos es como el de Alicia, en el país de LAS MARAVILLAS. Pero no para todos es así. Muchos, sino la mayoría tienen que salir a buscarla muy duro o jugársela el todo por el todo para poder seguir viviendo en el paraíso Socialista del Caribe que cree Fidel Castro estar creando.

Otro día empieza después de la gran noticia. Cuba y Estados Unidos vuelven a ser "AMIGOS". «¿Será de verdad... amigos? Esa es ahora la otra cara de la moneda. AMIGOS... AMIGOS DE QUE, como una vez leí en un tatuaje a un preso cuando estuve en la prisión en esta Cuba Castrista». Se decía Kiko que está parado en el portón del otro solar en la calle San Isidro. Y se dijo: «amistad... amistad de que... amistad se llama una calle aquí en La Habana». Kiko no puede explicarse que sucede entre Cuba y los Estados Unidos de América que empiezan su nueva ERA amistosa.

Es muy temprano y el solar de San Isidro empieza su movimiento, todos en su mundo, su propio mundo. Donde quizás unos no saben del mundo de los otros. Eran mundos separados, independientes unos de otros, cada cual en lo suyo para poder seguir en la selva, esa en la que viven, subsistiendo, sobreviviendo como se puede. Luchando por todo desde la mañana temprano en el como seguir, hasta la noche. La Habana convertida en la jungla con el cuchillo en la boca en la que obligados todos tienen que continuar. Subsistir en ese mundo que nos apareció a todos en la isla aquel primero de enero de 1959, el día de la condenación de los cubanos.

La señora Evangelina, madre de Gilberta, que nació en 1934, no puede salir de noche al baño que está ubicado en el medio del solar de San Isidro. Por tanto todas las mañanas Gilberta tiene una misión, deshechar el fluído urinario de la anciana en la casetica-baño que acupa el centro del pasillo del solar de San Isidro. Esa es la primera actividad de la mañana de Gilberta que se dispone hacerlo, y al abrir la puerta con mucho cuidado se encontró con Julián el amigo de la niñez de su hermano Vicente y le dijo:
- Buenos días, Juilán.
- Buenos días, Gilbertica.

Contestó Julián, un hombre de unos cincuenta o más años y fue el amigo de la niñez de Vicente, el hermano de Gilberta. Julián fue él de jugar a la pelota en las plazoletas del barrio, en los solares abandonados o en el parque al frente del palacio del Conde de Jaruco en aquellos tiempos.

Gilberta volvió al cuarto. Clarisa su hija dormía y Evangelina su mamá está ya sentada en su incómodo silloncito. En ese sillón en el que permanecía parte del día hasta que Gilberta la lleva a la cama, que es un canapé en un rincón de la extrema pequeña cocina en el cuarto de cuatro por cuatro del solar San Isidro. Cuando Gilberta dijo:
- Mamá... mamá, espérese... espérese, que le prepare un poco de leche, con un pedazo de pan. A ver sí quedó algo del de ayer. Luego iré a la panadería y dar una vuelta a ver que consigo.
- Está bien Gilbertica hija. Está bien...

Contestó Evangelina a su hija Gilberta, con sus voz cansada de los años.
- Déjeme poner el orinal en su lugar mamá. No me gusta dejarlo ahí que cuando hay alguién viene lo primero que haya es el orinal dando los buenos días. Vuelvo enseguida, no se mueva mamá.
- Sí... sí hijita.

Contestó Evangelina y cerró los ojos rescontando su cabeza en el sillón de todo los días en su cuartico de cuatro por cuatro. Gilberta fue a esconder lo que lleva en sus manos, el orinal que cada noche llena de ese fluído biológico que nos despierta y tenemos que cumplir con esa función fisiológica. Clarisa, su hija duerme. Descansa en las mañanas para en las noches lanzarse a la calle a la busca. A buscar lo que se les ha negado o no se les da a todos por igual en la isla y tiene que salir a lucharlo, como ella misma dice: A LA BUSCA de la otra moneda que es la que resuelve los problemas. El CUC, el equivalente al dolar estadounidense. Cuando Gilberta regreso de ocultar el orinal dijo:

- Eso nos pasa mamá tenemos que ir al baño con frecuencia y más cuando llegamos a cierta edad avanzada como Ud. Sí... sí... asimismito es mamá como yo se lo estoy diciendo. En este solar donde nací y aún vivo y no contamos con un baño dentro del cuarto y me veo obligada a todos los días a salir con el orinal a botarlo allá en en único baño que tenemos, se lo dice uno y no se cree mamá. Y eso que La Habana fue declarada PATRIMONIO DE LA HUMANIDAD por la UNESCO. Sí... sí... La Habana Vieja es patrimonio de la humanidad y con todo eso fue remodelada y hasta el parque, el mismo cine que está situado cerca, a un costado del parque. La Habana se embelleció o mejor dicho la embellecieron. El casco histórico de la Villa de San Cristóbal de La Habana se ve con su nuevo esplendor, que lástima que toda esta remodelación no llegó al solar de San Isidro o al menos a los solares de por aquí.

Decía Gilberta y no tenía que dejar a su mamá sola por unos minutos todas las mañanas para ir a botar la orina de la noche anterior, como hace cada mañana en la necesidad de la pobre anciana Evangelina Mendieta. Teniendo mucho cuidado de no encontrarse con alguien en ese momento en el pasillo y pueda ocurrir un indeseable accidente.

«La remodelación no llegó al solar de San Isidro, ni llegará». Se dijo asimismo Gilberta para no hacer perder las esperanzas a su anciana madre que aún espera el milagro que un día demolieran el solar y a ella como a todas las familia le dieran un lugar decente para vivir. Muchos en La Habana viven como la familia de Evangelina Mendieta por años y más años. Muchos más esperan ser albergados por años, con la esperanza igual que ellos los vecinos del solar de San Isidro que un día tengan una espacio decente habitable, esa es su esperanza de años y años. La revolución priorizó otras tareas y abandonó por completo el mantenimiento de las edificaciones que se desplomam por ende el bienestar de la familia cubana que cada día se agrava más. Ellos van a albergues por largo tiempo o por casi toda su vida.

Otro día más y otra mañana en el calendario y Gilberta en la misma rutina de todos los santos días, como ella los llama a los días de su vida. En el mismo sitio por todo el cursar del tiempo que ha vivido. Gilberta abrió la puerta del cuarto asoma la cabeza para cerciorarse de que nadie viene por el pasillo del solar y salir con su misión de todas las mañanas botando el orinal de su madre la vieja Evangelina Mendieta y evitar un accidente desagradable como pasaría con Julián que muchas mañanas coinciden en el pasillo al mismo instante. Regresando al cuarto se encontró con Julián y ella saludo:

- Buenos días, Julián. ¿Cómo Ud. anda?
- Aquí me ve Gilberta mirando y dejando.

Contestó Julián a Gilberta que escondía el orinal a sus espaldas y dijo:

- No deje Julián... no deje mucho... no deje mucho que la vida es muy corta y se nos va, asi como nada, sin darnos casi cuenta. Sino en las lágrimas y en los suspiros de todos los días.

- ¡Ay, Gilberta que se sabe... que sabe Ud. Gilberta! Todo es como un cuento de hadas y ahora a mis más de cincuenta y tantos años LOS YUMAS VIENEN DE NUEVO. Ya somos amigos de nuevo. ¿Qué le parece?
- Así mismo es Julián... quién nos lo iba a decir, es como Ud. bien dice es un cuento de hadas. Es que: NI YO MISMA ME LO CREO, DE VERDAD.

Dijo Gilberta a su vecino del solar de San Isidro y amigo de su hermano Vicente..

- Bueno... la dejo Gilberta que se me hace tarde pa'l trabajo y Ud. sabe como están las rufas a esta hora del día que ninguna para en su parada y hay que cazarlas corriendo de un punto a otro, tenemos que ser como ese nuestro atleta olimpico para poder agarrar una en la parada. Los camellos están que no hay quien se empate con ellos. Es como sí estuvieramos en el Sahara sin camellos en el centro de Africa. Y yo a veces pienso que allá se está mejor que aquí.

Dijo Julián a Gilberta jaranéando como decimos en la isla.

- Me ha hecho Ud. reir Julián con sus ocurrencias... En el Sahara... en el Sahara... en Africa... Ja... ja... ja... Cazando los camellos... Sí, sí... Julián nos vemos más tarde. Menos mal que ya yo no tengo que cazar camellos.

Dijo Gilberta y seguió su camino, camina con trabajo por los años, las necesidades de la vida, la mala alimentación, el stress de todos los días hacen que envejezcamos más rápido. La Casa de los Abuelos ya casi ni existen. La población promedio de Cuba son personas pasadas de los sesenta. Las gentes envejecen muy rápido. La juventud la mayoría se ha ido del país, buscando una nueva vida fuera de su bella isla caribeña. Otros no ven mucho futuros para su hijos. La natalidad fue bajando desde finales de los ochenta evitando la maternidad, muchos piensan para que tener hijos, sí para ellos mismo no hay futuro. Todo empezó cuando el campo socialista comenzó a desmoronarse junto con la Unión Soviética, el aliado politico y comercial de la isla y se declaró el llamado: PERIODO ESPECIAL EN TIEMPO DE PAZ. Significó más sacrificios, sobre más penurias y privación. Y todavía existe ese tiempo especial que los cubanos no acaban de encontrarle el fin. ¿Qué será esto? que muchos no entienden en la isla, cuando se hacían promesas y más promesas, que la economía va a mejorar con las coporaciones mixtas extranjeras. Lo que no sabe el pueblo cubano es que de ese monto de ganancias, ellos el pueblo no verán ni un céntimo y seguirán con su doble moneda, el peso cubano que no camina, ni los lleva a ningún a parte y el afanosamente buscado por todos, el CUC que unos tienen y otros no. Existe la discriminación monetaria. Gilberta entró al cuarto y acercándose oía:

- ¡Gilbertica!... ¡Gilbertica!... ¿Dónde estas mi hija?... Me has abandonado.
- ¡Ay, mamá no diga eso! Quien la oye a Ud., cree que es verdad! Me demoré un momentico hablando con Julián. Se acuerda Ud. de Julián el amigo de Vicente.

- Sí... sí... como no hija. Juliáncito, como yo siempre le he llamado. Él siempre quiso mucho a tú hermano, se criaron juntos los dos aquí en el solar, como si fueran hermanos, su madre muy buena mujer, muy sacrifica por sus hijos desde que se levantaba con el salir del sol trabajando hasta que se acostaba lavando y planchando pa' mantener la familia. En la gloria de Dios esté, la pobre Ursula.

Terminó diciendo la anciana Evangelina. Gilberta oía a su madre y se quedó pensando en la gran noticia de ayer y le vino a su mente su otra hija Yadira. Su hija Yadira milita en Las Damas de Blanco desde 2004, luchando por la libertad de los presos politicos. Su esposo está cumpliendo prisión, es unos de los miembros de LA PRIMAVERA NEGRA DE 2003 y ella y se ha entregado a la causa por los derechos humanos de los presos politicos. «Mamá Evangelina ignora todos estos acontecimientos, ya tiene bastante con la supuesta desaparición de mi hermano Vicente, su larga ausencia desde aquel abril de 1980 en que el pueblo de Cuba empezó a despertar y se dio cuenta que el sistema cubano no funciona». Así piensa Gilberta en silencio, sin abrir la boca y mira a su madre sentada en aquel sillón de todos los días en la espera de un milagro. Qué quizás empieza a tocar sus puertas después de tantos años de angustias y desesperación. De pronto salió de su estado y dijo:

- Mamá me voy a dar una vuelta por la bodega y esos lugares que ya Ud. conoce a ver si algo nuevo o encuentro que poner en la mesa pa' hoy.
- Si... sí ... mi hijita ve a ver que hay por ahí, porque a mí ni razón me han daó hoy de na' nuevo hija.
- Mamá, Ud. como siempre con esas cosas que solo a Ud. se le ocurre decir.

Gilberta se preparó para salir a la calle a buscar algo que pudiera aliviarles hoy el hambre. La necesidad es muy grande cada día de sus vidas. Se cambió la bata de casa que traía y se puso algo más adecuado para ir al calle, cogió la cincuentenaria libreta de abastecimiento y su jaba de siempre, abrió la puerta y dijo:

- Mamá, vuelvo enseguida, me voy corriendo a esos lugares que ya le dije. Si necesita algo Clarisa esta en la barbacoa durmiendo.
- No te preocupes hija ve, yo no necesito na' por ahora.
- Le dejo la puerta entrejunta mamá.
- Está bien hija... está bien.

Dijo la señora Evangelina que se quedó allí sentada en su sillón del día a día, de la semana tras semana y así pasan el tiempo en La Habana, Cuba.

Gilberta salió del cuarto con todos sus accesorios que necesita para enfrentarse a lucha diaria, camino a la jungla. «tengo todo». Pensó ella y se decía asimismo: «no... no lo tengo todo me falta algo... sí algo me falta y es valor de seguir, el valor de seguir con mi carga y sin saber a donde vamos a parar con estos cambios que vendrán cuando Los Yumas empiecen a entrar a la isla de nuevo. ¡Ay, Dios mío! Ayúdanos a entender lo que está pasando. ¿Qué pasará? ¿Qué será de nosotros de ahora en adelante. Sí quitaran la libreta de racionamiento, esto sería un descanso para todos nosotros. ¡Ay, no; pero no, yo no tengo a ningún familiar en el yuma que nos mande un dinerito y poder comprar en la tienda de los dólares, La Shopping. Sí tuviera sería mi hermano Vicente y hace tantos años que no sabemos nada de él. No sabemos sí esta vivo o esta muerto. No me gusta pensar así; pero tantos años han pasado y ni una carta ni un mensaje... ¡Nada! Es pa' pensar que algo le ha pasado al pobre Vicente. ¡Ay, no!, yo creo que es mejor seguir con la libreta de abastecimiento, al menos así tendríamos algo todos los meses seguro que poner en la mesa. Ummh...ummh no sé que será major para nosotros. ¡Ay, Dios mío que locura... que locura!». Pensaba Gilberta mientras camina por la calle de San Isidro rumbo a la bodega, sin darse cuenta que ya está en la bodega, «no hay un alma en la bodega está vacía, el bodeguero y los estantes limpios, sin mercancia», se dijo y se acercó al bodeguero y le dijo:
- Toño, buenos días. ¿Dime que hay?
- Gilberta... Gilberta... que pena me da decirle; pero hasta ahora nada, estoy esperando el pan, me dijeron que estarían aquí temprano, pero nada. Todavía estoy aquí esperando el pan.
- Toño, con tanta falta que me hace el pan. Ahí tengo a la vieja en el cuarto esperando por el pan y tomarse un poco de leche en polvo que conseguí con la ayuda de una amiga de la shopping.
- Sí quiere Ud. esperar Gilberta, es lo único que puedo decirle.

Gilberta se sintió sin fuerzas para seguir cuando pasan estas cosas. Y luego dijo:
- Me voy a dar una vuelta por la carnicería y el puesto de viandas, allá quizás tenga más suerte.
- No se olvide de pasar por aquí antes de volver al cuarto, el pan tal vez ya está aquí cuando Ud. regrese Gilberta.

Le contestó Toño, el bodeguero que desea dar el mejor servicio a la población y en sus manos no está la solución a los problemas que hay.
- ¡Ojalá su boca sea santa Toño! Porque mima se me muere de hambre, se me muere de hambre la vieja... Toño

Gilberta gritó y salió en su habitual recorrido, anda como ese programa de la televisión del historiador de la ciudad de La Habana, Eusebio Leal que se llama: ANDAR LA HABANA, y a pie. Así se siente Gilberta en este segundo día del gran anuncio del regreso de LOS YUMAS a la isla de Cuba, después de más de medio siglo. Camina a la velocidad que podía, con la respiración entrecortada y nerviosa cuando se acuerda que ha dejado a su mamá en ayunas, esperando por el pan. Llegó al puesto de viandas y dijo:
- ¡Ay, mi madre que es esto! Es una concentración. Va a hablar Fidel, dándole la bievenida a LOS YUMAS desde La Habana Vieja.

Lo gritó a toda voz, ya no sentía miedo como muchas veces antes. «Además que me pueden hacer ahora». Pensó Gilberta en ese momento. «YA SOMOS AMIGOS DE LOS YUMAS, NO MÁS ANTI-IMPERIALISMO, NI MÁS GUSANERA DE MIAMI, NI MÁS CUENTOS DE CAMINOS». Se decía y llegó al puesto, preguntó por el último, nadie contestó, empezó a calentarse la cabeza, como ella misma dice y dijo:
- ¡Eh, coño aquí nadie es el último! Ya que nadie es el último yo soy ahora la primera en comprar.

Camina hacia dentro del puesto de viandas cuando una señora mayor le dijo:
- Yo... yo... soy la última mijita, perdóneme que no la oí cuando Ud. preguntó. Estoy tan cansada, llevo mucho rato aquí esperando y ni un buchito de café tengo en mi estómago en está mañana. Una vecina me avisó de las papas y corrí sin tomar nada y aquí estoy.
- No... no... señora, discúlpeme Ud., a mí. Entre la necesidad que todos tenemos y tanto trabajo para vivir me desesperan señora.

Gilberta se paralizó y vio en aquella pobre vieja mujer que podía ser su madre, la que había dejado en su cuarto en el solar también en ayunas como está infeliz persona mayor en la cola de las papas en el puesto de viandas de Gumersindo, el viandero del barrio de San Isidro. Sintió lástima y se pidió perdón a ella misma por haber actuado como lo hizo y por la mala palabra que había dicho. Y se dijo: «Dios mío la situación me hace a veces perder los estribos... me desepero, perdóname señor...perdóname». Gilberta sintió compasión por la anciana y bajo su cabeza mirando al suelo, se incorporó en la cola para comprar las papas.

Anochecía y Lilita se encuentra en su cuarto de cuatro por cuatro en el solar de San Isidro, preocupada por la noticia de ayer y no sabe cómo explicarse todo. Todo lo que tiene guardado en su corazón desde aquel día en que en una mañana en la fábrica de tabaco la llamaron a la oficina de la administración. Al principio se asustó, no tenía ni la remota idea de lo que pasaba, cuando oyó su nombre por el intercomunicador de la fábrica, por ese mismo que Eutimio hacía las lecturas todos los días de su vida, como lector de tabaquería. Ese día las lecturas fueron interrumpidas en ese momento. Eutimio, su esposo ya está en la oficina. Ella entró y vio dos hombres uniformados del ejército y sus grados en las hombreras. No conoce de grados militares, no le dio importancia, miró a Eutimio, su esposo cabizbajo, como sí algo malo estaría pasando llegó y el administrador de la fábrica le dijo:
- Libertad... Libertad, siéntese... siéntese Ud. aquí. Estos militares desean hablar con Ud.
- Díga Ud.... dígame...

Fueron las únicas palabras que contestó Libertad. En su inesperado llamado a las oficinas de la administración de la fábrica de tabaco.
- Señora, sabemos que Ud. tiene un hijo en Angola, ¿verdad?

Lilita empezó a temblar al oír esas palabras, sus manos se enfriaron y todo su cuerpo tiembla. No quería oír lo que aquellos dos militares le iban a decir cuando ella contestó:

- Sí... sí... mi hijito está en Angola. Va ser un año y medio, más a menos que él se fue.
- Bueno, señora acabamos de recibir la noticia que su hijo cayó heroicamente en la batalla de Cuito Cuanavale, defendiendo nuestros principios revolucionarios y comunistas en nuestros países hermanos del continente africano.
- ¡No!... ¡no!... ¡no!... Dios no puede ser... ¡Dios mío!, mi único hijito... mi único hijito ¡Dios mío!... ¡Ay!...¡Ay!...Dios Santo como pudo ser... como pudo suceder... Dios mío. Nunca pensé que algo así pudiera suceder Dios mío me han matado a mi único hijo, me han arrancao una parte de mí vida. Dios mío... Dios mío como poder seguir viviendo sin mi hijito Dios mío.

Gritó Libertad con gritos que desgarran, como sí su corazón se se descuatizara en pedazos. La fábrica de tabaco Partagas se paralizó por unos instantes, los gritos de Libertad habían llegado hasta el último rincón de aquel edificio. Eutimio se acercó y abrazó a su esposa que llora sin contención la muerte de su único hijo en Angola. «En Africa defendiendo los intereses de... de quién... sí de quién». Pensó Eutimio que nunca ha entendido las guerra, y menos estas guerras que no son nuestra. La guerra, que nunca ha entendido: POR QUÉ los cubanos deben ir a esas guerras que no es de nosotros. Eutimio derrama sus lágrimas en silencio. En este momento no sabe bien lo que siente. Si odio... si venganza... o una gran impotencia que lo derrumba, como cuando cortan un árbol directo al medio del tronco y se cae. Todo se mezcla en su mente y solo una pregunta le ocupa. ¿Por qué y para qué esta guerra en Africa y por qué a mi único hijo?

Lilita no puede olvidar ese día. El día que a ella la sepultaron con su hijo y así ha vivido todos estos años penando en silencio la muerte de su único hijo amado, su único varón en otras tierras por alguien que quiere ser grande con el sacrificio ajeno, un jefe de gobierno que los envió a la muerte por sus enaltecedores delirios de grandeza. Alimentando la extensión de sus ideas comunistas y diseminándolas por el mundo. Seguía allí postrada en su cuarto del solar tratando de hallar una explicación a todo y pensó: «no sé sí culpar a Rafael... sí, a Rafael Benitez, el esposo de mí hija y agente del G-2. Él trabaja para la Seguridad del Estado y siempre le inculcó esas ideas heroicas a mi hijo Tony que fue a Africa a buscar la muerte, allá en ese país de Africa, mi único hijo Antonio Linares Marrero. Rafael siempre venía hablarle al cuarto de sus ideales revolucionarios y de su trabajo con la Seguridad del Estado. No sé que pensar». Se decía Lilita... «no sé que pensar». Se repitió sentada en su silla en el cuarto del solar de San Isidro. Rafael Benitez, el esposo de su hija y padre de su único nieto. «Pero no sé... realmente, no sé que pensar». En su mente cuando de pronto Eutimio la llamó:

- Lilita... Lilita... ven ayúdame. Te necesito.

De esa manera salió Libertad de sus amargos recuerdos de cuando le dieron la noticia de su hijo muerto en Angola en una guerra desconocida contra La Unita en Angola, Africa.

- Ya voy... ya voy Timito, espérate... ya me paro de esta silla.

Contestó ella a Eutimio. A Timito que es como ella le llama cariñosamente a su esposo de toda una vida y padre de sus hijos. Compartiendo la misma vida en el solar de San Isidro en La Habana, en la Cuba que dejó de ser la Cuba que los cubanos soñaron y pensaron que algún día tendrían y sería.

- Necesito que vengas rápido Libertad, ven apúrate mi viejita.

Eutimio está enfermo hace unos cuantos años, se enfermo de los riñones, padece de una nefritis crónica, necesita ir al baño con frecuencia, él duerme abajo, en la barbacoa hace mucho calor para él, en el verano cubano es casi insoportable. Fue ayudar a su esposo. Regreso y se sentó en la misma silla que había ocupadp antes por horas con su cabeza ocupada en el pasado. Y en el pasado reciente que nunca olvidará y muy relacionados con la gran noticia de ayer, el regreso... el gran regreso, el inesperado de LOS YUMAS a Cuba. Lilita pensaba: «¡Ay... Dios mío tanto sacrificios!... tantos jóvenes muertos en esa guerra, cuantas madres como yo ahora sufren la perdida de sus hijos en una guerra que no fue nunca nuestra guerra. Sin consuelo después de tantos años pasados sigue Lilita pensando en Tony, su hijo de apenas diecinueve años cuando reclutado por el servicio militar, se fue a Africa y luego de este mundo sin casi disfrutar la vida.

Después de haber ayudado a su esposo le vinieron a su mente más y más recuerdos no muy agradables para ella. Se acordó de un día en que Eutimio estaba ingresado en el Hospital Hermanos Almejeiras.

Unos de los mejores y más modernos de la isla. Y con la más alta tecnología. Allí recibía Eutimio sus servicios médicos. Cuando un día le dijeron que lo trasladan al Hospital de 26 en la misma ciudad de La Habana. Sin explicación. Luego se enteró por una enfermera que unos americanos venían a tratarse en este hospital sin costo alguno por concesión del gobierno cubano y por eso a los pacientes los están distribuyendo y trasladando a otros centros hospitalarios, y además venían turistas y empezaba a desarrollarse el: EL TURISMO DE LA SALUD. Y así se recauda la divisa para nuestra revolución y que siga adelante su desarrollo explicó la enfermaera a Libertad justificando el traslado de los pacientes y por tanto de Eutimio a otros hospitales donde los servicios ya no son los mismo, ni la tecnología médica será igual que en el hospital Hermanos Almejeiras de La Habana, donde también llegan pacientes todas parte del mundo pagando con divisa, a excepción de Venezuela que desplazan a los cubanos de sus derechos convirtiéndose en ciudadanos de segunda clase en su misma tierra por disposición del gobierno revolucionario en cuanto a recibir un tratamiento médico justo y adecuado. ¿Y los cubanos... qué? LA LLAMADA POTENCIA MÉDICA, ESTÁ PASANDO DE POTENCIA MÉDICA PARA EL PUEBLO A POTENCIA MÉDICA PARA LOS TURISTAS CON MONEDA DURA. Claro... clarísimo, la astuta jugada, una entrada más de los verdes del norte para seguir con su tiranía, esclavizando al pueblo y ellos en el poder, sin tal vez nunca dejarlo con ligeros cambios que no afecten su poderío. Otra de las variantes de como obtener divisas con los médicos, se forman contingentes de médicos que luego se envían a prestar sus servicios en diferentes partes del mundo. Los formo y a mí se deben, los exploto en otros paises de América Latina, Africa o el Medio Oriente. Ese es el: MODUS OPERANDI del sistema. El problema es mantenerse y seguir diciendo que el socialismo-comunismo es el mejor y el más justo de los sistemas del mundo. Mientras entran los dólares que tanto necesitan. Critican al norte brutal y revuelto y les fascina su mundo desde los más altos hasta los más bajos con cargos en la dirección de la llamada revolución cubana de Fidel Castro y los suyos.

Lilita se dio cuenta que sus ojos lloran, unas lágrimas que caían en su regazo sentada alli en su cuarto de cuatro por cuatro en el Solar de San Isidro. En La Habana. «Cuánto hemos pasado en está vida, cuántos sacrificios, cuántas cosas inesperadas, cuánta incertidumbre y ahora de un momento a otro nuestros enemigos, los causantes de toda nuestra miseria y desgracias, según ellos mismos nos han dicho y redicho en todos estos más de cincuenta años de los americanos. Y ahora son nuestros: ÁNGELES CELESTIALES». Pensó Lilita, hoy su mente está cargada de recuerdos no buenos para ella y que nunca podrá olvidar. La muerte de su hijo Tony en Angola.

«Yo me lo imaginé, desde la visita del Santo Padre, la primera vez y vi aquel SAGRADO CORAZÓN DE JESÚS cubriendo la fachada del edificio del Ministerio del Interior en la Plaza de la Revolución. Me di cuenta... me di cuenta de todo, y de la hipocresía de que somos victimas con estos politiqueros, porque eso es lo que son politiqueros y malos... malos politiqueros. ¿Quién me lo iba a decir? ¿Quién nos lo iba a decir, Dios mío? Desmontaron la imagen del Guerrillero Heroico, desplazaron al Che». Pensó Lilita que quiere hallar una explicación a todas estas cosas inexplicables que están ocurriendo en la isla. «Yo orgullosa me sentí de ver a nuestro Dios que tanto nos prohibieron, pero estoy segura que es solo un acto más de fariseísmo de todos estos desgobernantes que tenemos, cuando el papa se haya ido lo desmontan y quizás ponen de nuevo al Che o quién sabe tal vez al presidente de los Estados Unidos». Lilita se halla como fuera de sí. Es tanto su dolor que no logra entender nada de lo que está sucediendo desde el 17 de diciembre. «En parte me alegra que LOS YUMAS vuelvan, tal vez son nuestros salvadores en estos momentos tan dificiles en nuestro pais, que cada día es peor y peor la vida de todos en este desacierto revolucionario». Pensó Lilita cuando oyó los ronquidos de Eutimio, y se dijo: «Gracias a Dios, se durmió, ¡Ojalá! tenga una buena noche». Y recostó su cabeza en el sillón y ella también cayó en ese sopor y durmió.

Otro día más después de la gran noticia del general-comandante y a su vez presidente de Cuba por la television cubana. Hoy es domingo y Belén duerme un poco más que en los días entre semanas que tiene que levantarse muy temprano para ir a trabajar. Asearse dentro del cuarto de cuatro por cuatro como pueda, poner algo en el estómago, lo que quede y encuentre, sí es que encuentra algo y salir corriendo a fajarse con el camello, transporte público en la Cuba de ahora desde el llamado Periodo Especial en tiempo de paz. Los camellos que la mayoría de las veces no paran en su parada oficial, o van muchas gentes colgados de lo que puedan asirse, de las ventanas y puertas del camello para ir a trabajar. Hoy al menos no es así, es domingo, el día de descanso para el que puede. Otros tienen que seguir en la lucha diaria de cada día del año. Gilberta está sentada en su banquito fuera del cuarto, con su cabeza baja y su mirada perdida. ¿Qué estará pensando Gilberta? Esa es la pregunta incontestable para todos. Ella... ella solo sabe lo que había dentro de su cabeza y donde está en ese momento que parece que ella no está allí en su lugar de siempre desde que abrió sus ojos al nacer y tuvo uso de razón. Sí allí en el solar de San Isidro, en La Habana. Sintió movimiento en el cuarto y se levantó de su banquito al costado de la puerta de cuarto y miró y vio a Evangelina su mamá sentada en su mismo sitio de todos los días, dormitando. ¿Quién sabe? O soñando en los tiempos pasados que ya ella quizás había ya perdido la cuenta de todos esos acontecimientos relevantes en su vida. Gilberta decidió entrar al cuarto y se enfrento a su hija Belén que le dijo:

- Buenos días, mamá Gilberta
- Buenos días, hija. ¿Quieres que te caliente un poquito de café?

- ¡Ay, sí mamá! Me vendría bien a mi estómago y me estimula un poco, estoy tan cansada que no sé a veces como seguir viviendo con esta carga.
- No, digas eso hija la vida es bella y hay que vivirla a pesar de todos los obstáculos y piedras que se nos presentan en el camino.
- Así es mamá Gilberta, asimismito es; pero mi decepción va más allá de todas esas cosas que podemos encontrar en el camino de la vida. Mi decepción es como un día todo que está en un cierto orden y de pronto todo ese orden de cosas se desploma ante mis ojos y nada puedes hacer. Sientes que el mundo que te habían creado no es real. En ese mundo que habías vivido toda tú vida como dentro de una bola de vidrio que oías y conocías solo lo que te decían y veías y tú como buen cordero seguías y seguías al rebaño y no te hacías preguntas de lo que está ocurriendo a tú alrededor, porque creías y habías creído en todas esas cosas que te habían dicho y te la repetían una y otra vez, hora a hora, día a día, semanas a semanas, meses a meses, años tras años, oyendo discursos, analizándolos en círculos de estudios de horas y horas metiéndote todo eso en tú cabeza y tratando de darle un orden lógico en tú vida. Crecí diciendo todas las mañanas, casi a la misma hora del día en el patio de la escuela:
PIONERO POR EL COMUNISMO SEREMOS COMO EL CHE.
- ¿Y ahora... qué?... que dirán ahora a las generaciones que vienen detrás, porque este legendario personaje, el Che. Ernesto Guevara, un día dijo: DEL IMPERIALISMO, NO SE PUEDE CONFIAR... NI UN TANTICO ASÍ... NADA. ¿Qué decimos ahora mamá? Estoy perdida en esta aglomeración de cosas en mi cabeza, en un solo día, en un solo día mamá. Déjeme contarle estábamos en la oficina cuando por el radio daban la noticia del restablecimiento de las relaciones diplomáticas entre Cuba y los Estados Unidos de América. Los dos países enemigos por años, nos quedamos en una pieza, mudos. Nadie dijo una palabra, yo creo que por miedo... o nadie lo creía, fue como una gran broma que alguien se le había ocurrido dar por la radio nacional para causar algún desorden. Todos nos mirábamos con las bocas abiertas, el asombro fue de tal magnitud que no hubo comentarios, ni alegrías, ni otro tipo de manifestación que pudiera entenderse como razonable en aquel inesperado momento de nuestra historia. La historia de un país en la construcción del Comunismo donde los Estados Unidos siempre fueron los enemigos reales, los prepotentes, los que nos amenazan con atacarnos cada minuto de nuestras vidas. El enemigo número uno dicho y redicho por más de cincuenta años. Y ese día, el milagro y nos amigamos de nuevo. Es lo inimaginable... inimaginable el algunos de nosotros o en todos nosotros los jóvenes que nacimos y crecimos oyendo que ellos son nuestros enemigos.

Gilberta escucha las palabras de su hija Belén que está desorientada y le dijo:

- Belén, hija, no lo tomes tan a pecho. No lo tomes de esa manera hija.

Las únicas palabras que salen de la boca de Gilberta, que no tiene forma de convercer a su hija de todo esto que están atravezando los cubanos con la nueva relación con el enemigo eterno del norte. Muchos están igual que Belén, confundidos, desorientados, perdidos en su generación, cuando todos han sido utilizados ideológicamente por años cuando Fidel Castro agarró como instrumento justificar sus errores y el de su sistema politico enarbolándose enemigo de los Estado Unidos de América.
- Sí... sí...mamá estoy tratando de entenderme a mi misma primero y ver como puedo luego seguir por este camino estrecho que hace hasta unos días fue: SOCIALISMO O MUERTE y ahora en un momento se vira todo y es: CAPITALISMO O MUERTE. O ES CUBA SÍ YANQUIS TAMBIEN. Yo no sé ¿Cómo se pudo virar la tortilla de esa manera tan inesperada mamá? ¿qué pasó?... ¿qué hemos estado haciendo todos estos años de sacrificios?... comiendo lo que pica el pollo.

Dijo Belén enfurecida se empezó a salir de ella lo que tiene de mulatica de salir como se dice allá y criada en el solar de San Isidro, en La Habana.
- Sí... sí hija tómalo suave... suavemente y veamos a donde va el barco. Total aquí estamos y tenemos que seguir. Mira déjame encenderte el radio y oigamos un poco de música que siempre alivia las penas.

Gilberta se encaminó donde está su radio, en una mesita rectangular larga que le servía a ellos de mesa de comedor y en una esquina está el radio, lo encendió y se oyó muy bajito, casi inaudible. Esta es Radio Martí desde Washington... en ese instante Belén dijo:
- Mamá, cuántas veces le he dicho que no oiga esa emisora, la confunden con todas esas noticias sobre Cuba y la disidencia y los derechos humanos, que sí la revolución Bolivariana y el socialismo del siglo XXI. Ve Ud., mamá que daño me han hecho aún estoy confundida, equivocada, es una gran confusión en un mar de preguntas sin contestar.
- Belén hija, despierta... deja esas cosas. Ya somos amigos de Los Yumas, ellos no nos mienten. Ellos mentían hasta hace unas horas. Ya no nos mienten. Empezamos de nuevo, y te aseguro que en unos años seremos: Uña y Carne. Ya verás y a ti se te habrán olvidado todas esa jerengas políticas metidas en tú cabecita con las que has tenido que vivir porque naciste en esta bella isla y has vivido toda tú vida en el solar de San Isidro del que no hemos salido y quizás no saldremos nunca, porque de aquí pa'l cementerio. Esto es borrón y cuenta nueva para ellos, calcula de esa manera, eso es asi hija.

Gilberta volvió al radio a buscar algo que le animará a su hija en su desconsuelo por la gran noticia del 17 de diciembre y se oyó:
♪Pa' que tú lo baile
mi son maracaibo

> Pa' que tú goce
> mi son maracaibo
> En La Habana llene'el campo
> todos lo quieren bailar
> Yo soy lo quien lo va a tocar y esucheme Ud.
> mi canto.♪

Gilberta salió del pequeño espacio donde está el radio moviendo todo su cuerpo y más sus hombros al ritmo de la música que se oía en el en ese momento y dijo:
- Ves hija, tú sufriendo por todo, por la noticia, por tú pasado, déjalo atrás y sígueme y empezó a cantar ♪ y se formo la gozadera con el Maracaibo del gran Benny Moré.
- Sí... sí... yo no sé como tú puedes. Después de tanto de lo que hemos pasado. Nunca te lo había dicho antes; pero ahora te lo voy a decir, he soñado con mi tío Vicente, al que solo he visto en esas fotos que Ud. misma conserva y me ha enseñado de él.
- Vicente... Vicente... Vicente... mi hijito... mi hijito Vicente.

Gritó Evangelina que saltó de su asiento al oír el nombre de su hijo, el nombre del hijo perdido, del amado que no se sabe donde está, desde el éxodo por el puerto del Mariel 1980 en la Cuba que construye el socialismo. Gilberta escuchó a su hija y se paralizó, la música dejó de sentirse en ella. Y dijo:
- Mamá... mamá no es nada, es Belén contando un sueño que tuvo con mi hermano Vicente, su hijo mamá.

Contestó Gilberta a los gritos de la la anciana Evangelina Mendieta que dejo de repetir el nombre de su hijo.
- ¡Ay, Gilbertica, me pareció oír su voz y me desperté! La voz de mí hijo, me parece que está allá en ese lugar donde lo mandaron un día y nunca regresó. Se olvidó de nosotros de su madre ya vieja, esperando por cantar el manisero, sentada en este sillón que cada día me parece más grande o yo me estoy achicando. Eso es me estoy achicando con el tiempo pasando sobre mis costillas.

Decía Evangelina y volvió a cerrar sus ojos sentada en su silloncito de siempre. Gilberta y su hija Belén la miran, sus ojos se aguaron, se llenaron de lágrimas, las necesarias cuando el dolor humano es tan grande y no hay otra manera de consolarse y compensar la realidad. Sino ésta, de echar hacia afuera todo eso que se lleva por dentro con el llanto silencioso que da una calma, esa que se apodera de nosotros y acaba por serenarnos.
- Sí... mamá lo vi, en mi sueño, me habló y me decía que volverá, que no sabe cuando; pero que un día volverá. Qué nos echa mucho de menos a todos y más a abuela Evangelina. Cree que debió oírle más cada vez que le habló y hacerle más caso a sus consejos de madre, cuando le decía: Vicentico... hijo mío, Vicentico has siempre lo mejor de ti hijo, lo mejor de ti y todo te saldrá bien hijo. Óyeme... oye a tú madrecita que desea lo mejor pa' ti hijo mío. Lo mejor de este mundo para ti hijo.

Gilberta escucha a su hija Belén contándole su sueño. Vicente fue criado por su madre Evangelina y su padre Hermenegildo. Ahí, en mismo lugar, el solar de San Isidro. Corriendo por el barrio, le gustó siempre jugar mucho a la pelota, en compañía de su inseparable amigo Julián. Vicente nació en el 1953. Cuando se cumplió el centenario del natalicio del Apóstol José Martí, su padre Hermenegildo que siempre fue muy martiano quiso ponerle como nombre José Ramón. José por el apóstol cubano y Ramón por su padre. Eso fue una batalla porque Evangelina quería llamarle Vicente, en honor a Vicentico Valdés, el cantante de toda su vida y al final le ganó la batalla a Hermenegildo y le pusieron Vicente como el gran cantante cubano.

Vicente a penas terminó la primaria, después se hizo un hombre y de un lugar para otro con una mjer aquí y otra allá. Se enamoró por fin. Se unió a una mujercita y vivían en Guanabacoa y al final se encaminó un poco. Consuguió un trabajo en el puerto de La Habana, descargando los barcos, ahí empezó su desgracia metió la mano donde no debía, cayó preso con cinco años en las costillas y acabado de salir de la prisión le tocaron a la puerta y se lo llevaron para el Mariel directo, sin excusas ni pretextos. Y hasta el sol de hoy. A Vicente un día la policía en ese abril de 1980 que fue un abril como no otro, a todo aquel que había cumplido prisión o está cumpliendo lo llevaron para el Mariel. Hasta algunos enfermos del hospital siquiátrico de Mazorra fueron a parar al Mariel y de allí enviados a los Estados Unidos. No sé sí llamarle el abril negro para la población cubana que vivió días de tensión, yo diría que fue oscuro para los que nos quedamos en la isla; pero luminoso para los que la abandonaron en aquel momento coyuntural de la historia, donde muchos pensaron esta es la oportunidad de mí vida esto no se da dos veces y sí no la tomas ahora pierdes doble y muchos se lanzaron a la aventura de salir rumbo a los Estados Unidos de América, otros no con la misma suerte fueron a parar a Perú y allí están todavía, por seguro mejor que en Cuba que no sabe a donde va a parar la susodicha revolución de Fidel Castro. Un nuevo episodio apareció: Los MITINES DE REPUDIO, a la orden del día, por dondequiera de noche y de día, como ordenó el comandante en jefe Fidel Castro. Fueron días de desolación e incertidumbre y en medio de todo, las multitudes inconscientes se dejaron arrastrar por el maquiavelo de todos los tiempos, que sin pudor alguno del que tanto carece dio la orden de asestar a los que quieren irse con lo que fuera porazos, palos, golpes y hasta huevos aún en la miseria que están pasando en la isla. No todo fue ESCORIA como dijo Fidel Castro. Confundiendo y tergiversando como siempre la opinión pública nacional e internacional. Otras de sus mala mañas. Muchas personas, muy buenas y de muy buena reputación, con muchos valores humanos se sumaron a la fuga. Llamó la atención, aún fuera de Cuba, internacionalmente. La huida de más de ciento veinte y cinco mil cubanos en unas semanas.

¿POR QUÉ?... ¿POR QUÉ TODO ESTO?... PORQUE LOS GOBERNANTES SOBRAN.

La hija de Gilberta, Belén no tiene una idea de lo que ocurrió en el 1980 y su éxodo másivo y que significó para todos los cubanos. Muchos cubanos abandonaban la isla. Donde se empezó un nuevo proyecto, se iba a construir el PARAÍSO TERRENAL. Con la bandera de la hoz y el martillo del socialismo-comunismo. Y su HOMBRE NUEVO. Es una estrategia de los sistemas socialista-comunistas que se convierten en sistemas inoperantes, no resuelven los problemas de su sociedad. Los problemas que planeaban resolver en la nueva socieda en construcción y cuando estos no se resuelven viene la explosión social, tal vez inesperada por sus ideólogos. Y entonces está: LA VÁLVULA DE ESCAPE. Igual que cuando la olla de presión ya no puede aguantar más y explota y la explosión popular se hace realidad para evitar que las masas se lancen a la calle pidiendo cambios o reformas se abre la puerta de salida. La válvula se abrió, la solución temporal a toda la inoperancia del nuevo sistema que se implanta. Esa válvula se abre con la salida de su pueblo. No de los responsables del desastre que son los que deben abandonar su obra inoperante y dar pasó a una nueva solución a los acusiantes problemas del pueblo. Cuando no aguantan más sus pueblos de seguir viviendo en esas condiciones de sacrificios y más sacrificios para una mayoría y no para la minoría gobernante que lo controla todo hasta la vida de sus semejantes, sus gustos y aspiraciones. Estos ciclos se repiten de diez a quince años donde vuelve abrirse la válvula de escape, sí se encuentra, y otra salida compensa el desequilibrio politico, económico y social creado, por los desaciertos, los errores, la impracticabilidad del sistema. Pero no, ellos se empecinan y siguen, vendrán entonces otras válvulas de escape para aliviar los problemas creados a las masas en ese periodo de tiempo, sí estas se encuentran disiponibles, el ciclo seguirá repitiéndose, hasta que no sean destruidas las obsoletas estructuras que impiden el avance económico, social y por ende político del país. Sino viene algo diferente que resuelva el problema del sistema socialista-comunista que será según los teóricos el nuevo justo sistema para toda la humanidad. Porque alguien en unos de sus desaciertos filósoficos dijo:

EL FUTURO PERTENECE POR ENTERO AL SOCIALISMO.

Se tomó la facultad de prever el futuro. Cómo alguien descabezamente puede prever o extrapolar el futuro, que solo descansa en las manos de nosotros los seres humanos a su debido tiempo y que haciendo un uso racional de nuestras fuerzas y otras fuerzas conjuntas podemos hacer de nuestro mundo un mundo mejor para todos. Y no así el paraíso en la tierra que se consigue con la revolución socialista. En la teoría es indiscutiblemente hermosa. El marxismo-leninismo que en la práctica no funciona, se vuelve inoperante, no se cumple la teoría con la práctica, completamente irresoluto. Y entonces se cumple lo que dijo: Unos de los grandes hombres de todos los tiempos. José Martí:

CUANDO LOS PUEBLOS EMIGRAN, LOS GOBERNANTES SOBRAN.

Eso es lo que se está viviendo en nuestra isla. El pueblo decide marcharse cuando ve que seguimos hundiéndonos en el lodo cada día más y más. Y en otras partes del mundo se aceptan los cambios que posibiltan la mejoría y el restablecimiento de una nación donde cada uno de sus habitantes están viviendo en: DEMOCRACIA. Con respeto a sus DERECHOS como lo que somos seres humanos.

Hija y madre lloran con sus manos entrelazadas. Solo se oían sus gemidos y un ligero ronquido de la anciana Evangelina Mendieta en su sillón de siempre y de todos los días. Cuando Gilberta dijo:
- ¡Ay, hija!, nunca me habías contados ese sueño.
- No sé... no sé porque no lo hice antes, a veces creo que fue por mi influencia política en la que he vivido toda mi vida. Y hasta hace unos días que veía a mi tío como un enemigo, un traidor. Se había ido allá a ese país, que es un monstruo como nos dicen, donde:
EL HOMBRE ES EL LOBO DEL HOMBRE Y EXISTE LA EXPLOTACIÓN DEL HOMBRE POR EL HOMBRE.

Dice Belén a su madre repitiendo de carretilla lo que le habían enseñado por años en todos los niveles de educación desde la primaria hasta la universidad. Cuando su madre que sí conoce el terreno y como funcionan las cosas en el tapete le dijo:
- Mira Belén, tú tío es un buen hijo y un buen hermano, él no se fue a voluntad. Ellos... ellos lo obligaron a irse. Me acuerdo que lloró como un niño sentado en el borde de su canapé sin consuelo minutos antes de partir a la estación de policía donde ellos lo citaron.
- ¿Quienes son ellos mamá?
- ¡Ay!... ¡ay... Dios mío! Cuánto dolor y odio se ha sembrado en estos corazoncitos inocentes madre mía.

Dijo Gilberta, tomando las manos de su hija y llevándoselas al pecho.
- Mira Belén, quienes van a ser ellos. La policía, la Seguridad del Estado, el gobierno. Todos... todos ellos trabajando juntos en sus planes. ¿Qué cuáles serían esos planes de ellos de llevarse a la gente obligada a otro país? Yo nunca lo entendí mija... Nunca.
- No entiendo nada mamá... no entiendo... no entiendo.

Belén, ella quien no puede conectar los puntos de la cadena y entender bien el sistema que ha vivido desde su nacimiento. Adoctrinada a la manera que ellos lo hacen para no dejar espacio al pensamiento propio de la persona. Sino al manipulador que con toda una inteligencia interna, externa y ábil los lleva a donde él quiere.
- No... no es fácil hija... no es fácil de entenderlo todo. En un día pa' otro. Mira voy hacerte un chiste para verte sonreir y ver esos labios abrirse en una sonrisa a la vida. Mira este cuento me lo hizo Kiko el vecino de aquí del otro solar, él me dijo:

- Mire Gilberta un chistecito para reirnos total pa' la leche que da la vaca... que por cierto no está dando ninguna de más está decirlo. Bueno mire, empezó diciéndome: Ud. sabe que José Martí nuestro apóstol estuvo exiliado en los Estados Unidos de América. Sí allá en Nueva York, en el norte como muchos de nosotros lo llamamos. Y desde allí escribió su famoso libro: LA EDAD DE ORO. Para no hacerle el chiste tan largo. José Martí regresó a Cuba y dicen que dijo: VIVÍ EN EL MONSTRUO Y LE CONOZCO LAS ENTRAÑAS.

... pero no... no... después de unos estudios se llegó a la conclusión que no fue así realmente lo que él dijo mi tía. Lo que realmente el gran pensador dijo fue:

VIVÍ EN EL MONSTRUO Y LO EXTRAÑO.
- Ja... ja... ja... ja...

Se reía Gilberta e hizo reír a su hija Belén que aún está en su mar de confusiones. Entre lo vivido y lo por vivir con los enemigos de siempre que ahora son los amigos frente a su puerta. Los Yumas.
- Mamá... mamá, que cosas se les ocurre a la gente. Hablar así de nuestro Héroe Nacional.
- Es un chiste hija... Ave María... es un chiste. Hay que seguir viviendo no. Qué bueno que mamá está dormida, porque sí me oye con el chiste de Kiko seguro que me dice algo y me regaña. Tú abuelo, mi padre fue un martiano de corazón y sufrió mucho... mucho porque no entendía, como ahora tú no entiendes muchas cosas, él un día murió aquí. Aquí mismo en mis brazos y con el nombre de Vicentico en su boca. Lo Llamaba Vicente... Vicente y así él dejó de existir. En paz descanse mi padre que siendo tan martiano fue otra victima de este sistema, sacrificándose todos los días de su vida se metió en la microbrigada para que le dieran un apartamento y salir de este solar donde siempre vivió, pero no era militante del partido y cuando se terminaba un edificio y se hacía la asamblea para otorgar los apartamentos le sacaban a la cara la ida de Vicente pa'l norte y su no militancia en el Partido Comunista. Le prometían que le próximo año se lo darían y nunca se lo dieron, tú ves como son las reglas del juego mi Belén.

Dijo Gilberta, tristemente contándole a su hija la verdad que ella no sabe.
- Ven acá mamá y quién es ese Kiko... ¿Es uno nuevo en el barrio?
- No hija... nosotros conocemos a Kiko desde que nació. Kiko fue contigo a la escuela primaria a la Frank País de aquí del barrio hija. ¿Tú no te acuerdas de él? El nació aquí en el barrio en el otro solar a unos cuantos metros de aquí. Es él hijo de Tomasa, la negra Tomasa. Sí... sí la santera que se le llena la casa de gente buscándola para que le ayude con su santo.
- ¿Y de dónde salió su hijo Kiko?

Preguntó Belén a su madre que le luego continuó diciéndole:
- Yo nunca lo había visto antes. O no me acuerdo de él mamá.

Gilberta inhaló un poco de aire que le entrara en sus pulmones cuando dijo:
- Ah, mija esa es otra historia a contar.

- Kiko tiene muy buenos sentimientos; pero es un INADAPTADO. No se ajusta a este sistema que nos ha tocado vivir en este país. Tú no te acuerdas de él porque cayó preso muy joven. Primero cayó preso cuando tenía unos quince o dieciséis años huyéndole al servicio militar obligatorio. Siempre dijo que ese color verdeolivo no le queda bien con él, y trato de escapar con unos amigos en una lancha que ellos mismos se habían sacrificao y comprao, trabajando duro. La escondieron el Cojimar en casa de unos amigos, la repararon, continuaron trabajando por algunos meses más para reunir más dinero y comprar el motor fuera de borda.

Al final llegó el motor, lo instalaron y en unas tres o cuatro semanas, esperaban por el mejor tiempo en el mar, a ver si no aparecía un mal tiempo de esos que no le permitiera llevar a cabo su viaje a los Estados Unidos. Na' hija... con tan mala suerte que la grifi los descubrió y ahí se jodió la cosa, tú puedes ver que cada caso tiene su cosa. Pobre Kiko con los deseos que tenía de llegar a los Estados Unidos, uniéndose a Los YUMA y nunca pudo. Eso fue más a menos a finales del 1989 o principio del 90. Ya tú ves, Kiko tan joven en el tanque. Salió Kiko a los tres años y medio, por buen comportamiento de cinco años que le habían metió por la cabeza. Kiko al principio ni se asomaba a la calle desde que salió de la prisión, solo la cabeza por la ventana de su cuarto que por cierto que es el más grande del solar, porque es el primero a la entrada. Su madre Tomasa en esos tres años y medio subiendo al combinado del Este a llevarle la jaba, sin dejar de atender su Santo, que tanto la ayudao siempre. Quién te dice a ti mjita que cogen a Kiko en el Boulevard de San Rafael con unos dólares en el bolsillo. La policía lo esposo, lo encanó y se lo llevaron para la estación de la policía de la calle Zanja y de allí volvió a la prisión de nuevo. Al tanque por segunda vez. En aquella época el dolar estaba penalizado, nadie podía tener dólares en sus bolsillos, solo las empresas que atendían el turismo como los hotels y las tiendas del estado, galerias de arte que vendían a los turistas. Por esa sencilla razón de unos dólares en el bolsillo de Kiko lo puso de nuevo tras las rejas en el combinado del Este de nuevo; pero tú quieres saber lo más injusto de esta situación fue que en año 1993 vino una nueva ley de despenalización del dolar y el pobre Kiko tuvo que comerse sus años en la prisión. No le dieron la libertad cuando en verdad se la merecía, sí tener el dolar ya no es delito. Porque mantener a estos jóvenes presos en el tanque. Yo nunca lo entendí, me pareció injusto. Si esa fue la causa de su prisión ya Fidel Castro había despenalizado el dolar, porque el pobre muchacho tenía que seguir preso. En ese ambiente tan joven, que tanto daño le estaba causando a él y toda su famila; pero bueno, así son las cosas en este país, como el mismo Kiko me dijo un día, cuando le pregunté ¿Por qué sí ya el dolar no era delito tenerlo, por qué el siguió en prisión. Y tú sabes lo que me contestó ese kiko con esa voz ronca que el tiene me dijo: Mi tía... mi tia... no se rompa la cabeza con eso, no le de tanto al moroco, que se enferma, porque con esta mala alimentación, sí pensamos mucho, nos volvemos locos, y esas son las cosas del Orinoco que Ud. no entiende ni yo tampoco. Y se echó a reir. Kiko es bueno; pero las circunstancias de la vida lo han llevado recio... muy recio.

Dijo Gilberta, para darle punto final a la historia de Kiko, el hijo de Tomasa, La Santera del barrio de San Isidro.

- Tú no te acuerdas de él, te fuiste pa' la secunadaria en el campo, el preuniversitario en el campo y se te olvidó la cara de kiko, además salió hecho un hombre de la prisión. Entró que parecía un niño y salió un hombre.

Belén escuchó la historia de Kiko. Kiko le había caído bien, desde la primera vez que lo vio. «Es un mulatico simpático». Se dijo asimismo en ese momento que su mamá había acabado la conversación sobre las desdichas de Kiko, el hijo de la negra Tomasa, la santera como mejor se conoce su mamá en el barrio. El día seguía su curso y es domingo, muchas cosas acontecían el domingo y Belén decidió ir a la azotea del solar a respirar un poco aire más puro que ese, el aire viciado del cuarto en solar y entonces dijo:
- Mamá Gilberta, me voy un rato a la azotea.
- ¿Y eso hija?

Preguntó Gilberta a su hija Belén que sabe que las escaleras se están pudriendo y no están muy seguras para subir a la azotea.
- Necesito respirar un aire más puro y ordenar mis pensamientos.

Respondió Belén a su madre. Y continuó:
- Porque desde que oí la noticia, he descubierto de que algo me falta y tengo que buscarlo, tengo que descubrir que es mamá y necesito un rato de soledad y encontrarme conmigo misma.
- Bueno hija, si eso te hace sentirte mejor... ve... ve sube a la azotea y cuídate por esa escalera que no están muy segura la madera se está pudriendo y no brindan seguridad mi hijita... cuídate.

Belén salió al pasillo, caminó hasta el final, allí al terminar la pared está la escalera que da al segundo piso y de ahí a la azotea del solar de San Isidro. Siguió sin mirar para atrás llegó y puso su pie en el primer peldaño de la escalera, miró hacia arriba y siguió si vacilar, camina firme, decidida a buscar y encontrar lo que necesita, siguió subiendo y llegó al segundo piso, sin mirar atrás, se quedó allí en el descanso y puso el pie en el tramo de la escalera que la lleva a la azotea del solar de San Isidro. Siguió hacia arriba peldaño tras peldaño y al fin llegó a la azotea, caminó hacia el centro de la azotea del edificio y desde allí alzó su vista mirando todo lo que tiene al frente y miró y siguió mirando los techos de casi todos los edificios que rodean la manzana del solar de San Isidro y entonces levantó su vista y de pronto vio allá, levantándose desde el suelo, EL CRISTO DE SAN CRISTÓBAL DE LA HABANA. Aquella mejestuosa escultura del Cristo Jesús de Nazareth. Y se dijo: «¡Eh!... aquí... ¡eh!... aquí... lo que me falta y no me había dado cuenta. Ese es mi vacío y ahora lo encuentro, ahora puedo decir que mi vacío se ha llenado, se ha llenado de CRISTO, que es lo que me falta para seguir viviendo». Belén pertenecía a la GENERACIÓN PERDIDA. Crecieron diciendo: PIONEROS POR EL COMUNISMO SEREMOS COMO EL CHE. Creando a ese HOMBRE NUEVO. Privándoles de libremente creer en Dios, el sistema es ateo impuesto por Fidel Castro. Días tras días y años por años, sin cuestionamientos, después ingresan en la Unión de Jóveves Comunistas siguen el mismo proceso de adoctrinamiento, no conocieron el evangelio, el vivo que cada ser humano lleva dentro y quedó allí dormido de una manera tal, que al no cultivarse se sintió el vacío que queda dentro y hoy gracias a su evangelio aún vivo despertó y Belén se dio cuenta, se convenció de su vacío y hoy empieza a llenarlo poco a poco lentamente, cultivando su evangelio y uniéndolo a su espíritu.

Belén seguía allí en la azotea del solar de San Isidro, comtemplando al CRISTO y podía decirse que está sufriendo una transformación que solo ella y CristoJesú saben. Decía palabras ininteligible, con un balbucir que solo ella podía oírse y entenderse, fue inclinando su cuerpo hasta que se sentó en la azotea y después dejó que todo su cuerpo cayerá, mira al cielo, a ese azul cielo cubano y allí se tendió por un gran rato, luego cerró sus ojos y se quedó con sus ojos cerrados y su pensamiento vagó en su cerebro y se recuperó, abrió los ojos y está aún en la azotea cubierta de ese manto misterioso que la cubría y pensó: «soy otra Belén, hoy volví a nacer», se dijo asimismo y nació la nueva Belén del solar de San Isidro. Se levantó del suelo de la azotea y dio media vuelta, se dirigió a la escalera, decidió bajar y volver al cuarto de cuatro por cuatro que ha sido su casa desde que abrió los ojos en este mundo. Bajó y camina al cuarto, entró, está su abuela Evangelina que le dijo:

- Oye Belén... ¿dónde has estado? Ya me tenías preocupada, tu mamá salió a buscar el pan. Qué bueno que ya estás aquí.
- Abuela... abuela estaba allá arriba en la azotea, mirando La Habana.
- La Habana, mi hija dices tú.

Respondió la anciana. Sorprendida de oír esas palabras de su nieta.

- Sí, abuela... sí La Habana.
- ¿Y qué viste desde allá arriba hija?

- La Habana abuela... La Habana con todo su colorido, con todo su mosaico y su esplendor de siempre. Sus penas y sus visicitudes que también la agobian.
- Ya yo perdí ese románticismo de La Habana. No sé... no sé que me ha pasao.

Decía la anciana Evangelina Mendieta que a veces tiene momentos de lucidez.

- Abuela... Ud. sigue siendo romántica, lo que sucede es que es tan grande que Ud. no se da cuenta que lo lleva dentro.

Dijo Belén a su abuela, una persona muy mayor y la tranquilizó en su conversación. Sobre la vista panoramica de La Habana de su tiempo de los años cuarenta y cincuenta en que La Habana, sí era otra Habana. La Habana en que se sentía el vivir de día a día. Con deseos de vivir más y más, no ahora en que todos envilecen en La Habana y en toda la isla.

Es domingo, un día muy especial para algunos en La Habana y en Cuba. Esas son LAS DAMAS DE BLANCO que salen todos los domingos de la iglesia Santa Rita en Miramar y desfilan por toda la Quinta Avenida pidiendo la LIBERTAD para los presos politicos. Ahí se encuentran Zoe la hija mayor de Ofelia la vecina de Gilberta y su hija Yadira. Se había acabado la misa y las mujeres vestidas de blanco se alinean en la entrada principal de la iglesia para comenzar su recorrido habitual de los domingos. Con su flor blanca en una mano y la bandera cubana en la otra en simbolo de solidaridad con todos los presos políticos en la isla. Las Damas de Blanco desde su fundación se han convertido en una institución política opositora, disidente al gobierno de los hermanos Castro.

Cuando Laura Pollán demostró que la mujeres también podían luchar pacíficamente por la libertad de LOS PRESOS POLÍTICOS y también por otros derechos que se les ha arrebatados. Y así empezó a formarse la lista del martirologio cubano de esta etapa de la lucha por la libertad de Cuba contra la dictadura castrista, los que detentan el poder en la isla-prisión por más de cincuenta años. Sumándose otros como Orlando Zapata, Oswaldo Payá entre otras figuras con mucho en común, lograr la libertad del pueblo de Cuba, viviendo bajo una dictadura por más de medio siglo. Y al menos con algo más en común en las muertes de los líderes como Payá y Pollán. No muy claras y donde estuvo la mano de los miembros de la Seguridad del Estado. La KGB cubana que práctica los métodos estalinista de eliminación de los que se les interpone con sus fines de conservar el poder. Muertes planeadas para eliminar y decapitar el movimiento que ellos llevan a cabo y como dice el dicho: El fin justifica los medios. El fin mantenerse desgobernando por más tiempo, no sabemos hasta cuando, no importan los medios: Matar. Ellos, que fueron las cabezas de la nueva revolución que debía llevarse a cabo. Porque la revolución del 1959 ya es caduca, obsoleta, no resolvió los problemas de pueblo cubano. Ni los va a resolver jamás. Ya se está muriendo desde los años 1970, cuando se vio que las promesas no se cumplían por un modelo insatisfactorio, inoperante, fracasado y con muchas manchas oscuras a su alrededor. Llegó el momento de iniciar la otra revolución, la que si será una revolución del pueblo y para el pueblo, no de una minoría gobernante. Explotando y esclavizando a sus ciudadanos por décadas. Necesitamos la nueva con democracia que se esparce por el mundo. Belén seguía allí en su cuarto del solar de San Isidro con su abuela Evangelina al frente en una conversación que ellas sostenían sobre los tiempos pasados y presentes en La Habana, de cuando La Habana no se parecía a esta Habana de ahora. De pronto Gilberta su mamá entra y dice:

- ¡Ay, hija como te he extrañado! Aún estabas en la azotea.
- Sí, mamá, vengo de allá arriba de la azotea y algo ha pasado por mi, que no había pasado antes.
- ¿Qué pasó hija? Cuéntame.

Preguntó Gilberta. Muy interesada en lo que ha oído de su hija.
- Es un poco complejo mamá para entenderlo, yo diría que es una experiencia muy personal y que cada uno lo entiende a su forma y manera cuando algo muy especial pasa en la vida de uno.
- Pero bueno vamos cuéntame. Estoy deseosa de oírte hablar de tú experiencia personal, cuéntame Belén... vamos... vamos cuéntame.
- Mamá Gilberta.

Empezó Belén diciendo a su madre sobre su experiencia en la azotea del edificio del solar de San Isidro y siguió diciéndole:

- Mamá, desde que empecé a ir al escuela a los cinco años empecé a decir y a repetir como un papagayo: PIONEROS POR EL COMUNISMO SEREMOS COMO EL CHE. Nunca le di mucha importancia a la esa frase dicha todos los días por la mañana en el matutino de la escuela. Lo dije por decir, sin analizar las palabras que salían de mi boca y el tiempo fue pasando y pasando, llegué a la secundaria, ya no repitíamos la frase, pero entonces fue la Unión de Jóvenes Comunistas. Me captaron y seguí dejándome llevar por todas esas cosas que nos enseñan en el comité de base y en las reuniones, los círculos de estudios, los debates de ideas como ellos acostumbran a llamar: LA BATALLA DE IDEAS. Y de ese modo fue pasando el tiempo. Entré en la universidad, tenía el carné de militante de la UJC, me gradué, fui al servicio social y regresé aquí al mismo lugar, el solar que vi cuando abrí mis ojos. Viviendo el mismo mundo que había visto toda mi vida. Aquí en el cuartico de cuatro por cuatro en el que hemos vividos siempre en solar de San Isidro. Y ahora qué mamá, ahora qué... con todo esto. Yo gritándoles a otros ¡GUSANOS!, ¡ESCORIA!, ¡QUE SE VAYAN!... ¡QUE SE VAYAN!... ¡PIN PON FUERA ABAJO LA GUSANERA! Y no pensaba, mamá Gilberta. No pensaba. Ni me detenía a pensar cual es la verdadera realidad de ese mundo que me habían creado años tras años manipulándome, adoctrinándome para servir a otros en sus desmanes, intereses e injusticias.

Las lágrimas de Belén empezaban a salir de las orbitas de sus ojos, hablaba despacio; pero podía notarse en sus palabras que se sentió utilizada, que la habían cogido de instrumento para hacer todas estas cosas y participar en todos esas actividades programadas por el gobierno. Ella, Belén sin pensar, sin analizar en aquel momento actuando como un títere que se deja manejar con hilos, cuando otra mano está actuando detrás con todas sus maquiavélicas maquinaciones y propósitos.

- Hija, no te pongas así. Somos humanos y cometemos errores

Gilberta dijo a su hija Belén. Tratando de ayudarle a rehacer su vida. Y le puso su mano sobre sus espaldas dándole el consuelo que ahora necesita en estos momentos tan difíciles y de tanta incertidumbre para todos. Creció creyendo en todo lo que le decían en la escuela, en la radio, en la televisión, y un día todo ese edificio construido por años y años se desploma ante sus ojos y ella, Belén se quedó muda, sin palabras, sin aire para respirar en ese mismo medio inanimado para ella en que creció sirviéndoles a los que detentan el poder en la isla por tan largo tiempo.

- Si... sí mamá... sí. Es muy duro sentirse como me siento yo desde ese dia. Ellos me utilizaron para sus fines. Ese dia 17 de diciembre de 2014. Cuando oí aquella noticia. Me parecía un juego, que nada era en serio. Había sido un juego para mí todo desde que me inculcaron las ideas comunistas en mi mente. ¡Y ahora soy otra mamá!, ahora soy otra, porque nací de nuevo mamá... nací de nuevo y todo ocurrió como un milagro, allá en la azotea, allá... sí subí y algo me envolvió y estuve fuera de mi por unos momentos mirando fijamente al cielo y desde allí vi al CRISTO DE LA HABANA frente a mí y me inspiró mamá... me inspiró a seguir mirándole y deleitándome con su figura y sentí algo como nunca antes mamá... Me pareció que el espíritu de DIOS había llegado a mi y me había tocado a mi puerta por primera vez. Y seguí por largo rato en este estado que no sé que nombre darle; pero sí estoy segura que me transformó. Soy otra mamá... soy otra Belén en solar de San Isidro.

Gilberta escuchó la historia de su hija Belén, su proceso experimentado por ella misma en su transfiguración en estos tiempos. Hoy domingo allá en la azotea del solar de San Isidro en La Habana y dijo:

- Yo, hija también tengo mi historia que contarte, nunca te la había contado, por no lastimarte. Sabiendo que eres militante de la UJC. Y que un día me dijiste que te estaban proponiendo para el Partido Comunista. Entonces me preocupe mucho, siempre orando por todos Uds. que son mis hijos, diferentes, pero mis hijos. Cuando Uds. todos salían del cuarto en la mañana. Yo y mamá Evangelina nos quedábamos solas, ella como tú sabes dormitando en su sillón y yo me escondía en aquel rincón cerca del radio y oía a RADIO MARTÍ sí... RADIO MARTI esa emisora al que tanto el gobierno le teme y tú sabes ¿Por qué? Belén porque nos abren los ojos y nos enseñan y nos dicen la verdad que no se dice aquí, y ahí en esa emisora descubrí un programa que se llama EL ARTE DE VIVIR, el animador del programa dice: LOS TRIUNFADORES HACEN QUE LA COSAS PASEN, LOS PERDEDORES DEJAN QUE LAS COSAS PASEN. Tú sabes qué, mi hijita que gracias a ese programa y a esa emisora, y a ese locutor a podido vivir todos estos años duros, difíciles, llenos de promesas, llenos de mentiras, dichas y redichas que un momento se vuelven verdades y todos las creemos. Y no pensamos... no analizamos... porque otro ya se encarga de hacerlo por nosotros por su propia conveniencia y sus intereses personales de poder que es solo lo que a él le interesa para mantenerse.
- ¡Ay, mama Gilberta Ud. también es otra! ¡Está cambiada!

Belén exclamó a su madre y se dio cuenta que a todos nos llega la santa cruz.

- Sí... sí... hija hace mucho tiempo, hace muchos años que ya yo soy otra, otra persona pensante, con ideas y ansias de libertad. ¡QUE OJALÁ NOS LLEGUE A TODOS! con este nuevo encuentro de Cuba y los Estados Unidos de America. Aprendí mucho con Radio Martí y siempre se lo agradeceré, porque saber nos hace libre.

- Yo no sé que decirle mamá Gilberta... no sé... no sé que decirle después de tantos años montados con estas bestias comunistas, que no cambiarán de un día para otro. Ellos no van a ceder tan fácil. Además el miedo empieza a apoderarse de mí mamá Gilberta y de todos. Yo les grité a muchas gentes... no sabía lo que hacía mamá... no sabía lo que hacía. Ojalá Dios nos perdone a todos los que fuimos victimas de la manipulación comunista gubernamental.
- No te preocupes hija, yo espero que todo el mundo entienda esto que nos ha pasado a todos los cubanos desde aquel primero de enero de 1959. En que nuestro destino se puso en la manos del hombre que todos confiamos y nos traicionó. Nadie sabía que se escondía detrás de ese señor que nos arrastró a todos y lo seguíamos a dondequiera.
- Ojalá así sea mamá.

Dijo Belén con una voz asustadiza y aún con lágrimas en sus ojos, interiorizando su nueva realidad. El tiempo pasó, es diciembre de 2014, quizás estas NAVIDADES serían realmente NAVIDADES como siempre las han deseado el pueblo cubano. ¡NAVIDADES! Porque le conviene al gobierno totalitario demostrarle al mundo que somos un pueblo libre, con libertad religiosa, como lo hizo con la visita del papa en enero de 1998. Cuando vimos un gigantesco SAGRADO CORAZÓN DE JESÚS cubriendo la fachada de un edificio gubernamental en la Plaza de la Revolución. Para demostrarle al papa y al mundo que somos amantes de CRISTOJESÚ, y después de irse al Santo Pontífice, todo siguió igual o peor. El juego que las autoridades hacen con el pueblo y el mundo. Otra vez más las esperanzas de los cubanos se ven frustradas y manipuladas por el gobierno con dos caras, que bien las sabe usar y hay quien se deja engañar. Cuando no son tiempos para dejarse engañar, hay que ver más allá de lo que se nos presenta ante nuestra vista. Cuantas victimas desde aquel enero de 1959 y de ahí en adelante, cuantos fueron encarcelados y enviados a la UMAP, cuantos fueron expulsados de las universidades, solo por sentir: UNOS DE LOS SENTIMIENTOS MÁS NOBLES Y PUROS. LOS SENTIMIENTOS DEL HOMBRE DE CREER EN DIOS. Diciembre el mes del nacimiento del REDENTOR. «Ojalá los cubanos puedan celebrarla, libres a partir de ahora». Se dijo Belén asimismo.

Hoy es 24 de diciembre de 2014. Hace una semana de la gran noticia, la noticia de la ESPERANZA. La noticia de LA PAZ, la noticia que todos los cubanos esperan que sea para el bien y por el bien de todos los cubanos, dentro y fuera de la isla por todos estos años que se apoderó de Cuba lo que se dio a conocer como LA REVOLUCIÓN CUBANA. En la que todos depositamos nuestra confianza, nuestros sueños, ilusiones y deseos de PAZ Y AMOR para todos. Porque Mahatma Gandhi dijo: NO HAY CAMINOS PARA LA PAZ. LA PAZ ES EL CAMINO.

Son las seis y cuarenta y tres minutos y Kiko se encuentra con su amigo Efrain en la portón del otro solar de San Isidro. Efraín llegó y dijo:
- ¿Qué bola asere? ¿Cómo va la cosa?
- Aquí tú me ve asere en el bu-ru-ru... ba-ra-ra.

Dijo Kiko a su amigo Efraín, él que se cuida como gallo fino desde que salió de la prisión para no volver al tanque, como algunos le llaman a la prisión.
- Pasmao mi hermano, pasmao mi hermanito Efraín.
- ¡Eh!... ¡eh! ¿Qué es eso de Efraín... Efraín?, mi hermano... no.. no.. no más Efraín Kiko, ahora me llamo: Efrí... Efrí para que lo sepas... no más Efraín... no más Efraíncito... nada por el estilo, ahora soy Efrí. Mi hermano Efrí me oíste. Ahora que vienen Los Yumas. Ahora yo soy Efrí aquí en La Habana con Los Yumas que están al llegar por montones y estoy loco esperándolos que lleguen mi hermano.
- Mira Efraín... o Efrí, como más te guste, vamos a inventar algo porque no podemos seguir así pasmao asere. Hoy es 24 de diciembre es Nochebuena. La víspera del Nacimiento del Rey de Reyes y tenemos que celebrarlo asere... tenemos que celebrarlo me oyes y en grande papa, celebrando las dos en una vez. La llegadsa de Los Yumas y el Día de la NocheBuena.
- Mira yo tengo unos cuantos chavitos, vamos a inventar pa' una botellita de ron Havana Club o Guayabitas del Pinal. Asere algo... es algo asere, que estoy seco... seco... sediento y quiero decirte no estoy pa' esas cosas que venden por ahí que uno no sabe ni de donde salen que le llaman Chispa a Tren o Tírate pa'tra, mi hermano. No estoy pa' esos mofucos. Los Yumas vienen y esto hay... que... celebrarlo en grande asere, tú sabes en grande de verdad. Esa noticia me tiene loco mi socio, tú te imaginas Los Yumas aquí de nuevo en nuestra plaza. En La Habana y en Cubita la Bella.
- Mira vamos al solar de Jesúmaría. Allí siempre se inventa algo.

Caminan por la calle de San Isidro en dirección al solar de Jesúmaría. La Habana a pesar de las vicisitudes, la necesidad y del camino incierto por los que han tenído que atravesar. La Habana es una ciudad bellísima, caminarla de noche, despierta más la intriga en sus residentes, visitantes y en sus moradores. La envuelve algo inexplicable a uno mismo... se siente... se siente algo que no se puede explicar... La Habana... La Habana... y su embrujo natural. Llegaron al solar de Jesúmaría, desde el portón se oía la paranda, que ya había empezado en el solar de Jesúmaría. Kiko y Efraín se conocen La Habana Vieja como la palma de sus manos, allí habían nacido y se habían criado, pasando por todas esas etapas que todo ser humano hasta llegar a la edad adulto. Le tocaron a la puerta del cuarto de Inés. Ella les abrió diciéndole:
- ¡Eh, Kiko!... ¿Cómo anda la cosa?
- Aquí, pasmao, mi negra.
- ¡En un día como hoy! No te lo puedo creer, yo te conozco muy bien mi Kikito.

Inés contestó. Ella que es por largo tiempo amiga de Kiko y hacen sus bisnesitos juntos de vez en cuando, antes de él caer preso por tráfico de divisa y luego continuó.

- No te lo creo Kiko. Hoy... 24 de diciembre, tú sabes lo que eso significa, que hoy es La NocheBuena, la víspera del nacimiento de nuestro niñito Jesús, y todo el mundo... todo el mundo celebra La NocheBuena en el mundo entero Kiko.
- Mira Inés fueron tantos años sin celebrarla, sin darnos casi cuenta que día era el 24 de diciembre que ahora hay que empezar de nuevo. Como si nada hubiera pasado. Y no es fácil... no es fácil mi negra. Con todo lo que hemos pasao en todos estos años. Yo porque nací en el 1980, sino yo no estuviera aquí, estuviera allá en La Yuma a noventa millas de todo esto, vacilando la buena de verdad en ese que llaman imperio; pero al que todo el mundo quiere llegar, y yo me he preguntado siempre por qué y por algo es que todos quieren llegar allá al IMPERIO como les llaman estas gentes.
- Mira Kiko hablemos de otra cosa, que hoy es NocheBuena y no quiero desgraciarme la noche. Oye la música y goza... oye... oye lo que dice esa canción que esta sonando allá afuera el pasillo negrita.

Y se oía

♪Apenas siendo un niño allá en la antilla
mi padre me vistió de marinero
tuve que navegar noventa millas
y comenzar mi vida de extranjero
huyéndole a la hoz y al verdeolivo
corriendo de esa absurda ideología
pues nunca quiese ser aperitivo del odio, del rencor y la apatía
en la maleta traje un colibrí un libro de Martí un sueño...
vino Benny Moré de polizonte...
Ya vienen llegando... ya viene llegando... qué todo el mundo lo está esperando.♪

- Hoy, 24 de diciembre... 24 de diciembre, así mismo... La NocheBuena. ¡Tantos años perdidos Dios mío!

Exclamó Inés. Ella nació en el año de la desgracia, el 1959 y solo tenía veintiún año cuando se formó aquel desbarajuste del 1980 y por miedo no se metió en la embajada del Perú cuando unos amigos del barrio la invitaron hacerlo, todavía le pesa, lo está sintiendo y cree que lo sentirá por toda su vida. Ya ahora tiene más de cincuenta años. «Ya no hay tiempo pa' mi. Kiko tiene razón por algo todos quieren llegar allá a ese monstruo que ellos inventaron aquí». Se dice Inés muchas veces a ella misma. Cuando Kiko dijo:

- Sí... así es mi negra, 24 de diciembre de 2014.

Contestó Kiko suspirando profundamente, él que piensa igual que Inés. «Yo que nací en ese dichoso año de 1980 para muchos cubanos, aunque quizás triste para otros, así es la vida». Pensó en ese mismo instante, casi el mismo pensamiento corría por sus mentes. Cuando Inés dijo:

- Pero bueno dímelo cantando mi hijito, ¿qué te trae por aquí?

Preguntó Inés que no quiso seguir pensando en su equívoco de más de treinta años. Y entonces Kiko dijo:

- Na', por aquí, que mi socito y yo. ¿Tú lo conoces? ¿verdad? El Efrí. Ahora quiere que lo llamen Efrí, es más yumático su nombre dice él. Ahora que cada día se acerca más la llegada de Los Yuma.

Inés no quería oír sobre eso, nunca se perdona a ella misma no haber ido ese día con sus amigos a la embajada del Perú.
- Sí... sí... lo he visto por ahí en el barrio.

Contestó Inés que quiere olvidar su pasado indeciso y que tanto daño le ha proporcionado a su vida en la isla.
- Te lo presento este es Efraín, todos lo llamamos Efraíncito, ahora Efrí en La Habana.
- Mucho gusto.

Dijo Inés, extendiéndole la mano a Efaín, el yumático de sangre.
- No... no... el gusto es mío, Efrí ese es mi nombre, más Yuma.

Contestó Efraín a Inés, aunque la conocía de vista por el barrio de Jesú maría. Dio su nuevo nombre, acercándose al sonido en inglés. Efrí a secas.
- Mira Inécita, el problema es que queremos darnos unos buches, pero tú sabes, algo de calidad mi negra, no sé algo así como una botella de Havana Club o algo así bueno... bueno... buenísimo pa' celebrarlo por todo lo alto de una vez. La nochebuena y la llegada de Los Yumas. Los Salvadores de nuestra patria. Los angeles caídos del cielo.
- ¿Y con que cuenta la cucaracha para sentarse queriendo una cosa así buenísima como tú dices? Kiko.

Preguntó Inés a su amigo Kiko. Porque su lema es: El muerto alante y la gritería atrá, sino hay fula... no hay mercancía disponible a la venta.
- Tenemos unos cuantos chavitos, tú sabes CUC. Esa moneda que es equivalente al dolar y la inventó el Fifo para mantenerse más jodiendo como a hecho hasta ahora; pero solo vale aquí en Cuba. Fuera de esta tierra no valen ni un kilo prieto partió po' la mita; pero bueno ahí vamos tirando negrita como decimos aquí... ahí vamos tirando con los chavitos hasta que lleguen Los Yumas que sí vamos a ver los de veldad Inécita. Los verdes auténticos de veldad no estos chavitos que nos dan aquí en Cuba para entretenos más y seguir sacando agua del bote pa' que no se hunda más de lo que ya está.
- ¿Cuántos tienes?

Inés preguntó. A ella que no le gusta que le pasen gato por liebre, aunque sean amigos. Ella dice que la amistad es la amistad y los negocios son los negocios, dos cosas muy distintas y diferentes para Inés la de Jesumaría.
- Tú sabes como esta la cosa en la calle Inés, negrita mía, to 'e al duro y sin guante mi negra.
- Vamos... vamos... Kiko escupe que tengo otros clientes esperando.
- Solo tenemos veinte chavitos. ¿Qué tú crees podamos conseguir con eso?
- No mucho... no mucho... Kiko.

Contestó Inés que es un acelerador pensando en la ganancia y no en la perdida de su bisne.
- Déjame ver que puedo hacer por ti Kiquito.

Inés dio media vuelta y fue en busca de algo que pudiera ofrecerle a Kiko para embucharse hoy 24 de diciembre de 2014. Inés volvió con una botella de Havana Club y dijo:
- Esto es lo que tengo, mi hermano; pero no es al precio que tú crees, esto es más de veinte mi socio, esto es Havana Club auténtico, genuino que te parece es el legado de los Bacardí que el Fifo con su inteligencia y malda se las arrebató hace más de cincuenta años.

Dijo Inés. Ella que bien conoce como se mueve la bola en el campo del negocio ilícito en La Habana.
- Dame una rebajita Inécita por tú madre, mira que no es fácil salir a buscarla todos los días. La calle, la calle está durísima, mi amor... du-rí-si-ma, te lo digo yo que salgo a buscarla todos los dias de mí vida. Y a veces hasta quemarme, Inés y no quiero quemarme ma, la cana no es pa' mi y Ud. bien lo sabe que hace años andamos por estos caminos de marineros.
- Bueno mira te la doy en treinta y me debes diez, ok... ¿Qué te parece... Kiko? Ni pa' mí, ni pa' ti mi hermano.
- Sí... sí mi negrita... no hay problema... no hay poema... tú verá que esta semana me aparezco a pagar mi deuda. Tú lo sabes bien.
- ¿Trato hecho? Así lo espero, cuentas claras conservan amistades Kiko, ¿verdad? Y la vida es una, solo se vive una vez.

Dijo Inés a su amigo Kiko que ella sabe que está quemao por la policía y no lo dejan en paz. El jefe del sector del barrio habanero en que viven para ganarse puntos y ascender en el cargo.
- Así es trato hecho, mi negrita linda.

Kiko contestó, saboreando y mirando aquella botella añejo de Ron Havana Club, que consiguió con su vieja amiga. Inés cogió los chavitos, los contó y vio que eran veinte CUC. El dolar cubano. Le dio la botella de ron Havana Club a KiKo, él y su amigo salieron del cuarto de Inés. Ya fuera del cuarto caminando por el pasillo del solar vieron a unos oficiales. Tres policías que discutían con la gente que tiene la música de Willie Chirino sonando en la puerta de su cuarto. Kiko los vio y dio media vuelta de regreso al cuarto de Inés. Sintió miedo de volver a tener problema con la policía, «que no tiene paz ni compasión con nadie en La Habana y sin razón te llevan pal' tanque, a cualquiera», así pensó Kiko y dijo:
- Mira Efraíncito vamos pa'trá que la cosa se está poniendo caliente aquí en Jesúmaría. Vamos pa'llá a esperar que esta tormenta que se avecina pase, porque sino mi socio, pa'l tanque de nuevo, y ya yo estoy cansao de eso mi socio, cansao del tanque y de todo.
- Sí... sí... vamos marcha trá mi socio que esto se está poniendo malo. Y eso que es 24 de diciembre mi socio, que será después de to esto.

Se oía la discusión de los policías con el grupo de personas sentados en al puerta de su cuarto en el solar de Jesúmaría oyendo sus discos compactos y el oficial dijo:
- Oye... oye... ¿Qué está pasando aquí?

- Na', oficial celebrando... celebrando las nuevas relaciones entre nuestro país y los Estados Unidos de América.
- Sí... sí... Uds. pueden aquí celebrar lo que Uds. quieran; pero aquí no se puede oír esa música.
- Pero oficial, un momentico oficial, ya se acabó la guerra fría, ya somos amigos de Los Yumas y porque no poder oír la música de uno de nuestros coterráneos... El Willie Chirino oficial, entiéndalo.

Decía un joven de unos casi treinta años con ecuanimidad sin alterarse con respeto hacia el uniformado. La autoridad que abusa de eso mismo tener en sus manos la autoridad autoritaria dada por el uniforme y por sus armas que portan, el bastó plástico y su pistola en la cintura. Los nuevos esbirros de la dictadura.

- No... no entiendo. He dicho qué no... qué no se pude oír. No se admite la música de los que abandonaron nuestro país y se fueron al norte. Esos siempre serán unos apátridas y traidores a nuestra gloriosa revolución. Unos gusanos incorregibles y detestables.
- Oficial... oficial... se le fue la mano, me parece que Ud. no ha entendido bien... ya somos amigos de Los Yumas y comemos en el mismo plato. Ahora borrón y cuenta nueva oficial. ¿No cree ud.?
- Eso no es así, tan fácil como todos Uds. piensan. Seguimos en revolución socialista, no se vayan creyendo lo que no es.

Contestó el oficial. Intransigentemente e irritado por la música de Willie.

- O quitan la música o les decomiso ese aparato ahora mismo.

El oficial dijo, esta vez malhumorado y amenazante, intimidándolos a todos.

- Está bien oficial, como Ud. diga.

El joven se dio por vencido. Su impotencia lo puso nervioso y tartamudea cuando su madre lo llamó a desconctar la música.

Kiko y Efraín oían la discusión y no se atrevieron a salir del cuarto, ni asomar la cabeza desde la puerta del cuarto de Inés. Esperaron un rato hasta darse por seguro que los policías están afuera en la calle esperando por algo. Siguieron en el cuarto de Inés y Kiko dijo:

- Vamos mi virgencita Inés. Da una vueltecita por allá afuera a ver que bolá con estos policías, no me atrevo salir de aquí ahora, tú sabes como está la calle hoy mi virgen, en candela pa' to el mundo.
- Sí... sí... dame un tiempecito mi cielo y esperar que el fuego se apague y salgo a ver cómo esta la cosa allá afuera.

Inés dijo a Kiko que se ve muy asustado por los sucesos que ocurren con los del solar de Jesúmaría. Inés abrió la puerta de su cuarto, asomó la cabeza para tener una idea de lo que está pasando en los primeros cuartos del solar. Recorrió con sus ojos los alrededores hasta donde pudo alcanzar y salió del cuarto caminando despacio hacia el portón que da a la calle, siguió caminando. Los vecinos que discutieron con los policías están sentados en unos banquitos en la puerta de su cuarto. La policía se había ido, ella siguió caminando con cierto disimulo para no llamar la atención en caso que los policías estuvieran fuera esperando por algún movimiento. Ya ella los conoce muy bien. Estuvo presa en MANTO NEGRO, la cárcel de mujeres hace unos años atrás, por la ley de peligrosidad, no quiere acordarse de ese tiempo que la llevaron presa en el Parque Central. La acusaron de jinetear o traficar y no pudo defenderse. Siguió parada en el portón por unos minutos mirando a los policías que están ahí en espera de algo, ella no se movió, a veces tiene miedo y se cuida mucho de la policía, «que te inventan una causa por tal de llevarte preso, la inventan, la sacan de la manga como los magos, cada día es peor en toda La Habana». Se dijo mientras los mira de reojo. Los policías seguían en el mismo lugar mirando a las cercanías en busca de algo o en sospecha de alguien. Inés los vuelve a mira sin llamar la atención de los policías, el tiempo fue pasando y pasó. Los policías empezaron a moverse despacio rumbo al final de la calle, tal vez dirigiéndose a la Plaza de Armas, que los conduciría al zona del malecón donde ellos sí ganan la batalla todas las noches. Inés se dio por vencida volvió a mirar en forma semi-circular y asegurarse de que los policías ya habían doblado la esquina. Inés dio media vuelta y se dirigió a su cuarto, al pasar frente al cuarto de los vecinos que habían sido reprimidos dijo:
- Ya se fueron, doblaron la esquina. De todas maneras cuídense, de estos policías que se engríen aquí en La Habana la mayoría los traen de las provincias orientales. Son unos energúmenos y no creen en nadie, y sí le hacen un número ocho a cualquiera. Oigan la música en el cuarto y no tan alto que les llame la atención a los policías. Ellos están en la cacería a ver a quién se llevan y ganarse unos punticos con el jefe del sector y subir en la escala salarial.
- Gracias Inés... gracias vecina.

Contestó el joven que solo quería alegrarse el día de La NocheBuena del año 2014. El año que dio el inicio según ellos de la nueva era para Cuba. Inés siguió su camino hacia su cuarto, aún Kiko y a su amigo Efraín está allí, esperando que los policías se fueran o se movieran a otro sitio. «Ellos tienen una botella de ron Havana Club envuelta en una jaba plástica de esas que se usan en la shopping, como le llaman a las Tiendas recaudadoras de la divisas que obtienen los cubanos de las remesas que envían sus familiares desde los Estados Unidos. «Podría llamar la atención a los policías. Con tres posibles situaciones: una podrían decomisarle la botella de ron Havana Club y entonces Kiko y Efraín perdían sus sacrificados treinta CUC que pagaron a Inés por la botella de ron. La otra posibilidad que se los llevaran presos por traer una botella de ron envuelta en una jaba, sino tienen el recibo de compra y demostrar cuál sería su procedencia, fue robada o sustraida del almacén, comprada en bolsa negra, todas esas posibilidades podían conducir a Kiko y a su amigo a un problema mayor, que hasta los llevaría al tanque. Yo también estaría envuelta en el asunto», pensaba Inés mientras camina hacia su cuarto en el solar de Jesúmaría. Inés llegó a al cuarto, alli están Kiko y Efraín sus caras se ven asustadas, sentados en un ricón de la pequeña cocinita del cuarto de Inés. Ella entró y les dijo:

- Los policías se pararon allá afuera por un largo rato. Yo no sé que buscan, yo los estuve mirando con cierto disimulo por un largo rato porque no quiero un encarne conmigo. Yo me llamo Inés y no Encarnación y cuando ellos la cogen con alguien es mejor morirse. Cuando ellos te caen encima de esa no te salva nadie, ya yo tengo con lo que pase en Manto Negro. Con eso me basta y me sobra. Los conozco a todos y todos son iguales, hasta me obligaban hacer eso con ellos. Ni acordarme quiero de todo lo que pase en esa prisión. Los perdí de vista cuando doblaron la esquina. Uds. ahora salgan con mucho cuidado y no se vayan por ahí a buscarse un problema, desvíense por O'farril, vayan pa' la casa y mañana será otro día.

Inés dijo a los muchachos. Ella se siente nerviosa con todo lo que pasó que fue mucho, como ella dice en esa prisión de mujeres: Manto Negro.

Kiko y su amigo oyeron los consejos de Inés y la miran fijamente, se dan cuenta que Inés les dice la verdad. Y ellos debían hacerle caso a sus palabras.

- Si... sí... mi santa nos vamos. Es mejor hacerle caso a Ud. Con estos policías uno nunca sabe. Son los ninjas de la jungla habanera.

Dijo Kiko que también los conoce por experiencia propia y lo que sus amigos le han contado.

- Vamos... vamos Efrí... vámonos con el rabo entre las patas que yo no quiero ir de nuevo al tanque, mi socio.
- Sí... sí... Kiko vamos tú alante y yo te sigo.
- ¡Ahora!

Los dos amigos se dirigieron a la puerta del cuarto. Inés los mira, sintió lastima por ellos. «solo quieren disfrutar unos buches de ron, que vida nos ha tocado vivir en este país y eso que ya somos amigos de los americanos, Los Yumas como muchos le llaman. A otros les gusta llamarle Yonnys. Bueno ahí vamos, mientras todo se pa' el bien de todos no importa el nombre que le demos, al fin y al cabo son los americanos, los yumas o yonnis los que nos van ayudar a salir del hueco en que estamos, aunque hay mucha confusión y no va ser fácil que todo el mundo entienda esta etapa de amigarse y volver a quererse como antes, olvidando todo ese odio creado por más de cincuenta años desde 1959. Y en el 1980 que fue la mayor batalla entre hermanos, unos agrediendo a los otros manipulados por él. El hombre de mayor cerebro para la maldad». Así pensó Inés mientras los muchachos caminan a tientas por el cuarto hasta llegar a la puerta. Ya allí Kiko dijo:
- Gracias mi negrita por todo. ¡Qué Dios te lo pague mi santa!
- No hay de qué muchachos... no hay de qué.

Repitió Inés alegrándose infinitamente de que los policías no los agarrarán en una noche como hoy. Y luego dijo:
- Uds. cuídense la cosa está mala allá afuera. Y estos palestinos no creen en nadie, ni en la madre qie los parió.
- Nos vemos... nos vemos y gracias Inés.

Contestaron los muchachos y salieron del cuarto en el solar de Jesúmaría.

Kiko y su amigo salieron a la calle, el miedo se había hecho más grande en ellos dos, ambos tienen antecedentes penales por esa ley. La ley de Peligrosidad que se la aplican a cualquiera. Y es un invento para tener a todo el mundo bajo control. «Con cualquier pretexto la policía encuentra y ellos ganan, siempre ganan y nosotros perdemos, porque somos indefendible según la ley del gobierno cubano» es el pensamiento de Kiko que solo supo decir:
- A casa mi amigo, a casa creo que es el único lugar en que podamos estar seguros, sin redadas, ni otra cosa en que la policía tenga que intervenir.
- Sí... sí Kiko yo pienso como tú asere esto está de padre y señor mío.

Efraín decía y se notó su miedo al decir estas últimas palabras.
- Este año es un año diferente y no se sabe quién es quien. Quizás te encuentras a alguien que está en desacuerdo con el restablecimiento de las relaciones entre Cuba y Estados Unidos. Sí dices algo a favor o sí dices algo en contra. Estamos navegando con mucha confusión.

Kiko contestó a su amigo mientras caminan vigilando a todos los lados por sí aparece otro escuadrón de policías. Después de más de medio siglo cómo arreglar este fenómeno. Porque yo recuerdo que el viejo un día dijo: «ESTO NO HAY QUIÉN LO ARREGLE, PERO TAMPOCO QUIÉN LO TUMBE». Pensó Kiko, que luego dijo:
- Y así hemos vivido por todo este tiempo en este país. ¡Ojalá ahora todo cambie para bien!

Dijo Kiko. El joven Kiko cansado de todo lo que ha padecido con la revolución de Fidel Castro. Esa que fue de los humildes y para los humildes.

- Mira Kiko, mi socio, yo no entiendo mucho de política, yo nací aquí, y aquí he estado toda mi vida. Yo no conozco otro lugar, yo sé como se vive aquí; pero yo no se como se vive en otra parte de este mundo. A veces pienso que sería interesante sali, viajar y conocer otras gentes y otros lugares. Al final me da lo mismo como dicen por ahí :Me da lo mismo ocho, que ochenta. A veces creo que este sistema mató mis ilusiones, mis esperanzas y sueños. Desde que fui creciendo y tuve que irme a la secundaría en el campo, trabajando desde temprano en campo años tras años y al final NADA. Todos fueron vanos esfuerzos, sigo viviendo en el mismo solar, mi madre ha trabajado toda una vida, como una mula, mis hermanos han sobrevividos como han podido. Los años siguieron pasando y pasando y mira... ¿qué? Ahora somos amigos de Los Yumas, después de tantos discursos, marchas del pueblo combatientes, manifestaciones frente a la oficina de interses de los Estados Unidos, después que el Che dijo tantas cosas contra el imperio como ellos le llaman y ahora volvemos al imperio. Mi hermano sinceramente te lo digo yo estoy perdido en todo esto, por eso tomo y tomo para emboracharme con lo que me den o lo que consiga por ahí. Warfarina, chispa a tren, tírate pa' tra, no me importa el problema es: NO PENSAR en mis desgracias ni en mis desdichas que han sido tantas, que no sé cómo empezaron ni quiero saber ya cómo fue ni tampoco cómo van a acabar las cosas aquí. Mira mi hermanita más chiquita salió embarazada y no sabemos de quién ni que pasó. La otra se hizo médico ahora está pa' Venezuela con ella libramos. Ella es la que nos ayuda desde allá a seguir la vida en el cuarto del solar y vivir como podamos. Y ahora que vienen Los Yuma, ya hasta me cambié el nombre: Efrí para ver si mi mala suerte se aclara o se va y empezar una nueva etapa de mi vida. ¿Tú, me oyes ¿verdad? que Efrí suena americanisao de verdad asere ... ¿no crees tú mi socio? La política es como Mesalina mi hermano. Yo no sé y ni quiero saber asere. Tú ves los domingos a Las Damas de Blanco cumpliendo una misión que es pa' mí histórica y las gentes gritándoles: Pa' lo que sea Fidel pa' lo que sea. Tú ves, quien entiende este arroz con mango en el que estamos metió todos querramos o no. Esas pobres hacen los que muchos no tenemos cojones para hacer. Ellas están luchando por nosotros y muchos les gritan haciéndole la media al viejo loco. Por eso yo me siento perdido dentro de mi mismas gentes que parece que no saben lo que quieren ni adonde quieren ir dejándose manejar por el cerebro número UNO.
- Bueno... ¿quién es esa mujer, Mesalina que tú hablas? Mi socio Efrí, como te gusta que te llamen ahora que vienen Los Yumas.

Preguntó Kiko a su amigo Efraín al oír el nombre de Mesalina.

- Yo no sé quién rayo es esa mujer, eso se lo oí un día decir en la prisión a un preso viejo que pasaba la vida empastillao y gritaba en aquel largo pasillo de las celdas: Mesalina... Mesalina... sí tú puta barata, y Napoleón un guardia le pasaba las pastillas, eran socios de prisión; pero yo no sé lo que él quiso decir con ese nombre de Mesalina mi hermano la verdad.

Los amigos caminan rumbo a San Isidro en esa calle de los solares donde vivía Kiko, el destino, la vida, el sistema político, la miseria, la falta de guia en sus vidas los había unidos, en este derrotero que viven. Kiko le puso su mano en el hombro de su amigo y le dijo:
- Vamos... vamos mi socio a darnos unos buches y vivir, y recuerda que hoy es NocheBuena, hagámosle honor a su nombre y que sea buena de verdad La NocheBuena, polque aquí no hay más na', asere pa' nosotros.

Siguieron su camino y ya están frente a solar donde vive Kiko, el cuarto de kiko es el primero a la entrada del solar un poco más grande que los otros cuartos que siguen. Entraron y habían unas cuantas personas sentadas en la espera de algo, cuando Efraín dijo en silencio al oído de su amigo:
- Oye, mi socio y por qué hay tanta gente aquí.
- ¡Ah!, son gentes que vienen a ver al muerto.
- ¿De qué muerto y de qué carajó me estas tú hablando Kiko.
- Del muerto, el muerto de mí madre, yo soy el hijo de la santera Tomasa. La Negra Tomasa, no te olvides de eso, como la gente la conocen y ella consulta a la gente y así hace dinero de ese modo hemos vivido desde que yo abrí los ojos en este solar de San Isidro.
- Oh... oh, compadre, que susto... me has daó asere, cuando te oí decir muerto me cage asere... me cage en los pantalones, ya yo no estoy pa' estos sustos mi hermano, háblame claro... claro... clarísimo pa' entendelte asere, pa' entendelte mi padre. Un muerto ahora en medio del camino es volver al tanque asere... volver al tanque... y yo no estoy pa' eso ya te lo repito, ya yo no estoy pa' eso de ir al tanque y volver a vivir esa vida que no se deseo pa' nadie de veldad. Salí loco del solar de Jesúmaría y ahora tú me tiras eso de un muelto... no digo yo sí me no cago asere, es pa' cagarse.
- Ya deja de la pendejería y asustarte por esa vaina Efrí. Que bolá somos o no somos.
- ¿Y qué vienen buscando esa gentes aquí?

Preguntó Efraín. Que parecía que había caído del cielo en ese mismo momento. Efraín desde muy joven se fue para la ESBEC, como se conocen en la isla las escuelas secundarias básicas en el campo, en estas los estudiantes trabajan desde muy temprano en los campos agricolas, tanto hembras que varones que se separan del seno familiar a muy temprana edad. Van a la casa cuando les dan pase cada quince días o una vez al mes.

Ellos solos en esos lugares sin la supervisión de sus padres. Los maestros, profesores y el personal administrativos son los que supervisan a los estudiantes. Pero como dice el dicho: El ojo del amo engorda al caballo. Lo que trajo esa idea de la escuela en el campo fue un gran problema generacional. La libertad a esa edad fue demasiada y sin experiecia ya podemos imaginarnos lo que significó esta etapa para la familia cubana y para todos en general por los métodos impuestos por Fidel Castro y su revolución socialista-comunista. Todo fue de libertad a libertinaje por la libre y sin control. Efraín ahora está viviendo más en la realidad de la calle después que se paso casi toda su vida en el campo en distintos centros educacionales controlados, aislados del mundo con el objetivo de amaestrarlos, adoctrinarlos y conseguir de ello lo que quisieran y moldear a lo que le dieron en llamar EL Hombe Nuevo. En ese instante Kiko le dijo:
- Tú sabes, cada cual tiene su problema que quiere resolver, siempre son distintos por ejemplo alguien viene porque quire amarrar un extranjero y casarse pa' irse de este país pa'l carajo a cualquier lugar algunos dicen, no importa pa' Africa a comer monos, pa' Haití, pa' donde sea la gente quiere irse y ser libre. Otros vienen buscando seguridad, se van a tirar al mar en un balsa, lancha o algo parecido y quieren que el SANTO los bendiga y les de el permiso de ir al mar, y ahí esta Ochún la dueña del mar y mi madre tiene ese SANTO y ellos vienen buscando la caridad del SANTO. Le dan a mi madre una donación en lo que ellos quieran y así van las cosas mi hermano. La vida sigue y sigue... vamos a ver hasta donde.
- Bueno, vamos pa' la azotea que allá arriba hay mejor aire fresco que aquí y podemos bajar el botellón de ron... sí del ron HAVANA CLUB, el legitimo que nos vendió Inés.

Los jóvenes siguerón moviéndose dentro del cuarto de la negra Tomasa, pasaron por su altar y Kiko se arrodilló y siguió su camino a la pequeña cocina, abrió la botella y primero echo un poco de ron al suelo invitando al SANTO y brindando por el SANTO. Salieron al pasillo y caminaron hasta el final, allí está la escalera que los lleva a la azotea, siguieron subiendo, llegaron. LA HABANA se ve hermosa, su majestuosidad con sus fotalezas coloniales: El Castillo del Morro, el de la Fuerza desde lo alto, sus luces, sus edificaciones y a lo lejos su mar... su mar Caribe, su mar azul. Llegaron al lugar, allí hay unos banquitos en los que acostumbraban a sentarse los visitantes de la azotea a cada hora del día para escapar de ese mundo que los mantiene atrapado, amarrados en el suelo pegado a la tierra en otro tiempo que no avanza y en el mismo espacio. Todos juntos al suelo, atraído y sujetos por la gravedad de esa tierra, su tierra. Esa ley que a veces quisieran vencer y volar lejos dejando atrás todas sus desventuras. Al menos en la azotea logran elevarse y al subir allí escapan de la realidad que se vive allá bajo. En la azotea la historia cambia, no es la misma su realidad es otra. Están en otro mundo en ese que añoran y que se les prohibió o arrebató por el régimen de la isla, sin dejarle espacio a ser, quienes ellos quieren ser.
- ¿Tienes algo pa' hoy asere, pa' esta NocheBuena que estamos celebrando con la llegada de Los Yonnys consolte?

Preguntó Efraín ansioso él de poder perderse de ese mundo donde vive. Y llegar al otro que lo saca de su vida real de prisiones y escuelas en el campo.
- Tú sabes que yo siempre tengo algo... de... algo.

Contestó Kiko a su yunta, deseoso él también a sentirse del otro lado. De ese que solo ellos saben sentirse cuando se echan su cigarro del día.
- Bueno saca el prajo y metámosle mano, vamos endúlzalo que la noche se esta poniendo rica con un buche de ron y un toque de marihuana. De aquí pa'l cielo asere. Yo no quiero regresar más.

Decía Efraín. Esa es única manera de escapar de ese mundo donde viven y salir de la enajenación mental, yéndose al otro lado, al de la irrealidad y la fantasia para poder seguir huyendo de ese mundo creado en 1959 por la maldad inscripta en el cerebro del que lleva la batuta en el país.
- Aquí está mi socio no te desesperes que todo tiene su tiempo.

Dijo Kiko a Efraín que está listo para inhalar la primera bocanada de humo.
- ¿Tú crees que aquí no hay problema Kiko?
- Otros vecinos suben, tú sabes a lo mismo, fumar y tomarse unos tragos para seguir la contienda de la vida aquí en este país y su capital La Habana. Ellos también están pasando por las suyas que son las mismas de nosotros y aquí es como la Revelación convirtiéndose en rebelión. En la rebelión hasta ahora casi imposible y que todos tanto necesitamos y deseamos. ¿Ven acá Efrí y desde cuando tú fumas maní?
- Ya se me olvidó asere, hace tanto tiempo que perdí la cuenta; pero recuerdo en la escuela en el campo los fines de semana inventábamos para echarnos unos cigarritos bien lejos de los albergues y siempre teníamos a un designado de guardia a vigilar los movimientos y cuidarnos de los chivatones.
- ¿Y tú?
- La prisión asere, el tanque, la cana, la beca como quiera que le llamen, allí fue desde muy joven en ese antro al que no quiero volver jamás.

La NocheBuena pasó... pasó como otra noche, el treinta y uno de diciembre está al doblar de la esquina y llega un nuevo año 2015. Al menos seguíamos con las esperanzas del nuevo año 2015. Ya con los Estados Unidos de América nos dimos las manos, esperemos cuales son los siguientes pasos en esta enrevesada situación de ambos países. Hoy es 25 de diciembre de 2015. Hoy es Navidad, después de tantos años de ausencia en la vida del cubano volvió aparecer en nuestras vidas esta fecha que tantos nos une a todos que tanta historia trae consigo cada 25 de diciembre. La reunión familiar, amigos, hijos, hermanos, vecinos, todos unidos por el mismo cordón umbilical nuestra creencia en Dios. Todos procedemos de la misma extirpe. La humana y tanta separación entre nosotros mismos por todos estos años transcurridos, aún viviendo bajo el mismo cielo separados por las ideologías y manipulaciones de otros, que poseen la maestría de lograrlo con palabras que a veces convencen algunos; pero no totalmente convencen a todos. Hoy le damos las gracias a Juan Pablo II. A ese papa único que junto a otros lideres mundiales dio lugar a la caida y desaparición del socialista-comunisto en una parte del mundo, a los que tanto le debemos todos.

Los cubanos nos hemos quedado atrás por muchos años. Cuando los grandes, profundos e inevitables cambios empezaron en la antigua URSS y los países de Europa del Este. Cuba en estos momentos está en la imperiosa necesidad que todo el pueblo clama a su gobierno. La reconciliación entre cubanos y la transición por la que ellos tanto hicieron cuando todos sufrían igual que nosotros por la misma causa que hoy sufrimos, el COMUNISMO.

Ofelia se ha levantado muy temprano. Ella a veces no espera el alba para salir a la calle a resolver sus problemas y hoy es 25 de diciembre es el DÍA DE NAVIDAD. Hace muchos, pero muchos años que Ofelia no celebra este gran día. Primero porque un día de 1969 se dijo que no se celebrarían hasta el 1970. Con la celebración y el éxito de: LA ZAFRA MÁS GRANDE DE LA HISTORIA. LA DE LOS DIEZ MILLONES DE TONELADAS DE AZÚCAR. La que fue el gran fracaso. Se dijo que este sería el fin de nuestros problemas, nos prometieron que ibamos a ser ricos y estaríamos a la cabeza mundial en la exportación de azúcar. Volveríamos a danzar en los millones. Lo que no nos dijeron de que millones ibamos a gozar en los años venideros y después nos dimos cuenta que los millones eran miillones de pesares de dolores de cabeza, de inseguridad y millones de baras de hambre de la que todavía padecemos. ¿Qué pasó? Nunca se logró la ambicionada meta de los diez millones y ahí nos vinieron más adversidades... y más infortunios para nuestra nación. EL bloqueo... el embargo... Las excusas creadas de siempre oídas y re-dichas una y otra vez para justificar los descalabros, desaciertos y errores del nuevo sistema impuesto con su nueva idea. El socialismo que se convirtió en sociolismo y corrupción a todas las esferas y niveles del gobierno. El modelo económico no funciona. La URSS esperó setenta y tres años para darse cuenta que no funciona y también sus aliados de Europa que llegaron a la misma conclusión. Mientras nosotros tal vez llegamos antes a reconocer la infuncionablidad del llamado marxismo-leninismo aplicado al hombre sin considerar su esencia interior. Estamos casi en el año 2015 osea que este es el número cincuenta y seis de la revolución que no dio ni frutos, ni resultados positivos, sino todo lo contario. Que arruinó la isla. La bella Cuba.

Ofelia hoy más que nunca antes quiere celebrar: LA NAVIDAD. Razones tiene, y muchas. Número uno: LA NAVIDAD es amor celebrando el Nacimiento de nuestro Salvador. Número dos: La ausencia de La NAVIDAD de su vida por tan largo tiempo siempre pensó que volvería a ver algún día el arbolito de LA NAVIDAD allí en un rincón de su cuarto en el solar de San Isidro; pero no fue así. Número tres: Los Yumas regresan a la isla y la prosperidad ahora está tocando a nuestras puertas. «Al menos así yo espero». Se dijo entre dientes para no espantar la llegada de Los Yonnys, que con tanto deseo quieren los cubanos que sea: ¡YA!

«Los hemos extrañados por tanto tiempo que quisiera que fuera ahora mismo». Dijo y con ese pensamiento en su cabeza caminando por La Habana su ciudad, no va con una dirección fija, es jueves y quiere tener algo para el 31 de diciembre «que sí va a hacerla en grande en el solar, con sus vecinos de siempre y con mucha agua... mucha agua para limpiarnos y ojalá que no se repita: La Pesadilla de más de cincuenta años. Con esa idea loca de comunismo. Dios mío». Pensó. Ya empieza a verse el claro día cuando el sol empieza a subir. Ofelia va por la calle Monte en dirección al antiguo Mercado Único a ver que se le podía pegar como ella misma dice. El dinero no es mucho ella no trabaja desde que dejo de hacerlo cuando no quiso colaborar con la Seguridad del Estado que quiso reclutarla como informante que con la excusa del trabajo en sanidad ella podía entrar a las casas y ver cualquier movimiento extraño que se estuviera llevando acabo en la vivienda. La sacaron de su trabajo como técnica de la brigada Aedes Aegypti, trabajo que estuvo haciendo por mucho tiempo para combatir la fiebre del Dengue con el lema: Malanguitas en el agua: NO... NO... NO. El no... no fue para las malangas en el preciado líquido que adornan en algunas casas de Cuba creciendo en un recipiente con agua. El no fue para Ofelia que dejo de ser trabajadora sanitaria al negarse a servir de colaboradora de la policía política y la obligaron a abandonar su puesto de trabajo. Ella tenía que pasarse todo el día de casa en casa, de solar en solar inspecionando los tanques de agua. Donde la gente almacena agua toda la noche para tener al siguiente día. Porque el agua entra en La Habana un día sí y otro no. Y a veces es un día no y el otro tampoco y hay que arreglárselas como cada uno pueda. Ofelia tenía que inpeccionar los baños que en los solares son infrahumanos. Mirar sí había agua acumulada en cualquier lugar o recipiente, aún en los altares de los santos con sus muertos, hasta ahí llega la inspección y en ocasiones mandar muestras al laboratorio cuando existía la duda de crecimiento de larvas. «Y se preguntó muchas veces y que pasa con los charcos callejeros y las fosas sanitarias reventadas con aguas negras dispersas corirendo por todas las calles de La Habana. Prefirió callar es mejor así». Se dijo aquella vez. Y todo se complicó para Ofelia que tuvo que abandonar su trabajo. No estuvo de acuerdo en servir en denunnciar de algo ilegal o clandestino como la venta en el mercado negro, drogas o estupefacientes, gentes con acumulación de capital. O personas disidentes en sus reuniones y encuentros para enfrentar a la dictadura comunista. Se dio cuenta que ese no es su trabajo. «Yo no he nacido para chivatear o ser informante de a policía, desde ese día he pasado más trabajo que un forro de catre en toda mi dura vida». Se decía recordando aquellos malos días por los que tuvo que pasar mientras camina al Mercado Único. Ya está con los pies en el mercado, «se ve que hay algo, muchas gentes, no es mucho pero algo, verduras, hortalizas y carnes», se dijo y empezó a buscar y ver, «los precios no están pa' mí bolsillo, ni pa'l de todos aquí en Cuba, pero ahí vamos». Pensó por un instante. Mirando a todo lo que hay, pero casi imposible de adquirir por dinero en peso cubano y lo poco que trae. «Con estas dos monedas en circulación todo se vuelve más difícil pa' nosotros: el peso cubano con no respaldo en valor y el chavito o CUC, que es el equivalente al dolar. Un dolar inventado que solo circula en Cuba y trae más contratiempos al momento de transacciones con la otra moneda, el peso cubano. Esta situación que llevamos por años me vuelve loca, porque no le encuentro la explicación, bueno verdad que yo no soy economista pero como salir de este atolladero», pensando cuando camina de tarima en tarima viendo que puede comprar con lo poco que tiene en el bolsillo. «El dolar americano cuando lo logro comprar, sí tuviera un familiar en La Yuma que me ayudara de vez en cuando, así hemos vivido todos estos años de penuria en penuria, sin solución y antes del 17 de diciembre de este año renegando y echándole la culpa de todas nuestras desgracias al IMPERIALISMO a los ESTADOS UNIDOS DE AMERICA». Va rompiéndose su cabeza de puesto en puesto buscando algo que llavar al cuarto y poder celebrar el 31. De momento se dijo: «¡Ay, gracias Dios Santo que ya vamos a ser amigos de nuevo, sí amigo de Los Yumas. Ojalá que ninguna de las partes se arrepienta de este paso que han dado para la historia y salir de esta miseria que nos está matando y nos está entorpeciendo el camino de seguir adelante por estos viejos empecinados. Que lo que deben hacer ser retirarse, irse y dejar a la juventud que tome las riendas de este pueblo. ¡Ay, ojalá Dios mío y tú viejo Lázaro recuerda que fue en tú día, concédenos este milagro y trabaja en las mentes de estos octogenarios con locura senil». Oraba en silencio, suplicando que todo marchara como se había dicho. Ella mira y mira y al fin pensó en comprar hasta donde le alcanzará el dinero que traía. Se decidió por unas libras de carne de puerco y la compró. Luego se dijo: «hago una carnitas para que alcance para todos». Se fue a las viandas a ver que podía conseguir ya no tenía mucho dinero que gastar. Sus bisnes no iban muy bien, desde que la hicieron renunciar a su trabajo y quiso incursionar como artesana. Siguió recorriendo la vista y vio unas yucas, el precio no esta accesible; pero algo debía llevar para acompañar aquel puerquito que tanto había deseado para este 31 de diciembre de 2014. Y por muchos años no ha podido hacerlo ahora se inicia la nueva etapa: EL GRAN DÍA DE TODOS QUE SE INICIÓ EL DÍA DE SAN LAZARO. Con la corazonada de su amiga y vecina del solar Gilberta. Se decidió por las yucas y las compró, siguió recorriendo, «aunque ya no me queda ni un kilo partió por la mitad. Al menos veo y recorró mi vista pa' la próxima estar mejor preparada en la compra y los precios». Se comentó a ella misma sin darse cuenta ya está en la calle, pensó en esperar por algo con ruedas que la lleve de nuevo al menos al Parque de La Fraternidad y de allí, ella seguiría a pie. Un almendrón como le llaman a esos carros americanos sobrevivientes de los años 50 que por obra y gracia del espíritu humano cubano y su ingenio aún andan por las calles de La Habana. Ella hizo una señal con una mano y el almendrón paró.

- ¡Pa'l parque de La Fraternidad!

Gritó el chofer del almendrón que son los que resuelven el problema del transporte en La Habana.

- Sí... sí... pa'llá mismo chofer... pa'llá... mismo.

Dijo Ofelia. Un pasajero la ayudo con sus jabas y ya dentro del almendrón un carro Chevrolet del 54 que se la lleva hasta el parque de La Fraternidad.

- ¿Y qué mi vieja viene del mercado?

Preguntó el pasajero que la ayudó a entrar al almendrón.

- Sí, hijo de allá mismo vengo, pero no pude comprar todo lo que necesito. Los precios están muy por arriba de mi capacida en dinero.
- La cuenta no da... ¿verdad? La lista no cuadra con el billete.

Dijo el pasajero que le hacía compañía en el almendrón. Y luego continuó él diciéndole

- No digo yo. Todos estamos en las mismas afectados con estas dos monedas en circulación, unos pueden; pero otros no podemos como Ud. y como yo que ya somos personas mayores en la tercera edad y el retiro no da. No da pa' la cuenta que tenemos que llevar, no cuadra lo que nos dan. Muy poco de pensión y muy altos los precios.

Dijo el pasajero que se ve que es un hombre de unos sesenta o más años.

- Así mismito es señor, pero imagínese Ud. que se puede hacer... que se puede hacer. Sí ellos son los que disponen aquí.

Terminó Ofelia diciéndole y consolándose ella misma y a su interlocutor en el viaje al parque de La Fraternidad. Llegó el almendrón a su destino al parque de La Fraternidad.

El tráfico en la zona es alto, almendrones por dondequiera, bicitaxis moviéndose de un lado a otro. «Y otros carros ya más modernos de los acostumbrados a no ver en Cuba, parecen ser de turistas, embajadas o del gobierno que son los que pueden tener estos carros». Esa es Ofelia que mira y mira y habla con ella misma en todo su trayecto al solar de San Isidro. «Es mejor de este modo hablar con uno mismo como sí hubieras perdido la razón que a veces de verdad estas al punto de perderla. Y no te metes en lío porque la policía anda que no se quiere la vida y sí no te agarran en un delito, ellos te lo inventan». Se dijo en espera de una oportunidad para cruzar la amplia avenida del Paseo del Prado y seguir rumbo al solar de San Isidro, «llevo la carne de puerco, que no es mucha; pero bueno ahí vamos y repartirla pa' que todos alcancen», se dijo a ella misma. Seguía en su mente cuestionando y dándose ella mismas sus respuestas. «Me acuerdo del picadillo de plátano, como el de Soya que nos daban por allá por los años finales del ochenta y principio de los noventas que empezó el: EL PERIODO ESPECIAL EN TIEMPO DE PAZ. ¡Ay, Dios mío no quiero ni acordarme de aquellos tiempos! ¿Estaremos todavía EN EL PERIODO ESPECIAL? ¡Ay, yo no sé!... ya yo perdí la cuenta en todos estos años de locuras de atar a ese loco. ¿Y que es?... sí no de un loco con sus locuras. Eso es, han sido una locuras tras otra. Seguía caminando hacia el solar de San Isidro, suda y las gotas de sudor corren por su frente, el sol del trópico y su calentamiento a esta hora del día en La Habana, Cuba. Ya está entrando a San Isidro y se alegra que queda poco para entrar al solar. «Unos pasos más y ya estoy ahí», se dijo y así fue, ya entra en el solar de San Isidro y dijo: «Gracias Dios mío, ya estoy aquí. Siguió su camino y vio que el cuarto de Gilberta está cerrado se asomó por la ventana y vio a la anciana Evangelina en su sillón de siempre, no quiso despertarle y siguió a su cuarto. Llegó a las escaleras subió contando los peldaños frente a sus ojos, salió al pasillo, unos cuantos pasos más y ya está frente a su cuarto, empujó la puerta y dentro sentado en una silla está su hijo Ramiro que le dijo:

- ¡Oh, mamá Ofelia, al fin llega!
- Ay, hijo en la lucha de buscar algo para el fin de año! Este que será diferente a tantos otros años. Ahora que volvemos a ser amigos de Los Yumas.
- De eso precisamente quiero hablar con Ud. mamá Ofelia y por eso he estado sentado aquí esperando casi toda la mañana.
- ¡Ay, hijo!... ¿cuál es esa urgencia en hablar sobre esto? Esto no es para hablarlo hijo, esto es para celebrarlo... celebrarlo y en grande, han sido más de medio siglo hijo más de medio siglo de dolor, llantos, hambre, miseria, incertidumbres, peleas en familias, muchas cosas mijito... muchas cosas que tal vez tú no entiendes ahora. Aún tú no habías nacido, no habías abierto tus ojos en este mundo.
- Esa es la razón por la que tenemos que hablar.

Ramiro dijo a su madre muy serio en este momento, aún sentado en su silla.

- Déjame poner estos mandados sobre la mesa y la carne, que no es mucha y no quiero que se eche a perder con este intenso calor y ponerla en la neverita para el 31. Ahora vuelvo hijo.

Dijo Ofelia a su hijo. Ofelia caminó unos pasos hacia su pequeño espacio que conforma su cocina, dio media vuelta y regreso hacia donde está su hijo Ramiro y dijo:
- Dime hijo, ya estoy aquí. Estoy muy cansada, caminé todo Monte, hasta al llegar al Mercado Único a ver que podía encontrar con el poco dinerito que lleve. Pero hijo los precios carísímos y todos en CUC. Te puedes imaginar... ¿Quién tiene CUC? Ellos... sí solo ellos... los que trabajan en esa corporaciones que les pagan con un porciento de su salario en CUC. Pero yo... ¿qué de mí?... hijo yo no tengo CUC, porque siempre trabaje para el estado y ahora después que me sacaron del trabajo me la paso buscándola en la calle como una gata arañando lo que pueda, escarvándolo como pueda haciendo mis bisnecito que es como hemos podido sobrevivir todos estos años con este periodo especial que no tiene pa' cuando terminar.
- Ese es el asunto que precisamente quiero hablar con Ud.
- Dime hijo... dime te oigo.
- Mamá... todos estos años oyendo y diciendo lo que nos enseñan a decir tadas las mañanas en la escuela. Nos enseñaron a decir: PIONEROS POR EL COMUNISMO, SEREMOS COMO EL CHE. Ese mismo Ernesto Che Guevara un día nos dijo: DEL IMPERIALISMO NO SE PUEDE CONFIAR, NI UN TANTICO ASÍ... NADA. Y ahora... ahora que mamá que está pasando aquí. Yo estoy confundido. No entiendo... no entiendo nada.

- Cálmate hijo... cálmate. Debías estar alegre, celebrándolo como nosotros... como todos nosotros. Porque vienen Los Yumas... vienen Los Yumas a sacarnos de este hoyo en que hemos estado enterado por más de medio siglo hijo... Eso es a lo que vienen... es a desenterarnos hijo a sacarnos a la luz y dejar atrás esta pesadilla de más de medio siglo. Volver a vivir a ser gente, a disfrutar y no oír más la inmensa y misma palabra de: SACRIFICIOS Y MÁS SACRIFICIOS y no vemos el avance en estos más de medio siglo transcurido. Mira hijo, yo nací aquí en el solar de San Isidro, Uds. aún están aquí. Tú fuiste a la universidad y de que te valido, cumpliste con el servicio social, regresaste y te encontraste con lo mismo. Fíjate tú... tú mismo que aún no has encontrado una plaza para desempeñar tú trabajo profesional. Entonces ¿qué? ... hijo despierta... despierta que esta revolución y su sistema NO FUNCIONA hijo. NO FUNCIONA. Más de cincuenta años es más que suficiente, diría yo... suficiente y más pa' ver logros y los avances prometidos, al menos una señal de que vamos por el buen camino, pero hijo todo lo contrario, peor y peor, hambre, miseria, desolación, hasta cuando hijo. Menos mal que no nos demoramos tanto como la URSS, que tuvieron setenta y tres años implantando el experimento. Porque de ser así yo no hubiera tenido tiempo a ver el regreso de Los Yumas porque ya habría cantado el manisero y después de eso mi hijo si no hay arreglo lo cantaste y lo cantaste te despieron, me metieron en la fosa y la vida sigue igual. ¿Y qué? Nada seguimos igual o peor. Y hace unos años nos dijo:
	AHORA SÍ VAMOS A CONSTRUIR EL SOCIALISMO.

- Yo que lo estaba oyéndolo en ese momento me dije: Y qué coño y que carajo hemos estado haciendo en todos estos años de sacrificios, penurias, restricciones, hambre y miseria dejando de vivir para que otros vivan. No... no mijito, ya es hora de que salgamos de este calvario en que hemos vivido por más de cincuenta años. Hemos sufrido mucho hijo... mucho... muchísimo hijo por las locuras de un hombre y sus seguidores. Mira hijo aquí en mi misma tierra que me vio nacer yo me he sentido discriminada, vejada y humillada, todo para el turismo extranjero, mira La Habana, la pulen, la ponen bella para el turismo y tú y yo seguimos aquí en el mismo lugar en solar de San Isidro por años y años. Déjame contarte esta historia que nunca se la he contado a Uds. por no hacerles sentir mal, pero aquí en nuestra tierra natal. Yo tengo una amiga que su hermano se fue a los Estados Unidos hace muchos años, tú no habías nacido. Su hermano vino de vista y una noche la invitó a salir, decidieron pasarse una noche juntos en El Turquino del Hotel Habana Libre. Y tú sabes lo que pasó en la puerta de entrada del hotel, un guardia vestido de civil le dijo Ud. puede entrar; pero ella no. Ella se quedó como sí no entendiera lo que está pasando, como te pasa a ti ahora que no entiendes. Ella miró a su alrededor y solo le vino a su mente. Yo que vivo aquí, que he estado aquí toda mi vida aquí comiéndome un cable, sacrificándome todos estos años y no puedo entrar a este hotel. No... no ... no entiendo algo no anda bien aquí. Su hermano trató de convencer al guardia, pero todo fue en vano, tuvieron que regresar a casa, sin disfrutar de un rato en El Turquino del Habana Libre. En La Habana, Cuba. Y tú sabes por qué... ¡ah!, el hermano trae los dólares que ella no tiene, tuvo que hacerse el hará quirie, lo que interesa aquí son los dólares, tú cubano no le importas a NADIE, veremos que pasa ahora con el regreso de Los Yumas. Sí tenemos el chance de ver Los verdes.
- Eso es mamá... eso es. Nos sacaban de las aulas donde debíamos estar aprendiendo a gritarle a algunas personas que ni siquiera sabíamos quienes eran y nos obligaban a gritar: ¡GUSANOS!... ¡GUSANOS!... ¡ABAJO LA GUSANERA! ¡QUE SE VAYAN... ¡QUE SE VAYAN! Y ahora qué, ¿dónde estamos? y ¿a dónde vamos a parar?

- Yo no sé hijo, solo te digo y te repito que Los Yumas vienen y para bien de todos, aunque tú ahora no lo entiendas. Todo empezó a finales de de los año 1980. El comunismo empezó a desmoronarse en la antigua Unión de Repúblicas Socialistas Soviéticas y los paises de Europa. Ahí empezó está revolución a caducar, se moría día a día y no quisimos darnos cuenta que era así. La llamada Revolución de Fidel Castro se está muriendo y nosotros con ella. La revolución que empezó con sacrificios y más sacrificios pa' la mayoria desde que nos levantamos hasta que vamos de nuevo a la cama, pensando que poner en le mesa al día siguiente. Le llamaron: PERIODO ESPECIAL EN TIEMPO DE PAZ y yo no sé sí aún estamos en este periodo de tiempo especial, ya yo perdí la cuenta hijo. Aparecieron las dos monedas circulantes para nuestra desgracia. Comíamos lo que podíamos, el picadillo de plátano o picadillo de soya, y hasta el bistec de frazada de piso, y más sacrificios nos piden cada vez más y más. Sacrificios y más sacricifios cada día de nuestras vidas. ¡Hasta donde!
- Yo no sé que decir mamá, no sé que decirle, todo es una confusión.

Contestó Ramiro a su madre. Su mente no logra recobrarse de lo nuevo por venir con las nuevas relaciones con los Estados Unidos.

- Hace unos meses. Vi un programa, Ud. ya sabe cual: Mesa Redonda, y no sé, pero todo lo que ellos dicen en la Mesa Redonda. El programa se llamó: Terrorismo, Subersión y Bloqueo y se habló de un ataque terrorista por cubanos residentes en Miami, qué planean atacar bases militares aquí en Cuba, que la Casa Blanca miente. Así mismo decían los presentes en la Mesa Redonda, todo es tan confuso, tan fuera de lugar. Yo no sé donde estamos ahora.
- Hijo... hijo despierta. Los tiempos van en otra dirección. Ellos son los LAME BOTAS DEL GOBIERNO CUBANO. LOS HUELE FUNDILLO DE LOS CASTRO, que estoy segura algo les deben, los compran, se atan a prebendas y ganancias, son serviles y se dejan usar. Aún digan lo que digan en la Mesa Redonda que va a dejar de ser redonda para covertirse en cuadrada y hablar de negociar, civilizadamente. Cuando esto pase el programa La Mesa Redonda desaparecerá, ya lo verás... ya verás... son otros tiempos... con otras corrientes mi hijito.

Dijo Ofelia a su hijo desorientado después de tantos años de consignas y doctrinas revolucionarias.

Diciembre está pasando, los cubanos renaciendo sus sueños de años, esperando por lo que siempre esperaron la reanudación de las relaciones entre los dos países. Estados Unidos de América y la isla caribeña a solo noventa millas. Hoy es sábado 27 de diciembre de 2014, la tarde cedía su lugar a la noche y Rafael se encuentra sentado en la sala de su casa en el Nuevo Vedado. La casa que comparte con su esposa Isabel Linares, la hija de Lilita la vecina de Gilberta y Ofelia en el solar de San Isidro en La Habana Vieja.

Rafael parece preocupado por la noticia del 17 de diciembre, a solos diez dias del anunció del restablecimiento de relaciones diplomáticas entre los dos países. País al cual él se ha declarado enemigo por muchos años y muchas cosas él ha hecho por este gobierno en contra de los Estados Unidos de América siendo miembro de la Seguridad del Estado, miembro del G-2, por décadas, ahora se siente preocupado, se halla fuera de tiempo y de espacio. Allí en esa mansión que la adquirió por medio del Ministerio del Interior. Y se pregunta: «Volverán los dueños a reclamar la casa en la que he vivido por muchos años, me sacarán de aquí y... ¿a dónde voy sí esto pasa?». Rafael piensa casi igual que su suegra Libertad o Lilita como la llaman el solar de San Isidro. Siguió allí con sus maquinaciones cuando de pronto entró Isabel que dijo:
- ¿Qué haces ahí tan callado?
- No... no nada pensando... pensando en todo esto que esta pasando.
- ¿A qué te refieres?

Preguntó Isabel a su esposo que lo ve muy preocupado de algo que ella aún no ha pensado.
- A todo esto de Cuba y los americanos, no sé... no sé estoy muy preocupado por todo esto. No sé... ¿a dónde vamos a parar?... con todo esto que se esta diciendo. Este anuncio de restablecimiento de relaciones. Será verdad o es un truco. Ya yo dudo de todo, hasta de los dirigentes de esta revolución. No sé... no sé... ¿a donde quieren llevarnos?... después de tantos años de ir en contra. ¿Y ahora que?
- No te preocupes ya veremos... ya veremos como van las cosas.

Dijo Isabel tratando de calmar a Rafael en sus temores que crecían desde aquel 17 de diciembre de 2014.
- Yo creo que tú no has pensado bien en todo lo que esto pueda traernos a todos nosotros como consecuencia.
- ¿Por qué dices eso mi amor?

Isabel contestó a su esposo, ella que está colgando de un hilito y no quiere aceptar la realidad de verse de nuevo en el solar de San Isidro.
- Isa... Isa... esta casa. Isabel... esta casa no es de nosotros. Nosotros no hemos puesto ni un grano de arena ni pagado un centavo por ella y la hemos vivido por años. No te has preguntado que pasaría sí los dueños vuelven reclamando su propiedad en su justo derecho yo diría, no sé... no sé ni decir ni que pensar.
- Ellos se fueron, lo perdieron todo y como dice el dicho: EL QUE SE FUE DE VILLA PERDIÓ SU SILLA.
- Isabel... Isabel... eso no es tan fácil así como tú lo crees. Se expropiaron muchas propiedades en toda Cuba y ellos querrán recuperar lo que es suyo. Mira por ejemplo la fábrica de ron Bacardi, el Ron Havana Club, todo eso era propiedad privada. Ellos lo hicieron a ellos les pertenece.
- ¡Ay!... ¡ay Rafael por favor cállete... cállete!... no quiero ni imaginarme, no me perturbes con esas ideas. No... no... no puede ser... no puede ser así como tú piensas mi amor.

Isabel empezó a llenar su cabeza de ideas negativas. Ella creció en solar de San Isidro en La Habana Vieja. Allí donde aún su madre pernanece con su padre Eutimio por años y años. Isabel nunca se sintió bien viviendo en un solar en La Habana Vieja. Abrió sus ojos allí y conoció sus alrededores.

Cuando terminó el bachillerato decidió estudiar en la Escuela de Hotelería del Hotel Sevilla en Centro Habana y así sus sueños empezaron a crecer y se propuso una meta salir del solar de San Isidro en el que había vivido toda su vida. A toda costa. Fuera como fuera. Entró en la escuela de hotelería y en el hotel conoció a Rafael que había sido asignado al hotel como jefe del equipo de la Seguridad del Estado donde solo pueden entrar turistas extranjeros.

Se dice turistas extranjeros y no tiene mucho sentido porque a los cubanos se les tiene vetado poner un pie en el hotel por tanto sin mencionar son turistas y extranjeros está demás. Allí se conocen y surgió el amor en la pareja, con el tiempo llegó el momento de tomar las cosas más en serio hasta un día que Isabel le dijo:
- Rafael, mi amor cuando vamos a formalizar nuestras relaciones, ya llevamos unos meses, casi un año de relación y quisiera que conocieras a mis padres.
- Tenemos que planear eso, dame un poco de tiempo.

Contestó Rafael que no está muy seguro del paso y la decisión que va a tomar en ese momento. Teniendo en cuenta su responsabilidad en la Seguridad del Estado a la que le debe todo.
- Cuando tú quieras, las puertas de mi casa siempre están abiertas para ti mi amor.

Contestó en ese instante Isabel que se quedó pensativa, se dio cuenta de que ella vive en un solar en La Habana Vieja, en un cuarto de cuatro por cuatro como todo el mundo los llama en La Habana. No supo como seguir la conversación con Rafael y se no dijo una palabra más en ese momento. Ella espera por él en aquel tiempo como novia del jefe de la Seguridad del Estado del hotel.

La gran sala de la mansión se lleno de silencio. Él está en una realidad que Isabel no quiere reconocer. La casa, la mansión del Nuevo Vedado. La adquirieron por la Seguridad del Estado. Ellos no la habían comprado. Sus dueños se fueron a los Estados Unidos cuando triunfo la revolución en el 1959 encabezada por Fidel Castro. Ella no puede concevir que la preocupación de Rafael se materialice y se quedaron los dos en silencio.

Como sábado al fin el silencio siguió por un rato hasta que se oyeron los pasos de alguiEn que baja las escaleras y al llegar a la sala dijo:
- Y Uds... que hacen tan callados uno al lado del otro.

Dijo Abel, el hijo de Rafael e Isabel, nieto de Lilita y Eutimio vecinos de Gilberta que viven en el solar de San Isidro En La Habana Vieja.
- No... no... nada aquí pensando que es sábado y parece que tú vas a salir a dar una vuelta.

Isabel dijo, rápidamente para no darle tiempo a Rafael a decir algo sobre lo que ellos dos están ya preocupados como un lingote de hierro en sus cabezas.

- Sí... sí... voy a dar una vuelta... necesito pensar sobre los últimos acontecimientos ocurridos. Que están dando de mucho de que hablar por todas partes. Es como una nueva ERA que se nos aproxima a todos en esta isla.
- ¿Qué tú quieres decir hijo?

Isabel preguntó, como quien no sabe de qué se trata a lo que su hijo se refiere en la conversación.

- Mamá, todo el mundo está hablando de lo mismo. De Los Yumas.
- ¡Oye Abelito! No te permito que menciones esa palabra aquí en mi casa. No lo acepto, llámale no sé: IMPERIALISMO YANQUI o IMPERIO, MOSNSTRUO; pero no yumas... no yumas. En mi casa no... no lo bajo mi techo no lo acepto.

Respondió Rafael enfurecido al oír calificativo popular usado por su hijo.

- ¡Ay, papá!... papá deja ya de esos discursos, ya nadie los cree papá. No quieras ahora tú ser más revolucionario que la misma revolución comoél mismo dijo un dia. Yo soy la REVOUCIÓN. Sí esa que se muere poco a poco. O más comunista que Fidel Castro... ummh... que es mucho decir.
- Abel no me hables así, yo soy tú padre y no lo permitiré, tú eres militante de la UJC y creo que debes mantener tú postura a los principios inculcados por el comandante en jefe.
- Bueno... bueno que se acabe la discusión que no nos va a llevar a ningún lugar. Tú Abelito sigue a donde tú vas y tú Rafael cálmate... cálmate los nervios, creo que estás muy alterado con todas estas cosas y creo que debes tomarte tú tiempo para pensar y analizar.
- Sí... sí... me voy creo que es mejor asi.

Contestó Abel. Se dirigió a la puerta de la calle. Cree que es mejor así para todos.

- No vengas muy tarde hijo.

Dijo Isabel a su hijo que salía a buscar otros aires. Abel salió de la casa. La casa en la que ha vivido desde que nació; pero nunca ha preguntado a sus padres como la adquirieron y sabiendo que su abuela vive en el solar de San Isidro, en La Habana Vieja. Abel fue estudiante de la Escuela de Periodismo, en La Universidad de La Habana, se graduó, como sucede y son las cosas en Cuba y aplicando las Leyes de la Física: DAME UNA PALANCA Y MOVERÉ EL MUNDO. Abel trabaja en el periódico Granma con la palanca de su padre este el Órgano Oficial del Paritdo Comunista de Cuba. En la isla donde solo hay un partido, el comunista. No hay posibilidades de que exista otro, con otras ideas, otros puntos de vistas, otra visión de la realidad contemporánea que vivimos en este siglo. Su vida ahora está dando giros inesperados, preguntas sin respuestas vienen y salen de su mente, ahora va a un encuentro con un amigo de escuela, un compañero del bachillerato, los dos graduados de la Escuela Especial Vladimir Ilich Lenin en La Habana destinada para los hijos de los que le sirven al gobierno de Fidel Castro. Podría decirse que es una escuela privada dentro de el status quo de la isla donde no existe la educación privada. Existió la católica y un día raudos y veloces fueron todos expulsados por el comandante en jefe y tuvieron que regresar de donde vinieron. Ahora somos ateos, parece que vamos a dejar de serlo con la vista de su santida desde el Vaticano y el general-presidente manifestó que esta considerando empezar a ir a misa los domingos. Ellos dicen que no necesitamos a Dios, aunque hay UNO que quiere considerarse como tal y muchos lo idolatran y a él le encanta esa idolatría creyéndose el Mesia de nuestros tiempos para la isla. Los amigos se encontrarán en un parque para conversar sobre sus puntos de vista en los nuevos acontecimientos nacionales y la reapertura de relaciones entre Cuba y los Estados Unidos de América. No confían en conversar en otro lugar. Hemos vivido todos estos años con miedo y desconfiando. Abel conoce muy bien como trabaja la Seguridad del Estado, su padre todavía es miembro del G-2. Y él conoce muy bien los mecanismos que usa el G-2 para combatir, penetrar, desarticular al contrario que ellos llaman enemigo, en este caso la nueva ola de disidentes y opositores al gobierno de los hermanos Castro que son muchos y ellos tratan de neutralizar con sus métodos desde torturas comprarlos hasta desaparecerlos.
Llegó al lugar de la cita con su amigo Martín. Cuando Abel dijo:
- ¿Qué, llevas mucho tiempo esperando?
- No... no... chico solo hace unos minutos que llegué aquí.
- ¿Cómo van las cosas?

Abel preguntó a su amigo Martín que no se veían desde algún tiempo cada uno en sus labores. Martín es profesor assistente en la Facultad de Sicología de la Universidad de La Habana.
- Tú sabes tratando de entenderlo todo y seguir entendiendo.

Contestó Martín a su amigo y compañero de estudios secundarios que se halla en la misma situación que él.
- ¿Qué pasa?
- No son muy buenas las noticias, mi amigo.
- ¡Oh, te refieres a la gran noticia del día 17 de diciembre!

- No... no... esa es una gran noticia en verdad lo es. Me parece todavía que no es cierto.
- Entonces a cúal... ¿cuál es la no muy buena noticia?
- Ya no soy más profesor en la Universidad de La Habana.
- ¿Cómo?... no... no no puedo creerte... no puedo creerlo, cuéntame.

Dijo Abel con un asombro inmesurado, él conoce a su amigo muy bien y sabe de su respeto y calidad a la enseñanza universitaria.

- Tú sabes como soy yo de pensador... y pensador y después de la Gran Noticia del Día 17 de diciembre. Llegué a la facultad, como todos los días, entre en mi departamento como todos los días, empecé mi clase como todos los días, dicté mi conferencia como acostumbró. Y al final les di a mis estudiantes como trabajo extra clase que me entregaran un escrito sobre su ideas y opiniones con el nuevo restablecimiento de las relaciones diplomáticas entre Cuba y Estados Unidos de América. Para no hacer la historia tan larga de acuerdo al claustro de profesores y el jefe de departamento, la Unión de Jóvenes Comunista llamó a los dirigentes de la FEU (Federación Estudiantil Universitaria) y los mismos miembros de la UJC llamó al Partido Comunista. Se hizo una reunión y se me acusa de CHOVINISTA Y REVISIONISTA, no sé de qué. Consecuencias me dejaron fuera aplicando la ley. NO CONFIABLE PARA DESEMPEÑAR LA ACTIVIDAD COMO PROFESOR UNIVERSITARIO.

Terminó Martín diciendo a su amigo y compañero, su voz se oyó como perdida en aquel espacio donde se hallan.

- ¡No jodas compadre! Hasta ese punto hemos llegado en este país, ya no se puede ni pensar... hasta eso ya no podemos... pensar...

Dijo Abel con cierta incomprensión sobre lo que acaba de oír por parte de de Martín con quien compatió estudios e ideas en sus años secundarios.

- Así mismo sucedió amigo mío, como te lo estoy contando.
- No sé... no sé, todo lo que está pasando nos tiene a todos en confusión, dudas que cada día crecen más sin explicaciones ni respuestas a todo esto.
- Yo estoy desorientado amigo no sé que hacer ni sé que será de mi después de todo esto que me ha pasado.

Martín dijo y se oyó como alguien que inconceviblemente no entiende y sin explicación a lo que pasa. No pronunció una palabra más.

- Ahora estoy viendo un poco más claro todo lo que antes estaba ciego y no veía.

Dijo Abel escudriñando en su cerebro, buscando la explicación a lo que para él no lo tiene en estos momentos. Tal vez para la clase dominante sí lo tiene.

- Mira Martín, ahora empiezo a unir puntos por puntos y esclareciendo un poco más toda esta situación a la que no entendemos ni le hallamos una explicación. Yo tuve una confrontación con mi jefe de redacción en el periódico hace unos meses, solo porqué escribí un articulo sobre los cines abandonados en toda la ciudad de La Habana y puse como ejemplo en cine Duplex, abandonado por años y años, sirviendo de letrina y excusado para muchos cuando tienen que hacer sus necesidades en La Habana y no se dispone de baños públicos que puedan ser utilizados para este fin. Y los cines abandonados son utilizados para otras cosas también. ¿Tú quiere saber que pasó? Mi jefe rechazó el artículo y me dijo que ese artículo no se podía públicar en el periódico del Partido Comunista de Cuba y en ningún periódico de la isla. Me dejó pensando y pensando sobre lo mismo por días y días y semanas, hasta que un día decidí no darle más importancia al asunto y lo eché a un lado; pero ahora me estoy dando cuenta de todo. Sí de todos estos mecanismos usados años tras años y nosotros siguiéndoles como corderitos bien amaestrados sin salirnos del grupo ni de su camino. Caminando la misma vía, la misma senda que se estableció en 1959, cuando un primero de enero ellos lo tomaron todo. Sin preguntar al pueblo que es realmente lo que quiere.
- ¿Qué estas diciendo Abel?

Preguntó Martín que todavía sigue en ese espejismo que se le había creado en su entorno por décadas y no ve las cosas como son.
- Yo sé... yo sé lo que estoy diciendo, amigo. Ahora empiezo a entender mejor las cosas que están pasando aquí.
- ¿Qué estas tramando Abel? ¿Qué se te está ocurriendo amigo?

Martín dijo tratando de adivinar que está pasando por la mente de su amigo cuando Abel contestó:
- Se me ocurre una idea Martín. Una gran idea... una gran idea... que nos saque de este desencuentro en que estamos viviendo.

Siguió Abel diciendo ha descubierto la vía de esclareserse de todas estas incognitas e intrigas, de todas estas dudas que cruzan por su mente.
- Dime... dime... dime... ¿Cuál es esa genial idea que se te ha ocurrido?
- Tú acuerdas del profesor Olivares del que yo te hable que nos impartió las clases de ciencias políticas cuando estudiábamos en la universidad. ¿Verdad?
- Sí... sí... como no, el profesor Olivares... como no me voy a acordar de él. Tremendo profesor Olivares.

Decía Martín en su recordatorio por el profesor Olivares en la universidad.
- Sus clases magistrales eran una enseñanza a todo... a todo yo me quedaba encantado con sus explicaciones sobre muchos problemas en nuestra sociedad de hoy.

- Bueno tenemos que hacer un plan e ir a la universidad y pedirle una cita al profesor Olivares. Yo estoy seguro que él nos ayudará en esta nueva situación. En esta nueva etapa que empezó el 17 de diciembre de 2014. Aquí en nuestro país. Cuba con su revolución del 1959.

Dijo Abel de manera segura y terminante al menos de iniciar la búsqueda de la verdad que no saben o nadie la a dicho por más de medio siglo.

- Oye, Abel tenemos que actuar con cautela y con mucho cuidado. Tú sabes la Seguridad del Estado anda como nunca, ven fantasma por dondequiera, la cacería es grande y sin compasión.

Dijo Martín asustado con temor a que algo más que pudiera pasarle ahora que lo habían expulsado como profesor de la Facultad de Sicología de la Universidad de La Habana.

- Sí... sí... ya sé, me lo vas a decir a mí qué vivo con uno en mi propia casa, mi padre; pero está ciego y no ve más allá de sus propias narices.

Abel dijo a su amigo que ya está con temor por lo sucedido a él.

- Sí... fíjate que un amigo de la facultad pasó por la casa y me dijo que se rumora un encuentro del presidente de la FEU con Fidel Castro en su misma casa de Punto Cero.

Martín dijo haciendo esto a Abel pensar más agudamente en lo que está pasando y como llegar a saber la verdad.

- ¿Qué estarán tramando?... ¿cuál será el plan ahora? La FEU ha sido manipulada por todos estos años. Yo no sé cuáles serán las intenciones de Fidel Castro en querer reunirse con el presidente de la FEU. No sé. Él quiere seguir amaestrándolos y decir que deben apoyar o no a las nuevas relaciones con el enemigo histórico.

Contestó Martín, él que sabe como actúa Fidel Castro, pero no sabe como seguir navegando en este mar de cosas sin una explicación sobre la decisión de Cuba.

- Tratará de persuadirlos, convercerlos y de nuevo manipularlos sobre lo que está pasando con la nueva relación con el imperio. Negativo o positivamente, no sabemos que corre por la mente de ese señor con su locura que ahora es más peligrosa por su senilidad y puede echar a perder las relaciones convenciendo a los estudiantes de cual es su papel una vez más sobre lo que está pasando entre los dos países.
- Todo está complicado Abel muy complicado. Fíjate que nos adoctrinaron ateo desde que empezamos la escuela primaria y en estos momentos la iglesia católica esta tomando cada vez más fuerza y más aceptación por las autoridades gubernamentales. Hasta puedes ser militante del partido y ser católico, u otra religión, nunca antes fue así Abel. ¿Por qué estos imprevistos cambios? Ahora...

- Las Visitas de los papas desde Juan Pablo II hasta con el papa Francisco el papa latinoamericano de Argentina de la misma tierra del Che del mismo que gritábamos que queríamos: SER COMO ÉL. Como el guerrillero de América Latina que levantaría a toda la América del Sur en armas contra el IMPERIALISMO YANQUI. Los creyentes pueden ser militantes del partido comunista. Ese partido comunista que hasta ayer como quién dice se declaró ateo sin excepción. El general-presidente Raúl Castro dijo que está pensando volver a comulgar yendo a la misa dominical, ves que no es fácil entender... ¿dónde estamos parado en este instante del proceso revolucionario que empezó hace más de medio siglo?

Terminó Martín diciendo con un grado de incomprensibilidad en él notable en cada palabra que sale de su boca.

- Hay que ir a visitar al profesor Olivares. Esa es nuestro siguiente paso.
- Yo estoy de acuerdo contigo Abel; pero con mucho cuidado... con mucho cuidado amigo mío. El G-2 no cree en nadie. Y se las sabe todas. Mucho cuidado que su estructura es para mantener el sistema para siempre.
- Hoy es 27 de diciembre, sábado el próximo lunes nos vamos a visitar al profesor Olivares... sí, al profesor Dr. Luis Olivares y entablar una conversación con él que nos ayude a entender todo esto que es nuevo para todos nosotros.

Dijo Abel con todo un convencimiento de causa, buscando la: LA VERDAD, QUE NO SABEN. Y QUE NADIE HA DICHO.

- ¿Cómo vamos hacer esto?

Preguntó Martín con algo de miedo a qué pueda sucederles en esta encomienda.

- Nos encontramos en la terminal de omnibus, el lunes a las nueve y media de la mañana. ¿De acuerdo?

Abel dijo con sagacidad en busca de la verdad no dicha antes. No sabida por ellos.

- De acuerdo amigo. Allí nos vemos.

Los amigos se estrecharon las manos y se despedieron en aquel parque, que fue el lugar que encontraron seguro para conversar sobre sus problemas personales y políticos y por los acontecimientos en Cuba desde el 17 de diciembre de ese año 2014. Ambos salieron en direcciones opuestas, mirando a sus alrededores, cuidándose de las posibilidades de que pudieran estar vigilados o perseguidos por agentes de la Seguridad del Estado que ya saben como opera. El temor a decir y a pensar lo están dejando atrás. Antes pensaban que los disidentes eran obra de los Estados Unidos como dice el gobierno de los Castro para desestabilizar. Conocen de Las Damas de Blanco y de otros grupos de cubanos que disienten del gobierno castrista, pensaron que les ha llegado su hora de tomar parte en lo que se avecina, no muy seguros del terreno que están pisando aún.

Son aproximadamente las dos y treinta de la tarde y Gilberta en su cuarto del solar de San Isidro, sentada frente a su madre Evangelina, nada las entretiene, solo el radio y ellas en su constante pensar. Gilberta tararea una vieja canción que sale del radio diciendo:

♪¡Ojalá que llueva café en el campo
qué caiga un aguacero de yuca y té
Del cielo una jarina de queso blanco
Y al sur una montaña de berro y miel
oh, oh, oh , oh, oh...
Ojalá que llueva café
Ojalá que llueva café en el campo...♪

- ¡Ay, hija! Oyendo esa canción me dao deseo de tomar un poco de café calientico como a mí me gusta.

Dijo la vieja Evangelina que permanecía sentada en su silloncito de siempre cerca de la puerta del solar.

- ¡Ay, mamá, si Ud. supiera que a mí también, pero ya colé hoy por la mañana el que quebaba y tenemos que esperar la couta de esta semana o esperar por Enzo, el italiano que viene a visitarnos para este fin de año y ver sí viene y se casa con Clarisa.
- Ya me he olvidao del italiano, se me fue de la mente que de verdad nos resuelve cuando viene. Y Uds. van a la shopping porque con su dinero sí podemos comprar allí. Yo no sé por qué el dinero de Enzo sí y el de nosotros aquí no. ¿Qué está pasando en este país? Yo no entiendo hija... ¿qué está pasando?

Dijo la vieja Evangelina sentada en su mismo lugar de todos los días. Hoy muy clara en sus ideas.

- Sí... sí... podemos ir y comprar las cosas que nos hagan falta como, un buen café, carne y otras cosas, porque este café de la libreta mamá, yo no sé, no es igual todavía lo mezclan con chícharos y el sabor no es igual, bueno eso es lo que nos dan. Pero cuando llegué Enzo mima seguro que vamos a la shopping. Yo se lo aseguro mamá.

Dijo Gilberta a su madre con la esperanza de que el italiano llegara y los ayudara un poco en sus penurias en el solar de La Habana Vieja. Sin poder explicarle a su madre porque el dinero de Enzo sí y el de ellas no. «No sé que decirle Dios mío, cómo explicarle que el dinero de él que son los euros sí; pero el de nosotros que es el peso cubano no. Los euros se aceptan en esas tiendas y con el que nos pagan la pensión el peso cubano no lo aceptan. Yo tampoco entiendo nada mi madre», se dijo para sí. Y prefirió quedarse en silencio sin entender por un rato. Cuando para desviar el tema de la coversación dijo:

- Mamá, sabía Ud. que Viviana la hija de Esther, la vecina se va pa' Venezuela. Eso me dijo ella, dice que su hija los ayuda más desde allá de Venezuela que trabajando aquí en su profesión. Que aquí el salario que devenga como médico no le alcanza y desde allá al menos le dan algunos dólares y pueden estirarlos hasta la otra remesa que le mande su hijo que se fue y vive en Miami. ¿Ud se acuerda de él mamá?

Preguntó Gilberta a su vieja madre que dormita en su silloncito cerca de la puerta del cuarto del solar.
- Si tú supieras mija... no... yo no me acuerdo de ese hijo de Esther. Tú sabes los años, muchas cosas se me van y vienen de la mente. Y hablando como los locos, porque aquí todos estamos al punto de que todo el mundo está loco. Nos estamos volviendo locos. ¿Es una epidemia? hija. ¿Por qué muchas gentes se van pa' Venezuela? ¿Qué está pasando por allá hija qué yo no sé? porque en mis tiempos se hablaba de: GENERALES Y DOCTORES y ahora estoy oyendo algo similar; pero ahora es: DOCTORES Y GENERALES. Los doctores se van todos a Venezuela y cuando voy a la casa del médico de la familia nos dicen que está pa' la otra posta. ¿Qué es esto? Y los generales... ¿Dónde están los generales? Gilberta, dime... ¿dónde están? Yo sé, están en el ejército. Ellos que nos tienen maniatao a todos aquí, sí esos generales con to sus grados y su poder. Maníatao de pie a cabeza a to el mundo, empezando por el general-presidente que nos tienen abusao a todos aquí en Cuba. Tú sabes una cosa mijita cuando pasa algo malo la gente dice: Sí Fidel supiera esto no pasará y tú quiere que te diga una cosa mija. Ese bicho malo de Fidel Castro lo sabe to. Él también se hace el loco a ver que entierro le hacen.
- ¡Ay, mamá! No hable así, yo no sé, todo es muy complicado y ni yo misma entiendo que pasa allá ni tampoco lo que está pasando aquí mamá. ¿Qué generales son esos que Ud. Me está hablando mamá?
- Los generales los que más mandan aquí en Cuba. Los dueños de to.

Oía Gilberta a su madre sentada en el mismo silloncito de todos los dias, tratando de explicarse ella misma lo que está pasando en Venezuela y en Cuba. En estos dos paises de los que oye tanto hablar últimamente.
- Mire mamá, aquí lo mejor es esperar y esperar a ver que pasa con la llegada de Los Yumas, todo es muy difícil de entender en dos o tres días no se puede saber que va a pasar aquí. Al menos ya isomos... somos amigos de Los Yumas! Que vida Dios mío pa' to nosotros... que nueva vida... que nueva...

Gilberta dejó la palabra suspendida en el aire no supo como seguir aquella conversación. El regreso de los IMPERIALISTAS YANQUIS como Fidel Castro los llama. «Sí ella pudiera entender los acontecimientos que se están dando en la isla desde el 17 de diciembre, así como la situación de Vicente, sí es que en realidad desapareció su hermano hace más de treinta años cuando fue sacado del cuarto del solar de San Isidro por la policía y lo llevaron al puerto del Mariel obligado y lo mandaron a los Estados Unidos». Pensó y calló automáticamente la conversación terminó ahí, con el dolor que siempre lleva en su corazón del hermano ausente que fue enviado al norte.

Ramiro el hijo de Ofelia camina por el pasillo del solar de San Isidro en ese momento y al ver a Gilberta y a su madre sentadas en su cuarto de cuatro por cuatro les dijo:
- Hola, Gilberta... hola Doña Evangelina. ¿Cómo andas las cosas?
- Mijito ni preguntes que mamá me come a preguntas y yo no sé que decirle. ¿Y tú que tal vas Ramirito hijo?

- Ahí... ahí... tirando... y tirando como todo el mundo dice.

Dijo Ramiro que no sabe que decir con tantas cosas en su cabeza. Llena también de preguntas

- ¡Contra, vaya eso! Asimismito me contestó Julián hace unos días.

Gilberta contestó a Ramiro, el hijo de Ofelia que se siente tan perdido como todos los jóvenes de su edad que viven desinformados y perdidos en su tiempo que les ha tocado con la revolución de Fidel Castro y su dictadura.

- Tirando... y tirando.

Repitió Gilberta acordándose de las coincidentes palabras de dos generaciones tan diferentes en mismo preceso desde aquel enero de 1959.

- Mi tía eso es así, es que no hay más na' que decir, solo seguir y seguir hasta ver a donde llega esta nave donde navegamos todos, sí sigue a flote a se hunde. Yo no sé que decirle, la verdad.
- ¡Ay, Ramirito no hables así hijo que la cosa está mala y todavía quedan algunos recalcitrantes. Fíjate que ayer en la bodega una señora de unos años como mamá Evangelina cantaba con una banderita cubana: ♫Qué viva Cuba... qué viva Fidel y los que luchamos con él...♪ Muchos la miraban de reojo como diciéndose asimismo: La pobre, perdió el juicio. Nadie se atrevía a decir una palabra. El miedo inculcado por años hijo, son muchos años de miedo y vacilaciones. Sí digo o no digo... Sí hago o no hago, es difícil hijo. La vida que nos tocado no es fácil pa' ninguno de nosotros.

Dijo Gilberta que no sabe porque, pero siempre siente miedo al oír hablar de ese modo y más a los jóvenes que nacieron con la revolución de Fidel y muchos son atacados cuando hablan así. Más por las personas mayores que son los que más miedo tienen al cambio. Cuando la anciana Evangelina Mendieta dijo:

- Yo... aquí Ramirito con mis dolencias y achaques esperando por los doctores que se han ido a Venezuela. Antes Ramirito en mis tiempos: GENERALES Y DOCTORES en estos tiempos: DOCTORES Y GENERALES. ¿Qué estará pasando mijito? Yo no entiendo nada mijo... nada... de nada. Solo me acuerdo de aquellos tiempos del machadato que fueron muy duros para to nosotros yo era una niña pero me daba cuenta de cuanto sufría el pueblo con mucha hambre; pero no como esta que ahora se está repitiendo la misma historia de aquella dictadura de Gerardo Machado. Yo me acuerdo que la gente salía a la calle cantando: ♪Ahe... ahe... ahe... la chambelona, yo no tengo la culpa ni tampoco la culpona.♫ Pero a ver dime tú mijito, quién es el culpable ahora de tanta miseria en la que estamos viviendo... a ver dime... dime yo quiero saber que es lo que pasa en este país que nunca he entendido ni nadie me explica mi hijito.

Dijo la vieja Evangelina a su vecino del solar de San Isidro. Ramiro que se quedó pensando en las palabras que acaba de escuchar de la boca de aquella mujer que podría ser su abuela. «Su mente no anda muy bien, padece de locura senil y a veces me reconoce y otras veces no; pero hoy ha dicho algo que me hecho pensar: DOCTORES Y GENERALES. Ahora estoy descubriendo por donde le entra el agua al coco». Se dijo Ramiro asimilando y ensimismo, pensando en las palabras de Evangelina Mendieta que había vivido con el gobierno de Gerardo Machado. Gilberta sacó a Ramiro de sus pensamientos cuando dijo:
- Dime Ramiro en que piensas que te has quedao ahí parao como un bobo, oyendo las locuras de mamá. No le hagas mucho caso hijo a veces dice cosas que ni yo misma la entiendo ni le tomo el sentido de lo que ella dice.
- Sí... sí... ya veo... ya veo... Ojalá... nosotros podamos llegar a esa edad de la doña Evangelina Mendieta.

Ramiro dijo tratando de hallarle el sentido a: DOCTORES Y GENERALES. Lo que había acabado de oír por boca de la vieja Evangelina. Y sonaba en su mente buscando la explicación de lo dicho por ella: DOCTORES Y GENERALES.
- Yo no sé sí quisiera llegar a esa edad Ramiro con esta vida que estamos llevando... yo no sé hijo que decirte sí llegó o no.

Decía Gilberta a su vecino Ramiro, el hijo de su amiga y vecina Ofelia. Y dentro siente ese dolor que la embarga cuando piensa en su vida. Ella que cifró todas sus esperanzas en la revolución del 1959 creyó en todo lo que han prometido a aquel pueblo que confío y lo dio todo, «y al fin y al cabo para nada estamos peor que antes del 1959». Pensó cuando Ramiro dijo:
- Tía Gilberta Ud. ha sido como una madre para mí. Yo crecí aquí en el solar de San Isidro y hoy necesito que Ud. me dé un consejo que me de la oportunidad de pensar y poder seguir adelante en mis planes en estos caminos de la vida.

Dijo Ramiro a Gilberta. Él quiere oir de ella un consejo a una solución a sus problemas.
- Dime... dime hijo en qué puedo yo ayudarte. Sí es que ... puedo.

Contestó Gliberta a su vecino que lo había visto crecer y hacerse un hombre en el solar de San Isidro.

- Mire tía, yo fui a la universidad tengo un título universitario, desde que terminé el servicio social y regresé a La Habana. No he encontrado una plaza como profesional. Hoy creo que renucié a seguir buscándola y me decidi trabajar en algo que me dé la oportunidad de ganar parte de mi salario en CUC. Porque el peso cubano no vale pa'na mi tía. Tengo un socito que ya empezó a trabajar en un hotel con el turismo extranjero y con solo las propinas y su salario parte en CUC me dice que es más de lo que ganaba como profesional. Le pedí que me diera una manito y me ayudara a entrar a su hotel o a otro en el que yo pudiera hacer lo que sea la cosa es entrarle a la moneda dura y como le dije antes mi tía seguir. TIRANDO, sí tirando. No hay más na' pa' nosotros aquí mi tía. Y tirando al menos llegamos a algo, a resitir como se pueda; pero con un plato de algo sobre la mesa y no irnos a la cama con la barriga vacía. Mi socito me dijo que las plazas las venden y que él tiene el contacto que podíamos hacer el bisnesito cuando yo reuna LAS FULAS. Entonecs el me pone en contacto con el jefe de personal del hotel. Y así resuelvo mi problema tía Gilberta.

Gilberta se quedó oyendo aquella historia que ya empezó a serle familiar. «Conozco a muchos profesionales abandonando su profesión buscando estos tipos de trabajo, donde hay más oportunidad de ver el VERDE, EL DOLAR, EL QUE SÍ CAMINA EN TODA LA ISLA». Pensó y de pronto salió de sus pensamientos y dijo:

- Mira Ramirito, yo sé cuanto tú y tú mamá se han sacrificao por toa la familia, siempre aquí en el solar de San Isidro. Aquí, nacimos, aquí nos hemos criao todos y aún aquí estamos con nuestras necesidades y problemas de todos los días sin resolver. Sí esa puerta se te abre hijo mío. No pierdas la oportunidad, cuando una oportunidad se da tómala. Porque tal vez: ES LA PRIMERA Y QUIZÁS LA ÚLTIMA.

Hizo silencio para ordenar sus ideas y continuó:
- Y después vienen los lamentos. Sí esa es la única forma de que tú resuelvas tus problemas y los de tú famila pué pa'lante el carro hijo, pa'lante. Miranos a nosotros con un panorama igual que el de Uds. Belén, profesional no tiene trabajo. Clarisa dejó los estudios, se cansó. Y un día me dijo: Me cansé mamá de tanta miseria y de tantos sacrificios pa' na. Asímismo me dijo. Y ahora esperando por el italiano, que se la va a llevar pa'llá a su país a Roma.
- No... no... mi tía, el país es Italia y Roma es la capital.

Dijo Ramiro corrrigiendo a Gilberta lo dicho. Y replicó:
- Bueno eso mismo quise decirte hijo. Tú me entendiste... ¿verdad?
- Sí... sí... mi tía, solo es para que Ud. sepa cuál es el país y cuál es la capital. Bueno Doña Evangellina que tenga Ud. unas buenas tardes en compañia de su hija Gilberta. Yo sigo con mi carga acuesta.

Dijo Ramiro despidiéndose de sus vecinos y seguir camino a su cuarto de cuatro por cuatro en el solar de La Habana Vieja.
- Cuídate mi hijto. PORQUE DE LOS BUENOS QUEDAMOS POCOS. Tú sabes lo que te quiero decir mjito... ¿verdad?

Contestó la señora Evangelina sentada en su silloncito de todos los días. Ramiro siguió su camino pensando en todo y tratando de unificar su idea y se acordó de las palabras de la vieja Evangelina antes: GENERALES Y DOCTORES y ahora: DOCTORES Y GENERALES.

El hijo de Ofelia camina muy despacio al encuentro de las escaleras que lo llevan al segundo piso del solar de San Isidro y seguía repitiéndose una vez más, antes: Generales y Doctores, ahora Doctores y Generales. «Es como un juego de palabras». Continuaba Ramiro en su maquinación mental y con esta en su cabeza se dio cuenta de lo que Evangelina que en realidad son muchos sus años los vivido le había dicho. Tal vez sin mucho sentido para ella; pero sí con un total sentido para Ramiro. «Sí... sí ahora lo estoy viendo todo más claro ante mis ojos», se decía Ramiro dando sus primeros pasos a su cuarto, retomando la idea. «Sí, claro... clarísimo eso mismo es lo que la doña Evangelina quiso decirme. Déjame ordenar mi mente. Sí, asi es: LOS DOCTORES, el gobierno los forma y después los manda a buscar: El DOLAR. EL VERDE en otros países y los explota, robándoles su pagó en la moneda dura, el dolar o la divisa, palabra con que ellos han tratado de convencernos en llamarle. Los mandan a Venezuela, Ecuador, Bolivia, Brazil y algunos van hasta Africa sirviendo como médicos-esclavos y los del poder amasan el dinero, la fortuna con el sacrificio ajeno. Y entonces vienen: LOS GENERALES... LOS GENERALES, más claro ni el agua», se decía Ramiro asimismo: LOS GENERALES... LOS GENERALES eso es lo que ha hecho el general-presidente. LOS GENERALES que ya no se visten de uniforme verdeolivo con todas sus estrellas y sus grados ganados en su carrera militar ya sea en Angola, Granada o en cualquier otra parte del mundo donde hayan ido a pelear para seguir sembrando la semilla del COMUNISMO.

Ellos visten de traje y corbata de marca como Christian Dior o Oscar de La Renta, manejan lujosos carros no los viejos americanos almendrones de los años 50 que todavía ruedan por La Habana, sino carros americanos de esta época modernos. Son hombres de negocios. Los nuevos magnates de la nueva clase que aflora. Si ahora LOS GENERALES que ocupan altos puestos en esas compañia mixtas con inversión foránea, las corporaciones extranjeras como: GAESA, GAVIOTA, LA ZONA FRANCA DE BERROA, GRAN CARIBE, CUBANACÁN, asegurando la moneda dura solo para ellos. De esta manera se deben a él, están comprados al general-presidente por esa razón nunca lo traicionarán ni se rebelarán en su contra. Y nosotros... nosotros... ¿Que? No tenemos ninguna ganancia en el botín. En el reparto del botín. No es justo, el pueblo... nosotros nos seguímos muriendo de hambre. Ni los vemos pasar a los verdes del norte que tanto dicen que lo odian y que tanto les gusta y les atrae desde un alfiler hasta un coche para ir de paseo. Ahí está surgiendo la nueva casta social. La nueva clase adinerada que se está llenando los bolsillos, amasando las fortunas en sus arcas cada vez más llenas. «Se puede ver en esos paladares y restaurantes que los dueños son los hijos de LOS GENERALES, claro los que tienen acceso a la moneda que a nosotros se nos niega. Y nosotros... ¿qué?... ¿Qué queda para nosotros? Seguir en la cuerda floja y comiéndonos un cable». Pensó, el joven Ramiro frustrado de la vida que le había tocado vivir en su suelo, Cuba con su experimento revolucionario que llenó de injusticia su vida y la de todo su pueblo. Ya mucho ha durado en el tiempo casi sesenta años. LOS GENERALES no dejaron su posición militar es una doble función que reside en la confianza hacia los militares que tiene las armas y el general-presidente los mantiene de su lado, comprados y nunca se rebelarán, debiéndose por entero al comandante en jefe, el número I y al general-presidente, el número II dándoles la oportunidad de seguir siendo fiel a los Castro y su revolución en decadencia, casi muerta ya. Con intereses que van más allá que su ideología. La que ya no existe, ahora existe el PODER y como mantenerlo buscando el dolar a la forma y manera que sea posible para conservar el PODER. Los militares con el poder de la economía en sus manos en este nuevo orden de cosas que el TOTALITARISMO, disfrazado con el nuevo nombre de SOCIALISMO DEL SIGLO XXI. Ha dado en llamarse también en Venezuela donde una parte del ejército y sus altos oficiales están involucrados en el narcotráfico y poseen las armas con el poder de matar.

Nadie puede revirarse cuando el miedo entra hasta los huesos del pueblo. Y hasta ahora no encuentran otra manera de deshacerse de la dictadura.

Ramiro llegó a la puerta de su cuarto entró y se deplomó en lo primero que él encontró en su camino. No tiene fuerzas para seguir hoy se convenció hacia donde va el barco a parar al menos por ahora a solo diez días del anuncio del nuevo pacto entre los Estado Unidos de América y La Habana.

Dejó de pensar por un instante, su cerebro paró involuntariamente. Las conexiones neuronales no funcionan sus ojos muy abiertos mirando al techo del cuarto donde arriba está la barbacoa que algunos miembros de la famila la utilizan como cuarto para dormir. De pronto sintió unos pasos por la escalera que es casi una pendiente de noventa grados con el piso para subir a la barbacoa y se dio cuenta que es Maritza, su hermana, la otra hija de Ofelia. Maritza caminó unos pasos hacia Ramiro diciéndole:
- Oye... oye... Ramirito. ¿Qué te pasa?
- No... no... sé sentí un mareo y me desplomé aquí donde tú me ves. No sé... no sé que me pasó.

Contestó Ramiro a su hermana Maritza. Que luego le dijo:
- Saliste muy temprano a la calle a esa busqueda incansable de tú puesto profesional y seguro que no tomaste ni un traguito de café o algo que te entonara el estómago y con el vacío no se puede salir a la calle es mucha el hambre mi hermano, mucha.
- Sí... sí eso mismo fue lo que me pasó.

Dijo Ramiro a Maritza para no profundizar más en sus pensamientos que empezaban a aclararse en su mente. No quería contarle todas las piruetas que había tenido que dar hoy para tal vez conseguir una plaza en un hotel y tener la oportunidad de coger algo del botín que no es repartido por igual para todos o al menos justo con cierta oportunidad para todos. Ni contarle su descubrimiento de LOS GENERALES y de LOS DOCTORES que viven en la nueva Cuba. Los poderosos vampiros en La Habana chupándole la sangre a su propia gente. Los generales poderosos y los doctores doble victimas del sistema, tal vez sin muchos darse cuenta que los explotan. Como aquella película animada que se llamo: Vampiros en La Habana, ahora puede aplicarse el mismo nombre a la opulencia naciente dentro del gobierno dictatorial de los hermanos Castro. Ellos nos CHUPAN la SANGRE como VAMPIROS.

Antes los corsarios y piratas se llevaban el botín logrado después de la batalla en nuestras islas del Caribe. Hoy a cientos y cientos de años en el siglo XXI otros corsarios y piratas se llevan el botín, se lo arrebatan a toda una población de once millones de habitantes que cada día sale a la calle a trabajar, a buscar el sustento de su familia y cuando le pagan a final o a mediados del mes le pagan el peso cubano, el que nadie quiere y cuando van hacer sus compras al mercado se encuentran que los precios están en CUC, el equivalente del dolar con precios altísimos. «hasta dónde nos vas a llevar revolución de los humildes y para los humildes». Todo en la cabeza de Ramiro aún sin energías para pensar. El botín que debía ser el botín de todos en la isla. Una minoría lo controla con todos los recursos en sus manos en la de los generales. Ellos, los militares vestidos como empresarios, los nuevos capitalistas revolucionarios que nacen en esta era cubana que estamos viviendo. Los nuevos ricos en la decadente revolución cubana. Los que ahora usan trajes de marca a cambio del uniforme verdeolivo pero mantienen sus botas sobre las cabezas de sus conciudadanos en su desmesurado despotismo y ambición considerándolos gentes de segunda o tercera clase. Los hermanos Ramiro y Maritza montados en el mismo tren en que toda Cuba se montó un primero de enero. Cuando Maritza le dijo a su hermano Ramiro:

- Déjame ver si hay algo que podamos compartir. Mamá Ofelia salió muy temprano, tú sabes en su envolvencia con la venta de los tabacos Cohiba, a ver si se gana un dinerito y ayudarnos un poco.

Decía Maritza a su hermano para tranquilizarlo. Mientras camina a su pequeñita cocina del cuarto del solar.

- Yo anoche no pude hacer mucho. La calle está mala y los policías nos asechan. No nos dejan vivir, persiguiéndonos de un lugar a otro.
- No me cuentes lo que haces mi hermana. ¡No quiero saber... no quiero saber... no quiero saber nada de eso!
- ¡Ay, hijo porque te molesta tanto lo que hago! Lo que hago es por todos nosotros para ayudarnos. Tú sin trabajo, aún con tú diploma bajo el brazo a mamá Ofelia la sacaron del trabajo. ¿Qué vamos hacer?... dime... dime tú que vamos hacer... entra el año se va el año y lo mismo. Aquí entre estas cuatro paredes donde hemos vivido toda una vida. Esto es lo único que he visto mi hermano desde que nací, la misma pobreza, la misma falta de todo, sin un baño digno, sin un espacio digno donde vivir, sin nada dime... dime tú ahora que se puede hacer... que más podemos hacer.

Maritza rompió en llanto, sintió dolor y vergüenza de que su hermano no la entendiera. Y no aceptará lo que el propio sistema la ha llevado. Ese sistema que por más de medio siglo había prometido mucho. Dando nada y sin logros, donde una minoría se lleva el botín que debía ser el botín de todos los cubanos de sus once millones de habitantes. Maritza jinetea, esa es la manera de adquirir cierta entrada de dinero para la familia, cada noche sale a: La busca la moneda dura: El dolar. En el malecón. En la esquina del Pecado. En la calle Galiano hasta el hotel Deauville, en La Busca... en la busca de lo que se les ha estado arrebatando por una minoría que lo controla todo por más de medio siglo. Ramiro la miró y se dio cuenta que él navega en el mismo barco que ella y le dijo:
- No... no... no te pongas así mi hermanita. Es que todo es muy duro pa' mí, yo soy el hombre de esta casa y no he podido garantizarles a Uds. una vida, al menos con los elementos básicos de un SER HUMANO. Me siento fracasado, frustrado, tanto esfuerzos, tanto sacrificios en mi vida y al final... NADA... NADA... no tenemos nada.
- Yo tengo esperanzas mi hermano, yo sueño... y sueño que un día no muy lejano saldré de aquí del solar de San Isidro y me iré, no sé adónde, porque en mis sueños todo es están bello, tan diferente a todo esto que he vivido por veinte y tres años.
- Ojalá todo sea así mi hermanita. Yo creo que es tiempo ya de que todo sea diferente para todos nosotros.
- Sí mi hermano es tiempo ya de que todo cambie para el bien de todos.

¿Seguiremos igual? O... ¿Mejorarán las cosas para todos? Esa es la gran pregunta que todos se hacen, sin hasta hoy hallar la respuesta que solo la saben los que tienen el poder por más de medio siglo en sus manos.

Ramiro se quedó allí en su banquito, no quiere pensar más, sus pensamientos lo agobian y ahora en su mente está solo ocupada por su meta lograr la plaza en un hotel y poder ganar dinero en CUC o en dólares que son los que caminan en el país. «Y me da una oportunidad al menos a vivir y a respirar, seguir respirando al menos eso, respirar y poder seguir tirando como todos decimos en la isla. SEGUIR TIRANDO. Esa es la meta final no hay más na'». Pensó. La carrera universitaria ya no le interesa mucho. Sí le interesa como poder ayudar a su familia a salir adelante y más ahora que desde hace unos días la historia ha cambiado para todos en la isla. Los Yumas vuelven y las esperanzas crecen cada día. Todo es más prometedor que antes en la isla, así piensan casi todos los cubanos de la isla, sin imaginar que tal vez se convierten en una isla muy pobre con un sistema CAPITALISTA con las mismas estructuras de gobierno y con la misma dinastía CASTRO en el poder. Llevando su REVOLUCIÓN SOCIALISTA A UNA NUEVA FORMA TOTALITARIA DE CAPITALISMO DE ESTADO. CON UN ESTADO DE TERROR para mantenerse en el poder. Eso es lo que muchos en la isla no saben y sueñan con la llegada de Los Yumas. Llegada ciento por ciento bien planeada para los que gobiernan y no para el pueblo: EL CUARTICO SEGUIRA IGUALITO COMO PARA TODOS EN EL SOLAR DE SAN ISIDRO Y EN TODA LA ISLA DE CUBA. SIN CAMBIO ALGUNO PARA LA POBLACIÓN, PERO SÍ MÁS REPRESIÓN, MÁS PALOS A DAR PARA TODO EL MUNDO SIN COMPASIÓN A PLANAZOS LIMPIOS COMO LA GUARDIA RURAL EN LOS TIEMPOS DE BATISTA. Ramiro está allí sentado mirando hacia fuera por la única ventana que tiene el cuarto de Ofelia en el segundo piso del solar de San Isidro. Y sus pensamientos seguían corriendo por su mente.

Ramiro haciéndose las mismas preguntas sin encontrar él mismo la respuesta a cada una de ellas. Su mente no cesa de pensar. Cuando su hermana viéndolo en ese ensimismamiento dijo:

- ¡Oye... oye despierta que aquí no va a pasar nada! Vamos a seguir viviendo aquí en el mismo cuartico del mismo solar en que nacimos y Eusebio Leal va seguir embelleciendo su Habana para sus turistas y ahora más que nunca para LOS YUMAS. Antes decíamos: CUBA SI, YANQUIS NO. Ahora todo es: CUBA SÍ Y LOS YANQUIS TAMBIÉN. Porque nos conviene todo es pa' donde va la ola marina que nos arrastra. Despierta mi hermano... despierta que nada va a pasar ya todo está planificado para ellos sino ya lo verás mi hermanito. La gente seguirán cantando: Pa' lo que sea Fidel, pa' lo que sea, aunque estén pasando mil varas de hambre. Ya lo verás que así es.

Dijo Maritza con un poco de sarcásmo y escepticismo en sus palabras. Ramiro no contestó. Su todo él sigue en un estado de perturbación hipnótica, sin poder conectarse con la realidad de su vida y en su tiempo.

En la otra orilla del estrecho de la Florida. Miami, LA PEQUEÑA HABANA. cubanos que abandonaron la isla hace más de cincuenta años. Ellos en la espera de años tras años con la esperanza de regresar a la isla. Sin los que hoy detentan el poder y han desgobernado la isla por décadas, sin los Castro. Hoy frustrados y confusos como los cubanos de la isla están.

Sentados en la misma mesa de jugar al dominó por años y conservando su cubanía para cuando llegue el momento de regresar. Los cuatros compartiendo sus anhelos y esperanzas por mucho tiempo. Cuando Fabián dijo:
- ¿Qué les parece la nueva?
- No me hables de eso compadre por favor no me hables de eso.

Contestó Juan Luis a su amigo de casi toda su vida aquí en La Pequeña Habana de Miami.
- No sé... no sé que nos está pasando a nosotros los cubanos. No sé tampoco explicarme que está haciendo este presidente reconociendo una dictadura de más de cincuenta años. Sin prestigio y en su decadencia total.
- Eso no es fácil amigo mío.

Dijo Jacinto otro cubano sentado en la mesa del juego de dominó.
- Miren señores este presidente le quedan unos meses en La Casa Blanca, ya él se va; pero antes de irse quiere ganarse algunos creditos y esos son los creditos que él espera ganar para la historia. Que en la historia de los Estados Unidos aparezca dentro de unos años que él fue el primer africanoamericano elegido presidente de los Estados Unidos, el primer presidente que reanudó las relaciones diplomáticas con Cuba después de más de cincuenta años. Y no duden Uds. que veamos a Raúl Castro y nos visite próximamente y venga aquí hasta La Pequeña Habana y se pasee por la calle Ocho o el mismo presidente de los Estados Unidos vaya y visite la isla. Nadie sabe. Todo puede suceder amigos.
- No... no... no... eso seria demasiado pa' nosotros... demasiado.

Contestó Domingo otro de los cubanos acostumbrados a jugar el dominó con sus amigos en La Pequeña Habana en Miami.
- ¡Oigan caballeros ya yo con lo que he visto! No dudo nada de nada. Todo puede suceder. Na' que tenemos un BROWN NOSE presidente como se dice el inglés.

Contestó Fabián que se sentía incómodo por la noticia del 17 de diciembre de 2014. Vio su ideal truncado. «Cuba no será libre por un buen largo rato con la dinastia en el poder». Se decía sim mencionar.
- Y vieron Uds. caballeros que día tomaron estos dos para reanudar sus relaciones... un día... un día 17 de diciembre el día de San Lázaro pa' to nosotros en Cuba y fuera de Cuba. ¿Por qué?
- Quién sabe, recuerda que ellos también cuando le duele el callo y le aprieta el zapato también se tiran pa' lo chapeao y buscan ayuda.
- Yo vine con el Programa Peter Pan, esperanzado y esperando y desde que supe la noticia no dejo de pensar que traerá todo esto para nosotros los cubanos, tanto los de adentro como los de afuera de la isla... no sé... no sé que decirles hermanos, no sé. Yo sigo muy confundido con todo esto. ¿quién nos lo iba a decir?

Unas lágrimas corrían por las mejillas de Juan Luis que había venido sin sus padres a los Estados Unidos cuando él apenas tenía seis años de edad. «Y ahora ¿qué?... ¿qué?» Se preguntaba él mismo y a la vez pregunta a sus amigos del dominó. La noticia del 17 de diciembre en los cubanos exiliados no ha causado la mejor de las noticias oídas en los últimos días del año por mucho tiempo, el año que ya está al finalizar. Y terminó diciéndose «que poco dura la alegría en la casa del pobre, está noticia nos desgració el fin de año». Muchos se sintieron frustrados, abandonados y quizás hasta traicionados por la administración de La casa Blanca. No esperaban una cosa como esta y menos ahora después de tanto sacrificios, vidas perdidas en ese estrecho de la Florida en ese pedazo de mar que nos separa de la isla y se ha tragado las vidas de muchos de los nuestros en su máximo deseo de SER LIBRES. Después de este holocausto de nuestro pueblo por años. Se sintieron y se sienten desde aquel en 1961 en que años atrás cuando Playa Girón con el presidente John F. Kennedy, un presidente demócrata y ahora se sienten igual con él que hoy ocupa La Casa Blanca, también demócrata.

Quizás es esta situación explica POR QUÉ la mayoria de los cubanos son repúblicanos. Con los demócratas perdieron la confianza, el partido que piensan quizás mejor los representaría como minoria en los Estados Unidos de América. Pero ya no confían en sus actos y decisiones que los ha marcado para la historia de los dos países.

Es domingo 28 de diciembre de 2014 y Clarisa espera por unos días que Enzo, el italiano regrese a la isla y se case con ella y le salve la vida a ella y a toda su famlia. Clarisa en su cuarto de cuatro por cuatro, parecía cansada de esperar por el italiano y sus promesas. Sentada en un banquito frente a su madre Gilberta cuando dijo:

- Mamá Gilberta yo creo que no voy esperar más por él, sí por él, Enzo.
- ¿Qué has dicho hija?

Preguntó Gilberta, alarmada y dio un salto desde el otro banco donde se halla sentada mostrando toda su preocupación a su hija Clarisa que pensó por un momento en no esperar más por su prometido, el italiano.

- Lo que Ud. oye mamá Gilberta. ME CANSE DE ESPERAR POR LA GALLINA DE LOS HUEVOS DE ORO.
- No... no... Clarisa mijita, no te puedes cansar, ni podemos cansarnos de esperar al salvador de todos nosotros en este país y menos ahora hija que somos amigos de Los Yumas de nuevo. Ese ángel que Dios nos envió para sacarnos de esta pobreza. Esa gallina de los huevos de oro como tú le has llamado, nos ha ayudado a vivir por meses mijita por meses y casi un año, como ahora te vas a rajar sí ya casi cumplimos la meta. Él prometió venir en diciembre del 2014 y aquí estamos esperando por Enzo hija, por Enzo hija por Enzo que es el único que nos va a sacar de este hoyo, hija mía.
- Mamá, yo le voy a dar unos días más dos o tres, si no se aparece me voy a la calle de nuevo a buscar las fulas que tanta falta nos hace para comer, Oyó Ud. mamá Gilberta.

- ¿Qué Uds. están hablando?

Brincó diciendo la vieja Evangelina que dormita en su silloncito de todos los días en el solar de San Isidro y ahora oye la conversación.

- No... no nada... mamá Evangelina, hablábamos de Enzo.

Dijo Gilberta a su madre que despertó en esos momentos. Ella que cae en un sopor en su sillón casi minuto a minuto.

- ¡Ah, del francés, hablan Uds.!

Dijo la doña Evangelina Mendieta que trata de ubicarse sobre lo que oyó.

- No... no... mamá. Enzo es italiano, no francés.
- ¡Ah, hija! Es lo mismo, italiano, francés, canadiense, yo no sé. Pa' mí es lo mismo Juana que su hermana. El problema es que venga y nos dé la ayudita de siempre que tanto necesitamos.

Decía la vieja Evangelina confundida entre sus años vividos y la realidad cotidiana de la Cuba de hoy y la Cuba que vivió antes del primero de enero de 1959. En que un manto oscuro se asentó sobre la bella isla caribeña.

- No le hagas caso a mamá Clarisa, tú sabes que ella y su mente están y a veces no están en coordinación y dice lo primero que le viene a la mente. Tenemos que seguir esperando por Enzo y quizás salimos de aquí para una casa o algo mejor hija. El solar de San Isidro ha sido lo único que hemos tenido por muchos años mijita es hora de prosperar y con la llegada de Los Yumas todo va ser diferente. Eso es lo que todos esperamos, hja.
- Sigue Ud. pensando así mamá Gilberta... siga Ud. pensando y la sorpresa va ser más grande que Ud. misma. Siga Ud. creyendo que todo lo que brilla es oro. Aquí no hay na' pa' nadie. Nosotros somos NADA pa' este gobierno.

Esas fueron las últimas palabras de Clarisa. Se levantó de su banquito y subió a la barbacoa a pensar, a decifrar que hacer con la espera de Enzo. O salir a la calle a buscar lo que tanto necesitan. El dolar para seguir como todos dicen tirando en La Habana. Hasta la llegada de Los Yumas que les dé un poco de aire fresco de oxigeno que tanta falta les hace a todos. Y más a la revolución que fallece sino falleció ya. Pasa el domingo en el solar de San Isidro todos con sus esperanzas en: LA BUENA NUEVA. LA LLEGADA DE LOS YUMAS. EL ENEMIGO FRENTE A MI PUERTA LLEGA DE NUEVO A SALVARME.

Gilberta se sintió inquieta, ha puesto todas sus esperanzas en Enzo, el italiano y ahora Clarisa se está cansando de esperar por él que ya había prometido volver y casarse con ella. «¡Ay, Dios mío que venga Enzo que regrese el italiano y nos tire un cabo Dios mío santo!... Qué tanta falta nos hace Dios mío. Porque esto que estamos pasando es un viacrucis en tiempos modernos y no sabemos hasta cuando este señor dijo que duraría el dichoso Periodo Especial. Yo creo que es tan especial que se volvió eterno y hasta a él mismo se le olvidó». Ese es el pensamiento de Gilberta sentada en su cuarto de cuatro por cuatro en el solar de San Isidro. No quiso pensar más ni seguir con su amargura en la cabeza atormentándose con la idea de que Enzo, el italiano no regresará. Y se fue a encender el radio o la televisón algo que la sacara de esas ideas que la frustran y le quitan los deseos de seguir viviendo, penando sin fin como lo ha hecho toda su vida.

«Me voy a ver la televisión», pensó. Encendió el televisor, el mismo televisor en que oyó al general-presidente-comandante decir LA BUENA NUEVA PARA TODA LA ISLA SEGÚN SUS HABITANTES. La nueva que quizás es buena para los que están el poder; pero no para ellos los cubanos del solar de San Isidro ni los del resto de la isla con sus quinces provincias y el municipio especial de la Isla de Pinos que ahora es Isla de la Juventud, sí aún quedan algunos de ellos, porque la mayoría se lanzan al mar buscando su ahelada libertad como tantos otros en la isla. «Nostros que somos las victimas en todo este rejuego de enemigos por más cincuenta años y ahora amigos de un día pa' otro», asi pensó Gilberta y prefirió detener sus ideas que la menoscaban.

Hoy es domingo y como todos los domingos Las Damas de Blanco, salen de oír la misa en la Iglesia de Santa Rita en Miramar desfilan por la Quinta Avenida con sus flores blancas con la esperanza de que algún día se cumpliera el milagro, el milagro que todos esperan que alguna personalidad en el ambito internacional pudiera mediar por la libertdad de sus familiares, y de sus esposos hoy en prisión por manifestarse en contra del gobierno o mejor dicho la dictadura de los hermanos Castro por más de medio siglo en el poder. Siguen su recorrido habitual de todos los domingos con sus pasos lentos y seguros demostrando al todo el pueblo de Cuba al mundo y a la opinión pública internacional por el reclamos de sus derechos. Que solo es:
LA LIBERTDAD DE LOS PRISIONEROS POLÍTICOS EN CUBA.

Unos carros de la policía se acercaron y le dijeron que no podían continuar su marcha por la Quinta Avenida ni por ninguna otra avenida de la ciudad de La Habana, dos mujeres policías gritan:
- Vamos a llevarlas a todas presas. Sí... si todas van presas ahora mismo.

En ese mismo instante se desató una lucha cuerpo a cuerpo entre las mujeres uniformadas de policías, mujeres igual que Las Damas de Blanco, que un día les puede tocar lo mismo que a Las Damas de Blanco defender la libertdad de sus seres queridos. Las mujeres policías las arrastran por la calle, otras las golpean con lo que pudieran golpearlas. Instrumentadas por la dictadura castristas se dejan manejar. Quién sabe sus intereses cuales son, defendiendo LO INDEFENDIBLE y maltratando a mujeres, a otras mujeres que pueden ser su amiga, hermana, tía, abuela o hasta su madre.

Ellas tratan de defenderse del atropello dirigido, patrocinado, conocido y llevado a cabo por las autoridades cubanas. Antes eran los esbirros de Fulgencio Batista dando golpes, torturando y hasta matando ahora son los esbirros de los hermanos Castro. Estos, los Catros que lucharon contra una tiranía y ahora otros luchan contra su tiranía por más de cincuenta años en la historia de la Isla de Cuba. Violando los más mínimos derechos de todos en la isla.
- Sí... sí monténlas a todas en esa guagua, a todas... sí a todas que no quede una en pie esa es la orden que tenemos.

Gritó un hombre vestido de militar que parecía ser el jefe del operativo en la detención de Las Damas De Blanco de hoy domingo. La querella continúa entre el grupo de las indefensas Damas de Blanco y los contra de uniformes que responden a las ordenes del gobierno, el enfrentamiento continuó. Las agarran por los pelos, por los brazos, por donde ellos puedan para llevarlas a rastro hasta la guagua-celda que ellos disponen. Entre el forcejeo y las fuerzas empleadas por los policías-mujeres-militares entre ellos hombre lograron disolver la manifestación pacífica de las mujeres vestidas de blanco en su habitual recorrido de los domingos desde la Iglesia de Santa Rita en Miramar, La Habana, Cuba. Todas fueron arrestadas y llevadas a Tarará, allí se inicia el proceso de torturas, serán sometidas a largos interrogatorios, implicándoles que son mercenarias al servcio de los Estados Unidos de América que trabajan para la Agencia Central de Inteligencia, entre otras acusaciones que le sirvan al régimen para justificar su abuso desmedido a las mujeres que visten de blanco y marchan todos los domingos por las calles con esa sola consigna: LIBERTAD que solo piden el derecho de sus familiares a SER LIBRES. El domingo está pasando para el solar de San Isidro como para todos en la isla. Gilberta acompaña a su madre Evangelina, ya se había oído el cañonazo de las nueve y ellas están allí en el mismo sitio y en la misma espera de los milagros. Uno de ellos que Enzo volviera de Italia y el otro la llegada de Los Yumas que ya se había anunciado por el general-presidente Raúl Castro el 17 de diciembre de este año 2014. La noche está fresca, diciembre está dando sus últimos días del año cuando de pronto se oyeron toques en la puerta del cuarto de cuatro por cuatro de Gilberta y su familia. Cuando alguien dijo:

- Es aquí donde vive la madre de Yadira López.

Gilberta que está sentada frente al banquito de su madre y contestó

- Sí... sí compañero, yo soy la madre de Yadira López.
- Tiene Ud. que compañarnos a la estación de la policía.
- Digame... digame oficial ha pasado algo... digame por favor explíqueme.

Gilberta quería controlarse se imaginó lo que pudiera haber pasado, lo esperaba de un momento a otro que algo así pasara y hoy es domingo, el día escogido por Las Damas de Blanco para su peregrinación. No está segura que pasó; pero algo le decía siempre que algo pasaría tarde o temprano, más temprano que tarde, sabe que la dictadura tiene cero tolerancia con cualquier movimiento en su contra, aún como esta, un grupo de mujeres convencidas con el papel que les ha tocado jugar en la historia de su país y además desamparadas donde su única arma a portar es una flor blanca. Las cosas hoy han ido demasiado lejos cuando las hordas castristas se lanzaron sobre ellas para aniquilarlas, neutralizarlas y no permitirles alzar su voz. El llantó apareció en la cara de Gilberta que parece muy asustada por la noticia que acaba de recibir por aquel hombre vestido de uniforme que representa al gobierno, al Ministerio del Interior y su rama más temible, la Seguridad del Estado cubano que no tienen compasión con nadie, maltratan, apalean y las arrastran sin considerar que ellos también vinieron un día de una mujer, su madre y donde el concepto humano de hombre, niño, anciano, joven simplemente se entierra por estos lacayos al servicio de la dictadura comunista. En ese momento se oye la voz de Clarisa que baja apresuradamente de la barbacoa y grita:

- ¿Qué paso aquí mamá Gilberta? ¿Qué es esto?
- No sé mijta... no sé, algo con Yadira tú hermana.
- ¡Ay, Dios mío!... Dios mío le ha pasado algo a mi hermana Yadira.

Las dos lloran y el llanto se unió al grito de la vieja Evangelina Mendieta que dormita en su silloncito de todos los días cuando grito:

- ¡Coñó!... me puede alguién explicar o decirme que está pasando aquí, en mi cuarto... sí... sí... en mi cuarto del solar de San Isidro que herede de mi madre y es lo único que me dejó hace más de sesenta años.
- Mamá... mamá... Ud., quédese ahí quitecita, yo ahora mismo me cambio de ropa y me voy a la estación de policía de Zanja que es donde está Yadira. Clarisa se quedará con Ud. aquí mamá. No se preocupe que quizás ha sido un mal entendido y pronto la sueltan.
- ¡Ojalá! Tú boca sea santa y así sea. ¿Por qué ya yo no confío en estas gentes, son peores que los de Batista. Los de Manferrer, los de Sosa Blanco... que mira que eran malos mi madre esos Manferrer y Sosa Blanco no le daban tregua a nadie, se deshumanizaban como bestias. Y estos son peores que los batistianos, eso es lo que estoy yo viendo, oyendo y experimentando de hace un tiempo a esta parte. Los generales del ejército que es como digo yo ahora son Los Generales los que nos tienen la bota puesta encima de nuestras cabezas, asimismto con las botas puestas sobre nuestras cabezas para que no podamos levantarla jamás.

Dijo Evangelina Mendieta que había vivido otros gobiernos y dictaduras como la de Fulgencio Batista comparándola con la de Fidel Castro y su hermano Raúl.

- Mamá... mamá por favor cállese que el policía está allá afuera esperando y puede oírla y a saber sí hasta a Ud. se la llevan presa pa' la estación de Zanja. Entonces sí pierdo mi cabeza me vuelvo loca mamá y que nos hacemos sí así fuera mamá... ¿Qué nos hacemos? ¿ Digame? Mejor cierre su boquita mamá por favor.
- Ay, Gilbertica ya a mi lo mismo me da juana que su hermana, pa' la vida que estoy llevando entre estas cuatros paredes! Entra el año y sale el año y lo mismo... con lo mismo. La jubilación no me alcanza para vivir después de tantos años trabajados y sin faltar ni un día, ni un día aún sintiéndome mal y ya tú ves que me dan una miseria que no me ayuda a vivir por eso te digo mi hija me da lo mismo chicha que limoná con estas gentes que son unos abusadores todos.

Y su voz se fue apagando, se perdió cuando el silencio se apoderó de todas ellas. Madre, abuela e hija. Sin más palabras, sin más insinuación de lo sucedido. Gilberta se disponia a salir del cuarto cuando de pronto se enfrenta a su amiga del solar Ofelia que le dice:
- ¡Eh! ¿Y tú a dónde vas?
- No quieras tú saber Ofelia. Dos policías me tocaron en la puerta que Yadira está detenidad en la Estación de policía de Zanja.
- ¡Ay, Dios mío, a mi también Gilberta que Zoe está allí también en la estación. Detenida y no me explicó la razón. ¿Tú vas pa'lla? Verdad.

Preguntó Ofelia a su amiga y vecina Gilberta, unidas ahora de nuevo en una situación ni parecida a la que las unió unos días atrás con la noticia de que Los Yumas regresan a la isla y fue unos de los días más felices en toda su vida desde 1959.
- Sí... sí Ofelia pa'lla voy a ver que ha pasao.
- Pues vamos... vamos apurémonos que la noche por estas calles no me gustan nada. Se préstan pa' to.

Completó Ofelia diciéndole a su amiga que habían crecido juntas en el solar de San Isidro. Las dos mujeres caminan aprisa por toda aquella calle subiendo hasta llegar al Prado y seguir hasta la estación de policía de Zanja.

No hablan, «es mejor no hablar». Piensan las dos. Los tiempos se han tornados muy difíciles en la isla y la venida de Los Yumas tiene la gente alborotada, como loca unos hasta quieren venganza de aquel que un día le hizo daño o lo echo pa'lante con la policía o lo denunció al CDR o le tiró huevos a algún miembro de su familia en aquel año 1980 que fue el año que marco con más intensidad la desaprobación popular del gobierno revolucionario fue: UN INFIERNO EN LA TIERRA POR SEMANAS. Dirigido todo por el comandante en jefe Fidel Castro instigando al pueblo a una guerra fraticidad hermano contra hermano, pueblo contra pueblo. «Hay que cuidarse mucho hasta ver donde va a parar todo esto después de tantos años de odio sembrado entre nosotros mismos. A donde vamos, no sabemos es todo cuestion de tiempo o de concientización de las masas y tomen el papel que les toca en la historia como lo han hecho Las Damas de Blanco».

Pensaba Ofelia caminando a la estación de policía de Zanja.

¿Tomaran las aguas su nivel después de todos los horrores y errores cometidos en estos más de cincuenta años cuando? Cuando un día él dijo:

TODO EL QUE QUIERA QUE SE VAYA. NO LOS NECESITAMOS.
Y detrás de todo esto él mismo fustigando a dar golpes, abuchear, apalear, gritar y a humillar a todo el que desea irse de Cuba. Él incitó a la pelea y muchos por ignorancia o por otra razón no se daban cuenta que una vez más eran utilizados para vengar una causa, la causa de él la de sus intereses y de su maldad. Las dos mujeres seguían caminando a toda la capacidad que podían están desesperadas por llegar al estación de la calle Zanja, cruzaron la calle del Prado es domingo los turistas desplazándose de un lugar a otro, los bicitaxis dando su servicio a turistas y a los no turistas. Nada las distraía, su objectivo es llegar a la estación de Zanja. Cruzaron el parque de La Fraternida ya casi están en la calle Zanja aún faltan unos metros más las dos con su respiración entrecortadas por su carrera en llegar y descubrir que había pasado a sus dos hijas. Ya en la puerta de entrada del estación de Zanja, entraron una mujer policía está allí y Ofelia dijo:
- Buenas noches
- Buenas noches.

Contestó la mujer policía sentada detrás de una mesa con muchos papeles alrededor y un ventilador girando frente a su cara.
- Mire a nosotros se nos comunicó que nuestras hijas están aquí detenidas y queremos saber que pasó y por qué.
- Digame el nombre de los encarcelados.

Preguntó la mujer policía a las dos desesperadas mujeres.
- Yadira López es la hija de mi amiga. Y la mía es Zoe Carrera
- ¡Ah, Uds. son las madres de esas dos desvergonzadas. De esa dos mercenarias al servicio del imperialismo yanqui. Por eso merecen lo que se merecen esas mujeres contrarevolucionarias.
- ¡Óigame lo que voy a decir!

Exclamó Ofelia que no acepto las ofensas de la mujer policía que las atendía dirigidas a sus hijas supuestamente allí encarceladas.
- No le permito que llame a mi hija y a la hija de mi amiga que son casi hermanas desvergonzadas y todo eso que Ud. a dicho.
- Eso es lo que son todas esas mujeres vestidas de blanco, gritando consignas contrarevolucionarias. Pena les debía de dar que fueron formadas por esta gran revolución socialista de nuestro comandante en jefe Fidel Castro y todo nuestro pueblo y ahora vienen a protestar y pedir libertad para los delincuentes. Porque eso es lo que son sus maridos delincuentes al servicio de la CIA y ahora ellas también lo son en complicidad.

Dijo la mujer uniformada, aún sentada detrás de aquel buro lleno de papeles. Gilberta miró a su amiga de reojo, dándole una señal de que es mejor callar que seguir aquella discusión que podría terminar en que ellas dos fueran a la celda con sus hijas. Y entonces se complica más la situación.
- Esperen aquí hasta que el instructor las llame, él le comunicará lo que Uds. necesitan saber. Y ojalá aprendan la LECCIÓN DE HOY. Y les sirva de una amarga experiencia.

Dijo la mujer policía con un odio que se exacerba dentro de ella y se puede notar en la forma de hablarle a las madres de las detenidas, se puede ver en sus ojos ese odio que se había engendrado y sembrado en los corazones de los otros cubanos adoctrinados por más de cincuentas años a servir a la dictadura de los Castro. Ese mismo odio que un día pudiera desatarse entre los mismos cubanos en la isla e inicie un guerra interna llevada a cabo solo por un grupo o minoria que no quieren reconocer los inalienables derechos de la mayoría: a opinar, a decir libremente lo que sienten y piensan, a poder manifestarse sin temor, a moverse dentro de la isla y el derecho a reunirse de forma pacifíca como todo país civilizado y donde reine una democracia, como todo los cubanos quieren y merecen después de más de medio siglo de imposición de ideas con máximo control de todo en la isla-prisión. Un control el que nadie fuera de la isla puede imaginarse. Los cubanos viven cada día de su desdichada vida bajo un control absoluto. la autocracia de la famila que gobierna la isla. Castro y su mafia familiar. Sin algún viso de lo nuevo.

De pronto la mujer policía vino hasta donde están sentadas Gilberta y su vecina y amiga Ofelia. Y dijo:

- Ofelia García... ¿Es Ud.?

Preguntó la mujer policía sonando el correr de sus dientes unos sobre los otros.

- Sí... sí... soy yo.

Respondió Ofelia que parecía nerviosa. Le vino a su mente el mal rato que pasó cuando no quiso aceptar servir de informante en la brigadas Aedes Aegypty y le costó perder su puesto de trabajo. Lo que la ha obligado por todos estos años a bisnear en la calle como ella le llama a su trabajo que consiste en vender y revender todo lo que encuentre que sea vendible en el mercado negro. Vendiendo desde un par de medias hasta una caja de muerto a eso me obligaron». Pensó en ese instante cuando:

- Venga conmigo.

Dijo la mujer policía conduciendo a Ofelia a las oficinas de tortura psicológica. Ofelia se levantó del banco, allí se quedó sentada Gilberta esperando por su turno. Ella que está segura que también la llamarán para interrogarla.

- Sí... sí... yo misma.

Repitió Ofelia. Se notó que los nervios se habían hecho dueño de ella, Sus manos le sudan y tiembla a la misma vez. Su cabeza no está preparada para esto.

- Entre a esa oficina.

Le ordenó la mujer policía a Ofelia. Señalándole con el dedo a Ofelia que no se atrevía a mirarle a la cara. Ofelia entró y allí un hombre de mediana estatura parado frente a ella de unos cincuenta a cincuenta y cinco años por su edad podía apreciarse que pertenece a los jóvenes adoctrinados por la KGB de la Unión Soviética a interrogar y a torturar sicológicamente a sus priosioneros. Está uniformado. Con sus grados es capitán de la Seguridad del Estado. Y dijo:

- Siéntese Ud. señora Ofelia García.

Ofelia se sintió que se enfría toda por dentro. Aquella voz le pareció la misma voz que un día la sancionó y la expulsó de su trabajo, no sabe sí podría pasar esta amarga prueba otra vez. En aquella ocasión tuvo meses de depresión y tuvo que ir al médico de la posta de su barrio en el solar de San Isidro. «Pase noches de insomnio me vi en la calle y sin la oportunidad de encontrar otro trabajo. La seguridad cubana informó a todos los niveles de centros de trabajo la persona a la que no deben emplear y pase Dios y ayuda para sobrevivir. No le conte la verdad al médico sobre la razón de mí dolencia, tuve miedo, la policía política me ha traúmatizado de tal manera que en esos días ni quería salir a la calle. Los veía por donde quiera uniformados o no; pero los veía que me perseguían. La depresión me llevó a encerrarme en mi cuarto de cuatro por cuatro en el solar, saliendo solo a hacer las compras necesarias o algunos de mis hijos iban y hasta mi vecina Gilberta me ayudó mucho en esa ocasión». Todos esos pensamientos revoleteaban en su mente en este momento de su vida cuando el oficial le preguntó:

- ¿Qué sabe Ud... Ofelia García de esas mujeres vestidas de blanco?
- Por su madrecita oficial. ¿De qué mujeres Ud. me está hablando?
- No se haga la que no sabe nada de lo que pasa con esas mujeres.

Contestó el oficial con su mirada fija al rostro de Ofelia.

- ¡Ay, Oficial por su madre! Le estoy diciendo la verdad y solo la verdad, se lo juro por mi madre que en paz descance.
- Mire... mire Ofelia... no me venga con lloriqueos y teatros que nosotros sabemos bien que se traen entre manos todas Uds... todas... sí todas Uds. son iguales. Contratadas por los americanos para hacernos la guerra interna sabemos que reciben dinero. Recibiendo dólares de la oficina de intereses de los Estados Unidos.
- No... no... no oficial como Ud. va a decir una cosa así como Ud. va a decir una cosa semejante de nosotros. Yo soy una ama de casa que me dedico a mi familia y nada más oficial.

Ofelia no sabe como seguir hablándole aquel hombre que parecía más duro que una piedra para entender que ella no sabe nada de lo que él le está hablando. Le incrimina de recibir dinero de los americanos lo que más ella desearía en estos momentos. Su cabeza empezó a pesarle, sintió fatiga, a sus años verse en este enredo al que tanto le huyó siempre a pesar de sus riesgos en el barrio ganándose unos quilitos en el mercado negro para sobrevivir en la isla. La isla con su revolución socialista que no los ha llevado a ningún lugar. Todo está tan malo como cuando se declaró el eterno Periodo Especial en la Cuba que se prometió que sería rica con Los Diez Millones de toneladas de azúcar con la zafra más grande de la historia del país.

- Bueno... bueno para entrar en materia le diré que su hija está detenida en Tarará por manifestarse en contra de la revolución.
- No puede ser oficial... no... no puede ser oficial que una cosa como esa le haya pasado a mi hija.

Contestó Ofelia que empezó a sentirse débil y sin aliento. Las lágrimas lentamente empezaron a salir y descender de sus orbitas y corrían por sus mejillas y ella, Ofelia en silencio, su dolor es el dolor de una madre que se ve sin fuerzas para luchar contra el poder establecido y su cuerpo represivo con sus desmanes al trato de sus propios cubanos en la isla. No sabe que decir, se sintió como aniquilada en un instante. Conoce como trabaja la policía política en la Cuba de hoy. Se vio indefensa para enfrentarse a la estructura de la policía política que han sido entrenados por los rusos y su famosa KGB. Creyó que se desamaya allí mismo.
- Sí... como Ud. lo está oyendo y necesitamos su cooperación en este proceso que llevamos a Las Damas de Blanco.

Ofelia sintió lo mismo que años atrás cuando la Seguridad del Estado quiso reclutarla en su trabajo de sanidad. Y ella se negó hacerlo. No sabe que consecuencias pueda traerle en esta ocasión que se encuentra ahora. En realidad no sabe lo que está pasando. Se vio sentada frente aquel hombre que la amenazó cuando ella dijo no a ser informante del G-2. «El mismo recuerdo inscrustado en mi mente». Pensó y se mente se paralizó por un instante y luego dijo:
- Se lo juro teniente... se lo juro yo no sé nada... pero nada de lo que Ud. quiere saber sobre las mujeres de blanco... Ni las conozco, no sé quienes son ni que hacen... se lo juro oficial por mi madrecita.
- No puedo creerle señora... no puedo creerle que Ud. no sepa en las actividades en que anda su hija.
- ¿Cómo... cómo poder demostrarle que es asi? Qué le estoy diciendo la verdad y solo la verdad oficial por favor créame que le dijo la verdad y solo la verdad, oficial... créame por favor quees así.

El oficial se paró de la silla frente a Ofelia y llamó a la mujer policía, hablaron algo que Ofelia no pudo escuchar. La mujer policía se dirigió a Ofelia diciéndole:
- Levántese y sigame... señora García.

Ofelia se levantó y sus piernas no la sostenían, el miedo es más grande que ella misma con mucho trabajo se pudo sostener del brazo de la silla que ocupó y siguió en sus pasos a la mujer policía. Que le dijo:
- Tenemos que levantarle un Acta Por Peligrosidad y no Confiable.
- Pero como va ser esto... así por así... Yo no he nada sin una prueba, una evidencia. Sin nada que demuestre como se me pueda acusar a mí. ¿Cómo puede ser esto?
- Esto es solo una advertencia. La próxima vez tendrá Ud. que comparecer ante los tribunales y los jueces decidirán su caso.

Ofelia se estremecía por dentro de nada servían sus suplicas y sus palabras que decían la verdad a la policía política. Prefirió callar para no complicarse más su existencia con los que tienen el poder y lo controlan todo y hacen y deshacen día a día desde aquel primero de enero de 1959.

Ofelia parada frente a la policía, le da toda su información personal. Las lágrimas continúan deslizándose por sus mejillas, sufría en silencio. «No hay otra salida en un país donde todo está en manos del estado, hasta uno mismo es propiedad del estado. El poder judicial está en manos de los que te ordenan, te mandan, deciden por ti y por todos en la isla de Cuba. Los Castro». Pensaba Ofelía cuando la mujer policía dijo:
- Ahora puede Ud. retirarse.

Ofelia salió de la oficina y en la entrada se encontró a su amiga y vecina Gilberta sentada en unos de los bancos que le dijo:
- Ya te soltaron... podemos irnos... vámonos... vámonos Ofelia... vámonos que no puedo continuar ni un minuto más aquí. Me han maltratado... me han humillado... han hecho conmigo lo que han querido y solo les he dicho la verdad... la verdad. Yo no sé nada de las mujeres de blanco... no sé nada. Te lo juro.
- Sí... sí... Gilberta cálmate... cálmate mi hermana... Qué con estos monstruos tenemos que estar preparadas para luchar. Porque creo que la lucha va empezar de ahora en adelante.
- ¡Ay, Ofelia no digas eso!... Mi hermana que el miedo me mata... te lo juro me mata. De esta me muero Ofelia me muero.

Decía Gilberta y le agarró una mano a Ofelia para sentirse segura en estos difíciles momentos de su vida frente a la policía política. Las dos salían de la estación de policía de Zanja, no hablaron por un rato su encuentro con los verdugos del régimen las ha traúmatizado a las dos. Ellas están aterrorizadas por el proceso que acaban de pasar sin causa alguna. Entre pasos lentos y cansados caminan por la calle Zanja sin saber a ciencias ciertas que dirección tomar. Ya allí fuera del lugar que da miedo y terror por lo que se oye, se ve y como manejan las situaciones cuando sospechan de alguien solo por relaciones de familias, sin pruebas, sin nada que pudiera decir que son culpables. Gilberta se sentía muy nerviosa el miedo le había hecho callar de una manera casi absoluta, su respiración es irregular cuando el miedo crece sin uno poderlo evitar y dijo:
- Mira Ofelita... mi hermana yo tengo mucho miedo. ¿Qué podemos hacer ahora?
- No sé Gilberta... no sé que podamos hacer por nosotros que estamos ahora aquí en la calle y por ellas que están allá presas en Tarará donde no tenenemos acceso. Ni poder saber que está pasando con ellas.
- Mira... mira como tiemblo Ofelia todo mi cuerpo tiembla mi hermana. ¡Ay, yo no estoy hecha pa' esta gente me anulan como ser humano, acaban conmigo en un minuto!
- Gilberta tienes que controlarte, sino ellos toman ventaja sobre ti. Contrólate y pensemos que hacer de ahora en lo adelante.

Dijo Ofelia que su susto es tan grande como el de su vecina; pero ella ya los conoce desde aquel día que dijo no a ser informante a colaborar con el G-2.

- Yo no puedo ya ni pensar Ofelia... ni pensar puedo. Yo oí en Radio Martí hace un buen rato que un espía ruso que había trabajado para la seguridad rusa y desertó en un país por ahí y luego fue envenenado, me acuerdo que Radio Martí decía que le dieron a tomar un químico y murió a los pocos días. Seguro que los mismos rusos lo envenenaron. Estas gentes de aquí fueron entrenados por los rusos y actúan como ellos, son crueles, despotas, desafiantes, te torturan la mente. ¡Ay, Dios mío ampáranos de esta gentes Dios mio!
- Gilberta... Gilberta control, mucho control y veamos que podemos hacer por nuestras hijas.
- Sí... sí trataré de controlarme... no sé sí pueda; pero trataré mi hermanita.

Dijo Gilberta tratando de enfrentarse a ese miedo que se la come por dentro. Las dos mujeres indecisas, llenas de miedo no saben que hacer ya cruzan el Prado y es pasada la media noche. Entre el miedo que se les inculcó y el que se ha apoderado de ellas cuando salieron de la estación de policía y más el miedo en las calles de La Habana a esta hora de la media noche las tiene asustadas mientras caminan al solar de San Isidro. Los pasos se hicieron más grandes, no hay mucha gente en las calles y seguían rumbo a su lugar el cuarto de cuatro por cuatro del solar de San Isidro.

- ¡Ay, ay... gra... gracias a Dios que ya estamos aquí en San Isidro!

Gilberta dijo con una voz temblorosa y sus palabras fragmentadas por la falta de aire y el miedo en su carrera por llegar. El temor que ha crecido en ellas ahora más que antes.

- Sí, ya estamos aquí.

Ofelia contestó. Ella que no atina que hacer en estos momentos de frustración y coersión por parte de la policía politica.

- Ahora solo lo que podemos y nos queda por hacer es esperar a que amanezca y ver que ha sido de estas muchachas metidas en eso de las mujeres de blanco como ellos les llaman.

Completó diciendo Gilberta, que aún no sale de su temor que crece con el tiempo. El interrogatorio le causó mucho daño psicológico a ella que es la primera vez que se ve envuelta en un asunto como este con la policía política. El domingo ha pasado y Las Damas de Blanco, entre ellas las hijas de Ofelia y Gilberta están detenidas en la Playa de Tarará. En ese lugar son sometidas a largos interrogatorios y maltratos físicos y psicológicos. Y cuando se cansan los esbirros de ultrajar y humillar a las indefensas mujeres las montan en sus carros-jaulas y las dejan al abandono en cualquier lugar o sitio que se les ocurra lejos de La Habana por ejemplo en las ocho vías a la espera de la acción de un buen samaritano. O en cualquier otro lugar que les fuese más imposible para ellas encontrar la ayuda de regresar a la ciudad. A su suerte las dejan, sí es que la tienen. Esa es su táctica para doblegar a las luchadoras mujeres que batallan y se enfrentan cada domingo a los opresores en la isla. Las Damas de Blanco al enemigo común de todo los cubanos. La dictadura de los Castro. El Castrato que impera en la isla-prisión desde el primero de enero de 1959.

Llegó el lunes 29 de diciembre Abel y su amigo Martín se encontrarán en la terminal de omnibus para ir a la Escuela de Periodismo de la Universidad de La Habana y poder hablar con su profesor en Ciencias Políticas el profesor Dr. Luis Olivares. Ya son las nueve y quince minutos y allí Abel que acaba de bajar de una guagua, se detuvo y corrió su vista alrededor buscando por su amigo Martín, no lo vio y siguió allí en su espera por unos minutos más, «todavía es temprano, quedamos en vernos a las nueve y media de la mañana». Pensó. El tiempo fue pasando y Abel siguió en su espera y de pronto oyó:
- ¡Eh, mi hermano llevas mucho rato esperando!
- No... no... solo unos minuticos.

Contestó Abel que esta deseoso de llegar a la Escuela de Periodismo. Se estrecharon las manos y empezaron a caminar en dirección a la escuela de la Universidad de La Habana. Cuando Martín preguntó:
- ¿Y cómo van las cosas?
- No sé que decirte mi hermano. Ese deseo del comandante retirado de reunirse con el presidente de la FEU. No me huele bien.
- A mi tampoco. No sé que se traerá entre manos el viejo que no se resiste a estar fuera de todos los acontecimientos que se están dando en el país. Después de tanto gritar y gritar: ¡ABAJO EL IMPERIALISMO YANQUI! Parece estar nervioso por lo que ha de venir su odio a los Estados Unidos es un odio enfermizo.
- Yo no diría solo odio, yo digo envidia eso es lo que yo creo que él siente por ese país que demuestra todo lo contrario a la teoría marxista-leninista que trataron de inculcarnos por más de cincuenta años.

Ya están casi en la puerta de entrada de la Facultad donde se encuentra la Escuela de Periodismo. Un policía de seguridad le pidio identificación y les preguntó cúal es el motivo de su visita. El guardia le extendió un pase a cada uno y les indicó donde podían encontrar al profesor Olivares. Los jóvenes continuaron su camino. Abel conoce la escuela él se había graduado en esa misma escuela hace unos años atrás. Siguiendo por los pasillos que conducen a las aulas y se dieron cuenta que el profesor Olivares todavía está impartiendo su conferencia en ciencias políticas. Se quedaron a esperar fuera del aula donde habían unos bancos el tiempo fue pasando y al fin el profesor Olivares terminó su clase, los alumnos salían y ellos esperaron por el profesor que se dirigía hacia la puerta de salida donde cerca están ellos sentados, al acercarse Abel dijo:
- Profesor... profesor, soy yo, Abel me recuerda Ud.

El profesor Olivares se detuvo por un momento, mientras que Abel y su amigo Martín se enfrentan a él cuando el profesor dijo:
- Como no... como no me voy acordar de ti muchacho. Uno nunca olvida a sus mejores alumnos.

Ambos se echaron a reir, mientras Martín mira y oye el desarrollo del encuentro entre alumno y profesor, ahora de colega a colega, después de algunos años pasados sin verse. La conversación la inicio el profesor Olivares cuando dijo:
- ¿Qué los trae a Uds. por aquí hoy?

El silencio se adueño de los dos alumnos y del profesor al mismo tiempo. El silencio es el mejor compañero en estos momentos para ellos y más en los campos de la universidad donde se sabe opera también la Seguridad del Estado con su vigilancia y control. A veces uno los identifica; pero otras veces no, pueden ser estudiantes, pueden ser trabajadores con doble función sirviendo al G-2. No se dijo una palabra por unos minutos hasta que el profesor Olivares inteligentemente interrumpió diciendo:
- Sí... sí ya sé o me imagino lo que los ha traído Uds. hasta aquí, como tantos otros confundidos. ¿No es así?
- Sí... sí profesor ha dado Ud. en el clavo del asunto. Esa misma es la razón de nuestra visita. Ud. me enseñó todo lo que sé y ahora quisiera que me ayudara entender lo que no sé o no entiendo... ¿qué está pasando y ¿Por qué está pasando?
- Mi querido Abel salgamos del edificio aquí no puedo continuar esta conversación con Uds. Y Uds. saben sobradamente por qué.

Caminaron hasta la puerta del edificio de la Escuela de Periodismo de la Uiniversidad de La Habana, sin más que decir, sin más palabras que pudieran continuar el ritmo de la delicada conversación. Martín seguía sus pasos en silencio. El ha sido invitado por su amigo a este encuentro entre el profesor Olivares y su mejor alumno en la clase de Ciencias Políticas. Ya en la calle y mirando a los alrededores con mucha atención en el caso de que la Seguridad del Estado pudiera estar a la caza de este encuentro. Los tres hombres continúan parados en la esquina de la calle Ayestarán y 19 de Mayo. Miran, aunque no se hace notar el miedo los toma por dentro de ellos aunque no lo dijeran saben como trabaja y funciona la KGB cubana. El profesor Olivares se sintió seguro por un momento y dijo:
- Abel, yo sé cómo tú piensas tuve tiempo de conocerte y leer tus proyectos y sé como piensas. La conversación que tú me pides no te la puedo negar. Ademas me siento en el deber de que Uds., los más jóvenes conozcan lo que no saben, lo que no se les ha enseñado, lo que se les ha prohibido aprender y enseñarles y ahora Uds., con deseos ansiosamente buscan la verdad que es necesaria saber para la posteridad, las generaciones futuras, para la historia de nuestro país que alguien debe encargarse de escribir y decir toda la verdad del pasado y presente desde 1959. Antes debemos crear y establecer las condiciones. Número uno: palabra de hombre que puedo confiar en Uds. Y que no me entregarán a la policía política. Número: dos los encuentros no pueden ser ni en la escuela ni en una casa que pudiera ser punto de vigilancia por la policía política. Me estoy ariesgando el todo por el todo porque al fin se diga lo que no se ha dicho en más de medio siglo de La llamada Revolución Socialista de Cuba por Fidel Castro Ruz.
- Profesor Olivares puede Ud. confiar plenamente en nosotros le doy mi palabra de hombre y amigo. Confié Ud. en nosotros como nosotros confiamos en Ud. Para salvar la patria.

Abel contestó a su profesor universitario que ahora vuelve a tomar su papel de enseñarle, su maestro de nuevo en estos momentos indecibles e inimaginables para todos.

- Sí... Abel, mi situación es muy delicada y debemos ser muy prudente de no ser así todo el esfuerzo es en vano. Ellos tienen el poder y la fuerza, pueden desaparecernos en in instante. Tú padre es miembro de este grupo encargado de introducirse, ganar confianza y luego neutralizar a los contrarios de la manera que sea, no importan los medios ya están justificados para mantenerse en el poder a cualquier precio y aunque no lo creas nos conocemos, no de amistad; pero participamos como invitados en el Primer Congreso del Partido Comunista de Cuba cuando yo soñaba y me convertí en un romántico de la ideas de Carlos Marx y Vladimir Ilch Lenin y hasta del mismo Fidel Castro Ruz.
- ¿Y cómo Ud. sabe que es mi padre?

Muy curioso y sorprendido preguntó Abel al profesor, le pareció extraño que se conociesen. Se conocían es cierto desde aquel congreso del PCC.
- Nada está oculto Abel entre este sol y esta tierra. Tú padre ha venido aquí a la escuela de periodismo en asuntos de trabajo y nos reconocimos de cuando fuimos militantes de la UJC e invitados al Primer Congreso del Partdido Comunista de Cuba en aquella época.

La conversación continuó allí y Martín solo mira y oía las palabras que salían de la boca de ambos. Uno que había sido su amigo desde la escuela secundaria y el otro lo conocía por Abel y ahora acaba de conocerlo en persona por medio de su amigo Abel y cada vez más crece en él el interés de saber LO QUE NO SABEN. Cuando el profesor Olivares decía:
- Próximo encuentro después del día seis enero del año 2016. Hoy ya no tengo más tiempo que dedicarles entro a clase en diez minutos. No uso de celulares ni llamadas telefónicas ni visitas a la escuela de periodismo. Yo salgo para España hoy en la noche a pasar el fin de año con mi familia que está esperando por mí. Nos vemos el día 7 de enero en el Parque Almendares a las diez y treinta y cinco minutos. No tardanza. No excusas y juremos ahora aquí: POR EL RESCATE DE LA PATRIA. Y todos repitieron juntos: POR EL RESCATE DE LA PATRIA.

Se separaron sin decir más, sin estrecharse las manos, aún sin mirarse a los ojos, los tres salieron en direcciones opuestas. El profesor Olivares volvía a la escuela universitaria a continuar con su labor de enseñar hasta donde le está permitido y en donde el partido comunista decide que se les enseña a los alumnos y que estos alumnos deben aprender bajo la dirección del la máxima fuerza rectora del país. El PCC. Caminan por la calle Ayestarán tratando de alejarse lo más posible de la zona que saben es una zona de vigilancia en la La Habana. Está muy cerca de la Plaza de la Revolución, donde está el centro de la dirección de todos los órganos que dirigen la revolución y el país. Es el poder concentrado en ese lugar. Cuando Martín dijo:
- ¿Estás seguro de que quieres hacer ésto?
- Sí... sí... Martín llegó la hora de saber... de saber muchas cosas.
- Yo no sé sí sería bueno mi participación en este proyecto.

Martín dijo, él que ya se encuentra en problema con la policía política al ser expulsado de la Facultad de Sicologia de la Universidad de La Habana. Martín se encuentra en una durísima situación. «Eres o no eres. Cuídate que te estamos vigilando y cualquier paso en falso vas a la cárcel y allí te pudres». Pensó Martín en ese momento con su amigo Abel en frente.
- ¿Tienes miedo?
Preguntó Abel a su amigo de muchos años.
- No... no... no es miedo es que no sé sí a mí me vigilan desde que me separaron de mi posición de profesor Asistente en la facultad de Sicologia.
- Es verdad... ¡ah caray!... ¡ah!...¡ah! no había pensado en esto antes amigo. Tú tienes razón. Tú puedes ser el blanco de la Seguridad del Estado después de ese incidente de que estás vigilado eso da lo por seguro amigo y yo podría estar vigilado también recuerda mi padre, él es uno más en la KGB cubana.
- Sí... Abel, pero él no se atrevería a serle daño a su propio hijo.
- No sé que decirte Martín... no sé que decirte... últimamente todo anda al revés en mi casa. Mi madre y él discuten y cuando yo llegó se callan, no quieren que me entere o sepa de que hablan y no me interesa mucho saberlo tampoco.
Decía Abel a su amigo Martín que a su vez trata de entenderlo en su desgraciado momento con la politica del gobierno. Los dos continuaron su camino en silencio, no saben como enfrentarse a este desafío junto al profesor Olivares de la Escuela de Periodismo de La Universidad de La Habana. Cuando Abel dijo:
- Hermano, yo sé que la situación es bastante difícil para los tres algo tenemos que hacer por nuestra patria y por las generaciones futuras, que conozcan la verdad y no la mentira a la que nos han sometido por más de cincuenta años. Yo lo dejo a tú decisión personal Martín. Yo sí necesito saber y seguir donde se pierde el eslabón, donde la mentira empezó a crearse y a creerse y llegó a convertirse en verdad. Porque así es como he vivido todos estos años de mí vida.
- Esta bien amigo nos mantenemos en contacto. Recuerda no mencionar nada al respecto ni llamadas telefónicas ni otro tipo de contacto. Todo es como dijo el apóstol y como ellos mismos muchas veces lo han utilizado y explotado las palabras del Héroe Nacional: EN SILENCIO HA TENIDO QUE SER.
Seguieron su caminó bordeando la Biblioteca Nacional. Uno se fue alejando del otro no más palabras, sin nada más que decirse. Tenian que actuar así para quizás no ser apresados por la policía política y le levantaran una causa por SUBVERSIÓN O PELIGROSIDAD DELICTIVA, INSTIGACIÓN A LA SUBVERSIÓN. Cualquier cosa que ellos puedan inventar y levantar una causa politica y mandarlos a prisión con muchos años de veinte, treinta años o más. Y de la cárcel no salen, solo muertos.
EL Tiempo transcurrió y ya son las cuatro y cuarenta de la tarde.

Gilberta en su su banquito del cuarto de cuatro por cuatro del solar de San Isidro en espera de alguna noticia sobre sus hijas: Yadira y Zoe que habían sido apresadas en su acostumbrado desfile dominical de Las Damas de Blanco por la Quinta Avenida de Miramar, saliendo de la misa de la Iglesia de Santa Rita. Con su cabeza baja pensativa con muchas cosas en su cabeza y con la vista fija al suelo está Gilberta frente a su madre Evengelina que dormita en su silloncito de todos los días. Cuando oyó la voz de su hija que dijo:

- Mamá Gilberta... mamá ya estamos aquí... ya estamos aquí.

Gilberta saltó de su banquito y dio un brinco fuera de su cuarto a ver y recibir a su hija que corría hacia ella y la abrazo y le dijo:

- Hija... hija... que ha pasado cuéntame que ha pasado.

En ese mismo instante aparecía Zoe la hija de su amiga Ofelia que también había sido detenida por la policía política de la Seguridad del Estado y comenzó diciendo:

- Tía Gilberta, gracias a Dios que ya estamos aquí, yo pensé que nunca ibamos a llegar hasta aquí y al menos con vida. Esto ha sido terrible lo que nos han hecho estos esbirros del gobierno. Es mucho... mucho para una mujer el abuso y la atrocidad de estos que reciben ordenes de ultrajarnos y maltratarnos como ellos lo han hecho con nosotras, mujeres indefensas que solo luchamos por la JUSTICIA DE NUESTROS ESPOSOS Y FAMILIARES PRESOS POR LA TIRANÍA CASTRISTA.

Gilberta tiembla de miedo y dijo:

- ¡Ay!... ¡ay Zoe no hablés así mijita que nos pueden prender de nuevo a todas! Nosotras también fuimos presas en la estación de la Calle Zanja por más de seis hora con preguntas y más preguntas sobre Uds. Vamos... vamos pa'l cuarto y allí hablamos estas nuevas relaciones con Los Yumas han traído más dolores de cabezas que mejoras para todas Uds., que antes de que la amistad se reanudara con Los Yumas. El imperialismo yanqui. ¡Ay, Dios que he dicho!
- Sí... sí vamos pa' dentro.

Yadira dijo con sus ojos marchitos sin dormir, sus muñecas marcadas por las esposas plásticas al igual que Zoe que fueron detenidas ayer en su acostumbrada marcha desde la iglesia de Santa Rita. Las tres mujeres entraron al cuarto de cuatro por cuatro, allí están todas sentadas para oír la historia de Yadira y Zoe que habían sido liberadas de las garras del monstruo entrenado para torturar y hasta matar por tal de mantenerse en el PODER POR MÁS TIEMPO. Cuando Gilberta dijo:

- Clarisa ve... mija ve y dile a Ofelia que las niñas están ya aquí.

Clarisa no contestó al pedido de su madre y se deslizó entre el pequeño espacio transitable que queda en el cuarto del solar de San Isidro. Salió al pasillo y al final subió las escaleras, caminó hasta el cuarto de Ofelia tocó a la puerta y Ofelia contestó.

- Entra mijita... entra estoy aquí tirada en la cama con un fuerte dolor de cabeza, pensando en mi hija... en mi hija Zoe ¡que será de ellas Dios mío, preteges a esa niñas padre santo!

- A eso mismo he venido Ofelia a decirle que Zoe está allá abajo en mi cuarto con mima y mi hermana Yadira llegaron ahora mismo, vamos.. vamos que mucho tendrán que decirnos de lo que les pasó allá en esa nueva prisión de Tarará para Las Damas de Blanco.

La dos salieron del cuarto en dirección al cuarto de Gilberta y Evangelina.

- ¡Ay, Dios mío... Dios mío!

Gritó Ofelia y se abraza a las dos valientes jóvenes mujeres muy fuerte y seguía dándole gracias a Dios por que las pudo encontrar con vida. «Ya había oído hablar de las maniobras y las formas de operación de los policías contra estas indefensas mujeres no solo en La Habana sino también en otras partes de la isla como en Santa Clara, Camagüey y Santiago de Cuba.

No es nuevo oír a cada rato los comentarios en la calle de la gente diciendo que: EL TERROR QUE SE ESTÁ IMPLANTANDO EN EL PAÍS. Pensó ella en ese momento que abraza a su hija y la de su vecina Gilberta. Le vino a su mente un incidente de hace muchos años atrás en que ella pasaba cerca de la Universidad de La Habana por la calle San Lázaro. Ella fue a visitar una amiga y se encontró con un gran cerco policial con perros y no permitían la salida ni la entrada a la calle San Miguel tampoco dejaban entrar ni salir a nadie de la institución, el equipo con los perros buscaban algo y le preguntó a unos de los que allí estaban. Y esa persona le dijo: Apareció un gran cartel en la pared de un baño diciendo: PREFERIMOS A BATISTA CON SANGRE Y NO A FIDEL CON HAMBRE. Eso ocurrió muchos años atrás y ahora le vino a su mente al ver el estado de su hija y el de su compañera de lucha, la hija de Gilberta, Yadira. Cuando preguntó:

- Di... mi hija cuéntanos que pasó. ¿Qué ha pasado con Uds.?
- Déjennos tomar un poco de aire, pensar y ver como empezar a contarle esta pesadilla que hemos pasados todas Las Damas de Blanco ayer domingo.

Se hizo un silencio por unos minutos en espera de la historia sobre lo ocurrido el acontecimiento que marca la dictadura en su desespero de no conceder cambios y de no perder el poder, victimiza a Las Damas de Blanco que fueron el blanco en su estrategia para las turbas paramilitares en su abuso del poder. Cuando Zoe empezó a decir.

- Ayer domingo, cuando lo único que hacíamos es desfilar como es costumbre por la Qunita Avenida reclamando nuestros derechos como esposas y familiares de los preso politicos.

Dijo Zoe con sus ojos llenos de lágrimas, no se sentían con mucho deseo de volver a vivir y de contar todo aquello por lo que habían pasado desde que fueron arrestadas en la Quinta Avenida de Miramar y las hordas fascistas manipuladas por el gobierno, las llamadas Brigadas de Respuestas Rápidas, que son personas vestidos de civil entrenados por la policía política para atacar a los disidentes y a todo aquel que se manifieste en contra del gobierno de los Castro. Zoe y Yadira son el centro en el cuarto de cuatro por cuatro del solar de San Isidro. Cuando Yadira dijo:

- Todo fue preparado por la policía política. Salimos de la misa de la Iglesia de Santa Rita. Nos alineamos como siempre para empezar nuestra marcha con la flor blanca y la banderas cubanas en las manos como hacemos todos los domingos. Después de atender la misa y orar por nuestros familiares, amigos y esposos. Empezamos a caminar al paso acostumbrado seguimos y pasado unos veinte o veinte cinco minutos vimos unos carros de la policía que están parqueados esperando por nosotras en ese mismo momento vimos como de los carros salían hombres y mujeres, unos uniformados otros no y empezaron a gritarnos y a golpearnos como pudieran a todas y a la vez nos gritaban: MERCENARIAS VAMOS ACABAR CON TODAS UDS. EL forcejeo continuó fue una lucha cuerpo a cuerpo, una batalla campal contra nosotras y las mujeres al servicio de la policía política nos arrastraban por el suelo entre una o dos o más mujeres, unas de ellas uniformadas de policía. Nos agarraban por los pelos por donde pudieran sujetarnos para impedir el desfile con golpes, patadas y con todo lo que tuvieran a su alcance. Al final la fuerza y el abuso ganó y nos llevaron a la playa de Tarará allí continúa el maltrato, nos esposaron, siguieron los maltratos y las torturas sicológicas por horas y horas. Hasta llegada la media noche, alrededor de las tres y media de la mañana nos montaron de nuevo en esas gavetas patrullas y nos sacaron de Tarará y nos iban botando o dejando a lo largo de la carretera de La Via Monumental a nuestra suerte a lo que pudiera sucerdernos a esa hora de noche que todavía es oscuro. Empezamos a caminar tratando de encontrar alguna forma de salir de allí, el tráfico era escaso a esa hora y seguimos caminando, hasta que un buen corazón se nos acercó y nos montó en su almendrón y nos dejó aquí en el Parque Central.

Todas callaron por un instante hasta que alguien en alta voz gritó:
- ¡Ay, santo Dios!... ¡ay, Dios mío! Como tienen esos brazos llenos de moretones y las marcas de las esposas plásticas... Dios mío que degenarao son todos... sí todos son unos degenerao y tanta culpa tiene el Castro I que el Castro II de todo esto. Ellos dos nadie más son responsables por esta vejación a mujeres indefensas, pero ya la pagarán... ya la pagarán es solo una cuestión de tiempo. Es un día tras otro día su maldad no puede ser pa' to la vida.

La que grita es Clarisa, la hija de Gilberta que grita sin contención viendo los excesos del uso de la fuerza de los que tienen el poder. Su llanto se fue consumiendo en ella misma y luego dijo:
- Yo por eso no quiero cuento con ellos. Los que a veces me llaman y me piden un carné de identidad en la calle o en el malecón no son diferentes a estos que los preparan para Uds. Las Damas de Blancos son leones difrazados de policías, entrenados para hacer todo esto que le han hecho a Uds. Hombres sin hombría, hombres que no se respetan asimismo, porque el hombre que es hombre no abusa así de una mujer, no es solo llevar pantalones sino saberlos llevar y se prestan a este macabro juego en el poder con los asesinos de los Castro.

- Clarisa... Clarisa hija habla bajito por amor a Dios hija por eso mismo yo no quiero que salgas a la calle... no quiero que vayas a caer en las manos de estos salvajes.
- Acuérdate lo que le pasó a nuestros vecinos en el Maleconozo del 1994. Aquellas brigadas llamadas Blás Roca que empezaron a dar golpes a diestra y siniestra con los bastones plástico a todo aquel que encontraban en su camino en el malecón y aquellos chorros de agua fuerte que tumbaban al suelo a todo un grupo de jóvenes que protestaban, igual que ahora protestan Uds. a casi más de veinte años de aquel amargo día de agosto para nuestra ciudad de La Habana. Eso es abuso sobre abuso. Abuso del poder que gozan.

Dijo su madre Gilberta consternada por lo que acaba de oir y ver en lo ocurrido a estas dos mujeres luchando por: La LIBERTDAD DE LOS PRESOS POLÍTICOS EN CUBA. El cuarto de cuatro por cuatro del solar de San Isidro se lleno de silencio de nuevo, nadie habla, solo el ruido de los que pasan por el pasillo del solar y los carros en la calle de San Isidro hasta que Evangelina dijo:
- Me pueden explicar que está pasando. ¿Por qué yo no entiendo ni un alpiste pa' los pajaros? Y acuérdate lo que decía Carlos Puebla, cantándole al pueblo o mejor dicho alertando o convenciendo a ese pueblo con sus decimas: EL QUE LEVANTE LA CABEZA, DURO CON EL FIDEL. Ahí Uds. lo pueden ver y comprobar, todo está hecho y preparado.

Este fue el preambulo de aquel cantautor de la décima guajira, se olvidó que él también es cubano, alertando y alentado a su dictador dar en la cebeza al que se rebele y decía duro... duro con el... que nadie pueda revirarse, estamos ya condenados a ser esclavos y estos sus serviles alcahuetes políticos de los que hay muchos todavía como Carlos Puebla que decía que le cantaba al pueblo y lo que hacía es allanarle el camino a la dictadura diciendo al pueblo que se doblegara a su amo. De que los hay... los hay. La vieja Evangelina hoy con claridad en su mente continuó diciendo:
- Quizás nos anunciaba el inicio de lo que vendría después. Y ahora Uds. mismas lo están viviendo y soportando. Lo que cantaba Carlos Puebla, ese que pensábamos que era del pueblo y echándole más leña al fuego diciendo: EL QUE LEVANTE LA CABEZA, DURO CON EL FIDEL. Mira que este mundo es grande Dios mío quién me lo iba a decir a mí que ese dichoso día de enero de 1959 que salí a la calle a recibirlos y mira ahora como nos han pagao con más injusticias que las que viví con Fulgencio Batista que fue otra dictadura más.
- ¡Ah!... mamá Ud. siga ahí en su silloncito tranquilita.

Dijo Gilberta a su madre siente un miedo espantoso. La anciana Evangelina Mendieta había vivido más y había experimentado el abuso de las dictaduras anteriores a la de los hermanos Castro. A sus casi más de setenta años se sintió engañada, frustada, enajenada de todas aquellas promesas que oyó diciendo a Fidel Castro en sus discursos y soño... con sueños que ahora se desvanecen cuando para ella el tiempo ya se está acabando. «No me queda mucho tiempo ya solo suspirar». Pensó. Cuando dijo:
- No... no mija, yo también tengo derecho a saber que está pasando aquí en mi cuarto del solar en el que he vivido toda mi vida.
- Mamá después con más calma yo le explico que pasa.
- ¡Ah!... bueno así es mejor tú ves ahora sí. Después me explicas. La gente hablando se entienden hija mía.

La señora Evangelina escuchó las palabras de su hija Gilberta y se quedó sentada en su mismo sitio de todos los días donde unas veces dormita y otras despierta alerta sin saber que ocurre su alrededor. La tarde fue una de las más tristes vividas por estas dos familias en el solar de San Isidro, ambas en las misma circunstancias, envueltas en los mismos problemas de LA CUBA DE HOY. En La Habana de hoy, con los problemas de todos los cubanos de hoy sin saber hasta cuando la vida será para todos de la misma manera por más de cincuenta años vividos y sacrificados por todos en Cuba.

La gente en la calle, el fin de año está ahí al doblar de la esquina y no se ve ni se vislumbra como va a pasar este fin de año. Todo el pueblo de Cuba pensando con una sola idea en su mente. Los Yumas, la llegada de los Los Yumas, los salvadores de la isla, casi hundida en el mar Caribe desde ese primero de enero de 1959 que un hombre les robó su destino.

Hoy es diciembre 30 de 2014, casi la víspera del año nuevo. Que quizás va ser: EL NUEVO AÑO DE VERDAD PARA TODOS LOS CUBANOS. PORQUE LOS DEMÁS, DESDE 1959, NO HAN SIDO NUEVO, HAN SIDO EN PROCESO INVOLUTIVO. DONDE LA PALABRA Y OBRA REVOLUCIÓN SE MUEREN LENTAMENTE A CADA MINUTO EN EL TIEMPO. PA' TRA COMO EL CANGREJO LLEVÓ ESA REVOLUCIÓN A TODO UN PUEBLO CON UNA CAPACIDAD CREADORA ÚNICA. LOS CUBANOS. QUE RENACERÁN COMO EL AVE FÉNIX.

La gente quiere celebración, la gente quiere fiesta y se mueven por las calles con sus CUC que le puedan dar un pedazo de carne o una botella de vino, ron con un congrí y esperar el 2015, el aniversario cincuenta y seis de la llamada revolución cubana que ya nadie celebra. Ya ni nombran a sus años como al principio revolucionario. Ya se gastaron esos nombres, no hay más nombres sí total que significaron... nada. Todavía estamos en el 1959 y han pasado un sin número de nombres: el Año de la alfabetizacíon, no se cumplió, el año de Los Diez Millones, no se cumplió y así sucesivamente han pasado más de medio siglo y estamos en las mismas. No en las mismas, peores que aquel primero de enero en que la hecatombe tocó a las puertas de las casas de cada cubano. La revolución, la susodicha revolución por más de cincuenta años ya no es una revolución. La Revolución se había convertido en una crisis. Una crisis en el Caribe. La isla se hunde aunque aparentemente parece que flota en el mar azul del Caribe. La isla entera y su gobierno están atravezando una de la más acuciante crisis de toda su existencia como nación. Crisis en todos los ordenes: social, económico y politico. Atrapados en los cambios globales y la castrocracia sigue en los intentos del renacimiento cubano del año 1959 según su teoría que en la práctica no cristalizó, no llegó a ningún lugar y ahí estamos con sus mismas teorías. Ahora a más de medio siglo inmóvil en mismo espacio donde el tiempo no pasa y todo se agudiza sin querer ceder a los cambios. Y ahora pidiendo ayuda por señas. Su revolución ya es nula. Hay que empezar otra revolución que está ahí en el pueblo de Cuba y que responda a los intereses de ese pueblo y la hagan a su manera. Justicia social, derechos humanos y libertad en todos los ordenes.

Sin deseos de poner un pie en la calle, salió hoy Gilberta, no tiene deseos de ir a ningún lugar desde ayer que vivió en su propia carne de lo que es capaz el régimen o mejor dicho la dictadura de los hermanos Castro.

Gilberta no se había interesado por política antes, le parecía cosa muy complicada para ella y en que se debe conocer bien el terreno que se pisa y se mueve, ayer oyendo la historia de su hija se quedó sin deseos de permanecer más inerte ante los momentos que se están viviendo en la isla.

Hoy la necesidad y el deseo de proporcionarle a su madre algo bueno este fin de año la sacó a la calle, porque no sabe sí podrá celebrar con ella uno más, sus años, la mala alimentación, el alto costo de la vida, los precios en el mercado, la vida hacinada en el cuarto de cuatro por cuatro del solar de San Isidro. Todo se une en su mente y se da cuenta que había vivido y nacido en Cuba, la bella isla caribeña; pero ella se está muriendo en vida allí en La Habana en su solar de San Isidro. En su único sitio de siempre en su vida. Camina despacio sin ánimos la pensión de ella y la de su mamá no alcanzan para adquirir lo básico para vivir. «Quiero llevar algo a la casa, un pollo, un pato... algo que poder compartir mañana: FIN DE AÑO con mis hijos, mi madre y quizás con un algún vecino que estemos pasando por las mismas necesidades, todos somos vecinos del solar de San Isidro en La Habana Vieja». Pensaba mirando a todos lados en espera de algo.

En su caminar no quiso seguir pensando en las penurias de su vida y la distrajo la voz de un hombre parado en la acera que decía:

- Oye viejo: QUE LA HABANA NO AGUANTA MÁS.

y el otro le contesta:
- Oye mi hermanito no te preocupes, no importa donde caben dos... caben tres que pasa mi hremano.
- No... no... no... Teófilo, mira por Dios que se me va a caer la barbacoa.
- Yo no sé que pasa con estos palestinos TODOS QUIEREN VENIR PA' LA HABANA. Y LA HABANA... NO AGUANTA MÁS.

Decía el hombre que parecía irritado hoy un 30 de diciembre de 2014. «El cuarto se me inundo con mis familiares de Oriente». Pensó Teófilo, el vecino de Gilberta. Ella oía la conversación y siguió su camino, pensó que ya ella tiene más que suficiente con sus problemas para tomarse aquel asunto como suyo. El hombre es su vecino y sus familiares que llegaron de Oriente, donde ahora para viajar a La Habana hay que tener un permiso de estadía en la capital. Una especie de salvoconducto en la misma tierra que uno ha nacido.

Se establecía un apartheid oficial en la isla como en Africa de Sur por parte del gobierno. Cuando Nelson Mandela luchó por igualdad y contra el apartheid y ahora nosotros lo estamos sufriendo en Cuba de que valió las enseñanzas de Nelson Mandela en la Africa de Sur de aquellos tiempos y que tanto el gobierno de Cuba abogo por la desaparición del APARTHEID.

Apartheid, aquí en Cuba en pleno siglo XXI llegó la segregación de cubanos con cubanos. No por el color de la piel sino por la región geografica. La Habana para los habaneros. «¿Quién lo iba decir Dios mío? Los orientales no pueden irse a La Habana sino no es con un permiso del gobierno hasta donde hemos llegado». Pensaba Gilberta al oír aquella conversación de su vecino con su familiar oriental que ahora les llaman: Los Palestinos.

Gilberta no quiso calentarse la cabeza como ella misma dice en ser parte de la conversación y solo dijo:
- Buenos días.

Teófilo a pesar de su discusión con su familiar le contestó:
- Buenos días, Gilberta.

Ella siguió su camino a la aventura a ver que se le pega en la busca donde a veces no encuentra lo que busca. A no ser que lleve algo en CUC y entonces la cosa cambia. Y sí alcanzan los CUC para lo que ellos necesitan.

Ese es el dilema de hoy con las dos monedas circulantes, «me pagan en peso cubano y me venden en CUC. ¿Qué es eso? En que parte del mundo eso es así, solo en Cuba». Pensaba Gilberta en su camino. Llegó a la bodega del barrio con su libreta de abastecimiento que ya no garantiza la alimentación básica a la población; pero aún existía, es como que no existiera, da lo mismo total quizás pase a ser un objeto de museo, cuando se acabe la pesadilla revolucionaria. Puso un pies en el establecimiento, el bodeguero sentado en un cajón de madera. Cuando ella dijo:
- Demetrio... Demetrio dime... dime que hay.
- Como Ud. lo ve Gilberta, aquí cabeceando. No hay na', pa ' nadie, mi vieja. Esto esta arrasao. Yo no sé si cerrar o quedarme aquí cabeceando hasta la hora de cerrar. Sí lo hago me descuentan las horas de mí salario por eso prefiero estar aquí cabeceando aunque no hay que vender.

- ¡Ay, Dios mío! Que me voy hacer sin nada que poder llevar a la casa hoy pa' mañana.

Gilberta decía al bodeguero. Hoy la bodega está vacía como casi siempre y él en la espera de la mercancía a los consumidores que tal vez no llega.

- Dicen que hay más cosas en esas tiendas del gobierno. Esas que le llaman La Shopping.

Dijo Demetrio a Gilberta y ella demoró unos minutos y contestó:

- Sí... Demetrio, hay más cosas; pero discúlpeme que yo a Ud. lo he respetodo siempre: CON QUE NALGA SE SIENTA LA CUCARACHA. para ir a esas tiendas que solo aceptan dólares o CUC. Quizás ahora con el regreso de Los Yumas todo cambie para nosotros. Si apenas no nos alcanza lo que nos dan por la jubilación ni a mí ni a mí madre. Si no fuera por Enz...

La palabra se trabó el la garganta de Gilberta, pensó en decir el nombre de Enzo, el italiano que tanto los ha ayudado desde que se encontró con su hija Clarisa en el hotel Deauville hace dos años atrás y su boca cerró de forma automática. No quería hablar de eso con nadie, es una espina que lleva clavada en su corazón. La necesidad la llevó a aceptar la vida de Clarisa con el italiano Enzo. Y Demetrio continuó:

- Eso es lo que dice todo el mundo que todo está carísimo en esas tiendas de La Shopping.

Respondía el viejo Demetrio a su cliente de años y vecina del solar de San Isidro. Gilberta en su busca con el peso cubano en su cartera.

- Así mismo es Demetrio, fíjese que mi jubilación y la de mí madre juntas, no nos alcanza para ir al agromercado que sí es cierto... es sin libreta; pero impagable pa' gentes como nosotros todo lo venden en CUC y los precios por los cielos inalcanzables pa' una mujer jubila como yo y mi madre.
- Gilberta ahora vienen Los Yumas de nuevo y mejoraremos todos. Al menos esa es la esperanza de todos en la isla.

Dijo Demetrio. Otro cubano esperanzado con la llegada de Los Yumas a La Habana y a toda Cuba trayendo la prosperidad que tanto necesitan.

- Yo no sé Demetrio a veces me parece que todo es un juego y nosotros en el medio de todo esto sin saber a donde va a parar la cosa. Hasta ahora no se ve que el gobierno quiera ceder, han sido muchos años... muchos años de tantas cosas inexplicables.
- Me lo va Ud. a decir a mí que viví parte del otro sistema y cifre mis esperanzas en estos de ahora y mira como salió to pata pa' arriba. Ya yo no creo en na' hasta que no lo vea con mis propios ojos, sí me da tiempo... y no canto el manisero antes de que lleguen Los Yumas y quizá volvamos a vivir como antes, solamente cuando lo vea Gilberta y ma' na' o to seguirá igual o peor.
- Vamos a ver y así dijo un ciegio y nunca vio y quizás aquí nos pasa lo mismo y nunca vamos a ver lo que deseamos ver de verdad.
- No... no Gilbertica vamos a tener fe. Todo puede ser, que puede ser que no sea que vengan Los Yumas o no, solo Dios sabe.

- Yo no sé... Demetrio viendo esto como va a veces me cuestiono mí fe yo me considero católica, apostólica y romana pero cuando necesito busco ayuda en todos los campos me voy hasta pa' la santería y a esos centros espirituales. Somos cubanos no es así... Demetrio. Pero al final me entra un desánimo que no sé sí ya tenga fe o no en la llegada de Los Yumas que tanto queremos que lleguen.
- Asimismito como Ud. ha dicho: Somos todos cubanos.

Dijo Demetrio bostezando. Sentado en su cajoncito de madera esperando los víveres del mes. Sin más que decirse Gilberta y Demetrio se quedaron en silencio por unos minutos. Ella recorriendo su vista por todo aquel lugar y sus anaqueles, viendo que todo está vacío que no había una sola mercancía en los estantes de la bodega de Demetrio. «Aquí no hay ni de donde amarrar la chiva». Pensaba cuando dijo:
- Bueno Demetrio lo dejo en su espera. Yo debo pasar ahora por la panadería a ver si al menos una libra de pan se me pega, pa' que mamá pueda tener algo en el estómago hoy.
- Nos vemos el año que viene.

Dijo Demtrio a Gilberta y por su mente paso la alegría de un día como hoy en el otro gobierno el de Fulgencio Batista, «que no es que yo lo defienda porque fue un dictador, pero no había tanta hambre como la que hay ahora Dios mío. ¿Por qué tanta hambre, Seño Nuestro?». Pensó Demetrio cuando Gilberta le dijo:
- Como Ud. bien dijo. Nos vemos el año que viene que ya está aquí. Bueno... felicidades Demetrio.

Contestó Gilberta a Demetrio que se había quedado en su mente con la pregunta sin respuesta: ¿por qué tanta hambre en Cuba? salió de su pensar y dijo:
- Felicidades a Uds. ¡Y ojalá que este 2015 sea MEJOR PA' TO NOSOTROS LOS CUBANOS!

Gilberta salió de la bodega con su paso lento no había mucho entusiasmo en ella. El fin de año en Cuba siempre se había caracterizado por esa alegría del cubano. Era fiesta y más fiestas desde el día de La NocheBuena, veinticuatro de diciembre que ya había desaparecido del calendario cubano desde 1969, siguiendo hasta el nuevo año. Gilberta seguía su recorrido de lugar en lugar buscando algo que llevar a su cuarto de cuatro por cuatro del solar de San Isidro. Y pensó: «Allí están todos, mi madre Evangelina con sus ochenta años en sus costillas. Mi esposo Avelino en la santa espera del milagro. Clarisa esperando por LA GALLINA DORADA DE ITALIA que le había dicho que estaría aquí para el fin del año. Su hija Belén ya no muy confundida por los acontecimientos después de más de cincuenta años de haber estado gritando y repitiendo todos los días de su vida como un papagayo: PIONEROS POR EL COMUNISMO, SEREMOS COMO EL CHE.

Mi hija Yadira que la golpearon y maltrataron por solo desfilar con una flor blanca en sus manos pacíficamente, reclamando sus derechos como ciudadana cubana».

Pensando así en todas estas cosas entra a la calle San Isidro Gilberta en dirección a su cuarto del solar, se sentía perdida en el tiempo y en el espacio, no se podía explicar como tantas cosas han sucedido en su vida.

Y pensó en todos sus miembros de famila en su padre que tuvo fe en la revolución de Fidel Castro y todo fue un cuento de hadas con más y más sacrifcios para los cubanos y al final. ¿Qué?... Qué ha sido de todos estos años malgastados, sin vivir, sin apenas disfrutar de lo mínimo, lo básico que todo ser humano merece y toda familia desea.

Nació allí en San Isidro y todavía está en el mismo lugar que ha visto desde que abrió sus ojos. Empezó a recorrer su mente y se detuvo en sus amigas y vecinas: Ofelia con su carga a cuesta, buscándose la vida como podía en la calle, desde que la despidieron de las brigadas de sanidad pública, por negarse a colaborar con la policía política.

«No quiso ser chivatona y se lo encontré muy bien, porque hacerlo no hay razón de servir de chivato a esto que no aporta nada a nadie.

Con sus tres hijos que ha criado sola desde que su marido la abandonó».

Su vecina Lilita, allá arriba en su cuarto con Eutimio su esposo, enfermo por más de cinco años con una nefritis crónica.

Lilita penando aún la muerte de su hijo Tony en la guerra de Angola en Africa hace muchos años.

Ella nunca se ha recuperado de la muerte de Tony y va al cementerio a ponerle flores en el panteón de las Fuerzas Armadas Revolucionarias donde se supone que está enterrado en aquella pequeña cajita que le mostraron a Lilita cuando sus restos fueron traídos desde Africa.

Su hija Isabel casada con un seguroso. Nunca vienen a darle una vueltecita a la pobre Lilita y a su esposo Eutimio que la criaron como una reina aquí en el solar de San Isidro.

Siempre lo mejor de lo mejor para Isabel y un día se empató con el seguroso que era el jefe de la seguridad en el Hotel Sevilla. Allí lo conoció y se casó con él, se fue a vivir al Nuevo Vedado. Y ahora, sí la ves agáchate... porque no viene al solar hace más de cuatro, cincos o más años. Y cuando lo hace llega con un carro al portón del solar de San Isidro ni se baja del carro montan a Lilita y al viejo Eutimio y ni siquiera se bajan del Lada a saludar a sus vecinos de años, después de vivir tantos pero tantos años aquí en el solar de San Isidro. Ahora no se acuerda de la gente del solar. Ahora vive en una mansión en el Nuevo Vedado, unas de esas casas que el gobierno de Fidel Castro confiscó al triunfo de la revolución y se las dio a su gentes como el esposo de Isabel que es uno de los fundadores de la Seguridad del Estado en Cuba». La KGB cubana entrenada por rusos. Asi camina rumbo a la puerta de su cuarto y se dijo asimisma TOTAL PA' QUE. Cuando al abrir se encontró con que Evangelina que dormía en su silloncito de siempre y Clarisa que baja de la barbacoa diciéndole:
- Bueno mamá Gilberta. ¿De dónde viene Ud.?
- Ay... mija salí a la calle a ver que podía encontrar pa' pasar el fin de año, pero na' el dinerito que tengo no alcanza pa' los precios en el mercado.

- Ud. sabe que eso es así mamá, no sé pa' que se tomó el trabajo de ir hasta allá. Ud. sabe que el peso cubano no camina, no va a ningún lao mamá Gilberta. El peso cubano: NI DA, NI DICE DÓNDE HAY. No vale nada mamá por eso le digo que no esperaré más por Enzo. Estaré esperando por él hasta el día primero de enero del 2015. Sino se me aperece me voy a mi busca la que sí camina el verde con la foto de George Washington, el primer presidente de los Estados Unidos de América.

En ese instante la anciana Evangelina Mendieta sentada en su silloncito saltó y dijo:
- ¿A dónde vas el día primero de enero hijita? acabas tú de decir. Ese es el día de la celebración del triunfo de la Revolución y todo el mundo va a la plaza de la revolución con Fidel. A gritar: Con Cuba y con Fidel, con Cuba y con Fidel, con Cuba con Fidel y nuestra bandera.
- ¡Ay, abuela donde está Ud. viviendo! Ya nadie celebra ese día. La revolución se está muriendo. Sino es que está muerta ya abuela. Hace tiempo que se murió, lo que no la acaban de enterrar y por eso apesta abuela... apesta... ya la revolución apesta está muerta.

Dijo Clarisa indignada y salió corriendo rumbo a la barbacoa en llanto, su frágil edad, su descontento, su no resignación a morir viviendo en la Cuba socialista de Fidel Castro que arruinó la vida de todos los cubanos.

Madre e hija se quedaron sin habla, no había que decirse la realidad es palpable es un hecho que no se puede borrar de sus vidas.

Gilberta no supo que decir, su cuerpo se enfrió. Y se dejó caer en su banquito de siempre cerca de la puerta del cuarto de cuatro por cuatro del solar de San Isidro.

«Mi hija tiene toda la razón del mundo». Se dijo para sí. «No me gusta que mi hija salga a la calle a buscar lo que no se nos da por un derecho propio», pensó. La moneda dura, la moneda en circulación en una escasa proporción a la que muchos cubanos no tienen acceso. El CUC que ha venido a tomar el lugar de dolar estadounidense es como una especie de dolar cubano en pocas manos de la población. Gilberta se estiro, respirando profundamente sentada en su banquito cerca de la puerta del cuarto, bajo la cabeza mirando al suelo, llena de frustraciones insalvables buscando la resignación que a veces no le llega nunca. La tarde fue pasando lentamente y el solar de San Isidro empieza sentirse lo que sería una celebración. Muchos vecinos como Esther que recibe dólares de los Estados Unidos y su hija se fue a Venezuela ha traer más dólares para las arcas del gobierno. Mientras a ellos a los médicos les da una limosna en CUC. Y QUE SE CONFORMEN. Ese es el lema de explotación de la dictadura cubana. Para mantenerse en poder por lustros y lustros por venir. Y con su bota militar sobre las cabezas de todos.

Esther ya tiene preparada su carnita, el arroz congrí el vino y cervezas que había comprado en La Shopping, las recuadadoras de la moneda fuerte, controladas por las fuerzas armadas revolucionarias. Y la que el pueblo no disfruta, porque todos no tienen la oportunidad de tenerla a ellos se les paga en PESO CUBANO. El CUC, el chavito, el dolar cubano equivalente al dolar estadounidense es la moneda que se acepta en estas tiendas, Las shoppings creadas para tomar el dinero de las remesas de los familiares en EE. UU. Y cualquier otra parte de el mundo donde andamos, creadas para ser el soporte ecónomico de un estado donde los militares son los que controlan esa rama, los generales que se convirtieron en opulentos dentro de la nueva casta social, los de las FAR. Órgano militar del que fue Raúl Castro, el actual general-presidente, su máximo cebezilla y ministro. Y de esta forma todo está en manos de los militares en la isla-prisión. Los militares nunca van a traicionar al jefe máximo, al menos esa es la estrategia a seguir por el Castro II, así seguirán fieles al líder y nunca van a decidirse a perder lo que tienen explotando al pueblo de Cuba y a sus familias en el exterior que son el soporte actual del estado cubano, porque su economía está destrozada, se puede decir que no existe. Solo cuando su hermano decidió cerrar más de cien centrales azucareros que fue la primera industria cubana antes que los fariseos se robaran la isla. Ahora todos ellos están comprados y vendidos en confabulación en un solo tronco con una sola raiz permanecer en el poder y nadie sabe hasta cuando.

Gilberta quería sentirse mejor, pero no podía, la realidad es muy dura para ella, no solo para ella, sino para la mayoría del los cubanos en la isla que no tienen el acceso al CUC. Ella seguía sentada en su banquito cerca de la puerta de su cuarto de cuatro por cuatro.

Evangelina dormita en su silloncito como casi siempre. Está oscurreciendo un 30 de diciembre de 2014. «Se acaba el año 2014. Y que será de nosotros con todos estos cambios, aumentarán la jubilación, nos pagarán a todos en la isla en CUC y así no tendremos que estar mortificándonos con el dinero, ni rompiéndonos la cabeza que sí es el CUC o el peso cubano.

«Podríamos administrarnos mejor el dinero de la jubilación y Clarisa no tendrá que ir a jinetear».

Mencionó esa palabra en su mente que no le gusta ni oírla. Le molesta cuando la oye en boca de otras gentes diciciendo la palabra JiNETERA. No quiso seguir pensando cuando oyó la voz de Kiko en medio del pasillo del solar de San Isidro que cantaba:
- ♪Oye como va mi ritmo, rico pa' gozá mulata♪. ¡Qué bolá mi gente! No hay na' pa mi aquí.
- Aquí siempre hay algo para todos Kiko.

Contestó Esther, la vecina de Gilberta a Kiko que hacía su entrada en la mediania del solar de San Isidro.
- Déjame llegarme al cuarto de mi tía Gilberta.

Dijo Kiko y caminó unos pasos hasta la puerta de Gilberta y la encontró allí, sentada en su banquito y frente a ella la anciana Evangelina y entonces Kiko dijo:

- ¡Eh, mi tía que bolá!, que pasa que la veo ahí sentá en su banquito, pensando... moropea mi tía... ¿pensando en qué... en qué? Aquí no más na' que pensar mi tía... deje de estar de ese modo que no da na' moropeándose y moropeándose. ¿En qué piensa mi tía?... ¿En qué digame?... Esto es lo que hay mi tía, no hay más na', no le dé tanto al moroco tía que se enferma. Y con esta pobre alimentación que llevamos por años ya no podemos pensar mucho mi tía, el cerebro se nos debilita y Ud. sabe que pasa, nos volvemos loco y nos mandan pa' Mazorra mí tía pa' Ma-zo-rra y de allí no salimos. La gente se muere allí de frío como hace unos días que algunos murieron de frío. La administración del siquiátrico está en candela por eso Ud. se imagina esos pobres infelices enfermos mentales, morir de frío. No... no... no se dice y no se cree mi tía. Pero vamos... vamos mi tía que es 30 de diciembre y Los Yumas ya están llegando como dice Willie mi tía, como Willie: YA VIENEN LLEGANDO. Y TODOS LOS ESTAMOS ESPERANDO.
- ¡Ay, Kiko tú como siempre! Tú no cambias siempre tratando de hacerle a la gentes sentirse feliz a pesar de todas nuestras penas, dolores y desgracias.
- Así es mi tía... asi es y fíjese que asi lo dijo Martí: NUESTRO VINO ES AMARGO, PERO ES NUESTRO VINO.
- Sí... sí... Kiquito sí... Yo sé que el apóstol dijo eso. Pero a él no le tocó tomarse éste, que no es solo amargo Kiko, ya yo no sé ni que nombre darle, sí este es el amargo vino Kiko a mi que den un sóbado corto de warfarina que mira que es mala Kiko, no mala malísima. ¿Pero hasta cuando será todo esto? Años y años, sacrificios y más sacrificios. Y nada, ya nuestro vino Kiko... ya nuestro vino... se paso kiko de amargo mijito, ya no hay quién se lo tome Kiko es amarguísimo se convirtió en un ácido se hizo vinagre Kiko y no hay quién se lo meta. Fíjate Kiko. No hay quién se beba ese vino del que tú me hablas. Lo habrá dicho José Martí como tú dices en otro tiempo en que todavía podía tomarse ahora este que tenemos es intomable Kiko como lo oyes IN-TO-MA-BLE. ¿Por qué dime Kiko hasta cuando el agrío vino?
- Mi tía, me hizo Ud. la pregunta de los millones de pesos. Yo sí no sé mi tía hasta cuando este daño irreparable causado por más de cincuenta años a todos nosotros. Yo no sé mi tía. Le puso Ud. la tapa al pomo sin querer mi tía; pero vamos alégrese por la virgencita de La Caridad del Cobre, alégresé mi tía. Qué Los Yumas ya están pisando la tierra más hermosa que ojos humanos vieron.
- Sí... sí quisiera estar alegre... alegre... gritar... bailar... oír música... invitar a mis amigos. Pero no Kiko... no puedo... no puedo. No tengo un medio en el bolsillo pa' to lo que quisiera tener, solo tengo el peso cubano con el que me pagan la jubilación; pero no sirve no lo aceptan en esa tiendas y no tengo como ganar el CUC.
- No se ponga así mi tía que DIOS aprieta; pero no ahoga.

- Así mismo es Kiko. Tú tienes toda la razón de todas maneras hay que seguir viviendo y tirando como algunos dicen por ahí, aunque sea aquí en el solar de San Isidro en el cuartico de siempre en el cuartico que está igualito en La Habana Vieja, Cuba con su interminable revolución en la construcción del socialismo-comunismo que no se sabe hasta cuando. Empezó; pero no sabemos como va a acabar.

Dijo Gilberta en su estado de deseperación a Kiko su vecino que lo había visto crecer en el barrio de La Habana Vieja. Correteando o jugando a la químbumbia en los placeres yermos de algunos edificios que ya se habían desplomados y solo queda el casco del edificio derrumbado. «Y hoy esos mismos espacios vacíos sirven para entre otras cosas para muchas cosas que es mejor no mencionar hasta para acumular la basura que no recogen en días y entonces vienen las enfermedades y sus transmisiones. Estos son los lugares que nunca ven los turistas extranjeros a ellos solo le muestran lo que les conviene que vean de la isla. Y La Habana se está cayendo de pedazo a pedazos, día a día y así vamos». Pensaba Gilberta mirando fijamente a Kiko, su vecino que no es más que una victima más de ese sistema imperante en la isla. Ahora Kiko está allí junto a ella un dia 30 de diciembre consolándola de la carga de las penas que todos llevan por dentro, aún después del anuncio del 17 de diciembre de ese mismo año. La llegada de Los Yumas los del norte. Los que muchos piensan son Los Salvadores de la isla. En ese mismo momento la anciana Evangelina despertó diciendo:

- Oye Gilberta, hija... ¿Qué está pasando allá afuera?
- Na'... mamá la vecina Esther que está lista para despedir el año, y darle la bienvenida al año que sí PROMETE SER BUENO PA' TODOS NOSOTROS. EL 2015. CUANDO LOS YUMAS YA ESTÉN AQUÍ Y ¡OJALÁ NO NOS ABANDONEN NUNCA MÁS DIOS SANTO!
- Ojalá tú boca sea santa hija, porque yo no sé sí llegaré a ver a Los Yumas que tú tanto hablas y mencionas todos los días desde que te lavantas hasta que te acuestas con Los Yumas en tú boca.
- Sí, mamá aunque Ud. no lo crea Los Yumas vienen de nuevo.

Dijo Gilberta a su vieja madre y kiko para aliviar a la anciana también dijo:
- Sí... sí... mi viejita. Los Yumas ya están llegando... y Ud. verá como vamos a salir de esta pobreza en la que hemos vivido por años con la esperanza que teníamos con esta revolución que nunca llegó a SER para nosotros los pobres, los humildes. Según él mismo dijo una vez . Ud. sabe de quién yo estoy hablando mi vieja ¿verdad?

Decía Kiko a la anciana Evangelina Mendieta, sentada en su silloncito de siempre.
- Sí... sí... Kiko sé muy bien de quién me hablas. Yo también me trague ese cuento una vez. De ese que nos ha desgracio a to con sus locuras y sus cuentos de nunca acabar. Locuras y más locuras, años tras años y así hemos soportados hasta el sol de hoy.

Dijo Evangelina a Kiko que lo quiere como a un nieto y lo mira con esa mirada que dan los ojos de alguien que ha vivido mucho años en su vida.

Belén está en la barbacoa con su hermana Clarisa y oía la conversación entre Evangelina, Gilberta y Kiko. Ella decidió bajar de la barbacoa y encontrarse con el joven Kiko, al que solo ve de forma esporádica desde que el camino de los dos se dividió, divergiendo sus vidas. Ella se fue a la escuela en el campo y Kiko fue a la prisión, al tanque, fue a una beca a la fuerza como ellos dicen. Kiko había sido su amigo desde que eran niños y habían ido la escuela juntos hasta la secundaria. Belén llegó donde está Kiko, su madre y su abuela diciendo:
- Hola, Kiko, ¿Cómo andas?
- Ya tú me ves Belén hablándole a tú abuelita y a tú mamá Gilberta, tratando de alegrarles el alma hoy 30 de diciembre de 2014.
- Sí... sí... bastante falta que nos hace a todos aquí en este cuarto del solar de San Isidro. Al menos se oye algo allá afuera.
- Sí... sí.. es Esther, la mamá de la doctora que la mandaron a Venezuela y con una ayuda de ella y la de su hijo en Miami con unos dólares fue a La Shopping y compró de todo para el fin de año que la vamos a celebrar aquí... aquí mismo en el solar de San Isidro en grande Belén... pa' que tú lo sepas. En grande pa' to nosotros. Dándole la bienvenida a Los Yumas.

Belén se había aislado de Kiko cuando empezó a ser militante de la UJC, según sus orientadores ideológicos Kiko no era una buena compañía para ella. Belén se fue alejando hasta que lo abandonó, hasta casi olvidó su rostro. Kiko cayó preso por posesión de dólares en su segundo tiempo preso cuando el dolar estaba penalizado por el gobierno cubano. Aunque lo despenalizó después. La gente en presión por esta infracción tuvieron que seguir tras la rejas. Las cosas de Cuba y su revolución. Belén mira a su amigo de la niñez y le dijo:
- Bueno... ¿Y que hay de nuevo?
- Más... na'... ahí... en lo mismo, con lo mismo como dicen todos. En el tíbiri...tábara, en la espera de Los Yumas pa' ver si esto se arregla o coge su camino o se quema, yo no sé, pero algo tiene que venir y que tome el camino que todos queremos.

Belén escucha a su amigo de la infancia y oyó de nuevo la frase esperanzadora que ella se ha negado a reconocer. VIENEN LOS YUMAS que es lo que más se oía de boca en boca en toda La Habana. Se quedó en silencio por un rato y nadie se atrevió a pronunciar palabras. Gilberta abrió sus ojos lo más grande que pudo para indicarle a Kiko que no continuara con la conversación sobre el arribo de Los Yumas de nuevo a la isla.
- Hasta yo estoy esperando por Los Yumas.

Contestó Belén y exhaló todo el aire que le quedaba dentro. Cuando Kiko dijo:
- Sí... Belén. ¿Tú también estas esperando a Los Yumas?
- Sí... sí... Kiko, me di cuenta que estaba equivocada. Lo que pasó es que no me di cuenta antes de mi equivocación. Mi gran equivocación la que estoy pagando bien caro ahora.

- Tú no eres la única Belén muchos... muchos están aún equivocados con lo que fue la revolución cubana de 1959. quizás siguen equivocados por mucho tiempo. Han sido muchos años de mentiras y mentiras, engaños y más engaños y recuerda que:
UNA MENTIRA REPETIDA... Y REPETIDA POR AÑOS, SE LLEGA A CONVERTIR EN LA VERDAD QUE UNO NO ESPERA.
- ¡Como has aprendido Kiko!

Belén exclamó, poniendo todo su oído en las palabras de aquel joven que fue su compañero de la escuela primaria donde los dos gritaron: Serían como el che, después que el destino los separó ahora vuelven a encontrarse en los caminos de la vida coincidiendo en el mismo punto.
- Los años, los golpes de la vida y su experiencia. Acuérdate de la canción: ♪CUANDO TIENES JUVENTUD NO HAY EXPERIENCIA. CUANDO TIENES EXPERIENCIA YA NO TIENES JUVENTUD♪.

Kiko le cantó a su amiga Belén, su amiga de la la niñez y los dos a pesar del dolor y del tiempo pasado separados por años se echaron a reir al mismo tiempo. La sonrisa apereció en los labios de los dos amigos. Gilberta los mira desde su estrecha cocinita donde solo cabe una persona al mismo tiempo en su cuarto de cuatro por cuatro. Se sintió feliz al verlos. «Kiko es un hombre de buen corazón había pasado mucho en su vida desde que cayó preso. Es buen hijo y su madre luchó sola para criarlo desde que su padre se fue por el Mariel a los Estados Unidos en 1980». Pensó Gilberta.
- Me sorprende oirte hablar asi.

Belén dijo a Kiko mirándolo a los ojos, con esos mismos que ella lo miraba cuando iban juntos a la escuela. Cuando él con su vista puesta en ella dijo:
- La prisión Belén... la prisión a la que no quiero volver más. En la prisión conocí muchos presos que aunque están presos juntos a los presos comunes ellos se consideran presos políticos y con ellos aprendí... aprendí muchísimo sobre esta revolución y sus mecanismos de sobrevivencia. Aprendí que son los Derechos Humanos de los que nunca había oído hablar en toda mi vida ni se habla en este país. Fue una escuela, me enseñaron matemáticas, aprendí algebra, historia universal, algo de ciencia me reunía con ellos todas las noches y debatíamos sobre el futuro de Cuba.

Belén se quedó sorprendida de oír a Kiko. Su amigo Kiko es otro... Kiko se había transformado en un hombre útil, aunque todavía el gobierno lo rechaza al igual que lo hizo ella en un momento de su vida por seguir los consejos de la UJC, que controló toda su vida desde el inicio en sus filas pasando por el Instituto Superior Politécnico donde estudió hasta ahora que despertó de su mágico sueño.
- Eso es grande y hermoso Kiko que alguien te enseñe y te abra los ojos. Yo estaba ciega... ciega y no veía... solo lo que me dictaban en las filas de la UJC.

- Yo lo sé Belén... Yo lo sé... eso también lo aprendí con ellos. La manipulación como nos manejan y nos déjamos manejar y nos siguen manejando; pero confío que un día las cosas van a cambiar y el pueblo de Cuba despierte de todos estos años que han pasado como tú ciegos a la realidad... a la realidad que se nos impuso por más de medio siglo y ojalá los cambios vengan más pronto de lo que imaginamos aqunque han sido muchos años de adoctrinamiento como ahora contradecir lo que se nos ha dicho por años y todo el pueblo les sigue. Ahora ellos están: ENTRE LA ESPADA Y LA PARED.
- Cómo justificar al pueblo tantos errores y desaciertos en estos concuenta y siete años de gobierno. O de desgobierno mejor dicho.

Dijo Belén que cada día se siente más fuerte en su conciencia.
- No... no... Belén. No de gobierno... de DICTADURA MILITAR.
- ¿Tú crees que así ha sido Kiko?
- Belén... despierta quienes tienen todo en su poder... los militares... de donde sale el actual presidente de Cuba... recuerda que era el Ministro de las fuerzas Armadas Revolucionarias, lo único que cambio el uniforme por el traje oscuro igual hizo su hermano un tiempo para disimular el poder militar. Que está detrás de todo... es militar indiscutiblemente... Belén... militar-dictatorial-mafiosa.
- ¡Oyeme Kiko! La verdad que has aprendido. Te la comiste mi amigo, yo no me había puesto a pensar en eso ni por mi mente me pasó una vez. ¡Que ceguera mi madre! ¿Dónde estaba yo?

Belén exclamó, ella que empieza a admirar a Kiko por sus conocimientos políticos.
- No... no pensabas... tú mente estaba embota con todos esos panfletos políticos y círculos de estudios que no te da a ti tiempo a pensar por ti misma. Y muchos están aún así con su mente hechizada envueltas en tiras, momificada y no piensan.
- Quiero pedirte algo.

Dijo Belén con una voz suave que empezó hacer sentir a Kiko diferente.
- Quiero pedirte perdón por todos estos años en que me alejé y te di la espalda, le di más importancia a lo que me dijeron en la UJC.
- No hay que disculparse Belén. Somo humanos y cometemos errores. Eso es una lección más en tu vida. Acuérdate de la canción de Tanya.

Kiko empezó a cantar:
♪Ese hombre está loco, se volvió loco
su mente lo ha llevado al precipio de lo absurdo
ese hombre está loco se volvió loco
la vida lo ha apartado de la gente
Ya no sigue el camino que lo guía el destino
solo siente que el mundo se abre a sus pies
Ese hombre está loco, quiso soñar de más
y mientras mariposas perguía otros hombres que morían
El creyó que la tierra se debía a la guerra
El se vio en un altar
El creó un enemigo

> que real era un amigo
> solo un amigo más
> Ese hombre está loco
> Mas no quiere morir
> Sus hijos lo reclaman en el mundo de los vivos
> Mas no lo atan sus hijos, ni tampoco el destino
> Mas no lo ata la vida, ni tampoco el amor
> Ese hombre está loco quiere esperar el fin...♪
> Ese hombre está loco
> Ese hombre está loco... loco... Ese hombre está loco... loco... Ese hombre está loco♪...

- ¿Te acuérdas tú de esa canción Kiko?

Preguntó Belén a su amigo y luego dijo:

- Ya yo me había olvidado de esa canción que no se difundió mucho en esa época además fue muy criticada en el comité de base de la UJC, de eso si me acuerdo y hasta se pidió sancionarlos a todos por unanimidad.
- Sí... sí yo sí me acuerdo y la oí por primera vez cuando era un niño y me la aprendí de memoria; pero siempre se me quedó en mi mente aquello de: ESE HOMBRE ESTÁ LOCO. La valentía de la cantante en decirlo en sus propias narices en aquel tiempo que aún yo no pensaba en política. Diciendo una verdad que nadie quería oír. Y que nadie se atrevía a decir. Y ahora a más de medio siglo todos estamos padeciendo del daño de las locuras del hombre que sigue loco... sí loco de atar.

Gilberta aplaudió a Kiko cuando terminó la canción que Tanya cantó con su grupo Montes de Espuma en la televisión cubana: ESE HOMBRE ESTÁ LOCO. Tanya y su grupo significaron un reto para el pueblo cubano y para su gobierno. Llegó la hora de pensar, de despertar del letargado sueño en que nos sumieron por años y años y ella firme con su bravura lo dijo a todos los vientos: Él está loco. Y apladiéndole le decía:

- Kiko... Kiko mijito yo no sabía que tú cantabas.
- Sí... sí mi tía a la hora de tomarme una ducha siempre cantó para aligerar mis penas y los quebrantos de mí vida. Yo canto y como fruta también mi tía como se dice a veces.
- Ja... ja... ja...

Fue la espontánea carcajada, que salió de las dos mujeres madre e hija que acaban oír a Kiko cantando. Evangelina dormita en su sillóncito de siempre. Llegó Avelino al cuarto cuatro por cuatro y dijo:

- Bueno... ¿Cómo andan las cosas por aquí hoy?
- Aquí como tú nos puedes ver. Que nos quieren convertir en tamales tirándonos las hojas desde cielo.

Contestó Gilberta bromeando con su esposo Avelino un trabajador ejemplar aspirando a sacar la familia del solar de San Isidro y aún no podido ya casi perdió las esperanzas se amarga la vida cada día y su mujer Gilberta le hace estas jocosaría para al menos verle una sonrisa en su boca y siguió diciendo:

- Como el pescao en tarima con los ojos bien abiertos y na' pa' agarrar.
- Así es mujer, no ma' na' que hacer... esperar y seguir esperando por el milagro de Los Yumas.
- Como Ud. bien ha dicho, Don Avelino, bien dicho Don Avelino esperando por el: MILAGRO DE LOS YUMAS.
- Pero mire Avelino. Tiene Ud. que aprender un poco de inglés para poder comunicarse con Los Yumas que nos van a salvar de todas estas desgracias que nos han caído juntas por más de medio siglo.
- No... no... no... Kiko no me vengas ahora con esa de que tengo que aprender inglés. Si cuando yo estudiaba en la secundaria un día sin más explicación quitaron el inglés y empezaron a enseñar ruso y empezaron a enseñarlo hasta por Radio Rebelde, me acuerdo que sonaba asi: Ruski par aio, yo creo que decían ruso por radio. Y ahora tú me vienes con esa que tengo que aprender inglés. Que va Kiko ya no hay tiempo pa' eso, ni cerebro, el mío ya no da. Sí me acuerdo como si fuera ahora mismo cuando el poeta nacional Nicolás Guillén decía: Martí te lo prometió y Fidel te lo cumplió. Y ya no tienes que ir a un banco y decir señor, no en inglés, sino en español, no country club, ni high life. Y ahora tengo lo que tenía que tener y llegué a la conclusión, Kiko casi al final de mis días. QUE NO TENGA NA'.
- y dijo Guillén: TENGO LO QUE TENÍA QUE TENER. Y el salario Kiko no nos alcanza, el peso cubano no vale ni un kilo prieto partió po' la mitad y nada de CUC... nada, no los veo pasar Kiko... mijo hasta donde me vas a llevar muchachón ahora a mis años, viejo retirado y trabajando tiemppo extra pa' hacer algo ma' de dinero y traer a la casa, perdón que diga al cuarto del solar donde he vivido siempre y me prometieron un apartamento de microbrigada que nunca me han dao, con promesas y más promesas. Y ahora tú me vienes con esa de que yo aprenda inglés. No... no Kiko los marqueses llegaron tarde al carnaval que ya se esta acabando. Sí hubiera sido unos años atrás ya hablaría yo inglés; pero ahora... no... no... mi carnaval se acabó.

Decía el viejo Avelino, agotado, desengañado de tantas promesas y mentiras. De ellas ninguna cumplida.

- Mire Avelino nunca está demás aprender. Mire Ud. no es tan difícil métale el moroco y Ud. verá que lo aprende asi de rápido en pocos días en un dos por tres como decimos nosotros. Lo básico para entenderse con Los Yumas, maestro y Ud verá que puede.

Kiko dijo al viejo Avelino que lo ve vencido después de sus años de lucha, ahora retirado con una pensión que no alcanza y de esa forma cree que le alegra el alma con sus chistes y ocurrencias.

- Mira hijo, yo trabajo en una fábrica de cajas de muertos. Ningún americano va ir allí a buscar na', asi que pa' qué el inglés muchacho, pa' qué a esta hora que lo que me queda es el casco y la mala idea.

- Avelino... óigame présteme atención Ud. nunca sabe mire a ver repita conmigo guelcón jon.
- ¿Y que dice eso muchacho?

Preguntó el viejo Avelino que cree que sus neuronas ya no están para esa carga.
- Bienvenido a casa y como se escribe eso.
- Mire Avelino... Avelino se escribe w-e-l-c-o-m-e y se pronuncia guelcón. Se escribe wel y come junto. Mira mijo mucho menos ahora. Antes me impusieron gritar: GRINGO GO HOME Y AHORA ES GRINGO WELCOME HOME. Y... sí me equivoco, hijo y digo: GRINGO GO HOME EN VEZ DE WELCOME HOME. Ya yo no estoy pa' eso hijo... no... no eso no es pa' mí. Mi tiempo... ya mi tiempo pasó Kiko.
- No... no... come... come y wel...wel unidos: welcome... a ver repita wel y come juntos.

En ese instante la anciana Evangelina que está entre dormida y despierta saltó diciendo:
- Come... come. Oye muchacho que tú estas diciendo de come... come, dime como se come eso muchacho, dime... dime como.
- ¡Ay, mamá! Es Kiko que le está enseñandole inglés a Avelino para que se defienda un poco cuando vengan Los Yumas y la palabra en inglés se escribe así w-e-l y come no tiene nada que ver con comida mamá por favor mamá no se confunda es inglés no español mamá.

Explica Gilberta su madre que muchas veces tiene hambre y no había que darle para aliviar la hambruna de estos tiempos. Y oyó la palabra COME que la despertó. Ella que no entiende que es venir en inglés.
- ¡Ay, Gilbertica es que de esta me muero!... mijita me muero de hambre. Y oí la palabra come y salté de mi silloncito. ¡Ay que hambre mijita... que hambre tengo. ¿No hay pedazo de pan por ahí mija?

Todos se quedaron paralizados al oir a la anciana Evangelina cuando decía y se quejaba del hambre que sentía cuando Esther su vecina vino y dijo:
- Evangelina, mi viejita aquí le traigo un plato para todos Uds. y Ud. verá mañana la celebremos en grande... en grande para que Ud. lo sepa mi vieja.

Gilberta extendió sus manos tomó el plato y miró a su pobre madre hambrienta y dijo:
- Gracias... gracias... a Ud. Esther y a sus dos hijos que gracias a Dios y a ellos podemos llevarnos un poco de comida al estómago hoy 30 de diciembre de 2014.

Dijo Gilberta con el plato en la mano que le ofreció su vecina Esther y se lo llevó a su pequeña cocina y le preparó un plato la anciana que está en estado de inanición. Así transcurría esta noche en el solar de San Isidro. Casi al final del año. Cuando Gilberta dijo:
- Belén llegate un momentico por el cuarto de Lilita y dile que baje, que la extrañamos mucho.
- Sí... sí mamá Gilberta ahora mismo voy a ver a Libertad.

Belén salió del cuarto y se encaminó al cuarto de Lilita y Eutimio. Les tocó a la puerta y gritó:
- Libertad... Libertad, soy yo Belén la hija de Gilberta la vecina de los bajos.
- ¡Ah... muchacha déjame levantarme de esta silla y ahora mismo te abro la puerta!

Belén espero por unos segundos, se apareció la señora Libertad que dijo:
- ¡Ah, muchacha que te trae por aquí! En años no te había visto subir aquí... hasta mi cuarto.

Belén miró al entrar lo que más podía en aquella oscuridad que llena el cuarto de Libertad y sus ojos se detuvieron en un portaretrato con una foto de un joven de aproximadamente veinte o veinte y un año con tres flores blancas y una vela encendida que es lo único que alumbra en el cuarto en estos momentos. Y fue cuando Belén dijo:
- Mamá me encomendó que viniera a verla que hace muchos días que no la vé a Ud. pasar por el pasillo.
- Mijita es que cuando llega estas fechas de fin de año me entra una melancolía y una tristeza que solo yo solo sé lo que llevo dentro, aquí muy dentro de mi corazón en todos estos años.
- Ve... ve... tú y dile a tú mamá que estoy bien que si puedo más tarde bajo hasta su cuarto.

Belén oyó las palabras de Lilita y dio media vuelta y salió por aquella puerta estrecha del cuarto de Lilita. Llegó a su cuarto y dijo:
- Mamá... Libertad parece estar bien; pero muy triste y note algo, en la mesita de un rincón del cuarto tiene una foto de un joven con flores blancas y una vela encendida.
- Ya tú ves... me lo imaginé... me lo imaginé que eso es lo que está pasando a Lilita. Lo pensé desde que note su ausencia de días sin salir del cuarto.

Gilberta habla con palabras muy agrías y secas con el dolor que demuestran el estado de ánimo al igual que lo está sintiendo su amiga Libertad en estos momentos en su cuarto.
- Mamá, ¿Pero dígame que es lo que pasando?

Preguntó Belén a su madre que desconocia los hechos de la familia de Libertad.
- ¡Ay, mijita!... son cosas muy, pero que muy tristes para recordarlas de nuevo y para contarlas. Lilita nunca se ha recuperado de ese golpe que la vida le tenía reservado. Tú aún eras muy chiquita, cuando Tony el hijo de Lilita un día lo reclutaron pa' el Servicio Militar Obligatorio y lo mandaron a Angola. A Africa a pelear a la guerra que allí se llevaba a cabo en esos momentos.
- ¿Y qué pasó?
- Pué na' mija que vino en una cajita, lo mataron allá en Angola. Y sí te pones a ver: FUE A PELEAR POR UNA GUERRA QUE NO ERA SU GUERRA NI ERA LA NUESTRA TAMPOCO. Y allá murió, desde ese día Lilita no fue más la Lilita que yo conocí aquí en solar de San Isidro.
- Qué triste todo para ella. ¿verdad? Perder a su hijito así en un país extraño en una guerra también extraña. En una guerra ajena.

Belén dijo a su madre y sus ojos se aguaron pensando en Lilita y su hijo muerto en Angola.
- Ahí tú ves una vez más las locuras del viejo. Porque lo que dice la canción es una: GRAN VERDAD. ESE HOMBRE ESTA LOCO.
- Cuánto tiempo perdido, cuántas personas inocentes muertas por sus locuras de guerras y guerras alrededor del mundo. Por eso muchos lo llaman para disimular y poder hablar de él todo lo mal que deseen sin ir presos: Armando Guerra.

Gilberta dijo a su hija Belén pensando en Libertad y su tragedia familiar, que empezó aquel día en que la fabrica de tabaco le dieron la noticia.
- Asimismito es mamá; pero que se puede hacer... nada, mirar hacia adelante y no quedarse atrapado en ese pasado, en esa sombra que un día nos cayó a todo nuestro pueblo, esa desgracia que aún todos arrastramos.

Belén decía a su madre con deseos de iniciar una nueva vida. Kiko seguía platicando con Avelino y sus clases de inglés cuando el mismo Kiko dijo:
- Bueno familia, me tengo que ir. Hoy es 30 de diciembre y mi vieja Tomasa seguro que tiene algo bueno preparao.

Kiko se despidió de la famlia y salió rumbo al otro solar donde el vive a una dos cuadras del solar de San Isidro.
- Nos vemos mañana , qué sí va ser como dijo Esther: EN GRANDE.
- Nos vemos mañana Kiko... Sí Dios y la virgen quiere.

Contestó Gilberta a su amigo y vecino Kiko al que ella quiere como un hijo. kiko camina por San Isidro pensando en todo y más en la conversación con Belén. Luego practicando el inglés con el viejo Avelino. «Lo más que me mantuvo con una sonrisa en la boca fue la conversación con Belén. Esta muchachita me gusta... me rompe el coco de verdad me tiene acoquinao desde que la vi cuando salí de la prisión. No me la imaginaba así cuando eramos muchachos. Me Acoquinó asere. Acoquinao de verdad». Se decía kiko asimismo hablándose de su gusto por Belén cuando camina a su solar en la misma calle de San Isidro.

La noche de la víspera del fin de año se fue. Y hoy es miércoles 31 de diciembre de 2014 . La nueva era para la Cuba y los cubanos que sufren desde 1959 con un sistema COMUNISTA POR MÁS DE MEDIO SIGLO. Se pensó que era comunista con la ideológia de Marx y la contribución de Lenin.

En realidad no era ni una cosa ni la otra. Fidel Castro aplicó la perversidad de Estalin y la de él y todo se convirtió en un Fidelismo, terminan en ismo, pero no son iguales, ni parecidos. Es peor lo sabemos por todos estos años.

Kiko parado en portón del solar. La puerta alta y ancha de color verde que ya se había desteñido por el tiempo, atravezada con unos clavos grandes de cabezas circulares, decorada con dos cuadros arriba y dos cuadros abajo con mós de cien años. La puerta no permanecía cerrada completamenta, al menos una hoja la dejan los vecinos abierta para su diario entrar y salir del solar. Efraín se le acercó diciéndole:
- ¿Qué bolá hoy mulato? Que te veo como el buey cansao.
- Na' pasmao aquí en la puerta del solar mirando y dejando.

Dijo Kiko. Efraín le traía un bisne para Kiko y dijo:

- Mira mi socio, me trajeron de la criolla de la buena de verdad.
- Óyeme Efraín chico de que me estás tú hablando ahora. Vamos escupe claro que no te entendí.
- Asere te lo digo que esta sí es de la buena... la buena. La criolla... la criolla chico que la siembran allá en las lomas de la Sierra Maestra donde el Fifo sí el loco empezó su guerra de guerrilla y tomó el poder como para siempre. Se hizo rey sin corona, sin palacio y sin nadie nominarlo desde 1959. Sí asere ese, el Fifo que tú conoces, el barbu que a saber sí estando allá en la guerrilla se echó sus buenos prajos de ésta, la criolla. La buena, a él que le gusta fumarse su buen tabacón, su buen puro habano hecho de la yerba criolla, quizás se fumó su buen cigarrón de la criolla, sí ese mismo Fifo el que se viste de verdeolivo y calza sus botas y nos ha hecho la vida un yogur a todos aquí desde que tomó el PODER.
- A ver Efraín, dime ya que es lo que te traes entre manos asere.
- Yerba buena... yerba... yerba y buena... mi socio... yerba de la buena... calidad única. La criolla, la que sí te lleva pa'l cielo y no quieres bajar pa' este infierno que nos ha tocado vivir.
- Mira Efraín, yo no quiero verme más en el tanque asere. Así que no hables de esas cosas que ya están prihibidas para mí.

Dijo Kiko a su amigo como quien quiere y no quiere a la vez en su dilema.
- Mira, mi socio tirame un cabo asere, es solo un cabo... un cabito mi hermanito. Y no te hablo más del asunto, después de esta, vamos. No creo que el cura me vaya a pasar gato po' liebre, por eso necesito tú ayuda en este bisnecito, mi padre.
- ¿Quién es ese cura y de qué iglesia me estás tú hablandos?

Preguntó Kiko que se sintió desorientado por un momento con tantas cosas en su cabeza.
- ¡Ah, no vayas a pensar que es un cura de verdad! Ese es su nombre de seguridad en el negocio de la yerba. Esta marihuana sí es buena, es de aquí mismo de nuestra tierra que sí es fértil de verdad pa' que tú sepas, mi socio. En nuestra tierra se da de to, yo creo que si hasta tiras una semilla de lo que sea ahí brota enseguida. Es buena de verdad nuestra tierra cubana.
- ¿Cuando tienes que ir a ver a ese cura?
- Quedamos en vernos en una zona clara del malecón y decidimos que fuera cerca del Monumento a Los ocho Estudiantes de Medicina y de alli él nos lleva hasta el contacto.

Dijo Efraín a su amigo Kiko para entrar en el negocio de la yerba buena como él mismo le llama a la marihuana que se da en la isla. La criolla.
- ¿A qué hora?

Preguntó Kiko que no tiene deseos de volver al tanque, la prisión como todos le llaman en Cuba. No quiere ganarse una beca de nuevo.
- Será por la tarde entre la 2:00 y las 3:15 de la tarde.
- Todavía tenemos tiempo.

Dijo Efraín que quiere concretar su bisne de hoy con el llamado cura.

- Sí... sí... recuerda que hoy es 31 de diciembre, se acaba el año y todo el mundo está de fiesta y nosotros a gozar la papeleta con mucho cuidado mi hermanito, con mucho cuidado que la fiana anda de que te cojo y estate quietecito... quietecito...

Dijo Kiko analizando la situación y evitando caer preso de nuevo y que lo lleven al tanque otra vez. El día se desplaza lentamente y la gente corría de un lugar a otro en busca de algo que poner sobre la mesa esta noche. Kiko y Efraín habían salido hacer su bisne con la marihuana criolla y hacer algún dinero para festejar el fin del año y quedarse con una parte para el consumo de ellos. El pasillo de San Isidro está tranquilo, quizás porque es todavía muy temprano para empezar el pachangón de hoy celebrando el inicio y el después de más de cincuenta años de separación y de la lucha incansable contra el enemigo, orquestada y creída por los cubanos contra el IMPERIALISMO YANQUI. El enemigo eterno e imaginario que había durado más que cualquier otro enemigo sí es que lo tenemos. Enemigos los dos países que estando tan cerca geográficamente, están tan distante, tan lejos... lejos... el uno y del otro. Los dos enemigos reconciliados de nuevo.

En una etapa amistosa. Ojalá este sea el comienzo de UNA NUEVA ERA, para los dos. Y los Castro entiendan los nuevos tiempos, ya que se acabó la guerra fría y el mundo va hacia otros caminos de progresos con la bandera de la diplomacia y el entendimiento mutuo bien en alto.

La señora Esther está dentro de su cuarto de cuatro por cuatro ocupada en la preparación de los alimentos de hoy 31 de diciembre que se celebrará un: Fiestón por el nuevo arrribo a la isla de Los Yumas y la despedida del año 2014 que trajo la Buena Nueva para Cuba e implorando que el 2015 sea mejor para todos. kIko acompañó a su amigo Efraín en la transación con la yerba como él la llama, caminan rumbo a la calle San Isidro y de allí al cuarto de Gilberta y Esther que juntos celebrarán la despedida del año viejo y la entrada del año nuevo. En el portón del solar Kiko dijo:
- Mi socio, sí quieres te puedes quedar, sino ya tú sabes.
- Déjame dar una vuelta por la casa y ver a la vieja, sí todo está en orden vengo a pasarme un rato con Uds. aquí.

Dijo Efraín a su amigo Kiko entrando al solar de San Isidro.
- Cómo tú quieras mi socio... no hay problema.

Efraín siguió su camino con la yerba escondida lo más posible cuidándose de la policía. Sí le detectan la marihuana... en mala hora para Efraín y de ahí directo al tanque de nuevo. El cura es el contacto de Efraín en La Habana Vieja. Él tiene de todo desde una paquete de marihuana, un poco de polvo de azúcar blanca, hasta un cohete para viajar a la luna, al menos esa es propaganda comercial del cura que dice: DESDE YERBA HASTA UN COHETE AL ESPACIO. Así se están moviendo las cosas en La Habana, en la Cuba revolucionaria de 1959.

Desde hace algún tiempo aquella rigidez de los sesenta, setenta y ochenta pasaron a la historia. El ochenta marcó un hito en la historia de la revolución cubana: El marxismo-leninismo fracaso, aunque muchos insisten en su coronación como el más humano y perfecto de los sistemas.

No es asi en realidad. Es la antihumana y retrógrada forma de convivencia humana que jamás haya existido en la faz de la tierra.

Los cambios profundos de Europa del Este y la misma antigua Unión Soviética que se desmoronó.

Esos cambios no llegaron a la isla, aún notándose su deterioro interno en muchos aspectos de la vida social en la Cuba que pretendió moldar al Hombnre Nuevo que decía el Che. El místico y legendario Guerrillero Heroico.

La descomposición producto del sistema imperante empezó a emerger dentro de la sociedad hipotética y teórica que se quiso implantar y el Hombre Nuevo que no llegó a formarse ni llegará. Porque a medida que la pobreza crece los valores se pierden e involucionan a extremos increíbles.

La bella capital Cubana. La urbe de intrigas y misterios en la espera de Los Yumas para darnos las manos y ayudarnos a salir del atolladeros en que nos encontramos sí los octogenarios no se resisten. Ellos que están ya de retiro y lo permiten, dejando de seguir empecinados en construir lo que demostró ser una verdad perfecta: LO INCONSTRUIBLE. Ese Hombre Nuevo no existe, solo en ideas y no en hechos reales. Es como decir que ayer vi volando unos caballos rojos en el cielo. En imaginación escribiendo un poema, no quiere decir que es real, es solamente utopía hasta ahora inalcanzable.

Hoy todo el mundo quiere disfrutar de lo nuevos aires que soplan en La Habana desde el norte. A ese al que nos enseñaron a odiar. En el solar de San Isidro se prepara su Parrandón del 31 De Diciembre de 2014. Como decimos a gozar y se formó la gozadera cuando Kiko llegó al solar se dirigió a su vecina Esther que hoy va a celebrar su: VIVA BABALÚAYE DEL AÑO 2014. El día del anuncio del tratado de paz, sin guerra después de aquel 1961 en que de forma provocativa se inventó un enemigo a solo noventa millas para justificar todo: Fallas, errores, desaciertos, locuras e ilógicas maniobras porque cuando el socialismo-comunismo aflora la lógica sobra o desaparce. No existe lógica alguna cuando esta en el centro de todo ese andamiaje político. El Hombre como ser único pensante es anulado.

Es una doble celebración hoy que desde el 17 de diciembre, día de San Lázaro parecía que la vida de los cubanos va a tomar un giro del cual todavía no se puede predecir, conocemos Las vacas Sagradas de Cuba como piensan. Todo es cuestión de tiempo y ver qué pasa, qué ocurre en la realidad después de este anuncio histórico del nuevo camino de amistad entre los Estados Unidos de América y Cuba.

Ya el pasillo del solar de San Isidro parece otro lugar, los vecinos han adornados con luces de colores el pasillo central del solar. Son aproximadamente las cinco de la tarde y todos desean lo mejor para todos en el nuevo año juntos a los nuevos visitantes y salvadores de la isla: Los Yumas. Kiko seguía rumbo al cuarto de Gilberta, se quedó pensando en la mulatica Belén que desde niiño habían compartido sus vidas en La Habana Vieja y ahora ya se habían hecho hombre y mujer, se detuvo en medio del pasillo del solar vacilante. Sí tocar o no en la puerta del cuarto de Gilberta, se recostó en el tanque plástico de color azul donde las familias almacenan el agua para todas sus necesidades. El agua entra un día sí y otro no, allí se quedó pensando en que hacer, sí ir a ver a Esther o ir a ver a Belén. De pronto la puerta del cuarto de Gilberta se abrió y salió Clarisa que dijo:

- ¡Eh, Kiko! ¿qué haces ahí parado?, ven... déjeme coger un poco de agua del tanque.

Clarisa caminó unos metros hacia donde está Kiko cogió la tapa del tanque plástico azul metió el jarro metálico y saco un poco de agua cuando le dijo a Kiko:
- Vamos muchacho que mi mamá y Esther decidieron reunirse hoy aquí y celebrar: LO BUENO QUE VIENE PARA TODOS NOSOTROS. Este año que entra 2015. ¡Que al fin pienso será distinto!
- ¡Cómo qué no Clarisa ya estamos aquí!... mi chiquitica vamos.

Dijo Kiko entusiamado por la invitación de Clarisa. La hija menor de Gilberta. Que luego le dijo:
- Fui y empeñé el anillo que me regalo Enzo, el italiano, tú sabes ese con el que me empaté para que me saque de este INFIERNO en el que he vivido toda mi vida. Me prometió venir para finales del año y estas son las santas horas en que no aparece. Si no aparece antes del día primero me lanzo a la calle de nuevo a buscar el VERDE, las FULAS o el CUC. A mí ya me da lo mismo el problema es tener algo que comer y algo que ponerme. Hoy salve la situación con el anillo de Enzo, pero mañana aquí no hay NI UN QUILO PARTIÓ EN DOS pa' seguir sobreviviendo. Le di el dinero a mima y ella fue La Shopping y compró de todo lo que pudo con el dinero del empeño del anillo. ¡Que vamos a ver si puedo recuperarlo cuando haga algún dinerito extra en mi jineteo!
- Clarisa... Clarisa tú eres una mujer bella tú puedes encontrar otra forma de vivir... no sé ... no sé, algo mejor para ti mi chiquitica.
- ¿Lo has encontrado tú, Kiko?

Preguntó enfáticamente Clarisa a su interlocutor Kiko. Su amigo y vecino del barrio en La Habana Vieja. Kiko enmudeció de manera automática. Él también es otra de las victimas más del sistema que impera en la isla por más de medio siglo. Cuando Clarisa rompió el silencio dejado a la pregunta que le había hecho a Kiko y le dijo:

- Kiko... mi mijto tú crees de verdad que yo no he tratado de buscar otra forma de vivir. No la he encontrado Kiko. Todo lo que me ofrecen es pagado en PESO CUBANO que no da ni para llevarte una papa rellena a la boca. Mira mis padres trabajaron toda su vida y todavía mi padre viejo sigue trabajando para ayudar más a la familia. ¿Y qué tenemos Kiko?... ¿Qué tenemos Kiko?... NADA... de NADA. Tú creés que a mí no se me parte el alma ver a mi madre vieja salir a la calle corriendo a buscar algo a su madre, mi abuela Evangelina... Una bolsa de yogur, un pollo, una libra de carne, sí la encuentra, ¿y qué trae?... NADA porque todo se vende en CUC y no lo tenemos Kiko. NO LO TENEMOS la pensión de las dos no alcanza para nada. El sueldo de mi padre no alcanza. Mi hermana Belén graduada de la universidad y de qué le ha servido de nada. Tanto esfuerzos y sacrificios. La ubicaron por allá por un monte de esos que no se sabe, donde el diablo dio las cuatro voces y nadie nunca lo oyó. cumplió su servicio social por tres años. Regreso a LA BELLA HABANA. A su solar de San Isidro a su cuartico de cuatro por cuatro del que no ha salido nunca y quizás no salga jamás.

¿Y qué Kiko? Ahí está anclada. Ya cansada y decepcionada de todo lo que ha vivido y militando en la UJC por toda su vida dándolo: TODO por la revolución... ¿Y qué Kiko?... ¿Y qué?... óyeme Kiko despierta que estamos en Cuba y aquí no hay na' pa' nadie oíste. Aquí TODO es pa' los CASTRO y su camarilla. Nosotros los cubanos no contamos en esta aventura que empezó hace más de cincuenta años. Yo ya desperté hace mucho que mucho... rato que desperté y abrí mis ojos y vi que esto NO DA LA CUENTA. He tratado de explicármelo de veinte mil maneras y no he encontrado esa explicación que me convenza de mí vida y la de todos en esta isla. Porque sí la isla era saqueada por corsarios y piratas. Y los españoles construyeron la muralla pa' proteger la isla en aquel tiempo. En éste los saqueadores están aquí mismo dentro que nos saquean y explotan y esos son los Castro y toda su gentes. Ellos que se llevan el botín que debía ser para todos... pero no sé qué pasa ni ya quiero saber qué pasa, lo qué quiero es irme volar muy lejos de aquí y vivir como DIOS MANDA y esa es mi esperanza con Enzo, el italiano. Al que quiero empezar amar desde ahora.

Las lágrimas de Clarisa empezaron a brotar de sus ojos. Ella, la hija menor de Gilberta desengañada, ya casi sin esperanzas de vivir y de como se debe seguir viviendo en su país, el que la vio nacer. Sin poder explicarse donde esta la llave del asunto: PORQUE SE LES HA NEGADO A ELLOS A VIVIR COMO SERES HUMANOS, DIGNOS DE ESA MISMA CONDICIÓN QUE NOS UNE A TODOS.

Cuando Kiko le dijo:
- No te pongas así mi muchachita vamos a tener fe y esperanzas de que el futuro va será mejor para todos.

- Yo no sé que decirte Kiko porque a veces pierdo hasta eso: LA FE. Tú viste como se está portando la iglesia católica. Una amiga de una mía con otros doce personas inconformes de como van las cosas se metieron en La Iglesia de La Caridad del Cobre y me contó todo lo que les pasó. La policía entró y los sacó a punta de pies como sí fueran perros. Yo creo que ni a un perro se le trata así. Esto ocurrió el 16 marzo del año 2012. Yo no sé de que parte está la iglesia católica cubana. Porque CristoJesús siempre estuvo al lado de los pobres de los humildes y desvalidos y aquí la iglesia católica le está siguiendo el juego a los Castro a través del Arzobispo de La Habana. Ya yo hasta mi fe la estoy perdiendo Kiko y no confío te lo digo bien claro. NI EN MI SOMBRA, PA' QUE LO SEPAS. No confío en nadie.

Kiko oye a Clarisa y sus palabras calan en la mente de Kiko. La verdad que Clarisa le dice es irrefutable. Conoce mucho de lo que ella le habla, comparte sus ideas. La prisión lo enseñó a ver la realidad cubana y a pensar que es lo que más agradece a ese lugar que lo enseñó a pensar. Y dijo:

- Mira Clarisa vamos pa'l cuarto y ver como va la cosa, que hoy es 31 de diciembre de 2014: EL AÑO DEL MILAGRO A TRAVÉS DEL VIEJO LAZARO.
- Acuérdate que fue el 17 de diciembre hace solo dos semanas y hay que celebrarlo en grande por todo lo alto. Dando gracias al viejo.
- Y tú kiko... todavía estás creyendo en esos CUENTOS DE HADAS, acuérdate mi vecinito que aquí es como todo: VIVIR DEL CUENTO. ¿Cuántos cuentos nos han hecho en todos estos años Kiko? ¿Cuántos Kiko? Acuérdate que los más viejos aún le llaman TÍA TATA. Él de los cuentos.
- Vamos... vamos pa'l cuarto.

Dijo Kiko. Evitando la conversación con Clarisa en medio del pasillo del solar de San Isidro. Entraron al cuarto. Allí está la anciana Evangelina, Gilberta y Belén sentadas frente al televisor disipando las penas, dolores y desengaños que le había traído la revolución del 1959. Cuando Kiko dijo:

- ¡Eh... qué bolá familia, qué bolón felicidades en el nuevo año, vamos a ver si nos alegramos que muchas cosas BUENAS VIENEN PA' LA FAMILIA CUBANA.
- Sí... sí... lo creo cuando lo vea. Porque así me lo prometieron hace más de cincuenta años y lo creí, creí que todo iba ser un paraíso en la tierra... ¿y qué? se llevaron el para y me dejaron con el iso que nunca hizo nada y estamos en las mismas sin para y sin iso, a la vez. Estoy cansada de tantos cuentos de caminos.

Dijo la anciana que esta vez está despiera y alerta a todo lo que ocurre en su cuarto y el solar de San Isidro.

- Sí... asimismito como dice mi madre lo creo cuando lo vea.

Afirmó Gilberta, mostrándole una sonrisa de cariño a su vecino Kiko.

- Vamos... vamos hacia adelante. Uds ya verán... lo que no han visto.

Kiko dijo en alta voz tratando de conquistar los corazones de us vecinos con nuevas esperanzas. Con estas palabras de kiko coincidieron cuando Esther la vecina gritando en medio del pasillo del solar y decía:

- Sí... sí mijito ya estamos aquí todos los vecinos celebrando, sí celebrando todos juntos el fin de año y la reconciliación mijo.
  Gracias a Dios volvemos a SER AMIGOS DE NUEVO.

Esther habla con su hijo por un teléfono celular. Él la había llamado desde Hialeah por el fin de año. Felicitándoles. Y Esther decía:
- ¿Y cómo va todo por allá mijo?
- Celebrando también mamá; pero un poco inseguro de cómo van hacer las cosas allá en la isla.

Kiko salió corriendo del cuarto de Gilberta cuando se dio cuenta que Esther le habla a su hijo que reside en Hialeah desde hace algunos años y dijo:
- Señora Esther dé le mis saludos a mi amigo Conrado, dígale que nunca nos olvidamos de él.
- Mira kiko habla tú con él un rato que se me quema el arroz, déjame entrar y ver como va.

Esther le dio el teléfono celular a Kiko. Él no pudo pronunciar una palabra, se quedó mudo al oír la voz de Conrado su amigo de la niñez que se había ido de Cuba en el éxodo de de 1994 y ahora vive en Hialeah. Las lágrimas se asomaron a sus ojos y solo dijo:
- ¿Cómo estás mi hermanito, soy yo... Kiko, el vecino del solar de San Isidro, te acuérdas de mí.
- Kiko... Kiko... como no me voy acordar de ti, mi hermanito tantos buenos ratos jugando a la quimbumbia y la pelota en el solar de Rosalba. ¿Cómo olvidar eso... Kiko?... ¿Cómo?... Nunca... Nunca mi hermano aunque lejos siempre mis amigos están presente en mi mente y en mi corazón.

Conrado no pudo aguantar su llanto y empezó a llorar junto a Kiko, su amigo que lo había dejado en Cuba por las circunstancias de la vida. El día que Conrado decidió irse de Cuba lanzándose en una balsa al mar. Kiko su amigo, su compañero de aventuras estaba preso y no pudo llevarlo con él.

El llanto se prolongó por unos minutos y ambos amigos lloran a solo noventa millas de distancia, no tan lejos uno del otro, separado por dos ideologías diferentes en sus gobiernos; pero no en sus gentes que son los que cuentan y son las victimas de esta antagónica situación. Kiko continuó diciéndole:
- ¡Oye, Conradito!... oye... óyeme cuando puedas ven, mi hermanito aquí siempre estaremos con los brazos abiertos esperándote. Ahora creo que toda va ser mejor mi hermano, ya somos amigos... amigos otra vez de nuevo amigo de Los Yumas.

Los sollozos no dejan hablar a Conrado al otro lado de la linea, al otro lado del mar donde se levanta la otra parte, la otra Cuba que desea con todo su corazón que Cuba sea una sola, un solo pueblo unido.
- Sí... sí... Kikito te lo prometo mi hermano... te lo prometo de corazón que volveré... volveré mi hermanito... volveré...

Kiko cayó al suelo y llora como un niño. Como el niño que llora cuando su mamá lo llama a entrar a la casa después de haber dejado a sus amigos jugando pelota en el placer de la esquina de la barriada de San Isidro. Tiene que hacerlo y los deja, a sus amigos de juegos, maldades, sueños, sus amigos de siempre. La señora Esther salió del cuarto vio Kiko arrodillado en el suelo con el teléfono entre sus manos húmedo de su llanto y dijo:
- Kiko... Kiko hijo... ¿Qué te ha pasao?

No hubo respuesta a la pregunta de la señora Esther. Ella tomó el teléfono y la llamada se había caído. Sin una explicación se agachó frente a Kiko que seguía llorando, emocionado al oír a su amigo de la niñez. Ella animó a Kiko diciéndole:
- Vamos hijo levantaté... vamos apóyate en mí y levántate. La vida no puede seguir así para todos nosotros algo ha de venir para el bien de todos. Algo bueno pa' to nosotros los cubanos.

Kiko se apoyó en la señora Esther y se paró, todavía llora. Su mente se había inundado de todos los gratos recuerdos, de aquellos que nadie podrá nunca arrebatarle a Kiko y a su amigo de sus memorias.
- Sí... sí... yo creo lo mismo señora Esther ALGO BUENO HA DE VENIR PA' CUBA.

Dijo Kiko sollozando con lágrimas que corrían. Los dos caminaron hasta el cuarto de la señora Esther que le dijo:
- Mira Kiko como huele esta comida que estoy preparando para todos nosotros. Hoy 31 de diciembre de 2014. Mira ve al cuarto de Gilberta y dile que esto de aquí ya está listo.

Kiko se levantó de una silla en la que se había dejado caer y se dirigió al cuarto de Gilberta al entrar Clarisa dijo:
- ¿Con quién hablábas Kiko?

Kiko no supo decir con quién había hablado todavía tenía un nudo en la garganta que no le deja hablar.
- Dime... dime chico ¿Con quién hablábas por teléfono?
- Hablé con Conradito, el hijo de la señor Esther que vive en Miami.
- ¡Ay, Miami! Como sueño un día poder visitar Miami. Los Yumas porque ellos son los que son. Ellos son la eternidad en la tierra.

Gritó Clarisa emocionada al oír decir Miami. Y con un suspiro que la llenó toda por dentro dijo: La Ciudad Mágica.
- Sí... sí Clarisa, yo también he soñado con La Ciudad Mágica y ojalá un día podamos ir allá y disfrutar de todo su esplendor.
- Sí... sí... mijito, porque La Habana se nos está CAYENDO A PEDAZOS, un derrumbe aquí y otro allá. Yo no sé como este solar de San Isidro aún está en pie, un día se nos cae encima a todos.
- ¡Calla boca!

Exclamó la anciana Evangelina requiriendo a su nieta Clarisa presagiando el derrumbe del solar de San Isidro donde han vivido las tres generaciones.

- Es verdad... abuela, no se puede tapar el sol con un dedo. Esto esta cada día peor y Juan Silvestre, el delegado del poder popular que bien puesto tiene el apellido: Silvestre, nos promete y promete todos los años que van a reparar que van hacer esto, aquello y esto otro y al final nada. Otro cuento por eso no voy a las Asambleas de Rendición de Cuentas que mejor deben llamarse Asambleas de Rendición de Cuentos porque todo se vuelve un cuento, un engaño, una mentira con más cuentos de nunca acabar. El cuento de la buena pipa de cincuenta y más años en las mismas.
- ¡Ay, muchacha cállate que te puede oír alguien que simpatiza con Juan... el silvestre. Mira que nos prometió darnos los materiales para hacer otro baño y no tener que estar esperando en cola allá afuera para darnos una ducha cuando llega el verano que hace tanto calor aquí en cuarto y no hay quién aguante estar aquí dentro de este dichoso cuarto a las doce del día.

Gilberta dijo a su hija Clarisa que ya no cree ni en lo que dicen ni en lo que oye.
- Mire, señora Gilberta vine a decirle que la señora Esther dice que lo de ella está ya listo.
- Nosotros también estamos listos, así que vamos a parandear por el fin de año 2014 y que nos quitén lo bailao.

Dijo Gilberta a toda voz. Ella quiere sentirse diferente hoy en el último día del año 2014 que fue el de su presentimiento, su carazonada. Y dijo:
- Vamos... vamos salgan y acomoden las cosa en el pasillo que llegó el fiestón.

Kiko salió del cuarto y fue hasta el cuarto de Esther y le dijo:
- Por parte de la señora Gilberta todo esta listo.
- Mira Kiko saca la música, el tocadisco de CD y toma aquellos CD que Conradito me mando con una amiga y me aclaró en la carta oyelos en el cuarto y no muy alto porque no sé si los Castro permiten que se oigan allá.

Kiko tomó los CD en sus manos y salió con todo para el pasillo del solar de San Isidro, el día parecía como unos de los mejores días del año 2014, fresco, agradable, una brisa sopla dentro del solar, dándole el ambiente propicio para celebrar una fiesta. Kiko se puso a instalar la música y sacó un CD, lo puso en el tocadisco y se oyó la música sonando... sonaba como una auténtica conga cubana, la única diferencia es la lengua se canta en inglés oyéndose:

♪Come on, shake your body baby do the conga
I Know you can't control any longer
Feel the rhythm of the music
getting stronger
Don't you fight it 'til you tried it,
Do the conga beat♪

En ese momento Belén que está en su cuarto salió corrriendo y dijo:

- Esa... esa música... la oí por primera vez en un festival de la Cultura de la FEU cuando yo era estudiante y todo el teatro se levantó a bailar esa conga y todos nos preguntábamos ¿Quién canta?... ¿Quién toca esa conga? Y nadie supo decir quienes eran los que cantaban y ahora la vuelvo oír aquí en mi solar de San Isidro.

Decía Belén emocionada al acordarse de aquel día de estudiante en la CUJAE disfrutando de una música en inglés con auténticas raices de los ritmos afrocubanos. Y no sabían quiénes eran los cantantes y aquí se podría repetir cantar se dijo a ella misma...

«♪¿Y mamá quiere Ud. saber de donde son los cantantes que los encuentro galantes y los quiero conocer por su música gigante que me la quiero aprender de donde serán iay mamá... pues son de loma y cantan en llano porque son tan cubanos como nostros aquí... iÓyelo!♪».

Pensó la joven Belén oyendo la música cuando Kiko dijo:
- Óyeme Belén yo no sabía que esta música se podía oír en la universidad donde tú estudiaste.
- ¿Por qué? Kiko.

Preguntó Belén que fue adoctrinada por muchos años que sabe mucho de Marx, Engels, Lenin, Fidel Castro, pero no de su otro mundo con sus mismas raices al otro lado del estrecho de la Florida. Todo por la desinformación que impone la dictadura cada día más fuerte. Esa ignorancia obligada que es el gran daño que le hace al pueblo cubano y a su vez la ganancia para mantenerse gobernando. Cuando Kiko le contestó:

- Sencillamente Belén es que quienes cantan esa CONGA CUBANA no son más y nada menos que LOS MIAMI SOUND MACHINE, un grupo de cubanos que viven en Miami y hacen esta cubanísima música solo noventa millas de aquí y está prohibida su radiodifusión, igual que hicieron con Celia Cruz, La Guarachera de Cuba, Willie Chirino, Celio González, Orlando Contreras, Luisa Maria Guel, Rolandito La Serie y otros musicos como Rivera y Sandoval que el gobierno de Fidel Castro los hundió en el anonimato y aún quedan algunos aquí en Cuba olvidados por no simpatizar con el regimen de Fidel Castro.
- iAy, Kiko yo no sabía todas esas cosas que me estas diciendo!
- Es así cuando a uno se le oculta la verdad, se le priva de la información, vivimos aislado en esta isla donde solo se sabe lo que el gobierno de Fidel Castro quiere que el pueblo sepa. Somos unos ignorantes desde el punto de vista de lo que acontece en le mundo entero de hoy. Estamos en el siglo XXI. Pero no conviene que ni tú ni yo sepamos la verdad y le temen a todo hasta al internet que nos pondría en contacto con el mundo exterior y ya no podrían seguir engañándonos como lo han hecho por más de medio siglo.
- iOye, Kiko mejor déjamos eso ahí, mira que yo todavía estoy muy confundida con todo lo que está pasando. Vamos a disfrutar de la música de esos CUBANAZOS DE MIAMI.

La música seguía, casi todo el solar de San Isidro está de paranda como nunca antes en muchos años. La música los había unidos y celebran el fin del año que quizás marca el fin de más de cincuenta años de necesidades, no solo de necesidades materiales, sino más bien de necesidades del espíritu humano de las que más necesitamos y también se nos privó desde el principio del triunfo revolucionario en 1959 al declararse el sistema ateo... NO DIOS HABRÁ...
La música es como el bálsamo a la vida en estos momentos y quizás en todos los momentos vividos en la isla. La música continúa y ahora se escucha:

♪De mi tierra bella, de mí tierra santa
Oígo ese grito de los tambores
y los tímbales la cubancha
ese pregón que canto mí hermano
Que de su tierra vive lejano
que el recuerdo le hace llorar
Una canción que vive entonando
en su dolor de su propio llanto
y se le escucha penar
La tierra te duele, la tierra te da
En medio del alma cuando tú no estás
La tierra que empuja raiz y cal
La tierra suspira sí no te ve más
La tierra donde naciste no la puedes olvidar
porque tiene tus raices y lo que dejas atrás

Todo en el solar de San Isidro dejó de bailar, dejaron de hacer lo que estában haciendo cuando oyeron la música con esa letra vivida y a su vez sufrida que encarna la vida de nosotros de los cubanos en cualquier parte del mundo, cuando nuestra mente se va allá a la isla añorada que nos dice tanto a todos los cubanos fuera de la isla. Nadie habla, solo la exquisita interpretación de Gloria Estefan llena el solar de San Isidro en La Habana Vieja. Todos se vieron atrapados en la música y casi sin saber sus lágrimas salen de sus ojos. La bella música continúa a ese ritmo cubano que solo nosotros sabemos dar y saborear el colorido musical de nuestra isla, Cuba en el centro del Mar Caribe y se oía:

La tierra te duele
la tierra te da en el medio del alma
cuando tú no estás.
Siguen los pregones, la melancolía
Y cada noche junto a la luna sigue el guajiro entonando el son
y cada calle que va a pueblo tiene un quejido tiene un lamento
y mi nostalgia como su voz
esa canción que sigue entonando
corre la sangre y sigue llegando
con mas fuerza al corazón.
La tierra que duele,
la tierra te da en el medio del ama
cuando tú no estas.

> La tierra tiene un quejido,
> tiene un lamento
> nunca la olvido la llevo en mis sentimientos, sí señor,
> oigo ese grito vive el recuerdo corre en mi sangre la llevo por dentro ¡como no!
> canto con mi tierra bella y santa
> Sufro ese dolor que hay en mi alma
> aunque este lejos yo lo siento
> Y un día regreso... Yo lo sé.♪

Todos inmóviles, sus oídos se quedaron puestos en aquella cubana voz que le llega en una Gloria de Cuba. Cuando Gilberta dijo:
- Me erizó toda esa canción con esa maravillosa interpretación. ¡Qué linda... que gloria pa' nosotros los cubanos oír una cosa como esa!
- Tiene Ud. toda la razón mi tía... ¡que Gloria!... pues precisamente ese es su nombre ¡Gloria Estefan... de Cuba!

Gritó Kiko en alta voz con orgullo de anunciar a Gloria Estefan que hasta ese momento era desconocida en su tierra natal por ellos que hoy se deleitaron con su voz y su ejemplar: Mi Tierra. Cuando Gilberta gritó:
- ¡De Cuba!

Gilberta que nunca antes había oído la voz de esta gran e inigualable cantante cubana que llegó siendo una niña a los Estados Unidos de América, tierra de oportunidades que ahora es también su tierra.
- A mí se me pusieron los pelos de punta también lo sentí aquí, muy dentro... muy dentro de mí en mi corazón es... es, no sé es como que nunca hemos estado separados de los nuestros de allá de nuevo el milagro que solo puede hacer la música que nos une en nuestro dolor y en nuestras penas de más de cincuenta años soportando esta división, ese deroteros de hermanos nuestros alrededor del mundo. Y ella, esta gran artista nos une de nuevamente con su magistral interpretación. Es un canto a la vida, a la reconciliación, a la libertad y a todos nosotros los cubanos.

Esther dijo. Ella y siente sus lágrimas que humedecen su rostro al igual que a todos allí en el solar de San Isidro. Ellos se secan las lágrimas que se habían escapados de sus ojos sin darse cuenta. Pensando en todos, en su hijo Conrado que lleva muchos años fuera de la isla sin verla, sin ver su Habana. La Habana que lo vio nacer y crecer.
- Me embelosó su voz y su canción.

Grito Kiko que llora en silencio, atándose a la música que oyó. Mi Tierra.
- No puedo explicarme que sento cuando oí ese lamento que me llegó muy dentro de mi... muy dentro Kiko... no hay razón para esta separación, para esta división entre nosotros: SÍ, SOMOS UN SOLO PUEBLO.

Dijo Belén que también ha llorado oyendo la canción: Mi TIERRA de Gloria Estefan.
- SOMOS UN SOLO PUEBLO. ESO ES UN SOLO PUEBLO.

Contestó Kiko que siempre ha deseado la unidad de los cubanos en uno solo. En ese uno que todos perseguimos y algún día más temprano que tarde se logrará ese cubano deseo de todos los de fuera y los dentro de la isla. La noche caía, el año se está hiendo con la música. Los amigos del solar de San Isidro se habían vestido de gala hoy 31 de diciembre de 2014. Enzo, el italiano no se apareció y hoy es el ultimátum que Clarisa le dio a su pretendiente de Italia. Mañana será primero de enero de 2015 y Clarisa decidió por su necesidad salir... salir a buscar lo que por derecho se les niega a la mayoría del pueblo de Cuba. Su derecho a una sola moneda la que círcule en el país, sin la dualidad que ahora los divide. La música hoy le da vida al solar de San Isidro que por muchos años sus inquilinos no habían sentido, todos sus residentes reunidos, todos festejando por la bienvenida del nuevo año y por la amistad con LOS ESTADOS UNIDOS DE AMÉRICA.

Evangelina se encuentra sentada en su silloncito de siempre, llamó a Kiko diciéndole:
- ¡Oye Kiko! No hay na' pa' mi ahí en esa música, algo de mi tiempo, yo quisiera oír a mi ídolo de todos los tiempos. Vicentico Váldes.
- Mi vieja no se ocupe que ahora mismo yo le busco a ese Vicentico que Ud. me dice aunque esté debajo de la tierra. Yo se lo traigo mi viejita se lo aseguro a que le cante algo a Ud. En este significativo día para todos Ud. verá mi viejita.
- Ojalá lo encuentres Kiko... ojalá... mi cantante... Vicentico Váldes.

Dijo Evangelina Mendieta, que todavía disfruta de sus buenos recuerdos con Vicentico Valdés. Su amor de todos los buenos momentos pasados.
- Aquí está mi vieja su Vicentico... Su Vicentico Valdés...
- Sí... sí... así se llama, como mi hijto que esta allá en los Estados Unidos, él se llama Vicente también por Vicentico mi cantante de toda mi vida mi eterno enamorado mi amor de ensueños.

Dijo Evangelina y su voz se oyó como que se perdía en el tiempo. Y entonces la música empezó a oírse y el solar de San Isidro se hizo silencio abrumador para escuchar la música que Evangelina había pedido y en ese mismo instante se oyó al romántico de la eternidad Vicentico Valdés diciendo: ♪Hace tiempo se vienen cruzando tú vida y la mia
Cada vez que te veo siento algo distinto por ti
Unas veces quisiera mimarte darte la vida entera
y tratando de hacerte feliz... ser feliz también
pero hoy ya sé mi bien que si te mimara te podría perder
por eso mi amor te beso y te regaño
para hacerte comprender
yo te necesito a ti... tú me necesitas
pero no lo sabes
Pero eso mi amor te lo dirán los años el tiempo y yo te haremos mujer
Hace tiempo se vienen cruzando tu vida y mia
Quiera Dios que muy pronto encontremos la felicidad.

Se oía al cantante Vicentico Valdés, cuando casi ya eran las doce de la media noche. Un nuevo año. Una nueva vida esa es la esperanza del pueblo cubano. Ya cansado de tantos años de esfuerzos y sacrificios. Ya creen que le ha llegado su hora, la de decidir su destino, su hora de abrirse al mundo en que vivimos. Vicentico siguió interpretando su canción y todos en silencio y se oía: ♪Hace tiempo se viene cruzando tú vida y la mia
        Quiera Dios que muy pronto encontremos la FELICIDAD♪
La anciana Evangelia se sintió como un viejo programa de la televisión en Cuba, se sintió: REINA POR UN DÍA cuando escuchó a su amor platónico de todos los tiempos, Vicentico Valdés y en se mismo momento diciendo Vicentico, ¡FELICIDAD! en su canción aún solo sonido sonaron las campanadas que marcan el inicio del nuevo año 2015. Todos gritan: ¡Felicidades! Todos se abrazan, las emociones no podían faltar al igual que las lágrimas; pero todos unidos por la misma causa y por las mismas huellas dejadas por más de cincuenta años de desaciertos e incertidumbre. Los cubos de aguas no faltaron y se tiran por dondequiera limpiando el nuevo camino que empieza hoy y despidiendo al viejo que ya pasó, el 2014. El año del comienzo y reencuentro de la nueva era cubana. Cuando Belén dijo:
- ¡Felicidades Kiko!
- ¡Felicidades Belén!

Los dos se abrazaron y sintieron que algo más que una amistad los une a los dos. Belén le dijo vamos a oír de nuevo la conga.
- Sí... sí vamos a arrollar con la Conga de los cubanos de Miami y nosotros los de aquí.

Oyéndose:
    ♪...It's the rhythm of the island
    and like sugar cane so sweet
    If you want the conga
    You've got to listen the beat♪

La música volvió adueñarse del lugar y los jóvenes se unieron unos a los otros sujetándose por la cintura y arrollan en el pasillo del solar de San Isidro, en La Habana. La Conga de Miami Sound Machine los había transportado a ese estado mental positivo con que ahora arrollan y de esa misma manera arrollando todo lo negativo que le hace sus vidas miserables.

La música acabó. Ellos siguieron unidos bailando, gozando la llegada del nuevo año 2015. Cuando Kiko empezó su propia conga:
    ♪Siento un bongó... mamita me está llamando
    Siento un bongó... mamita me está llamando
    Sí... sí siento un bongó
    Siento un bongó... mamita me está llamando
    Siento un bongó... mamita me está llamando
    Sí... sí... siento un bongó
    que me llama... que me llama
    Siento un bongó♪

Asi transcurrió el paso del 2014 al 2015. Los cubanos ven su futuro con esperanzas en cuanto a la nueva relación de Cuba y los Estados Unidos de América.

Un día primero de enero de 2015, muchas cosas nuevas y esperanzas en un cambio para el pueblo cubano. Y La Habana junto con toda la isla de Cuba espera las nuevas iniciativas por ambas partes. La nueva era a nivel de embajadas en las dos capitales: Washington, D.C y La Habana. Aún no la Havana D.C. Las dos banderas serían izadas en las dos capitales. Ambas banderas volverán a sentir el aire de ambas naciones. La nueva era empieza para la Cuba de hoy en el año 2015. Clarisa está dispuesta a cumplir con lo que se había propuesto a ella misma a pesar de que su mamá Giberta no está de acuerdo. Había que esperar por el italiano Enzo. «Él nunca antes ha faltado a su palabra y él es la esperanza de toda la familia en el solar de San Isidro. «El italiano puede ayudarnos mucho a todos», pensaba Gilberta hoy primero de enero de 2015 y Clarisa allá arriba en la barbacoa del cuarto de cuatro por cuatro pensado de manera diferente a la que piensa su madre en esperar y seguir esperando por la gallina de los huevos de oro como ella le llama a Enzo.

La Habana transcurre en un día apacible como encerrada en su propia jaula con la alambrada creada en ese mismo día que empezó a ser destruida poco a poco en el tiempo por los que se apoderaron de ella. La Habana, la urbe la que despierta interés al más alejado a su vida y a su historia. Cuando llega la noche de forma inexplicable la jaula se abre y todos salen y vuelan y vuelan hasta donde ellos mismos pueden, poniendo toda su energía para ser libres y siguen volando alto hasta perderse en la negrura de la noche.

La noche está llegando hoy primero de enero de 2015 y Clarisa está inquieta, se prepara para dar su primer paseo por La Habana, después de meses encerrada en su cuarto de cuatro por cuatro del solar de San Isidro en la espera de Enzo.

El italiano, el prometido de Clarisa el angel salvador. Ella baja las escaleras de la barbacoa en silencio, doña Evangelina dormita en su silloncito de siempre. Gilberta ha salido a resolver algunos problemas. La noche ya está aquí y le da a Clarisa la oportunidad de salir y de ser libre de ver la belleza de su Habana de Noche. Sin hacer apenas ruido caminó y llegó hasta la puerta que le da la libertad de irse y volar... volar... muy alto y lejos... muy lejos. Clarisa se ve resplandeciente, estupenda hoy, como siempre. Es primero de enero de 2015. Según la tradición cubana en el año nuevo un vestido nuevo, una prenda nueva que lucir y Clarisa luce nueva se había renovado completamente, vestía un pantalón blanco tipo bermuda con unos zapatos blancos una blusa blanca de encages y una cartera blanca, su pelo suelto largo que le cae a ambos lados de la cara, esa expresiva con ese maquillaje que le destaca sus largas cejas y aquellos labios pintados de rojos en su conjunto, Clarisa hoy está matadora al solo pasar por al lado de alguién seguro que le dicen el mejor de los piropos de la noche que la harían sentir como la reina de la noche en La Habana. Ya en la calle camina por San Isidro, todos la miran. Clarisa es el centro de la calle San Isidro, camina lento y con su característico movimiento de cadera, seguía deslizándose, entró a Galiano. Sí, a ese Galiano el mismo que fue el Galiano que existía antes de 1959 ahora muy diferente aquel en que reinaba la belleza de La Habana de la época con sus tiendas por departamentos: Fin de Siglo, El Encanto. Se podría decir que Clarisa camina por las pasarelas del desfile de belleza para La Elección de La Reina del Carnaval de La Habana en aquella otra época, así se siente ella en esta primera noche del 2015. Clarisa no mira a los lados camina firme con su vista al frente por la calle Galiano.

Entra a la calle San Lázaro y allí se levanta ante sus ojos el Hotel Deauville, cruzó la calle y se vio llegando al malecón. «Frente al mar donde el aire tiene ese sabor a sal que nos libera a un estado diferente, «que yo no me puedo explicar». Pensó y caminó por el malecón mirando y mirando, buscando a alguien que la conociera o al menos que la reconociera después de meses y semanas de ausencias de su cita de la noche en La Habana. De pronto se detuvo y se dio cuenta que Maritza la hja de Ofelia está allí, se acercó lentamente y dijo:

- Maritza, ya no me extrañas.
- ¡Ave Maria Purísima! Clarisa, que tú haces aquí mijita.
- Lo mismo que haces tú aquí, mi amiga.
- Clarisa... Clarisa debes estar en el cuarto, esperando por Enzo.
- Enzo... Enzo... yo creo que Enzo se quedó en esa página. Prometió volver... lo esperé y seguí esperándolo por unos meses y no se apareció. Esto quire decir Maritza que perdió todo el interés que mostró. Por tanto hay que siguir viviendo y buscando lo que necesitamos, mi madre y mi abuela se me nueren de hambre en el cuarto. Ellas me necesitan. Por eso aquí estoy pa'luchar por ellas.
- No sé que decirte... no sé que decirte Clarisa.

Dijo Maritza a su amiga con la que acostumbra a salir todas las noches para ayudar a sus familias con lo que pudieran hacer en la noche ya sea en dólares, euros, CUC, en lo que sea, el problema es llevar algo al cuarto de San Isidro que les permita comer y acostarse con algo en el estómago y no con el estómago vacío, cuando los salarios son con el en peso cubano y no en moneda convertible. Clarisa dijo:
- Y hablando de todo un poco, primero felicidades por el nuevo año, amiga y segundo, ¿Cómo la pasaste ayer despidiendo el año mi amiga?

Preguntó Clarisa a su vecina del solar y amiga de labores en las noches habaneras, Maritza la hija de Ofelia.
- Clarisa, no puedo contarte es un secreto, quiero mantenerlo así. Me lo juré a mi misma pa' ver sí éste se da y ver como resolver nuestro problema. Tú sabes que yo no tengo mucha suerte en el amor y a veces ellos dicen que te aman y tú de boba les crees como yo y me enamoro como una loca, perdida y al final se van y te la dejan en la mano.

Maritza dijo entre amaguras por sus desengaños contándole a su amiga del solar de San Isidro su aventura en los amores de malecón.
- ¡Ay, mi amiga! No te pongas así aquí venimos a luchar el dinero no a enamorarnos hija... mírame a mí con Enzo, tantos meses, ¿Y qué? Se olvidó de su Mulata de Fuego como el mismo me llama.
- Tú eres más realista, más práctica yo soy una boba que me creo que Todo lo que brilla es oro.
- Así mismo es y tienes que despertar Maritza, esto es un trabajo como otro cualquiera vienes a trabajar y ya. Te ganaste tus dólares y mañana será otro día. Si te vi, no me acuerdo. Fíjate mi amiga que he oído decir que es una de las profesiones más antigua del mundo. Desde que el mundo es mundo ya existía esta forma de buscarse la vida.
- De dónde tú has sacado todas esa cosas.

Contestó Maritza, más ingenua que Clarisa que sí sabe el papel que le ha tocado vivir en la sociedad de su país, ese el suyo, Cuba.
- Leyendo mi amiga, cuando estoy sola leo mucho, mucho me encanta leer y me entero de muchas cosas que hasta eso momento ignoraba. Pero dime... dime como la pasaste.
- Ya te dije que es un secreto y así será.

De nuevo dio Maritza la misma respuesta. Quiere esta vez no fracasar con el extranjero que esta saliendo por unas noches. Y se le da su deseo.
- Está bien... está bien... yo sé que algún día me lo contarás. Y bueno como están las cosas en el negocio del malecón de La Habana.

- Tú sabes como es la cosa en estos meses del año que La Habana se inunda... se inunda mi amiga... turistas por dondequiera, mexicanos, italianos, canadienses, españoles, franceses, holandeses y ahora con la nueva adquisición: Los Yumas. Los americanos que al fin se decidieron a tirarnos un salvavida a estos pobres naúfragos del Caribe de este barco que se fue a la deriva y se está hundiendo cada día más. Yo quisiera encontrarme con alguno aquí, hoy mismo.

Dijo Maritza a su amiga Clarisa en un tono sarcástico que se puede interpretar como ella se siente. Cuando busca escapar de esa prisión en que vive.
- Ya lo ves, al fin llegaron. Yo lo sabía. Nadie me lo quería creer y un día lo dije: SE ACABÓ EL QUERER, YA NADIE QUIERE A NADIE y ahora volvemos al imperio, al que tanto le gritamos, al que tantas marchas del pueblo combatiente frente a la oficina de intereses y al final la cuenta no dio y tuvimos que volvernos a ese imperio que tanto critican de inhumano y de tantas cosas más. Y a muchos si no a todos nos gusta lo de allá, hasta los de las altas esferas del gobierno que pueden darse un saltico a Miami a comprar. Que no vengan a mi con más cuento que así es. Yo lo visto con mis propios ojos.

Maritza escucha las certeras palabras de Clarisa y preguntó:
- ¿Y qué harán con la PLATAFORMA ANTI-IMPERIALISTA? ¡DEMOLERLA! Pa' decirle a mis vecinos que vengan a recoger los escombros para remendar el solar de San Isidro, ¿qué tú crees Clarisa? A nosotros que tanta falta nos hace. Porque el solar se nos va a caer encima mi amiga.

Clarisa oyendo las ideas de su amiga; pero su mente está más allá que remendar el solar de San Isidro. Su meta es irse de allí de una vez. Cuando dijo:
- Yo lo sabía... lo sabía que iba a hacer de esa manera y por eso me llene de paciencia para verlo y aquí lo estamos viendo LOS YUMAS EN LA HABANA DE NUEVO.
- ¡Verdad... asimismito como tú lo estás diciendo!: ¡LOS YUMAS EN LA HABANA Y LLEGARÁN PARA QUEDARSE! PA' SIEMPRE.

Dijo Maritza muy entusiasmada con la idea de que los gringos están de vuelta después de tantos años de ausencia, más de medio siglo.
- Tú ves el mundo gira, gira y sigue girando y nosotros con el. Y llegó la hora. Pa' nosotros y pa' ellos también.

Las jóvenes se hecharon a reir tratando de alegrarse la vida que les había dado el destino de vivir en la Cuba Castrista en una noche de melecón.
- Vamos... vamos a dar una vuelta Maritza y respirar profundo.

Clarisa dijo que está ansiosa de caminar y tomar ese aire a mar que la ánima a seguir y despejarse de sus desdichas.

- Mira Clarí mejor nos quedamos aquí por ahora. La gestapo anda suelta, afuera y acabando, pidiendo carnet de identidad... sí eres de La Habana o si vienes de fuera de La Habana y muchas preguntas más. Están a la caza de todo aquel que no sea residente de La Habana y lo devuelven para su provincia de origen.
- ¡Anja, es que volvemos a lo que tanto criticamos en SudAfrica! El apartheid que tanto Nelson Mandela luchó para eliminar y ahora lo tenemos aquí en La Habana. En nuestra Cuba QUE HIZO UN DÍA UNA REVOLUCIÓN DE LOS HUMILDES Y PARA LOS HUMILDES.
- ¿Qué tú estás diciendo muchacha? Por Dios cierra esa boquita que de aquí vamos todas presas y no por jinetear que ya es algo, sino por decir esas cosas que a ti se te ocurren Clarisa. Solo a ti.

Dijo Maritza con cierto miedo, le tiene pánico a la policías que ya le habían dado dos advertencias a finales del año y no quería ir a la cárcel.

- Por eso estamos... como estamos... por eso ellos hacen todo lo que hacen... por eso ellos nos ultrajan todos los días de nuestras vidas y no pasa NADA... sí por eso... por miedo... el miedo que nos han metido hasta en los huesos. Hasta la misma médula.
- ¿Y qué vamos hacer Clarisa? Dime tú que vamos hacer. Tú viste como han golpeado a esas pobres MUJERES VESTIDAS DE BLANCO y a tú propia hermana y la mía, solo por caminar pacíficamente portando una flor blanca, pidiendo la LIBERTAD de sus familiares presos. Sí es a nosotras nos matan... Clarisa... oíste nos matan... a palos y a piedra. Ellos están entrenado hasta pa' matar, me oíste bien Clarisa así que lo mejor es portanos bien y caminar con cuatro ojos, porque salen de donde quiera como ninjas y nos caen arriba como avispas.

Clarisa oía a su amiga, vecina y compañera de labor. No tenía alternativa o ariesgarse el todo por el todo con los testaferros al servicio de la dictadura. Cuando Maritza dijo:

- Mira... ni me recuerdes, que he sufrído mucho al ver lo que le hicieron a nuestras hermanas. ¡Ay, mira!... ¿quién viene por ahi?
- ¡Oh, nuestra amiga Xiomi! Ya yo la extrañaba allá en mi cuarto del solar donde estuve en retiro por todos estas semanas esperando a Enzo. Pero óyeme chica... ¿pero quién es esa otra que viene con ella? Yo nunca la había visto antes.
- Ese otro Clarisa, rectifica mi amiga ese otro, yo se que uno se puede confundir, somos humanos y a cualquiera se le muere un tío.

Dijo Maritza despacio con una lentitud que llama la atencion a quien la oye.

- ¿Qué tú dices Maritza?
- Lo que oyes. Ese otro, porque es un hombre vestido de mujer es una travesti como le llaman ahora.
- No... no... no lo puedo creer que así sea. Es bella esa mujer. O no... no... no es una mujer.
- Te acabo de decir que es un hombre.
  Recuérdalo mi amiga es un hombre. ¡Recuérdamelo!

Gritó ahora más lento Clarisa a su amiga. Ella que no parece haber entendido bien la nueva situación.

- ¡Verdad... es increíble... increíble... verdaderamente increíble!
- Pues así es, Clarisa... es un hombre, no una mujer como tú pensaste. Recuérdalo bien de ahora en adelante.

Dijo Maritza a Clarisa que se había quedado con la boca abierta, sin palabras, anonadada al ver a su amiga Xiomara acompañada de otra persona que luce bella, según ella misma había dicho unos minutos antes. «Bellísima luce esa mujer-hombre se dijo asimismo Clarisa. Cuando Xiomara se acercó a las dos y dijo:
- ¿Cómo andan las cosas por aquí?
- Ya tú sabes Xiomi, huyéndole a la gestapo. Dicen que andan acabando pidiendo carnet de identidad y residencia legal en La Habana a todo el mundo que encuentran en su camino.
- Sí... sí... ese es el problema una amiga me llamó y me dijo que vienen barriendo desde el Hotel Riviera por todo el malecón. Por eso Rocío y yo salimos corriendo desde le Hotel Nacional donde estábamos compartiendo con unos canadienses.

Y continuó diciendo:
- ¡Ay, mi madre! Se me olvidó introducirles a mi nueva amiga. Bueno Maritza ya tú conoces a Rocío ¿verdad?
- Sí... sí, pero no Clarisa que había estado ausente de este lugar por muchas semanas... No, ella no ha tenido el gusto de conocerla.

Contestó Maritza para dar la oportunidad de que Xiomara de presentar a Clarisa su nueva amiga, Rocío.
- Bueno Clarisa aquí tienes a nuestra nueva adquisición, Rocío.

Rocío le extendió la mano a Clarisa y dijo:
- Mucho gusto Rocío... como: La Durcal de España.

Clarisa no salía del espasmo, sus ojos se salían de sus orbitas y solo dijo:
- Mucho gusto Rocío... Rocío ¿verdad?, ese es tú nombre.

Repitió Clarisa que no se acaba de convercerse que Rocío es un joven hombre. Y Rocío volvió a decir:
- Sí... sí... Rocío, como Rocío Durcal. La cantante española. Ella es la reina de mi madre y mí reina también y decidí ponerme su nombre Rocío, porque mi verdadero nombre es Juan Carlos.

Clarisa oía a Rocío-Juan Carlos y sus ojos se abrían más y más viendo frente a ella aquel hombre que bellamente lucía como una mujer en sí mismo con una hermosura incalculable. Cuando Rocío dijo:
- Sí... no te quedes ahí así con la boca abierta Clarisa. Lo que pasó fue que nací con el cuerpo equivocado y aunque tú no lo creas los turistas también nos buscan a nosotras. Tú sabes como es la cosa.

Terminó Rocío explicando a Clarisa y compensando su asombro de ver lo que ve.
- ¿Dónde vives Rocío?

Clarisa preguntó a su nueva amiga, le pareció dulce y cordial Juan Carlos.
- ¡Ay, mi amiga! Ese es el cuento de nunca acabar, sí te empiezo a contar nos pasaríamos la noche entera aquí en este mismo sitio del malecón y no terminaría mi historia en una noche.

Decía Rocío que está ya cansado de rodar por toda la isla y por La Habana de un lugar para otro buscando donde ubicarse. Y tener un lugar como ser humano para vivir.
- Aunque sea cuéntanos de donde vienes, sino terminas hoy la historia la seguiremos otro día, quizás mañana u otro día.

Dijo Clarisa muy interesada en saber por el origen de aquel joven. Muy joven aún y que siendo un hombre luce como una hermosa y bella mujer, que podría encantar a cualquiera, sin darse cuenta que es un hombre. Y fue cuando Rocío dijo:
- Yo vengo de un pueblito allá en el oriente del país, es puro campo, una larga carretera, muchos campos de cañas, caballos, vacas, gallos, gallinas toros y todo alrededor. Yo vivía con mi madre y mis hermanos. El pueblito se llama Pompita. Un día sin decir nada a nadie me fuí. Me escape de aquel monte, no pude aguantar más vivir allí y fuí a parar a un barrio que le llaman La Cañona, porque todo aquel que llega allí se instala a la cañona por la fuerza, sin permiso de nadie, es tierra de nadie, es un realengo 18 y allí viven muchas familias en casitas hechas de cualquier cosa que encuentres en la basura. Un pedazo de tabla, un pedazo de cartón, una plancha de aluminio, cualquier cosa que sirva para cobijarte del sol, la lluvia y el sereno. Porque la REVOLUCIÓN ALLÁ NO HA LLEGAO TODAVÍA.

Decía Rocío y su voz se oía temblorosa, el miedo se apodera de él al contar su verdadera historia de ser inaceptable por los demás. Cuando Maritza interrumpió diciendo:
- ¡Ay, pero es es así allá en ese lugar!
- Sí, Maritza, igual que aquí en La Habana cuando te vas a esos barrios como LLEGA Y PON, PAN CON TIMBA, O EL PALO CAGAO. Es lo mismo, el turismo no va a esos lugares mi amiga. El turismo está aquí en La Habana, céntrica, como El Vedado y otras áreas, lo demás es cuento... mi amiga cuento de camino.

Dijo Xiomara que sí había vivido más años y conocía la vida en la isla.
- Sí... asi mismo como les cuento, allá también se jinetea; pero no como aquí en La Habana que es más grande y además es la capital del país. Allá la policía anda a la cacería de todos, no solo de nosotros sino de todo aquel que sea sospechoso de algo, se lo llevan y lo tiran pa' Las Mangas que es la prisión de allá. Yo nunca he estado preso; pero con los cuentos que me han hecho otros, ¡ummh... puesto y convidao! allí no tengo yo que ir a buscar nada. Tengo pánico estar detrás de las rejas mi amiga, creo que me moriría allá dentro. Me moriría de tristeza en una jaula.

Dijo Rocío y su voz se quedó como detenida sin poder seguir su historia, su triste historia la de un joven cubano de LOS HOMBRES NUEVOS que iba a crear la revolución cubana de Fidel Castro en su experimento desde 1959.
- ¡Oye mi amiga como has pasado en esta corta vida que llevas!

Dijo Clarisa que cada vez se asombra más de todo lo que oía de boca de un desclasado, huyendo por no tener un espacio como ser humano en esta nueva sociedad que se construía en la Cuba revolucionaria que empezó hace más de medio siglo. Y no ha logrado construirse, no ha logrado NADA.

- Tú no sabes na' muchacha… mi amor eso es solo el comienzo de mí historia deja que te cuente lo demás. Te vas a quedar tiesa como un palo cuando te cuente el resto de LA HISTORIA DE MI VIDA.
- Pero bueno movámonos de aquí a otro sitio que la policía ya está cerca y Rocío no tiene documentos ni papales legales y se la llevan pa'l tanque que nos hacemos, quién lo saca de ahí.

Dijo Xiomara que mira a todos lados en caso de que llegara la policía. La gestapo como ellas le llaman o los ninjas de la noche en el malecón.
- ¡Ay, por tú madre Xiomara!… ¡ay… no Xiomi por favor por tú madre! No digas eso mi amiga, no digas eso… me muero… de esta me muero. Los policías me descontrolan, son unos abusadores, me golpean, me exigen hacer cosas, ¡yo no puedo con ellos!

Gritó Rocío y todas decidieron salir camino a Galiano o otra calle que los sacara del malecón y no tener el encontronazo con la policía. Nerviosas caminan despacio para no llamar la atención. La conversación quedó allí, no hubo más tiempo para historias contadas y el grupo seguía con una idea fija salir del entorno, alejarse y evitar que deportaran a Rocío a su lugar de origen. Oriente. La noche no ha sido muy favorecida para buscarse unos dólares hoy y llevar algo a casa. Clarisa está desconcertada de lo que oía.

La noche se hacía más vieja y muchas gentes caminan por la calle Galiano. Hoy es primero de enero de 2015, se cumple cincuenta seis años, uno más, otro aniversario, un año más del triunfo de la revolución sin triunfar que ya no es revolución ni nadie la entendía ni la celabra como revolución. Clarisa tiene planes, los planes de encontrar algo o alguién. Cuando Xiomara dijo:
- Bueno yo creo que es mejor separrnos aquí y seguir otros rumbos, la noche esta mala.
- Sí… sí… Xiomi tú tienes razón se nos jodió la noche con estos policias que no nos dejan vivir. Estos animales vestidos de gentes.

Dijo Rocío con una voz de desconsuelo y decepción por esta noche primera del año 2015 en el malecón de La Habana, Cuba.
- Vamos Maritza… vamos adarrnos una vuelta por el Vedado, cogemos la acera del otro lado y caminamos y, va y algo se nos pega por allá.

Dijo Clarisa que deseperadamente necesita dinero para ayudar a los suyos en el solar de San Isidro. Las muchachas se dieron un abrazo y un beso y decidieron seguir sus caminos. Caminos torcidos que a veces las unía y otras veces las separa. Caminos al azar, quizás no escogidos ni elegidos por ellas mismas. Caminos dados por las circunstancias de la vida en que se vive en la isla desde hace mucho tiempo donde la vida no es ni se parece a la que los cubanos quieren o prefieren vivir. Alguien les torció el camino un día y todavía lo siguen torciendo para todos en La Habana y en toda la isla imponiendose por la fuerza como cree él que debe marchar una sociedad socialista en vías del comunismo… alguien que decide sus vidas… alguien se ha apoderado de todos, les ha rabado su destino y de ellos también haciéndolos parte de su propiedad estatal como ha sido desde ese primero de enero del 1959.

Hoy Isabel Y Rafael están en casa, la casa que tienen miedo perder cuando las relaciones entre los Estados Unidos y Cuba avancen. Los tres en la sala grande espaciosa como esas casas que se ven en la Quinta Avenida de Miramar. Abel su hijo está también allí con ellos. Cuando Rafael dijo:
- No me cabe en la cabeza todo esto que está pasando, todo este inesperado cambio por parte de los dos países. Me acuerdo como si fuera hoy que asiste invitado al Primer Congreso del Partido Comunista de Cuba como invitado especial miembro de la Unión de Jovenes Comunista y se nos dijo:
FELIX VARELA: LA SEMILLA... JOSE MARTÍ: LA FLOR... FIDEL CASTRO: EL FRUTO.
- No puedo entender... no entiendo nada... nada... ¡no entiendo!

Gritó Rafael que no acaba de aceptar la realidad que vive. Cuando Isabel dijo:
- No te rompas la cabeza en entender es así y así será. Tú mejor que yo sabes como las cosas son aquí en nuestro país. Tú no eres nuevo Rafael... tú no eres nuevo en esta plaza. Tú no naciste ayer. Y cuando se proponen algo por alguna razón es.

Abel oía la conversación entre sus padres, no quiso participar. Él si no sabe muchas cosas que ellos sí saben y nunca se lo han dicho. Ahora él sí es nuevo en esta plaza. La conversación quedó cerrada. No hubo una palabra más entre los esposos y Abel solo piensa en los días que le faltan para encontrarse con el profesor Olivares de Ciencias Políticas en la Escuela de Periodismo de la Universidad de La Habana. Él mira, calla y oye, solo espera.

Hoy es miércoles primero de enero de 2015 y Abel está en cuenta regresiva a reunirse con el profesor y empezar a descubrir el mundo real que se le ha ocultado a él y toda su generación viviendo en un país donde la información está controlada y no hay acceso para todos en la isla.

Abel piensa oír las palabras de su profesor y tal vez un día podría dar a conocer la verdad... LA VERDAD OCULTA. Pensando de esa manera, cuando dijo:
- Yo voy a dar una vuelta.
- ¿A dónde vas hijo?

Preguntó Isabel a su hijo. Ella su madre que está en un limbo desde aquel 17 de diciembre. Día de San Lázaro. La noticia confusa para todos en Cuba.
- No sé por ahi... por ahí dar una vuelta y salir de aquí.

Abel salió rumbo a la puerta de la calle. Caminó unos pasos abrió la puerta y se vio ya afuera de aquel palacio que le ha servido de casa por muchos años y de la cual su padre ahora le preocupa si los dueños volvieran de los Estados Unidos a reclamar sus propiedades como su casa.

Camina despacio y vio que una guagua que podía alejarlo del lugar se acerca, se detuvo a esperar la guagua, subió, no sabe que rumbo lleva y la guagua continúa su marcha, mira a sus aldedores, detallando La Habana, la otra Habana que él no conoce. La Habana que no tiene que esperar horas por un apagón, La Habana que deámbula buscando algo que se la ha arrebatado. La Habana que a veces no tiene agua ni para para cocinar ni luz para oír la radio o ver la televisión. La Habana que lleva años y años padeciendo por muchas cosas que para él eran ajenas hasta a hace pocos días. viviendo en aquella bola de vidrio que sus padres le habían creado. Él vive en Zona Congelada como le llaman a esa parte del Nuevo Vedado donde nunca falta el agua, no se va la luz y las mansiones tienen hasta piscina. La guagua seguía se dio cuenta que está entrando en la zona de Neptuno y Prado decidió bajarse de la guagua y caminar, caminar ver con sus propios ojos caminando dentro de esa Habana que le es ajena y de pronto vio que está cerca del solar de San Isidro, donde viven sus abuelos Libertad y Eutimio.

Continuó reconociendo el lugar, la puerta ancha de dos hojas donde la pintura de años ya está desapareciendo con aquellos clavos grandes de cabeza redonda donde se ve el hierro en corosión por los años en edificaciones con más de cien años, corroidos como sus propias vidas, la de sus inquilinos carcomidos por el tiempo... por el abandono, el desamparo... y por la deseperación. Puso un pie dentro de solar y se encontró con Gilberta que lleva un jarro de agua en sus manos y al verlo dijo:

- ¡Ay, mi madre es verdad lo que mis ojos están viendo! Es este Abelito, el nieto de Lilita. ¡Ay, mi madre que pasara! ¡Qué estrella se irá a caer del cielo!

Abel siguió y al encontrarse con Gilberta dijo:

- ¡Ah, como es posible!... Ud... es Gilberta, la amiga de mi abuela Libertad. ¿Verdad?
- Y tú... tú eres Abelito... Abelito ¿verdad? Dios mío... Dios mío, esto si que es sorpresa. Vienes a felicitar a tú abuelita ¿verdad? Ella los necesita tanto Abelito. Ve... ve sube que ella está allá con tú abuelo.

En ese momento Belén entra al solar y preguntó:

- Mamá... mamá ¿Quién es ese?
- Mi niña, tú no llegaste a conocerlo, ese es el nieto de Lilita, el hijo de su hija Isabel que un día se fue del solar cuando se casó con un mallimbe, un ñangara de la Seguridad del Estado y nunca regreso a su lugar de origen, este el solar de San Isidro en La Habana Vieja.
- Ya yo lo había notado que es un HIJO DE PAPA, los puedes ver por su vestimenta, se nota al instante sus accesorios, reloj, cadenas pitusa Levy. Esa es la nueva clase, es verdad que yo estaba ciega... ciega... ¡ay, mi madre que ceguera por muchos años ciega sin ver, sin darme cuenta de esta realidad.
- Belén...Belén, lo importante es que te diste cuenta de todo y ahora ves el mundo de otra manera, te sientes libre y seguro que vamos a progresar cuando vengan Los Yumas.

- Sigue pensando así mamá que todavía no hemos oído la voz del MÁS MANDÓN que no ha dicho nada todavía; pero va a decirlo y lo dice luego, está madurando su idea para lanzar la bola y todo lo que pensamos fue un sueño y seguimos igual o peor que antes ya Ud. verá mamá Gilberta vivir por ver.
- ¡Ay, no Belén! Por lo que tú más quieras. No peor de lo que ya estamos, mira que yo no sé ni que hacer ni a donde ir mijita. No sé. Si vivir o no vivir con esta vida que nos ha tocado a todos.

Gilberta empezó a llorar en su estado de desesperación. La vida para ella es como que había llegado a su fin. Sin alternativas como seguir. O esperando por el milagro del regreso de Los Yumas a la isla. Belén le puso una mano en el hombro a su madre y entraron las dos al cuarto de cuatro por cuatro del solar de San Isidro. Mientras tanto Abel subía las escaleras para visitar a su abuela Libertad. Llegó a la puerta tocó y una voz desde adentro dijo:
- ¿Quién es?... ¿Quién es?
- Soy yo abuela... soy Abelito.
- ¡Ay!... ¡ay!... Dios mío, pasó algo, espera que ahora mismo te abro la puerta mijito.
- ¡Abuela!... ¡abuela!

Gritó Abel a su abuela a la que no veía por un largo tiempo. Se fundieron en un abrazo largo... muy largo entre abuela y nieto.
- Abelito... Abelito, mi nieto. ¿Qué haces por aquí? ¿Pasó algo en tú casa? ...mijo.
- No abuela... no abuela es que... es que llegó enero y quise venir a verles a ti y a mí abuelo y pasarme un rato con Uds. En este inicio del año 2015 y felicitarlos.
- ¡Ah, mijo! Tú abuelo no anda muy bien. La enfermadad lo ha desmejorado bastante. Pero vamos ven. Él esta aquí cerca de la cocina. Ya no puede subir a la barbacoa es mucho esfuerzo para él. Los dos caminaron hasta el lecho de Eutimio que está allí en su cama. Entre dormido y despierto sobrellevando su enfermedad.
- Mira viejo.. mira quién está aquí.

Dijo Libertad a su esposo Eutimio que dormita en una esquina del cuarto.
- ¿Quién Lilita?... ¿Quién? Nosotros no estamos esperando visita ¿verdad?

Contestó Eutimio abriendo sus ojos y frente a él LIlita su esposa y Abel.
- No... viejo no, es tú nieto Abelito que vino a saber de nosotros y a felicitarnos por el año nuevo.
- Abelito... has dicho Lilita.
- Si... viejo, Abelito tú nieto.
- A ver acércate mijo para verte mejor, este cuarto es cada vez más oscuro para mí.

Abel se acercó a su abuelo y le dio un beso y un abrazo ambos no pudieron contener el llanto y las emociones, las lágrimas comenzaron a salir de sus ojos y así estuvieron abrazados por unos minutos. Cuando Eutimio dijo:
- ¿Y tus padres... ¿cómo están?

- Ud. ya sabe abuelo ahí en la casa encerrados en sus conversaciones y en sus asuntos.
- Felicítalos de mí parte y un beso y un abrazo para los dos.
- Así será abuelo. Asi lo haré.

Contestó el joven con una voz entrecortada, no se imaginó como vivían sus abuelos en el cuarto de cuatro por cuatro en el solar de San Isidro en La Habana. Cuando Lilita dijo:
- ¡Ay, mi nieto discúlpame que nos tengamos nada que brindarte!, pero tú sabes la pensión en peso cubano no nos alcanza, solo para adquirir lo que nos dan por la libreta... que es nada mijo... nada y las medicinas de tu abuelo.

Terminó Libertad diciéndole a su nieto con una voz cansada y vacilante.
- Abuela... abuela no se preocupe yo estoy bien. Mi placer es estar aquí con Uds. dos verlos, conversar, abrazarlos y tenerlos.
- Mi hijito cuanto... cuanto te lo agradecemos. Tanta falta que nos hace que vengan y nos den una vueltecita de vez en cuando. Desde que tú tío murió en Angola nosotros no nos hemos respuesto de la perdida de Tony. Y a mi no me da deseo de nada. Se parece tanto a ti Abel.
- Tony... Tony...
- Si, Abelito, Tony tu tío que murió luchando en Angola, cuando Fidel los mando a pelear allá a esa tierra en Africa. Tú no te acuerdas mijito. Tú eras muy chiquito y no puedes acordarte de tu tío Tony.

Lilita no pudo evitar que sus lágrimas volvieran asomarse en sus ojos y un llanto silencioso empezó a manifestarse en ella. Abel también llora en silencio con las manos de su abuela entre sus manos. Cuando Lilita dijo:
- Y, no sé sí Isabelita te habla de él, su hermano menor.

Abel prefirió callar, es cierto su madre nunca la ha hablado de su tío muerto en la guerra de Angola en Africa.
- Bueno... ya llegó enero de 2015 y todo debe ser nuevo y para nosotros lo nuevo empezó ya y es que tú estás aquí con nosotros, además como ya tú debes saber ya somos amigos de los americanos de nuevo y las cosas cambiarán para todos nosotros.

Ahí se detuvo Lilita no quería mencionar su preocupación por la casa de Isabel y Rafael. La casa que dio el gobierno a Rafael por se miembro del G2. Si los dueños vuelven a donde van a parar ellos. Se quedó callada, no quería preocupar a su nieto que no había nacido cuando ellos se mudaron a esa mansión del Nuevo Vedado. Abel enmudeició al mismo tiempo pensando en aquellas palabras de su abuela: Ya somos amigos de los americanos de nuevo. Cuando salió de su ensimismamiento y dijo:
- Sí... sí... abuela tienes razón año nuevo... vida nueva.

Dijo Abel a su abuela tratando de animarles el encuentro de hoy, un día de enero de 2015 en el solar de San Isidro en La Habana. Su mente se había contraido todo lo que ve le parece que no es verdad, no es real aquello que está viendo. La vida de sus abuelos en el solar de San Isidro en un cuarto de cuatro por cuatro con una rústica barabacoa, su abuelo enfermo con una nefritis crónica, su anciana abuela sin recuperarse de la perdida de su hijo en una guerra ajena. Todos esos pensamientos chocan en su cabeza sin saber que decir a los que son parte de su vida. Se quedó callado por unos minutos su abuela lo mira con ternura y él le devuelve la mirada con una intensa tristeza que se había apoderado de los dos. Hasta que él dijo:
- Abuela, me voy se me ha hecho un poco tarde y no quiero que mis padres se preocupen.
- Sí... mijto yo lo entiendo; pero ha sido tanta mi alegría y la de tu abuelo al verte mijo. Bueno dale un beso y un abrazo a tus padres de nosotros y cuídate... cuídate mucho mijto.

Abel se levantó de la silla donde se había sentado, fue hasta la cama de su abuelo que dormía y le dio un beso en la frente, dio media vuelta hacia su abuela Lilita que está parada frente a él. Los dos se dirigen a la puerta del cuarto, él la abrazó, un abrazo largo donde los dos se unieron por unos minutos y donde una vida se consolida con otra vida de donde venía. Se separaron, no hubo palabras entre los dos. Lilita abrió la puerta y él desapareció. Ella se desplomó en una de las sillas, descanso su cabeza sobre las palmas de sus manos y llora en silencio, llora por ese dolor de tantos años, le pareció que vio a Tony su hijo muerto en Angola en la persona de su nieto Abel, el hijo de su hija Isabel. «Se parecen tanto». Pensó. Abel baja las escaleras del solar de San Isidro, llegó al pasillo central del solar, camina cabizbajo sin mirar a los lados y ya casi en el gran portón del solar de San Isidro tropezó con alguien que él le dio las buenas noches y la persona contestó:
- Buenas noches.

Todo quedó ahí en un intercambio de: Buenas noches en dos jóvenes casi de la misma generación y con vidas tan diferente en La Habana, Cuba en un día de enero de 2015. El mismo día que hace cincuenta y seis años todo cambio. El siguió su camino dirigiéndose al Paseo del Prado en busca de algo que lo lleve al menos hasta el Vedado. Clarisa entra al cuarto y su mamá le interpelo diciéndole:
- Clarisa... Clarisa... ¿Eres tú?
- Sí... mamá Gilberta, soy yo.
- ¡Ay, gracias a Dios que ya estás aquí!
- Sí... así mismo pienso yo gracias a Dios que ya estoy aquí, segura y salva, aunque sea en este cuarto en el que he vivido toda mi vida.
  La calle está malísima. La policía se esta llevando a la gente presa y sí no tienes documentos o no resides en La Habana te llevan presa y te devuelven a tú lugar de origen. La vida se ha tornado una locura aquí en La Habana.

Dijo Clarisa a su madre y continuó diciéndole:

- Ahora cuando entré al solar me tropecé con un joven, muy apuesto mamá yo nunca lo había visto antes, muy bien vestido, no me parece que sea de por aquí. Muy educado, me dio las buenas noches y todo.
- No... no Clarisa. Él no es de por aquí. Él es el nieto de Lilita, el vive en el Nuevo Vedado y vino hoy a verla después de muchos años que no se veían. Yo lo ví al entrar y él me reconoció al entrar al solar. Me quedé en una pieza al verlo, se parece tanto a su tío, que murió en Angola, es el mismo retrato que su tío Tony.

Dijo Gilberta tratando de concluir la conversación. Cuando Clarisa dijo:
- Sí, mamá Gilberta, no me recuerde esas cosas irrazonables para mí. Mañana es otro día a LA CARGA. No como los mambises por la libertad de Cuba, sino por los verdes del norte que nos liberan de la miseria y la pobreza en que todos vivimos.

Así se refirio Clarisa como gritaron los mambises en las guerras de independencia de España, ahora con una gran diferencia a:
LA LUCHA POR LA SUPERVIVENCIA DE TODOS LOS DÍAS EN CUBA. EN LA BUSCA... LA BUSCA DE LOS DÓLARES DEL NORTE.
- Vamos... vamos a dormir que mamá a veces se despierta a las cinco o cuatro de la mañana y no sé que hacer a esa hora de la mañana.
- Sí... sí mamá, ya me subo a la barbacoa.

Dijo Clarisa a su madre y se fue a la barbacoa, mañana será otro día más.

Los días de enero pasan, como otros días más del nuevo año. La efervecencia de la revolución del 1959 ya no es la revolucionaria de aquellos días del principio que Fidel Castro entró en La Habana con su ejército conquistándolo todo a su favor, ha mermado y mucho, sino decir bastante en la población cubana aquel entusiasmo que mostraron por una vez. Será que son demasiados años para buscar nombre al nuevo año y de todas formas había que seguir montado en el tren de la historia experimental de los hermanos Castro. Muy temprano en la mañana Gilberta abría la puerta del cuarto a votar el orinal de la anciana Evangellina, se encontró con Julián el amigo de su hermano Vicente que le dijo:
- Buenos días, Gilberta.
- Buenos días Julián. Felicidades en el nuevo año.
- Yo no sé que decirle Gilberta a veces estoy tan cansaó de to, tantos años de trabajo y sacrificios y nada, otro nuevo año más nos ha caído en las costillas. Entra el año y sale el año y el CUARTCO ESTA IGUALITO. Como decía alguien en una vieja canción.
- Así es Julián, pero hay que tener fe Julián. Los Yumas vienen de nuevo y todo va a cambiar ya verá.

- Ud. cree que aquí va haber cambios Gilberta. Mire Gilberta, eso ni lo sueñe. Ud. cree que todas estas gentes los mallimbones que llevan años CHUPÁNDOLE LA TETA A LA VACA, POR MÁS DE CINCUENTA AÑOS. LA VAN A DEJAR DE CHUPAR ASÍ POR ASÍ. No… Gilberta… no lo creo… lo creo cuando lo vea con estos ojos que se lo van a comer los gusanos. Aquí no hay na' pa' nosotros. TODO QUEDA EN LAS MANOS DEL GRAN SEÑOR Y SU CAMARILLA. Ud. sabe a quién yo me estoy refiriendo, ¿verdad?
- Julián los tiempos son otros… los tiempos cambian Julián.
- ¡Ay, mi madre Gilberta! Esos cambios los estamos esperando todos hace mucho tiempo y nada, no acaban de llegar los cambios. Vino el PERIODO ESPECIAL Y SEGUIMOS EN PERIODO TAN ESPECIAL. Este periodo especial es infinito, como el tiempo que es infinito. Es eterno para nosotros, mientras ellos se llenan los bolsillos: COMEN Y DUERMEN BIEN. Y nosotros a que nos parta un rayo.

Dijo Julián, agotado de toda su vida y con sus cincuenta y más años acuesta desengañado de la revolución que conoció al abrir sus ojos.
- Bueno la dejo Gilberta que hay que salir temprano a inventar dé le saludos a la vieja Evangelina y dígale que le daré una vueltecita en cuanto tenga tiempo.
- Cuando Ud. quiera Julián, cuando Ud. quiera, las puertas del cuarto siempre estarán abiertas para los amigos.
- Nos vemos.

Contestó Julián y siguió su camino a la calle por San Isidro.
- Vaya Ud. con Dios Julián.

Dijo Gilberta que siguió de regreso a su cuarto de cuatro por cuatro del solar de san Isidro. Con las palabras de Julián en su mente: «Aquí no hay na' pa' nosotros, mientras ellos se llenan sus bolsillos y comen duermen bien». Esas resuenan en su cabeza cuando al llegar al cuarto la señora Evangelina dijo:
- Hija, como tú te ha demorao en botar el orinal hoy.
- Mamá me encontré con Julián allá en el pasillo, nos dimos los buenos días, nos felicitamos por el año nuevo y conversé un rato con él.
- ¡Oh, Julián, ese es un buen muchacho… un buen hombre!

Contestó la anciana Evangelina acordándose de su hijo Vicente que tanto extraña.
- Déjame colar un poco de café y ahorar un poco de polvo para mañana. Porque no sé sí ha llegao la cuota del mes. Luego me voy a dar una vuelta por la bodega y orar a ver si hay algo que traer a la casa.

Dijo Gilberta a su madre sentada en su silloncito de siempre cerca de la puerta del cuarto.
- Si… mijita porque este año debe ser mejor que al año pasao.
- Sí… mamá Evangelina. Eso esperamos todos… todos esperamos por lo mismo. Lo que no estamos seguro de que así va ser. Ni cuando. Porque los que más mandan manejan las cosas como ellos quieren.

Se acordó de las palabras de Julián en el pasillo no quiso volver a repetirlas en su mente. Cuando su madre dijo:
- ¡Ay, Dios mío!... Dios mío... podré seguir padre por este camino.

La anciana Evangelina cansada de las penurias en que vive a sus casi ochenta años de edad, retirada con una pensión que no le alcanza para vivir.
- Mamá... mamá... tranquilícese Ud... todo va ir mejor ya verá Ud.
- ¡Ojalá!... ¡ojalá!... Dios quiera que todo sea mejor para nuestro pueblo. ¡Ay, virgencita de la Caridad del Cobre, porque tanto dolor sobre nosotros.

Gilberta calló sentía mucho dolor cuando oye a su madre quejarse, había pasado tanto en su vida, desde sus primeros años de vida. Hambre... miseria... sacrificios por ser la mayor de todos y ahora ya en sus últimos años la pensión no alcanza para vivir. Ni adquirir lo básico para la vida de una persona de la tercera edad como la anciana Evangelina. Ella había nacido con el gobierno de Machado que fue otra dura experiencia para el pueblo de Cuba. Gilberta se acercó a su madre con una taza de café y le dijo:
- Mamá este es lo que tenemos por ahora, vamos a ver si los tiempos mejoran. La pensión en peso cubano no da mamá. Sí al menos nos pagaran el CUC, o la mitad como hacen en esa corporaciones extranjeras.

Decía Gilberta a su madre que no entiende mucho de las dos monedas circulantes en el país. Y ella que no entendía como tampoco a donde van a parar los ingresos en dólares o en euros de los turistas que viistan la isla.
- ¿De qué me estás hablando hija? A veces no te oigo bien o no te entiendo.

Dijo Evangelina a su hija. Gilberta se dio cuenta que es mucho para su madre a estas horas entender muchas cosas que ni ella misma entiende. El por qué de las DOS MONEDAS: EL PESO CUBANO Y EL CUC y prefirió callar y prepararse para ir a la calle como dice ella a ZANCAJEAR ALGO PA' LA BOCA.
- Mamá me voy dar una vuelta por la cernicería y la bodega a ver sí hay algo, Ud. quédese ahí donde está senta que las niñas están aún en la barbacoa.
- Sí... mijta ve a ver sí tenemos suerte y encuentras algo pa' hoy.

Gilberta preparó su jaba y la libreta de abastecimiento, todo el dinero que lleva en su cartera es el peso cubano no tiene ni un CUC lo que significa que son muy pocas sus esperanzas de encontrar algo con esa moneda. Salió a la calle camina por San Isidro rumbo a la bodega de Demetrio. Camina suave es el comienzo del año, saluda a algunos vecinos y conocidos diciéndoles felicidades en el nuevo año. Así llegó a la bodega de Demetrio y le dijo:
- Buenos días, Demetrio. ¡Felicidades en el nuevo año!
- Buenos días Gilberta y felicidades te las debo como te debo otras cosas la bodega esta vacía estas son las santas horas de enero y no llegao la cuota del mes. Por eso te digo que te debo las felicidades por el nuevo año. Porque esto no es FELICIDAD.
- ¡No me diga Ud. eso!

Exclamó Gilberta como quien no cree lo que acaba de oír y luego dijo:
- ¡Nada!... Demetrio. No lo puedo creer que esto sea así Demetrio estamos a mediados de semana y nada pa' nosotros. ¡Ay, Dios mío! ¡Esto es más rollo que película! Quién me iba a decir o contar a mí esta historia y cumplimos ya vamos casi para el año sesenta de la revolución socialista y no hay arreglo todavía con esto.
- Mire Gilberta hable Ud. bajito, no hable de revolución o cosa parecida que la cosa está en candela... en candela se lo digo yo que estoy al tanto de todo lo que acontece en el país. Las Damas de Blanco están haciendo historia con su TODOS MARCHAMOS to los domingos por Miramar.
- ¿Conoce Ud. Las Dama de Blanco Demetrio?

Preguntó Gilberta intrigada por lo que tal vez se comenta en la calle.
- Yo no las conozco a todas; pero sí algunas de ellas y vienen aquí o me las encuentro en la calle y conversamos. Ellas creen que las nuevas relaciones con Los Yumas solo beneficiará a los hermanos en el poder por más de cincuenta años y no a nosotros.

Dijo Demetrio hablando muy bajito casi al oído de Gilberta por el miedo.
- Yo no sé que decirle Demetrio a veces estoy tan confundida que no sé.
- Así estamos todos... confundidos.

Demetrio dijo, él que casi nunca a visto clara la situación del país.
- Me voy con mi muerto a otro lao. Estoy tan cansada de todo.
- Todos estamos cansados de todo, es mucho con demasiado por más y más años por venir.

Contestó Demetrio que prefirió callar y no decir una palabra más.
- Nos vemos Demetrio.
- Hasta luego.

Dijo Gilberta y salió con su jaba vacía de la bodega de Demetrio. Camina, sin deseos de seguir; pero había que seguir buscando algo para llevar al cuarto de San Isidro. Evangelina, su madre la espera con algo en su jaba. Cruzó la esquina y se dio cuenta que Ofelia su amiga y vecina del solar también anda en la busca de cada mañana, se apresuró para alcanzarla y acompañarse en la diaria lucha de la vida en un enero más del año 2015. Y gritó:
- Ofe... Ofe... Ofelia...
- ¡Ah, Gilberta, eres tú!
- Felicidades mi amiga ¿Cómo van las cosas?
- Felicidades a Uds. también Gilberta; pero las cosas no andan bien. No encuentro bisnes que hacer. La policía anda pidiendo de todo y si te ven con un paquete o algo así te registran y si encuentran algo sospechoso te prenden.
- Lo mismo me comentó Clarisa hace unas noches. ¡Óyeme que no podemos ir de nuevo a la estación de policía! Ofelia... me aterran... me inculcan y me dan miedo me pongo muy nerviosa. Yo no sé sí podré pasar por una cosa como esa otra vez.

- Ni yo... Gilberta ya los años no nos ayudan en esta lucha desigual, dispareja para todos. Dispareja ellos tienen el poder, las fuerzas y las armas y nosotros... nosotros... nada de nada.
- ¿Viste sí ha llegado algo en el puesto o en la carnicería? Mi amiga.

Preguntó Gilberta que cada vez se pone más nerviosa cuando no encuentra algo que pueda poner en la mesa. «Por mi madrecita, por ella Dios mío que está tan flaquita y no tengo nada que darle». Pensó inquieta caminando junto a su vecina Ofelia que le dijo:
- Ni vayas por ahí. Todo eso esta pelao. Hay que lanzarse pa'l mercado paralelo y todo es en CUC y los precios por los aires mi amiga, así que preparate pa' lo que viene.

Ofelia le decía resignada sin fuerzas para esta lucha dispar. Unos con todo en el poder y otros sin ninguno ni ideas como enfrentarse a los del poder.
- Ese es el problema Ofelia que no hay CUC solo tengo el peso cubano, con el que me pagan la pensión de mamá y la mia. No CUC que valga en mi cartera. Hasta donde y cuando es esto.

Dijo Gilberta y su cerebro se detuvo en el fluir de ideas y de conexiones de una con la otra, no podía explicarse el asunto de las dos monedas y siguió caminando al lado de su amiga que anda en la busca de algún bísne cellejero que la ayudara a conseguir la moneda dura el equivalente del dolar americano el CUC que los Castro dan a la población. Llegaron a la próxima esquina y Ofelia dijo:
- Aquí te dejo Gilbe tengo que seguir a ver si encuentro algo... algo que me dé que llevar... en el cuarto no hay na' pa' hoy vecina mia.
- Bueno, no vemos.

Contestó Gilberta a Ofelia y siguió su camino al solar de San Isidro, con las alas de su corazón caídas como se dice en la isla.

Se vio de nuevo con su libreta de abastecimiento, su jaba vacía y la cartera con unos cuantos pesos cubanos que nada le resuelven su problema ni a ella ni a nadie porque no valen para nada, es como tener un dinero y no tener ninguno al mismo tiempo. El CUC es el que resuelve y no lo tienen en su pensión del mes tienen que salir a la calle a buscarlo como sea, como lo hace Maritza, Xiomara, Clarisa y hasta Rocío-Juan Carlos jineteando con los turistas que sí traen la moneda dura al país. Gilberta se detuvo frente al portón del solar de San Isidro a pensar, no sabía como explicarle a la vieja Evangelina que está pasando ella no lo entendería tomó una bocanada de aire y puso su mano en la puerta del portón la empujó y entró, hizo otra parada, continuó por el pasillo llegó a la puerta de su cuarto, abrió y allí está la anciana Evangelina que dijo:
- Ya estás aquí hija.
- Sí... mamá ya estoy aquí.

No hubo más intercambio de palabras entre madre e hija. Gilberta no tiene deseos de hablar en ese mismo momento su mente está en una encrucijada insalvable. «¿Qué hacer?». Esa es su pregunta, la que se hace ella misma. Sin encontrar la respuesta. Cuando dijo:
- Mamá déjeme poner el radio y oír las noticias o algo que nos ayude a pensar. Sí es que podemos todavía pensar. Y salir de esto.

- Sí... mijita estamos a principio de año y hay que estar alegre como tú dices que todo va ir mejorando de ahora en adelante con el regreso de esas gentes que tú dices del norte... sí esos... Los Yumas.

Las palabras de la anciana Evangelina sumieron a Gilberta, su hija en un mar de dudas e incertidumbres preguntándose: «¿Será todo mejor como yo pienso o será como el cuento de La Moringa ese otro que nos hicieron? Otro cuento más y al final ni las vacas quisieron comerse la dichosa Moringa. Qué le explico a mamá sí las cosas no salen como yo y casi toda la isla piensa que con el regreso de Los Yumas las cosas mejorarán. Gilberta encendió el radio en su desesperación y se oyo:

♪Muchos años sin razones
Muchos años sin valor...♪

Gilberta salió al pequeño espacio que es su salita del cuarto. El cuarto de cuatro por cuatro del solar de San Isidro tarareando la canción y a su vez improvizó al compás de la música diciendo:

Me acostumbraste a vivir en penas
Y con una vida sabor a hiel
a la espinas de tus ideas
a tu maldad y a tu sed de poder
Yo no sé como vivir
Yo no sé cómo...
Algo de mí
algo de mí, algo de mí se va muriemdo
quiero vivir, quiero vivir
Y no sé como hacerlo.♪

La vida de Gilberta y su familia se tornó en una crisis como la que vive todo el país después de más de cincuenta años de autocracia.

Hoy Gilberta no sabe como seguir e improvizó cantando para ahuyentar su dolor irresarcible para los once millones de habitantes de la isla. La voz del radio dijo: Algo de mí. Camilo Sesto. Está es Radio Cadena Habana, transmitiendo desde La Habana, Cuba y al unisono Gilberta dijo:

- Mamá cantemos pa' no llorar mamá Evangelina y por favor perdóneme porque yo siempre la he respetado a Ud. que ha sido tan buena madre y siempre sacrifica. Hoy estoy desesperada mamá, desesperada porque esto no sé como llamarlo. Yo diría que esto está mamá de moringa pa' no decir mamá una mala palabra que sería mucho decir y pa' no decirlo con todas sus letras. Esto está mamá que hay quien se lo dispare mamá... ¡ay mamá! ¡Ya yo no puedo más!
- ¿Qué pasa Gilbertica? Mi hija dime que te está pasando.
- Nada mamá... LA MORINGA... LA MORINGA... LA MORINGA mamá.

- ¡Ay, hija! Esa no es la planta milagrosa que el comandante en jefe Fidel Catro dijo, que mando a sembrar en todas partes de la isla, no sé cuantos campos de Moringa. Eso mismo dijo él que tú sabes es un sabelotodo y que aquí la Moringa es un curalotodo, sirve para el control del colesterol, la presión alta, la ateroclerosis que me esta matando y que se pude comer como si fuera un bistec de res que tiene la misma cantidad de proteina mija. Yo quisiera probar un bistec de res que hace tanto tiempo que no la veo pasar mi hija. La carne mi hija donde está la carne... ¿será verdad?... Sí eso es así como el dijo la verdad es que la Moringa es una maravilla mija... ¡Eso es maravilloso! ¡La Moringa nos va a salvar de la hambruna que estamos pasando aquí, ya tú verás mijta! ¡Moringa de día y Moringa de noche hasta que se nos llene el buche y nos llegue hasta el tope!

Gritó la anciana Evangelina en un estado de delirium que le hacían escapar esas palabras de su boca, un posible inicio de locura senil por sus años; pero también por el hambre que está pasando en Cuba en su solar de San Isidro. La Habana. Cuando por semanas y meses no ven la carne pasar ni en los muñequitos.

- Sí... sí mamá. La dichosa planta que nos va a salvar a todos del hambre. La Moringa... mamá... del hambre que estamos pasando todos aquí. Y ahora nos alimentaremos con Moringa... y más Moringa pa' to nosotros. ¿Cómo Ud. le va creer mamá Evangelina al comandante decrepito que no sabe ya ni lo que dice. Eso es otro cuento moringoso de Fidel Castro pa' tupirnos y una vez más.
- Entonces tú crees que no es verdad mi hijta. Ya yo me había ilusionado con mi bistec de Moringa...
- ¡Ay, mamá... mamá otro juego ingenioso... otro más!

Grito Gilberta que canta, grita y llora a la misma vez no sabe que hacer, si reir o llorar a la vida que la ha llevado al extremo, a ese extremo que a veces se llega sin uno darse cuenta y nos conduce a un estado de enojo del cual no sabemos como salir, el agravio que no es fácil de vencer cuando el poder al que hay que enfrentar es más grande y las fuerzas se desavanecen en el tiempo.

«Sin un quilo en un CUC en el bolsillo que me de el chance de proveerle hoy algo en la mesa la mima a mi viejita». Pensó y sus lágrimas empezaron a sentirse y corrían por sus mejillas y se dio cuenta que llora de impotencia, de dudas, de miedo y tristezas de todo en cuanto acontece en su vida en un enero de 2015. Y de como seguir esa vida que ha llevado desde que nació y con sollozos discontinuos se dijo asi misma: «Sin música, no hay vida». Y trato de reanimarse oyendo más canciónes del radio y le llegó como un estado de resignación y su mente solo repetía la canción que salía del radio diciendo: qué bonita, que bonita, qué bonito, que bonito cielo y esto le dio la paz que necesitó en estos difíciles momentos para seguir adelante con la vida que le ha tocado en la Cuba revolucionaria de Fidel Castro. Cuando su madre le preguntó:

- ¡Ay, mijita!... ¿Qué te pasa?

- Nada... nada... mamá Evangelina... nada... es que estoy un poco cansada, cansada de todo y por todo...

Repitió Gilberta a su madre. Exhausta sin fuerzas para seguir, vencida quizás en estos inciertos momentos que se viven en la isla.

- ¡Ay, hija ven siéntate aquí a mi lado ya verás que te sentirás mejor y descansada!
- Sí... sí mamá creo que eso es lo que debo hacer junto a Ud. en este estado en el que ahora nos encontramos de panico y exasperación.
- Sí... sí... hijita ven... ven... aquí.

Gilberta agarró su banquito en que siempre se sienta en el cuarto y a veces fuera en el pasillo y lo aproximó a su madre y descanso su cabeza el su regazo. Evangelina empezó a pasarle su mano por su blanca cabellera y Gilberta sintió el alivio, aquel que necesita en estos momentos que no encuentra una salida a los problemas que confrontan en la familia. Como todas las familias cubanas desde 1959. Pasaron unos minutos y Clarisa baja de la barbacoa y dijo:

- Buenos días mamas.
- Buenos días.

Contestaron las dos, madre e hija, una sentada en su silloncito de siempre y la otra en su banquito de todos los días.

- ¿No se siente Ud. bien mamá Gilberta?

Preguntó Clarisa, al ver a sus dos mamas sentadas una junto a la otra y Gilberta con su cabeza sobre las piernas de su vieja madre.

- No... no hija estoy bien. Mamá Evangelina me pidió que me sentara aquí a su lado y aquí vine y apoyé mi cabeza sobre ella como lo hacía yo cuando era una niña y ella llegaba al cuarto y me peinaba y yo me sentía la niña más feliz del mundo junto a ella.

Dijo Gilberta a su hija Clarisa a la que no quería decirle la verdad de su dolor en su existencia.

- ¡Qué bueno sentirse asi! ¿Verdad?

Clarisa contestó a su madre que acaba de salir de un estado de enajación mental cuando se ve atrapada de la manera en que está.

- Pero estos tiempos son diferentes muy diferentes aquellos tiempos, mamá Gilberta... muy diferentes.
- Asimismito es hija. Nos ha tocado vivir tiempos difíciles... muy difíciles. Pa' to nosotros.

Dijo Gilberta a su hija y continuó diciéndole.

- Quién nos lo iba a decir. Qué aquella pregonada revolución que nos dio tantas esperanzas se convertiría en lo que es hoy. Mi padre no sobreviviría a esto que hoy estamos pasando, él soñó con esta revolución, la idealizó, se enamoró de la revolución y de su máximo lider y al final de la jornada estamos peor que antes. Al menos eso es lo que todos estamos viendo y viviendo.
- Todos lo vemos y lo vivimos. Pero tenemos miedo... se nos ha sembrado mucho miedo. Ese miedo nos hace mucho daño, nos empequeñece... nos aniquila mamá, nos mata en vida.

Dijo Clarisa mientras Evangelina seguía deslizando su mano por los blancos pelos de su hija Gilberta. Ya no negro por todos los sufrimientos de todos los días y por sus años pasados. Su hija Gilberta ha envejecido del día a la noche, aparenta mucho más edad de la que realmente tiene. Los años han pasado y su negra cabellera se ha tornado grís, casi blanca de sufrir y sufrir y las cosas siguen peor cada día para todos ellos en La Habana en su cuarto de cuatro por cuatro del solar de San Isidro.

La voz de Kiko resonó en el pasillo del solar de San Isidro cuando dijo:
- Oigan caballeros, les traígo la última... la última caballeros. La última de verdad.

La voz de Kiko en el pasillo del solar de San Isidro. Cuando Gilberta dijo:
- Ese es Kiko, Kiko siempre con la última como él dice: La última caballeros... la útima... ¿Cuál será la última de kiko ahora en estos precisos momentos. Qué no me venga con el cuento ahora de que Los Yumas no vienen por qué me da CHANGÓ CON CONOCIMIENTO. Es lo único que nos podía pasar a nosotros pa' más desgracias de la que ya tenemos. De qué me da... me da Changó a mí aquí ahora mismo que estoy desesperada... ¡y no sé pa' dónde mirar Dios mío!

Gilberta gritó a toda voz en su cuartico junto a su madre y a su hija. De Nuevo se oyó a Kiko.
- Oigan caballeros ya grite... ya grite que les traígo la- úl-ti-ma.

Volvió Kiko a repetir cuando nadie salió a recibirlo en medio del pasillo y se dijo: «déjame poner un pie en el cuarto de tía Gilberta, ella siempre me oye la última». Cuando Gilberta al verlo dijo:
- A ver Kiko... desembucha... la última... descarga la última mi hijto porque mira que el horno no está pa' galleticas hoy mijito. El día está torcido de medio a medio mijo. A ver suelta la última de una vez.
- ¡Ay, mi tía no se ponga asi!, ya le dije que lo tome suave... mi tía... su-a-ve que esto es como dijo el que más me... no... no déjame cambiar la palabra él más orina aquí: ESTO NO HAY QUIÉN LO TUMBE, PERO TAMPOCO QUIÉN LO ARREGLE. Mi tía por lo tanto tómese su tiempo... y suavecito nena... ♪suavecito nena que es como me gusta a mi♪. Entonando Kiko la vieja melodía.

Dijo Kiko a Gilberta que hoy su vida se vio anulada, despreciada, sin sentido por la forma en que tomó la vida en su país hace más de medio siglo. Cuba. aquel día de enero de 1959.
- Bueno... bueno acaba... vamos acaba ¿Cuál es la última?
- Mi tía pues nada más y nada menos que le robaron los espejuelos a John Lennon.
- ¿Quién es ese Yon Lenón? Qué tú me estas hablando ahora Kiko.

- Mi tía... mi tía... Ud. no está en la onda... no me va a decir a mí ahora que no sabe quién fue John Lennon... mi tía. ¿Está Ud. fuera de la onda... mi tía. John... John Lennon, el de Los Beatles. Alguien se llevó los espejuelos de John Lennon. Déjeme hacerle la historia primero mi tía. Mire todo empezó hace mucho tiempo atrás cuando empezó a decirse que había desviación ideológica en la juventud y que parte de todo eso es la influencia de la música en inglés y el rocanrol. La música de Los Beatles y Los Rolling Stones que son los grandes simbolos de la música rock. La revolución siempre trató de desprestigiarlos y decían que si fuman marihuana...que eran drogadictos que son un mal ejemplo pa' la juventud cubana, pa' ese hombre nuevo que se proponían obtener con su revolución... etc... etc. Después sin tón ni son un día le hicieron una estatua a John Lennon y le pusieron su nombre a un parque en el Vedado. Claro John Lennon siempre usó unas gafitas redondas que parecían como antiguas, bueno mi tía pa' no cansarla con mi última de hoy alguien le robo las gafitas a John Lennon. Ahora John Lenon sin sus gafitas sentado en el parque del Vedado.
- Mira Kiko, yo te ví crecer aquí en el barrio, yo te quiero como sí fueras mi hijo, tú madre es de oro; pero mi hijito yo tengo tantos problemas en mi vida que nadie me los resuelve para que ahora tú me vengas con el cuento de la última... la última y es el cuento del robo de las espejuelos de ese señor que tú dices que yo no sé ni quién es.
- John Lennon... mi tía... John Lennon. El mejor de los mejores mi tía, un revolucionario de verdad, no como estos de pacotilla que tenemos aquí. John Lennon nos enseño a ser más humano, más progresista, más justo, eso solo hay que verlo en sus canciones mi tía... como REVOLUTION por Los Beatles su grupo que sí hicieron historia en la música... mi tía. La hicieron de verdad. Me acuerdo de su canción y Kiko empezó a cantar:

♪Imagine there's no heaven
It's easy if you try. No hell below us
Above us only sky
Imagine all the people living for today
Imagine there's no countries
It is not hard to do. Nothing to kill or die
And no religion too
Imagine all the people living life in peace, you
You may say I 'm a dreamer. But I 'm not the only one
Imagine no possessions. I wonder if you can
No need for greed or hunger. A brotherhood of man
Imagine all the people sharing all the world, you♪...

- Kiko mijito... ¿qué es eso? Yo no sabía que tú cantabas mijito y en inglés, te la comiste mi hermano, tú sí que estás listo pa' Los Yumas.

Exclamó Clarisa que fue la única en mencionar palabras Gilberta y su madre Evangelina se quedaron mudas. Se hizo silencio hasta cuando Kiko dijo:
- Eso es lo único que le agradezco a la prisión lo que me enseñaron mis compañeros PRESOS POLÍTICOS y me enseñaron también a pensar.
- Bueno, Kiko ya sé la historia de Yon Lenón del que tú hablas. Me convenciste aunque no sé ni papa de inglés su música me estremecio, se notan sus sentimientos me gusto mucho su canción.

Dijo Gilberta y su voz no es la de otras ocasiones y esto llamó la atención a Kiko cuando preguntó:
- Dígame... dígame mi tía que le pasa Ud. hoy.
- No es solo hoy Kiko es todo y todos los días del año Kiko. La pensión no alcanza Kiko. Fui a buscar los mandados del mes por la libreta de abastecimientos y no han llegao. Tengo pesos cubanos; pero con ellos no puedo ir a La shopping a comprar aunque sea un paquete de café para colarle a mima un cafécito caliente hoy.
- No se ponga así mi tía... no se ponga así. La esperanza es lo último que se pierde mi tía y siempre que haya vida... hay esperanzas mi tía.

Dijo Kiko con el entusiamo que siempre le caracteriza al joven optimista.
- Sí... sí... Kiko; pero me desepero... me desepero y no sé que hacer, ni a donde ir y mima se me muere de hambre.
- Mire... mi tía... mi tía mire aqui yo tengo 20 CUC, cójalo prestao... mi tía y cuando Ud. pueda me lo paga, si puede y sino también, hoy por Ud. y mañana por mí como dice el dicho.
- ¡Ay, Kiko mi hijito como... como agradecerte este gesto tuyo mijito! Te lo aseguro Kiko que en cuanto pueda te devuelvo los 20 CUC, te lo prometo.

Clarisa está en la cocinita sentada en una lata en la que acostumbran a poner algunos alimentos para salvarlos de algunos roedores que salen en la noche en busca de algo para sobrevivir igual que algunos cubanos en su subsistencia y oía la conversación de su mamá Gilberta y Kiko y se dijo: «Hoy tengo que salir, tengo que ayudar a mi madre y a mi vieja abuela», salió de la cocina y dijo:
- ¡Gracias Kiko por todo y como van las cosas?
- Aquí me vez Clarisa. En el tíbiri-tábara tratando de inventar.
- Te felicito por la canción, me emocionaste Kiko; pero todos estamos aquí tratando de inventar o inventando para seguir con la carga que nos han puesto arriba estos degeneraos que gobiernan el país.
- Clarisa... Clarisa... chapea bajito mija, cállete... cállete esa boquita que las cosas están que arden por dondequiera. La fiana anda que no se quiere la vida, de huye que te cojo.

Le dijo Kiko a Clarisa. Ella que está obstinada de esa vida que lleva.
- La cosa no está mala, está malísima de verdad. Se los digo yo.

Dijo Gilberta, asustada hasta de hablar en su cuarto del solar.

- Si... sí... Clarisa tienes que tener mucho cuidado en lo que dices y en quién confias allá afuera todo es diferente y ahora con Los Yumas de nuevo todo está colgando de un hilito. Tú no sabes quién es quien.

Dijo Kiko que conocía la calle más y de otra forma a la que la conocen Gilberta, su madre su hija Clarisa cuando contestó:
- Me lo vas a decir a mi Kiko que lo vivo todas las noches en carne propia. La policía nos asecha, hasta nos pide dinero y no se lo damos nos dicen que vamos a la cárcel.
- Hasta donde hemos llegado. ¡caballeros! Con estos delincuentes uniformados.

Dijo Kiko tratando de aliviar la situación de la familia del solar de San Isidro, y luego preguntó:
- ¿Y Belén está aquí?
- No... no...

Contestaron las dos al mismo tiempo, madre e hija. Y Gilberta continuó diciendo:
- Ella sale muy temprano, está buscando un trabajo en su profesión, pero nada hijo. Nada le aparece a la pobre Belén. Tanto sacrificios que esa niña ha hecho desde la secundaría en el campo, el pre en el campo luego la mandaron cuando se graduó a ese monte que fui dos o tres veces a visitarla cumplió con todo y ahora sin trabajo aquí en su lugar de nacimiento, el solar de San Isidro en La Habana.
- Por eso yo no le seguí la rima a este gobierno, te explotan y te explotan, te sacan el jugo, te sacan el quilo, te esprimen y al final nada de nada.

Clarisa dijo. Ella que ya está harta de Cuba y de su gobierno por más de cincuenta y seis años. En lo mismo, sin cambios... estancados en un pasado con dirigentes octogenarios frenando sus vidas. Sin querer dejar la de ellos, vidas de ricos previlegeados, explotando a los desposeídos. La nueva casta revolucionaria... y el pueblo... ¿Qué? Llevándolos cada día más hasta la pared. Cuando Kiko dijo:
- Estas clara... clarísima... Clarisa, ahí mi tía te puso muy bien el nombre: Clarisa los ves todo más claro que nadie. Que nadie te venga con cuentos de caminos, porque ya tú te las sabes todas. Cuando ellos iban ya tú venías de regreso. Clarisa tú sabes bien donde estás pará y a donde quieres ir y vas llegar, tú verás.

Dijo Kiko que siempre se ha solidarizado con las ideas de su vecina Clarisa, que cuando habla pone muy bien los puntos en su lugar y con sus pies muy bien puestos sobre la tierra.
- Bueno muchachos... bueno acaben esa conversación que no es nada sana pa' nosotros en estos tiempos que vivimos en esta isla.

Dijo Gilberta poniendo fin a la conversación que podría derivarse entre los dos Kiko y Clarisa.

Jóvenes hartos y cansados de todo lo que ya han vivido, afectados doblemente en la sociedad cubana. Ellos que se han convencido del afán del gobierno en la costrucción del HOMBRE NUEVO y su comunismo que nunca existió, ni existirá. El comunismo y el Hombre Nuevo que nunca llegará a realizarse en el experimento castrista en la Cuba desde 1959. Cuando Kiko dijo:
- Me voy con la última a otra parte. Ah, y diganle a Belén que vine a darles una vueltecita y a su vez tener un conversaito con ella.

Dijo Kiko, despidiéndose de sus amigos del otro solar de San Isidro.
- Se lo diré... se lo diré Kiko. Y gracias por tú ayuda Kiko, gracias.

Dijo Gilberta. Kiko salió del cuarto. La tarde cae en unas de esas mañanas de enero en que el trópico se siente caliente. Y Gilberta tararea una de sus canciones favoritas... ♫ta ra raaa... rarirara♫. Clarisa subió a la barbacoa. «hoy saldré en su misión de encontrar un turista y poder ayudar a su familia». Pensó. No es su mejor opción; pero no hay otra. «Sí mi hermana con un título universitario no puede conseguir un trabajo ya sea profesional o no... que queda pa' mi... solo esto... esto que trato de hacer para ayudarnos. Ahora que Enzo no cumplió con su palabra de venir y arreglar los papeles y casarnos e irme a vivir a Italia y desde allí tirarle un cabo a mi gente, a mi familia». Así pensó Clarisa sentada en la cama de la barbacoa, viendo que ponerse hoy para salir a la calle. «Gracias Dios que Enzo me surtió de algunas ropas y puedo ir tirando hasta ver a donde llegamos», sus pensamientos seguían revoloteando en su cabeza, «me encontraría con Xiomara y Rocío. Me quede intrigada por la historia de ese joven tan bello». Se dijo asimismo sin abrir su boca y fue al armario a buscar lo mejor para esta noche de malecón.

Abel en su despacho del Periódico Granma, empezó a leer:

No confío en la política de los Estados Unidos, ni he intercambiado una palabra con ellos, sin que esto signifique ni mucho menos un rechazo a una solución pacífica a los conflictos y peligros de guerra. Defender la paz es un deber de todos. Cualquier solución pacífica y negociada a los problemas de Estados Unidos y los pueblos o cualquier pueblo de América Latina, que no implique la fuerza o el empleo de la fuerza, deberá ser tratado de acuerdo a los principios y normas interesadas. Defender siempre la cooperación y la amistad con todos los pueblos del mundo y entre ellos los de nuestros adversarios políticos. Es lo que estoy reclamando para todos. El pueblo de Cuba a dado los pasos pertinentes de acuerdo a sus prerogativas y las facultades que le conceden la asamblea nacional y el Partido Comunista. Los grandes peligros que amenazan a la humanidad tendrían que ceder paso a normas que fuesen compatibles con la dignidad humana. De tales derechos no está excluido ningún país. Con este espíritu he luchado y continuaré luchando hasta mi último aliento. Fidel Castro. Periódico Granma 25 de enero de 2015.

«¿En dónde estamos y hacia dónde vamos?». Esa es la pregunta que el joven se hace a él mismo. Allí en el mismo lugar donde esa noticia se hacía pública, el periódico Granma, el órgano oficial del Partido Comunista de Cuba.

El único que existe. Por un momento se sintió sin las fuerzas necesarias y le pareció que todo es un juego o una lucha de fuerzas invisibles que hay que ver las más allá de lo que nuestros ojos nos permiten ver.

Cogió el periódico lo enrolló y caminó afuera a respirar a buscar lo que no entendía de los eventos y sucesos del año pasado. «Y ahora esta carta del presidente retirado dirigida... ¿A quién?... al pueblo». Pensó en ese mismo instante. Esa es ahora su pregunta sin respuestas. «¿Qué está tratando ahora de hacer este hombre?... confundirnos más de lo ya estamos todos confundidos». Diciendo: NO CONFÍO EN LA POLÍTICA DE LOS ESTADOS UNIDOS. «Porque sembrar más cizaña de la que ya el mismo ha sembrado en todos estos años que no se ha cansado de decir, de hablar en contra como solo él ha podido de Los Estados Unidos. Y ahora esta nota que confunde más de lo que ya estamos a los once millones de habitantes. No le es suficiente cuanto tenemos ya con sus discursos de horas diciendo cada dos frases y una es: ¡ABAJO EN IMPERIALISMO YANQUI... CUBA SÍ YANQUIS NO! ¿Que es lo que planea, que es lo que trata de hacer, desviar del curso de los acontecimientos? Boicotear las relaciones diciendo estas cosas. Por que me preocupa esa alianza con la organización de estudiantes universitarios. La FEU quiere tenerla a su favor como siempre a hecho manipulando al estudiantado universitario porque sabe que pueden convertirse en su enemigo, porque somos capaces de pensar por nosotros mismos y seríamos la vanguardia del cambio. ¿Qué está tratando de hacer?, controlarlos como ha hecho hasta ahora, conocer sus puntos de vista e ir cimentando el terreno para lo que viene, después de inculcarnos esos sentimientos de odio hacia los Estados Unidos gritándole a cada hora: ¡ABAJO EL IMPERIALISMO YANQUI a la fuerza sin algún conocimiento de causa, solo porque un hombre se declara en contra, sumó a todo un pueblo a ser enemigo de uno que puede haber sido amigo y no el enemigo imaginario que todos los cubanos tenemos en nuestras mentes por más de medio siglo todos los días a todas voces y así crecimos sin saber la realidad y la necesidad de ese odio inculcado, un odio enfermizo». Esos son los pensamientos de Abel sobre lo que había acabado de leer en el Granma de hoy 25 de enero de 2015. Llegó a su casa, se sentó en la mansión del Nuevo Vedado, su mente se abruma por tantas cosas que están sucediendo a la vez. El regreso de Los Yumas a la isla después de más de cincuenta y seis años de oír y re-oír todos los días:

NUESTRA LUCHA ANTI-IMPERIALISTA.

Se hace él mismo una pregunta: «¿por fin que será de todo esto?: Será como muchos ahora piensan: ¿Yanqui Sí? o ¿Yanquis No?» Su cerebro no da a entender estos sucesos históricos que están aconteciendo en la Cuba Socialista, en vías del comunismo y su revolucionaria vida que es la que él conoce desde que abrió sus ojos. Nació en el 1985, muchas eventos han pasado en el mundo que él desconoce por la falta y control de la información por el estado que no les permite saber más, otra manera de control. Información que ellos necesitan saber para realizarse como seres humanos libres.

Creció oyendo las consignas de la propaganda política todos los días desde que se levanta en la mañana hasta que se acuesta.

No se hizo preguntas antes de su existencia, vive en el Nuevo Vedado zona congelada y reservada a la élite gobernante y sus aliados. Estudio en las mejores escuelas para hijos de los dirigentes, mallimbes o ñangaras como mejor se conocen el argot del pueblo. Tiene leche en el desayuno por las mañana y todavía la conserva, aunque la población infantil pierde su derecho a tomarla a los siete años de edad. En su mesa están presentes las tres comidas diarias que cada ser humano necesita para vivir. No hubo nunca preguntas, ni se preocupó por esas cosas, son tan triviales en la vida como tomarse un vaso de agua. Todo cambio, aún más cuando visito a sus abuelos en el solar de San Isidro y vio allí con sus propios ojos como viven los demás incluyendo parte de su familia. Supo que su tío había muerto en Angola, nadie antes se lo había dicho. «¿Cuántas cosas nuevas en mi vida?». Esa fue la pregunta final de Abel. Pensó en que en unos días se encontrará con su profesor universitario. El Dr. Luis Olivares, doctor en ciencias políticas. Se encontrarán en el Parque Almendares y de ahí en adelante en otras partes que los dos acordarán para despitar a la policía política en caso que los estuvieran siguiéndolos en este asunto que debe ser bien estudiado y planeado por los dos. Porque sabe como funciona la Seguridad del Eastado, él vive con uno un agente del G-2, su padre Rafael. Ha oído a su padre hablar con su madre y él se ha hecho el que no pone atención a la conversación mientras simula oír música con su celular, ha escuchado como planean desarticular a los disidentes, como introducirse, comprar informantes, desactivar grupos, ubicar agentes en cada circumscripción, como privarle de la ayuda familiar al opositor. En estos momentos a él le parece que está del lado de los disidentes por lo que desea saber, sin intenciones quizás se convirtió en un nuevo revolucionario, de la nueva revolución que se necesita por todo el pueblo de Cuba. Porque la del 1959 fracasó, no responde a los intereses populares, esa necesariamente tiene que ser remplazada, «necesitamos una revolución nueva», se dijo y va a empezar a ser de ese modo con su profesor universitario. El Dr. Olivares. aclarando lo que no esta claro para él. Por tanto hay que calcularlo todo y planearlo de la mejor manera posible para no ser victima de la policía política. Tomar notas de todo lo que el profesor Olivares le diga que él nunca antes nadie le ha dicho. «Martín no me ha vuelto a llamar, no sé si darle una llamada o esperar por él para el encuentro de está vez con el profesor Olivares». Así se movían en la cabeza los pensamientos del joven Abel.

Llegó la noche como siempre la noche con sus misterios y encantos. Clarisa ya está en la calle. Camina no por la misma calle que ella está acostumbrada a hacerlo. Tiene que cuidarse de la policía, va despacio pensando en sus amigos de labor. Pensó en Rocío-Juan Carlos y en su amiga Xiomara que son las personas con las que más ella comparte en las noches habaneras del malecón. Se acerca al malecón se ve el mar a lo lejos y sobre el la negrura de la noche y siguió caminando mirando a ambos lados con cierto cuidado, «la policía se aparece así de momento sin casi darse una cuenta». Se dijo a ella misma y sintió algo de miedo.

La necesidad es más grande y le da el valor que tiene que tener Clarisa para enfrentarse a los retos de cada noche en la calle jineteando buscando la moneda dura para sobrevivir en la nueva jungla habanaera. Miró para darse cuenta que no venían vehículos y cruzó la calle ancha del malecón. No le gusta quedarse en un mismo lugar todas las noches por la patrulla de la policías que llega sorprende y recoge en redadas a todo aquel que ellos quieren llevarse, siguió caminando. El malecón se llena, es unos de los primeros días del año 2015 y la gente sale, al menos a respirar el aire y renovarse por dentro, siguió y divisó a Rocío que está muy elegantemente vestida y se ve única, bella, esbelta allí en el malecón rodeada de algunos admiradores. Clarisa se detuvo a mirar y en ese momento Rocío se dio cuenta quién es y le dijo:
- Ven... ven Clarisa... ven que ellos no se comen a nadie. Son como leones; pero no muerden. Son más alardes que otra cosa mi amiga.
- ¡Oh, Sí eres tú... Rocío!
- Sí... sí... yo mismita. La misma que viste y calza en el malecón de La Habana.

Dijo Rocío y las dos se echaron a reir hoy juntas en una noche de viento y mar en el malecón de La Habana.
- ¿Y hoy, estás sola?

Clarisa preguntó a su nuevo amigo Rocío- Juan Carlos.
- No... no... Xiomara está por allí con su... bueno ya tú sabes, el hombre que le promete llevársela de aquí y tenerla como una reina en ese país; pero bueno no sé, no me acuerdo, un país de esos.
- Todos son iguales prometen y prometen y al final te la dejan en la mano. A mí ya me pasó con un italiano me dijo que vendría para el fin de año, lo espere y espere... y nada nunca se apareció.

Dijo Clarisa a Rocío que mucho se lamenta por la ausencia de Enzo, el italiano que tanto le resolvió y le hizo la promesa de volver para casarse.
- Dale un chance mi amiga una nunca sabe, va y te da la sorpresa y se te aperece así de momento sin tú misma ni esperarlo.
- ¡Ojalá Rocío!...¡ojalá así sea!... lo necesitamos tanto... pero tanto mi familia y yo.
- Ya verás ten fe que el italiano se te va aparecer. Te lo digo yo que lo presiento.
- ¿Cómo está la noche?

Clarisa preguntó, siente miedo a los policías que llegan y cargan.
- Yo te voy a decir sinceramente Clarisa. Yo vivo muy asusta por los policías. Si me mandan pa' Pompita que haré... que haré yo allá en ese monte donde solo ves vacas y gallinas y cañas a tú alrededor.
- Bueno no pienses en eso. Hoy no he visto policías desde que salí de la casa, así que no te preocupes mi amiga. Qué hoy la noche tal vez es diferente. A ver cuéntame, la última vez me contabas de como saliste de allá de ese pueblo donde tú vienes y me quede con el deseo de que me dijeras la historia completa.
- ¿Dónde me quede en la historia?

Preguntó Rocío que no le gusta revivir su vida allá en el campo, en el interior de la isla.

- Me contabas que del montecito en que naciste te fuiste a un lugar que le llaman La Cañona que es una especie de llega y pón.
- ¡Ah, asi es... como te lo dije. Ahí viví por unos meses y el mismo problema la policía asechándome todas las noches. Entonces una amiga me tiró un cabo y un día cogí mis trapos en una jaba hice mis bártulos y me escape del monte y en tren me fui a dar a un pueblito que se llama Sopimpa en Fomento en la provincia de Villaclara. Aquello era peor que donde había salido. Lomas y lomas un caserío, vacas, caballos, palmares y más palmares, monte y más monte la vida me fue imposible. Los hombres en su diario trabajo en el campo con los animales y la siembra yo no estoy acostumbra a ese trabajo, no me adapte a esa vida, no es pa' mí la verdad. Un día le dije a mi amiga gracias por todo, recogí lo poco que tenía y me monte en otro tren y llegue aquí a La Habana. A la capital de mi Cuba que tanto desee conocer y vivir toda una vida y mira aquí estoy en La Habana. La urbe como dicen allá en ese monte donde viví por tantos años.

Dijo Rocío y sus ojos brillan de alegría. Le encanta La Habana para él es como soñar despierto a cada noche que sale al malecón a buscarse la vida.
- ¿Y dónde vives ahora?

Clarisa le preguntó a Rocío cada vez queriendo saber más de su vida.
- Bueno los primeros días dormía en la terminal de trenes. Por la noche entraba al baño de los hombres y me vestía. Al salir del baño la gente me miraba, como diciendo y que hace esa mujer saliendo del baño de los hombres. Yo me hacía la loca y corría pa' fuera rauda y veloz. Un día me encontre con Xiomi aquí en el malecón, y me dio asilo; pero no tengo documentos legales en La Habana, sí me cogen me deportan para ese monte al que no quiero regresar. Allá está mi madre y mis hermanos; pero yo allí no puedo vivir. Me hacen la vida imposible una vez hasta pensé en quitarme la vida, te lo juro Clarisa y muchas veces me ha pasao por la cabeza. Allá me muero te lo aseguro. Un día hasta pensé ahorcarme del horcón más alto de mi casa de guano allá en el monte donde nací.

Dijo Rocío-Juan Carlos con una voz agonizante con un miedo que se le ha enterrado hasta el mismos tuétano de sus huesos. Las lágrimas corrían por sus bellas mejillas y Clarisa lo mira con tristeza y ella también vio como sus lágrimas se salen de sus ojos. De aquellos ojos negros, grandes que encantan a cualquiera en el bellísimo rostro de Clarisa que dijo:
- No... no Rocío no pienses así. Mira, yo ví un programa en la televisón que hablaba de gentes así... así como tú y es la hija de general-presidente Raúl Castro, sí este presidente que ahora tenemos El Castro II, como yo le he puesto. Ella decía que es la directora del CEN... CEN... ¡ah, no me acuerdo ahora! Y dijo también que la Revolución no estaría completa hasta que no se aceptara los matrimonios del mismo sexo.
- Sí... sí... ya sé la directora del CENESEX.
- ¡Ah, tú sabes de lo que te estoy hablando!

Clarisa dijo sorprendida un poco de que Rocío supiera de la actividades del CENESEX que dirige Mariela Castro la miembro de la nueva dinastía cubana. Y miembro de la Asamblea Nacional del Poder Popular.
- Claro que lo sé Clarisa, lo que pasa es que todo está politizado tienes que responder a sus intereses. Entonces te ayudan, si no olvídate de los peces de colores mi amiga. Ellos te utilizan y más na' pa' su propaganda política y nada más. Mariela Castro solo está para su fama internacional y sus eventos de educación sexual alrededor del mundo. No ayuda a nadie, sino eres de su gente de su clan. Yo he pasado más trabajo aquí en La Habana huyendo de la persecusión de los policías y hasta algunos que me exigen el servicio de gratis, porque no me pagan, no me pagan ni un CUC y me amenazan, me exigen que yo sea quién les dé dinero a ellos. Diciéndome, sí dices algo te deportó a Oriente. Me pagas o te echo pa'lante. Yo he pasado mucho... pero mucho Clarisa y comiendo me un cable de noche a noche y más trabajo que un forro e' catre aquí en La Habana, mi capital, la de mí país que me debía proteger me como ser humano que soy. Y eso no es lo que hace Mariela Castro y su CENESEX. Eso es solo propaganda y no hacen na' por uno.

Dijo Rocío con cierto resentimiento. Él que desde que llegó a La Habana tuvo que dormir en parques, en las terminales de trenes de omnibús huyendo de todo, en donde lo cogiera la noche. Buscándose en La Habana, la capital de la isla la vida como pudiera y hacer su dinero como se pueda y ayudar a su madre allá en Oriente. Además de pasarse la vida huyendo de un lugar para otro por un policía que lo extorsiona cada vez que puede y le quita el dinero que gana jineteando en el malecón. Cuando dijo:
- Gracias a Xiomi, yo la adoro a mi amiga Xiomi me ha ayudao tanto mijita ella aquí en La Habana que sí no fuera por ella no sé que sería de mí ni de mí vida a estas horas.

Rocío decía y su voz se fue calmando poco a poco. Sintió tranquilidad por un momento. El desahogarse le hace bien. Extraña a su familia; pero allá no puede vivir.
- Ya vendrán tiempos mejores.

Pronunció Clarisa para acabar aquella triste y lamentable conversación de la vida de un joven al que se le habían cerrado todas las puertas marginándolo en su propia tierra. En ese momento se acercó Xiomara y dijo:
- ¡Oh, Clarisa que bueno que estás aquí mi amiga y me puedes hacer la media!
- ¿Qué tú dices? ¡Xiomara!

Exclamó Clarisa que parece no haber entendido la propuesta.
- Mira... hay toletones por el medio y no CUC mi amiga, dólares, verdes auténticos no chavitos cubanos. Ellos tienen dólares y lo único que quieren es pasarse un rato con nosotras y ahí le tumbamos unos cuantos dólares, que mucho los necesitamos ¿verdad?

Xiomara habla y trata de convencer a Clarisa a que le haga como ella misma dice: La media. Y continuó:

- Así que vamos... que no se puede desperdiciar esta oportunidad de hacer la noche con ellos y ganar algo. Hay noches buenas y malas, esta promete ser buena. Mira vamos... vamos... pa' presentartelos, son holandeses y tú me caíste del cielo, como anillo al dedo mi amiga. Porque no puedo invitar a Rocío, tú sabes... Ella es buenísima como persona; pero tú sabes... no es lo que ellos quieren ni están buscando, al menos por ahora, no sé después.

Las dos mujeres se fueron al encuentro con los turistas que podían darle una noche de dinero duro, el que camina y resuelve en la isla y no irse a la casa con las manos vacías como a veces les pasa. Rocío se quedó allí sentada en el malecón, no le gusta quedarse sola, le da miedo que algún policía llegue y le pida el carné de identidad, que lleva su verdadero nombre Juan Carlos y su dirección de allá de Oriente de ese monte de donde salió buscando asilo para una mejor vida a su situación y escapando de todo, de la marginalidad, la pobreza, el hambre, la discriminación donde no lo aceptan. Su madre sola lo protege. No lo aceptan por ser diferente tal vez como él mismo dice: nació con el cuerpo equivocado. El tiempo pasaba y decidió caminar, vio a Xiomara y a Clarisa montarse en un carro descapotable con los turistas holandeses. Siguió caminando y se escondió en una esquina de las que forma el malecón, donde casi nadie puede verlo y decubrirlo en la noche. El miedo crecía en él, tiembla como un hoja de papel, siente un poco de frío y por su mente empezaron a pasar esos malos momentos de su vida... lloró... y lloraba como un niño cuando su madre lo abandona en medio de aquel desierto en el que él se halla solo, sin sus amigas que lo protegen. Pensó en su madre en su desesperación por retenerla... retenerla con él. Así paso la noche de Rocío-Juan Carlos en la esquina del malecón en La Habana, Cuba en un mes de enero de 2015.

Muy temprano en la mañana Ofelia baja las escaleras desde su cuarto de cuatro de cuatro en el solar de San Isidro. Va a encontrarse con Gilberta su vecina y amiga, ya frente al cuarto de Gilberta. Ofelia tocó a la puerta diciendo:

- Buenos días, Gilberta vamos... vamos muévete que llegaron las papas y la cola está creciendo y tú sabes como se pone el puesto de viandas del viejo Gume.
- ¡Ay!... ¡Ay, Ofelia y esa gritería tan temprano!
- Ya te dije... llegaron las papas y con papas al menos tenemos algo que comer. Ayer no pude hacer bisne, la cosa está mala no aparece nada que vender ni revender mi amiga, así que vamos a la cola de las papas y algo es algo.
- Déjame hacer las cosas con mamá Evangelina, tú sabes lo de todos los días, yo te alcanzo allá en la cola ve... ve... tú caminando y allá nos vemos.

Dijo Gilberta que debía sacar el orinal como cada mañana. Y sentar a Evangelina en su silloncito de siempre, colar un poco de café, si queda algo del café desde su última colada que había comprado con la libreta de abastecimiento. Ofelia salió rumbo al puesto de Gume a comprar las papas y resolver algo para hoy. Gilberta aprovecho en llamar a su mamá la anciana Evangelina que a veces dormía más y a veces se despierta muy temprano.

Sabe que Clarisa había llegado tarde anoche, pues aunque se tira en su camastro no duerme hasta que no la oye llegar y es cuando puede cerrar sus ojos y dormir con un poco más de tranquilidad pensando en el día de mañana, como hoy un día más en el solar de San Isidro en La Habana, Cuba. Cuando Gilberta dice:
- Mamá... mamá vamos... vamos necesito que Ud. me ayude y se levante. Llegaron las papas y Ofelia me avisó y Ud. sabe como están las cosas y las papas nos pueden resolver por unos días hasta que la cosa mejore. ¿Sí es que mejora?
- Déjeme sacar el orinal mamá. No se mueva de su asiento vuelvo enseguida mamá

Gilberta abrió la puerta del cuarto fijándose que nadie vine, salió al pasillo con el orinal a la misma tarea de todas las mañanas. Regresó y vio a su madre que aún está acostada en el mismo camastro que comparten por muchos años. Cuando la anciana Evangelina dijo:
- Dices tú que llegaron las papas.
- Así es mamá, llegaron las papas.

Contestó Gilberta a su vieja madre que está entre dormida y despierta.
- Y sí supieras, cuando me llamabas yo estaba soñando... sí soñando, y me encontré con Vicentico. Mi hijo... mi hijo Vicentico que no sé a estas santas horas que estará haciendo allá en el norte donde se lo llevaron aquella noche de abril.

Gilberta oía a su madre contándole el sueño que había tenido anoche con su hermano Vicente que supuestamente está en los Estados Unidos, desde aquel día que la policía lo obligó a montarse en un bote rumbo a Miami y nunca han sabido más de él y le dijo:
- ¡Sí... mamá!... soñó Ud. con Vicentico.
- Así es mija, lo ví... hablé con él y me contó muchas cosas que le han pasao allá en ese país.

Gilberta enmudeció, no sabía que decirle a su madre. Sí reafirmarle su sueño o decirle que tal vez Vicente nunca llegó a los Estados Unidos, un nudo se le hizo en la garganta y solo dijo:
- Sí, mamá Evangelina que lindo que Ud. haya tenido ese sueño. Quizás es una buena señal mamá Evangelina, una señal que Vicentico vuelve de allá de donde son Los Yumas.

Gilberta calló por un instante, a veces no quiere hablar para no cometer errores. Y su madre dijo:
- ¡Ojalá mijita!...¡Ojalá... porque quisiera verlo antes de irme de este mundo que m'a ha tocado vivir.

Dijo la anciana con una voz quebrantada y casi sin oírse. Los años pasados que se hacen sentir en ella.

- No diga eso mamá... no diga eso aquí tenemos Evangelina Mendieta pa' rato.

Las dos empezaron a reír y fue un momento como de aliento a la vida para las dos mujeres que ya no eran muy jovenes y ambas habían tenido que compartir este mismo tiempo de penurias, de dolor, de pobrezas, de calamidades. En la edad en que el ser humano necesita la más atención posible para que sus últimos años en este mundo sean de paz y amor
con la tranquilidad que merecen y un día irse de este mundo. Ese día con una sonrisa en sus labios. Gilberta se quedó pensando: «ojalá así sea Dios mío que Evangelina pa' rato, pero no sé que pensar con tanta miseria en la que vivimos». Gilberta se fue a su pequeño espacio que le sirve de cocina a colar un poco de café, si quedaba algo, encendió su hornillita de luzbrillante, abrió el cubo plástico donde almacena agua para cocinar y no tener que salir al pasillo del solar constantemente al tanque azul plástico que ocupa su espacio allá afuera en el solar de San Isidro. Sonó la cafetera y Gilberta se fue a servirle a su madre un poco de café calientico como le gusta a Evangelina a esta hora de la mañana y como dice ella misma:
- Sí, mijita calientico pa' entonarme y entonar este cuerpo que llevo por muchos años acuesta y la osamenta se me reánime. Gracias Gilbertica... gracias mija.
- Bueno... me voy a la cola de las papas. Clarisa esta allá en la barbacoa durmiendo mima, ella vino tarde anoche.
- ¿Y qué hace esa niña tan tarde en la noche Gilberta?

Preguntó Evangelina. Gilberta no supo que decir a su madre.
- Mamá... mamá, ella esta trabajando... trabajando.
- ¡Ay, tú no me habías dicho que la niña Clarisa está trabajando!
- Sí... sí... mamá trabajando.

Gilberta no supo como seguir la conversación con su madre no tuvo una respuesta, una explicación a la situación que confrontan, como entender una señora mayor con altos conceptos morales entender lo que Clarisa hacía y le llama: TRABAJO, ir a la calle a buscar el dinero, la divisa, la moneda dura que les permitiera al menos ir un día de compra a la tienda recaudadora de divisas y comer un plato de comida digno para la familia. «No se lo puedo decir, nunca lo va entender». Pensó, cuando dijo:
- Ya salgo en cuanto compre las papas estoy de regreso.
- Está bien hija... está bien.

Contestó la señora Evangelina Mendieta en un día más de regalo que le da la vida. Gilberta salió del solar de San Isidro en la calle su respiración se fue controlando se agita y los nervios se apoderan cuando no puede explicarle a su madre y decirle la verdad de la vida nocturna de su hija Clarisa. «Anoche Clarisa llegó muy tarde en la noche eso quiere decir que algo trajo a la casa». No le gusta tener este tipo de pensamiento. Es muy duro para ella pensar lo que estaría su hija haciendo a esa hora de la noche en la calle para ayudarles a todos con un poco de dinero fuerte. Camina despacio para no llegar con la respiración entrecortada, aún tenía los 20 CUC que le presto Kiko. No le gusta deberle dinero a nadie y así camina por San Isidro. Llegó al puesto de Gumersindo. La gente llena la calle en la espera de comprar las papas. Parecía una concentración como las acostumbradas en la Plaza de la Revolución que cuando Gilberta llegó gritó:

- ¡Óyeme... pero óyeme que esto!... va hablar Fidel Castro hoy aquí en La Habana Vieja dándole la bienvenida a Los Yumas.
- ¡Ay, ya ese viejo ya ni habla Gilberta! Sus últimas energías son para las REFLEXIONES en el periódico Granma. Y tú sabes una cosa... yo dudo que sea él, a veces pienso que alguien las escribe y al momento de imprimir el periódico estampan su firma y luego dicen: LA REFLEXIÓN DE FIDEL CASTRO.
- ¿Tú crees que así sea Ofelia?
- Sí... sí... Gilberta aquí está todo muy bien estudiado, planificado y calculado para seguir oyéndolo y oyéndolo, lo oiremos hasta después de muerto aunque muerto esté ya. Y sus ideas sigan flotando influyendo en nuestras mentes. Tú sabes una cosa, yo creo que cuando se muera ni nos lo dirán a nosotros el pueblo y cuando ellos tengan todos los puntos atados lo dirán para no cundir el panico porque no saben como será la reacción de la población. Después de cincuenta y pico de años viviendo con el miedo, con el terror que nos han sembrados por todos estos años. Ellos lo cuadran todo y después lanzan la bola, ese es su método, su estrategia para conseguir lo que quieren seguir y seguir en el poder.
- Yo no había pensado en eso Ofelia.

Dijo Gilberta que aún respira con trabajo en su carrera desde el solar hasta el puesto de vianda de Gumersindo.

- Gilberta... Gilberta, tú te pasas la mayor parte del día metía ahí en el cuarto y no sales a la calle a ver como está la vida de la gente.
- La gente está cansada de tanto y de tantos años en lo mismo. Tú ves que Los Yumas dicen que regresan. Muchas gentes lo dudan, creen que mientras él este vivo aquí no habrá ningún cambio. Después de tantos años de GUERRA ANTI-IMPERIALISTA y ahora como decir lo contrario, que se equivocaron. Nos tomaron el pelo por más de cincuenta años. Tú y yo nacimos casi con la revolución y que hemos visto LO MISMO CON LO MISMO, AÑOS TRAS AÑOS Y AHORA ASÍ... COMO ASÍ UN CAMBIO. No sé... no sé que decirte Gilberta... no sé.... no sé que va pasar. Ver pa' creer como Santo Tomás.
- Ten fe Ofelia... ten fe. Tengamos un poco de fe.

- Sí... sí... eso es lo que pido todo los días fe y fuerzas para seguir.
- La cola no camina y el tiempo pasa, y deje a mima con Clarisa, no me gusta dejarla sola por tan largo rato y nos hacen tanta falta las papas, con papas pa' tener algo que poner en el fogón hoy.

Dijo Gilberta que se desespera en la cola para las papas que habían llegado hoy al puesto de Gumersindo. La cola, no es una cola es un amasijo humano, todos por lo mismo, las papas y llevar unas cuantas libras para la casa. Al menos papas para unos días y comer algo. Hoy cuatro libra por persona.
- ¿Tú crees que alcancemos?

Gilberta preguntó a su vecina Ofelia, ella que está al punto de la desesperación, pensando en la anciana sola en el cuarto.
- No sé... no sé... somos tantos y con la misma necesidad. La necesidad de todo de todos los días por más de cincuenta años. Este PERIODO ESPECIAL que empezó y nunca se acabó. Y no sabemos hasta cuando seguiremos en Periodo Especial que ya no es especial es especialísimo pa' to nostros. Aún me acuerdo del bistec de frazada de piso, solo de pensarlo me dá náuseas o aquel picadillo de la cascara de plátano. Y luego el famoso picadiilo de soya con aquel color verdoso-sangriento y ese tufu fuerte que le da a cualquiera las ganas de vomitar... Yo ni sé como me lo podía tragar. Me tapaba la nariz con los dedos pa' poder tragar aquello. ¡Ay, Dios mío!
- El hambre... el hambre... hambre mi amiga que con cuando esa llega NADIE PUEDE AGUANTARLA NI CUANDO SE PRESENTA.

Decía Ofelia a su amiga y vecina y su tono de voz languidecía en el tiempo.
- Asimismito Ofelia PERIODO ESPECIAL EN TIEMPOS DE PAZ me acuerdo como si fuera hoy que lo oí en el noticiero de la televisión y al principio no entendí que era eso de periódo especial. El especial se volvió eterno con paz y todo eso adentro que ellos dicen.
- ¡Ay, Dios mío hasta cuando!... hasta cuando Dios Santo será esta pesadilla.
- Mira Gilberta, esto ya no es una pesadilla. La pesadilla se volvió un UN INFIERNO EN LA TIERRA. Porque vamos de mal en peor cada día en este país.
- No hables así Ofelia, que va y nos trae mala suerte y mi esperanza está con Los Yumas. ¡Ojalá que no se arrepientan de venir porque sino vienen esta isla se hunde... de que hunde... se hunde el en mar!

Dijo Gilberta que cada vez más para ella no hay ni ve la solución, no se avizora nada para ella, solo con el regreso de Los Yumas a la isla.

- Bueno Gilberta... tú sabes que eso mismo dijo el viejo loco una vez. QUE ES PREFERIBLE HUNDIR LA ISLA QUE RENUNCIAR A NUESTROS PRINCIPIOS REVOLUCIONARIOS. Así que preparémonos pa' lo que viene. Te acuerdas de: FIDEL SEGURO A LOS YANQUIS DALE DURO. Todavía hay gentes como esas entre nosotros. Hay que andar a cuatro ojo mi amiga. Los revolucionarios recalcitrantes pueden echar a perder la jugada en nueva relación entre los vecimos de siempre.
- Ofelia... Ofelia me das miedo cada vez que hablas... mejor cállemonos y vemos sí está dichosa cola camina y comprar las papas. Yo no sé, ni quiero saber que será de nosotros, sí Los Yumas no vienen. Sí no vienen te lo juro que me muero... ¡te lo juro!

A un punto la desesperación se hace más exasperada... y así desesperamente se vive, donde no hay otras alternativas. Sino solo una seguir y seguir esperando por el MILAGRO DE LOS YUMAS con su regreso a la isla que tanto necesita que le tiendan la mano.

Abel en su casa esperando el gran día de mañana, que se reunirá con el Dr. Olivares, su madre está allí sentada en su espléndida sala. Cuando él dijo:
- ¿Podemos hablar?
- Sí... hijo, como no, claro que podemos hablar.

Dijo Isabel a su hijo Abel inquieta por lo que ha de venir con su pregunta.
- Visite a mis abuelos allá en su cuarto del solar en La Habana Vieja, en San Isidro por el comienzo de año.
- No me digas Abelito que te atreviste a una cosa como esa hijo mío.
- Sí... fui... quise verlos... como andan... como viven.

Dijo Abel a su madre y ella nota como él se siente. Sintió más miedo.
- Ay, Abel... Abel... no me lo recuerdes... no me recuerdes el solar de San Isidro. Por favor.
- Sí... sí tenemos que hablar de todo, del pasado y del presente que vivimos. Porque aún no sabemos como va ser el futuro. Ni nunca tendremos manera de saberlo. No es como dijo un día ese señor: QUE EL FUTURO PERTENECE POR ENTERO AL SOCIALISMO. Como sí él pudiera prever el futuro con una bola de vidrio al frente.
- Abel... Abel... mis ánimos no están para hablar de esas cosas. Tú padre ha estado muy preocupado últimamente con todo lo que está ocurriendo en el país.

Isabel no quiere oír a su hijo. El solar de San Isidro no le trae a ella muy buenos recuerdos. Nunca acepto ser pobre y menos haber nacido en un solar en La Habana Vieja.
- Madre, cuando llegué al cuarto de mis abuelos vi la foto de un joven con unas flores blancas sobre una pequeña mesita de noche con una vela encendida. Ud. nunca me ha hablado de él. Ni del parecido físico que ambos compartimos.
- No quiero hablar de eso... no quiero hablar de eso Abel... por favor no quiero...¡No quiero hablar!

Gritó Isabel que empezó por primera vez a deshogarse de la carga que lleva por dentro de muchos años desde la muerte de su hermano Tony en Angola. Ella no se ha recuperado al igual que su made y ha vivido por años ocultando su dolor, esa espina clavada por años y años en su corazón desde que se supo la caída de Tony en la batalla de Cuito-Cuanavale en Angola, Africa. Y un llanto silencioso se escapó de muy dentro de ella un llanto que hizo a Abel permanecer callado por unos minutos. Cuando su madre dijo:
- Abelito, no te puedes imaginar como yo he sufrido todos estos años tratando de un día decirte todo y que tú pudieras entenderme.
- Tony, mi hermano fue un hombre soñador, un romántico muy parecido a mi padre, a veces hasta idealista, muy joven con apenas diecinueve años lo llamaron a cumplir el servicio militar obligatorio que así se le llamó en esa época. Lo mandaron a pelear a Angola y no regreso, solo recibimos de él la cajita en que venían sus restos mortales, así nos dijo el gobierno en esa época, tú tenías apenas cuatro años. Lo viste tan poco que al dejarlo de ver, no se quedó grabado en tu mente. Mamá no se ha repuesto de está perdida y yo nunca quise recargarte con esta desgracia que nos calló encima a toda la familia. Mi padre tampoco se ha recuperado, no lo dice; pero yo se que es así. La vida nos tiene sorpresas inexplicables que espero que tú entiendas. Yo nací allí en ese solar que tú visitaste. Viví con tristezas que nunca conté a nadie, no tener una casa, como todo el mundo desea tener. Me cansé del solar de San Isidro y un día me dije: En cuanto pueda me salgo del solar de San Isidro. Yo una muchacha joven con deseos de vivir y disfrutar la vida. Conocí a tú padre cuando yo ingrese en la Escuela de hotelería del Hotel Sevilla, me enamoré, él jefe de la Seguridad del Estado en el hotel, nos casamos le dieron a él esta casa aquí en el Nuevo Vedado donde tú has vivido toda tú vida. Yo no tuve esa oportunidad de tener una casa, yo nací y me crié en el solar de San Isidro en La Habana Vieja.
- Pero por qué no me contaste todo... por qué no hablaste conmigo, sobre todas esas cosas mamá.
- Tú padre hijo, tú padre nunca quiso que te hablará de él. Me decía que podía afectarte tu futuro y siempre quiso el mejor futuro para ti, aquí en tú país Cuba. Y seguieras viendo a la revolución y a Fidel Castro como los benefactores de todo nuestro pueblo cubano.
- No sé... no sé hasta que punto pueda ver las cosas como él quiere que las veas. Todo ahora es muy confuso para mí hay muchas cosas que no entiendo porque son como son.
- Tómate tiempo hijo, eso nos está pasando a todos, desde que se dio la noticia. La noticia que nadie esperaba. La noticia que nos ha dejado paralizados a todos pensando y pensando en que será de todos nosotros con estos cambios y el más importantes. Sí los dueños de estas casas vuelven a donde vamos a parar nosotros que llevamos más de treinta años viviendo en esta casa y no solos nosotros, nuestros vecinos, casi todos o todos miembros de la Seguridad del Estado, miembros del G-2.

Abel no pronunció una palabra, el silencio se hizo dueño del lugar. No quiere seguir aquella conversación y solo dijo:
- No puedo seguir esta conversación mamá. Buenas noches.
Abel dijo a su madre y su mente se había quedado en ascuas más nunca que antes.
- Buenas noches, Abel.
Contestó su madre, que llora con el llanto que producen los tristes momentos de su vida en el solar de San Isidro en La Habana, Cuba.

Hoy es un día especial para Abel, es 7 de enero del 2015, es su primer encuentro con el profesor Olivares. Se fijó la primera cita para el parque Almendares, cerca del golfito a las nueve y media de la mañana. Hoy un día cálido para el encuentro donde va a tener lugar LA VERDAD dicha por su testigo vivientes. El profesor Olivares que desde muy joven fue captado por el ROMANTICISMO DE LA REVOLUCIÓN CUBANA. Al llegar le dijo:

- ¿Llevas mucho rato esperando?
- No... no... solos unos minutos, profesor.

Contestó Abel, el joven nadando en un rio de preguntas al profesor. él que está deseoso de empezar a oír su experiencia en la Cuba del 2015. El profesor se sentó frente al joven para tener la primera conversación que le diera a él la oportunidad de salir de ese mundo de confusión que lo rodea desde aquel 17 de diciembre de 2014 en que los gobiernos de Cuba y Estados Unidos decidieron reanudar sus relaciones diplomáticas después de más de medio siglo interrumpidas. El profesor de unos sesenta o más años inhaló aire profundamente y dijo:

- ¿Estas listo para este encuentro?
- Estoy listo profesor.

El joven Abel dijo a su profesor, ahora de colega a colega.

- Yo creo que es buena idea empezar hablándote de mí, de mí persona. Yo sé que me conoces como el profesor que fui en la Escuela de Periodismo donde estudiaste; pero estoy seguro que existe cierta diferencia entre aquel profesor que se para a dar una conferencia frente a un alumnado universitario que este hombre que tú ves ahora sentado aquí frente a ti. Al que ya han pasado los años y ve el mundo diferente a cuando lo vio hace más de cincuenta años atrás. Estás libre de hacer cualquier pregunta. Yo trataré con el mejor de mis conocimientos e intenciones darle respuesta a tus preguntas.

El profesor Olivares continuó diciendo al joven que había sido unos de sus mejores expedientes en la Escuela de Periodismo de la Universidad de la Habana. Y dijo:

- Te diré, yo nací en pueblito, Consolación en la provincia de Pinar del Rio. Cuando triunfo la revolución, ese primero de enero de 1959 en un mes como este en que nos encontramos en 2015. La vida y el destino de nuestro país pasó a las manos de un hombre que con astucia indiscutible y cierto maquiavelismo lo llevó hasta donde nos encontramos hoy como solo él quiso hacerlo en sus planes de conseguir lo que se propuso. Su gloria personal, su ambición de poder que conquistó con su carisma y a toda costa. Por lo indecible o increíble que pudiera parecer metiéndose a todo un pueblo en sus bolsillos y lo logró. Después de coronarse en el trono hizo y deshizo bajo su atractiva personalidad y cubriéndose con ese manto de espíritu de buen hombre, magnanimo y salvador de los pobres que conquistó el corazón de los cubanos, detrás de esa imagen se esconde otra macabra e impredecible personalidad donde solo le interesa es el PODER. Ser el número UNO y a lo demás lo tira por tierra. Él y solo él interesa y nadie más. Enero fue el mes que determinó el futuro de Cuba. Fusilamientos, juicios sumarios y muertes fue todo lo que barrió el mes de enero de 1959 en la fortleza de San Carlos de la Cabaña, iniciados por el HOMBRE LEGENDA: Ernesto Che Guevara que luego más tarde en la ONU diría: SÍ EN CUBA SE FUSILA Y SE SEGUIRÁ FUSILANDO A TODO AL QUE SE OPONGA A LA REVOLUCIÓN. Y otros fusilamientos en Santiago de Cuba llevados a cabo por nuestro actual general-presidente Raúl Castro. En la historia algo curioso pasó un hombre, el autor de los fusilamientos pasó de fusilador a fusilado y aquí se cumple el axioma: La Revolución devora a sus propios hijos y empezó con el caso de: Humberto Sorí Marín que seguro que tú nunca has oído hablar de él. Él junto a Fidel Castro en la Sierra Maestra confeccionaron el código de la pena capital y luego el mismo pagó con su vida al código que él mismo había ayudado a confeccionar. Cuando yo oí hablar de la revolución diciendo: POR LOS HUMILDES Y PARA LOS HUMILDES. Empecé a soñar con un mundo nuevo, un mundo justo y me intregué de cuerpo y alma a la causa revolucionaria, dos años después forme parte de las Brigadas Conrado Benitez. Y me fui con el farrol, el lápiz y la cartilla a alfabetizar a los miles de analfabetos que vivían en las montañas de la isla llevando el pan de la enseñanza a todos los rincones. Antes de esta etapa algo pasó que nos dejó a todo el pueblo de Cuba consternado la muerte y desaparición del Héroe de Yajaguay, Camilo Cienfuegos. Muerte misteriosa que todavía no sabemos la verdad de lo que pasó ese día 28 de Octubre de 1959 a unos meses del triunfo de la llamada Revolución de Fidel Castro.

Dijo profesor y su voz se quedó suspendida por unos minutos. Recordando aquel revolucionario que un día se esfumo sin dejar rastro. Cuando Abel dijo:

- Ese es el asunto porque dijimos y aún dicen: PIONEROS POR COMUNISMO SEREMOS COMO EL CHE. Y por qué no PIONEROS POR EL COMUNISMO SEREMOS COMO CAMILO CIENFUEGOS. El Héroe de Yaguajay, amado por todo el pueblo cubano y cubano de nacimiento, no a un argentino incorporado a la lucha en México donde se conocen allá en casa de María Antonia y tal vez fue pura casualidad o la busqueda del Che de otra aventura más en su vida. En Cuba donde se preparaba una invasión para derrocar al gobierno de Fulgencio Batista. El aventurero que alzaría la América Latina contra el IMPERIO DEL NORTE.
- Hay cosas que se hacen y un momento dado. NADIE se pregunta y se hace. Sí preguntas o divergues en idea estás en problema y eso es lo que todo el mundo a hecho por todos estos años. Quizás ese fue un ejemplo a dar para todos en aquel tiempo al principio de la revolución cuando se le prometió al pueblo que se celebrarían elecciones en seis meses. El comandante Camilo Cienfuego exigía e insistía en la celebración de la elecciones cada vez que se reunían con Fidel Castro. El mismo Fidel Castro el máximo líder las postponía dando alguna razón o excusa. Argumentando llevar acabo la campaña de alfabetización, terminar con esta tarea y erradicar el desempleo, dos cosas que se tomarían un tiempo para vencerlos. Y en esos momentos él, Camilo Cienfuegos es y representó una traba, un obstáculos para sus planes. Que solo él, Fidel Castro sabía cual es su plan y como llevarlo a cabo.

Dijo el profesor, sin entender la desaparición, el misterio que todavía se cierne sobre Camilo y que no se ha resuelto. A penas meses del triunfo revolucionario.

- La desaparección de Camilo Cienfuegos sin dejar huellas, sin dejar una sola que pueda indicar que fue un accidente aéreo o algo similar. Después revisando la historia te das cuenta que son los métodos del estalinismo. Desaparecer las piedras del camino para coronarse con el éxito en su plan. Se han encontrado galeón hundidos en el mar por siglos; pero nunca apareció la avioneta en que viajó el comandante Camilo Cienfuegos de Camagüey a La Habana, han pasado más de cincuenta años y nada del comandante Camilo Cienfuego. Otra teoría podría ser que Fidel Castro en su egocentrismo, ambición de poder y la megalomanía que lo acompaña lo llevó a eliminarlo para que no le hiciera sombra en su contienda de llevar a Cuba a donde él ya había planeado llevarla. Porque el Comandante Camilo Cienfuegos no tuvo nunca ideas comunistas. El analfabetismo no se venció, ahí fue mi segunda decepción, se propagandizó: CUBA TERRITORIO LIBRE DE ANALFABETISMO. Lo que no era cierto, quedaba mucho por hacer en este campo en muchas partes de la isla.

Decía el profesor Olivares, mostrando al joven su experiencia vivída y sus anhelos de llevar a su patria por un camino mejor. Cuando Abel preguntó:
-   ¿Y qué pasó con el brigadistas Manuel Ascunce Domenech?

- Algunas preguntas como esta podrían ser sin respuestas de acuerdo a la información dada por el gobierno el brigadista fue asesinado por las bandas contrarevolucionarias que se habían declarado en contra del proceso. A ciencia cierta que pasó exactamente. No lo sé.

El profesor dijo de manera tácita, sobre algo que él no domina. Y continuó:
- Las elecciones quedaron postpuestas como las calendas griegas. Hasta el sol de hoy que siguen postpuestas. Un día él mismo dijo: ELECCIONES PARA QUÉ. Creando las condiciones de quedarse con el poder, lo que siempre quiso y consiguió a todo propósito individual, hasta el de matar. Todo el pueblo cubano se convenció por estas palabras de él mismo Fidel Castro y se desarmó voluntariamente. La democracia se decapitó, se perdió, se renunció a un estado con democracia y se le dio en las manos a uno que ya traía su plan personal concevido. Una dictadura, porque cuando un país no tiene elecciones su gobierno se convierte en una: DICTADURA, una: AUTOCRACIA en la que vivimos desde 1959.
- ¡Entonces ya no vamos en camino de una democracia, un estado de derecho para todos por igual como individuos libres!

Exclamó Abel sorprendido de como se sucedieron las cosas, él que aún no estaba en este mundo. Y el profesor Olivares completó:
- Exactamente, empezó el camino en vías de la entronización y luego a la dictadura que padecemos por más de cincuenta años. Vinieron los descontestos, las privatizaciones de las compañías extranjeras y nacionales. Se produjo el primer éxodo masivo hacia los Estados Unidos. Más de 65 mil cubanos salieron rumbo a los Estados Unidos, en el año 1965, por el puerto de Camarioca.
- ¿Y por qué Estados Unidos?

El joven Abel preguntó ingenuamente. Por qué Estados Unidos. Es que en Cuba no se enseña a ningún nivel escolar La Historia de los Estados Unidos de América como debe ser. Se dice lo que le conviene al régimen que sus pupilos oigan y aprendan. Se tergiversa la realidad americana. Cuando el profesor Olivares dijo:
- Abel, hablándote con toda la sinceridad que puedo hablarte. Estados Unidos es una de las democracias más antiguas del continente americano. Sus fundadores fueron hombres con una lucidez, con una visión especial de ver el mundo para los tiempos que les había tocado vivir y crearon una nación. La gran nación que es hoy los Estados Unidos de América. Con una: GRAN CONSTITUCIÓN.
- Que los hace ser a esos cincuenta estados unidos como la república que ellos propiamente son. Un país donde la Constitución se respeta así como sus instituciones sagradamente, nadie puede venir a poner y quitar o hacer cambios que lo favorezcan de forma individual o personal. Y empieza así: NOSOTROS, EL PUEBLO DE LOS ESTADOS UNIDOS DE AMÉRICA...

- Existe la división de poderes, el legislativo, el judicial, y el ejecutivo. Respetada y amada es la constitución por todo el pueblo americano hasta nuestros días PORQUE LOS HA HECHO LIBRES. Existen las instituciones y sobre todo mantienen el chequeo y el balance entre los poderes del estado de la república. La nación que se creo hace más de doscientos años en la que aún viven y vivirán.
- Eso no pasa aquí donde el PODER está concentrado en las manos de un solo HOMBRE que es la clave de todos nuestros males y problemas. En el programa de estudios de la Escuela de Periodismo no se permite hablar mucho de La Constitución Americana. Sin embargo Fidel Castro derogó la nuestra. LA CONSTITUCIÓN DEL 40, que así le llamamos por haberse concevido en el año 1940 por cubanos brillantes que desearon y lucharon por una Cuba mejor en aquel entonces. Ese es un mal, un mal que acareamos en todos en nuestros paises latinoamericanos. Los presidentes cuando toman el poder ya sea por la fuerza o por la vía constitucional enmiendan la constitución o la derrogan a su antojo a su conveniencia y los pueblos lo aceptan a veces por ignorancia a veces por falta de cultura política entre otros factores. Eso no pasa en los Estados Unidos de América donde:
LA CONSTITUCIÓN ES SAGRADA.
- Para el pueblo americano cualquier cambio que se conoce como enmienda a la constitución, debe ser minusiosamente estudiado y tomaría años, si así fuera para llevarlo a un consenso electoral democrático para su aprobación. Algo muy importante debo decirte cuando se creo esta carta magna de los Estados Unidos. Ellos, los mismos que habían trabajado en su creación se dieron cuenta que concentraban todo el poder en el presidente y se preguntaron cuales son los poderes del pueblo americano y surgió así el Bill of Rights que da poderes al pueblo. Eso sí es una verdadera democracia, tú en tú integridad como ser humano eres respetado constitucionalmente. No siempre sucede así en nuestras naciones latinoamericanas. Y ten esto en cuentas las turbas y los ideólogos. Las turbas no piensan se entrenan, se les instruye para la lucha; pero sin una ideología definida, a veces no saben ni porque luchan. Los ideológos manejan a las turbas y estas se dejan manejar por los que llevan el concepto de la lucha, los ideólogos que a veces ponen sus propios intereses primero.

El doctor el ciencias políticas, Luis Olivares decía al joven Abel que parece estar sorprendido por toda la historia no sabida hasta hoy.

- Luego se declara el carácter SOCIALISTA DE LA REVOLUCIÓN, muchos ni conocíamos la palabra socialismo y mucho menos comunismo y así empezó nuestra tragedia hasta el día de hoy. Pasó el tiempo se propuso la zafra gigante, la zafra millonaría, la de LOS DIEZ MILLONES DE TONELADAS DE AZÚCAR. Ibamos a ser el primer gran país del mundo productor de azúcar y exportador de azúcar. Otra de sus ideas y fracasó. Fracaso que trajo el declinar de LA LLAMADA REVOLUCIÓN CUBANA. Fue un desastre, se eliminó La NAVIDAD a conveniencia de sentar las bases del ateísmo comunista. Se expulsó de Cuba a sacerdotes, monjas y todo aquel que había estado vinculado estrechamente con el sistema católico y surgió la nueva SECTA. El Partido Comunista de Cuba. La economía flotaba con la subvención del campo socialista: la URSS y los paises socialista de Europa. No eramos ni somos una economía sólida, el camino socialista-comunista había destruido todas esas estructuras heredadas del sistema anterior, el capitalismo que tanto odia Fidel Castro y del cual no quería dejar huellas. En sus nuevos propósitos de llevar a Cuba hacia el COMUNISMO. Siguiendo a la revolución bolchevique de 1917. En 1968 Fidel Castro lee la carta del Che, despidiéndose del pueblo cubano diciendo: OTRAS TIERRAS DEL MUNDO RECLAMAN EL CONCURSO DE MIS MODESTOS ESFUERZOS. Y lo envian a sudamerica a continuar allá la guerra de guerrilla, antes había ido a Africa a fomentar y exparcir la ideología comunista. En sudamérica y antes en Africa y así se convierte en el EL GUERRILLERO HEROICO, el mito, la leyenda a continuar con la expansión de la revolución cubana y del comunismo en América Latina y otros paises del mundo.
- ¿Y qué pasó?

Preguntó Abel que quiere saber más y más de lo que nunca había oído.
- Pasaron hechos muy relevantes. El che es enviado al Congo a formar la guerrilla. En la conferencia de Argel de 1964. El che acusa a los soviéticos. Esto trae discrepancias entre el Che y los Castro, entonces deciden que se vaya a sudamérica y comenzar allí la guerra de guerrilla, se pensó en su país natal Argentina primero y al final se decidió por Bolivia y ahí fue la catástrofe histórica. Y aquí acabamos nuestro encuentro de hoy, mi próxima clase empieza a las once y debo estar en el aula.

Dijo el profesor Olivares mirando su reloj pulsera en ese mismo momento y acentuó el próximo encuentro no puede ser aquí tenemos que jugarle cabeza a la policía política, y tú debes cuidarte. No comentes con nadie sobre nuestros encuentros. Y veo que tú amigo no se presentó hoy.
- Sí... sí... profesor... creo que sintió miedo desde que le aplicaron La LEY y lo separaron de la enseñanza superior, además yo creo que fue una buena decisión por su parte. Porque estoy seguro que la policía política anda detrás de él. Cien por ciento seguro, profesor.

Dijo Abel. Los dos, el alumno y ahora colega, el profesor se levantaron del lugar que ocupaban empezaron a caminar, miran a todos lados para tomar medidas de precaución con la Seguridad del Estado que podría estar vigilándolos. Cuando el profesor dijo:
- Nos encontramos la próxima semana en el parque Maceo frente a la estatua dl Titan de Bronce.
- De acuerdo profesor.

Dijo Abel y ambos se separaron. El profesor lleva su acostumbrado portafolio y camina despacio, buscando la calle, no miró hacia atrás es mejor así. Mientras Abel camina en dirección opuesta, se perdieron en ese espacio del Parque Almendares seguros del nuevo encuentro de aprendizaje.

Avelino llega al cuarto del solar de San Isidro pusó un pie dentro del cuarto cuando la anciana Evangelina dijo:
- Avelino... Avelino ya estás aquí... tan temprano.
- Sí... mi vieja... sí, vine temprano, este trabajo extra que estoy haciendo pa' traer un poquito más de dinero a la casa... bueno al cuarto que es nuestra casa, me está costando vieja... me está costando, los años son los años y la necesidad me hizo volver al trabajo después de cuarenta y cinco años de trabajo y pa' qué vieja, la jubilación no alcanza para resolver nuestras necesidades. Los CUC no se los dan a to el mundo a mi me pagan en el peso que nadie lo quiere... no valen na', pa' na', viejita.
- Asimismito e' Avelino a mí me pasa lo mismo a mis casi ochenta y más años y trabajé como una mula to lo día sin faltar uno y mucho trabajo voluntario en la recogida de papas... y donaciones de sangre por la federación de mujeres cubanas, las guardias en el CDR cumpliéndoles siempre y mira tú como me han pagao, casi ya cuando estoy al irme de este mundo.

Avelino calló, entre el cansanció y la no explicación a los momentos que viven es mejor hacer silencio y se quedó allí sentado en el banquito de la puerta en el que siempre Gilberta su mujer se sienta a esperar que el infinito tiempo pase y un nuevo sol alumbre el día que les concede la vida. Cuando en ese instante Gilberta entra al cuarto diciendo:
- Ave... Avelino ¿Qué haces aquí tan temprano?
- Gilberta... Gilberta estoy matao mi mujercita... no sé sí podré seguir con la carga. Ya mis años no me ayudan vieja, trabajé mucho... mucho toda una vida y ahora es el momento de descansar mujé, no sé sí podré porque estas cuatro paredes se me van a caer encima.

Dijo Avelino a su mujer que llega de la calle al solar de San Isidro en la busca de todo lo que fuera posible encontrar y de todo lo que se le pudiera pegar por ahí, como ella misma dice.
- Lo sé Ave... lo sé es muy duro todo lo que estamos pasando; pero yo tengo fe en Los Yumas.

Dijo Gilberta tratando de consolarse y consolar a su marido Avelino.

- Mira Gilbertica... mira Gilbertica UNA COSA ES CON GUITARRA Y OTRA COSA ES CON VIOLÍN. No te hagas muchas ilusiones que El CABALLO que todavía manda, no creas que su hermano tiene la libertad de hacer todo lo que cree que el debe y quiere hacer, detrás de todo están las manos y la ideología de su hermano que ha odiado a los americanos toda una vida... sí... toda su vida odiando a los americanos, incitando a este pueblo hacer lo mismo por años y años hasta el cansancio en que estamos hoy todos ya cansados de todas sus locuras... de sus discursos de hora y horas en la plaza de la revolución que nos llevado al precipicio donde nos encontramos ahora. Y estamos CONTRA LA ESPADA Y LA PARED. Sin saber como resolver ahora el problema de más de cincuenta y siete años. Este abismo insondable entre nosotros.
- Bueno... bueno... sí Uds. dicen que los americanos vienen entonces el teatro Karl Marx volverá a llamarse Teatro Blanquita que fue quién lo construyó y bien merecido que lo tiene... ¡Oh! ¡Oh! quizás le cambian el nombre y ahora lo llamarán Abraham Lincoln sería un honor para nosotros ponerle el nombre de ese gran presidente de los Estados Unidos. ¡Ah!... ¡ah! Y se me olvidaba el aguila, el Aguila Imperial como el mismo Fidel Castro la llamó y un día mando a tumbar el Aguila Imperial del monumento que se levanta frente al malecón. El aguila tiene que volver a su lugar de origen. Todas esa cosas deben reponerse por respeto, por respeto mutuo entre nosotros las dos naciones a empezar de nuevo. Las cuentas claras conservan amistades. Y seguiremos adelante con Los Yumas.

Decía la anciana Evangelina que hoy tiene la chispa encendida en la conversación entre Gilberta y su esposo Avelino. Ellos la oían y les gusta cuando ella está así activa mentalmente, cuando ella misma dijo:
- Y Vicente... mi hijo Vicente vendrá... vendrá por fin a vernos que... felicidad cuando lo vea entrar por esa puerta de este cuarto.

Gilberta y Avelino se miraron y la vez la miran a aquella anciana con sus años y con la esperanza de que su hijo que fue abligado a abandonar la isla en el año 1980, regresará. Cuando Gilberta dijo:
- Sí... sí... mamá Evangelina seguro... seguro que Vicente viene a vernos.
- Sí... sí... mi vieja uno nunca pierde las esperanzas de que Vicentico vuelva... de los Estados Unidos.

Dijo Avelino y se fue silenciando al pronunciar estas últimas palabras. Pensaba que tal vez no... y que nunca Vicente regresaría, «en tantos años sin saber de él, donde vive... que hace un milagro solo podía pasar aquí», se decía asimismo sin abrir su boca el viejo Avelino.
- Asimismito es mamá LA ESPERANZA ES LO ÚLTIMO QUE SE PIERDE.

Dijo Gilberta para calmar las ancias de su vieja madre, en la espera de Vicente su hijo.

Efraín camina por la calle de San Isidro busca a su amigo Kiko, su amigo desde la niñez, su amigo de parandas y aventuras. Vio que Kiko que camina en dirección al solar de San Isidro y comenzó a gritarle:

- Kiko... óyeme... Kiko... mi socio dame un cinco mi hermano a donde vas tan apurao, hasta donde me vas a llevar mi socio... espérame
Kiko se detuvo al oír los gritos de su amigo el Efrí y dijo:
- Ven acá Efraín, que tanta bulla, mi hermano, que te traes entre manos tú hoy.
- Óyeme Kiko esta es la mejor de la mejor asere. Esta es la buena nueva mi hermano anda una bola por ahí corriendo que la embajada de Ecuador esta dando visas. Óyeme Kiko esa es la nuestra mi hermano pirarse de aquí y buscar una nueva vida en otro lugar. Quién sabe quizás de ahí podemos cruzar a La Yuma... mi hermanito y ahí sí le dimo la pata a la lata mi socio. Esto como dice una amiga mia y se formó la recholata en lata de aquí hay que irse, aunque sea pa' Africa a comer monos. Esto no da más mi hermanito. Hasta allá no paramos y de ahí pa'l cielo... a La Yuma.
- Mira... mira Efraín o Efrí mira... haber empieza de nuevo lo que tú estás diciendo. Qué no te copie bien.
- Como te lo dije ya mi hermanito, la embajada de Ecuador está dando visas.
- Óyeme Efra, esto hay que analizarlo, digerirlo asere y ver como es la bolá, no vaya ser que sea una trampa de estas gentes yo no quiero ir pa' al tanque de nuevo mi hermano.
- Oye Kiko... Kiko... cuando el rio suena es porque agua trae mi hermano. El problema es ahora conseguir la plata. Los dólares o los CUC. Mira la gente anda loca vendiéndolo todo, su casa, sus ropas, sus prendas y todas las pocas cosas de valor que tengan para reunir los CUC e irse echando mi hermano. Porque esto es pa' largo y tendido mi socio, hilo tendiéndose más y más mi hermano. Es como el cuento de nunca acabar, acuérdate que todavía el dictador mayor esta ahí detrás de cada paso que el dictador menor da. Ahí está el otro supervisando y moviendo la fichas del doble nueve mi socio. Aquí hay que inventar y ver que podemos hacer Kiko pa' pirarnos de aquí asere pa' donde sea. Hasta pa' Haití el problema es salir de la isla-prisión.

Kiko no dijo una palabra. Cuanto él ha deseado salir de Cuba. Ha tenido ese sueño siempre; «pero como conseguir la plata en CUC. Que seguro va desde unos quinientos CUC pa' arriba». Pensó y su mente se paralizó. No sabía que hacer ni que decirle su amigo, el Efrí que siempre había querido escapar de la isla y cuando lo hizo calló en las manos de la grifi, los guardacosta cubanos y tuvo que ir la cárcel.
- Mira mi hermano... pensemos y veamos que hay de verdad en esta bola que se está corriendo de las visas en la embajada de Ecuador.
- Kiko... yo me sacrifico mi hermano; pero este es nuestro momento que llegó. Gracias a Dios mi hermano y los santos.
- Hablemos con tú maita Tomasa y ella va y nos tira un cabo en este asunto que nos han puesto en el camino.
- Déjame ver que puedo hacer Efra. Ahora el moroco se me ha puesto en candela en pensar y pensar de donde sacar la plata... de donde mi socio.

Los amigos, ellos que representan a la juventud cubana de este siglo cansados, obstinados de esa vida que llevan en la isla. Sin que aún se abrierán los nuevos horizontes para ellos. Ahora ven la oportunidad de un mundo mejor en otras tierras. Los dos caminaron hasta el solar de San Isidro, con sus cabezas llenas de ideas y planes los que tal vez no podían llevar acabo. Entraron al solar de San Isidro, Kiko se detuvo y miró hacía arriba vio los cables eléctricos y las tenderas con ropas, las vigas saliente del hierro corroido por los años, los pedazos del techo desprendiéndose y los postes del apuntalamiento sosteniendo los techos del solar y siguió mirando y a lo lejos el cielo, ese cielo azul que es el único que lo ánima a seguir con la lucha de todos los días. Dio un paso y tuvo que saltar el charco de agua que salía del pequeño espacio de metro y medio por metro y medio que se usa para bañarse en el solar. Las aguas corrían hasta el gran portón que da a la calle. Miró el tanque plástico azul donde se almacena el agua, el lavadero lleno de ropas con un casquito de jabón y se dijo: «Es esta la vida que nos merecemos. Es esta la miserable vida que nos merecemos». Su amigo Efraín lo mira, no sabe que está pasando por la mente de su amigo; pero sí sabe que algo está pasando por su mente al mirar al su alrededor. Cuando Efraín poniéndole una mano en el hombro dijo:
- Vamos... vamos... Kiko vamos ya.
- Sí... sí... Efra es mejor seguir.

Llegaron a la puerta de Gilberta. Gilberta está sentada en su banquito de todos los días. Cuando Kiko dijo:
- Buenas tardes, mi tía. ¿Cómo anda la cosa por aquí?
- Ahí... ahí... Kiko deseando villas y castillas. Pero no las tengo. Mira Kiko aquí están los 20 CUC que prestaste.

Dijo Gilberta y le extendía el billete de 20 CUC que Kiko le había prestado.
- Mi tía pa'que tanto apuro... mi tía.
- Sí... Kiko... sí... así en otro momento puedo contar contigo.
- Asimismito es porque LO QUE NO SE VA EN LÁGRIMAS SE VA EN SUSPIRO.

Dijo la anciana Evangelina muy alerta hoy. Ella que parte del tiempo se la pasa cabezeando en su silloncito de siempre.
- Ok... ok... será como Ud. quiere mi tía.

Dijo Kiko y pensó: «como llegar a tener más CUC y poder ir a la embajada de Ecuador y obtener una visa», él en sus cavilaciones de como salir de Cuba. Y luego preguntó:
- ¿Y Belén anda por ahí?
- Le dí tú recado Kiko; pero ella está muy ocupada buscando un trabajo en lo que sea... en lo que sea. Ya no le interesa tanto su título universitario, el problema es tener un dinerito que la ayude a vivir en estos tiempos y algo en CUC que es lo único que camina aquí.
- Verdad... verdad... mi tía... ha dicho Ud. Es una verdad. Una gran verdad que no se puede desmentir ni con palabras ni con hechos. Los CUC se van solos, los pesos cubanos están apantanao y nadie los quiere.

Clarisa está oyendo la conversación desde la barbacoa, se prepara para otra noche, otra que le diera la oportunidad de traer unos CUC o dólares al cuarto de cuatro por cuatro del solar de San Isidro. Ella bajó las escaleras de la barbacoa se ve como nunca, elegante, espectacular, esplendidamente bella con esa belleza natural y a sus años llena de juventud con esa frescura que emana de toda ella. Kiko y Efraín se quedaron con la boca abierta. Cuando Clarisa dijo:
- ¡Eh!...¡eh!... ven acá. ¿Qué... han visto Uds.? Un fantasma... ¿o que?

Cuando Kiko dijo en ese mismo instante.
- No... no... Clarisa, solo estamos contemplando tu belleza, tu excepcional belleza mi niña. Tú que diste en el punto.
- Pue' comtemplalá Kikito... que ya me voy.

Dijo Clarisa con una sonrisa en sus labios que los atrapó a los dos que siguen mirándola a ella, Clarisa como una diosa de la noche.
- ¿A... a dónde vas Clarisa?

Preguntó Kiko a la bella mulata del solar de San Isidro. En La Habana.
- No puedo decirte Kiko. Es un secreto, y sí te lo digo... deja de ser un secreto y eso es lo que lo hace más interesante Kikito mio. Es un secreto, un secretico que llevo aquí muy dentro de mí.

Dijo Clarisa con esa exhuberancia que la caracteriza, cruzando entre ellos dos y dejando su estela de olor perfumado y salió al pasillo cuidándose de los charquitos de agua que se han formado en el pasillo del solar. Camina airosa por la calle de San Isidro mirando al frente muy decidida de que hoy tendría una gran noche. Ya está fuera de la barriada de San Isidro que es su primera barrera de fuego. Ahora ella es la única y dueña de todo, se cantonea al caminar llegó al Paseo del Prado miró y siguió con su plan llegar al malecón y encontrarse con Rocío y tener a alguien con quien conversar. El Paseo Prado ha perdido algo o casi todo su encanto de años atrás. Ya no es aquella calle rodeada de arboles y gentes con sus Clásicos Leones, que siempre le dieron ese matiz, indeleble de una gran ciudad. La Habana. La Villa de San Cristóbal. Llegó al malecón como siempre, su último punto concurrido, gentes caminando a ambos lados de la ancha calle y otros sentados tomando la brisa que viene del mar de ese mar azul del Caribe. Dio unos pasos y vio a Rocío que está solo, se le acercó y le dijo:
- Buenas noches, Rocío.
- Buenas noches, Clarisa. La bella Clarisa que para el tráfico en el malecón de la Habana con su elegancia y chic...

Dijo Rocío que se alegra de ver a su amiga y así se acompañan una al otro. Rocío se siente más seguro de los policías.
- ¿Y cómo anda la noche, cómo esta la cosa hoy?

Preguntó Clarisa para estar preparada a cualquiera ocasión que se presente.
- Yo no sé que decirte Clarí, yo no tengo teléfono, el teléfono es de Xiomi y ella está acupada al menos así me dijo. Cuando tenemos el teléfono nos comunicamos unas a otras como está la cosa en los alrededores por sí la policía anda en sus redadas. Hoy no sé y eso me tiene nerviosa, muy nerviosa mi amiga.

Dijo Rocío que su panico crece cuando ve a los uniformados y más cuando divisa entre la gente al extorsionador que lo conoce de allá de su punto de origen en Oriente.
- No te pongas así Rocío. Todo va a salir bien amiga.
- Tú crees... tú crees Clarisa. Mira que estas gentes no creen en nadie, y ya yo he pasado tanto con estos guardias que los veo hasta en la sopa. No creen ni en la madre que los trajo al mundo.

Dijo Rocío muy nervioso, sus manos tiemblan, el panico, el terror de los policías traídos de Oriente para cuidar La Habana. Ellos dejaron huellas en él desde allá donde él viene que solo hablar y oír de ellos empieza a sudar y todo su cuerpo se enfría y empieza a temblar.
- Hablemos de otra cosa Rocío mientras yo este aquí nadie te hará daño te lo prometo. Salimos corriendo por ahí por esas calles que yo me conozco todos sus recovecos y no nos alcazarán.
- ¡Ojalá!... ¡Ojalá!... ¡Así sea Clarisa! Yo no quiero ir a la prisión; pero tampoco quiero volver pa' ese monte de donde ya salí.

Las palabras de Clarisa animaron un poco a Rocío y los dos hablan en el malecón de La Habana. El lugar de cita para encontrar la libertad y lo más importante la moneda dura que no se encuentra en otro lugar de La Habana en estos días. Cuando de pronto Rocío dijo:
- ¡Ay, mi madre!... ¡Ay, ay... mi madre! Ahí viene... ya me vio... ¡Ese degenerao, ese monstruo!
- ¿Quién viene Rocío?... ¿Quién viene?

Preguntó Clarisa que se sorprendió de oir las palabras de miedo que salían de la boca de su amigo Rocio-Juan Carlos que trata de ocultarse detrás de ella.
- Él... Clarisa... él... él... es él.

De pronto un hombre uniformado de unos treinta o más se acercó a Rocío y le dijo:
- Joven... joven con Ud... sí... sí... ¡Con Ud.! ¡Con Ud. misma quiero hablar!

Gritó el hombre vestido de uniforme de la policía. Rocío dio unos pasos y acompañó al guardia a aquel que lo había llamado. Se separaron a unos metros de donde está Clarisa. Cuando el policía le dijo:
- ¿Qué... has hecho mucho dinero hoy?
- No... no... nada... la bolsa esta vacía... hay noches buenas y noches malas y esta es una de ellas... MALA NOCHE.

Dijo Rocío que casi no podía hablar, el miedo se apoderó de él y empezó a sollazar lentamente. El llanto silencioso comenzó y sus lágrimas corrían.
- Te dije una vez que sí no me pagas te denuncio y te meto en la cárcel... y tú sabes bien lo que eso significa para los dos.

Dijo el policía con una malicia en su sonrisa. Y luego dijo:
- Me oiste bien... me oíste bien... contéstame... contéstame... quiero oírte... oírte y saber sí estás seguro que me oíste. O te mando pa'lla. Pa' ese monte de donde los dos veninos; pero tú regresas. Yo no... yo no... yo me quedo aquí. El gobierno me trajo de allá pa' esto mismo hacerles a Uds. la vida imposible aquí en La Habana cuando desertan de allá de sus tierras de origen.

Rocío no habla, enmudeció, los nervios lo traicionan de una manera tal que se queda sin voz, sin palabras para defenderse del hombre vestido de policía que lo extorsiona cada noche y lo amenaza con deportarlo a la provincia de Oriente. Cuando el policía dijo:
- Metete bien en eso la cabeza, sí en esa cabecita lo que te acabo de decir o atente a lo que te pueda pasar, me pagas o te mando pa' trá. Sí prefieres pagarme con otra cosa como lo hacías allá en ese monte de donde somos los dos, te acuerdas. Sí yo se que te acuerdas.
- No... no... Rigoberto... no... no te preocupes deja ver como sigue la noche y tal vez saco algo hoy y te puedo pagar, dame tiempo.

Contestó Rocío temblando de miedo con el uniformado frente a él.
- Tú ves ya eso suena mejor, tú ves como la gente hablando entran en acuerdo y déjame recordarte, cuantas veces te he dicho que no me llames por mi nombre delante de la gente. No lo olvides más porque si vuelve a pasar no me contengo y te parto la boquita esa que tú tienes muchachita linda.

Dijo el policía rabioso y con una mirada de odio en sus ojos hacia el infeliz Rocío-Juan Carlos.
- Está bien... está bien... compa... compañero... oficial... oficial está bien... está bien. No lo haré más se lo prometo... sí... sí... se lo prometo.

Repetía Rocío mientras sus lágrimas corren, mirando al suelo. El policía se quedó mirando a Rocío que vuelve despacio al sitio donde está Clarisa. Cuando Clarisa le preguntó:
- ¿Quién ese policía Rocío? Él te conoce o tú lo conoces.

Rocío no pudo hablar, no supo que decir a Clarisa, su cuerpo está frío, sus manos sudan y por la frente le corren gotas de sudor que se mezclan con su maquillaje y sus lágrimas y dijo:
- ¡Ay, Clarisa!... Esta es otra larga historia, que ahora no te puedo contar y sí pudiera no sabría como empezar.
- Tan grave es el asunto, Rocío.
- Más de lo que tú te puedes imaginar mijita. Déjame recobrame y salgamos a caminar en el camino te cuento, cuando tome un poco de aire fresco pa' reanimarme y sabrás un poco de todo esto que acabas de ver.

Los dos salieron del lugar a caminar buscando otra guarida donde el policía o los policías no pudieran verlos. Caminan rápidos por el malecón habanero. Rocío no pronunció una palabra por un largo rato y Clarisa lo mira... lo mira con una mirada tierna, le ha tomado afecto a Rocío-Juan Carlos y sintió pena por él. No tiene forma de ayudarle, solo acompañarle y oírle sus historias. Las tristes de su vida en la Cuba que lo vio nacer. Cuando Rocío dijo:

- Tú sabes mi historia... ya yo te la conté casi toda. Mira ese policía es de allá de Oriente y él me conoce de allá de ese monte donde nací por desgracia. Allá donde no puedo vivir en paz, donde todo se me oscurece aún en un pleno amanecer del día. Me vio aquí en el malecón una noche y empezó amenzarme con devolverme, deportante pa'lla pa'l monte ese. Y me pide que le dé dinero y cuando hago algún dinerito tengo que darle 30 CUC. O pagarle con el servicio y cuando eso pasa me jodió la noche. Me hace la vida un yogur ese degenerao. Cuando lo vi frente a mí me dije: «Qué coño este hace aquí». Yo le huyó; pero a veces me encuentra como ahora mismo que ni tú ni yo lo vimos y se apareció como un fantasma. No me dio tiempo a nada... a... nada. Y sí salgo corriendo es peor, ya me lo advirtió diciéndome: Sí huyes te caígo atrá con la patrulla y entonces sí se te jodió el picao... así me dijo. Pa' mi Clarisa que tengo que recoger mis bártulos y salir de aquí con mi música a otro lao. Salir de aquí de La Habana. La urbe que tanto añoré siempre en mi vida por vivir. No sé que hacer mi amiga todo son dolores de cabezas en esta Cuba que vivimos. ¿Por qué vivir se hace tan difícil aqui en mi país, en la tierra que nací y tengo derecho a la vida?

Clarisa oía a Rocío y no podía explicarse muchas cosas. La policía los extorsiona a todos. Ya lo había oído decir por otras que salen en la noche en la busca del dolar. Como también sabe que hay hombres jóvenes que se dedicaban a lo mismo y los llaman con otro nombre. Los llamados ping..ros. «¿Extorsionaría la policía a estos jóvenes que se dedican al mismo oficio?». Se preguntó Clarisa. La policía no tiene paz con nadie apresan, sobornan y golpean a cualquiera estábamos en la JUNGLA HABANAERA CON EL CUCHILLO EN LA BOCA, EN BUSCA DEL CUC, EL DOLAR O EL EURO. Que son los dominan casi todo, por no decir TODO en la isla. Así pensaba Clarisa en este instante de su vida, tratando de encontrar la razón del trato de la policía revolucionaria en La Habana a todos ellos en las noches de malecón.

Los policías muchos son traídos del interior a realizar este tipo de trabajo. Los llamados palestinos. Y sin poder contestar la pregunta a Rocío. Cuando dijo:
- ¡Niña, pero en que lío te metiste! ¿Cómo ese energúmeno? Vestido de policía te va a sobornar de esa manera. Sí se cae come llerva.
- Sí... sí... yo lo sé Clarisa; pero así es. Por eso tengo tanto miedo. ¿Y qué hacer ahora?
- Yo creo que es mejor que te tomes unos días en la casa y no te presentes por aquí por el malecón, al menos a esta hora de la noche que es cuando estos perros sabuesos andan a la casería de sus presas. Ellos están preparados pa' cualquier cosa Rocío, pa' cualquier cosa.

Rocío esta nervioso, con su cabeza baja mirando fijamente al suelo, no quiere ni imaginarse volver para el interior de la isla. «Prefiero morirme antes de volver pa'lla». Pensó. El policía ya no está tan cerca de ellos, se alejo con otros policías que casi siempre andan de ronda de cuatro a seis juntos, supuestamente haciendo su trabajo del cuidado del turismo y el orden público. Unos son policias sucios respaldados por el uniforme y con el arma que portan hacen y deshacen. Clarisa los seguía a todos con su vista y luego dijo:
- Mira Rocío vamos a caminar en dirección opuesta a estos guardias. No los quiero ver más pasar de nuevo y todavía estés aquí y ese bruto venga hasta aquí a exigirte dinero... vámonos... vámonos ya.

Los dos amigos empezaron a caminar por el malecón que seguía como siempre a esta hora de la noche, parejas de enamorados llegan hasta aquí, jóvenes con música y hasta con botellas de ron entre otras cosas que se están viendo en La Habana de ahora, la de hoy. La ciudad que ha vivido reprimida por muchos años bajo las botas del dictador y ahora el anuncio de la llegada de Los Yumas los tiene como locos. Y otros como Rocío y Clarisa que esta es la zona de trabajo para ganarse la vida y muchas veces el sustento de la familia con el turismo haciendo la noche como ellos dicen al ganar unos cuantos dólares, euros o CUC con sus favores sexuales a los que llegan con la moneda dura del extranjero o con la débil de los cubanos, en una de las más antiguas profesiones de la humanidad. La prostitución con un nuevo nombre jinetear. Son ellas los jinetes en los caballos de la noche en la busca cuando logran hacer la noche que no siempre se llega y no es cierta. En La Habana, Cuba esperando por las nuevas relaciones cubano-americanas.

Otro día en La Habana precisamente en La Habana Vieja, en el solar de San Isidro. Ramiro, el hijo de Ofelia consiguiendo los CUC que necesita para obtener una plaza de trabajo en la esfera del turismo, donde podía ganarse unos CUC o unas propinas de los turistas y así esperar por los buenos tiempos que se acercan con la llegada de Los Yumas que es esa la esperanza de Ramiro y de todos el solar de San Isidro. Además de toda La Habana Vieja, de toda La Habana y de toda la isla de Cuba. Ramiro entró al cuarto de cuatro por cuatro en sl solar de San Isidro donde ha vivido toda su vida, se dejó caer en la primera pieza disponible para sentarse. Cuando su madre Ofelia dijo:
- ¿Qué te pasa hijo?
- Na' mama, mucho esfuerzo por reunir el dinero en CUC y pagarle al tipo que manejas las plazas en turismo y a su intermediario ahora me salen con que hay que esperar por la investigación y la opinión queda el CDR sobre mi pa' que me den el chance de entrar en el giro.
- ¡Ah, yo no sabía que eso era así! Es un bandidaje lo que tienen montao todas estas gentes del estado abusando y aprovechándose de to nosotros y de todo aquel que quiere prosperar buscándose unos CUC que puedan aliviarle a uno la vida un poco en este dichoso país.

Ofelia indignada al oír a su hijo de como trabaja la mafia que da los empleos en los hoteles que sirven al turismo extranjero.
- Es así mama y nada podemos hacer todo está muy bien estudiado y coordinado. Ellos son agentes de la Seguridad del Estado y contra ellos nada se puede hacer. Ahora me dijo que volviera en dos semanas que es cuando le entregan el informe de la investigación que ellos mismos llevan acabo.
- ¿Y le diste el dinero en CUC?

Preguntó Ofelia, con miedo a perder y esperando lo más malo en este asunto, perder su dinero de esfuerzos y sacrificios diarios en la calle en busca de los CUC. Ella, que sale cada día arriesgándose a la busca en su bisne en el mercado negro. Ofelia tiene miedo de perder los CUC que con tanto sacrificio reunió para lograr la plaza en el giro del turismo para su hijo. Cuando Ramiro contestó:
- Claro, mama... claro que les di el dinero no hay otra alternativa para conseguir el dichoso empleo en turismo. Y hacernos de un dinero que nos de para sobrevivir en este país.

Ramiro dijo tartamudeando con un poco de duda en sí de verdad le daban la plaza o lo habían estafado. La nueva mafia naciente cubana.
- Yo no sé Ramirito, yo no sé. Yo voy a perder la cabeza. Después de tantos días arriesgándome en la calle comprando y revendiendo todo lo que pude pa' haceme de unos CUC . Y que ahora esa gente te diga que no. Y se pierde todo... todo... Ramirito. ¡Ay, Dios mío!... ¡Ay, Dios mío! Dame fuerzas pa' seguir con esto.... Sí con esto que nos ha tocado vivir y que no sabemos lo que es ni a donde vamos a parar, Santo Padre.

Ramiro se sintió como que el cielo y la tierra se le unen. Su madre se la busca en la calle todos los días como fuera, con lluvia, con sol y sereno para llevar al menos el plato de comida a la mesa. En esto con la ayuda su hermana Maritza que sale en la noche con su amiga y vecina Clarisa, la hija de Gilberta y hacen su trabajo nocturno. Buscando el dinero duro, la divisa, la moneda fuerte que les permitiera ir a comprar lo básico que solo podían compara en las tiendas con CUC. El dolar cubano. Ramiro cabizbajo ante la deseperación de su madre dijo:
- Mama... mama no se desepere vamos a tener fe que todo va a marchar bien. El amigo mío que me puso el contacto ya está trabajando y me dijo que aún falta personal; pero que el proceso es lento y debo tener paciencia. Muchas instalaciones están sacando personal para el área de Varadero y ahí quizás me toque a mí la suerte.
- Sí... sí... paciencia y suerte eso es lo que me falta a mí y a todos nosotros, ya no la tengo... ya no la tengo mijito ni la paciencia ni creo que tampoco la suerte. Cada día me desespero más y más y no sé... no sé como poder seguir con esta carga sobre mí.

Ramiro se levantó de su silla abrazó a su madre que tanto se sacrifica por todos ellos desde que un día su padre se fue y no lo vieron más. Ofelia llora en silencio y su callado llanto es ese dolor que lleva por dentro de años y años en que se vio sola allí en su cuarto de cuatro por cuatro en el solar de San Isidro con tres hijos a criar y darle lo que pudiera encontrar. Los dos continúan abrazados cuando Maritza baja de la barbacoa y dijo:
- ¿Qué pasó?... ¡Qué pasó caballeros!... díganme que pasa.
- No... no... nada mijta hablábamos de tú padre y no pude evitar la emoción y las lágrimas y Ramirito vino a consolarme.

Ofelia decidió no decir nada sobre Ramiro y los CUC que había entregado.
- ¡Ay, Uds. un día me van a matar del corazón! Ya bastante tuve con lo de anoche.

Dijo Maritza. Nadie preguntó que pasó anoche. La vida nocturna de Maritza es un secreto que solo ella sabe y que su madre no acepta a entender esa realidad de la vida nocturna de su hija Maritza. Cuando Maritza dijo:
- No... no... no fue nada... solo un mal entendido. Eso fue todo.

Maritza no quiso contar la historia. La considera extremadamente compleja para que ellos pudieran entender y comprender la vida de todos ellos en la noche. La vida de Rocío-Juan Carlos. Un joven que no es mujer físicamente y es mujer mentalmente. Como explicarle a su madre y a su hermano la realidad de Rocío y todos sus problemas. Prefirió callar y así fue. Cuando continuó diciendo:
- Anda una bola por ahí corriendo. La gente anda como que loca en la calle buscando dinero en CUC. Familias enteras vendiendolo todo... todo lo que tengan y sacar el pago de la visa y el pasaje para irse de aquí.
- ¿Pero pa' dónde hija?

Preguntó su madre Ofelia que aunque anda en la calle el día entero buscándose la vida a veces no se entera de muchas cosas que pasan, vive más alerta de sí la policia la ve o la sigue que saber cuál es la bola que se está rodando en calle de boca en boca.
- Dicen que una embajada está dando visas... no sé... no sé... no estoy muy segura... creo que es Ecuador... sí creo que es fue el país que oí decir da las visas.

Contestó Maritza a su madre todavía insegura de lo que había oído y ahora repetía en su cuarto del solar de San Isidro. Ramiro oía la conversación y por un momento se quedó pensando en lo que oía, «y sí tal vez esta sería una mejor solución a mi situación irme... irme... de Cuba. Y empezar una nueva vida lejos... lejos de todo este infortunio que me encontré desde que abrí los ojos». Pensó y vio a su madre sola criando tres hijos sola y sin ayuda de nadie ahí en su mismo cuarto del solar de San Isidro. Cuando Ofelia dijo:
- ¿Y cómo es eso hija?
- No sé mamá Ofelia... no sé, solo oí y no le puse mucha atención a lo que decían. Dicen que es una cantidad de dinero enorme en CUC de donde... de donde son los cantantes, de donde se pudieran sacar una cantidad de dinero como esa, dicen que son unos dos mil CUC.

«Yo que nunca he visto más de 200 CUC en mi vida». Se dijo asimismo sin mover sus labios. Eso sí tenía suerte en una buena noche de malecón.
- Bueno ya oiremos la bola cuando llegue aquí más redondita al solar. Porque estoy segura que alguien la va a traer al solar.

Ofelia dijo pensando: «es mejor dejar la bola y la conversación ahí y no calentarme más la cebeza que ya ya la tengo ardiendo con el dinero que di a Ramirito».
- Sí... mamá Ofelia, esperemos por que la bola entre aquí y nos enteraremos mejor.

Dijo Maritza a su madre. Ella que no tiene idea exacta de los rumores callejeros en La Habana sobre las visas por la Embajada de Ecuador.

Ramiro no dijo una palabra, todavía sus pensamientos vagan en dos direcciones una irse, «y como conseguir esa cantidad de dinero, sí apenas pude reunir 50 CUC con la ayuda de mi mamá. O quedarme en Cuba y ver la transformación que todo el mundo espera que ocurra y seguir viendo el mundo más positivo de lo que lo he visto hasta ahora en mi país. Y conseguir la plaza en turismo», pensaba. Cuando su hermana lo sacó de sus pensamientos diciendo:
- Tú ves mi hermano, que todo el mundo quiere irse de este dichoso país. Una amiga mía me dijo, yo me fuera hasta pa' Haití, el problema es salir de está prisión en la que he vivido toda mí vida y me hizo pensar que tiene toda la razón del mundo. Aquí estamos presos no podemos movernos ni dentro ni fuera de esta dichosa isla.

Hizo silencio, se acordó de Rocío que anda con sus bártulos como ella misma dice de un lugar para el otro, «es una palestina más: EN TIERRA NO AJENA». Así pensó y su boca quedó cerrada. No quiere comentar sobre Rocío su nueva amiga de las noches de malecón.
- Bueno... bueno dejen ya esa conversación que no nos a llevar a ningún lugar.

Dijo Ofelia, que la cabeza la tiene fuera de control pensando en todo a la vez. La posición de trabajo que su hijo Ramiro anda buscando y ya había dado su dinero en CUC a los intermediarios en la compra de plazas en el turismo. Y esperar a ver que pasa de ahora en adelante. Y de momento visas para salir de Cuba para Ecuador y de allí a inventar para llegar a los Estados Unidos. LA TIERRA PROMETIDA. Se dio cuenta que para ellos es imposible ese salto que es muy alto para ellos y decidió no pensar más y quitarse esos pensamientos de su cabeza y empezó a cantar junto al radio:

♪Con los brazos hacia el cielo muy arriba el corazón, no estaré tan solo ..solo ni tan tampoco solo tú, como nosotros ya verás hay muchas gentes, se nos parece siempre más humanamente. Deja que el tiempo lleve sobre sus alas suertes, el ultimos de los sueños que yo haré... que yo haré..♪

Se dejó caer en una de las sillas que conforman su pequeño espacio de su cuarto pensando, haciendo un resumen de su vida y sus ojos se aguaron. Ella, Ofelia necesita evadir su realidad no quería llorar y la música le alivia sus penas y siguió cantando:

♪Con los brazos hacia el cielo muy arriba el corazón, no estaré tan sola.♪

Y pasó lo inevitable se vio acorralada y sus lágrimas saltaron no quiso que sus hijos se dieran cuenta y se quedó sentada como desgastada en su silla mirando hacia afuera por su única ventana al cielo procurando contener todo aquello que lleva por dentro.

Hoy es viernes 13 de marzo de 2015 y Abel solo tiene en su mente el próximo encuentro con el profesor Olivares, en el Parque Maceo. Le vino a su mente que hoy es trece de marzo, y que un día como hoy en al año 1957 un grupo de jóvenes asaltaron el Palacio Presidencial y a la emisora de Radio Radio Reloj. El que encabezó el movimiento fue un estudiante universitario, José Antonio Echeverría. Está revolución nunca habla de este joven que murió acribillado a balazos a un costado de la colina de la Universidad de La Habana. «¿Por qué no se la ha dado a este revolucionario su merecido lugar en la historia?». Se preguntó Abel. Quizás es otro de los dirigentes que le hacían sombra a Fidel Castro y eliminarlos o desaparecerlos de su camino era lo mejor solución para él. Esta sería una de las preguntas para el profesor en el próximo encuentro. Su mente sumergida en estos asuntos históricos fue interrumpida cuando su madre dijo:
- Hijo... Abel... hijo ¿En que piensas?
- No... nada... nada... son tantas las preguntas y muy pocas las respuestas que puedo encontrar mamá.
- ¿Cuáles son esas preguntas? Hijo.
- No creo que Ud. tenga respuestas a mis preguntas. Así que es mejor dajar las cosas como están y ver que pasa de ahora en adelante.

Isabel oyó las palabras de su hijo y se quedó pensativa. «Qué preguntas serían esas que ni yo tendría respuestas», se dijo asimismo. La madre se intrigó con las palabras de su hijo e insistió.
- Dime... dime hijo. Quizás yo puedo ayudarte.
- No... no creo mamá... no lo creo.

Se levantó de donde está sentado y se fue. La conversación terminó y en la mente de su madre quedaron las preguntas sin respuestas para su hijo y a la que su madre tendría que estar preparada para oír.

Otro domingo del 2015, marzo y Las Damas de Blanco se preparan, oyen la misa en la Iglesia de Santa Rita y luego su peregrinar por toda la Quinta Avenida de Miramar, hasta llegar al parque Ghandí y es alli donde se reunían con otros grupos disidentes con su lema: TODOS MARCHAMOS. La misa finalizó y ellas disciplinadamente salían a cumplir con su propósito marchar por la LIBERTAD LOS PRESOS POLÍTICOS. Zoe y Yadira las hijas de Ofelía y Gilberta, vecinas y amigas del solar de San Isidro. Se alinean para su marcha pacifica por toda la calle de Miramar cuando Zoe a Yadira preguntó:
- ¿Cómo tú crees que será esta marcha de hoy?
- Tengo fe en las gestiones del presidente de los Estados Unidos; pero no tengo fe en estos de aquí que se visten de ovejas y son lobos féroces. Con deseo de destruir nuestros deseos de LIBERTAD PARA TODOS.

- Vamos a ver que pasa hoy.

Contestó Zoe a su compañera de lucha y marchan firmemente poniendo en alto sus ideales por los que luchan cada domingo. Llegaron al parque allí se amotinan los esbirros del régimen vestidos de civil para golpear, intimidar, impedir y hacer sangrar por sus heridas que son sus mismas heridas; pero no tienen el valor de hacer lo mismo que hacen Las Damas de Blanco. Estas inofensivas mujeres que reclaman sus derechos a marchar y que sus reclamos esperan pacientemente que un día sean oídos, sin cansarse de su marcha dominical ni de los peligros a que se exponen con las turbas gubernamentales que las atacan, física y moralmente organizadas por la policía política. La Seguridad del Estado. Las Damas de Blanco están convencidas de las buenas intenciones del gobierno de los Estados Unidos; pero no así de las intenciones del gobierno totalitario de la isla que trata de despretigiar y destruir su organización a base de cualquier tipo de tortura.
- Nunca nos vencerán. Porque esto es: LIBERTADA O MUERTE.

Dijo una compañera a la otra en su desfile por la Quinta Avenida. Asi continuó el encuentro. Ellas decididas y convencidas de su papel histórico y el legado de su organización y de su fundadora Laura Pollán. Saben a lo que están expuestas cada domingo, conocen como funciona el gobierno totalitario a través de sus hordas fascistas entrenadas y por su patrocinador la Seguridad del Estado, siguen firmes en cada paso que dan hasta el parque Ghandi. Otro día más en la espera de los sucesos desde el día 17 de diciembre del año pasado. La represión continúa. La policía seguía golpeando, apresando y deshumanizadamente tratando a Las Damas de Blanco y a otros grupos y miembros de partidos disidentes a lo largo de la isla desde la provincia central hasta las provincias orientales. La dictadura castrista a pesar de los acuerdos o del primer acuerdo todavía muestra su poder y su fuerza como lo que es en una dictadura militar que lleva más de medio siglo en el poder. Se habían reunidos las dos comisiones que representan ambos gobiernos en La Habana y otras en Washington, D.C.

Los cubanos en la espera que algún día La Habana como Washington se gane el D.C. Se vista de nuevo con el D.C que todos esperan. Este D.C que significará el final de la dictadura de los hermanos Castro. Porque D: por derrocamiento y C: por Castrismo. Convirtiéndonos en: Havana, D.C.

Aún sin muchos cambios en la isla o mejor dicho niuguno aparente que pudiera decir que existe la buena voluntad de los Castro I y II en mejorar, no las relaciones biiaterales con Estados Unidos, sino las relaciones con sus mismo pueblo que lleva años reclamando cambios a una politica impuesta por más de cincuenta años. Sistema basado en las teorías de Marx y las odiosas prácticas de Lenin que llevaron a la isla la destrucción económica y con esta la calamidad social se perdieron los valores cívicos y éticos produciendo una involución social, yendo a los más bajos conceptos de la degradación humana por la supervivencia. La estabilidad emocional no existe, solamente cuando se alivia con el alcohol a la droga haciendo más oscura la realidad cubana unos en su desesperación vendiéndolo todo para adquirir la visa y el pasaje a Ecuador sin saber a ciencia cierta que les espera del otro lado, arriesgándolo todo hasta la vida por conseguir lo que otros una minoria le ha arrebatado por años. Ese es el último grito en La Habana, el último grito habanero que corre y se riega como pólvora en toda la capital.

Las visas para Ecuador es el recurso que usa la dictadura abriendo la válvula de escape en contuvernio con sus asociados en la nueva corriente del socialismo del siglo XXI que es el mismo perro que pretende ser con diferente collar y en esencia es lo mismo que padecen sus homologos de Ecuador, Bolivia, Venezuela y Nicaragua creyendo así evitar la explosión social interna que sí traerá una explosión en América Latina creando el caos que ellos quieren propiciar y crear desestabilización regional que quizás invite a los Estados Unidos a intervenir. Todo bien planeado como siempre han hecho los Castro. Esa es su estrategia perversa hacia todo, hasta al progreso humano. Cuando quizás ahora nadie pueda detenerlos.

Efraín y su amigo Kiko con sus pensamientos girando en el último grito habanero. Sentados en el portón del solar de San Isidro. Ya cae la tarde y con su caída también los ánimos de estos jóvenes de seguir. Los tiempos no son buenos para ellos que esperan que algo pase, algo que se produzca y les quite de encima la carga que han llevado por tantos años sobre sus cabezas. Cuando kiko dijo:

- Oye asere deja la talla ya... deja la talla que me vas a volver loco asere, mira que no sé que hacer ni a donde ir asere deja eso ahí y sácame de esa caldosa y deja la talla. Que sí Ecuador o no Ecuador, que sí Quito o no me quito del camino. Estoy cansao asere, cansao de todo, buscando un rayito de luz al final de esto que no sé como llamarlo ya.
- Mira Kiko aquí lo que hay que meter es un rumbón y meternos unos traguitos pa' salir de este moropo asere. Mira busca el cajón que me voy por una botellita de lo que sea, aunque sea un sábadocorto de lo que haya oiste... de lo que haya. La cosa está... pa' pensar asere.

Los dos amigos salieron en diferentes rumbos. Necesitan salir de aquel momento no muy claro para muchos de ellos en la isla ahora que se piensa que las cosas van a cambiar desde aquel 17 de diciembre de 2014.

Volvieron al solar de San Isidro y Kiko empezó a sonar aquel cajón con las palmas de sus manos. Comenzó el rumbón que les hace falta para olvidar un poco y volar de la realidad en que viven y han vivido toda su vida. Desde que abrieron sus ojos al nacer aquí en La Habana. Mientras el alcohol y otras sustancias hacen su efecto: LA EVASIÓN. La evasión de todo lo que les rodea así se vive en Cuba la que los lleva muchas veces a la desesperación. Y entonces se empezó a oírse algo que decía:
♪Oye vengan todos caballeros a gozar mi guaguancó... óyeme. Óyeme... vengan todos a gozar... tú guaguancó. la... la... la... la
Todo el mundo está pidendo a grito que le cante mi guaguancó le... le... le... le... la... la... la... la. Con su rumba pegajosa que todo el mundo quiere pa' gozá... la... la... lai... lai mi guanguanó. Que con su cadencia y su quintón alborotan el corazón.
Guaguancó... guaguancó... guaguancó... guaguancó
Ahí mi guaguancó... guaguancó ahí na ' ma con Yemayá a alegrar el corazón♪
La música de cajón continúa animando en el pasillo del solar de San Isidro cuando Gilbertda puso un pie en el solar y grito:
- ¿Qué esto mi madre? ¡Esto es lo que yo extraño madrecita! ¡Eso es lo mío, mi Dios! Guanguancó... guaguancó... guaguancó pa' mí y pa' ti también, pa' gozá.
- Gilberta... guaguancó, esto es guaguanóo pa' to nosotros na' ma'.
Gritaron los residentes del solar de San Isidro que una vez más gozan un guanguancó para aligerer la carga que todos llevan a la vez sobre sus hombros. Gilberta se agarró su saya ancha con sus dos manos y empezó a bailar en medio del solar a ritmo de guaguancó. En ese momento Efraín que movía sus pies al ritmo de guaguancó se acercó a Gilberta que se ve en su semblante el deroche de placer como goza la música de guaguancó. Los vecinos corean a Kiko en su canto y rodean a la pareja que hace el espectáculo vivo de un guaguancó de solar en La Habana Vieja, Cuba.
La música seguía sonando en los oídos de todos:
♪Vengan... vengas todos señores... Vengas todos... de todas partes a gozá... a gozá... a gozá nuestro guaguancó♪
Gilberta sintió que le falta el aire ya los años no son los mismos cuando la señorita Gilberta Carcacés Mendieta bailaba a ritmo de guaguancó han pasado muchos años, el sudor corre por su frente, todavía siente el deseo de seguir moviendo todo su cuerpo con aquella música que le entra por sus oidos y la alza, la eleva. Un alzamiento inexplicable para ella es como volver a nacer, como acabar de abrir los ojos en este mundo cuando todo es inocencia y no se sufría como les ha tocado sufrir ahora a todos ellos que tratan de encontrar: EL MEJOR DE LOS MUNDOS POSIBLES. La gente seguían apareció un timbalero que acompaña a Kiko en su guaguancó y entonces Efraín dijo:
- Oigan... oigan caballeros se forma la pachanga... a panchanguear a parandear y parandearnos. ¡Qué no hay más na'!
Gilberta se deslizó entre los vecinos y se fue a su cuarto. Entró y allí está su madre Evangelina Mendieta que dijo:
- Óyeme criatura, ¿Qué está pasando allá afuera?

- Nada mamá Kiko y sus amigos tocando su guaguancó.
- De eso me di cuenta yo enseguida y empecé a recordar mis tiempos de guaguanquera aquí en La Habana Vieja y en cualquier parte que me invitaban. Me ponía mis collares, mi vestido de ginga azul y blanco, me amarraba un turbante blanco en la cabeza y ahí se a dicho a bailar guaguancó. ¡Que tiempos aquellos mi madre!

Exclamó Evangelina. Belén que está sentada frente a su abuela oyendo las historias de su pasado empezó a entonar una vieja melodía que decía:

♪De aquellos tiempo... no... no queda nada ya...♪

Gilberta escuchó a su hija entonando la vieja melodía cuando le dijo:
- Belén... Belén mijta. Sabes una cosa, vengo de recorrer la calle me fui más allá del barrio y encontré letreros en las casas que dicen: SE VENDE. Algunas hasta con sus artículos eléctricos, vi televisores a color en venta puesto en el portal de las casas como otras cosas, anillos, relojes y cosas así. Dicen que la gente lo está vendiendo todo pa' irse pa' un país de esos de América. Yo no sé muy bien lo que esta pasando. Además más paladares y más cuentapropistas y a mí se me encendió el bombillo mijita vi un letrero en una casa que decía: SE ENSEÑA INGLÉS. Tú podrías enseñar.
- Mamá ya se le olvidó a Ud. que un día quitaron el inglés y lo sustituyeron por el ruso. La gente que sabe o recibió clases de inglés es la gente graduada en los 70 y antes mima después de ahí todo fue: RUSQUI PAR AIO. Ruso por radio. Quieras o no así fue.
- Bueno hija no se te ocurre enseñar otra cosa y aprovechar eso conocimientos que tienes en tú cabeza mijta. Tantos años perdidos así como nada. De algo te deben servir esos conocimientos.
- ¿Cómo y dónde? Mamá. Aquí en el cuarto del solar de cuarto por cuatro que ya ni nostros cabemos aquí.

Gilberta enmudeció, su hija tiene razón, aunque quisiera donde podía instalar su escuelita particular sino hay espacios ni para ellos mismos en el cuarto. La conversación selló y las tres mujeres se miran. Tres generaciones y las tres en las mismas circunstancias o peores para alguna de ellas. Cuando La señora Evangelina Mendieta espabilá como no en otras ocasiones dijo:
- Eso es verdad. Antes al menos podías alquilar un espacio y abrir tú negocio así lo vi yo cuando era muy joven y mi madre en paz descanse trabajaba de cocinera con una familia. Muy buena familia por cierto que nos ayudó muchísimos en aquellos tiempos. Su hijo se graduó de médico en la Universidad de La Habana y pudo abrir su propio consultorio me acuerdo que fue en Carlos III y Belascoain, muy buen médico ayudó a todo el que podía. Tenía un corazón de oro ese niño. Se fueron a los Estado Unidos al triunfo de esta revolución. Que ya yo no sé como llamarle ni ya sé que nombre darle o que es lo que es esto. Si es revolución o que carajo es.

Decía Evangelina con esa amargura que destilan sus palabras llenas de resentimiento y dolor.

- ¡Ay, abuela... abuela eso fue allá en aquellos tiempos. Estos son muy diferentes a aquellos tiempos abuela. La Revolución lo cambio todo... todo y eso es ahora lo que estamos viviendo todos en este país. Sin soluciones aparentes estancados en el tiempo y en el espacio. Estamos todos y seguimos tratando de sobrevivir en este mismo lugar las familias del solar de San Isidro y los de toda la isla de Cuba por más años por vivir porque aquí abuela... aquí... no hay arreglo.

Dijo Belén a su octogenaria Evangelina Mendieta. Desengañada de como fue engañada por la revolución de Fidel Castro.

Llegó otro día de encuentro para los intelectuales que se transmiten sus conocimientos útiles para el futuro de la isla que fue revolucionaria, sí es que lo sigue siendo o no. Cuando el joven Abel al profesor Olivares dijo:
- Buenos días, Dr. Olivares.
- Buenos días, muchachón. Estas listo, dispongo de solo unos cuarenta y cinco minutos, empecemos rápido. En qué parte nos quedamos en le último encuentro.
- Estábamos hablando del Che. El argentino mitólogico, el legendario por el que todos los días dije: SEREMOS COMO EL CHE.

- Mira, no creo que en realidad Uds. quieran ser como él. Ya con este personaje empezaron aparecer discrepancias políticas. Fidel y su hermano. Pro-soviéticos, stalinistas. Y el Che empezó a tener problemas con los rusos. Ya Fidel no ve al Che como cuando lo conoció en casa de María Antonia en México. Vio en él allá un potencial para una guerra de guerrilla, lo utilizó, lo explotó y cuando se declaró en contra de sus intereses y empezó a causarle problemas con sus aliados rusos, prefirió eliminarlo y quitárselo del camino, quitarlo de la gran escena política. Y leyó la carta del Che despidiéndose del pueblo cubano en la plaza de la revolución otro teatro muy bien montado como siempre lo hacen. El Che quiso regresar, regresó no existían las condiciones para la guerra de guerrilla en Bolivia por muchas factores. Pero ya se había marchado, ya se había leído su carta de despedida. Otras tierras del mundo reclaman el concurso de mis modestos esfuerzos. Ya tiene que seguir su aventura como lo que fue un: AVENTURERO DE GUERRILAS. Después acontencieron hechos sórdidos, inadmisibles en el año 1971 es encarcelado el poeta y escritor Heberto Padilla por sus discprepancias abiertas al gobierno de Fidel Castro y ese mismo año fusilan a un hombre... unos de los más humildes e indefensos hombres que yo hubiese conocido en toda mi vida. Eramos casi de la misma edad y su vida fue truncada a su corta edad con un gran talento que se iniciaba su nombre fue Nelsón Rodriguez Leyva; pero la fobia a los homosexuales por parte del autoridades guberrnamentales y más por Fidel Castro que siempre sintió desprecio, odio y no lo ocultó nunca y esa antipatía hacia ellos y entró el juego de crear las unidades miltares de ayuda la producción para encarcelarlos a todos. La famosa y desprestigiada: UMAP. Los campos cubanos estalinistas de concentración. Las conocidas UMAP donde encarceló a miles y miles de hombres solo por pensar de ellos que estos son homosexuales y a otros por otras razones como es el caso del cantoautor de la Nueva Trova, Pablo Milánes que después él fue galardonado en múltiples ocasiones y quizás perdonó los ultrajes de que fue victima, se le olvidó de su paseo por estas unidades de la UMAP. Se dice que Silvio Rodríguez también lo enviaron a la UMAP y que después se sumó a la revolución. No sé... no estoy seguro de como esto sucedió. Como otros artistas, escritores, religiosos que fueron encarcelados en estas unidades de la UMAP.
- Profesor... profesor hoy tengo una pregunta que quisiera oír algo sobre ese tema y es por qué Jose Antonio Echeverria que luchó casi paralelamente como dirigente estudiantil sus acciones no cuentan en esta revolución. Se ha buscado y tratado de minimizar su personalidad politica o anularla o simplemente olvidar sus hazañas revolucionarias y políticas.
- Interesante pregunta Abel; pero no hay tiempo. Mi clase empieza a las once me voy. Tú cuídate, el próximo encuentro será la Ciudad Deportiva a la misma hora.

El profesor se levantó y empezó a caminar, cruzó la calle del malecón y camina hasta que se perdió a la vista de Abel que toma todavía algunas notas sobre lo que escuchó en boca de un TESTIGO OCULAR DE AQUEL TIEMPO. En el que él no había nacido. Cerró su cuaderno de notas lo metió en su portafolio y salió su camino en dirección opuesta esa es la táctica a seguir y la estrategia a conservar para proseguir contando y que la policía política no los haya detectetados en sus encuentros de semana en semana.

Se dirige por la calle San Lázaro y se detuvo en la esquina que hace con la calle Belascoain, prefiere caminar para pensar y volver analizar todas aquellas cosas que el profesor Olivares lleva como una enciclopedia viviente de lo que fue la revolución cubana, sus misterios, sus intrigas, sus mecanismos en ocasiones impensables por el cubano que confió tanto en el máximo líder de esta revolución. Llegó a la calle antigua Carlos III que ahora la llaman Salvador Allende en tributo al presidente chileno muerto en la Casa de La Moneda, en Santiago de Chile en aquel año de 1973. Donde Fidel Castro pensó sembar su mala semilla del socialismo-comunismo. Abel camina y a la vez piensa en todas esas cosas que oye de parte del profesor Olivares pasó frente al Hospital Emergencia y allí se quedó pensando en el nuevo encuentro con aquel profesor que le cuenta la real historia de Cuba que no aparece en los libros de enseñanza en la isla. La historia vivida por él y ahora contada por el mismo que la vivió.

Son las dos y treinta y tres minutos pasado meridiano.
Efraín camina calle abajo por unas de las calles que se mantiene activa en cuanto a todo se refiere. La calle Obispo, vendedores de obras artesanales, turistas, entre otros hombres y mujeres buscavidas. Niños que se acercan a pedir un dolar o cualquier cosa que pueda servirle en estos momentos que se viven en la isla paradisiaca que pronosticó Fidel Castro y la llegada de su Revolución Socialista.
O mejor dicho en la que se sobrevive día a día tratando de seguir a los acontecimientos que acaecerán a partir de ahora que ya la supuesta amistad comenzó entre los dos paises vecinos, rotas por más de medio siglo.
Estados Unidos y Cuba. Efraín en su ir y venir buscando a su amigo Kiko, necesita hablar con él es como su yunta de siempre lo ha ayudado en las buenas y en las malas y ahora casi todas son malas.
La vida en la calle se está poniendo cada día peor no hay LA BUSCA como dicen ellos, que le llaman así a buscar la moneda dura el dolar, el euro, el chavito o CUC. O a discutirlo como en la ley de supervivencia en la selección de las especies, en este caso la humana en un país que cada vez se deteriora más para inventar un dolar en la calle como sea, de todas formas el fin justifica los medios hay que vivir como se pueda y no como se quiere.
No se encontró con Kiko en la calle Obispo y decidió ir hasta San Isidro a conversar con Kiko y buscar soluciones a los tantos problemas y contarles de los últimos acontecimientos. Siguió su camino directo a San Isidro con muchas cosas en su cabeza de pronto se dio cuenta que kiko se encuentra sentado en el mismo cajón que le dio la fiesta de guanguancó en el portón del solar de San Isidro, se acercó a él y dijo:

- Ven acá asere que bolá, qué bolón me estas huyendo mi padre o ¿Qué es lo que pasa?
- No pasa na' asere... no pasa na'. Es que no acabo de hallar la solución.

Contestó Kiko a su amigo de desvelos y planes a llevar a cabo en el duro dia a día que se vive en la isla. Y le dijo:
- La calle está mala asere... está mala... El anuncio del restablecimiento de las relaciones con el imperio a vuelto loco a todo este pueblo, hasta a masantín el torero. La gente está alborata, unos que quieren tirarse a mar de nuevo porque temen que esto sea un truco más de los Castro. Otros buscando fulas para pirarse por Ecuador o por cualquier embajada que le dé visa mi socio porque hasta Rusia esta vendiendo visas. Esto se jodió asere... se jodió pa'l carajo. La gente tiene miedo que volvamos a ser amigos de los Estados Unidos y aquí no haya ningún cambio y los Castro permanezcan por más y más tiempo en el poder haciendo y deshaciendo de las suyas oprimiendo cada vez más a todo el pueblo, aplastándonos con sus pesadas botas sobre nuestras cabezas y tenernos aterrilláo como hemos estados por estos cincuenta y más años y seguimos con na' pa' nadie asere. Ese es motivo de la locura. El pueblo no confía en los Castro que no sueltan el poder. Y oí algo sobre la ley de Ajuste cubano que a lo mejor la quitan y se acabó... se jodió to pa'l carajo de verdad asere... se jodió to pa' nosotros to se jodió. Y después de todo esta Gran Escena montada como el programa de la televisión... ¿qué vendrá pa' nosotros Kiko... ¿qué vendrá? Algunos que están dentro y bien empapao de lo que está pasando en el país. Solo dicen cantando: ♪No quiero llanto... no quiero llanto...♪. No sé... no sé. Mira Kiko... yo no quiero volver a la prisión asere, tres veces me e' tirao y la grifi me ha agarao asere, ya yo no estoy pa' esto mi hermano... no estoy pa' esto. Mira mi socio déjemos esa talla y déjame decirte la que hay. Tú te acuerdas del Paladar de Carmela. Ella me daba el chance como camarero y le fregaba los platos al final del día. Pue' mi hermano se acabó el curralo asere, Carmela va a cerrar el paladar en dos semanas dice que los impuestos del gobierno son muy altos y la cuenta no le da. Entre lo que paga los empleados, la compra de todo lo que necesita servir y los impuestos del gobierno se le va to no la hace mi socio... no la hace y las remesas desde Miami que su hermana le manda ya no están ayudándola mucho desde que ella le dijo que planeaba abrir el paladar. Se nos está cerrando el cerco asere, se nos está cerrando el círculo... se nos está acabando el chance de aquí hay que irse echando pa' donde sea, y en lo que sea y como sea.
- Mi socio. ¿Qué hacer?... ¿Qué hacer? La vida se me acaba asere,

Repetía Kiko en la encrucijada que le había tocado vivir en su isla que pronóstico ser un paraíso en el medio del mar Caribe.

- Mira Kiko una puerta se cierra y otra se abre mi hermano. La esperanza no podemos perderla. Mira anoche me fui a la peña del Parque Central y tú sabe que allí se va la gente a dar muela... y muela como no hay más na' que hacer. Allí se pasa el rato y se mata el tiempo. Fui con un compañero del preuniversitario y ahora está en la universidad, estudia... creo me dijo geograrfia o algo asi.
- Ven acá Efra y ¿Por qué tú no siguiste en la universidad?
- Esa es otra historia, mi socio. El problema fue que yo no soy militante de la UJC y pedí Sicología y no me la dieron y entonces me querían llevar pa' medicina explicándome que sicología y siquiatría eran afines, dije no, yo lo quiero estudiar es sicología. Tú no ves que sí me mandan pa' medicina cuando me gradue me mandan pa' donde ellos quieran y no puedo ni chistar mi hermano o me mandan pa' Africa o como tú ves ahora pa' Venezuela como la hija de Esther la del solar, yo no quiero salir de: GUATEMALA PARA ENTRAR EN GUATEPEOR. Porque aquello allá está que quema mi socio. Maduro, el guaguero no sabe que hacer. COMPRO CABEZA Y LE COGIÓ MIEDO A LOS OJOS. Así decía mi abuela kiko cuando las cosas no salían bien en los malos proyectos. Es un presidente inculto.
- Bueno deja esa talla y dime lo que pasó en la peña.

Dijo Kiko interesado en la Peña del Parque Central.
- Na' como te decia me encontré con mi socito del preuniversitario y empezamos hablar de la situación en que estamos viviendo y me dijo como él hace algún dinero con los extranjeros que le pagan en dólares y le pregunté: Ven acá... Casimero explícate... ¿y qué tú haces? Mi socito del pre se quedó callao por un rato y luego siguió diciéndome. Mira Efra... no me juzgues... mira no lo tomes a mal Efra; pero la necesidad es la necesidad mi amigo y me a llevado hacer todo esto. Todo empieza de esta manera yo contacto el turista que viene a través del internet, claro cuando tengo acceso a la cuenta y logro conectarme al internet que no siempre puedo conectarme. Nos ponemos de acuerdo y con mucho cuidado el extranjero llega y yo le sirvo de guía. Sí... sí... de guía acompañante. Tú sabes me visto que parece que no soy de aquí y hasta cambio el acento al hablar y los policías no me piden una identificación o algo así, en ese momento soy un extranjero más en La Habana buscando la moneda fuerte pa' seguir viviendo y de ese modo hasta ayudo a mi familia. Que no sabe na' de todo esto que yo hago. Y luego que más después... le pregunté a mi socito del preuniversitario.

Decía Efraín a su amigo Kiko que le presta toda la atención del mundo.

- Y me contestó... Bueno... tú sabes... lo demás... y le dije: dime... dime... ven... ven... ¡ah!... ah... compadre tú lo que eres es un pinguero. Y me dijo: No... no... yo no soy un pinguero de esos de la calle Efraín, lo mío es más profesional y es una forma de hacer dinero mi socio. El peso cubano no da... ni dice a donde hay... mi socio. El gobierno, este que tenemos nos obliga hacer lo que hacemos. Esas viejas profesiones han surgido ahora de nuevo con este sistema. Son profesiones cubanas de finales del siglo XX y principios del siglo XXI: LA JINETERA Y EL PINGUERO, pa' que tú veas mi socio y hasta te lo digo yo como en: Escribe y Lea con sus doctores... Eso es así mi socio, mi hermano aquí no hay más na' pa' nadie mi. Ellos mismo trajeron estos lastres que ahora tenemos que cargar en nuestras espaldas y sin saber hasta cuando. Y te digo una cosa fíjate yo tengo unos tres o cuatros socios de trabajo que los trajeron de Oriente, son palestinos que vinieron a pasar el servicio militar aquí en La Habana en Managua y tú quieres saber lo que hacen cuando salen de pases los fines de semanas... PINGUEAR porque es lo único que le da alguna entrada de dinero y conozco uno que ya cumplió el servicio militar en La Habana y se lo llevaron de nuevo pa' su lugar de origen y ahora volvió, duerme en la calle en parques donde lo coja la noche dice que pa' Oriente, ni loco... ni amarrao que allá no se vive... que allá no se puede hacer y aquí al menos de pinguero vive mejor que no importa con nacionales o con extranjeros se busca aunque sea pa' comer y pagarse su estancia en la capital cuando puede reunir CUC. Es un palestino más en La Habana pinguendo pa' vivir. ¿Te lo imaginas? Dice que en Oriente la cosa está mala... malísima la cosa pa'llá que no se puede llevar a cabo esta profesión de pinguero. Le huye a los policías por temor a que lo devuelvan pa'llá, pa' Oriente. Esto es lo que trajo la revolución socialista y sí seguimos en revolución seguiremos en las mismas hasta ver que pasa. ¿Qué vendrá después? Nadie sabe quizás me gradúo en la universidad y tengo que seguir en mi otra profesión de pinguero tan vieja como en los tiempos romanos.

Kiko escucha la historia de su amigo Efraín. No entendió nada de lo que su socio de andanzas le cuenta sobre su compañero de estudios en el preuniversitario y ahora en la Universidad de La Habana y dijo:

- Mira... mira... mira Efra eso me suena a mi muy complicado y con extranjeros y eso... no... no, yo no sé inglés así como pa' hablarle a alguien y mantener una conversación. Lo poco que sé lo aprendí en la prisión con mis compañeros disidentes presos en La Primavera Negra del 2003. Ese negocio no camina conmigo asere. No camina conmigo. Te lo digo yo... no camina. ¡No lo entiendo!

Gritó Kiko que a veces pierde el control desímismo entre tantos asuntos todavía no muy claros para él en su cabeza, buscando la salida que no encuentra.

- Ni conmigo tampoco Kiko... Kiko es la deseperación en que vivimos Kiko... la deseperación. La gente hace lo que sea por buscarse el fula que no se ve y el peso cubano la gente no lo quiere ni pa' limpiarse el c... Fíjate ahora lo que le pasó a Elpidio mi socio de los bicitaxis la policía le confiscó la licencia para manejar el bicitaxi lo encontró parqueao en un lugar que según el policía no puede estar ahí y le suspendió la licencia le dijo que no podía estar más ahí. Elpidio le dijo: Esta es la zona de trabajo que me asignaron.
- Na' le pidió la licencia y no se la devolvió. Ahora maneja sin licencia.

Dijo Efraín hablando de Elpidio un amigo de ambos que se la busca su vida manejando un bicitaxi en la zona del Paseo del Prado fundamentalmente visitada por el turismo internacional.

- Y ahora está manejando prestando servicio en las entre calles pa' que no lo cojan. Y sí lo cogen Kiko pa'l tanque de nuevo por no tener licencia pa' manejar el bicitaxi. Tú te das cuenta como es la bolá asere, no es justo, no se cumple lo de una de cal y una de arena. Mi padre algunos policías si los tocas o los mojas con unos cuantos CUC se hacen los de la vista gorda, se la dejan pasar, pero otros extremistas que son bastante mi hermano no aceptan. Y sí te equivocas mi socio. Allá va eso, ¡Ay, mi madre! La salación te calló encima con estos policías orientales que no se quieren la vida y acaban con uno en un dos por tres, así de fácil Kiko, como te lo estoy diciendo yo Kiko.

Kiko en su mente elaborando, digiriendo todas aquellas cosas que decía Efraín su amigo de aventuras y desventuras en La Habana, Cuba.

Kiko oía, seguía oyendo a su socio con sus cuentos y sus verdades a las que no se le halla una solución en la Cuba de hoy, en la que se había hecho una revolución: PARA EL BIEN DE TODOS. Y SE HABÍA CONVERTIDO EN EL BIEN PARA UNOS CUANTOS. La camarrilla en el PODER. Cuando Efraín dijo:

- Y ahora pa' cerrar y dejar la talla asere, ya que no te dejao poner una. Aquí te traigo la mundial mi socio... la mundial. Tú sabes lo que me dijo mi compañero de preuniversitario que en la facultad los reunieron pa' ir y servir gritándole a Las Damas de Blanco los domingos cuando marchan por la Quinta Avenida y cuando lleguen al parque ellos le empiezan a gritar. Tú sabes ya lo mismo de siempre que aburre... ya da asco gritando: PIN PÓN FUERA ABAJO LA GUSANERA. Ahora que los gusanos vuelven después que pasaron su metamorfosis ya convertidos en bellas mariposas multicolores. Y bellas porque traen los dólares. La moneda que le hace falta a los Castro para mantenerse más en el PODER. Tú sabes las turbas adiestradas por la policía y así parece que son los jóvenes defendiendo su revolución y al final de cansarte de gritar hay una merienda pa' controlar el hambre dos laticas de jugo de piña y un emparedado de jamón. Tú ves como es la cosa Kiko te compran... Kiko te compran y ellos le siguen el juego al gobierno, no quieren perder su carnet, ni su carrera, ni su futuro porque ellos creen que a este gobierno le queda poco. Y entonces si tendrán el futuro que ellos imaginan o piensan tener con la caída de los Castro.

Decía Efraín. Mientras Kiko oía y analiza sin decir una palabra.
- Óyeme Efra... Efra yo creo que es mejor dejar eso ahí. Vamos a estudiar otra situación. En ese momento se oyo un grito que sale de unos de los cuartos del solar de San Isidro. Kiko y Efaín salieron corrriendo a ver que sucedía y se encontraron a Esther tirada en un silloncito de su cuarto llorando con un teléfono celular en su oído diciendo.
- ¡Ay, mijita cuídate!... cuídate mucho mija. Yo no sabía nada de eso Viviana. ¿Cómo fue que todo eso pasó? Cuídate mi chiquitica... mi chiquitica... cuídate. ¡Ay, Dios mío!... ¡Qué será de todo esto!... ¡ Qué será!...

Esther llora desconsoladamente mientras Kiko y Efraín la miran fijamente tratando de adivinar que está pasando y con quién estaría hablando la señora Esther que se había quedado sin fuerzas con su cabeza apoyada en las palmas de sus manos y el teléfono celular en su regazo. Sin saber de que se trata y porque llora de esa manera. Kiko no quiso preguntarle y se quedó ahí parado en la puerta del cuarto de cuatro por cuatro del solar de San Isidro. En ese momento llegó Gilberta la vecina del cuarto de al lado y dijo:
- Esther... Esther... que ha pasado. ¿Le ha pasao algo a Conradito, allá en Miami?

Esther no contestó. Por su cabeza pasan muchas cosas que ahora no sabía como enfrentar y no mencionó una palabra. Gilberta miró a Kiko y a su amigo Efraín y le hizo un guiño con el ojo y un gesto con las manos anunciándoles que las dejaran solas, que se alejaran. Kiko y Efraín entendieron lo que Gilberta quiso decir, los dos se fueron hacia el portón del solar donde habían estado conversando minutos antes. Gilberta y Esther ya están solas en el cuarto. Gilberta le pasa una mano por la cabeza a su vecina y le dijo:
- Dime... dime Esther. ¿Qué ha pasao?... ¿Qué ha pasao?

Entre sollozos la señora Esther dijo:
- No sé... no sé como explicarte esto lo veo tan complicado y al vez peligroso. ¡Ay!... ¡Ay, Dios mío mis pobres hijos!... ¡Mira que esta revolución nos ha hecho tanto daño ya a todos nosotros!

Gritó la señora Esther cuando Gilberta decía:
- Esther no grite Ud. así que Ud. sabe como está la cosa en la calle. La calle está malísima la policía anda que no cree en nadie. Tiraron proclamas hoy en el Capitolio y en el parque de La Fraternidad y los sabuesos están y andan a la caza de lo que se puedan llevar a la estación de policía. Y por experiencia se lo digo no se pasa bien allá dentro vecina. Es como morirse en vida. Se lo digo yo que ya lo sufrí en carne propia.
- Gilberta... Gilberta... nosotros somos como familia nacimos aquí en el solar crecimos aquí en el solar y ahora estoy deseperada Gilberta... desesperada.
- Dime Esther dime... ¿Qué pasa?

- ¡Ay, por tú madre Gilberta! Es algo tan serio que no sé cómo empezar a contarte. Los hijos Gilberta... los hijos vuelven a uno loco con sus ideas y decisiones.

Dijo la señora que se ve muy nerviosa desde que acabo aquella llamada telefónica que solo ella sabe con quién ha hablado y cuál es ese asunto que tanto a ella ahora le preocupa. Y continuó diciendo:
- Gilberta es Viviana... mi hija Viviana.

Al mencionar el nombre de su hija, Esther se detuvo hizo silencio, se levantó de su silla y cerró la puerta del cuarto para cerciorarse de que nadie la oye, sabe las consecuencias que podría traer esta deserción y dijo:
- Tengo miedo Gilberta... mucho miedo... pero mucho miedo. Viviana se escapó de Venezuela y cruzó a Colombia con ayuda de unos amigos.
- ¡Ay, María Santísima! ¡Qué es esto madre mía!

Exclamó Gilberta que se quedó sin decir una palabra al oír aquella confesión de la boca de Esther, la madre de Viviana médico sirviendo en Venezuela a la Revolución Bolivariana. Las dos mujeres se quedaron sin aire para continuar su conversación. Esther solloza y decía:
- Mantenme el secreto Gilberta tengo miedo a las represalias del gobierno. Tú sabes como ellos actúan. Tú sabes como ellos son. La Seguridad del Estado vendrá en cuanto la noticia salga y en el ministerio de salud pública se enteren de que ella se fugó. Dios mío... Dios ayúdame. Estos muchachos me van a matar del corazón.

Dijo Esther en un momento tan inesperado para ella como este.
- No diga eso Esther. Los muchachos quieren ser libres vivir su vida y aquí nada... nada se les ofrece no tienen futuro. Mira a tú misma Viviana se ha sacrificao de verdad con todos sus estudios su título de doctora... ¿Y qué?... Nada. Aquí en el solar de San Isidro donde nació durmiendo en una barbocoa por años y años sin un lugar decente donde vivir y ni poder invitar a sus amigos y vivir como Dios manda. A veces justifico a Isabel la hija de Lilita que un día salió del solar buscando mejor vida y se empató con ese agente de la Seguridad del Estado y tienen esa mansión en el Nuevo Vedao. Lo único que no entiendo porque no viene a ver a sus padres a esos pobres viejos ahí en su cuarto que ni salen a coger sol. Porque desde que murió Tony en Angola. Libertad no sido más la Libertad que yo conocí hace muchos años atrás. Mira a mis hijos Esther no tiene Ud. que ir tan lejos el cuarto de lao se alquila. Mire nos a nosotros Belén con su título bajo el brazo; pero sin trabajo se está cansando me dijo hace unos días, mamá Gilberta estoy cansada de todo. Mire a Ramirito el de Ofelia graduado de la universidad y sin trabajo...Esther aquí no hay na' pa' los jóvenes por eso se van... se van...y seguirán hiéndose porque aquí NO HAY MÁS NA' PA' ELLOS.
- Es verdad Gilberta; pero que será de mi niña allá en esos lugares que ella no conoce a nadie y puede pasarle algo.
- Mire Esther sea positiva, piense en que todo va salir bien y Viviana va a cumplir sus sueños de ser LIBRE allá en los Estados Unidos.
- ¡Ojalá Gilberta!... ¡ojalá que así sea mi hermana... ¡Ojalá!

- ¿Se siente Ud. mejor ahora?

Preguntó Gilberta a su vecina preocupada por su madre Evangelina que la había dejado sola en el cuarto.

- Sí... sí... Gilbertica, me siento mejor.
- No... es que deje a la vieja sentada sola en su silloncito y no me gusta que este por largo rato sola, Ud. sabe ya cuando llegan esos años uno no sabe y hay que estar mirándolos constantemente.
- Sí... sí... Gilberta te entiendo. Te entiendo.

Repitió Esther a su vecina que ahora al hablar con ella se sintió mejor.

- Cualquier cosa que necesite me llama.

Dijo Gilberta dispuesta a salir para su cuarto que solo lo separan una puerta del de su vecina Esther.

- Sí... sí... Gilbertica no te preocupes. Ojalá mi hija siga su rumbo sin poblemas a los Estados Unidos.
- Asi será... así será... Esther... así será. Ya verá Ud.

Gilberta se levantó de una de las sillas que conforman el pequeño espacio que le sirve de sala en el cuarto de cuatro por cuatro de Esther en el solar de San Isidro y se dirigió a su cuarto. La tarde está cayendo y el cuarto se hace más oscuro. Gilberta entró y Evangelina dijo:

- Oye Gilberta ¿Qué pasó ahí en el cuarto de alao?
- Na' mima... nada yo oía a Esther llorar y salí a ver que pasó.

Gilberta decidió no contarle a su vieja madre que no entendería lo que le pasa a la vecina Esther y a su hija, la doctora Viviana que servía en Venezuela como médico. Y ahora se aventura buscando su libertad.

- No, mamá Evangelina. Esther no se sintió bien y Ud. sabe que cuando uno está solo cunde el panico, ya yo fui a verla y ella se siente mejor ahora.
- ¡Ah, menos mal! Mija. Porque son tantos los problemas que tenemos que hasta yo me pongo nerviosa cuando oigo algo así.

Gilberta no quiere decirle a su mamá Evangelina lo que está pasando con Viviana la hija de Esther en misión internacionalista en Venezuela. «Es un secreto de vecinos», se dijo Gilberta y luego miró a su madre dijo:

- Sí... sí mamá son muchas cosas. Yo estaba por allá por la bodega y una mujer llegó corriendo diciendo que frente al Parque Central había una manifestación en contra del gobierno con carteles de LIBERTAD y tirando proclamas al aire.
- ¡Ay, caray! Estamos como en los tiempos de Batista que la gente y los estudiantes universitarios se lanzaban a la calle a protestar contra el dictador Fulgencio Batista. Estos estudiantes de ahora no son como aquellos. Estos no protestan por na', yo no sé que les ha pasao a ellos. Están dormidos o están bajeao como hace el majá y con ese lavao de cerebro que les hacen al entrar en la universidad. Fidel Castro, el majá mayor los tiene bajeao y los amarra con su verborrea comunista de siempre. Los retiene y no los suelta.

- Mamá... mamá... es que llegó el momento en que estamos en una dictadura parecida o peor que la Ud. vivió con Fulgencio Batista. Ahora golpean, arremeten contra las mujeres y hombres que solo piden UN CAMBIO. Un cambio que no acaba de llegar. Solo un milagro nos dará ese cambio Dios mío.
- Yo no sé... yo no sé que va a pasar aquí. Esto está estancao.

Evangelina dijo y se oyó como un lamento y movía su cabeza a ambos lados. Buscando la explicación a la situación cubana desde 1959.
- Aquí mamá hay que esperar por Los Yumas y que esta gente entiendan que es tiempo ya de cambiar, que su experimento no funcionó ni funcionará. Los resultados han sido negativos.
- Yo creo que más que negativos. ¡Qué Dios se apiade de nosotros!

Dijo la señora Evangelina que con sus años en ocasiones entiende y en otras no entendía lo que está pasando en la isla. Gilberta se fue a la cocinita y encendió el radio. Es mejor, oir música para no pensar y se oyó:
♪Quién será la que me quiere a mi
Quién será... quién será..♪
Cuando en ese mismo momento Clarisa baja de la barbacoa diciendo:
- Quién será... quién será... NADIE... NADIE PORQUE NADIE QUIERE A NADIE, SE ACABÓ EL QUERER. En esta vida que llevamos en este dichoso país.
- ¡Ay, muchacha no digas eso! Tú tan rebelde como siempre.

Dijo Gilberta a su hija Clarisa que está más clara que su madre y su abuela en todo ese entorno en que vive en la isla.
- Sí... sí... sí... ♪SOY REBELDE PORQUE EL MUNDO ME HA HECHO ASÍ PORQUE NADIE ME HA TRATADO CON AMOR♪. Cantaba Clarisa.
- Clarisa... Clarisa... mijita ven temprano... la calle está mala.

Gritó Gilberta en alta voz previniéndole a Clarisa de lo malo que está la calle en La Habana en estos días que se anuncio la llegada de Los Yumas.
- La calle ha estado mala siempre mamá. Lo que pasa es que Ud. se pasa el día aquí con abuela y no ve lo que está pasando en la calle. Los buitres andan sueltos y se comen a cualquiera o lo desaparecen y no pasa na' mamá Gilberta.
- En mis tiempos no era así.

Dijo Evangelina sentada en su sillonsito de todos los día.
- Sí... pero seguro que en sus tiempos no fueron como estos donde hay que vivir con la boca tapá no se pude decir na' hay que vivir con un salario en peso cubano que no vale nada, nadie lo quiere, círculan dos monedas en el país. La gente se quiere ir pa' donde sea, no importa pa' donde, pa' Africa, pa' Haití. Se está mejor en cualquier parte que en esta amargada isla en la que nos ha tocado vivir. Seguro que en aquellos tiempos no había que salir de noche a... ji...
- Clarisa... Clarisa es mejor que te calles... cállete y ve... vete Clarisa es mejor así... ¡vete!

Gilberta perdió el control al oír a Clarisa. Su hija que está cansada de tanto y de todo en su isla que un día aceptó la revolución socialista de Fidel Castro con sus promesas de todos los días. Y nada se cumplió y las vida es cada vez más insoportable para el pueblo cubano.
- Sí... sí es mejor que me vaya a encontrame con Rocío y me hace algunas de sus historias y pasamos una buena noche.

Clarisa salió del cuarto luce como nunca como ella solo sabe lucir su belleza atrae a todos, sus curvas, su piel canela. Su pelo largo y sus grandes ojos hacen un conjunto fuera de serie, cotizado en ese mundo exterior que se vive allá en el malecón de La Habana lleno de turistas cuando llega la noche y todas las aves salen a buscar para poder seguir viviendo y llevar algo al nido, al nido de la pobreza que se les ha creado por uno con ambiciones de poder y de riquezas. Va por San Isidro no le gusta caminar por la misma calle todos los días. Y trata de desviarse y salir a un costado de la iglesia de La Loma Del Ángel, camina y allá a lo lejos se ve la luz del Morro de La Habana y en su complacencia iluminando todo ese mar que es azul en el día y negro en la noche. No sabe si hoy se encontraría con Rocío, Xiomara o Maritza para caminar juntas de un lado a otro desde el Hotel Nacional hasta el Morro. Es una zona que da grandes posibilidades de encontrar algo o a alguien con quién hacer la noche y llevar unos dólares al cuarto del solar. El malecón se llena de punta a punta y casi todos en lo mismo en: La Busca. Cruzó la calle y siguió su camino a lo largo del malecón. Vio a Xiomara recostada al muro se acercó y le dijo:
- Hola, Xiomi. ¿Cómo andan las cosas mi amiga?
- No muy buena Clarisa... no muy buena. La policía y los extorsionistas andan sueltos como leones en la selva no nos dejan vivir. No se puede vivir de esta manera. Imagínate el poco dinero que hacemos y a veces no hacemos nada en una noche y ahora ellos nos lo quitan y no podemos hacer nada... me amenazaron con llevarme presa o obligarme a tener sexo con ellos... y no pagan. Eso es lo lindo del caso les sirves y no te pagan...
- Esto está malo de verdad.

Clarisa dijo y se quedo en silencio pensando en el problema que todas enfrentan y luego preguntó:
- Y Rocío... ¿Dónde está?

- ¡Ay, muchacha no me hables de eso que ese es el otro gran problema! Rocío anoche se despertó gritando con una pesadilla y llora y llora... y gritaba: ¡No!... ¡no!... ¡no!... ¡no me saquen de aquí!... ¡no me saquen de aquí por su madre! Y llora y su llanto me despertó, corrí a ver que pasaba y de me dijo que fue una pesadilla. Un día que la policía se presentó en ese barrio en que él vivía que es como un llega y pón y la policía le puso una multa de mil quinientos pesos y lo arrastraron fuera de su cuartucho hecho con pedazos de cualquier cosa, desalojándolo y destruyendo todo lo que encontraron a su alrededor, lo golpearon y ahí fue cuando despertó en llanto. Y pa' más mijita la descubrió un policía de allá de Oriente que lo reconoció aquí una noche de estas en el malecón y lo amenazó con deportarlo sino le paga. Y cada vez le pide más y más dinero a la pobre Rocío.
- Sí... sí... yo me acuerdo de esa noche aquí mismo en el malecón.

Contestó Clarisa que aún se acuerda de la noche fatal del encuentro de Rocío con el guardia que lo conoce de allá de Oriente.
- Por todo esto que está pasando, él decidió esconderse por una semana y ver que pasa. No quiere que ese policía lo deporte pa'llá pa' a ese monte donde el nació.

Decía Xiomara con miedo de lo está diciendo a su compañera de labor.
- Qué pena me da con Rocío. ¡Si pudiera ayudarle!

Exclamó Clarisa que siempre sintió lastima por Rocío. Las dos mujeres esperan por la noche que todavía es joven. Y ver sí el malecón habanero prometía una buena noche para ellas hoy. Miran a ambos lados en caso que aparecieran los policías. Los ninjas de la noche, los buitrés como ellas mismas los llaman o los perros sabuesos. Cuando Xiomara sintiendo ese miedo dijo:
- Dime algo Clarí, caminamos, no es bueno estar en un solo lugar. Hasta yo le he cogido miedo a estos perversos policías el negocio se puesto malo... malísimo de verdad.
- Sí... sí... vamos, si te hace sentir mejor. Vamos a caminar.
- Yo no sé porque esa tanta persecusión con nosotras. Fidel ofrece el TURISMO DE LA SALUD y nosotras ofrecemos el: TURISMO SEXUAL.
- Ja... ja... ja... se reían las dos muchachas mientras caminan malecón arriba.

Las dos muchachas jóvenes con todo esos sueños propio de la edad empezaron a caminar cuando un hombre de unos cincuenta o más años desde un carro que parecía ser un Audi. Llamó a Clarisa. Ella se acercó y aceptó con la condición de que Xiomara fuera en la aventura, se cerró el negocio y las dos muchachas se montaron el el Audi otra noche más, otra noche que pudiera dar pa' La Busca. Como ellas mismas le llaman a su actividad nocturna en el malecón de La Habana.

Otro domingo y La Damas de Blanco: Laura Pollán en su misión de marchar por la Quinta Avenida de Miramar y luego llegar al Parque Ghandí y reunirse con los demás disidentes con la convicción de TODOS MARCHAMOS.

Efraín, el amigo de Kiko está allí con su amigo del preuniversitario. La situación es tensa entre todos. La Seguridad del Estado ha desplegado sus fuerzas y además las turbas preparadas junto a los estudiantes de la universidad para enfrentar a los disidentes gritando las mismas viejas, cansadas y retóricas frases creadas por el mismo gobierno hace más de cincuenta años. Cuando Efraín desde un costado y lejos de la multitud divisó dos caras conocidas en el grupo de Las Damas de Blanco, se dio cuenta que eran Zoe y Yadira las hijas de Ofelia y Gilberta que viven el solar de San Isidro. La situación continúa tensa y la policía política comenzó su operación donde otras mujeres vestidas de uniforme del ministerio del interior arrastran y golpean a las indefensas Damas de Blanco, llevándolas a una guagua y trasladonlas no se sabe donde. Otro domingo más en La Habana. Donde Las Damas de Blanco hacen su historia. Apesar del abuso desmedido de las autoridades cubanas y la renovación de las relaciones entre Cuba y EE.UU.

Abel preparando su agenda para encontrarse con el Profesor Olivares en la Ciudad Deportiva mañana. Otro momento de Abel para conocer la verdad. La verdad oculta. La verdad que el gobierno de Cuba el gobierno de Fidel Castro no quiere que se sepa y más que la juventud cubana sepa.

Ya son las nueve y once minutos en la mañana y el profesor Olivares espera por el encuentro con su ex-alumno y ahora colega. El Dr. Olivares sentado bajo unos de los arboles verdes frondosos que forman parte del ambiente de la Ciudad Deportiva en La Habana.

- Hola profesor.

Dijo Abel. Él le tendió la mano a su profesor y él se paró y desde donde estaba sentado comenzaron a caminar. Buscan el mejor lugar donde llevar a cabo este intercambio que habían comenzado semanas atrás con e único objetivo de algún día desenmascarar el desgobierno de Fidel Castro y de hermano Raúl ahora en el poder. Descubrir lo no dicho por más de cincuenta años.

- Hola muchacho. ¿Estás listo para hoy?
- Como siempre maestro esperando por sus testimonios.

Contestó el joven se dieron cuenta que había un lugar para poder llevar acabo la reunión de hoy y allí comenzó la historia a ser contada cuando el profesor dijo:

- Nos quedamos en le último encuentro hablando de Jose Antonio Echeverría, si mal no recuerdo.
- Así mismo es profesor. Nos quedamos hablando de Jose Antonio Echeverría.

- Aquí Abel no hay mucho que decir, lo más importantes es que José Antonio conocía los planes de llevar a Cuba hacia el comunismo y lucharía hasta las últimas consecuencias para impedirlo y así lo hizo. Muchas discrepancias entre manzanita y Fidel Castro en cuanto a como devolverle al pueblo de Cuba la democracia que no existía después del 1952 con el golpe de estado del dictador Fulgencio Batista y sus mandatos anteriores. Jose Antonio era un hombre con una conceptualización muy diferente a Fidel Castro en como llevar a cabo el proceso de cambio. Él nunca apoyó a Fidel Castro. Por tanto saca tus propias conclusiones y lo demás es historia. Recuerda que Jose Antonio viene de una familia católica ferviente. El comunismo no tenía lugar como ideología en la mentalidad de este gran dirigente estudiantil universitario.
- Sigamos ahora. Qué pasó depués del famoso año 1970. El año millonario según algunas gentes le llaman en la calle.

Preguntó el joven yendo un poco más cerca a la siguiente década del triunfo revolucionario.

- Ese año millonario como tú me dices marcó el declinar de la llamada Revolución Cubana. Otras de las locuras de ese hombre. La población cubana fue perdiendo su fe en la revolución que se había declarado socialista en vias del comunismo. Y todo fue un desastre histórico para la revolución y para el pueblo de Cuba. No se cumplieron los llamados Diez millones de toneladas de Azúcar y se hicieron grandes sacrificios desde el más joven hasta el más viejo enfrascados todos en la zafra más larga que hayamos tenido en nuestra historia, duró dieciocho meses esa contienda azucarera de ese año 1970. El pueblo empezó a darse cuenta donde estábamos y que el experimento cubano no estaba dando los resultados a la vista del mundo entero. En esos momentos de difícil análisis de la situación cubana y el desatre de la zafra de los diez millones. En ese encuentro Selma Díaz dijo:

LO MEJOR QUE TUVO ESA MALA EXPERIENCIA, ES QUE PASAMOS A UNA NUEVA ESTRATEGIA DE TRANSICIÓN SOCIALISTA, QUE COMO YA SE MENCIONÓ TAMBIÉN TUVO SUS LIMITACIONES. LO QUE ESTÁ EN PROCESO ES AHORA PREGUNTAR CUÁL ES LA NUEVA ESTRATEGIA DE TRANSICIÓN QUE ESTAMOS O ESTAREMOS EN LOS PRÓXIMOS AÑOS. Ahí puedes ver el inicio del declinar de la revolución socialista de Fidel Castro. Empezó el punto de inicio de buscar el cambio a la problemática en la sociedad cubana, a su politica y estructura de gobierno. Se comenzó a ver que ibamos ya por un camino equivocado. Entonces viene el primer Congreso del Partido Comunista de Cuba en 1975 y sus planes quinquinales para el desarrollo económico de la nación. Los errores continuaban sin nadie detenerse a pensar a donde ibamos. Nadie lo sabe a donde ibamos con una sola voz y un solo mando que no reconoce críticas ni acepta sugerencias. En 1976 se lleva a cabo el Referendun para la aprobación de: LA NUEVA CONSTITUCIÓN SOCIALISTA. Y ahí radica el meollo de la situación que ahora confrontamos todos los cubanos no solo los cubanos que vivimos actualmente en la isla sino las futuras generaciones de cubanos que aún no han llegado a este mundo. La nueva constitución socialista esta siendo violada por el mismo gobierno que la escribió y luego sometió a votación derrogando la nuestra. La Contitución de 1940. Y esta nueva constitución socialista fue luego ratificada en el 2002. Esta NUEVA CONSTITUCIÓN SOCIALISTA nos detiene como sociedad humana, nos restringe, nos limita, nos presiona, nos amarra, nos oprime, nos detiene en el tiempo, nos amenaza, nos ata a estar por siempre bajo la dirección del partido único, el partido comunista. Esto hace que los que estamos ya aquí y los que están por nacer tienen que seguir bajo este mismo sistema político para toda la vida, es lo inconcevible eterno que le pueda pasar a una sociedad que se deshace, arruina para siempre. Poniendo al enemigo, ese que dicen y llaman Potencia imperialista, el imaginario creado para convencer y mantener a las masas deprovistas de todo ese conocimiento básico necesario para entender un cambio social. Cuando la misma dice:

EL SOCIALISMO Y EL SISTEMA POLÍTICO Y SOCIAL REVOLUCIONARIO ESTABLECIDO EN ESTA CONSTITUCIÓN APROBADO POR AÑOS DE HEROICA RESISTENCIA FRENTE A LAS AGRESIONES DE TODO TIPO, Y LA GUERRA ECONÓMICA DE LOS GOBIERNOS DE LA POTENCIA IMPERIALISTA MÁS PODEROSA QUE HA EXISTIDO Y HABIENDO DEMOSTRADO SU CAPACIDAD DE TRANSFORMAR EL PAÍS Y CREAR UNA SOCIEDAD ENTERAMENTE NUEVA Y JUSTA ES IRREVOCABLE Y CUBA NO VOLVERÁ JAMÁS AL CAPITALISMO. DECLARADO IRREVOCABLE POR VOLUNTAD POPULAR. DE LO EXPUESTO PUEDE CONCLUIRSE QUE EL CONTENIDO DE ESTA ÚLTIMA REFORMA COMO ES TRANSCENDENTAL PARA LA PERMANENCIA DEL SISTEMA POLÍTICO Y SOCIAL SOCIALISTA EN NUESTRA PATRIA AL DECLARARLO IRREVOCABLE POR VOLUNTAD POPULAR. DE ESA MANERA SE SIENTAN LAS BASES PARA EL ACTUAR DE TODAS LAS INSTITUCIONES ESTATALES, SOCIALES Y POLÍTICAS <u>A LOS RECLAMOS DE CAMBIOS PROVENIENTE DEL EXTRANJERO O DEL INTERIOR DEL PAÍS QUE TENGAN COMO OBJECTIVO ÚLTIMO Y FINAL LA DESAPARICION DEL SOCIALISMO.</u>

- ¿En que lugar y hacia dónde vamos?

Preguntó Abel con un desconcierto total de lo que oyó en la Nueva Constitución Socialista y su reforma de 1976.

- Con todo esto, significa que el partido comunista será el único partido que exista para siempre, es eterno en la vida del pueblo cubano. ¿Qué clase de democracia es esta?
- Analiza tú mismo muchacho y en el próximo encuentro dame la respuesta a esa misma pregunta que me acabas de hacer. Ahora debo irme. Nos vemos en el próximo en el parque Trillo. Con Quintín Banderas. Mi clase empieza en cuarenta minutos.

El profesor Olivares se levantó, Abel no lo hizo, se quedó allí pensando en todo aquello y buscando respuestas a sus preguntas y se dijo asimismo: «He vivido toda mi vida bajo»:
<u>LA MENTIRA, QUE SIENDO MENTIRA REPETIDA UNA Y OTRA VEZ SE CONVIERTE EN VERDAD EN NOSOTROS MISMOS.</u> LA CANDIDA MENTIRA QUE A UN PUNTO SE HIZO VERDAD. <u>LA VERDAD IRREFUTABLE PARA EL PARTIDO EN EL PODER, EL COMUNISTA Y SUS ACÓLITOS.</u>

Sin mucha energía bajo la cabeza y miró al suelo, en su cabeza se amontonan muchos pensamientos a la misma vez, se desorienta, se ve en un tunel cerrado sin salida ni luz al final sin posibildad de ver la iluminación que tanto necesitan y les ayudaría aclarar sus ideas junto con las de otros.

«¿Cuál es o será la solución a nuestro problema? ¿Cómo entender que eternamente estaremos bajo esta Nueva Constitución que nos niega el derecho a la vida, que no nos deja vivir humanamente?».

Su mente se desvanece en lo que no sabe como resolver. «¿Quién le preguntó a la juventud cubana si desea vivir toda su vida condenados por este sistema? ¿Quién sabe y puede decidir como nuestros hijos y nietos querrán vivir?».

Los octogenarios pensaron por ellos mismos, lo que no pensaron es que con el tiempo la lucha es imposible y un día se tienen que ir por ley natural de los seres vivos, nacemos y morimos. ¿Cómo un hombre se endioso de tal manera que quiso prever el futuro diciendo que el futuro pertenece por entero al socialismo, extrapolando más allá de su propio tiempo a esos niveles incognosibles para los humanos. Abel con la conexión entre neurona y neurona bloqueada, sus pensamientos estancados como estancada esta la revolución cubana y la vida del pueblo.

En San Isidro en el solar Gilberta y su madre Evangelina sentadas una frente a la otra en espera de los milagros que pudieran mejorar sus vidas. Es pasado el mediodia cuando Evangelina dijo:
- Oye, Gilberta que calor hace hoy aquí en este cuarto hija.
- Mamá... mamá acuérdese que siempre ha hecho ese mismo calor que Ud. siente ahora.
- Y el ventilador ruso plástico mijita ¿Dónde está?

Preguntó la anciana Evangelina desesperada del calor en el cuarto del solar por su ventilador que le ayuda a refrescarse cuando llega esta ola caliente.
- Mamá el ventilador está ahí detrás de su cama.
- ¡Ay, pónmelo hija!... ¡pónmelo!... que me muero de tanto calor.

Gilberta se levantó de su banquito de siempre y sacó el ventilador detrás de la cama que ocupa el espacio de la anciana Evangelina. Lo conectó, cuando Gilberta dijo:
- ¡Ay, mamá este ventilador se rompió!... no funciona.
- ¡Ay, no me digas eso mijta! Acuérdate que yo no puedo vivir en este cuarto sin ese ventilador, yo no puedo ir a la azotea del solar a dormir como hacen otros aquí en el solar pasando toda la noche a la luz de la luna.
- Mamá... mamá... acuérdese que ese ventilador lleva años y años con nosotros. Fíjese que ese ventilador era pa' usarlo para descongelar el refrigerador ruso y Fidel los vendió separado, no sé pa' que, aún no me explico porque lo hicieron. Déjeme ponerme algo arriba y llevarlo al taller que está ahí en la esquina... y rezar que le pueden hacer algún remiendo y tire al menos pa' pasar este verano que ya esta aquí.

«Porque Cuba es un eterno verano como dice el comercial del turismo para los extranjeros, no pa' nosotros, que no tenemos derechos ni a ir a la playa y tenemos que echarnos aire con un pedazo de cartón». Pensó Gilberta y se puso algo arriba que le permitiera ir a la calle, metió el ventilador en una jaba de saco y salió a al taller de reparaciones. Llegó, está inundado de gentes con el mismo problema que ella. Pidió por la última persona, una señora de unos cuarenta a cincuenta años le dio el último y le dijo:
- Ud. y yo con el mismo problema el ventilador plástico ruso. Ojalá tengamos suerte y le encuentren lo que tiene.
- Asimismito con la misma carga una más de las que tanto tenemos y saber sí se puede arreglar.

Gilberta contestó a la señora con las gotas de sudor le corren por su frente.

- Imagínese Ud., yo solo gano 200 pesos al mes como poder comprarme un ventidor nuevo. Sí lo que me pagan a penas me da pa' vivir. Yo no tengo CUC, no tengo familia en los Estados Unidos que me manden unos dólares para poder ir y comprarme un ventilador nuevo. ¡Ojalá pudiera! Esa sería mi salvación.

Gilberta escucha a la señora y se mira en el mismo espejo que ella sin posibilidades de obtener lo que es primordial para la vida de los cubanos donde el verano del trópico es tan caliente. El calor es insoportable en esos meses del año. Le llegó su turno sacó el ventilador de la jaba de saco y lo puso en el mostrador al mirarle la cara al mecanico se dio cuenta que su ventilador no tiene arreglo, el mecanico solo supo decir:
- Mi santa cuanto desearía ayudarle. Porque sé lo que sufren Uds. con este calor, pero no tenemos piezas para estos ventiladores, son rusos y han pasado muchos años y no tenemos piezas de respuesto para ellos.
- ¿Entonces que puedo hacer?
- Comprarse uno nuevo mi santa en La shopping, en Ultra en esas tiendas de divisas.
- Sí... sí mijto ese es el problema que yo no tengo divisas y ni las diviso nunca... donde están quién las tiene porque yo no tengo de donde sacarlas.
- Nada puedo hacer mi santa se lo juro, mi santa es la verdad. No tenemos como reparar estos equipos son muy viejos y los rusos ya no subvensionan nada mi madrecita... Nada.

Con los ánimos caídos, sin solución a su problema, pensando más en su pobre madre ya mayor con sus ochenta años y no tener un ventilador para poder pasar la noche de verano ahí en el cuarto de cuatro por cuatro del solar de San Isidro. Sin decir más Gilberta cogió su viejo ventilador y lo metió en su jaba de saco, salió de nuevo a la calle se siente el calor. Ese cubano que nos hace sudar como decimos allá: La gota gorda. No tiene ánimos para llegar y no poder aliviarle el calor a su pobre madre sentada el en cuarto de cuatro por cuatro en el solar. Se encontró en su camino de vuelta al solar con Sandra, la vecina de los últimos cuartos en el solar. Sandra tiene hijos mellizos, varón y hembra. La niña se llama Henrietta y el varón se llama Enrique. Se nota que Sandra no viene muy contenta cuando al encontrarse con Gilberta dijo:
- ¡Mira que este mundo es grande caballeros coger a mis hijos pa' eso, pa' sus cosas... sí pa' sus asuntos politiqueros!

Decía Sandra que venía echando humo como una locomotora por toda la calle con insultos y más palabras en contra de alguien.
- ¿Ha pasado algo con los mellizos Sandra?

Preguntó Gilberta al oír todo las quejas de su vecina de solar que echa flores por la boca. Como decimos en la isla.

- Gilberta... Gilberta... no sé como empezar a contarle lo que pasó. Déjame tomar un poco de aire que vengo sublevá, echando humo, eso es lo vengo echando humo... porque he salido indignada de la escuela de lo niños. Esos niños que solo tienen siete añitos de edad. Yo te digo... yo no sé como se atreven a semejante cosa... yo no sé como se atreven... a coger a esos pobres niños inocentes pa' cosa semejante, pa' sus cosas y sus actos de guataquería a este sistema.

Decía Sandra que se ve muy enojada por lo que está pasando con sus hijos en la escuela.

- Pero Sandra hija. ¿Dime por fin que pasó con los mellizos?
- Gilberta fui a buscar a mis hijos como hago todos los días a su hora de salida y cuando llego a la escuela me dicen que los niños no están en la escuela. Qué están en una actividad política, pregunté dónde es esa actividad política y me contestaron que los niños de la escuela habían ido a gritar en un ACTO DE RUPUDIO a unos disidentes. ¡Ay, Gilberta... por mi madre... cuando oí aquello algo se me subió así por dentro que no supe que hacer me hervía la sangre no supe si esperar o cantarle allí mismo las cuarenta a todos los involucrados en este asunto del acto de repudio utilizando a los niños inocentes.
- ¿Y qué pasó, ya llegaron los niños?
- Sí... sí... vienen con su hermano mayor porque yo no tuve nervios pa' seguir allí. Llame a la maestra y le dije: Fíjese maestra lo que voy a decir me saca a mis hijos de esa caldosa que Uds. tienen gritándole a la gente: GUSANOS... GUSANOS! y ¡QUE SE VAYAN!... ¡QUE SE VAYAN!... ni mi hijo se llama Quique ni mi hija se llama Marina, así que me los está sacando imediatamente de esa caldosa que Uds. tienen forma con los pobres niños que no saben lo que están haciendo. Uds. sí saben lo que hacen. Nadie me pidió permiso a mi para coger a mis hijos pa' semejante cosa. Ellos son niños... Ellos no saben lo que están haciendo... Uds. los usan, que sí saben lo que se traen entre manos. Ellos deben estar en el aula aprendiendo y no gritándoles a las gentes en la calle.
- ¡Así mismo Sandra le dijiste a la maestra!

Exclamó Gilberta que puso toda su atención a lo que Sandra le había dicho.

- Sí... sí... no pude aguantar más de ver como cogen a nuestros hijos como instrumento político. Cuando ellos mismo ni saben lo que están haciendo y sin el consentimiento de los padres. Eso es abuso de poder, de confianza y abuso infantil, poniéndoles antecedentes en sus mentes contra personas que ni ellos conocen.

Gilberta no dijo una palabra más y siguió caminando junto a Sandra en dirección al solar de San Isidro. Llegó a su cuarto y vio a su madre sentada en el silloncito de siempre. No quiso decir una palabra. Cuando Evengelina preguntó:

- ¿Arreglaron el ventilador?
- No mamá... no... el ventilador está desauciado mamá.
- ¿Qué me quieres decir con eso Gilberta?

- Mamá que hay que comprar uno nuevo, que este ya no da más que dio todo lo que iba dar mamá como esta revolución del 1959.

La anciana Evangelina enmudeció no supo que contestarle a su hija. La pensión no les alcanza como arreglárselas este verano sin su ventilador ruso plático ni otro cualquiera que le resolviera al menos dormir en la noche e inhaló aire profundamente y dijo:
- Sácame pa'l pasillo Gilberta por favor sácame pa'l pasillo no aguanto más este calor en este cuarto tan caliente.

Gilberta se apresuró y puso la jaba con el ventilador en el suelo y traslado a su madre para su banquito de siempre sacó el silloncito para el pasillo del solar y volvió por su madre que con duros pasos pudo llegar hasta el silloncito de siempre en que ella se pasa la mayor parte del día esperando por los acontecimientos se sucedan. En ese mismo instante venía su nieta Belén por pasillo del solar y al encontrarse la anciana fuera sentada en el pasillo Belén dijo:
- Abuela... abuela que hace Ud. sentada aquí afuera en el pasillo.
- ¡Ay, mijita! No aguanto ese calor en el cuarto y le pedí a Gilberta que me sentara aquí para al menos con la movida del aire me siento mejor.
- Abuela... abuela son muchos nuestros problemas. ¿Verdad?
- ¿Y tú de dónde vienes ?

Preguntó Gilberta a su hija Belén.
- Ni me preguntes mamá... ni me preguntes. Lleve horas esperando por una computadora en el sitio de aquí de Centro Habana y cuando me sente frente a la computadora se fue la luz. No pude hacer nada. Y lo más lindo del caso no me devuelven el dinero que pague en CUC. Me dieron un pase para que vuelva y consuma mi dinero en otro tiempo. No dije nada y salí de allí a caminar... a pensar... a encontrar soluciones a estos y otros tantos problemas que tenemos día a día.
- Mira mija no te rompas la cabeza con eso. Yo ni sé como funcionan esos equipos. Oigo hablar de punto guafai, de febu, tuiter y si la he visto es desde lejos y como dice el dicho: SÍ ME VISTE NO ME ACUERDO. Nunca he puesto unos de mis dedos en una computadora, despreocupate ya vendrán tiempo mejores.
- Eso mismo he oído decirle mamá por años y años y todavía no acabo de ver esos mejores años que Ud. nos augura desde que nacimos.

La madre y una hija en proceso de aceptación de la realidad que le ha tocado vivir y una madre tratando de aliviar las penas que a todos los acongojan en la isla. Gilberta se paró en la puerta del cuarto a respirar aire fresco cuando de pronto entra Lilita al solar su amiga de siempre y Gilberta le dijo:
- Lilita... Lilita mija y ¿de dónde vienes con esa cara toda llena de sudor y la tristeza que te invade, hija.
- No me digas nada... por favor Gilberta. No me digas nada mi amiga.

Todos envueltos en la misma mahomía de todos los días por parte del gobierno. Libertad contestó con las mismas palabras que le contestó su hija unos minutos antes.
- ¿Qué pasó Libertad?

Pregunto Gilberta a su vecina, que parecía cansada llena de sudor desde su frente a sus pies, sin ánimos para continuar la tragedia en que todos está sumidos.
- Nada hija que llevo más de tres horas en la farmacia con el tarjetón pa' comprar las medicinas de Eutimio. Tú sabés con su problema que tiene ahora con la presión alta. Qué decirte después de esperar por tantas horas al final me dicen que no entró la medicina. Óyeme es como para explotar como una bomba, salí de allí como loca por eso tú ves así toda sudada y hastiada de todo.
- Lilita... poco a poco cójalo suave. Ud. sabe que hay cosas que no están en nuestras manos resolver.
- Sí... sí... ese no es problema... el problema es que te encuentras gentes en la calle revendiendo las medicinas... de donde salieron esas medicinas Gilberta de donde... Nosotros no podemos pagar esa medicinas en bolsa negra... no podemos. La pensión no da más Gilberta. Ya no sé como estirar los últimos quilitos que me nos quedan.

Gilberta calló, no supo que decirle a su amiga Libertad, que vio desde sus marchitos ojos brotan lágrimas. Lágrimas de dolor... lágrimas de impotencia ante todo lo que está ocurriendo en La Habana y en toda la isla de Cuba.

Llegó la noche, una más en el solar de San Isidro Evangelina sentada en su silloncito de siempre. Gilberta salió al pasillo y grita:
- Sandra... Sandra apúrate que ya viene Pánfilo... Pánfilo, hija apúrate.

Sandra vive a dos o otres cuartos del cuarto de Gilberta y al llegar le dijo:
- ¿De qué Pánfilo me hablais mujer?
- Pánfilo hija... Pánfilo... Páanfilo.
- Ese que grita: ¡jama!... ¡jama!...¡que traigan comida que aquí lo que hay es ¡hambre!... ¡hambre!... ¡hambre!... Jama... asere! ¡jama... asere... ¡Jama!

Decía Sandra a Gilberta que la oía y ríe a la vez, cuando verdaderamente quería llorar por todas las cosas que están pasando.
- No chica... yo te llamo pa' el programa de la televisión: VIVIR DEL CUENTO.

En ese momento Evengelina que está sentada en su lugar de siempre dijo:
- Óyeme Gilberta que verdad más grande has dicho mi hija:
VIVIR DEL CUENTO.
- Yo no había oído una verdad tan grande en mi vida como esa, porque es una gran verdad. Como un templo. Aquí todo se resume en vivir del cuento desde los altos niveles del gobierno hasta lo más bajos. TODO SE VUELVE UN CUENTO Y DE ESO SE VIVE.
- Mamá... mamá vivir del cuento es un programa cómico de la televisión cubana.

- Ya... ya lo ves hija, que bien puesto tiene el nombre ese progama. No digo yo, hasta se burlan de nosotros y de nuestras calamidades.
- Mamá no hable Ud. así. Mire que ellos no creen ni en viejos ni en joven ni en maduros ni en medio tiempo y cuando hay que golpear... golpean a cualquiera a diestra y siniestra.
- Total hija pa' la leche que da la vaca, a mí ya me da lo mismo chicha que limoná. Pa' como se vive a veces es mejor estar muerto.
- ¡Ay!... ¡Ay!... ¡Ay, mamá! No diga Ud. eso que me asusta la vida es bella... bellísima y hay que vivirla y la revolución tratar cada uno de a su manera entenderla, que en realidad nadie la entiende. Mire mamá le voy a poner el radio pa' que oiga un poco de música.
- Ay, sí hija y ayúdame a aligerar la carga que llevo. Ve a ver sí encuentras algo así como: ♪El cuini... el cuini... tiene bandera porque esto que estamos viviendo sino la tiene... no tiene ninguna mija.♪

Cantaba Evangelina y Gilberta fue hasta su radio que está a un costado de la mesita comedor en aquel extremadamente pequeño espacio, encendió y se oyó esta es Radio Cadena Habana que les complace en presentar de Alberto Vera: Lo que me queda por vivir y se oía:

♪Lo que me queda por vivir será en sonrisas. Porque el dolor de mi vida lo he borrado. Lo que me queda por vivir será entre dichas...

Gilberta se quedó parada frente al radio oyendo aquella pieza musical que la hace pensar: «lo que me queda por vivir, yo no sé sí esto es vida. Yo no creo que esto es vivir. Pensó. La música continúa:

♪Porque el sufrir que me ha traído lo he agotado... Cuánto me queda, yo no sé. Ni me interesa descubrirlo. Sí es mucho o poco, no lo sé. Solo me importa que ahora halle lo que era todo mi delirio... Lo que me queda...♪

Gilberta se dejó caer sobre la lata donde guarda los mandados para que no sean devorados por los roedores en la noche, su mente oscureció en ese momento oyendo aquella canción que le dice tantas verdades a las que antes no preguntó, «¿que es lo que me queda por vivir?». Sintió miedo y siguió oyendo:

♪Lo que me queda por vivir está en tus manos. Está en tú fe, está en tu ser, en tu sonrisa. Lo que me queda por vivir...♪

Una mujer pasada la media rueda como decimos en la isla que le queda por vivir, nació con la revolución que según su máximo líder cambiaría la vida de todos los cubanos. A ella, ya no le queda nada, solo seguir soñando con la llegada de Los Yumas, «soñé mucho... muchos sueños y ninguno realizado, me hubiera gustado viajar conocer otros lugares vivir la vida y nada se me ha dado y aquí sigo penando en el solar de San Isidro, en mi cuartico de cuatro por cuatro con muchos deseos de vivir, pero ya lo que queda son las promesas rotas e incumplidas». Pensó Gilberta cuando la canción terminó diciendo:

♪Lo que me queda por vivir es solo el tiempo que puedas dedicar a nuestra dicha...♪

«¿Cuánto me queda?... se preguntó. No lo sé ni me interesa ahora saberlo. ¿Cuánto me... cuánto me queda... y pa' qué». Se dijo Gilberta y sin querer lloró. El llanto que aparece cuando todas las fuerzas son casi nula y tiempo pasa indetenible y sus vidas se apagan sin cumplirse sus deseos.

Kiko y su amigo Efraín entrando en el solar de San Isidro. Efraín había tenido su experiencia en el parque Ghandí como observador, vio con sus propios ojos los desmanes de la policía con Las Damas de Blanco y también reconoció a Zoe y Yadira las hijas de Ofelia y Gilberta, sintió deseo de decirle a Kiko lo que había visto. Tiene duda, no sabe como pudiera Kiko reaccionar ante este hecho y se quedó pensando por unos minutos sin saber que decir, hasta que dijo:
- Kiko... mi socio tengo que contarte algo muy serio, muy serio de verdad asere... serio entre tú y yo mi hermanito.
- A ver... a ver... Efraín que eso tan serio que tienes que decirme.
- Te acuerdas de mi socito del preuniversitario, Maikel, que te conté hace unos días que se gana la vida con extranjeros en algo que se llama Turismo Sexual, al menos así me dijo el que le llaman y ayuda a su familia haciendo unas fulas y sigue en su estudios universitarios. Bueno pa' no hacerte la historia tan larga me fui con el al parque donde llevan a estudiantes de la universidad a protestar contra de Las Damas de Blancos y otros disidentes que allí se reunen todos los domingos. No te imaginas tú a quién me encontre allí vestidas de blanco y luchando por todos nosotros.
- ¿A quién... a quién viste allí Efraín?

Pregunto Kiko ingenuamente y sus ojos se salieron casi de sus orbitas por la sorpresa.
- Sujétate y no te alarmes... nada más y nada menos que Zoe y Yadira. Las hijas de Ofelia y Gilberta, del otro solar.
- No, me digas tú eso mi hermano cuánto me alegra que así sea porque sé ahora que hay más de nuestras pobres gentes luchando por todos nosotros de esa manera pacífica y humilde. Dignas hermanas, madres y abuelas enarbolando lo que nos hace falta a todos aquí en este país unirnos por la Libertad de Cuba.

Efraín oía a Kiko y se dio cuenta lo que kiko dice. Ha llegado la hora de sumarse a luchar por la libertad de Cuba esas fueron las palabras que quedaron en la mente de Efraín.

La tarde empieza cederle a la noche. La noche habanera con todas sus cosas de los tiempos en que se vive. Unas casi increible para muchos, otras percibidas a simple vista y así sigue la vida de todos en la isla cada cual en su lucha por sobrevivir. Clarisa y su amiga Maritza caminan por sus calles.

Esas calles de La Habana, de la dulce Habana que es para unos y la amarga Habana que es para otros. Dulce para los turistas extranjeros que trean el dolar que el gobierno amasa y necesita para mantenerse y perpetuarse en el poder por más tiempo, ya por más de medio siglo queriendo el dolar y gozan de todos los privilegios que puedan obtener con el. La moneda dura, ellos los generales y sus familias, la nueva clase, lo que necesiten no importa el problema es: TENER EL DOLAR PARA SEGUIR DESGOBERNANDO EL PAÍS.

Amargo para otros que no tienen esa posibilidad. La mayoría de la población cubana desde aquel humilde campesino tadavía viviendo en el bohio sin luz eléctrica en las montañas de Cuba donde se prometió llegaría luz eléctrica hasta el último rincón de la sierra y todavía la están esperando, hasta aquel simple trabajador que dedica todos los dias de su vida a trabajar y trabajar.

Y para aquellos en la tercera edad, que retirados reciben una pensión en pesos cubanos que no les da la oportunidad de vivir sus últimos años de vida con la DIGNIDAD HUMANA que ellos se merecen. El lema entre los que se jubilan es: NOS VEMOS EN EL VERTEDERO. Porque es allí donde van a a recoger lo que encuentren, latas de aluminio, botellas plásticas todo lo que puedan encontrar en la basura que sea recicable, venderlos y obtener un poco más de lo que le gobierno no les da para vivir dignamente. Los dólares van a las arcas del gobierno y su dinastía, el pueblo no los ve ni pasar.

Clarisa y Maritza hoy se ven espectacular como siempre, las dos muchachas con su tierna juventud, su parcial inocencia, sus deseos de vivir y su necesidad de salir a la busca de todas las noches. Llegaron a la calle ancha del malecón habanero, las gentes caminan en ambos sentidos en la acera ancha del malecón cuando Clarisa dijo:

- ¿Qué tú crees sí hoy seguimos caminando hasta el Hotel Riviera?
- No sé... no sé que decirte Clarisa... no te olvides de la policía y esa zona me parece que es la más vigilada en todo este recorrido del malecón.
- ¿Tú crees?

Insinuó Clarisa con cierta firmeza a enfrentarse al desafio en contra de los ninjas de la noche.

- Ellos se aperecen de momento... no sé... que decirte... no sé.
- ¿Vamos... o no vamos? No tengas miedo a esos desquiciados.

Continuó Clarisa que quería explorar la zona cero del malecón habanero.

- Vamos, caminemos y que sea lo que Dios quiera.
- ¡Ay, Dios protégenos de estos lobos rabiosos!

Dijo Maritza, que sí no está preparada para la aventura de esta noche.

- Tal vez nos encontramos con Xiomara y su amigo Rocío.

Dijo Clarisa tratando de convercer a su compañera de labores en el malecón de la Habana en la Cuba Socialista-comunista de hoy.

- Y hacemos la noche con ellos.

Las dos muchachas decidieron caminar hasta el Hotel Riviera. Esa es una zona enteramente turistica con otros hoteles alrededor como el Hotel Cohiba emprendieron su recorrido. El malecón lleno de gentes por todas partes ya casi llegan frente al Hotel Nacional cuando de pronto tropezaron con Xiomara y Rocío que solo supieron decirle:
- Media vuelta y siganme ... no miren pa'tra.

Dijo Xiomara que arrastra a Rocío de una mano y volvió a decir:
- vámonos... vámonos apúrense que los leones andan sueltos y la redada empezó ya.

Todos corren apresuradamente tuvieron que quitarse los zapatos con tacones altos para poder correr, la policía ha llegado sin ellos darse cuenta. La redada comenzó en la zona cero. Donde la reglas del juego son otras.
- Ya no andan en sus acostumbrado carros patrulla ahora se confunden vestidos de civil entre la gentes y se acercan diciendo bajito al oído: Sígueme y cuando te das cuenta lo único que puedes hacer es correr, sí puedes hasta desaparecer de su vista si no te apresan antes.

Decía Xiomara a sus amigas escondidas detrás de un edificio que se había desplomado hace unos meses y aún quedan escombros por recoger, ya habían corrido lo suficiente para alejarse del malecón. La noche no había sido como ellas pensaron. Se escondieron por más de media hora en espera de que la redada terminara. Cuando Xiomara dijo:
- Yo creo que podemos ya salir de aquí. Los policías seguro que cargaron con muchas de nosotras por esta noche. Ellos ya hicieron la suya ahora nos hace falta hacer a nosotras la nuestra.
- Xiomi... Xiomi... tengo miedo a salir de aquí.

Rocío dijo y todo su cuerpo tiembla de la cabeza a los pies.
- No tengas miedo Rocío salimos y tú caminas con nosotras en el centro y nadie se dará cuenta, vamos... vamos ya.
- Mejor déjame salir a mi primero.

Clarisa dijo y salió de la oscuridad a ver como está la situación con los policias. Se dio cuenta que está claro. Sintió miedo por un momento, permaneció allí por unos minutos y luego volvió a donde están las demás en su escondite y les dijo:
- Salgan... salgan... y síganme y no miren pa' tra.

Las cuatro salieron atravezaron varias calles y ahora se sientan en el unos de los bancos del Paseo del Prado. Rocío tiembla, su primera noche después de haber permanecido escondido por unos días huyéndole al policía extorsionador que lo conoce de Oriente. «Hoy todo había sido una locura», se decía asimismo sentado en el banco con sus amigas de todas las noches en la vida nocturna habanera.

Rocío llora, Clarisa se dio cuenta de su llanto en silencio y lo único que supo decirle:
- No llores Rocío... no llores, mientras nosotras estemos juntas nadie podrá hacerte nada. Ni llevarte presa. Ni deportarte a ese lugar de donde vienes.
- Asimismito es y será.

Contestaron Maritza y Xiomara a las palabras de aliento para su amigo y le dan el apoyo que él necesita en su deambular por La Habana buscando la paz y la tranquilidad que merecía como ser humano en la nueva sociedad que construía al Hombre Nuevo que nunca llegó a ser nuevo con más de cincuenta años en el proyecto constructivo de la llamada Revolución Cubana que se quedo en esa en su construcción y falló.
- Yo lo sé amigas... yo lo sé... no sé que sería de mí sin Uds.

Contestó Rocío. Ellas se abrazaron a él y él las abrazo a la vez a todas juntas formando un círculo de amistad y de lucha por la supervivencia.
- Vamos... vamos... caminemos que aún la noche es joven. En La Habana.

Dijo Clarisa y todos se levantaron del banco y empezaron a caminar y perderse en una noche más de labor, arriesgándolo todo para encontrar lo que todavía no han encontrado hoy. Un turista al que puedan ofrecerse en la busca. La de todas las noches en La Habana, Cuba. Las cuatro luchan por lo mismo. Las fulas, CUC, el dolar para sobrevivir y seguir en la subsistencia humana en la nueva sociedad que se declaró en su Proyecto del Socialismo.

Zoe y Yadira se encontraron para analizar estrategias del grupo de Las Damas de Blanco en su casa de Muralla la reunión empezó:
- Debemos pedir que el Papa Francisco que se reuna con nosotras y podamos contarle nuestros problemas con el gobierno de los Castro.

Dijo Zoe como una petición de apoyo al Santo Padre. El papa Francisco a su lucha desigual contra la dictadura cubana.
- No sé que opinar al respecto. Yo he perdido mi fe. No mi fe en Dios. Sí en los altos funcionarios de la iglesia católica. Ellos no nos ayudan... no nos dan el apoyo necesario para llevar acabo nuestras peticiones de libertad a los PRESOS POLÍTICOS.

Decía una de Las Damas de Blanco presente en la reunión de hoy.
- Desde el 17 de diciembre del año pasado que se anunció el restablecimiento de las relaciones diplomáticas entre Cuba y Estados Unidos la represión contra nosotras continúa y diría que se ha recrudecido aún más contra nosotras.

Otra Dama de Blanco dijo buscando el apoyo de su Santidad. El misionero de la Misericordia.
- Las dos comisiones la cubana y la estadounidense se han reunido tanto en La Habana como en Washington, D.C. Hoy mismo pude ver al Presidente Obama y al Presidente Raúl Castro en la Cumbre de Las Américas en Panamá por la televisión. Parece una buena señal.

Dijo Yadira a sus compañeras de lucha. Ella que sigue con minusiocidad lo que ocurre en Cuba y fuera de a isla.
- Hay que darle un poco de tiempo a que estas nuevas relaciones maduren y encuentren su propio cauce histórico y cooperar unos con otros.

Dijo Zoe en este momento con la esperanza en las nuevas relaciones entre Cuba y los Estados Unidos mejoren el respeto del gobierno cubano a los Derechos Humanos de sus conciudadanos.

- Sí, la iglesia católica nos apoyara más yo creo que los problemas se resolverían de otra manera. El papa Juan Pablo II, cuando nos visitó dijo: CUBA SE ABRA AL MUNDO Y EL MUNDO SE ABRA A CUBA.
- Ahí está la esencia de Cuba de abrirse al mundo y primero empezar abrirse a su propio pueblo que somos nosotros y encontrar la mejor salida a la crisis en que estamos padeciendo por casi sesenta años.
- Yo estoy de acuerdo que la iglesia está en el deber de ayudarnos de ponerse del lado de nosotros. Aún recuerdo las palabras de papa Benedicto XVI que dijo: LA VERDAD OS HARÁ LIBRES.
- Y tambien dijo: OTROS QUE INTERPRETAN MAL ESTA BÚSQUEDA DE LA VERDAD, LLEVÁNDOLOS A LA IRRACIONALIDAD Y AL FANÁTISMO ENCERRÁNDOSE EN SU [verdad] E INTENTANDO IMPONERLA A LOS DEMÁS.
- Las palabras están claras a la vista y al oído del mundo entero.
- Tenemos que seguir trabajando, tenemos que seguir cultivando la fe en nuestros corazones y como bien dijo el papa La verdad nos hará libres.

Las Damas de Blanco están muy clara en sus objectivos y seguirán luchando pacíficamente por la obtención de sus derechos que son los derechos del pueblo de Cuba el de: UNA VIDA DIGNA Y HUMANA PARA TODOS.

Otro domingo más hoy 26 de abril y ellas se preparan para la marcha por la Quinta Avenida en Miramar hasta llegar al parque Gandhi. Ellas firme a resistir lo que les toca, luchar por la libertad de los presos políticos y por la libertad de todo el pueblo cubano. Porque su causa es la causa de todos.

Hoy Abel está listo a encontrarse con el preofesor Olivares en el parque Trillo, el profesor pensó que es un buen lugar para su encuentro de cada lunes donde el profesor hará una explicación al joven de la realidad cubana que él no conoce. Son las nueve y diez minutos de la mañana y Abel está allí en un banco del parque Trillo en espera de su profesor en ciencias políticas en la Universidad de La Habana en la Escuela de Periodismo. El profesor Olivares llegó y dijo:
- Buenos días, muchacho. ¿Cómo van las cosas?
- Buenos días, profesor. Aquí tratando de poner las piezas del rompecabeza en orden y completar el cuadro de esta historia que nunca conocí, que nunca supe, que nunca nadie nos ha contado.
- Así mismo es... así mismo colega..

Repitió el profesor Olivares que le encanta enseñar con la verdad en las manos y con las palabras creíbles que salen de su boca.
- Trato de unir puntos con puntos y ver el cuadro desde muy lejos para tratar de entender lo que muchas veces se contradice con lo que me enseñaron en la escuela.

Decía Abel al profesor Olivares, que escucha cuidadosamente y comprende esa realidad que confronta el joven.

- Abel... Abel... todas las dictaduras usan su potencial en hacer creible lo que a ellos les interesa que sea creible y más por lo jóvenes, que pueden constituir una amenaza para su supervivencia en el poder y sí se dan cuenta a tiempo se convierten en un enemigo más. Los controlan de la mejor manera posible, esa es su tarea primaria mantenerlos al margen de la realidad nacional e internacional. Por tanto se dice todo lo que se pueda utilizar a su conveniencia y puede hasta enriquecerse con mentiras para continuar ante su pueblo y el mundo demostrando que su ideología es la que vale y los está llevando a todos por el camino correcto que ellos creen es el correcto. No reconocen errores. Ellos nunca se equivocan. SU EGO ES MÁS GRANDE QUE ELLOS MISMO. Nuestro apóstol dijo:

Dos peligros tiene la idea socialista, como tantas otras: El de las lecturas extranjerizas, confusas e incompletas. Y el de la soberbia y la rabia disimulada de los ambiciosos, que para ir levantándose en el mundo empiezan por fingirse para tener hombros en que alzarse frenéticos defensores de los desamparados.

- Así es como lo estamos viendo nosotros en nuestro estado que suele llamarse socialista-comunista. Y toma al apóstol como la figura guia de todo su andamiaje político. Lo utiliza cada vez que le conviene.

Decía el profesor Olivares a su ahora colega Abel, joven nacido después del 1980, que marcó el inicio de la caída del socialismo en el mundo y empezó su decadencia en Cuba.

- ¿En qué nos quedamos en la última conversación?

Preguntó el profesor Olivares.

- Hablábamos del Partido Único, el partido Comunista de Cuba.
- A propósito quiero acabar esta parte del Partido con el Articulo Número 5 de la constitución que dice:
EL PARTIDO COMUNISTA DE CUBA, MARTIANO, MARXISTA-LENINISTA, VANGUARDIA ORGANIZADA DE LA NACIÓN CUBANA, ES LA FUERZA DIRIGENTE SUPERIOR DE LA SOCIEDAD Y DEL ESTADO QUE ORGANIZA Y ORIENTA LOS ESFUERZOS COMUNES HACIA LOS ALTOS FINES DE LA CONSTRUCCIÓN DEL SOCIALISMO Y EL AVANCE DE LA SOCIEDAD COMUNISTA.

- Sí lees con detenimiento te darás cuenta que el Partido: ÚNICO, EL COMUNISTA, se declara martiano. José Martí, nuestro apóstol no fue comunista, al contrario crítico con vehementes fuerzas esas posiciones y corrientes extrafalarias que corrían por el mundo en esa época. El partido se declara marxista-leninista en teoría y práctica y su posición está por encima de todo, aún por encima del estado y sus estructuras, es lo MÁXIMO, ese es el primer punto a analizar. El SER MARTIANO, es una habilidad ideológica de inspirar y atraer a las masas. Táctica populista para nosotros los cubanos que desde muy niño nos enseñan a amar al apóstol y ellos tomando su nombre es la forma astuta de atraernos a todos basándose en sus ideas y lo usan a su conveniencia como muchas veces hacen aprovechando la ignorancia en ese aspecto de nuestro pueblo. Y detrás están sus personales ideas que no fueron las ideas de JOSÉ MARTÍ, ÉL NUNCA... NUNCA FUE COMUNISTA Y PREVIÓ LA EXISTENCIA DE ESTE TIPO DE DOCTRINA QUE LLEVARÍA A LA RUINA A NUESTRA NACIÓN. José Martí fue masón, por tanto no era ateo y por ende no era comunista. Y es cuando oyes un día al alguién decir: YO SOY LA PATRIA; LA REVOLUCIÓN Y EL SOCIALISMO. Tú, lo eres todo... y el pueblo... ¿qué es?... Nada ... eso el pueblo, no significa NADA para él, nos engaño, nos traicionó, nos utilizó y nos dejamos utilizar hasta hoy en día que nos sigue explotando y utilizando para todos sus propósitos. Y ese mismo hombre que se llama Fidel Castro Ruz, dijo:
 HEMOS COMETIDOS ERRORES, TENEMOS QUE HACER CAMBIOS; LOS NECESARIOS. Y aún esperamos por los cambios, los más necesarios para que una sociedad avance y marche por la DEMOCRACIA, NO LA DEMOCRACIA SOCIALISTA QUE NOS IMPONEN, QUE NO EXISTE. No es democracia. La democracia se decapitó desde le primer momento que no existe ni el pluripartidismo ni la oportunidad de elegir a un presidente por el voto secreto y directo de todo un pueblo. Vino el año 1980 se crean Las milicias de Tropas Territoriales frente a la amenaza de los ataques del IMPERIALISMO YANQUI. Otra manipulación. Otra estrategia utilizada por el gobierno castrista sabiendo del acuerdo entre las dos potencias en esa época en la guerra fría. La Unión de Repúblicas Socialistas Soviéticas y los Estados Unidos de América en su mutuo acuerdo firmado en otubre del 1962 con la Crisis de los misiles. Comienza la contrucción de refugios y tuneles en toda La Habana para proteger al pueblo de la agresión que nunca llegaría, se había firmado un acuerdo que nunca Estados Unidos invadiera Cuba ese es la forma y así se mantenían las masas entretenidas abriendo huecos por dondequiera que se pueda abrir un hueco-refugio, aún se pueden ver alrededor de las lomas calizas que forman el costado del Hospital Calixto García. Había que hacerle creer al pueblo que los Estado Unidos nos iban a atacar de un momento a otro y así hemos vividos todos estos cincuenta y más años esperando el

ATAQUE IMPERIALISTA QUE SE SABÍA POR ACUERDO QUE NUNCA LLEGARÍA CUANDO SE FIRMÓ EL PACTO EN LA CRÍSIS DE LOS MISILES, LO QUE SE LLAMO LA CRÍSIS DE OCTUBRE.
Repitió el profesor para que su colega y ahora de nuevo estudiante pensara y analizara mejor todo el proceso en que hemos estado envueltos por años. Y continuó diciendo:
- Crisis creada en aquel entonces por la irresponsabilidad del mismo Fidel Castro. Emplazando misiles nucleares a solo noventa millas de los Estados Unidos. Una provocación más poniendo en juego la vida de todo un pueblo indefenso que desaparecería de la faz de la tierra en segundos. Solo por su EGO... su megalomanía y ese odio a su mismo pueblo. Volvamos a nuestro análisis histórico. El año 1980 fue un año que demostró que la REVOLUCIÓN NO FUNCIONA. LA REVOLUCIÓN CUBANA MORÍA. En ese año 1980 un grupo de cubanos entran en la embajada del Perú en La Habana. Fidel como siempre mínimizando los hechos dijo: UN GRUPÚSCULO y ese fue otro de sus errores. Cuando ordenó levantar la custodia a la embajada y todo el que quisiera se fuera. No lo imaginó, miles y miles de cubanos algunos venidos desde el interior del país para meterse en la embajada del Perú. Fue un mes de gran inquietud y desorden en Cuba. Su gobierno permaneció en la mira de todo el mundo. Se empezó a dudar de la gran llamada REVOLUCIÓN CUBANA llevada acabo por Fidel Castro. El panico cundió en a población cubana. El mismo Fidel Castro dijo:
TODO EL QUE QUIERA, QUE SE VAYA. NO LOS NECESITAMOS.
- Y por detrás insita y da las ordenes a los famosos ACTOS DE REPUDIO a todo aquel que se presentara para irse del país, vaciaron las cárceles, a los homosexuales automáticamente los montán en botes y algunos hasta se hacian pasar por ellos para ganarse un lugar en una lancha e irse a los Estados Unidos de América, sin escrúpulos sacaron a enfermos mentales de los hospitales y los montaban en los botes y lanchas vía Miami. Se tiraron huevos, se pintaron fachadas de casas con consignas, se le falto a respecto a muchos, las turbas castristas revolucionarias creadas por el mismo gobierno, se agredió con palos con lo que sea, se desató una guerra fratricida dirigida por los maquiavélicos dirigentes de la revolución cubana. Más de ciento veinte y cinco mil cubanos salieron de Cuba vía Mariel. Así se aprovecho para infiltrar agentes en los Estados Unidos como una forma de crear la desetabilización en el Estado de Florida, donde está según Castro. LA GUSANERA DE MIAMI. Siempre con la idea de entorpecer y crear daños en la sociedad americana. En ese mismo año decepcionada por el camino que ha tomado la revolución Haydeé Santamaría Cuadrado se suicida diciendo:
CUANDO UNA REVOLUCIÓN SE ESTANCA, YA NO ES REVOLUCIÓN.

- Luchadora desde el ataque al Cuartel Moncada. Donde según Fidel Castro. Jose Martí fue el AUTOR INTELECTUAL. De nuevo la misma estrategia: José Martí, el apóstol, el masón, el pensador, el revolucionario; pero no como los atacantes al Cuartel Moncada en el año1953. Martí lleva el amor a su pueblo genuinamente en su corazón y no solo el amor a su pueblo sino al mundo entero. Seguro abogando por cambios no violentos en la isla de aquel tiempo.

El tiempo se les fue de las manos a los dos intelectuales cuando llegan a estos encuentros de los lunes. Dos generaciones. Uno que puede contar la historia que conoce a otro que vino a este mundo quizás en los momentos más propicios para un cambio en la isla. La juventud desvirtuada con la única verdad tergiversada. La juventud perdida en el tiempo en un país y en una ciudad La Habana, perdida por más de medio siglo.

El profesor Olivares dijo:
- No tengo más tiempo por hoy Abel. Mi clase empieza en unos veinte y cinco minutos. Nos vemos en la próxima cita. Esta será en el malecón frente al Monumento a los Ocho estudiantes de medicina. Allí nos vemos a la misma hora de siempre.
- Como Ud. diga, profesor.

Contestó el joven Abel a su profesor con el que le encanta aprender nuestra historia. El joven se quedó allí sentado en el mismo banco, tratando de ordenar sus ideas, enlazando cada principio con cada final de los relatos del profesor Olivares. Miró sus notas y las volvió a leer y se quedó sentado mirando al cielo por unos minutos cuando en su mente decía: «Cuántas cosas no sabidas. Cuántas cosas ocultas para nosotros y tal vez aún hay más que contar».

Se levantó del lugar y empezó a caminar, salió a calle San Miguel y decidió no esperar por algún transporte. No está cerca de la Escuela de Periodismo de la Universidad de La Habana ni cerca de su trabajo, el Periódico Granma, Órgano oficial del Partido Comunista de Cuba, «por ironías del destino», pensó el joven en esos momentos, caminando hacia esos sus dos lugares de su diaria vida. Viendo la ignorancia en que ha vivido toda su vida por la censura en que se vive en el país. Por el temor del gobierno a que el pueblo cubano tenga acceso a la verdad, a la información, al internet y que pueda descubrir la realidad cubana que no se dice por ningún medio dentro de la isla. Llegó al periódico y se encontró que el lobby a alguien que lo espera y se dio cuenta que es Martín su compañero y amigo que había sido separado de la enseñanza superior acusándosele de REVISIONISTA en esta etapa de la crisis política que confronta la isla en cuanto a lo que ayer fuimos y lo que ahora no somos o tratamos de ser. Y ¿qué seremos hoy? Eso es lo que se debate en las mentes de todos los cubanos ahora que pasamos de YANQUIS NO a YANQUIS SÍ.

Martín reconoció a su amigo y se levantó dirigiéndose a él y le dice:
- Abel... Abel...¿Cómo estás?
- ¡Oh, Martín, mi hermano. ¿Qué tal?
- No muy bien, amigo. Tenemos que hablar. Y tú sabes que este no es el mejor lugar para hacerlo.

- Sí... sí dame un chance hablar con mi jefe, espérame afuera.

Abel subió a su oficina y allí está su jefe que lo espera y le dijo:
- Abel tenemos atraso en cuantos a los artículos que deben salir en el periódico todos los días. ¿Qué pasa?

Preguntó el jefe, Abel no respondió en ese mismo momento preparando la mejor respuesta a su jefe. Cuando dijo:
- He estado ocupado en otras gestiones.

Dijo Abel sin vacilar en lo que decía, muy firme a su jefe de redacción.
- Ninguna actividad puede ser más importante que tú trabajo para el periódico al que te debes por entero.

Dijo el jefe de Abel en el periódico Granma. Abel oyó las palabras del jefe. No quiso contestar diciéndole todo lo que ahora sabe, que podría meterlo en la cárcel y de allí no saldría nunca. Se quedó callado y solo dijo:
- Sí... sí... es cierto. Ud. tiene toda la razón, le seguro que no pasará más y los entregaré en el más breve tiempo posible.
- Confió en ti y en tú esfuezo Abel. Acuérdate que tú eres el cuadro relevo en el cargo de los editoriales del Órgano Oficial del Partido Comunista de Cuba. Nuestro glorioso Granma.

Aquellas palabras sonaron como una cachetadas en la cara del joven Abel. Hoy más que nunca repudia estar allí donde empiezan todas las mentiras dichas al pueblo de Cuba; pero tiene que serenarse y esperar a concluir su trabajo con el profesor Olivares, usando más que sus cinco sentidos. Y entonces respondió:
- Sí... como Ud. diga jefe.
- Nos vemos... nos vemos.

Abel no supo que decir, se quedó parado frente a la oficina. Sabe que su amigo Martín lo espera afuera.

Indeciso solo le vino una idea en su mente llamar a Martín y decirle que podía verlo después del horario de trabajo y así decidieron hacerlo. Se encontrarían en el cine Yara y desde el cine caminarían hasta el malecón. «Hay que cuidarse de la Seguridad del Estado y Martín ya está fichado por la policía política» Pensó Abel. Se quedó en su oficina a revisar los aríiculos pendientes de publicación. El tiempo pasó y se acordó de su cita con su amigo Matín, miró su reloj pulsera y vio que le quedan unos minutos, leyó las dos últimas lineas y dejó el papel sobre su escritorio y salió al encuentro con su amigo. Llegó Abel a la populosa esquina del cine Yara en la afamada esquina de Coppelia, la famosa Rampa y su esquina de L y 23, se encontró con su amigo Martín diciéndole:
- Vamos calle abajo, caminemos que no es seguro permanecer en el mismo lugar por largo tiempo. Y menos en este lugar del Vedado.

Los dos salieron del lugar, una de las de zonas de más concurrencia del turismo nacional y extranjero. En esa esquina de la capital habanera L y 23.

Qué por muchas razones está constantemente vigilada por su agrupamiento de turistas y otras actividades como el de LA BUSCA en todos sentidos, buscando los dólares en la mejor manera posible o no. Desde las jineteras hasta los pingueros todos por la misma causa sobrevivir en el sistema que los ahoga día a día, entre otras actividades. Llegaron a al esquina que confluye en el malecón la cantidad de gentes es casi el doble a la que encontraron en el cine Yara o más. Y Abel dijo:

- Sígamos caminando hasta encontrar el mejor lugar.

Ya está anocheciendo, los jovenes seguían buscando el mejor lugar y la mejor ocasión para conversar. El malecón está más que concurrido, está repleto de gentes por dondequiera. Hasta que Martín dijo:

- Vamos a colarnos aquí entre estas gentes y la policía así nos pierde la pista.

Se deslizan entre los grupos de gentes en el malecón, unos sentados en el muro y otros parados en sus alrededores cuando de pronto Clarisa reconoció al joven que aquella noche tropezó con ella saliendo del solar de San Isidro ya tarde. Clarisa se detuvo y su vista cayó sobre él. Abel no se dio cuenta entre las tantas personas reunidas en aquel lugar. Y la joven Clarisa se dijo a ella misma. «Yo diría que es él... sí él mismo es, él nieto de Libertad la vecina del solar de San Isidro. Los dos amigos se quedaron allí entre dos grupos y más de personas en el malecón habanero. Cuando Abel dijo:

- ¿Pero qué es esto? Esta es nuestra juventud. EL HOMBRE NUEVO que ha formado la revolución por más de medio siglo.
- Yo no sé que está pasando aquí.

Se preguntó Abel, que mira a su entorno sorpredido de lo que ve. Los dos, Martín y Abel se dieron cuenta del rejuego en el malecón de La Habana a esta hora de la noche. Vieron todo lo que no habían visto con sus propios ojos en años. La prostitución de la juventud cubana al turismo extranjero.

Entre muchas cosas que es mejor ni ver ni oír, es mejor no estar ahí donde había de todo alcohol, sexo, drogas todo en el mismo sitio, al mismo tiempo y algunas, que es mejor no mencionar. Los dos jóvenes se quedaron como en una falacia de lo que veían. No sería cierto sino es que lo ven con sus propios ojos.

- Vámonos de aquí... vámonos de aquí.

Dijo Martín sin casi pensarlo comtemplando su cercanias en el lugar donde se hacía de todo.

- Vámonos... vámonos ya.

Contestó Abel que sintió el mismo efecto que su amigo Martín.

Los dos salieron como pudieron de entre los tumultos de personas congregados en el malecón en sus actividades prohibidas, más que prohibidas, algunas inapropiadas para el lugar. Ya encontrándose fuera a unos metros de aquel lugar donde se sucedían cosas inexplicables. Abel dijo:

- ¿Es esa la juventud cubana?

- Desgraciadamente sí... Esa es nuestra juventud Abel. El problema que tú siempre has vivido fuera de la realidad. En tú casa del Nuevo Vedado. Metido en esa bola de vidrio donde se ven esas casas bonitas con grandes jardínes. Algunas hasta con piscina y jacuzzi y con el barrio marginal PAN CON TIMBA. Escondido detrás de todas esos edificios y mansiones majestuosas donde vive la nueva casta comunista. Tú no has tenido que vivir en una casa dividida en cuartos donde viven más de veinte familias con todos los inconvenientes que esto pueda traer con baño común y cocina o en un solar en La Habana donde viven hacinados más de diez personas en un cuarto de cuatro por cuatro y donde el padre trabaja y la madre trabaja todos los días y sus hijos algunos van a la universidad; pero carecen de lo básico para vivir un techo decente, con agua potable las veinte y cuatro horas con un plato de comida en su mesa. Tú no has tenido que pasar por eso. Tú padre como es lo que es tiene lo que tiene. Esa casa que tú disfrutas ahora que seguro perteneció a alguién que se fue a los Estados Unidos al principio de esta EQUIVOCADA REVOLUCIÓN.
- Por favor Martín no me recuerdes tantas cosas que quisiera a veces borar de mi mente. Y no recordarlas nunca más.
- Si... sí... yo te comprendo; pero a su vez quiero que sepas que esa juventud que está allá en el malecón es la misma juventud que se formó en las escuelas secundarias y preuniversitarios en el campo, que se movilizó a la agricultura cada vez que lo llamaban, que se fue a cumplir con el Servicio Militar General cuando los reclutaron, que se fueron a pelear a Angola y otras partes del mundo en nombre de la Revolución. De esta revolución que no supo a donde iba y ahora frustrados, enajenados de ver que todos sus esfuerzos fueron en vanos, que sus sacrificios no sirvieron para nada, que fueron utilizados y que ahora tendrán que seguir aquí viviendo como han vivido toda su vida, haciendo lo que ahora hacen para evadir la realidad que viven o que se dé el milagro que todos esperamos.
- Es lastimoso que así sea. Eso no fue lo que yo esperé de nuestros jóvenes cubanos.

Dijo Abel y se quedó callado por unos minutos. Ninguno de los dos hablan. La realidad es innegable está ahí a unos metros de donde ellos están. Esa es la realidad de la juventud cubana que se forma con la ideología del HOMBRE NUEVO que nunca se logró. Los dos jóvenes se sentaron en un banco frente al antiguo Palacio Presidencial, hoy Museo de La Revolución. Cuando Abel dijo:
- Dime... dime Martín de que es lo que debemos hablar.
- Mi situación con la policía política. Fueron a mi casa y me hicieron un registro, la laptop con la que trabajo y preparo mis conferencias en la universidad fue decomisada. Me alertaron que estoy siendo vigilado por ellos. Por eso quise alertarte sobre tus encuentros con el profesor Olivares y se cuíden. La policía política no perdona a nadie.
- Yo lo sé Martín recuerda que yo vivo con uno.

- Esa es mi mayor preocupación mi hermano. No sé hasta que punto esto pueda llegar hasta ti y se enterará tú padre.
- Veremos que podemos hacer. No puedo cancelar mis encuentros con el profesor Olivares. LA VERDAD TIENE QUE SALIR DE ALGUNA MANERA.
- Ojalá todo salga bien.

Dijo Martín que todavía siente la carga sobre sus hombros de su expulsión de la Universidad como profesor.
- Tomaré toda la precaución necesaría; pero tenemos que terminar este proyecto.

Los dos se levantaron y empezaron a caminar y Martín dijo:
- Aquí te dejo, no quiero que la policía política nos vea juntos.
- Nos vemos.

Dijo Abel y Martín se desvió por la primera entre calle que encontró para despistar a la policía en caso que estuvierán persiguiéndolos. Abel camina frente al Palacio Presidencial y vio un gran cartel que decia:
LA REVOLUCIÓN MARCHA BIEN, LUCHAR, TRABAJAR Y AVANZAR SEGUIR ADELANTE.
Lo leyó y a su mente vino automáticamente la respuestas: MENTIRAS Y MÁS MENTIRAS. Y siguió su camino.

Otra noche en el malecón habanero. Como siempre, repleto de gentes caminando de un lugar a otro en: LA BUSCA. La noche se había hecho vieja, ya son pasada la medianoche y es cuando la vida se hacía más libre para todos en la zona del malecón. Las chicas caminan las tres amigas en su labor en el punto céntrico. La intersección de la calle 23 y el malecón en el Vedado frente al Hotel Nacional. Las tres en dirección a la otra zona, tal vez no liberada como está o más restringida que este punto del malecón habanero.

Cuando Rocío habló a sus amigas diciéndoles:
- ¿Uds. no me lo van a creer?
- ¿Qué cosa Rocío?

Contestaron las dos a la vez a la inquietante pregunta de Rocío.
- Estuve hablando con una amiguita mía y me explicó que esa zona está designada para ellos por el gobierno. A ellos se les paga por su trabajo aquí. El CENESEX que dirige Mariela Castro se encarga de eso. La hija del general-presidente Raúl Castro. Y que sí yo me decido a incorporarme a ellos Mariela me ayuda con todo en mi cirugía en el cambio de sexo y puedo venir todas las noches a trabajar a este punto que está protegido por la policía. Ellos-Ellas son trabajadores del gobierno. ¿Puedes tú creer semejante cosa? Pero ahí no acaba la cosa. Se pueden aceptar regalos de los turistas; pero el salario va por el CENESEX, es increible. La primera vez que fui al CENESEX me dijeron que tenía que traer un aval del CDR. Imaginate tú, yo que vivo ilegal en La Habana y por esa realidad soy victima de extorsión y acoso por parte de ese polícia que me conoce de allá.

- Eso me huele a una trampa. Te ayudan y después te explotan como prostitutas legales en La Habana. Se dice y no se cree. Y nadie te creerá sí les haces el cuento ese que te caban de hacer las chicas de Mariela Castro, sí Mariela Castro y su Harén.

Dijo Xiomara que es la más vieja y la de más experiencia en el oficio.
- Yo creo lo mismo eso es una trampa para que les sirvas a ellos y tal vez de por vida. Una vez que te ayuden te sacan el quilo con el turismo sexual. Seguro que en la tarifa a los turistas incluyen estos servicios y ellos ni se dan cuenta. Los del CENESEX cogen la moneda dura y quizás te dán a ti el peso cubano y nunca vez pasar los verdes, los dólares. Con estas gentes cualquier negocio sale mal. Al fin y al cabo te explotan de cualquier manera. Yo no confío en estas gentes... NADA... PERO NADA DE NADA. Mariela Castro y su sequito lo que están buscando es el apoyo de Uds. los trans y nada más para utilizarlos a su conveniencia. Allá a aquellos que se dejan utilizar y no despiertan de su sueño con Mariela Castro, la hija del general-presidente.

Clarisa dijo. Ella como siempre desconfiada y rebelde a aceptar cualquier arreglo que tuviera que ver con el gobierno de los Castro y continuó:
- Te usan. Nunca me ha gustado sentirme ser usada y menos por los Castro que han hundido este país en el lodo. Tú ves los cuentapropista. Esa es la mía trabajar por mi cuenta. No tengo jefe, ni me debo a nadie. Ese negocio del CENESEX y Mariela Castro lo veo turbio. Ellos quieren monopolizarlo todo hasta a nosotras las jineteras. Vamos a tener que convocar una reunión para crear el sindicato para defendernos de ellos y podemos ponerle CJC. ¿Qué Uds. creen? parece casi como la organización juvenil de los Castro la UJC. La de nosotras será CJC: Central de Jineteras Cubanas. Y tú Rocío cuídate, acuérdate del tal Rigoberto ese, el policía que te extorsiona pidiéndote dinero o deportarte a Oriente. No creas en todos esos cuentos, que TODOS VIVIMOS DEL CUENTO EN ESTE PAÍS DE UNA FORMA U OTRA DESDE 1959.
- Ja... ja... ja... ja...

Las tres reían a pesar de toda las dificultades que atraviezan en su vida en La Cuba en INVOLUCIÓN. Porque la REVOLUCIÓN HA MUERTO HACE MUCHOS AÑOS.

Gilberta y su mamá Evangelina mirando el Noticiero Nacional de Televisión y el comentarista decía: Se celebrará el próximo mes de octubre el FESTIVAL INTERNACIONAL DE TEATRO DE LA HABANA con la puesta en escena de la obra: MONOLOGOS DE LA VAGINA de la autora Eve Ensler.

En ese instante la anciana Evangelina saltó y dijo:
- ¿Cómo ha dicho ese hombre que se llama eso?
- Como Ud. oyó mamá: Monologos de la Vagina.
- Oye estos tiempos están que ya no se entiende ni lo que dicen en la televisión.
- Mamá los tiempos cambian.

- Los tiempos cambian como dices tú; pero aquí todo esta igualito. Nada cambia. La libreta de abastecimientos, las colas, la escasez, el hambre que tenemos de tres baras y medio, la pensión el mismo lugar, no te aumentan ni un quilo y aunque sea partió por la mitad. Y los CUC no se ven ni en pintura.
- Mamá no se puede hacer nada. Esperemos por Los Yumas que ya nos sacarán de este hueco en que hemos caído desde 1959 con la revolución de los sueños. La revolución martiana que soño mi padre.
- ¡Qué martiana! Ni que ocho cuartos. Estos destruyeron todos los sueños martianos. Sí tú padre estuviera vivo ya no sentiría lo mismo que sintió cuando en 1953 en el año del centenario cuando atacaron el Cuartel Moncada en su nombre. Han utilizado al apóstol como han querido pa' sus negocios políticos.

Continuaban las noticias en Noticiero Nacional de Televisión y comentarista anuncia: Se reunirán en La Habana representantes de Fuerzas Armadas Revolucionarias de Colombia conocida por FARC y representantes del gobierno colombiano para un cese al fuego y la deposición de las armas en un acuerdo de paz con la guerrilla que opera en ese país sudamericano por varios años.

- Oiga mamá lo que dice el hombre del bigotón. La guerrilla quiere hacer las paces Ud. ve que todo se está arreglando, poco a poco mamá.
- Sí... sí... todo se está arreglando fuera de aquí. Ahora nosotros somos los mediadores y quién media por nosotros por nuestros problemas, quién viene a solucionar y a reconciliarnos a nosotros que ya bastante tenemos. Y estamos mediando para otros tratando de resolver sus problemas y los nuestros ... ¿qué?. Los problemas deben empezar a resolverse por casa. Cuba que es nuestra casa y después podremos atender los problemas de los demás y tratar de solucionarlos.
- Ahí Ud. tiene toda la razón mamá. Arreglando la situación de otros cuando aún nosotros tenemos tantos y tantos problemas que resolver.

Las noticias continúan y en este momento se oyó: TODOS A LA PLAZA ESTE PRIMERO DE MAYO DÍA DE LOS TRABAJADORES.

- Puede Ud. oír mamá el hombre del bigotón nos invita a ir a la plaza de la revolución.
- Oye Gilberta, el hombre del bigotón del noticiero seguro que no vive en un solar ni en cuarto de cuatro por cuatro mijita. Ve tú a ver y vive en una mansión en el Vedado. Al hombre del bigotón seguro que le pagan su salario con CUC. El hombre del bigotón le pagan el triple o cuatro veces lo que me pagan a mi de pensión y trabajé toda mi vida limpiando las aulas y todo lo que pudiera del Instituto de La Habana. ¿Y qué? El hombre del bigotón vive mejor que tú y que yo, por tanto que se vaya a la plaza con su invitación. Yo me quedó aquí en mi silloncito de todos los días en el mismo del solar de San Isidro.

Dijo Evangelina que se veía sin ánimos, languidecía en su sitio de ayer, de hoy y de siempre en el solar de San Isidro en La Habana. El noticiero de televisión seguía sus noticias y decía: Están prevista las condiciones para abrir las embajadas de Cuba en Washington y la de los Estados Unidos en La Habana.
- Ud. ve mamá... Ud. ve, ya vienen Los Yumas abrir su embajada en La Habana. Ya nos estamos acercando cada vez más y más al punto.
- Mira Gilberta por favor no me hagas decirte un disparate muchacha. Ya yo no creo NI EN LA MADRE DE LOS TOMATES. Todo esto es un cuento. Los Castro piden mucho a cambio de nada según oigo y veo todo sigue igual o peor que antes. Los Castro están creando las condiciones ganando tiempo y así nos entretienen mientras amarran todos los cabos y sigue la dinastía o la mafia que empezó en 1959 con el hermano mayor. Fidel Castro o el Castro I como le llama Clarisa mi nieta. Ellos no ceden, se creen rey en la isla.
- ¿Ud. no tiene esperanza mamá? Mi esperanza era verde mi hijita y se la comieron los chivos. Estoy aquí esperando por la carrosa, sí es que llega y sino llega me sacan en una carriola o una chivichana con cuatro ruedas porque viendo como van las cosas cuando me muera ni cajas habrán pa' meter al muerto.
- ¡Ay, mamá! No diga Ud. eso, a Ud. le falta todavía mucho por recorrer en esta vida.
- No creas eso hija, debajo de una piedra se esconde un majá sin tú darte ni cuenta. La pelona cuando viene... llega.

Dijo Evangelina que había pasado tanto trabajo en esta vida que ya está preparada para la otra y hasta para cerrar sus ojos y decir adios.

Hoy es lunes 4 de mayo del 2015 Abel listo para su encuentro con el profesor Olivares, son las nueve y once minutos de la mañana y él esta allí en el lugar de la cita para otro intercambio. El profesor llegó y dijo:
- ¿Y qué muchacho como andan las cosas?
- En su espera maestro... en su espera.
- ¿En qué nos quedamos en el útimo encuentro?
- Hablamos del suicidio de Haydeé Santamaría. Miembro del asalto al Cuartel Moncada y hermana de mi tocayo Abel.

Dijo el joven cuando el profesor decía:

- Vino otro sucidio en la esfera política cubana y fue el del ex-presidente Osvaldo Dórticos de manera muy rara y sospechosa, su muerte pasó despertando intrigas aún no conocidas que pudiera decirse cuál fue la razón o por discrepancias políticas con el número UNO. Otro suceso de relevancia en la historia fue la Invasión a la Isla de Granada por el ejército cubano comandado por el general Tortoló. Otro de los desaciertos de Fidel Castro con toda la cantidad de mentiras que se crearon a su alrededor de los verdaderos hechos. La inmolación del último reducto con la bandera cubana que al final resulto ser FALSO. Un juego más poniendo vidas en las manos de la muerte. Después surgen en la Europa Socialista movimientos que luchan por la democracia y aparecen los líderes como Lech Walesa en Polonia como máximo dirigente del Movimiento Soldaridad. Seguido del Václa Havel en Checoslovaquia. En ambos paises se sucedieron los cambios. Ellos luchan por la indepencia del socialismo-comunismo impuesto por la Unión Soviética al finalizar la segunda guerra mundial. En checoslovaquia llegó a conocerse como la REVOLUCIÓN DE TERCIOPELO. El cambio y la transición fue de una manera civilizada y demostró al mundo que con BUENA VOLUNTA Y FE se pueden hacer también una revolución. No sucedió así en Rumanía donde el presidente Nicolae Ceausescu al no aceptar los cambios pagó con su vida cuando el dictador negó a su pueblo la continuación de los cambios. Y las imputaciones a su desgobierno en Rumanía. El muro de Berlín es demolido Alemania Federal absorbe a la República Democratica Alemana conocida como la RDA en completa bancarota por su sistema inoperante. Berlín volvió a ser un solo Berlín. Por el mundo se están haciendo sentir otras corrientes de libertad y democracia. El experimento del marxismo-leninismo no dio los resultados que teoricamenre se esperaban. En el año 1991 un grupo de profesores de la universidad nos dimos cuenta que la juventud había perdido su interés por esta filosofía de Marx.
El presidente norteamericano en aquella época Ronal Reagan, el papa Juan Pablo II y el presidente de la entonces Unión de Repúblicas Socialista Soviéticas encaminaron un proceso de cambios que se empezaron a conocer como el glasnot y la perestroika. Estos dos procesos signifcó el CAMBIO. La transparencia y restructuración del sistema político que por más de setenta años había mantenido la guerra fría. Se prohibió hablar de estos eventos que se llevan a cabo en la Unión de Repúblicas Socialistas Soviéticas en la reuniones del partido comunista, a la secta se le negó a nivel de base, se prohibió tocar el tema de la prestroika y el glasnot temiendo a que lo mismo pasara en Cuba. En China se dio La Protesta de la Plaza de Tiananmen, una masacre al pueblo y la democracia del pueblo chino y del mundo. Un hecho de lesa humanidad del que nunca se habló.
- ¿Qué sucedía en Cuba?

Preguntó Abel inquieto por saber la voluntad de los dirigentes cubanos por un CAMBIO.
- En Cuba estábamos y seguimos estando ciegos. No sabíamos lo que está ocurriendo en el mundo. La desinformación es extrema se sabía lo que se pública en el órgano del Partido Comunista, el Granma y la censura llegó a sus máximos puntos. Al gobierno no le convenía que se supiera lo que está ocurriendo al otro lado del mundo. Puedo contarte una anécdota. Un día compré una revista que se llamó Spunitk y en la aportada decía Leonid Brezhnev: UN LÍDER COMODO. Cuando vi aquello me quede mudo, la metí en mi portafolio y la leí en casa. Era increíble lo que se decía del comunismo de sus líderes en la antigua Unión de Repúblicas Socialistas Soviéticas. Y pensé: Lo mismo pasará aquí cuando empiecen a desaparecer los líderes de esta revolución. Y las vacas sagradas dejen de serlo. Se dirá todo lo que hicieron para conservar el PODER.

El profesor Olivares hizo silencio y en ese momento Abel dijo:
- Maestro... maestro todo está en un mar de confusiones que por mucho que trato de ordenar no logro encontrarle el orden lógico.

El joven enmudeció de nuevo organizando sus ideas en su mente y luego continuó:
- Se restablecieron las relaciones diplomáticas entre los dos paises. ¿O la palabra DIPLOMACIA ya no tiene el mismo significado? ¿Qué sucede maestro? El primero de Mayo en el desfile como se acostumbra y cuando pase frente a la tribuna me encuentro con un gran cartel con la imagen del dirigente de los trabajadores Lázaro Peña. Eso no fue lo más significativo. Lo que más me llamó a mí la atención es lo que expresa el gran cartel que decía:
FRENTE A LA INJERENCIA YANQUI Y DE LA UNIÓN EUROPEA. ¡UNIDAD!
- Estamos tratando de ser amigos con los norteamericanos o ¿Qué es en realidad está pasando... ¿dónde estamos? ¿Qué significa INJERENCIA en este caso ahora?
- Nadie sabe donde estamos mi querido colega. Ni ellos mismos saben donde están. Ni nuestros dirigentes saben donde nos encontramos ni hacia donde vamos. TODO ES INCIERTO.

Dijo el profesor Olivares a su ex-alumno de la Escuela de Periodismo de la Universidad de La Habana.
- Luego sigo en el mismo recorrido en la plaza de la revolución y me encuentro una gigantesca imagen de Camilo Cienfuegos y la frase de: VAS BIEN FIDEL.

Decía Abel. Él que no entendía la frase que había leido el último primero de mayo en la plaza de la revolución al que asistió en La Habana, Cuba.

- Abel ellos están tratando de retomar esos valores del pincipio del proceso revolucionario de 1959, que han perdido ya su valor en el contexto que estamos viviendo. En un tiempo jugaron su papel; pero ya han perdido toda su vigencia. Es una manipulación sicológica para los más viejos que recuerdan cuando Fidel le hacía la pregunta a Camilo Cienfuegos. ¿Voy bien Camilo? Y él le contestaba :Vas bien Fidel. Sí analizas esto, te das cuenta que es para mantenerse atado al 1959 cuando se depositó toda las esperanzas en la llamada Revolución Cubana. Ahora a más de medio siglo y con resultados negativos llegó el momento de hacer una nueva revolución que empezaría por quitar del gran panorama de penurias y dificultades que está sumido el pueblo de Cuba a los Castro y a toda su camarilla de octogenarios aferrados al PODER.

Dijo el profesor Olivares y su voz se oía enardecida como él que sufre en su propia carne lo que está sufriendo todo el pueblo cubano. Abel no pronunció palabra y una sola pregunta aparecía en su mente ¿Cómo proceder para el cambio? ¿Podría pasar en Cuba: LA LLAMADA REVOLUCIÓN DE TERCIOPELO? Como en la antigua Checoslovaquía en la Europa del Este con Václa Havel, líder por los Derechos Humanos.

Cuando el jóven Abel dijo:
- En el 1987 se le ocurrió decir: AHORA SÍ VAMOS A CONSTRUIR EL SOCIALISMO. lo encontré revisando unos Granmas viejos.
- ¿Qué tú crees?

Dijo el maestro esperando una respuesta de su ex-alumno universitario y continuó diciendo:
- Hasta aquí puedo llegar hoy Abel. Tengo una clase en cuarenta y cinco minutos y debo cuidar mi trabajo. Creo que hemos contado bastante. La próxima cita Parque Central a la misma hora de siempre frente a José Martí.
- Como Ud. diga maestro.

Contestó el joven a su maestro en Ciencias Políticas. El profesor Olivares se levantó y miró su reloj pulsera y empezó a caminar su semblante se ve no como en otras ocasiones hoy el profesor Olivares después de tantos años de esfuerzos y sacrificios por la Revolución llegó a la conclusión que había perdido estos más de cincuenta años en que un día muy joven se integró a las filas de la revolución marchando a alfabetizar en los a los campos de Cuba.

Muy temprano otro día más en La Habana y en solar de San Isidro. Gilberta abría la puerta del cuarto de cuatro por cuatro. El alba empieza a aparecer y ella sale con su orinal a botarlo en la casetica en medio del solar que es el baño colectivo de los residentes del solar de San Isidro. Miró al cielo y se dijo: «Gracias Dios por otro día más a pesar de todas nuestras penurias y dificultades para continuar viviendo como vivimos», en ese mismo instante, como hace todas las mañanas al salir de su cuarto se encontró con Julián, el amigo de la niñez de su hermano Vicente y de ella misma que le dijo:
- Buenas días, Gil.

- Buenas dias, Julián. ¡Ay, hombre casi no te veo! Está aún oscura la mañana.

Dijo Gilberta al encontrarse con Julián en su labor de todas las mañanas.
- Pa' mi la mañana está siempre oscura como Ud. la ve hoy. He vivido muchos años en esta oscuridad que nos cubre a todos y sin darnos cuenta hemos estados así por muchos años y años y los que nos faltan según veo las cosas como van. ¿Y cómo está la vieja?

Preguntó Julián a Gilberta. El siempre se preocupa por la mamá de su amigo de la infancia, Vicente.
- La noche no la pasó bien Julián. Ella me tiene preocupa y luego la voy a llaver a la posta médica.
- Ojalá tenga suerte Ud. con su vieja madre. Porque yo fui hace dos días atrás y no había nadie en la posta médica. Está cerrada y nadie supo explicarme que pasa.

Decía Julián a Gilberta sobre su experiencia con el MÉDICO DE LA FAMILIA.
- Pero bueno... está no es la POTENCIA MÉDICA que siempre han dicho por la radio, la televisión por todos los medios habidos y por haber.

Dijo Gilberta que confía en llevar a su vieja madre a la posta médica hoy en cuanto pueda.
- Gilberta... Gilberta despierta... es hora de despertar... ya no tenemos médicos... los mandan pa' Venezuela o otra parte del mundo el problema es que ahora exportamos médicos para obtener divisas. La medicina es una industria que trae los dóloares pa' mantenerse má y má tiempo con el sartén po e' el mango.

Gilberta le vino a su mente a Viviana, la hija de Esther que la habían enviado a servir a Venezuela y ahora está en Colombia, desertó buscando un mejor futuro para ella fuera de Cuba, que como médico especialista le pagaban 25 dólares mensuales. No dijo una palabra y su boca quedó cerrada herméticamente.
- Yo no sé Julián... yo no sé a donde vamos a parar.
- Ud. dice a parar. Yo diría a resistir porque a parar no vamos a parar a ningún lao Gilberta. Esto dio to lo que iba dar. Ya no da má... ya no da má, ahora a resistir hasta que tengamos fuerzas o morir.

Y su voz se quedó como expirando al decir sus últimas palabras. Ya la revolución no dá más, dio to lo que iba dar. «Resistir... resistir... resistir». Se dijo el viejo Julián, cansado y obstinado de la vida que la había tocado y continuó:
- Me voy a trabajar Gilberta y lleve a su mamá a la posta ¡Ojalá la doctora esté ahí cuando Ud. vaya.
- ¡Ojalá... Julián... ¡Ojalá sea así!

Gilberta dijo sin muy bien entendiendo de lo que está pasando con la llamada Potencia médica. Gilberta siguió con su tarea abrió la puerta del bañito depositó lo que lleva y se dirigió al cuarto y al entrar la voz de su anciana madre que decía:
- Gilberta mijita. ¿Eres tú?
- Sí... sí... mamá soy yo. Aquí estoy.

- ¡Ay, mija no he dicho na' ante pa' no mortificarte!; pero no me he sentido bien, no pasé la noche bien como otras veces.
- Ya yo le escuche quejándose anoche mamá, ahorita mismo cuando suba el día nos vamos a la posta médica. Yo misma la llevaré.
- ¿Hay que esperar mucho pa' eso mija?

Preguntó Evangelina. Qué hoy no se sentía bien y no había pasado una buena noche
- Sí... mamá hay que esperar, es muy temprano todavía. Mire vamos aséese un poco y lávese la boca. Vamos... vamos hasta la cocinita, yo la ayudo. Déjeme calentar un poco de agua. Y colar un poco de café

Evangelina hizo un esfuerzo por seguir a los reclamos de su hija y con su ayuda se fue a con ella hasta la cocinita, allí la aseó y la ayudó a lavarse la boca y ponerse sus dentaduras postisas.
- ¿Ud. cree que podrá caminar a la posta mamá?
- Yo no creo hija, las piernas no me responden mija. No sé que me está pasando a mí hoy.
- Déjeme llamar al Belén pa' que me ayude con Ud. mamá.

Gilberta subió a la barbacoa y llamó a su hija Bélen. Belén bajo se preparó para ayudar a su madre con su abuela que no siente bien hoy.
- Vamos mamá, ya estoy lista.

Dijo Belén a su madre Gilberta con la intención de llevar a su abuela a la Posta Médica.
- No sé que hacer hija. Mamá dice que no puede caminar. ¿Cómo hacemos pa' llevarla hsata la posta médica?

Gilberta dijo buscando una solución al problema que se enfrenta con su madre Evangelina hoy.
- Déjeme ver allá afuera a quién puedo conseguir para que nos ayude.

Dijo Belén a su madre que empezó de cierta a forma a deseperarse en esta situación. Belén salió corriendo del cuarto, corría por el pasillo del solar de San Isidro y al salir a la calle vio a Kiko y le gritó:
- Kiko... Kiko... necesito tú ayuda.
- ¿Qué pasa Belén?
- Es abuela... abuela que no se siente bien y queremos llevarla a la posta médica; pero no puede caminar Kiko... no puede caminar.

Belén presintió lo más malo y sus lágrimas se asomaron a sus ojos cuando Kiko dijo:
- Ahora mismo voy por la carretilla que uso pa' recoger los escombros de los edificios que se han desplomado aquí en la zona de La Habana Vieja, porque tú sabe y has visto que La Habana se está cayendo a pedazos y cada día más edificios se desploman por aquí. Y ahí la llevamos en mi carretilla de recoger escombros.
- Sí... sí... Kiko no importa el problema es llegar a la posta médica con abuela, vamos apúrate Kiko... apúrate viejo... apúrate.

Belén volvió al cuarto y allí están Gilberta y su madre esperando por la ayuda, llegó Kiko con la carretilla y dijo:
- Listo vamos.

Kiko había puesto unos pedazos de cartón en la caretilla y pidió a Gilberta una sabana o algo así que pudiera cubrir los cartones y a la anciana Evangelina.

- Vamos mamá... vamos, ponga de su parte.

Montaron al anciana Evangelina en la carretilla y se movían por el pasillo del solar de San Isidro, ya en la calle kiko maneja la carretilla en dirección a la posta médica a unas cuadras del solar, corrían por toda la calle de San Isidro con cuidado para no lastimar a la anciana dolorida en ese tipo de transporte improvisado. Llegaron a la posta médica, lo imprevisto pasó, la posta médica está cerrada y Gilberta gritó:

- ¿Dónde?... ¿Dónde está el médico de la familia de esta posta médica? Dónde está la potencia médica que nos dicen que es Cuba.

Nadie supo contestar a los gritos de Gilberta. Belén llora y Kiko mira aquellas tres mujeres en desgracia en un momento como ese. Cuando la necesidad impera por sobre todas las cosas. Kiko salió corrriendo a la esquina pidiendo ayuda. La ayuda no llegó cuando más se necesitó. A una hora y media se presentó un policía que llamó por ayuda de urgencia médica, ya era tarde la anciana Evangelina dio su último suspiro tendida en la carretilla que la transportó a la posta médica de su barrio desde su cuarto de cuatro por cuatro del solar de San Isidro. Y cuando llegó allí está cerrada la posta médica. No había un médico en la potencia médica que pudiera socorrer a la anciana y darle los primeros auxilios en ese su momento más necesitado de su vida. La muerte sorprendió a Evangelina acostada en una carretilla en el medio de la calle frente a la posta médica del barrio de San Isidro. Evangelina Mendieta cerró sus ojos, no llegó a ver los cambios que todos desean ni los mejores tiempos que Gilberta le prometía todos los días cuando le decía que estos vendrían con Los Yumas que ya volvían a La Habana. Ni tampoco se cumplió su sueño de ver a Vicente, su hijo parado en la puerta del cuarto de cuatro por cuatro del solar y decirle: Soy yo mamá Evangelina aquí estoy de nuevo. Todo en un instante terminó para la Evangelina Mendieta. La familia se encontró como nunca antes en su vida, en unos segundos la vida cambió para todos. Vieron morir a la anciana Evangelina tendida en la carretilla de Kiko y sin que apareciera el médico de la familia en el barrio del solar de San Isidro en La Habana, Cuba.

Así finalizó las penurias y los sinsabores de la anciana tratando de sobrevivir en La Habana. En el solar de San Isidro que hoy se vestía de luto unas de las más queridas de sus residentes hoy se despedía de todos ellos que habían compartido por años el mismo sitio, el mismo lugar donde por generacione habían vivído esperando ahora por los cambios que se avecinan cuando las relaciones entre Cuba y Estados Unidos se hagan realidad con la llegada de Los Yumas a la isla. Como decía Gilberta siempre a su madre y así consolar su dolor por todos estos años de gran pobreza y necesidad. Hoy se marchó Evangelina Mendieta con muchas penas y sin una gloria. Hoy sus carencias y penurias terminaron en La Habana, Cuba.

Gilberta y su familia viviendo los tristes días de la muerte de Evangelina Mendieta.

La vida de calamidades y pobreza continúa para los residentes del solar de San Isidro. La familia en su indecisión de enterrar a la anciana Evangelina Mendieta a cremarla que es lo que se hace en estos días. Ella nunca dijo cuál era su última voluntad. Gilberta camina nerviosa rumbo al solar de San Isidro y piensa: «Como poder adaptarme... sí adaptarme a todo sin mamá que ya no estará con nosotros». Mira al suelo y su mirada se pierde frente a este hecho que no lo esperaba todavía y sí esperaba el mejoramiento de sus vidas con los nuevos amigos los americanos que están dispuestos a ayudarnos. Levantó la cabeza y sus ojos chocaron con un cartel en una pared de La Habana que decía: UNA REVOLUCIÓN QUE NACIÓ PARA SER ETERNA. Lo leyó y se sintió sin fuerzas para pensar lo que quería decir aquella frase. «¿La revolución eterna y con todos sus errores será eterna?».

Se preguntó Gilberta a ella misma y no supo como contestarse ella misma a la pregunta. Gilberta llegó al solar de San Isidro camina despacio y mira todo a su alrededor, llegó a la puerta de su cuarto entró y se desplomó en el el silloncito de siempre el de la vieja Evangelina. Y allí empezó su tormento, su calvario en como seguir esta vida, los sollozos y sus lágrimas empezaron aparecer en sus ojos. Su mente está distendida, como sin espacios para pensar en la realidad que está viviendo en estos días y en estos precisos momentos de su vida. Su madre ya no estaría allí con ella al menos físicamente y su llanto se hizo más intenso. Ella está sola el resto de la familia están en las gestiones de velar, enterrar o encinerar los restos mortales de la anciana Evangelina Mendieta.

Libertad, la abuela de Abel tocó a la puerta del cuarto de Gilberta y ella gritó:

- ¿Quién es?... ¿Quién es?

Repitió Gilberta. Con una voz casi inaudible y cansada, que confiesa su estado de ánimo.

- Soy yo, Lilita... Lilita.
- ¡Ay, Lilita! ¿Cuánto sufrimiento?... LIlita.
- Te entiendo hermana... te entiiendo es algo que quizás el tiempo pudiera sanar, aunque yo así no lo creo. Todavía cada mañana al levantarme pienso en mi hijo tan joven que se le arrebató la vida allá en esa tierras que ni él ni yo conocíamos.
- ¡Ay!... ¡Ay!...¡Ay!... Lilita como podré seguir... como podré seguir.
- Tienes que ser fuerte mi hermana... muy fuerte hay que seguir. La necesidad de vivir por los que dependen de nosotros en esta vida.
- Trato de ser fuerte vecina mía, trato de serlo; pero me ves aquí sentada en su silloncito como ella misma decía y no sé como podré levantarme cada mañana y ver este silloncito vacío.
- La vida Gilberta... La vida nos espera y hay que continuar la lucha de todos los días.

Dijo Lilita y por su mente pasan todos esos años que ha vivido con la muerte de su hijo en Angola. La muerte que nunca pensó y un día tuvo que aceptarla como la realidad que es. Libertad abrazó a su amiga y vecina de los años en el solar de San Isidro en La Habana y las dos lloran sus muertos.

La familia en la funeraría en el velorio de Evangelina Mendieta.

Allí están todos acompañados de sus vecinos y amigos compartiendo el dolor de la familia en estos momentos que se hacen tan difíciles para todos cuando de la muerte llega y de ella se trata. Las amigas de Clarisa se dieron cita en la funeraria para rendirle el último tributo a la abuela de su compañera de labor en en las noches del malecón habanero. Kiko y Efraín también están allí y vieron llegar a las muchachas Xiomara y Rocío y unos minutos después Kiko se acercó a Clarisa y le preguntó:
- Óyeme Clarisa presentame a esa dos muchachas que llegaron.
- ¡Ay, Kiko! Tú como siempre queriendo conocer a todo al mundo.
- Bueno Clarisa...Tú sabe curiosidad, además se ven muy bien tus amiguitas. Esa es la verdad.
- Quieres que te diga una cosa Kiko. Esas muchachas que tú ves ahí, una de ellas es un muchacho. No una muchacha.
- ¡No me jodas! Perdóname Clarisa... perdóname... pe... pe... pero no lo puedo creer que sea un hombre.

Contestó Kiko y sus ojos se abrieron a todo lo que sus orbitas aceptaban, se puso su mano derecha sobre la boca tratando de disimular las palabras antes dichas. Efraín mira de reojo a las dos muchachas muy bien vestidas en el velorio de doña Evangelina Mendieta, la abuela de Clarisa que dijo:
- Como lo oyes Kiko. Y no sé sí tú quieres estar involucrado con un trans-sexual.
- ¡Qué!... ¡Qué!... ¡Qué!... ¿Qué es esa palabra que acabas de decir? Frena... frena...frena ahí Clarisa que no te entendí na'.

Preguntó Kiko a Clarisa tratando de no elevar el tono de su voz en el salón funebre donde descansa la señora Evangelina. Él no entendió bien lo que oyó decir de boca de Clarisa.
- Ya te lo dije Kiko, quieres que te lo repita de nuevo: trans-sexual.
- ¿Y qué es eso?... ¿Qué es ese bicho Clarisa?
- Este no es el mejor momento para esas explicaciones Kiko. Estamos velando abuela, después en otro momento te explico.

Clarisa bajo la cabeza en el balance donde está sentada. Kiko no dijo una palabra más y aceptó lo dicho por Clarisa. Efraín le hizo una señal para encontrarse con él afuera. Los dos caminaron hacia fuera del salón y estando allí Efraín le dijo:
- Oye mi socio deja esa muela ya con Clarisa. Estamos en la funeraria. Este no es ni el lugar ni el momento propicio para este tipo de conversación.
- Luego hablamos. Ok.

Dijo Kiko aún confundido con lo que le había dicho Clarisa sobre sus amigas. Los dos volvieron al salón del velorio donde está expuesto el cuerpo de la anciana Evangelina. Xiomara y Rocío se acercaron a Gilberta y después a su amiga Clarisa, le dieron un abrazo y un beso, se despidieron de los demás que allí están y salieron rumbo la calle.

Ofelia camina muy rápido, va a la funeraria a rendirle tributo a su vecina que fue como una madre para ella cuando su mamá se fue de este mundo.
No tiene dinero para un taxi por tanto siguió con sus pasos apresurados hacia el funeral de Evangelina Mendieta.

Con muchas cosas en su cabeza. Aún Ramirito, su hijo no ha conseguido el trabajo en el área de turismo como se lo prometieron. Pagó con todo su sacrificio aquella cantidad de dinero en CUC para obtener la plaza. Los bisnes en la calle no andan bien la policía arremete y arremete más contra todos, todos los días. «Un amigo y compañero de bienes me propone negocios con ventas de cuadros. Yo no sé nada de pintura ni de cuadros como meterme en este asunto». Ese es su pensamiento cuando camina hacia la funeraria. «La venta de tabaco no está dando resultados como antes. Ya estuve en la estación de polícia por mi hija en sus actividades con Las Damas de Blanco.

Seguro que me tienen fichá y por partida doble, una por negarme a servirles cuando trabajaba en las brigadas de sanidad Aedes Aegypty de informante de la Seguridad del Estado y ahora que saben que mi hija marcha todos los domingos con Las Damas De Blanco». Dejó de pensar y salió a la calle Infanta y vio la funeraría La Nacional y siguió su camino faltan unas cuadras para llegar y vio un cartel grande que decía: SIEMPRE CON FIDEL Y NUESTRA BANDERA. Leyó en cartel automáticamente sin darse cuenta, «ya no significan NADA ni tienen efectos ya no dan resultados en la gentes las grandes vallas con sus grandes carteles que se ven desplegados con consignas de la revolución por toda la ciudad de La Habana. Dijeran lo que dijeran ya nadie le importa». Pensó. Ya está en la funeraría subió y encontró a toda la familia en el salón donde velan la anciana Evangelina y se acercó a Gilberta diciendo:

- ¡Ay, Gilberta!... Gilberta cuantos años al lado de tú madrecita y ahora en unos minutos se nos va.

Las amigas se abrazaron y allí están las tres: Lilita, Ofelia y Gilberta las amigas y vecinas del solar de San Isidro. Las dos que un día 17 de diciembre del año pasado Gilberta les gritó: ¡Vengan!...¡Vengan a oír la gran noticia... ¡Vienen... vienen Los Yumas! Las tres se abrazaron para consolar el dolor de la vecina-amiga Gilberta. Los familiares miran la escena de las tres amigas de siempre del solar de San Isidro donde nacieron y crecieron y aún allí permanecen. No se avisora la llegada de Los Yumas en la forma que pudieran sacar a la isla del estancamiento en que se encuentra. Paralizada en el tiempo, detenida por su absurda filosofia marxista-leninista. Con el partido comunista como la única fuerza rectora de la sociedad cubana. El pueblo de Cuba espera con ansias los CAMBIOS que quizás se producirían para el bien de todos con la llegada de Los Yumas. O tal vez nunca llegarían esos cambios a la isla. Siguen las detenciones y los abusos a los disidentes en la isla a casi seis meses de la noticia de restablecimiento de las relaciones entre Cuba y Estados Unidos, interrumpidas por más de cincuenta años.

Las Damas de Blanco continúan sus marchas por la Quinta Avenida de Miramar hasta el Parque Gandhí siguen siendo victima del abuso del poder de la dictadura castrista. Gilberta en su cuarto de cuatro por cuatro en el solar de San Isidro. La anciana Evangelina fue cremada y su familia tiene los cenizas de Doña Evangelina encima de una mesita cerca del camastro donde ella durmió los últimos días de su vida. Allí está con una vela encendida, unas flores blancas y una fotografía de su juventud.

Gilberta en su silloncito del cuarto de cuatro por cuatro. Le parecía inmenso, grande, es el vacío que había dejado su madre que murió en una carretilla en la calle en busca de la atención médica que no encontró en Cuba, la potencia médica mundial. En el país donde la salud es gratuita y su potencia médica no estuvo ahora al alcance de la vieja Evangelina en Cuba que así se otorga el gobierno revolucionario de anunciarlo: La potencia médica del mundo. Donde sus médicos son exportados para obtener pagos en moneda dura hiendo a Venezuela, Bolivia y a otros países del ALBA a prestar sus servicios, recibiéndo pobres salarios y el estado cogiendo el mayor porciento en los dólares que necesita para perpetuarse en el poder. Con la moneda dura la que sí tiene valor. El verde, el dolar del imperio que tanto odian.

Belén llegó al cuarto y vio su madre con ese rostro compungido lleno de tristeza, mucha tristeza por todas las cosas que pasan a su alrededor y solo dijo:
- Buenas tardes, mamá.
- Buenas tardes, hija.

Contestó Gilberta con una voz opaca que Belén la entendió su ánimo, han pasado solo unos días del proceso de la anciana Evangelina.
- Mamá... mamá la policía está allá afuera creo que se llevan presa a Ana la vecina del final del pasillo. Me contaron que el problema es que su sobrina que vino de Oriente hace unos meses lleva a los niños a algunas de las esquinas de La Habana y allí mendigan pidiéndole dinero los turistas.
- No la culpo. La pobre vino de allá de los remates de no sé donde, con quince baras de hambre y esos dos niños que parecen que han pasado más trabajo en la vida comiéndose un cable allá en Oriente. Y claro viene pa' La Habana buscando una vida mejor que la que se les ofrece allá en los remates de yo no sé donde o de Guane para ponerle algún nombre.
- Sí... sí ya me doy cuenta que la revolución no llegó a todas partes como me hicieron creer a mí por todos estos años. No llegó... no llegó, todavía hay familias viviendo sin luz eléctrica y sin otros beneficios que se les prometió.

Dijo Belén dándose cuenta una vez más de toda la mentira revolucionaria en la que vivió inmersa y creía no más que lo que le decían por todos los medios utilizados para la propaganda socialista-revolucionaria-comunista del sistema cubano en la Cuba de los Castro y creyéndolo todo en toda su vida.
- Ya vez como son mijita. COMEN... PERO NO DEJAN COMER A LOS DEMÁS. Seguro que a ellos no les falta el plato de comida en la mesa. Y esos niños van a a la cama con el estómago vacío. No es justo. No la culpo. Los culpables aquí de todos estos males es este sistema que no resuelve nuestros problemas de todos los días que por mucho que cacarea la gallina todo sigue hiendo de mal a peor. Y ahora la pobreza nos esta comiendo por una pata desde los pies a la cabeza y la nueva clase teniendo cada día más y más... nosotros... nosotros ¿qué?... menos y menos cada día... menos derecho a la vida.

Belén no contestó al ¿qué? de la pregunta de su madre. No sabe que decir. La verdad sobresale ante los ojos de cualquiera. Las necesidades mínimas del ser humano no están resueltas hoy a más de cincuenta años de la cacareada revolución de los humildes y para los humildes.
- Estoy cansada de todo. No sé que hacer con mi vida.
Dijo Belén que aún llena de juventud piensa que su vida está acabada.
- Toma las cosas con calma hija. La vida tiene esas rachas malas y un día todo va tomando su nivel. La vida es un regalo de Dios y tenemos que vivirla como sea, ser optimista y seguir luchando.

Dijo Gilberta a su hija Belén que está atravezando por un estado de depresión y la deseperación se apodera de ella. Con su diploma bajo el brazo y sin posibilidades de desempeñarse como profesional. Su vida se anula para ella misma como cuando el cielo y la tierra se le unen en un solo punto y le inmovilizan todo su cuerpo y su mente. Se oyó la voz de Kiko que viene por el pasillo tarareando una vieja tonada que decía :
♪ Suavecito... suavecito... suavecito nena que es como me gusta a mi...♪
Y se quedó parado en la puerta del cuarto de cuatro por cuatro de del solar de San Isidro. Cuando kiko a Gilberta dijo:
- ¡Eh, famila! Vamos levantemos esos ánimos que la vida no se ha acabao pa' nosotros. Hay que seguir luchando por los tiempos mejores que vendrán de ahora en adelante. Recuerden, no se olviden de Los Yumas... Los Yumas mi tía que: YA VIENEN LLEGANDO Y TODO EL MUNDO LOS ESTÁ ESPERANDO.
- Sí... eso te crees tú. Las cosas parecen seguir en el mismo lugar. Sin moverse, en mismo sitio, sin cambio alguno.

Contestó Gilberta que soñó con la llegada de Los Yumas y todavía no se ven como ella esperaba que iban a llegar a la isla.
- Mire... mire... mi tía hay que soñar y tener fe.

Decía Kiko con el propósito de hacerles a la familia más pasadera la partida de la Doña Evangelina Mendieta de este mundo.
- Ese es el problema Kiko que llevo tantos años soñando que me quedado dormida para siempre. Y como dice el dicho: A CAMARÓN QUE SE DUERME SE LO LLEVA LA CORRIENTE Y A NOSOTROS NOS HAN ESTADO DURMIENDO POR MÁS DE CINCUENTA AÑOS.
- Tía... tía Ud. como siempre... No se deje vencer mi tía mientras hay vida... hay esperanzas. Fíjese que le voy hacer el último cuento de Pepito. Usted sabe que pepito es ese niño que se le escapó al diablo... sí al diablo con sus ocurrencias es tremendo y travieso mi tía con una imaginación inigualable ese niño Pepito, el diablito.
- Ven acá chico de que diablo me estás hablando. Porque sí es del que yo me imagino. No quiero saber nada de él, por favor... nada.
- Quieta... quietecita mi tía no es ese diablo al que me refiero mi tía, Ud. no ha oído decir: QUE MÁS SABE EL DIABLO POR VIEJO QUE POR DIABLO. Y este es el caso mi tía. Éste que tenemos aquí. Ese diablo que con su inteligencia y maldad nos tiene a los once millones de habitantes aterrillao, mire Ud. a donde nos ha llevao a todo su pueblo al que según él ama a ese pueblo y él le ha servido de esclavo o mejor dicho el pueblo le sirve a él de esclavo.

- Sí... sí... Kiko ese es el problema que tenemos. Que este diablo tiene las dos cosas: ES VIEJO Y ES DIABLO... Y NO VIEJO... VIEJÍSIMO.

Dijo Gilberta un poco airada en al conversación con su vecino Kiko que solo quiere sacarla de sus tristezas.

- Bueno me deja hacerle el cuento de Pepito mi tía o no.

Preguntó Kiko a Gilberta para sacarla de ese estado de ánimo que la embarga cuando no se ve solución a los problemas de todos en la isla.

- Sí... vamos tira tú cuento Kiko.
- Bueno resulta que la maestra le preguntó a los alumnos en la aula que cuánto demoraría un viaje desde La Habana a Miami. Pepito levantó la mano rápidamente y dijo: Maestra... maestra depende de como Ud. haga ese viaje a Miami. Número uno si Ud. hace el viaje en avión se demorará unos cuarenta a cuarenta y cinco minutos, más o menos con estos aviones de ahora supersónicos y de alta tecnología. Número dos si lo hace en una balsa como lo han hecho muchos cubanos para ser libre depende del tiempo si los metereólogos no se equivocan y de los tiburones en el mar que es lo más arriesgoso pa' nosotros que tanto deseamos SER LIBRES. Y número tres maestra que es la mejor de la mejor de las posibilidades, que se secará el mar que nos separa a tantos cubanos de aquí y de allá. Y Ud, sabe cuánto se demoraría maestra en llegar allá, un año o dos y me quedo corto maestra. Entonces la maestra intrigada en por qué tanto tiempo. Preguntó: ¿Por qué tanto Pepito? Y Pepito contestó a la maestra. Mire maestra, Ud. se imagina lo que es ir caminando entre miles, miles y miles de personas o más en todas esas pocas millas de distancia diciendo PERMISO... PERMISO... PERMISO... PERMISO, apartando a toda la gente. Y yo les sugiero a la gente caminar de lao... no de frente para que todos podamos caber en la GRAN CAMINATA HACIA LA LIBERTAD.
- Ja... ja... ja... se reían ellos a la vez. Cuando Gilberta dijo:
- Óyeme la verdad que ese Pepito se le escapo al diablo. Menos mal que no es a éste que tenemos aquí.
- Asimismito es mi tía ese Pepito es tremendo... tremendo Pepito mi tía las inventa en el aire ese muchachito...

Kiko trata de aliviar la carga de la familia ahora que la anciana doña Evangelina no está y por tanto pierden su contribución a la causa con la pequeña pensión que recibía del gobierno sus ciento veinte pesos cubanos al mes. Sin un CUC... nada de CUC en su pensión. Kiko entonces dijo:

- Belén... ¿Y cómo van tus cosas?
- No sé que decirte Kiko... no sé que decirte. Mi cabeza no me da más para pensar en todo a la vez.
- Belén está transición. Sí es que se da, no será nada fácil pa' nosotros los cubanos que solo hemos oído el odio implantado como semilla en nuestros corazones por años y años y ahora de la noche la mañana to da un giro así... inesperado.

- Ese es el problema Kiko... ese es gran el problema. Que ahora no sé quién soy ni sé quién está y tampoco sé quién no está Kiko. Muchos años oyendo tantas cosas como: CUBA SÍ... YANQUIS NO y de momento todo se vuelve un: YANQUIS SÍ... Y CUBA TAMBIÉN. No sé... no sé que será de todo esto.
- Ya te adaptarás a lo nuevo que ha de venir pa' to nosotros con el re-encuentro con Los Yumas. Eso no lo inventé yo Belén. La historia lo dice: ES LA DEMOCRACIA MÁS ANTIGUA DEL CONTINENTE AMERICANO.

Dijo Kiko con conocimiento de causa.
- Cada día me sorprendes más Kiko con tus conocomientos.
- La vida Belén. La vida te da golpes y te enseña a vivir.
- Así lo estoy viendo yo ahora más claro que nunca.

Dijo Belén a Kiko su vecino de barrio, su amigo de la escuela primaria y parte de la secundaria donde sus lazos se perdieron. Hasta su encuentro de ahora con la realidad que todos viven en la isla. Esperando la nueva llegada de Los Yumas, después de más de medio siglo de ausencia.

Hoy es 22 de mayo de 2015 y Cuba sale oficialmente de la lista de países TERRORISTAS hecho por el gobierno de los Estados Unidos América y la administración del presidente Obama. Otro logro para el gobierno totalitario cubano. Cuando el mismo gobierno castrista sabe de los fugitivos y convictos que ha dado albergue en su territorio. Muchos de ellos de origen estadounidense. Ganaron un punto más en su agenda del restablecimiento de las relaciones bilaterales entre los dos países. Cuba sacando el filo a la oportunidad de su presidente demócrata en la Casa Blanca y aprovechándose de esta. Los comunistas son perfectos oportunistas. Estados Unidos cediendo terreno y la dictadura invicta ganándolo, no ceden nada.

Se acerca el día del encuentro entre los dos colegas, el Profesor Olivares y su ex-alumno Abel. En estos encuentros donde el profesor Olivares trata de aclarar al joven lo que él no conoce y que ahora puede conocer a través de él. El profesor Olivares comenzó muy joven a ser parte de este sistema que él apenas conocía siendo un adolescente allá por el año 1961.

Hoy habrá otro encuentro en el Parque Central son las nueve y diez minutos en la mañana y Abel está allí sentado frente a la estatua del prócer de nuestras luchas independentistas: Jose Martí. Está inquieto sabe que no es fácil lo que él y su profesor están tratando de hacer. Un recuento histórico de la verdad que no se encuentra en los libros de la historia de Cuba. De la verdad que no oye ni se ve en la televisión o en los medios de difusión masiva como la prensa escrita o radial. El profesor Olivares convencido del punto donde ha llegado la revolución, sí aún se le puede llamar revolución, en un punto estático, sin movimiento y sin esfuerzos ni voluntad por sus octogenarios dirigentes de dar pasó a lo nuevo y en su inmovilidad política.

Este hombre con conocimiento de hechos y causas se dispuso a contar, lo que debe saber el joven confundido hasta hace poco. Por tantas cosas dichas no ciertas para llamarle como son: MENTIRAS Y MÁS MENTIRAS POR MÁS DE MEDIO SIGLO.

- ¡Eh, muchacho otro encuentro más!

Dijo el profesor Olivares al llegar. No está decidido aún si decirle a su ex-alunmo que al acabar este curso escolar él se va a reunir en Madrid con sus hijos y esposa que será un viaje sin regreso a la isla. Quiere estar seguro sí tendrán tiempo para dos o tres más encuentros y poder terminar sus relatos.

Sí antes no son apresados por la policía política. La Seguridad del Estado.

- Sí, maestro... si con más entusiasmo que nunca.

Respondió el joven que cada lunes espera con ansias este fructífero encuentro.

- Bueno empecemos hoy hablando de las deserciones que ocurren en el alto mando. En 1987 se da la huida del Mayor de la Inteligencia Cubana Aspillaga. Un duro golpe para el gobierno cubano. Por la gran información que puede tener a su alcance sobre las actividades de espionaje del gobierno de Cuba en Estados Unidos y otros paises de América Latina y el mundo. Un golpe que puso a muchos al punto de la deseperación dentro y fuera de la isla. Después otro golpe, deserta el General Rafael del Pino.

- Aquí pienso que llegó a su máximo punto el cuestionamiento popular. Esa es la pregunta: ¿Qué está pasando en las altas esferas del gobierno? Cualquiera se hacía la pregunta en las calles en el seno familiar. La otra noticia que estremeció a La Habana y a Cuba entera y quizás parte del mundo fue el Jucio en la Causa Número Uno seguida al General Arnaldo Ochoa Sánchez y a otros dieciochos implicados en la causa por su participación en el narcotráfico. Esto fue como la explosión de la bomba que nadie esperaba. El Genaral de División Arnaldo Ochoa Sánchez encausado por tráfico de drogas junto con los de La Guardía. El Genaral Arnaldo Ochoa, que años antes se le había otorgado la Medalla de Héroe de la República de Cuba. Y entonces el máximo líder del revolución cubana: Fidel Castro que lo sabe todo y sino lo sabe se lo imagina en este caso del General de Divisón Arnaldo Ochoa. Fidel Castro trata de fundamentar su desconocimiento total sobre las actividades y conexiones que existían con los narcotráficantes en sudamérica. Este señor que sí se mueve una mosca en el baño de la casa de al lado él es el primero en enterarse. En estos momentos él desconocía todo... pero todo lo que se hacía en las operaciones del narcotráfico que se imputan al general de División Arnaldo Ochoa Sánchez en este difícil juicio como caso de TRAICIÓN A LA PATRIA. El pueblo de Cuba consternado por lo que está sucediendo y a la vez en un valle de dudas y preguntas sin respuestas. En jucio sumario se castiga a varios a la pena de muerte y otros a la cárcel. ¿Qué realmente llevó a los hermanos Castro a dar este tipo de escarmiento a un miembro del ejército y Genreal de División de las Fuerzas Armadas Revolucionaria? Yo me atrevería a decir que algo más hay ahí que solo ellos manejan, conocen, manipulan y saben. Hasta llegué a pensar que al final los hermanos Castro le concederían EL PERDÓN teniendo en cuenta su trayectoria política; pero no. LA SOBERBIA Y EL PODER fue más allá de los límites razonables y hay que dar un escarmiento para que NADIE MÁS SE ATREVA... NI A PENSARLO... NI SIQUIERA A ESO, A PENSAR EN IR EN CONTRA DE LOS DOS QUE ACAPARAN EL PODER EN LA ISLA. La magnanimidad de Fidel Castro hacia los acusados no se mostró. Porque eso no existe en los Castro. Y con este ejemplo se silencio, se anuló, se decapitó, sí es que así era una posible sublevación del ejército al mando del General Arnaldo Ochoa Sánchez en occidente con un levantamiento en armas contra los dictadores; pero no y como dice el dicho: MUERTO EL PERRO SE ACABÓ LA RABIA.

Ese fue el triste final y muerte de los militares involucrados en el supuesto narco sin el conocimiento del alto mando lo que es de dudar ciento por ciento. Ellos lo saben todo... todo lo que pasó, está y estará en su conciencia, sí es que la tienen. Después viene la muerte del José Abrantes en la cárcel. Tal vez por métodos estalinistas como los usados por la KGB. Hecho que lleno de sospecha del cual quedan dudas y preguntas incontestables que quizás algún día se sabrá la verdad. Como otras verdades.
Continuaron las deserciones en marzo de 1991 Orestes Lorenzo se escapa en un Cesna otro golpe y en ese mismo año Mijail Gorbachev renuncia y entrega a Boris Yeltsin la presidencia de lo que fue la antigua Unión de Repúblicas Socialistas Soviéticas. Empezó una nueva era para el mundo entero. Se demostró que el sistema y su teoría marxista-leninista no funciona, es inoperante cuando deja de considerar al hombre un SER PENSANTE con esa máxima cualidad que nos difiere del resto del reino animal. Nosotros con raciocinio en pleno uso de la razón y saber como usarla con el impulso de la fuerza con la razón y todo su poder y no el del uso de la razón por la fuerza y con el poder.

El profesor calló por unos instantes, su mente se va más allá de sus límites y luego dijo:

- Algo viene sucudiendo el mundo para lo que no estábamos preparado. Las altas jefaturas del gobierno ya no creen... ya no confían en lo que se está haciendo en Cuba y más viendo los cambios en Europa del Este y en la Unión Soviética y así empezaron las deserciones. Conocen la testarudez de la cabeza que dirige, implementa y decide todo en la isla. Llegó el momento de hacer algo y así empezaron más deserciones de los altos mandos militares y de la inteligencia cubana.

Dijo el Profesor Olivares, recobrando un poco su estado habitual.

- Pasa el tiempo y el presidente de la Unión de Repúblicas Socialista Soviéticas viene a visitarnos. ¿Qué pensamos los cubanos todos, los intelectuales, los trabajadores, todo el pueblo de Cuba en general? Que Mikjail Gorbachev viene a reiniciar, a crear el nuevo camino que necesitamos para salir adelante, ya que se demostró que el experimento socialismo-comunismo no dio resultados positivos. Y después de más de setenta años la Unión de Repúblicas Socialista Soviéticas dejó de existir. Gracias a la labor de unos hombres con capacidad de pensamiento, análisis y de confrontación de la realidad que había vivido el mundo en todos estos años de guerra fría que no llevo a buenos resultados, sino al desgaste de sus econmías, al desgaste físico y mental de sus pueblos que son al final las víctimas de sus objetivos ideológicos empecinados en algo que no conduce a ningún lugar sino al desastre donde nos encontramos ahora nosotros cuando las ambiciones personales de un hombre sobrepasan a los objectivos humanos de crear una sociedad que dignifique al hombre y no a las ideas de un solo.
- Aquí está mi pregunta profesor Olivares.

Dijo Abel a su porfesor que cada vez más lo conduce a la verdad única que vivimos en la isla.
- Sí la Unión de Repúblicas Socialistas Soviéticas se dio cuenta con más de setenta años que el sistema que ellos pensaron resolvía los problemas de su sociedad en aquel momento y también los problemas de otros países y sociedades alrededor del mundo. ¿Por qué Cuba no se dio a la tarea de empezar los cambios concretos necesarios y adaptarlos a nuestra realidad social he iniciar un cambio positivo para todo el pueblo de cuba?

El profesor Olivares no contestó la pregunta de inmediato mira a su colega alumno y pensó «cuánto más le toca a mi ex-alumno aprender de los que nos llevaron a la catastrófe». Y dijo:
- Cuando en el mundo hay hombres como Ronald Reagan, El papa Juan Pablo II y Mikjail Gorbachev con experiencia y conocimiento político que les hace ver más allá de la misma realidad que viven. Que aman a su prójimo como asimismo y desean el bien para sus semejantes con una vida digna. Cuando se acepta que fuimos por el camino equivocado durante mucho tiempo, tal vez por demasiado tiempo. Una generación o más y estamos dispuestos aceptar los retos de los tiempos nuevos que se asoman a nuestra vista. Esos son los hombres que triunfan y es cuando se logran los cambios para el bien de todos. Entonces se producen estos cambios y se acepta la realidad que tenemos que enfrentar y vivir con ella. El marxismo-leninismo no funcionó, ni funcionará porqué se basa en el NO considerar al hombre como un SER QUE PIENSA, con capacidad de análisis, un ser racional y no una oveja seguidora de su rebaño. Sin objeciones, sin críticas, sin opinión, sin deseos de libertad. Con deseos de la no manipulación a la que somos victimas día a día en este país y que alguien se alce sobre nosotros diciéndonos que es lo que tenemos que hacer, que es lo que tenemos que decidir. Y de que otros decidan el destino que nos toca a nosotros mismo decidir y tomar sus riendas para siempre. Estos capaces de aceptar EL CAMBIO son los hombres que aman y construyen. Aquí prima la ideología de la NATURALEZA HUMANA Y DE SU EXISTENCIA Y NO LA DEL PODER. Cuando HAY HOMBRES ARROGANTES. Que no aceptan un ápice de crítica, que no reconocen que están equivocados. Menos aún cuando lo hacen en un autoanálisis de su conciencia. Cuando se endiosan, se entronizan y ven el trono como su única vía para perpetuar, sacrificando a quién tengan que sacrificar. Porque sin ese TRONO NO PUEDEN VIVIR Y SIN ESE TRONO NO SON NADIE en esta vida. Entonces nos encontramos en nuestro caso. Y es como dice el dicho: NO QUIEREN DAR SU BRAZO A TORCER. Quiso acaparar toda la gloria del mundo y esa misma humanidad y su historia los condenarán. Nos encontramos en este mismo punto donde todo estamos parados, travados, detenidos, en la inmovilidad que nos hace daño a todos. Sí, a todo un pueblo que le han obligado ha vivir por más de medio siglo tratando de salvar

LO INSALVABLE, PORQUE ESTÁ DESTINADO A MORIR Y MORIRÁ, EL SISTEMA SOCIALISTA-COMUNISTA MORIRÁ. MÁS TEMPRANO QUE TARDE... MORIRÁ.
El profesor Olivares cuando piensa en ese futuro que sabe que algún día llegará su mente irradia toda una energía positiva necesitando tiempo para proseguir en su disertación y dijo:
- ¿Cuando?... No sabemos cuando llegará la hora en que se cumpla. Cuando el ego y la megalomanía desaparezcan de aquellos que impiden el cambio, aquellos que son el obstáculo histórico para seguir adelante con los tiempos y los cambios en el mundo actual. Cuando el PODER significa más que la ideología y los principios ocurren estas cosas. Las revoluciones devoran a sus hijos. Recuerda detrás de cada comunista se esconde un arrogante oportunista.
- ¿Ud. cree que vendrán otras etapas?

Pregunto Abel a su profesor en su necesidad de saber que vendrá después. El profesor Olivares dijo:
- Abel, filosóficamente hablando yo no sé que vendrá después de todo esto. Hemos pasados por muchas etapas: LA OFENSIVA REVOLUCIONARIA DE 1968. LA RECTIFICACIÓN DE ERRORES Y TENDENCIAS NEGATIVAS. EL PERIODO ESPECIAL EN TIEMPO DE PAZ. LA ACTUALIZACIÓN DEL MODELO SOCIALISTA CUBANO. Las hemos quemado todas ya. No sé, y diría que no existe en la sociedad humana. El experimento es declarado fallido. La única solución es aceptar la derrota del marxismo-leninismo como la ideología de los desposeídos que resolvería los problemas del mundo. Esta ideología esta obsoleta, es arcaica, no sirve, ambos karl Marx, el teórico y Vladimir Ilich Lenin, el práctico se EQUIVOCARON. Las piezas del juego no son como ellos pensaron, no dio los resultados que según ellos esperaban. Las condiciones no estuvieron creadas ni estarán para dar el salto que se necesita en la teoría por tanto da al traste en la práctica.

De pronto se oyeron gritos de: ¡Abajo Fidel!... ¡Abajo Raúl!¡Abajo la dictadura!... Libertad... Libertad... Libertad. Ellos, que se encuentran en el Parque Central donde se producen estos fenómenos del movimiento civil en las calles protestando contra el gobierno de los hermanos Castro. QUE NO QUIEREN, NI ACEPTAN CAMBIOS es mantener y seguir otros cincuenta años más con SUS BOTAS DE DICTADORES SOBRE NUESTRAS CABEZAS. Fueron ellos en este preciso momento testigos presenciales de lo que está pasando en toda la isla. La gente, el pueblo cansado de todo se tira a la calle a protestar a exigir lo que se les ha prohibido SER LIBRE. El profesor rápidamente se levantó del banco donde está sentado diciendo:
- Mira por ti mismo lo que está pasando, las masa populares tomando las calles y el gobierno reprimiendo. Mira la policía como golpea, mira como esposan a los débiles a los desvalidos que solo cuentan con sus gritos, con sus proclamas y su afán en buscar LA LIBERTAD. Tenemos que salir de aquí rápido, vámonos... vámonos.

Abel se sintió con temor y se levantó seguidamente y solo dijo al profesor:

- Profesor... profesor vamos... vámonos de aquí. No nos conviene en estos momentos ser visto en esta escena callejera en el Parque Central. Vámonos...vámonos...
- Sí... sí... salgamos de aquí. Corre... corre... corre...

Cruzaron la calle y se dirigieron a de la Manzana de Gomez, allí podrían desvirtuar a la policía que empezó hacerse sentir dando porrazos como en la época de Fulgencio Batista o Machado que fueron dictaduras como es esta que de una revolución pasó: A SER DE REVOLUCIÓN A UNA DICTADURA TAN PARECIDA O PEOR A LA QUE SE VIVIÓ EN CUBA CON LOS DICTADOR ANTERIORES. Ellos caminan por los anchos pasiilos de la Manzana de Gomez buscando salir al otra calle. Llegaron a la otra calle aún puede oírse los gritos y las alarmas de la policía. Ellos seguieron es mejor alejarse y buscar otros caminos. Así lo hicieron y en ese momento el profesor Olivares dijo:

- Escoge tú el lugar de la próxima cita.

Rápidamente casi sin pensar y con las escenas en su mente de la policía golpeando a los manisfestantes el joven Abel dijo:

- En el cementerio Colón profesor. Frente a la tumba de La Milagrosa.
- Nos vemos a la misma hora.

Dijo el profesor Olivares que apresuró su paso por aquel gran corredor de La Manzana de Gómez en La Habana.

- Nos vemos.

Contestó el jóven Abel que vio a su profesor alejarse y perderse de su vista.

El profesor siguió su camino en dirección a la calle Monte camina con su vista fija al suelo y unos cuantos metros con sus ojos fijos en el suelo vio inscripto en la acera con letras blancas y fondo verde un letrero que decía CMQ Radio.

Y su mente se lleno de recuerdos. Aquellos de cuando oía a esa emisora y se encantaba con sus programas y solo se dijo asimismo. «Qué tiempos aquellos, cuando volverán o quizás no volverán nunca más o yo no los veré». El profesor camina por las calles de La Habana, le gusta caminar, más ahora que se acercan los días de ir a España a reunirse con su familia sin fecha de regreso. El profesor Olivares nunca vio en su vida la opción de abandonar el país aún en los momentos más difíciles vividos en la isla caribeña. La situación ahora lo lleva al extremo de abandonar su patria donde nació y les aseguraba tener el mejor mundo para él y sus familia.

Baja por la calle Monte se encontró con la esquina de las cruces de las calles Monte y Belascoain miró a sus alredeores vio como La Habana. La capital de su país se cae en pedazos, edificios apuntalados, el famoso Mercado Único casi abandonado por completo. La angustia y tristeza crecen dentro de él, preguntándose: «¿Qué será de todo esto en unos cuántos años más?».

La belleza de La Habana solo queda allá en la zona turistica frente al malecón, en La Plaza de Armas, La Catedral y algunas zonas de La Habana Vieja. La zona que el gobierno habilidosamente muestra a los turistas que vienen a la isla creyendo en el paraíso cubano y en su revolución socialista.

El paraíso que nunca existió, ni existirá. Muchos pensamientos invaden su mente de cuando muy joven se fue a cumplir con la campaña de alfabetización y creyó en Fidel Castro y sus promezas. Y al final se convenció que no había otra salida a nuestros poblemas hasta que no se encuentre la salida de los Castro del poder.

Efraín camina por San Isidro tratando de encontrarse con su socio y amigo Kiko. Efraín vive entre dos aguas espera la llegada de Los Yumas que es la esperanza de todos. A la vez no cree que los cambios se sucederán de la noche a la mañana. «Han pasado más de cincuenta años y no es fácil que la mente de un hombre cambie en segundos o minutos, meses o años después de haber vivido toda su vida con las consignas del socialismo-comunismo en cada minuto e instantes de sus vidas y a todas horas», pensó y se sentó en el quicio de la acera, como dice Kiko moropeao como quién busca una puerta que se abra a la solución de sus problemas; pero no la encuentra. Bajó la cebeza mirando al suelo cuando alguien le puso la mano en el hombro y dijo:
- Ven acá Efraín, ¿Qué pasa?
- ¡Ah, Kiko! Eres tú... te andaba buscando mi socio.
- ¿Y qué haces tú ahí moropeándote tú solo?
- No sé... Kiko... no sé... me siento en un callejón sin salida mi hermano.
- Hoy hubo otra protesta en el Parque Central y la policía empezó a dar golpes a todo aquel que estuviera gritando: ¡Abajo Fidel! Me sentí incómodo sin poder hacer nada por ellos que tienen razón en lo que hacen.
- Mira Efraín esto es un proceso que no se alcanza así de un día pa' otro. Se alcanza cuando se tiene conciencia y se da uno cuenta del papel que puede jugar dentro de la sociedad y los cambios que se necesitan y se puedan traer. No es algo que se da de casualidad, es algo que da por la necesidad del pueblo a obtener lo que se ha arrebatado por muchos años, su libertad, su derecho a pensar, a decidir su destino, a elegir el modo de vida de su sociedad.
- No sé... no sé que hacer... ni que decir.

Contestó Efrain a su amigo kiko que mucho aprendió en la prisión con los disidentes al gobierno castrista que tomó la isla en un enero de 1959.
- Mira Kiko tengo una idea mi socito Mikel me habló de un lugar en el barrio de Colón que se llama: LA FOSA DE TRIANA. Así me dijo.
- ¿Qué es eso? Efra. ¿De dónde sale eso mi socio?

- Yo no sé que decir que es. Él me explicó que es un lugar donde la gente va hacer todo lo que quieran hacer, lo que le venga en ganas no importa, pagándoles en fulas. Ellos te ofrecen de todo desde juegos de cartas pocker, black jack, billar, una mujer, un hombre, el cuarto, tú escoges la jeba o las jebas que más te gusten, no una más de una, ¡ah, y yerba buena y polvo blanco, sí eres un VIP como le llaman ellos, eso sí tienes la plata y pa'lante el carro. Te ofrecen hasta la bebida de calidad... na' de chispa e' tren o algo así. Ellos tienen el Ron Havana Club... auténtico... na' de Havana Club inventao por ahí, como hace la gente y luego te dicen que es auténtico Ron Havana Club. Na' de los mofucos esos de la calle.
- Efra... Efra... mi amigo pon tus pies en la tierra. Ese lugar no es pa' nosotros, como vas tú a pagar. Sino tenemos ni un solo fula en que caernos muertos en el bolsillo además yo no entro en esa burundanga mi hermanito. Eso me suena a relajo sin orden.
- Verdad asere tienes tú razón. Hay que invertarlo primero y sacar algo de donde no hay mi socio... no hay na' pa' nadie aquí asere aunque sea pa' burundagiar de la manera que se hace en LA FOSA DE TRIANA... TRIANA... TRIANA...MORENA...MORENA TRIANA...

Tarareó Efraín y sus ánimos se cayeron al piso moropeao, casi al volverse loco. La represión continúa y Los Yumas apareciéndose poco a poco, gota a gota ¿cómo seguir?... ¿cómo? Es la pregunta de los jóvenes en medio de aquella cosa que no se sabe lo que es ni a dónde va a parar. Ni que va a suceder. Sí es que algo sucede por parte del gobierno o el pueblo.

- Tú sabe que mi madre es santera y llegan muchas gentes buscando su caridad y buscando ayuda. Muchos quieren saber sí podrán irse pa' Ecuador y allí invertar como llegar a los Estados Unidos. Nosotros no tenemos ese dineral mi socio pa' comprar la visa y el pasaje pa' Ecuador.

Decía Kiko tratando de buscar una solución a su problema que son cada día más con demasiado y sin solución aparente cada día, en estos momentos o nunca en la isla secuetrada desde 1959.

- Si pudiéramos hacer algún bísne... no sé... vender algo... palos pa' la santería, cascarilla, aceites para hacerse las limpiezas o en los güiros, algo que nos mueva y nos de las fulas asere no podemos seguir aquí pasmao y con los brazos cruzao.

Decía Efraín en su estado de locura, sin una luz en ese camino, que les entorpeció la vida a los once millones de habitantes por un hombre hábil.

- Oye mi socio ese bísne ya esta controlao Efra y ahí no podemos meternos. No podemos hacerla mi padre.
- Ummh... ummh.

Fue el único sonido que salió de la boca de Efraín que luego dijo:

- Me llegué a buscar trabajo a ver como salgo de esta situación. Y tú quieres saber lo que me ofrecieron mi socio, según ellos lo único que tienen es limpieza de calles, sepulturero y la construcción, la paga mi hermano, ciento cincuenta pesos mensuales les dije: Tú, tá loco, a otro perro con ese hueso. Quién puede vivir en este país con eso cuando todo está carísimo y en CUC. Mira tú cientocincuenta.

- Esa es la que hay Efra la tomas o la dejas. No hay ma' na' asere.
Contestó Kiko que no podía pronunciar una palabra cuando la impotencia se adueña de él y tartamudea y luego dijo:
- ¿Que decirte?... no sé... mi amigo no sé. Esa es la verdad que estamos viviendo y sin saber hasta cuando vamos a seguir en las mismas condiciones que hemos estado por años y años.

Los dos se quedaron callados no saben como salir del hueco en que todos están atrapados en la isla. Por otros amar EL PODER MÁS QUE A ELLOS MISMOS sin querer perderlo. Y no querer hallarle la mejor de las soluciones posible para todo el pueblo de Cuba. Como una revolución de terciopelo como en Checoslovaquia cuando se desintegró el campo socialista-comunista del Este de Europa.

Otra noche más en el solar de San Isidro ya ha pasado un mes de la muerte de la anciana Evangelina y la vida continúa igual para todos. Siempre con la esperanza de Los Yumas que salvarán a la isla y todavía no se ven los albores de la salvación. Pero así seguian con sus esperanzas. En dias pasados se abrieron las embajadas en ambas capitales en Washington, D.C de los Estados Unidos de América y en La Habana, Cuba. Vuelven a ondear las banderas en los territorios de los dos países con sus nuevos aires de reavivación después de más de medio siglo de ausencia de una relación como la de ahora a nivel de embajadas. El inicio de la historia entre los dos paises del nuevo hemisferio. En las Américas, donde todos somos americanos y podíamos juntos lograr una mejor vida para nuestros pueblos unidos ahora en la nueva era que comenzó el 17 de diciembre de 2014. Y Cuba sigue detenida, amarrada, ahogada en los poderes de la dinastía que reina en el país desde 1959 y cree que le pertenece. La compraron es la finca de la familia Castro de Birán en el Oriente del país. ¿Serán ellos palestinos también? Unos sí, otros no, porque tienen el PODER.

Clarisa con sus amigas en el malecón de La Habana, es un mes caluroso en la isla del trópico y la estancia en el malecón habanero se hace placentera para muchos. Unos comparten con amigos y otros en LA BUSCA. La de las fulas como muchos les llaman o los chavitos, mientras otros más acordes con los tiempos le llaman el nombre oficial CUC. El dolar cubano al que no todos tienen acceso en la isla. Rocío se encuentra acostado en el muro del malecón mirando al cielo estrellado de la noche, la brisa corre y el ruido de las olas del mar encantan su estadía el lugar con esa armonía que lo envuelve. Cuando dijo:
- Algunas de Uds. conoce a alguien que pueda venderme una peluca, porque esta ya esta muy vieja y desgasta.
- Yo conozco a alguien.

Contestó Xiomara a Rocío que busca una nueva apariencia en su labor en el malecón. Y dijo:
- Ella vive en La Cuevita. Allá por San Miguel el Padrón. Después de La Virgen del Camino. Ella tiene de todo, desde peluca, maquillaje y hasta esos artículos prohibidos que solo algunas gentes tiene.
- ¿A qué tú le llamas artículos prohibidos amiga?

Preguntó Rocío que nunca había oído de esos artículos prohibidos.

- ¡Ay, Rocío... no te hagas la tonta... más claro... ni el agua... tú sabes a lo que me refiero.

Xiomara dijo pensando que Rocío conoce a lo que ella llamó: Artículos Prohibidos.

- No... no... Xiomara... no sé de que hablas, explícame mi amiga.

Xiomara no sabe como decirle a Rocío y se quedó callada por unos minutos y luego dijo:

- Esos vibradores... esas cosas que pueden dar placer sexual también y muchas gentes las usa y les gusta. Me refiero a... a... tú sabe a esos objectos plásticos que vibran con pilas dentro y dan placer sexual. Un extranjero me trajó unos hace algunos años. Él me dijo que es muy común su uso allá en su país y que no están prohibidos allá. Yo le dije aquí sí están prohibidos, no sabemos por qué... pero lo están. Y hace unos días una amiga me comentó que hay un artista, un artesano en La Habana Vieja que se dedica hacerlos con su maestría artística y que trabaja por encargo. Los encargos son de gente de arriba de los mallimbes, ñangaras, generales y todo ese grupo de gente que vive aquí como quiere; pero no quiere que la gente sepa que ellos también los usan. Hipocresía del sistema así hemos vivido por todos estos años la doble moral que todos juegan con ella y más lo de arriba que no quieren perder lo que tienen.

Dijo Xiomara que está convencida de todo, de la doble moral que muchos viven en la isla en las altas esferas del gobierno los dueños de la isla.

- Bueno, Xiomi no vayas muy lejos. Eso es igual que la trans-sexual que quiere que ingrese con ellos en su grupo y me dijo que Mariela Castro dice: QUE LA REVOLUCIÓN NO ESTARÁ COMPLETA HASTA QUE NO SE ACEPTEN LOS MATRIMONIOS DENTRO DEL MISMO SEXO.
- ¡Se volvió loca esa mujer!¡Asi mismo dijo ella! Se volvió loca como su tío que está loco de remate. Más loco que una cabra vieja. Ella también está loca, ¡Ay, Dios hasta cuando. Tú crees eso... jamás hija... jamás! Eso jamás pasará en nuestra isla encantada.

Gritó Clarisa que oía la conversación entre las dos amigas cuando Rocío-Juan Carlos dijo:

- Asimismito como Uds. lo están oyendo. Ella dice que será una revolución dentro de otra revolución que no ha empezado todavía.

Dijo Rocío candenciando el sonido de la palabra revolución en una sola rima.

- Que bien se vé que esa Mariela Castro no vivió los años sesenta y setenta en que los montaban a todos en redadas nocturnas y los mandaban a trabajos forsozos por años a esas granjas que él mismo creo. Su tío loco y las llamó UMAP: Unidades de Ayuda a la Producción. Todos presos en un campo de concentración como en la Alemania nazi. Solo por aparentar ser algo, lo que ellos quisieran.

Dijo Xiomara que si no es nueva en su labor y muy joven conoció de estas atrocidades de la llamada revolución de todos y para todos. Y dijo:

- Mira su tío ese, el Fidel Castro, él odia las gentes como tú Rocío. Él tiene un macho montao en la silla turca de su cerebro. El pertenece a la falocracia cubana. Y por eso es así como es él un macho man, más que macho. Aunque quiero decirles algo... amigas mias. Él es un gran admirador de Alejandro, el grande. Tanto es así que su segundo nombre es Alejandro, se lo puso por su gran admiración al magno de la historia y aún el nombre Alejandro corre en su familia y todos sabemos por la historia como fue la sexualidad de Alejandro, ese, el magno... el grande, sí Alejandro, ese el grande que tanto Fidel Castro admira y por algo será. Un psicoanálisis solo nos diría la verdad de ese falocrasta que piensa que es más macho que cualquier macho, algo esconde después que tanto daño ha hecho a los homosexuales con su revolución socialista y su Hombre Nuevo. Hasta Pablo y Silvio dicen que los llevaron también a la UMAP. Lo que pasó es que empezaron con eso del grupo de Experimentación Sonora del ICAIC patrocinado por Alfredo Guevarra... que todos conocemos y después con La Nueva Trova. Le dieron unas medallitas y se les olvidó los desmanes y todo lo que pasaron allí. Yo creo que, se tomaron un pomo de magnesia que le dio amnesia, se les olvidó todo lo que pasaron en la UMAP y aún hoy oyes a Silvio que todavía le besa el cu.. al Fifo. A mí no me lo crean amigas eso es lo dicen las malas lenguas por ahí... y Uds. saben que la mía no es muy buena que digamos. Así que no me crean son rumores y nada más.

Xiomara dijo y todas ellas rien de la conferencia que Xiomara les ha dado. Cuando Clarisa dijo:
- Yo creo que esa no es la revolución que tanta falta nos hace a todos. Aquí. Lo que sí hace falta es una NUEVA REVOLUCIÓN COMPLETA... SIN LOS CASTRO. Cualquier cosa SIN LOS CASTRO DE SEGURO SERA MEJOR QUE ESTO QUE TENEMOS AHORA. QUE NO SE SABE QUE ES. NI A DONDE VAMOS A PARAR, SÍ ES QUE PARA EN ALGO.

Dijo Clarisa que no se sintió nunca agusto con el desgobierno de los Castro. Y luego preguntó:
- Oye... oye... Xiomara y me quede intrigada mi amiga con esa palabra nueva que dijiste... la fa... falo... qué... ¿qué es eso?

A Clarisa que le gusta aprender. Preguntó a su amiga Xiomara la nueva palabra que acaba de oir. Cuando Xiomara dijo:
- Sí, como lo dije: FALOCRACIA. Y mí amiga eso es pa' otra conferencia porque la de hoy se acabó aquí con Los trovadores de la revolución y su nueva trova de ellos, que dicen que es nueva.
- Y ahí vamos tirando. A ver hasta donde llegamos con Mariela Castro y sus locuras del CENESEX. Los Educadores y explotadores del sexo.

Dijo Clarisa cansada de todo y sin ninguna esperanza. La noche en el malecón parecía no ser como otras noches.

La policía parece que hoy se olvidó del paraíso que los cubanos habían encontrado en el malecón de La Habana acompañados de turistas y todos sus accesorios para pasar una buena noche, o hoy se hacen los del VISTA GORDA y dejan todo pasar como pasara.

«Que importa sí todos estamos por lo mismo, en el barco navegando por lo mismo sin solución». Se dijo Clarisa y continuó mirando al mar y que el aire le rosara su cara, batiéndole su pelo y sentirse como nueva a pesar de todas las dificultades por las que está pasando ella y su familia. Cuando Rocío dijo:

- Vámonos a dar una vuelta. Hoy esto está aquí muerto. Vámonos... vámonos al Hotel Nacional.
- Mira, Rocío parece que a ti se te olvidó la última lección en esa área. Esa área no es pa' nosotras. Acuérdate que tienes que pertenecer al clan... si al clan de Mariela Castro. Si no... iuh!... no eres bienvenida en la zona. Yo diría que es la Zona Cero del turismo sexual en La Habana.

Xiomara dijo alertando a Rocío, que a veces su inmadurez y juventud no lo ayudan a pensar y se olvida de todo... hasta de Rigoberto. El policía extorsionador, ese oriental que cada vez que lo encuentra en la calle, buscándose la vida. Y lo exprime pidiéndole más y más dinero y lo amenaza con deportarlo a Oriente, cuando no le paga los veinte o treinta CUC de la noche de trabajo en el malecón.

- Mira a mí se me ocurre una idea, la verdad que cuando tú te vistes hay que decirte Ud. de lo bella que te ves. Yo creo que podíamos cambiarte algo, un nuevo pelo un maquillaje más llamativo y ese Rigoberto ni te reconoce y te libras de él de una vez por todas.

Dijo Xiomara a Rocío para que se sintiera mejor con sus ideas de ir hasta la zona cero como ella le llama a esa zona prohibida para Rocío.

- ¿Tú crees Xiomi?

Rocío dijo en su inocencia y con su despertar de las noches en el malecón de La Habana..

- Sí... sí... mira mañana nos vamos a La Cuevita y con ese dinerito que tienes ahorado te buscó un nuevo... un nuevo.. iay, se olvidó esa palabra que la oigo tanto en las películas del sábado... sí en esas películas americanas que son las únicas que a mí me gustan y creo que a todo el pueblo de Cuba le pasa lo mismo. Es como desconectar de la realidad y nos vamos a otro mundo. iAy, se me olvidó la palabra... bueno en otro momento te la digo Rocío cuando me venga a la mente y me acuerde. Tendrás una nueva apariencia para todos. iAy, me acorde!: UN NIU LU. Así oigo decir en esas películas que me arrebatan y me sacan de esta vida que me tocó en mi bella isla.
- Me gusta la idea. Así Rigoberto quizás no me amenaza más.

Rocío contestó, él que necesita esconderse de ese policía que lo extorsiona en su vida nocturna.

- Mañana vamos a La Cuevita, La Candonga de La Habana. Está no es la candonga de Angola; pero muy parecida allí encuentras de todo lo que te haga falta, lo único que tienes que tener es las fulas y si no lo tienes en ese momento las encargas y en unos días los recojes. Te lo digo yo que soy de aquí y he encontrado allí de todo desde una aguja y un alfiler, hasta... bueno... ya tú sabes lo que te quiero decir mi amiga, tú me entiendes... Tú me comprendes mi amiga verdad.

La conversacion de Rocío y Xiomara seguía animada y Clarisa permanecía en silencio, callada pensando en que no se sabe qué. Cuando Xiomara dijo:
- Clarisa... Clarisa mijita despierta. ¿Qué te pasa hija? Aún estás en Cuba y en su famoso Malecón de La Habana con todas sus cosas.
- No sé... no sé... tantas cosas corren por mi cabeza... que no sé que decirles en este mismo momento... No sé... en verdad no... no sé. Sí quiera seguir...

Dijo Clarisa a sus amigas y compañeras de labor en el malecón de La Habana. Hoy Clarisa no es la misma de las noches en el malecón. Su vida y su mente vagan en otras dimensiones, piensa en Enzo, el italiano que le prometió volver y casarse con ella. Esto traería para ella el gran cambio de su vida. Desde que Enzo se fue ella vivió con la ilusión de que él regresaría para el fin del año pasado, han pasado casi seis meses y Enzo no ha aparecido. Su familia puso sus esperanzas en Enzo y ella también. Ahora no sabe que hacer ni como resolver su situación ni la de su familia que cada días empeora. Su abuela falleció y su pensión, que ayudaba un poco ya no existe, su hermana Belén sin un trabajo acorde a su profesión. No lo encuentra, su padre retirado tuvo que volver a trabajar para ayudar a la familia, su mamá retirada por peritaje médico. Todos reciben sus pagos en pesos cubanos que no da para la vida que se lleva en la isla donde existen dos monedas en circulación el PESO CUBANO Y EL CUC, que es el equivalente al dolar la moneda que todos desean en LA BUSCA de todas la noches en el malecón y en otras zonas. Todas estas ideas cruzan por la mente de Clarisa. Cuando gritó:
- ¡No puedo más... no puedo más con todo esto! Me ahogo me falta el aire para respirar. Me tiro al mar este es mi final... ¡no puedo más!... ¡No puedo!
- No digas eso Clarisa... ¿Cómo qué te ahogas hija?

Rocío dijo a su amiga Clarisa y compañera del malecón que hoy es otra.
- Sí... sí... me ahogo en esta isla que me mantiene atada, presa a todo esto, que ni yo misma entiendo ni puedo explicarme el por qué de todo esto. ¡Me siento morir en vida lentamente!

Gritó Clarisa en alta voz en ese momento y todas se asustaron. La gente la mira. Clarisa en un ataque de panico, perdió la razón instántaneamente.
- ¿Qué te pasa Clarisa?

Preguntó Xiomara que tampoco entendía lo que le pasa a Clarisa en este momento.

- No sé... no... sé explicarme a mi misma que me pasa, estoy como al volverme loca... sí... loca... me estoy volviendo loca... no le halló razón a mi vida... pa' qué vivo... sí estoy muerta... muerta en vida. ¿Por qué esto no es vivir?
- Clarisa... Clarisa... ¿Qué te pasa amiga.... qué te pasa?
- Se los digo... se lo digo estoy muerta... me estoy muriendo.

Xiomara y Rocío agararon a Clarisa por los brazos y la sacaron del malecón a la calle casi arrastrándola salieron dentro de la muchedumbre del malecón habanero a estas horas de la noche. Algunos miran sin decir una palabra o explicarse que está sucediendo con ellas. Temen pedir ayuda a la policía ponen en riesgo la deportación de Rocío-Juan Carlos a Oriente.

Ya tiene una multa que pagar por esto.

Siguieron con Clarisa en manos tratando de aislarse lo más que pudieran del lugar y no levantar sospecha y ayudarse ellas mismas como pudieran. Caminan ahora más lento. Xiomara abanica a Clarisa con unas de sus manos para que el aire la ayudara en estos incomprensibles momentos por los que atraviezan. Allá más despajado del entorno los tres caminan juntos y Xiomara dijo:

- A ver Clarísa... Clarisa... ¿Qué te ha pasado?
- ¡Ay... ¡ay!... ¡ay! no sé... no sé porque me ha tocado esta vida a mi... no sé... no sé... Cuba... La Habana... los Castro todo se me une y me enloquece de este modo. Es como no querer seguir viviendo. Nací fuera de tiempo y quizás de lugar. Pa' que esta vida que llevamos que no tiene ningún sentido para continuar.

Clarisa llora, un llanto tan espontaneo como la lluvia de un atardecer muy gris, donde los negros nubarrones lo cubren todo y no hay espacio para más. Llora y todo su cuerpo tiembla.

- Clarisa... Clarisa por favor serénate mijta... serénate... por favor piensa... piensa... trata de recobrar el juicio... mijita, vamos.

Decía Xiomara deseperada al ver a su amiga. Ella que de cierta forma entiende lo que le pasa a Clarisa. Ella es mayor, y había pasado por estos estados de desesperación «en la que uno no sabe como seguir y prefiere morir y no seguir la vida que le ha tocado enfrentar en su tierra natal». Pensó. Y vienen a la mente momentos de escape, de evasión de esa realidad que a todos golpea diariamente en la isla.

- Vamos... vamos pon de tu parte hija por favor pon de tu parte.

Volvió Xiomara a decir a su amiga Clarisa. Rocío mira, enmudeció ha vivido ya muchas veces así y ha pasado por un trance como éste que ahora le pasa a su amiga Clarisa con malos pensamientos que le vienen a su mente, tan malos como el que una vez le pasó allá en su tierra oriental y pensó en colgarse del cuello del horcón del centro del bohío donde vivía con su familia. Su mente también está en turbulencia en estos momentos y cuando esto pasa calla por completo, por largo rato no salen palabras de su boca tratando de explicarse lo inexplicable de sus vidas. Necesita callar y tratar de controlarse asimismo y no dar cabida a sus malos pensamientos. Rocío miró a Clarisa y le dijo:

- Sí... Clarisa... Clarisa... sí... no te deseperes mi amiga. Tú verás que todo va ir regresando a su nivel. Mírate en mi espejo. Yo aquí sola en La Habana, buscando la prosperidad que no tenemos allá en nuestros lugares de nacimiento. He dormido en parques, terminales de trenes y de omnibús, en matorrales donde me ha arragao la noche con miedo, con frío, con hambre y aquí estoy luchando porque PA' TRA NI PA' COGER IMPULSO como a veces ellos mismos dicen, y creo que es razonable y lo único bueno que he oído de los causantes de todos nuestros males. Al menos tú tienes familia. Yo solo las tengo a Uds., que son mi familia y gracias le doy a Dios todos los días por tenerlas a Uds. Mis amigas de todas las noches y de siempre en el melcón de La Habana.

Decía Rocío-Juan Carlos y sus ojos se humedecieron y los tres se unieron en un abrazo y Clarisa vio que no es el fin del mundo ni es el fin de la vida para ellas.

«Mientras hay vida se puede luchar por todo y por todas esas cosas en las que creemos y tenemos fe y un día, sí un día la vida cambiará para todos en la isla». Esas fueron las últimas palabras que cruzaron por la mente de Rocío, sin mencionarlas, él desclasado hasta por la revolución de los humildes. Rocío-Juan Carlos, un legítimo producto de esa que tomo el PODER en 1959. Él que había nacido en 1994 cuando el MALECONAZO.

- Gracias... gracias a Uds., que me alientan a seguir viviendo.

Clarisa dijo con una voz temblorosa y con sus lágrimas que no dejaban de avecinarse en las orbitas de sus ojos y caían.

- Tú ves Clarisa... tú ves la vida sigue y nosotros con ella. Ya vendrán tiempos mejores. Yo no lo aseguro mucho; pero al menos ser positiva en esta situación que nos ha tocado vivir con el comunismo.

Al oír aquellas palabras a Clarisa le vino a su mente las mismas palabras que su madre Gilberta le repite a cada rato: «VENDRÁN TIEMPOS MEJORES». Y se pregunta... «sí... sí... pero cuando vendrán esos tiempos... esos tiempos que todos estamos esperando y que pensamos que llegarían con las nuevas relaciones entre los dos enemigos eternos por más de cincuenta años y todavía nada... seguimos sin mejoría alguna... ¿Cuando?».

- Ya verás que sí.

Fue lo único que Rocío supo decir para ayudar un poco en su ánimo a su amiga que ahora sufre en su dolor de haber perdido a su abuela. Y la esperanza de casarse con Enzo, el italiano.

- Vamos a caminar un poco, el aire fresco te hará bien.

Xiomara dijo y los tres empezaron a caminar por las entre calles cerca del malecón. La noche aún brilla en su esplendor, sin muchos ánimos en su andar siguen ellas. Entre la deseperación y la imposibilidad de obtener lo que tanto necesitan para vivir. Los cambios para una vida mejor para todos.

- Sí... sí... caminemos. La noche es joven y la vida continúa pa' todos nosotros.

Clarisa contestó, ahora que parecía sentirse más animada. Renacía de entre la llamas del dolor.

- Andemos... andemos por nuestra Habana.

Gritaron Xiomara y Rocío y empezaron a sonreirle a la vida en otra noche más de malecón en La Habana, Cuba.

Otro día de junio del 2015 en la espera de las soluciones y la bienvenida de los SALVADORES... LOS YUMAS. Kiko sentado en su banquito en la puerta del solar donde vive moropeaó como él mismo dice cuando su cabeza piensa y piensa buscando la solución a sus problemas que son los problemas de los once millones de habitantes de la isla. Sin contar a la élite, que gozan de sus privilegios. Los nuevos empresarios-generales que cambian su uniforme militar verdeolivo con grados de generales por trajes de Oscar de la Renta o otro famoso de la costura mundial. Kiko tiene su mirada fija en el suelo, corre el agua que sale del solar, corre frente a sus ojos ensismismado con el reflejo de su cara en el agua albañal que corre frente a él. Está kiko cuando su amigo Efraín le tocó al hombro y le dijo:

- ¡Eh!... ¡eh!... asere que bolá, como anda el movimiento en el bulpen hoy Casimiro.
- Mira Efraín, déjate de una gracia que mira que las cosas no están pa' juego... ni na' de eso. Esto está malo. No hay movimiento... asere no hay... mo-vi-mi-en-to de ninguna clase mi amigo. Y no me llames Casimiro por favor a mí me llaman Kiko, oiste Efra.
- ¡Ah!, no te pongas así Casi... que diga Kiko. Yo te traigo una que puede empezar a mover las fichas del juego de dominó hoy. Y el bulpen va estar a todo dar y a todo tren mi socio.
- A ver, ¿Cuál es esa? Que tú te traes ahora chico.
- Mira Kiko... Los Yumas van a empezar a llegar en los cruceros y van a estar uno detrás del otro en linea. Tú sabes lo que eso significa mi socio que van a necesitar donde hospedarse y tener un lugar decente donde pasar la noche.
- ¿Qué tú me quieres decir con todo eso Efraín?
- Que podemos pensar en alquilar un cuarto a Los Yumas y ver como progresamos en este negocio y nadie sabe y con esto nos convertimos en una fial de la Hilton en La Habana y entonces esto es como decimos nosotros de aquí pa'l cielo. ¡Completo Camagüey! De aquí pa'l cielo bro y de aquí pa' La Yuma!
- ¿Con qué tú cuentas pa' eso mi social?
- Mira Casimiro, podemos hablar con la vieja tuya y alquilar el cuarto de alante en el solar.
- Tú estás loco Efrain. Tú crees que mi vieja va a renunciar a lo suyo por alquilarles a Los Yumas. Ella trabaja su santería desde hace muchos años y no los deja por na' en su vida hasta que se muera con ellos, como muchas veces ella misma dice.
- Ven acá y sí tú eres él de la brillante idea porque no hablar con tus viejos y el cuarto tuyo lo habilitamos para el negocio y tú te vas a dormir a la sala.

- Sí tú supiera Kiko no había pensado en esa. Pensé que a Los Yumas le interesaría más estar en tú cuarto del solar y conocer más de la cultura afrocubana y la santería y esa cosas que les llamam a ellos la atención. Déjame ventilar ese asunto con los viejos. Tal vez a ellos les interesa y entramos en un negocio redondito, cerraó, asere cerraito... cerraito pa' todos.
- Bueno métele caña ya a eso que la cosa no se puede dejar enfriar, mientras más caliente mejor.
- ¿Y cómo será eso? Kiko, habrá que pedir un permiso a la oficina de cuentapropia y crear las condiciones y pa' lante el carro mi socio. O en las oficinas del historiador de la ciudad con Eusebio Lael ya que estamos cerca de casco histórico: Patrimonio de la Humanidad, ya veremos. Y La Habana ahora se vuelve una maravilla de villa. ¿Qué tú crees paisa? Ahí sí le dimos dos veces al enemigo.
- Hay que ir pensando que nombre le ponemos al hotel.
- Eso viene después Casimiro. Primero la concreta manito hablar con los viejos y de ahí lo demás viene solo, solito asere solito.
- Métele mano al asunto Efraín que el tiempo es oro y esto está en candela a ver si esto nos dá un pasó a mejorar la vida que llevamos en este país mi socio.
- Cógelo suave... y no te escache asere... no te me escache ahora que todo va a salir bien y las fulas van a llover ya tú verás Casimiro... que diga Kiko.
- Ojalá... ojalá... asere ya no sé que hacer ni como seguir viviendo, estoy que no sé sí mirar pa' rriba o pa' bajo. Estoy que me enciego yo mismo buscando un salaó escape a esta vida de re... que nos ha tocaó con estos dos hijosdeputa, que son una salación de verdad. Estamos salao, maldecidos por estos hermanos Castro que están locos... locos... de remate, mi socio.
- Mira Kiko... mira mi hermanito ten fe, Dios aprierta pero no ahoga. Mira el papa Francisco viene de visita desde Roma y quizás puede hacer entrar en razón a estos locos como tú bien les llama, ese es el nombre que se merecen y nos quedamos corto. Porque esos es lo que son... unos resing.. locos los dos... sí los dos locos.
- Ve a tú casa hablar con los viejos y luego dime que bolá hay con eso de rentar a Los Yumas y hacer algo... mi padre... algo y ver los dólares.

Efraín se levantó y salió con su nueva idea empresarial en la cabeza.
Rentar a los turistas y empezar su propio negocio en la estructura hotelera cubana.

El profesor Olivares en su despacho de la Escuela de Periodismo de la Universidad de La Habana por su mente pasan las últimas historias a contar a su ex-alumno Abel y también piensa que ya no hay mucho tiempo. El curso escolar está tocando a su fin y él se irá a reunirse con su esposa e hijos en Madrid de vacaciones y este viaje no regresará a la isla. El profesor Olivares está casado con Alicia Covarrubias, profesora de Estética en la Escuela de Historia del Arte. Ella se acogió a la ciudadanía española y ahora vive en Madrid, se instaló allí con sus hijos, solo en la espera de su esposo el profesor Olivares que acostumbra a ir de visita dos veces cada año y regresa de nuevo a la isla. Esta vez él va de visita a la familia y no regresará más hasta que los cambios hacia la democracia no se produzcan en la isla de Cuba. Su mente se encuentra en un tres y en un dos. «Mi decisión está hecha y a su vez quiero decirle a mi ex-alumno que solo nos quedan dos otros encuentros más y luego partiré a España y no regresaré». Así pensó y de ese modo lo haría en su próximo encuentro en el Cementerio de Colón con el joven Abel.

Siguen llegando más cubanos en balsas a las costas de la Florida, el número asciende y los cubanos siguen arriesgando sus vidas en busca de LIBERTAD.

Muchos temen a los cambios que se avecinan entre las dos naciones y que puedan afectar o suspender: LA LEY DE AJUSTE CUBANO. Nadie sabe que podría suceder ahora que el presidente de los Estados Unidos le ha concedido a la dictadura muchos cambios y gran flexibilidad a cambio de nada. Siguen los arrestos, la represión de la policía en las calles habaneras y el ESTADO DE TERROR se está implantando en la isla. El miedo está tomando forma, la dictadura militar tiene las armas que el pueblo necesita si llegará el caso de defenderse de la opresión a que están sometidos por más de cincuenta años. Por está razón un día Fidel Castro dijo: ARMAS PARA QUÉ.

Ya él sabía y... solo él tiene el plan a lo que está tramando para todo su pueblo una mezcla de Maquiavelo y Robespirre en su inteligente maldad quitándole el derecho hasta a defenderse cuando recogió las armas que algunos tenían en su poder al principio del triunfo de la llamada revolución cubana de 1959. De esa forma despoja al pueblo de una posible sublevación armada. Cuando las masas populares reconocen que quizás es la única vía a la solución a la crisis que están sometidos. La otra solución la violencia, la pacífica puede existir y darse cuando hay condiciones donde el tirano reconoce que su poder es fallido y se necesita UN CAMBIO. ¿Podría este darse en nuestras circunstancias reales de hoy? Abril del 2015 ha sido el mes de mayor represión y arrestos en la isla. ¿Adónde vamos... adónde está la reciprocidad de entendimientos de la dictadura cubana y la buena voluntad del gobierno de los Estados Unidos en empezar una nueva era de relaciones?

Una nueva etapa, la histórica para Cuba y los Estados Unidos de América, que tratan de aliviar las tensiones por más de cincuenta años creadas por la revolución del 1959 y encabezada por Fidel castro Ruz.

La vida en el solar de San Isidro transcurre igual. La ausencia de la señora Evangelina Mendieta se hacía sentir en su cuarto de cuatro por cuatro en todo el solar y allí Gilberta haciendo un recuento de su vida. Su mamá no llegó a ver a su hijo Vicente, supuestamente en los Estados Unidos desde 1980. En aquel éxodo masivo que llevó a más de cien mil cubanos a abandonar la isla por mar en el puerto del Mariel. Ella sentada en su banquito y frente a ella está el silloncito de siempre de la vieja Evangelina ahora en un mejor lugar. Gilberta por un momento sintió que su madre está allí frente a ella y empezó a hablarle a contartle como había vivido todos estos años tratando de hacerle sus últmos años, los mejores de su vida y cree que no fue asi y le decía:

- Mamá cuanto quise que Ud. pasará estos años lo mejor posible, aunque fuera aquí en su silloncito de de todos los días. Siempre quise lo mejor pa' Ud. mamá. Pero la vida y sus circunstancias fueron otras. Sé como Ud. había sufrido por nuestro hermano Vicente que se lo llevaron en contra de su voluntad, y la esperanza que Ud. tenía en que algún día volvería a verlo. Yo también estaba esperanzada y contenta en que Ud. lo viera de nuevo con el arribo de Los Yumas y Ud. ve, la vida no es como uno quiere, es como es y hay que vivirla a la manera que venga. Ahora estoy aquí frente a Ud. hablándole de todas esas cosas que a veces se quedan por decir y nunca se dicen.

Yo estoy segura que Ud. está aquí y me oye lo que yo le estoy diciendo mamá. Cuando me case con Avelino pensé que la vida mejoraría pa' to nosotros. Avelino es un buen hombre mamá; pero no ha tenido suerte. No le gusta pedir y a veces hay que pedir, por eso estamos todavía en este cuarto de cuatro por cuatro, aquí nací yo y aquí me voy a morir. La revolución vino en el 1959 mamá; pero no pa' to nosotros. Ellos se olvidaron de nosotros los pobres de los solares de La Habana. Muchos sin arreglos edificios se caen, otros se derrumban en La Habana. Mucho PATRIMONIO DE LA HUMANIDAD. ¿Y que?... pa' algunos y pa' otro NADA mamá. No pa' nosotros somos gente de segunda clase o tercera a saber, en nuestra propia tierra que nos vio nacer. Los turistas son ahora los de primera clase ellos vienen con el dolar, la moneda que le interesa al gobierno mantener mientras que a nosotros nos da el peso cubano y el CUC que fuera de aquí no velen na... nada; pero los turistas no vienen aquí al solar de San Isidro a ver como vivió Ud., ni como vivimos to nosotros aquí por años y años, cargando agua y almacenándola pa' tené con que cociná y darnos una lavá al cuerpo cuando ese calor intenso de aqui de La Habana llega y nos ahoga. Con vecinos durmiendo en la azotea porque no resisten el calor del cuarto. Parece que son cosas del destino y yo que me hacía ilusiones de mejorar algún día y mire Ud. mamá como ha sido to. Sí mi padre, su querido esposo viviera que diría de to esto mamá... sí que diría él.

Aunque sea una casa, un lugar más amplio con su salita su comedorcito, cocinita, baño y un cuarto pa' cada uno y vivir como Dios manda mamá como seres humanos. Pero na' en la espera y... la espera de que to mejore en nuestras vidas. El tiempo se nos acaba mamá. Con todas esas ilusiones y promesas que nos hacían y el tiempo se fue y hasta Ud. se nos fue mamá y aquí estamos en el mismito lugar de toda una vida. El cuarto de cuatro por cuatro en el solar de San Isidro en La Habana y en la Cuba de los Castro.

- Ya yo estoy vieja mamá y no aspiro a mucho. Avelino tratando de hacer más; pero los años no perdonan mamá está cansado de todo aunque no lo dice; pero yo lo sé... yo lo sé que es así, lo conozco muy bien. Las niñas están decepcioná, hasta la misma Belén que fue a la universidad y pensó en un mundo mejó pa' ella. Y un día tené su trabajo profesional y casarse y tener hijos. Pero a donde va ir. Sí ni trabajo a encontrao en su profesión y casarse, ni pensarlo a donde va a vivir... aquí en el solar pa' que la historia se repita, y ni nosotros cabemos aquí... ni nosotros mismos mamá. Yadira que ahora se lo voy a confesá mamá. No se lo dije antes pa' no mortificarla a Ud. Ella está luchando con Las Damas de Blanco casi nadie lo sabe mamá y yo estoy orgullosa de mi hija al menos algo es algo pa' cambatir a estas gentes que nos han destruio to la vida y engañao por tantos años con sus discursos de horas y horas y al final pa' na', con mentiras y más mentiras que un día creí como mi padre, pero no mamá Evangelina ya desperte me quite la benda de los ojos y esta dictadura mamá es peor que la Batista que es mucho decir y lo sé por lo que Ud. y papá nos contaron. Quién lo iba decí mamá a más de cincuenta años pa' na'. Se olvidaron de nosotros los pobres de La Habana. Y Ud. quiere saber una cosa mamá. Casi siempre preguntándome por Clarisa tarde en la noche y yo le decía: trabajando mamá. La niña, ella está trabajando... y un día le dije que estaba pa'l malecón y Ud. me contestó mira ver que no le pase como María Valero, yo ni sé quién e' María Valero ni le pregunté y fue pa' no decirle a Ud. la verdad, que me duele en mi corazón es como una espina clavá aquí en mi corazón en medio del pecho; pero gracias a ella y al italiano Enzo comimos muchas veces mamá en este cuarto del solar de San Isidro. Gracias al italiano que se enamoró de Clarisa. Por ella mamá, por esa muchachita que Ud. ve ahí. Ella nos los trae. Sí los trae pa' podé come mamá porque con su pensión, la mia y lo que Avelino gana no da mamá, no cuadra la lista con el billete. ¡Ay, mamá cuántas cosas le debo! Me siento en deuda con Ud. mamá. Se lo juró de corazón, hubiera querido una vida mejó pa' to nosotros. Y a la vez le doy gracias a Dios que Ud. está descansando en paz en la gloría de Señor. A nosotros nos toca seguir aquí penando sino ocurre un milagro antes. Y Los Yumas nos ayudan a salir de este desastre de este hueco en que nos han hundido y que cada vez se hace más grande en el que todos hundiéndonos estamos.

Las lágrimas de Gilberta caían sobre su saya ancha que vestía muchas veces para ir a la calle a buscar lo que le tocaba por la libreta de abastecimiento, que son sus únicas salidas a la calle para no dejar a su madre sola cuando vivía en el cuarto de cuatro por cuatro del solar de San Isidro. El llanto le hace bien. Ella necesitó llorar y confesarse con su madre, le pareció sentirse mejor al deshogarse con ella, que la había escuchado con las cosas que no tuvo tiempo de decirle en vida. En ese momento su vecina Esther la llamó:
- Gilbertica... Gilbertica...

Gilberta se enjugó sus ojos y salió a la puerta del cuarto camino hasta la puerta del cuarto de Esther y le dijo:
- Digame Ud... digame aquí estoy.
- ¡Ay, Gilberta muy contenta... muy contenta! Mi hija cruzó y ya está en Miami con su hermano.
- No, me diga Ud. eso. ¡Qué bueno! Ud. ve las cosas se van arreglando, es solo vivir con fe y esperanza y un día detrás del otro.
- Tuve mucho miedo Gilberta... mucho miedo. Me han hecho muchos cuentos de esa travesía desde Venezuela y me dijeron que es muy peligrosa, que hay que pasar rios, selvas, montes y cosas así y siempre pensé en lo más malo. Tú sabes como somos nosotras las madres. ¡Ay, Dios mío gracias!... gracias por todo Padre Santo.

Dijo Esther y su vecina le ponía el brazo sobre su hombro y las dos amigas se consolaban una a la otra en sus dolores, diferentes en ambos casos; pero al fin dolor que hay que llevar y seguir adelante. Gilberta miró a su vecina y amiga y le dijo:
- Bueno, Esther ya ve Ud. Espero que se sienta ahora mejor ya sus dos hjos están juntos y en un futuro Ud. se les unirá.
- ¡Ojalá, Gilberta!... ¡Ojalá así Dios lo quiera!
- Ahora me voy que deje a Clarisa aún en la cama. Si me necesita llámeme sin pena alguna.
- Sí... sí Gilberta. Yo sé que siempre puedo contar con Uds. Gracias Dios que los he tenido de vecinos por tantos años.
- Hasta luego.

Dijo Gilberta y salió rumbo a su cuarto puso un pie dentro cuando se encontró consu hija Clarisa sentada en su banquito de siempre y le dijo:
- Valga Dios, hija al fin te levantas.
- Aquí me ve... tratando de ver que rumbo toma mi vida. Me siento como una veleta que va pa' donde va el viento.
- ¿Por qué dices eso hija?
- Estoy cansada de todo mamá Gilberta. No tengo ilusiones de seguir en una vida como está. Esto no es vivir... Esto no es vivir... mamá.
- Mira, ve a ver la negra Tomasa la mamá de Kiko. A que te consulte y ver si Enzo no nos ha abandonado y aún podemos tener una oportunidad de mejorar nuestras vidas.
- Ud. sabe mamá Gilberta pensándolo bien no estaría mal y ver... que puede ser que no sea ... ¿verdad?

Clarisa necesita fuerzas para seguir con su carga de todo los días. La vida que cada día es más y más dura para todos en la isla y la esperanza de Los Yumas todavía es lenta en el tiempo. Muchas trabas... muchos controles... muchos... NO, y muy pocos SI para todos allá por parte de la dictadura.

Todos en el limbo en la espera que desespera al punto de deseperación. No se ve la voluntad del castrismo de ceder en su necesidad de cambios para mejorar la vida del cubano. Clarisa se lleno de valor para ir al cuarto de la negra Tomasa en el otro solar de San Isidro a buscar la respuesta.

A la ayuda que tanto todos necesitan de una forma u otra. Se preparó y se fue al cuarto de la negra Tomasa.

Salió del solar caminó en dirección al otro solar de San Isidro y allí está Kiko sentado en su cajón de la paciencia en la puerta del solar cuando vio llegar a Clarisa y le dijo:

- ¡Eh... mi madre!... ¡Mi madre! ¡Pero que es esto mi madre! ¿Quién se irá a morir? ¿Qué estrella se cayó del cielo? Porque ahora mismo tengo una aquí frente a mi. Clarisa... Clarisa nada menos que Clarisa aquí en mi solar. No lo puedo creer.
- Pues creelo Kiko. Aquí estoy... yo Clarisa. La del otro solar de la esquina. Aquí como tú me ves, vivita y coleando. ¿Qué te parece?
- Na'... na'... Clarisa me sorprende velte en este lugar. Qué se te perdió por aquí mi bomboncito. Mi coquito prieto con azúcar.
- Mira... Kiko guardate ese bomboncito pa' otro momento. Que el horno se apagó y no está pa' eso mi amigo. Estoy que ardo.
- ¡Me lo vas a decir a mi que lo estoy viviendo en mi propia carne mi! Clarisa. La cosa está que arde... tanto... tanto que quema Clarisa, quema, está que quema y no podemos arder. Tenemos que seguir.

Repitió Kiko que no le quita los ojos de encima a su estrella caída del cielo en este instante en el portón del otro solar de San Isidro en La Habana.

- Así mismo es menos mal que por una vez estamos de acuerdo tú y yo Kiko. Esto está que se quema. Pero no acaba de quemarse que es lo más necesitamos. Yo diera la vida porque se quemara todo y cuando eso suceda... empecemos la nueva que nos hace falta. ¡Qué esta se acabe de quemar! Como hicieron Los Bayameses y decideron quemarlo todo... sí quemar todo, porque pa' Ser Libre Hay Que Quemarse, ¿verdad Kiko?
- Sí... sí es verdad... ¿Y qué es esa nueva que empezamos, tú dices?
- Kiko, la revolución nueva que nos hace falta porque esta ya dio todo lo que iba dar, se murió ya apesta, nos hace falta una nueva revolución y esta enterarla de una vez y por todas. ¡Ojalá que nunca nos engañen más!

- Oye... oye... Clarisa deja eso ahí... te pasaste de la raya. Y yo no quiero ir pa'l tanque de nuevo y no confío en nadie pa' que tú sepa... ¡En nadie! La policía está que hace sopa... por donde quiera... no se quieren la vida estos policías orientalitos que vienen pa' La Habana a hacernos la vida un yogur a to nosotros aquí en la capital. Fíjate que mi yunta de prisión volvió pa'l tanque. Le pregunté oye mi socio degila asere... degila mi socio que la cosa no esta pa' volver pa'l tanque, usa tu mente asere y tú sabes lo que me mando a decir mi yunta. Qué al menos allí tiene comida, no buena... pero jama... jama... que en la calle no la ve pasar por días. Prefirió ir tras la rejas por la comida. Se dice y no hay quien te lo crea. Esa es la que hay.
- Me lo dices o me lo preguntas, yo tengo que lidial con ellos. Los ninjas como les llamo yo en todas las noches de mi vida Kiko, así que no es nuevo pa' mí como andan esos leones y más después de las doce de la noche. Hacen lo que sea por lo que sea, están corruptos todos, imagínate lo aprenden del maestro mayor. Él, que nos arruinó la vida a todos nosotros en nuestra isla. La bellísima Cuba si queda algo de su belleza. Porque La Habana se cae.

Dijo Clarisa que ya conoce como trabaja la policía en La Habana. Su propia experiencia con el caso de Rocío y su extorsionador oriental.

- No hable de corrupción Clarisa que eso está a LA UNA... MI MULA, por dondequiera to sea vuelto fulas y CUC mi chiquitica. Los inspectores del estado cada día más corruptos llevando a los cuentapropista hasta la pared, no se quieren la vida. A los bcitaxis ni se diga sí los mojas te dejan andar por dondequiera si no los mojas con unos CUC te suspenden la licencia.
- Oye, Kiko y hablando de todo un poco ¿tú crees que hay licencia pa' lo que yo hago, tú sabes bien de que te estoy hablando KIko.
- Tú Clarisa te pasaste de nuevo... cómo tú crees que este gobierno socialista que al triunfo revolucionario eliminó todas esa casas que se dedicaron al negocio, ahora van a dar licencia pa'... jine...
- Sí Kiko... acaba de decirlo a mí no me ofendes con eso, esa misma revolución que tú me hablas es la que debe sentirse ofendida porque nos ha llevado a todos a esto. Y sí tú no lo sabias sí existe licencia solo pa'l Clan de Mariela Castro la hija de tú general-presidente, como lo oyes. Asimismito es Kiko. Marineros somos y en el mar andamos. Que te parece. Sí hasta a mi me quieren cobrar por lo que hago en las noches del malecón esos degeneraos. Nos quieren poner tarifas de empleo a las jineteras.
- A mi me parece y estoy convencido de que ellos quieren ganar en to, impuestos pa' to el mundo hagan lo que hagan, no importa el problema es ganar siempre. Aunque seamos marineros del mismo mar. Lo que hace falta que ese mar en el que andamos crezca y de mar pase a océano a ver que pasa después de eso. Y un océano de gente se tire pa' la calle pa' ver a como tocamos en la batalla final.

- Bueno déjame entrar que vine a ver a tú madre a pedirle una ayudita con sus muertos y que me tire los caracoles y me dé una limpieza que mucho que me hace falta, no solo a mi a to nosotros. Y pedir por el fin del Socialismo-comunismo que nos está matando.
- Pasa... pasa... Clarisa esta es tú casa también en el otro solar.
- Mira apártate Kiko que voy pa'llá dentro.

Clarisa siguió hacia la salita del cuarto de la negra Tomasa. Otros esperan por lo mismo consultarse con Tomasa, que tiene fama con sus trabajos de santería y la vienen a ver a La Habana y de toda la isla cuando conseguían el permiso para permanecer en la capital por unos días. Porque ahora hay que tener permiso para moverse dentro de tú misma tierra, tú propio país. Y los que vienen del interior le hacen su regalito con algo traído de allá. Cuatro o cinco personas esperan por consultarse con la negra Tomasa. Clarisa entró el cuarto que tiene las luces encendidas aunque es de día. La oscuridad dentro de los cuartos del solar obliga a enceder las luces de día y dijo:
- Buenas tardes.
- Buenas tardes.

Le contestaron los allí presentes. Clarisa se sentó y sacó su celular y chequea si alguien le ha llamado en todo este tiempo. Acabó de hacer sus chequeo y unas de las personas que está allí le preguntó:
- ¿Qué marca es tú teléfono?
- Mi teléfono... ¡ah! Es un apol. Así me dijo mi novio cuando me lo compró hace ya un año.
- ¿Y tú te vas a Ecuador también?

Preguntó la otra persona interesada en el por qué de la vista de Clarisa a la santera. La negra Tomasa.
- No... no... no... yo vine a ver a Tomasa pa' otros asuntos.

Cuando la interlocutora dijo:
- Yo decidi aprovechar esto de Ecuador. Lo vendí todo, nos hemos quedaó con una mano alante y otra atra; pero con mucha fe reunimos el dinero porque como tú sabes el salario no da pa na'. Esta decisión la tomanos todos en la familia y nos hemos metido en este lío de irnos de aquí. Total aquí: UNO TRABAJA MUCHO Y NA. NOSOTROS HACEMOS COMO QUE TRABAJAMOS Y ELLOS HACEN COMO QUE NOS PAGAN. Y todo carísimo y los CUC no se ven hay que inventarlos todos los días desde que te levantas hasta que te acuestas.

Clarisa oía a la persona que le habla y nada es nuevo para ella que sale todas la noches a buscarla como fuera a inventar. Las FULAS o el CUC. Sus oídos seguían oyendo a la persona que habla y ve como la historia de ella se repite. Se dio cuenta que no es solo ella la que desfallece. Tal vez los once millones que habitan la isla están en misma deseperación. Tomasa se asomó a través de la cortina roja y blanca que cubre la puerta del espacio en que ella tiene sus santos con sus velas y sus resguardos, y al ver a Clarisa dijo:
- ¡Oh, Clarisa!... Clarisa. ¡Dichosos los ojos que te ven hija!

- Aquí me ve, que vine a contarle. Y a contar con Ud. y sus caracoles. A que me digan algo y me saquen de este círculo en que estoy atrapá y no me deja vivir, muchas veces no sé como seguir.
- Está bien ya te oiré, espera que acabe con estos clientes y hablamos más sobre ese asunto.
- Sí... sí... no se preocupe Tomasa. Yo la espero, no tengo ningún apuro por ahora y es aún temprano.

Dijo Clarisa que llegó allí decidida a hacer lo que fuera por mejorar su vida, la de su familia y saber algo sobre Enzo, el italiano.
- Ven... vengan... Uds.

Dijo Tomasa a la familia que planea ir a Ecuador. Ellos entraron y Clarisa se quedó en espera de su turno con sus pensamientos corriendo de un lado al otro en su cerebro buscando la mejor salida a su situación. Empezó abrir los ojos. Aunque su familia también la necesita a ella mucho, que es parte del sostén familiar. Las personas que planean irse por Ecuador salen del espacio de las consultas espirituales del cuarto de Tomasa. Cuando la señora preguntó de nuevo a Tomasa:
- ¿Qué es Ud. cree Tomasa? Comprar los boletos para el viaje por Avianca. El problema es que Avianca no devuelve el dinero. Y sí no nos dan la visa por Ecuador y entonces se perdió todo el dinero. Y Ud. no se imagina cuanto sacrificio hemos hecho todos nosotros para poder salir de este infierno Tomasita... Ud. no sabe na'. Todo lo que se ha hecho para reunir los CUC. Nos hemos quedaó en la calle y sin llavín viviendo en casa de un familiar y con la ayuda de la caridad pública que nos han ayudao muchísimo en todo esto. Eso si es verdad, mucho señora Tomasa, mucho ayuda que hemos recibido.

Dijo la señora acompañada de su familia en busca de la ayuda. Y no pudo contener su llanto, sus lágrimas aparecieron corriendo por sus mejillas. Clarisa la miró y bajo la cabeza, ella ha sentido muchas veces lo mismo la necesidad de llorar y llorar hasta encontrar el equilibrio de nuevo. Cuando la negra Tomasa le contestó:
- Hagan la mejor decisión como familia; pero recuerden que hay muchos rejuegos políticos en todo esto. Ellos nos utilizan y toman ventajas de nuestra desesperación y siempre corremos en desventajas frente a ellos que manipulan todas estas cosas con los problemas. Y nos llevan hasta el abismo a ver que pasa. Como dice el dicho: Rio revuelto ganancia de pescadores y eso es lo que ellos siempre buscan. Ganar a expensas de nuestras locuras en este mundo de confusión que nos han llevado ellos mismos con su REVOLUCIÓN QUE NO LLEGÓ A NINGÚN LUGAR.

Clarisa oía a Tomasa y las palabras de Tomasa entran en su cabeza y se quedan allí donde otros pensamientos la invaden, se apoderan de todo ella. La inseguridad en un futuro que no se sabe cuál es. La perdida en la credibilidad del gobierno de los Castro y sus artimañas políticas y solo dijo asimismo: «¡Ay, Dios mío, sí Enzo volviera!». Y en ese mismo instante la negra Tomasa dijo:

- Ven... ven... Clarisa.

Clarisa se levantó de su silla y siguió los pasos a la negra Tomasa que se dirige a su espacio espiritual en el cuarto del otro solar de la esquina de San Isidro. Clarisa levantó la cortina roja y blanca que separa el pequeño espacio del resto de la salita de Tomasa al entrar Tomasa le dijo:
- Siéntate... y siéntete como en tú casa. Ya estamos acostumbrados a vivir en estos pequeños espacios, en estos cuchitriles, ¿verdad? Como a veces yo les llamo a los cuartos del solar.
- Sí... sí... es cierto, Ud. tiene razón es el único lugar en que hemos vivido toda la vida. Yo en aquel solar de allí y Ud. en este el de la esquina de San Isidro.
- Bueno cuéntame... ¿Qué te trae por aquí hija?
- No sé... no sé... Ni como empezar a contarle Tomasa, son tantas cosas las que tengo en mi cabeza que no sé como ponerlas en orden.
- Bueno yo te ayudaré y veremos como seguimos adelante con tú situación.

Dijo Tomasa que conoce a Clarisa desde que estaba en el vientre de su madre Gilberta.
- Es... es... que...
- Es... que... es qué cosa muchacha acaba de soltar por esa boca lo que me tienes que decir.
- Mire Tomasa... es mi vida y la de mi familia... y no sé como seguir llevando está vida.
- Mira mi muchachita, primero que to. Aquí la cosa es lo que yo le dije a tú madre hace muchos años cuando tú naciste que tenías que tené mucho cuidao contigo. Tú eres hija de Ochún y debes vestir un día más que otro de amarillo. Ese el color de la virgen y Ochún te ayudará a que se te abran esos caminos que ahora están cerrao pa' tí mijita. Y el Elegua seguro que lo tienes abandonao ahí detrás de la puerta y no te arrodillas ni le pones na' pa' que te ayude en tú vida en tú progreso espiritual mi amor. Tienes que atenderlo mijita.
- ¡Ay, Tomasa! Mi madre nunca me ha dicho na' sobre esto que Ud. me está hablando ahora.

- Tú ves yo lo imaginé, eso es lo que pasa. Po' una razón o pu otra. Tú mamá quería progresá con el nuevo sistema de Fidel Castro y lo dejó to. Se alejó de sus muertos y de su santos. Porque no quería que Uds. fueran victimas del rechazo en la escuela o aspirarán a ir a la universidad y estos que dicen que gobiernan se lo impidieran en un futuro y mira ahora ... ¿qué?... ella misma no se daba cuenta del daño que le etá haciendo. Aquí cada cual nace con su estrella y con su ángel de la guarda y tú nacite con Ochún. Esa bella virgen mulata blanconaza con su pelo así largo como el tuyo que le cae el pecho y eso ojos ariscos, sabichosos que miran, miran y lo quieren mirá to' a la misma vez. Tú eres hija de Ochún. Ochún es libre como el viento... independiente... piensa por sí sola... sin importarle mucho el que dirán de la gente. Ochún es zalamera, inquieta y juguetona, rebelde; pero ama, con un amor tierno y intenso. Se entrega al amor con esa pasión que solo ella desborda y da a todos.
- ¡Ay, Tomasa... Tomasa... ¿cuántas cosas y cuántos enredos en mi cabeza?
- Bueno, ahora cuéntame... cuéntame... ¿Qué pasa?

La negra Tomasa preguntó para ayudar como pudiera a la hija de su vecina Gilberta.
- Ud. sabe... Ud. sabe... que yo ayudo a mi familia con...

En ese momento la negra Tomasa interrumpió a Clarisa. No le interesa saber lo que Clarisa hace por las noches en el malecón y dijo:
- No... no... no me cuentes eso... eso no es lo que yo quiero saber. La vida está muy dura en este país y cada cual hace lo que puede por sobrevivir y llevar un plato de comida a la mesa todos los días.

Clarisa continuó contándole a Tomasa y dijo:
- Ud. sabe que yo salía con el italiano... sí... Enzo, no se sí Ud. alguna vez lo vio.
- No... no lo vi; pero Kiko me dijo que tenías ese novio extranjero y que se están preparando para casarse y llevarte pa'llá a ese paí... no sé ahora no me acuerdo que paí me dijo Kiko que era.
- Italia... Italia... Enzo es de allí de Italia y me enamoré Tomasa... me enamoré de él. Me prometió volver en diciembre lo esperé como una santa de día y noche. Esperando por él. Llegó diciembre y Enzo no vino... no vino Tomasa. Y ahora salgo... salgo por la necesidad de ayudar a mi pobre abuela que ya no está entre nosotros y la pensión no le da ni pa' comer. Y mi hermana buscando el trabajo profesional que nunca llega, fue a la universidad por gusto... porque no tiene na,' ni en que caerse muerta; pero ahí está y tiene derecho también a llevarse un bocao de comida a la boca. Ella es diferente. Ella no es como yo... yo soy rebelde y por eso deje de estudiar me di cuenta a tiempo que todas estas gentes nos explotan en las escuelas y pre en el campo y al final na' como mi pobre hermana Belén buscando y esperando por su profesión y nunca llega y quizás nunca llegue a alcanzarla.

- Mira muchachita tú lo que tiene que hacé es atender a tú Ochún y al Elegua y olvídate de los pecesitos de colores. Que la llerva que etá pa' ti no hay vaca que se la coma. Mira vete a la casa de Ochún y ponle unas flores amarillas y siéntate con mucha calma y paciencia frente a la virgen y pídele... pídele to... toito y tú verás... ya tú verás que va a pasá en tú vi'a mijita. Con mucha fe... eso sí Clarisa mucha fe... ¡Ochuncita de veldad!

Los ojos de Clarisa se abrían ante los consejos que Tomasa le da. Su mirada cambió y lucía otra Clarisa diferente a la que había llegado unas horas antes al solar de la esquina de San Isidro.

- ¡Ay, gracias Tomasa por todas estas cosas que Ud. me ha dicho! Me ha Ud. abierto los ojos. Ahora veo las cosas más clara que antes Tomasa. Ah, como dice el dicho: Ayúdate que yo te ayudaré.
- Ya ves... ya ves muchachita que las cosas se van anivelando poco a poco con paciencia, calma y mucha sabiduría pa' seguí viviendo.

Dijo Tomasa y Clarisa se arrodilló ante el altar de la negra Tomasa y rezó y Tomasa la mira y se acordó de cuando la vio en el cunero del hospital envuelta en aquellas sabanas blancas el día que nació y sus espiritus le dijeron: «Esa... esa... que tú estás viendo ahí, es hija de Ochún y siempre que puedas ayúdala te va necesitar a ti Tomasa... mucho te va a necesitar en esta vida». Esas eran las palabras que cerraron en la mente de Tomasa. Cuando dijo:

- No me mires a mí así. Sí quieres ayudar a los muertos deja ahí lo que tú quieras o regalé una vela o unas flores... yo no sé.
- ¡Ay, Tomasa lo que sea haré... lo que sea haré... se lo aseguro por el bien de toda la familia!
- Sí... sí... lucha... lucha y vencerás... seguro que vencerás Clarisa.

La joven Clarisa se levantó y erguida frente al altar hizo la señal de La Cruz dijo:

- Sí... sí... Tomasa... sí... lucharé por todo y por todos.

Salió rumbo a la puerta y Kiko permanecía allí sentado en su cajoncito en espera de los acontecimientos del nuevo projecto: Alquilarle hospedaje a los extranjeros en La Habana. Clarisa lo vio y le gritó:

- ¡Pero aún estás ahí muchacho!... ¡Muévete!... ¡Has algo!
- Oye, Clarisita. Aquí no hay má na' que hacer preciosa. Todo aquí se vuelve un tango. Y ya yo no estoy en tiempo de tango, sino en tiempo de bolero. Fíjate como es la cosa que hasta la música se me confunde con toda estas confusiones que tenemos en la cabeza. Antes eran malos... y ahora son buenos. Estamos locos y no sabemos que hacer con nuestra locura hasta donde nos llevarán... caballeros con sus locuras desde 1959.
- Mira Kiko, cógelo suave que esto es más tiempo que vida. Ellos se creen eternos y yo no sé que decirte. Sí son o no son eternos. Al menos él está luchando contra el almanaque... no quiere morirse, se declaró en contra del tiempo y de la naturaleza. La naturaleza humana no le dará la tregua que tanto desea. Un día se irá y ojalá sea pronto.

- Ya veremos Clarisa... ya veremos. Esto es solo cuestión de tiempo. Hoy por ti y mañana por mi. Te lo veo en tus ojos que eres otra a la que entró aquí hace dos horas. Yo espero que a mí me llegué mi tiempo también, mi cosita bella. Y me veré un día así como tú como tú te ves ahora que magnetizas a cualquiera con tú encanto que sacas a cualquiera de su lugar y lo embrujas. Mi turno está al llegar.
- Ja... ja... ja... Kiko, no me hagas reir mijto. ¡Ojalá nos llegue y pronto! Por qué com van as cosas mi amigo casi muero de esta.
- Ya ves Clarisa te hice reir y esa sonrisa es la que a mí me mata me enfelma Clarisa... te lo digo yo. Por eso sé que el italiano va a volver ya tú verás... que así será y va ser y pronto. El italiano vuelve.
- Ojalá tú boca sea santa Kikito. Porque mucha falta que nos hace Enzo... mucha falta a todos. Ahora te dejo Kiko me quedan otras cosas que hacer hoy antes de irme a... a... bueno tú sabes a que Kiko. Esa es la que hay hasta ahora. ¡Y ojalá que venga Enzo pronto!

Dijo Clarisa caminando como ella acostumbra en dirección al solar de San Isidro. Clarisa vestía un bajaichupa azul y unas bermudas blancas que contorneaban su cuerpo. Kiko la mira no le perdía la cadencia de su cinturita de avíspa. Y en su mente contaba: «uno... dos... tres... cua...». Y en ese momento un factor externo lo sacó de su cuenta y de su encanto mirando a la diosa Clarisa caminar por el medio de la calle de San Isidro en La Habana, Cuba. Llegó Clarisa al cuarto de San Isidro puso un pie dentro del cuarto y vio que su madre Gilberta está allí sentada en su banquito de siempre cerca de la puerta del cuarto del solar de San Isidro con su vista fija al suelo como esperando las palabras de su hija que acaba de llegar y Clarisa dijo:

- Mamá Gilberta... Ud. nunca me ha dicho lo que me dijo Tomasa.
- Sí... sí ya sé ... ya sabía que Tomasa te lo contaría todo... lo sabía que iba a ser así. Cuando te dije que fueras ya lo sabía.
- Y asimismito ha sido mamá Gilberta. Tomasa me lo contó todo.
- Solo espero que nos entiendas Clarisa. La vida no es como uno quiere sea. Es como es así es y nada más.
- ¿Por qué no me contaron?... ¿Por qué no me dijeron todas esas cosas? Qué siempre es bueno saber mamá Gilberta.

- Mira hija... mira mijita, yo nací casi con la revolución de Fidel Castro. Sí, está que tú ves aquí. Y todos viviendo igual en este solar en el que un día pensé salir y todavía estoy aquí. Eso no fue lo que siempre deseé pa' Uds. mis hijas y tú padre que no le gusta pedir. Por eso no te conté pa' que tú vida fuera diferente a la mía a esta vida eterna aquí en el solar de San Isidro. Venimos de familias muy pobres ya tú puedes ver viviendo aquí en este mismo lugar por años y años. Pensábamos que con la llegada de Fidel Castro con su revolución y promezas la vida cambiaría pa' to nosotros. Así nos decían que todo iba ser mejor de ahora en adelante. Entonces apareció el no tener CREENCIAS RELIGIOSAS en el camino en que andábamos, el revolucionario con grandes cambios y uno fue ya no hay ni existe Dios pa' to nosotros los cubanos. En las escuelas se empezó a preguntarles a los niños sí en su casa hay fotos de JesuCristo, si practican la santería, si iban a la iglesias los domingos. Entonces tú padre y yo decidimos no decirte todas esas cosas que ya Tomasa nos había dicho el día de tú nacimiento. Por miedo hija... por miedo a que no pudieras estudiar o ir a la universidad y hacerte una profesional y tener una mejor vida, diferente a la que nosotros tuvimos y aún tenemos. Esa... esa fue la única razón Clarisa, que la creencia no te cerrara las puertas en la nueva vida de la Cuba revolucionaria que nacía, se nos ofreció tanto con la llegada de la revolución socialista de Fidel Castro. Y creímos en él y en todo y mira cual fue la jugada mi hija... mira tú. Todo se volvió lo que tú ves.
- Sí... sí... comprendo todo. ¿Pero a dónde hemos llegado mamá Gilberta?... ¿A dónde hemos llegado? ¿Y a dónde iremos a parar?

Preguntó Clarisa a su madre mirándola fijamente a los ojos y se hizo un silencio entre la dos. Madre e hija dos generaciones y con las mismas dificultades, en las mismas circunstancias o peores que antes de la revolución que prometió mucho y no dio nada. Cuando Clarisa dijo:
- Estamos peor que antes, al menos antes pienso yo existían posibilidades de mejorar con sacrificios; pero ahora por mucho sacrificios que hagamos estamos igual atados de manos y pies sin oportunidad ni avance de ningún tipo. Creyendo en Dios o no todo sigue igual. Ellos nos deshumanizaron quitándonos a Dios, mamá.
- Sí... Clarisa... sí. ¿Quién se iba imaginar? Dime... dime tú ¿Quién? Sí hasta entre ellos mismos se han desengañado de to. Nadie imaginó que esto iba ser lo que es... NADIE. Te lo aseguro yo que todavía me acuerdo... yo una niñita y veía a la gentes en las calles gritando: ¡VIVA... VIVA FIDEL!...¡VIVA LA REVOLUCIÓN! Y ya tú ves esos mismos que gritaban, todos se han ido ya no están aquí. Porque Fidel Castro nos traicionó a todos. Sí a to el pueblo de Cuba hija, él se vistió de cordero y debajo había un lobo sediento de PODER y ahí está ya tú lo puedes ver tratando de calmar su sed que ya no le queda mucho tiempo por vivir, pero no quiere irse, quiere seguir con el poder en sus manos hasta el último día de su muerte.

- Bueno mamá déjemos eso ahí, el pasado... ya pasó y nada podemos hacer sobre eso. Yo seguiré los consejos de Tomasa.
- Así es mi Clarisa... así es Clarisa mija pa'lante y pa'lante. Sin perder la fe que un día sin darnos cuenta la abandonamos todos aquí en esta isla y ahora pagamos justos por pecadores. Renunciamos a Dios y ahora tenemos que recuperarlo para no abandobarlo jamás.

Cuba y su capital, La Habana se prepara para los grandes momentos históricos que se avecinan. Estamos ya pasando la mitad del año 2015. El 2014 se acabó con grandes acontecimientos como fue el anuncio de las nuevas relaciones entre los Estados Unidos de América y la isla caribeña.

Rotas por más de cincuenta años, en este gran evento que alguien no imaginó hace veinte o veinte y cinco años atrás cuando el mundo empezó a cambiar su rumbo, el cual Cuba debió empezar asimilar los cambios también en ese momento que fue el final de la Guerra Fría. Vivida por nuestro país, los países de Europa del Este y el sudeste de Asia. Todos entendieron la nueva ola, el nuevo orden político mundial que se establecía. Cuba no... se quedó ahí encadenada detrás de los barrotes de la gran cárcel por el empecinamiento de un grupo que no cede a lo nuevo. Los longevos, los octogenarios que le temen a los cambios por temor a perder el PODER. Cuba no cambio, se quedó donde se halla por la obstinación en construir lo INCONSTRUIBLE. La sociedad humana perfecta que muchos aún creen que pueda existir olvidándose de nuestra propia naturaleza. No somos seres perfectos. El socialismo-comunismo que como experimento no llegó a ningún lugar. Ganamos en experiencia para no cometer los mismos errores de ahora en adelante. Sí, ganamos en muchos sufrimientos. Las familias separadas, otras en disputa política, crecimiento de un odio manipulado por unos hacia otros con la dirección de los que se otorgan el derecho a manejar a los otros e influir en sus ideas y en su mentalidad, tomando ventaja de su carísma envuelto en su afán de coronarse con el éxito a millones de personas alrededor del mundo y en partícular en Cuba donde todavía estamos detenido en el tiempo. La administración de los Estados Unidos con sus buenas intenciones de cooperar y ayudar al pueblo de Cuba está dando sus pasos. Ahora hay que ver cuales son los pasos de los dueños de la isla, los hermanos Castro y familia. ¿Cuales serán sus pasos a este acercamiento con los Estados Unidos de América?

Abel ansioso espera el encuentro con su profesor y colega, el profesor y doctor Luis Olivares. La historia continúa. Él nació en 1985. Muchas eventos empezaron a ocurrir en ese mismo año en los paises socialistas de Europa del Este. Abel no conoce nada o casi nada de lo que había acontencido desde el primero de enero de 1959. La historia en Cuba no se cuenta como realmente fueron las cosas en esos tiempos. Se dice lo que le conviene a la dictadura castrista que el pueblo cubano sepa, se distorsiona la verdad a su mejor manera. Por esa razón hay tanto temor por parte del gobierno que el pueblo cubano tenga acceso a los servicios de internet. Le temen al www. ¿Por qué tanto le temen? Porque allí está todo. Todo lo que en la isla no se sabe y sería: LA ESPADA DE DEMOCLES pendiendo sobre sus cabezas. Ellos que han ocultado la verdad a su pueblo por más de media centuria. Mañana será otro gran día para él y para su profesor donde la verdad es escuchada por él y dicha por él que ha vivido día tras días todos estos años en la Cuba nueva de 1959, implementada y dirigida por la Mente Maestra, Fidel Castro.

Efraín con muchos cosas en su cabeza quiere ver a su amigo Kiko y decirle lo que hay en cuanto a la idea de alquilar parte de su casa a los nuevos turistas que vienen llegando a la isla que carece de esa condición o de la infraestructura hotelera que de la posibilidad a la isla de tomar acción gubernamental en este aspecto de ofrecer un lugar de permanencia a la avalancha turistica que llegarán a la isla cuando todas las flexibilidades otorgadas por el gobierno de los Estados Unidos tomen efecto. Efraín camina cabizbajo, se dirige a la calle San Isidro, allí donde vive su socito de aventuras y desventuras en La Habana, de Cuba y de los Castro. No sabía bien como entrarle al tema con su socio Kiko. Son amigos desde la secundaría y habían pasado villas y castillas, las malas y las buenas juntos y ahora Kiko necesita de su ayuda para continuar hasta ver como mejorarían las cosas en el futuro inmediato con la llegada de Los Yumas a La Habana. Ya está en San Isidro recorrió la vista a su alrededor y no vio a su socio Kiko, pasó la esquina y siguió su camino ahora frente al solar tocó a la puerta y se oyó la voz de Tomasa que dijo:
- ¿Quién es?... ¿Quién es?
En ese instante Kiko venía entrando al solar y al ver a su amigo. El Efra, como el mismo le llama en muchas ocasiones y al verlo dijo:
- Oye... oye asere... ¿Qué bolá con mi cake? Me tienes botao, sin nadie que me recoja. ¿Qué bolón Efrí? ¿ Qué hay de nuevo mi hermano?
Efraín vaciló en contestar no sabe como empezar, sabe de las ilusiones de Kiko en empezar algo y poder ver los CUC o los dólares en sus manos y Efraín se decidió diciéndole:
- Mira... mira... Kiko la cosa no es tan fácil de como pensamos que serían. Estas gentes no nos dan respiro hacer na' te ponen trabas y más trabas hasta que tú abandonas la idea de uniciar algo por cuenta propia, no avanzamos Kiko... así no avanzamos mi socio. Así no llegaremos a ningún lao.

- Bueno... bueno deja la muela... deja esa lata asere que no estoy pa' sermones ya bastante tengo con los de la vieja todos los días y ahora tú con lo mismo. No... no asere deja esa talla de que todo es difícil y que no se puede hacer esto y que no se pude hacer aquello... dime la que hay... dime la que hay como sea que estoy al reventar mi hermano no sé como; pero estoy al reventar... mi hermanito.
- Bueno Kiko lo que hay... es... que mis viejos decidieron colgar la idea sobre ese proyecto de los alquileres. Fueron a la oficina del gobierno y son muchos los requisitos mi hermano y todos no los podemos cumplir y además no solo eso lo más malo que ven los viejos es que tienes que servir de informante a la policía, a la Seguridad del Estado.
- ¡No joda... asere!... no me jodas que eso es así asere, como va ser eso así, esa es tú casa y tú haces en tú casa lo que te de la gana. Oye esto sí se está poniendo de p.... asere.
- No... no... Kiko... no es así como tú piensas... mira la bolá es que cuando tienes un turista sea de donde sea, la oficina te da un código y un teléfono al que debes llamar y reportar todo movimiento del turista. A qué hora llega, sí alguién lo visita y quién. Estás controlao tú y tus turistas en tú propia casa en esa que tú crees que es tuya, tú casa.
- Óyeme... óyeme Efraín... Efraín se la comieron estas gentes mi padre de verdad asere, se la comieron por eso esto: NO HAY QUIÉN LO TUMBE NI TAMPOCO QUIÉN LO ARREGLE. Vivimos en una constante vigilancia de unos a los otros. Esto es de ni te mueva y estate quieto todo el tiempo. Óyeme estos segurosos sí que la inventaron bien. Esto está estructurado de esa manera Efraín te lo digo yo para perpetuarse en el trono. ¡Ay, mi madre! Quién me iba a decir... ¿Quién? Por eso estamos así como estamos Efra. Tú sabes cuántas gentes por tal de tener un dinerito en CUC o dólares que lo ayuden a vivir aceptan esta jugada de la policía política. Óyeme mi hermano esto si que le zumba el mango. Estamos perdidos. Esto es una estocada a todos nosotros pa' tenernos en sus pies lamiendo sus botas. Cojone... pero cojone hasta cuando será toda esto mi hermano. Me cago hasta en mi...

Kiko se desespera, cada día las puertas se les cierran más y más con deseos de abrirse camino de prosperar en iniciar una nueva vida después de su experiencia en la cárcel y no le dan la oportunidad como ser humano reformado se merece a empezar de nuevo. No le dan trabajo. No le dan la oportunidad ni el momento que con su mismo sacrificio él está buscando y lo ahogan por todas partes lo ahogan. Kiko grita, grita en alta voz cuando su madre Tomasa salió y dijo:
- Kiko... kiko... mijito... ¿Qué pasa?... ¿Qué pasa hijo mío?...

Efraín no mencionó una palabra mira a Tomasa y a su hijo abrazados y Kiko solo llora en silencio su llanto en silencio un llanto de impotencia del dolor que se siente cuando un día te das cuenta que ni en tú misma tierra que te vio nacer y crecer puedes continuar viviendo. Es como que llegó el fin... el fin de todo. Y fue cuando Efraín dijo:
- Mire... mire Tomasa, mejor vamos pa' dentro y allá hablamos. En la calle no se puede ni hablar. No se puede confiar en nadie y uno no sabe quién es quien.
- Verdad mijito tú tienes razón vamos Kiko... vamos pa' dentro mijito y allá hablamos.

Tomasa dijo a su hijo y lo arrastró hasta su cuarto del otro solar de San Isidro en La Habana. Ya dentro Efraín le decía su amigo:
- Mira... kiko... mira unas puertas se cierran; pero otras se abrirán, mi socio Tú verás... tú verás que sí asere. Ya tu verás que sí.
- Ya yo no sé como seguir... verdaderamente no sé como seguir viviendo en este país. ¡No sé... no sé!

Gritó Kiko que acabó de oír a su amigo Efraín que trata de aligerarle la carga que lleva su amigo sobre sus hombros por años y años esperando que se le diera una oportunidad, lo mira con cierta tristeza sin saber como sacar a su amigo de ese estado. cuando dijo:
- Mira, Kiko pa' que tú vea que nosotros somos amigos de verdad. Te voy hacer el último cuento que me hizo la pura hace unos días y me hizo reir de verdad.

Efraín buscando la manera de hacer reir a Kiko y sacarlo de esa encrucijada emocional que hoy lo llevó al extremo de su desesperación.

- Bueno resulta ser Kiko que en la cuadra en que yo vivo se fue una familia completa pa'l Yuma por allá por los años sesenta y cinco más o menos y como tú ves el tiempo fue pasando y pasando y la familia vino de visita por allá por los años setenta y Lola la del comité que está en toda y en to, Tú bien lo sabe como es eso ella lo sabe todo y lo quiere saber todo. Bueno pa' no hacerte el cuento tan largo. Lola fue a saludar a la familia que habían regresado de los Estados Unidos y la señora Angélica que es la dueña de la casa le abrió y le dijo: ¿Qué Ud. hace aquí Lola? Y Ella respondió vine a darle la bienvenida a toda la familia. La hermana de Angélica que es la visita de los Estados Unidos se encontraba sentada en una butacas de sala y salió al encuentro y dijo: Lola... Lola ¿Qué Ud. viene a hacer aquí? Y Lola contestó: Vine a saludarles y darles la bienvenida. En ese momento la hermana dijo: Ud... Ud... Ud. viene a darnos la bienvenida y a saludarnos después que nos gritó ese día y aún me acuerdo como sí fuera ahora mismo Ud. vociferaba en toda la cuadra gritando: Traidora... tra-i-dora... tra-i-dora. Lola se quedó mirando fijamenta a la hermana de Angélica y no dijo una palabra por unos minutos inhaló aire profundamente y dijo: No... no... no... mijita... no mijita tú no me entendiste bien mijita... no... no me entendiste. Yo solo te gritaba: Trae dolar... trae dolar... trae dolar. Porque eso es lo que no hace falta para seguir aquí mijita. LOS DÓLARES DEL IMPERIO. LOS DÓLARES DE LOS AMERICANOS. QUE SON LOS QUE SON. Mi amor porque tú crees que aún estamos aquí. Y no lo confundas más: Traidora no fue lo que yo te grite. Yo te grite: Trae dolar...Trae dolar...Trae dolar... que es lo que Fifo quiere de Uds. Los gusanos que se van y vuelven como bellas mariposas metamofaseadas por los dólares.

Kiko oyó el cuento de su amigo Efraín y se oyeron sus carcajadas pero aún con su dolor sin poder aliviarlo al menos por ahora.

- Ja... ja... ja... Esa es buena Efra esa es buena Efra. Y eso es lo que más me hace falta a mí, mi amigo algunos dólares y pirarme de todo esto que me amarga tanto la vida día a día en este mismo lugar donde nací.

Tomasa oyó las palabras de su hijo. No mencionó una palabra conoce como se vive en Cuba. Todos con el mismo sello. Salir de la isla. La juventud no quiere seguir viviendo en la isla. Quiere huir buscando otros horizontes para cualquier lugar. Piensan que todas las trabas y dificultades están ahí en la isla y cuando ponen un pie fuera de su tierra que los vio nacer todo cambia en otras tierras, abriéndose muchas oportunidades para todos. Y empiezan a ver el mundo de otra manera. Ven la prosperidad de SER LIBRES.

- Hay que tener calma bárbaro... tú verás que algo se nos dará a nosotros asere... es solo cuestión de tiempo y tal vez este no es el mejor tiempo pa' nosotros mi padre.

- Coñó... coñó... pero coj... hasta donde me vas a llevar asere... hasta donde asere... hasta donde me vas a llevar. Qué no sea tan calvo que se me vean los sesos mi hermano estoy harto de todo Efraín... harto de todo. Hasta ya dudo de los cambios que puedan darse de esta nueva relación con Los Yumas. Ya lo dudo todo... todo lo dudo mi hermanito, nos están durmiendo de nuevo con sus cuentos... y cuentos. Y todo se vuelve un cuento asere.

Tomasa se levantó de la silla que ocupa se fue al espacio de sus santos y muertos empezó a rezar por su hijo, su único hijo Kiko que se halla en ese estado de desgaste, que él como otros se encuentran. Como cada cubano en la isla. Kiko y Efraín se quedaron allí en silencio esperando, siempre hay que esperar y esperar en el tiempo.

Libertad en su cuarto del solar de San Isidro está muy preocupada por Eutimio su esposo, no lo ve bien hoy no ha querido tomarse el jarrito de leche que ella siempre le da por las mañanas y no se ha querido levantar hoy de la cama ni para sentarse en su sillón y mirar por la ventana del cuarto hacia afuera y ver como las palomas del vecino revuelan alrededor del palomar en la azotea del otro edificio. Ni mirar al sol que siempre busca con sus ojos en cada mañana al levantarse de la cama. «Hoy Eutimio no se siente bien», se dijo ella asimismo. Libertad pensó que es mejor llamar a Isabel, Rafael o quizás al mismo Abelito y la ayudarán a llevar al viejo Eutimio al hospital. Decidió hacerlo así llamar a Rafael y pedirle ayuda. Como otras veces Rafael lo había llevado al CIMEQ y allí atienden a Eutimio por ser Rafael el miembro del G-2, «y la atención es mejor que el Calixto García», pensó Libertad en estos momentos que vio que Eutimio no se ve como otros días. Libertad bajo las escaleras y se fue a pedir ayuda a Gilberta su amiga del solar, le tocó a la puerta y dijo:
- ¡Ay, Gilberta! Yo no veo a Eutimio bien hoy.
- ¿Qué pasa Lilita, mija?
- No sé... no sé... Eutimio hoy no es el mismo. Ya llame a Rafael y me dijo que viene corriendo pa'ca. Necesitamos ayuda Gilberta yo creo que él no pude bajar esas escaleras.
- Déjame ponerme algo arriba y ahora mismo estoy lista... espérate un momentico Lilita.
- Sí... sí... mijita yo te espero.

Gilberta corre dentro del cuarto buscando algo mejor que ponerse encima y ayudar a su vecina en su necesidad con su esposo Eutimio.
- Ya estoy lista vamos... vamos... ve... ve tú 'alante déjame llamar a alguien que nos pueda dar la mano.

Gilberta caminó rápido por el pasillo del solar de San Isidro. Llegó al portón y vio a kiko y a su amigo Efraín y grito:
- Kiko... kiko... ven... ven te necesito hijo... ven.

Kiko y Efraín salieron corriendo al oír los gritos de Gilberta desde el portón del solar y al llegar dijeron:
- ¿Qué pasa mí tía?... ¿Qué pasa mi tía?
- Los necesito a los dos, necesitamos bajar al señor Eutimio, el esposo de Lliita que no se siente bien, el esposo de su hija viene para llevarlo al hospital.

- Como no... mi tía... como Ud. diga. Aquí estamos a sus ordenes.
- Bueno vamos síganme tenemos que subir a los cuartos de arriba.

Los tres caminan por el pasillo hasta llegar al final donde se encuentran las escaleras para los cuartos de arriba, subieron con cuidado y llegaron al cuarto de Lilbertad. Ella les abrió la puerta y allí está Eutimio sentado en su silla. Cuando Gilberta dijo:
- Vamos Libertad. Ya estamos listos
- Sí... sí podemos ir bajando. Rafael dijo que estará aquí en la puerta del solar en unos minutos vamos a empezar a bajarlo ahora poco a poco y lentamente, él está muy delicado mi pobre viejo Gilberta.

Dijo Libertad y su voz se oyó casi muda. Cuando Kiko añadió:
- Yo creo que podemos bajarlo ahí mismo donde está sentado en la silla. Efraín agarra la silla por un lao, que yo la agarro por el otro y Uds. dos cuidan que no se vaya pa' los laos. Empezamos... Bueno ya vamos... uno... dos... tres...

En ese momentos los cuatros agararon la silla, según las indicaciones de Kiko. Tratando de pasar la puerta del cuarto y así continuaron hasta las escaleras que es la zona más difícil para ellos. «En las escaleras todo tiene que hacerse muy despacio y con mucho cuidado para que el viejo Eutimio no se fuese a caer al suelo desde esa altura, sería catastrófico». Pensó Kiko. Con lentitud pasan de un escalón a otro con la fuerza de los más jóvenes y con la ayuda de las dos mujeres, así lograron bajar al viejo Eutimio. Ya están en el pasillo del solar y se dirigen despacio al portón. En la calle estaría Rafael con el carro esperando por ellos. Llegaron al portón allí está Rafael esperando por Libertad y su esposo Eutimio. Con la ayuda de Kiko, Efraín y Gilberta montaron a Eutimio en el carro y echo andar rumbo al CIMEQ. No hubo intercambio de palabras entre ellos. Libertad no se sentía el con ánimo de decir algo prefirió seguir en silencio como su esposo Eutimio que viaja con los ojos cerrados y en silencio aquel carro que los lleva en dirección al hospital CIMEQ. Llegaron al hospital y Rafael entró corriendo al cuerpo de guardia y pidió ayuda por una camilla, salió acompañado de una enfermera subieron a Eutimio y corrieron hacia dentro del hospital. Un médico lo examinó por espacio de unos cuarenta a cuarenta y cinco minutos y se acercó a Rafael y le preguntó:
- ¿Ud. es el hijo del señor Eutimio?
- No... no... yo soy el esposo de su hija.
- Siento decirle que el señor Eutimio no está bien, su salud es delicada en estos momentos necesita ser ingresado por el estado en que se encuentra muy débil y un poco deshidratado, necesita otros análisis de laboratorio.
- No hay problema, doctor... no hay problema en eso.
- Sí... sí... tenemos problema en eso.

Replicó el doctor de CIMEQ.
- ¿Cuál es el problema doctor?
- Qué aquí no podemos ingresarlo. Digo aqui en el CIMEQ.

- ¿Por qué? Doctor... sí él siempre ha sido atendido aquí en el CIMEQ por el curso de su enfermedad.
- Sí... sí... compañero... compañero; pero las cosas han cambiado, han cambiado mucho las camas que tenemos disponibles están reservadas para el turismo y Ud. sabe que ahora todos estamos en función del turismo. Ahora somos una potencia médica para el servicio al turismo que es lo que nos reporta ingresos en divisas.
- Déjeme hablar con el administrador del hospital.

Rafael dijo, él que por primera vez en su vida se ve impotente ante lo que está sucediendo en la isla.

- Ud. puede subir a su oficina y él le dirá lo mismo que yo le dicho y le estoy explicando. Hasta ahora eso es lo que se ha orientado por la administración y el partido del CIMEQ.
- No... no puede ser... no pude ser así... no... no... como ahora vamos a ser tratados así como ciudadanos de segunda clase... no... no... no puede ser así.

Libertad oía a Rafael y al médico de guardia en su discusión y los ojos se le humedicieron se sintió desamparada una vez más y las lágrimas de Libertad corrían en silencio por sus mejillas se acercó a Rafael diciéndole:

- Vamos Rafael... vamos ya no tenemos nada más que hacer aquí... vamos... vámonos.

Cuando el médico de guardia dijo:

- Podemos trasladarlo en una ambulancia al Calixto Gracía que es que le pertenece por su región de residencia.
- Vamos... vamos Rafael... vamos pa'l Calixto García. Aquí ya no tenemos más nada que hacer... nada.

Decía Libertad resignada a lo que le ha tocado vivir ahora con su esposo enfermo que no se ve muy bien su estado de salud. Rafael accedió se convenció una vez más que las cosas ya no son como antes como cuando él se entrego en cuerpo y alma a la revolución cubana y a su máximo dirigente Fidel Castro, «la flor, el fruto que se yo ya lo que es, sí es la mala flor o el mal fruto». Pensó Rafael que ya no se siente igual, no es el mismo Rafael que fue reclutado para servir al poder del gobierno revolucionario que se instauro para siempre. Llevaron a Eutimio a la ambulancia y así llegó al hospital Calixto García donde fue ingresado por su estado de salud con una nefritís crónica avanzada. En el Calixto García las condiciones no son ni iguales ni remotamente parecidas a las que se encuentran en el CIMEQ que es mucho decir. El Calixto García había sido el hospital universitario antes del tomar Fidel Castro el poder. A tantos años sin mantenimiento y sus viejas instalaciones, su servcio médicos no son, ni se parecen a los servicios médicos del CIMEQ que atiende a los altos dirigentes de la revolución y sus familiares. Los miembros del Ministerio del Interior y las Fuerzas Armadas Revolucionarias. El CIMEQ ha sido el hospital que da mayormente sus servicios a la élite gubernamental y sus familiares. Puede decirse que es un hospital exclusivo de los que gobiernan y sus familias. Ahora las reglas del juego han cambiado. Es para los turistas extranjeros y los altos funcionarios del gobierno lo más altos a los que Rafael no ha llegado todavía. Eutimio fue trasladado a una de las salas del hospital. Cuando Libertad y Rafael vieron las condiciones del lugar se miraron el uno al otro, no dijeron una sola palabra a simple vista se puede ver el deterioro de la instalación y la precaria higiene del lugar, algunas de las camas no están cubiertas con sábanas blancas como era costumbre ver en un hospital, el piso no se ve limpio. Se nota el abandono y la negligencia en un centro de salud que fue el hospital universitario antes de 1959. Rafael salió del Calixto García con soberbia y sin explicación a lo que está pasando, se montó en el carro y se fue a su casa en su viaje solo pensaba «a donde vamos y que será de todo esto que estoy viendo con mis propios ojos», en su cabeza no cabían estas cosas. La actitud del médico del CIMEQ para con él y sus suegros. El había entregado su vida a la revolución y ahora cuando más necesita de la revolución lo echan al un lado. «¿Dónde estoy? ¿Y hacia dónde voy?». Mi cuñado, el hermano de Isabel dio su vida por esta revolución, ¿es así el pago que le dan tratando a su padre enfermo? Esas fueron sus últimas preguntas y llegó a su destino. Salió del carro entró a su casa y allí está Isabel que le dijo:
- Rafael... he estado todo este tiempo esperando por ti y no sé nada ¿Qué pasa?
- Tú papá... tú papá está muy enfermo y lo ingresamos en le Calixto García.
- ¡En el Calixto García!

Gritó Isabel, que no entendió el cambio de lugar del CIMEQ al Calixto Gracía donde se acostunmbró a tratar Eutimio y luego dijo:
- Y porque no en el CIMEQ donde siempre lo hemos llevado.

Rafael se quedó callado. No contestó a la pregunta de su esposa. No supo que decir, por primera vez en más de cincuenta años. Hoy se ha sentido como nunca antes se sintío, sin fuerzas para continuar y en su mente resonaban las consignas de aquel primer Congreso del Partido Comunista que fue como invitado miembro de la UJC que decia:

«Félix Varela: La Semilla, José Martí: La Flor, Fidel Castro: El Fruto. ¿Qué le pasó al fruto? Al que tanto hemos regado con agua fresca y hasta con nuestra propia sangre, al que tanto le hemos dado hasta nuestras vidas. Al que hemos seguido paso a paso en estos más de cincuenta años de luchas y reveses. ¿Qué ha pasado?». Y dijo a su esposa:

- No sé... no sé... no sé... no me preguntes. Qué ni yo mismo entiendo lo que esta pasando... ¡no sé!

Rafael siguió su camino a su cuarto y solo se oyó el ruido al cerrar de la puerta. Isabel se quedó allí parada frente al cuadro que cuelga en la pared de su casa. La foto del héroe de sus vidas: Fidel Castro y el autor de todas las desgracias del resto del país. Se desplomó en una de sus butacas, no pudo contener el llanto, se vio por primera vez perdida en todo este océano en el que puede ahogarse, en ese enjambre de ideas que no sabe como ordenarlas. Se oyó que alguien entra, es Abel su hijo que preguntó a su madre:

- Mamá ¿Qué pasa?... ¿Qué pasa mamá? Estás llorando.
- Sí... sí hijo, estoy llorando es lo único que puedo hacer llorar.
- Pero dime... cuéntame ¿Qué es lo que esta pasando?
- Tú no lo entenderás hijo... tú no lo entenderás mijo.
- Mamá... mamá... yo entendería más de lo que Ud. se imagina. Ya yo no soy un niño que hay que guiar, yo soy un hombre con capacidad de análisis y sé ver el lado de cada cosa. Sean ya positivas o no.
- ¡Ay, hijo! Es tú abuelo que está ingresado en el Calixto García.
- ¿Y por que no en el CIMEQ? ¿Cómo otras veces?

Preguntó su hijo Abel, que empezó a unir cabos, atándolos para llegar de principio a fin.

- Eso mismo es lo que yo no entiendo... eso mismo es lo que no entiendo mijo.

Repetía Isabel a su hijo Abel y ambos cuestionándose el por qué de los Por ques en la nueva era cubana desde el 17 de diciembre del 2014.

- Yo sí... yo sí lo entiendo mamá, yo sí lo entiendo.
- ¿Cómo?... ¿Cómo es eso? Qué tú sí entiendes.
- Mire... mire abre los ojos. Desde el 17 de diciembre del año pasado que anunciaron las nuevas relaciones entre Cuba y los Estados Unidos de América... todo está cambiando en diferentes direcciones y Ud. podrá verlo... solo con salir a la calle y ver como está todo.
- No sé... no sé de qué me estás hablando hijo... no sé.

Decía Isabel que cada día vivió más ajena a su entorno en su Cuba Socialista. Y ahora se niega a ver la realidad objetiva de los tiempos.

- Mamá... mamá las cosa ya no serán como antes. Viviremos otros tiempos y las bondades para Uds. serán restringidas por otros intereses mayores.

- Yo no te entiendo hijo... no te entiendo.
Decía Isabel. Cuando Abel dijo:
- Pregúntele entonces a papá el sabrá mejor que yo de lo que estoy hablando.

Abel siguió su camino y su madre siguió allí con si vista fija al cuadro colgado en la pared. El cuadro del autor de todas las cosas. El cuadro del Fruto del que se había hablado en el Primer Congreso del Partido Comunista al que Rafael fue como invitado, como cuadro de la UJC. Captado para continuar las ideas del marxismo-leninismo, los cuadros formados para continuar la construcción del aparato para perpetuar en el PODER.

Hoy en 20 de julio del 2015, a solo a seis días de la celebración en Cuba de el Ataque al Cuartel Moncada en el año 1953, aquella noche de carnaval en Santiago de Cuba. La noche de Santa Ana. Hoy se iza la bandera cubana en su sede diplomática en Washington, D.C. capital de los Estados Unidos de América. Y en La Habana la otra capital se estará preparando para celebrar el sextuagésimo segundo aniversario de la fecha histórica. Un 26 de julio de 1953 más. Los asaltantes fueron prisioneros, los que sobrevivieron el ataque y donde el doctor Fidel Castro pronunció su famoso alegato diciendo:
¡Condenadme, no importa: LA HISTORIA ME ABSOLVERÁ!
¿Lo absolverá a él... La Historia?... cómo creyó él mismo con su alegato histórico en el juicio por intento de derrocar la dictadura Batistiana. Eso él dijo y pensó en aquel momento que hacía historia en Cuba. Y luego a donde llevó la isla con sus maléficos planes para con su patria y su pueblo. La Historia me Absolverá. ¿Quién dijo esto antes?... La historia no lo absolverá... La historia nunca podrá absolver a un tirano asesino que dio lugar a la destrucción de un país. No hay absolución para quien por más cincuenta años solo pensó en él y no le importó el DERECHO de once millones de seres humanos. Su ego desbordó los límites y no fue capaz de darse cuenta que no somos eternos, que somos aves de paso por este complejo mundo y la vida tiene y debe continuar para el bien de todos.

Muchas banderas rojo y negra ondearán por estos días por las calles de la capital. La Habana en celebración del hecho que pasó a la historia de Cuba como el inicio de la llamada Revolución Cubana. En aquel entonces los sobrevivientes encarcelados considerados PRESOS POLÍTICOS por el gobierno de Fulgencio Batista.

Detenidos en la prisión Modelo de Isla de Pinos fueron tratados como se merece todo preso político, considerado un SER HUMANO MÁS.

Y como ha dicho el mismo Fidel Castro que estando preso leyó todo lo que pudo, tenía televisor y tres comidas al día de buena cálidad. ¿Pasa así en nuestros días en la isla de Cuba de hoy? No... no hoy en que todo aquel que disiente del gobierno castristas son golpeados, maltratados, encarcelados, los atacan como sino fueran personas usando la fuerza, aún sobre mujeres indefensas como Las Damas de Blanco. El dictador Fulgencio Batista fue benévolo con los asaltantes al cuartel Moncada. ¿Podría esperarse benevolencia de la dictadura que ocupa ahora la isla de Cuba por más de cincuenta años? Parece que no. Esa benevolencia no existe para los que detentan el poder en Cuba. Cuando no están dispuestos aunque sea a oírles a darles la posibilidad de manisfestarse en forma pacífíca. No... no están dispuestos a concederles el espacio que se merecen como parte del pueblo cubano y cuando los encarcelan y tampoco los consideran PRESOS POLÍTICOS. Porque según el gobierno de los Castro en Cuba: NO HAY PRESOS POLÍTICOS. Así se jactan de decir los que gobiernan en la isla por más de cinco décadas, sometiendo a los disidentes a todo tipo de violación de sus derechos humanos y politicos. La disidencia ha visto que el gobierno castrista no le da la oportunidad que ellos exigen tener que ellos piden. Y es su DERECHO. A que los oyesen. El papa Francisco visitará la isla en unas semanas. La fe y la esperanza en el misionero de la misericordia crecen y están todas puestas en ese pastor con sus ovejas de la tierra. El representante del Dios, que siempre estuvo del lado de los pobres, desvalidos, necesitados. Ellos que atesoran la fe y la esperanza en CristoJesú y esperan de él TODO. Según el Padre Federico Lombardí SJ: No está previsto que el papa se reuna con la desidencia. ¿Podría el papa cambiar de idea cuando ponga sus pies en la isla de Cuba el próximo día 20 de septiembre del 2015? Pondrá el papa los pies en La Habana y la realidad sea otra como todos desean en a isla. Estas son las grandes preguntas que solo él el Papa Francisco puede dar respuestas cuando ponga sus pies en tierra cubana y se encuentre allí dentro de la isla esclava y pueda ver con sus propios ojos, convenciéndose por sí mismo, sí es que llega al convencimiento y decide de que lado se pone, según sus propios criterios y reflexiones. Ver sí el papa actuaría como Jesús, EL REDENTOR, sí se hallará en una situación como la de él ahora en la Cuba del año 2015 con más de cinco décadas de un gobierno dictatorial. Y un sinnúmero de PRESOS POLÍTICOS solo por reclamar a la dictadura lo que le han arrebatado por todos estos años de tiranía. El Pontífice, el papa Francisco, el primer papa latinoamericano vendrá a Cuba a reunirse con los mandatarios cubanos en su recorrido por América Latina. La Habana la embellecen, la pulen como siempre hacen para recibir a los papas, Francisco. EL MISIONERO DE LA MISERICORDIA viene a La Habana. Esperamos por el rotundo impacto al pueblo cubano de la visita del Papa Francisco y que las esperanzas de todos los cubanos se cumplan, que él se ponga del lado de los que tanto lo necesitan e interceda por ellos.
Como cuando le pedimos a la Virgen Madre que interceda por nosotros.
Ahora le pedimos a él, al PAPA FRANCISCO que interceda por ellos. Los disidentes que ven una luz en su visita. ¿Intercederá el papa? Como lo hubiera hecho JesúCristo por los disidentes cubanos presos.

Él representa a DIOS NUESTRO en la tierra y todos nosotros sus hijos y le pedimos a la Santísima Virgen de La Caridad del Cobre que interceda por nosotros, ante su hijo. Amén.

Llegó el día de Abel, el que él siempre espera con ansias para saber más y más de nuestra desconocida historia para él. Entra al lugar de la cita el cementerio de Colón. Camina despacio deslizando su mirada ante todo el tesoro que allí se esconde, seguía mirando y mirando hasta que llegó a la Tumba de La milagrosa, como siempre llena de flores y más flores y algunas personas allí dejándoles más flores y se arrodillan ante La Milagrosa en el cementerio de Colón. Se acercó un poco y sus ojos seguían viendo y se asombra de todo lo que allí ocurre. De pronto sintió una mano sobre su hombro derecho y vio que es su colega el doctor en ciencias políticas, el profesor Olivares que dijo:
- ¿Cómo vas muchacho hoy?
- Aquí maestro esperando por Ud. y sorprendido de lo que estoy viendo en esta tumba de La Milagrosa.
- Así es Abel... así es... Ese es el pueblo que a veces se nos olvida, se nos pasa por alto. Y entonces hacemos estudios y más estudios sobre el comportamiento humano, teorizamos y volvemos a teorizar. Y hay cosas inexplicables para nosotros mismos. No es la primera vez que nos pasa y seguirá pasando mientras estemos separados de este pueblo, mientras no miramos al mundo con sus mismos ojos. Estaremos perdidos unos de los otros. Sin ninguna otra oportunidad de encontrarnos de nuevo en el camino de la vida. Porque en este universo en que vivimos todos estamos conectados de una manera u otra. Ellos con nosotros y nosotros con ellos. Y todos con el universo. Esa conexión que va más allá que nosotros mismos como ser.
- Todo parece indicar que así es maestro... que así es ciertamente. La historia lo ha demostrado. La historia nos ha enseñado que así es y que asi será, el pueblo, ese pueblo que es el que tendrá siempre: LA ÚLTIMA PALABRA Y RETOMARÁ SU DESTINO CON SUS PROPIAS MANOS Y ADELANTE.
- Dime... dime ¿Cuál es la parte de la historia que empezamos hoy?

Dijo el profesor Olivares y continuó diciendo.
- Sí... sí... pero antes quiero decirte algo sobre mi, porque el tiempo se nos está agotando y tenemos que terminar nuestro proyecto.

Ambos callaron pensando en poryecto que habían iniciado semanas atrás. Preparando el sendero para cuando llegue el CAMBIO que todos esperan.
- Empezaré diciéndote que yo, el profesor Olivares o el colega, o como tú quieras llamarme deposité todo con confianza en ti para que algún día la verdad salga la luz. Mi esposa y mis hijos viven en Madrid y yo me uniré a ellos. Todos nos acogimos al ciudadanía española y allí están esperando por mí. Nadie sabe nuestro plan solo mi familia. Y ahora tú que vas a saber que cuando salga de Cuba no regresaré hasta que no vea a Cuba libre, como quiso José Martí. LIBRE

- Es una lastima profesor que Uds. los mejores de entre los mejores se vayan cuando tal vez más los necesitamos en esta nueva etapa.
- Así pienso yo también; pero a veces el tiempo y los cambios biológicos nos anuncían que llegó el momento de descansar y que las nuevas generaciones como tú jueguen el papel histórico que les toca vivir y jugar dentro de la sociedad. Ahora quiero que los años que me quedan compartirlos con mi familia, porque no sabemos cuántos días o cuántas horas nos quedan en este incierto mundo en el que vivimos.
- Voy a sentir mucho su ausencia profesor porque personas con pensamientos futuristas son los que nos van ayudar a ver las nuevas formas en el terreno cuando los innegables cambios que vendrán lleguen. Porque yo estoy seguro que esos cambios vendrán.

Dijo el joven Abel. Sus ojos brillan como luceros, como cuando la luz desaloja la oscuridad de su presencia.

- Yo no sé que decirte colega... no sé que decirte en estos momentos todo es tan impredecible con gentes como estas en el poder que se aferran a no dejarlo después de más de medio siglo. Ellos que gazan de todo tal vez no tienen el valor de hacer dejación de todo en sacrificio de once millones de habitantes que son las masas sufridas, avasalladas, oprimidas por todos estos años por la cúpula en el gobierno. Se preparan las condiciones para el VII Congreso del Partido Comunista. ¿Qué saldrá de ahí? No sabemos, solo ellos saben que van hacer para salir de este estancamiento político, social y económico que atravesamos en la isla. De este blackhole en nuestro universo en que vivimos en la isla de Cuba.
- No sabemos, es cierto... que no sabemos. Y mi pregunta es ¿Será algo positivo para el pueblo cubano o no? Será para ellos seguir en el poder manteniéndose como intransigentemente han hecho con la misma estructura por más de medio siglo que no resultó.

Preguntó Abel que por mucho que trata de ubicarse en tiempo y espacio que a veces no lo logra.

- No sé... no sé. No tengo respuesta a esa pregunta colega. No... no la tengo. Bueno dime... ¿Cuál es el tema de hoy?...
- En el último encuentro hablábamos de que podría venir como un cambio de buena voluntad por parte del gobierno de los Castro.
- Este acercamiento con los Estados Unidos va en busca de algo que todavía nadie sabe cuales son los planes y como se van a desarrollar. Al menos se ve la buena voluntad del gobierno de los Estados Unidos a iniciar y reabrir las relaciones a nivel de embajadas al menos es algo para un buen inicio en este conflicto de tantos años con la misma propaganda de ideas y con la misma testarudez, alzándose con las banderas de los pobres sobre los pobres y llenándose de gloria, bienestar y dinero mientras hay quién no tiene un plato de comida hoy sobre su mesa.

- Hay que ver como se manejan estas cosas. Hay muchas cosas en la mesa de juego que están en conflicto. Los cinco espías se ha todo manipulado a su antojo como una vez manipularon a Elían González para tener al pueblo como tropa de choque. Ahora hay que esperar porque empiece el problema de le mujer espía a ver como ellos lo manejan o lo abandonan a su propia conveniencia. Lo que sucede es que la ignorancia hace mucho daño y la gente no se da cuenta que los utilizan o se dejan utilizar en este campo político. Claro esta que las únicas victimas aquí son las grandes masas porque son los actores en la escena de la manipulación. Muchos obtienen prebendas y privilegios a cambio de su actuación y del papel que les toca jugar ya sean en sus turbas o hordas fascistoides. Vemos ahora el Populismo como arma de atraer a las masas y utilizarlas sin que apenas se den cuentas. Yo pienso en dos corrientes populistas, una que yo le doy en llamar Populismo Astuto convencer a las masa de que defienden su bandera, sus intereses, la causa de los pobres y conociendo su ignorancia los conquistan y manejan a su antojo. Desposeídos estos del papel fundamental que juegan dentro de la sociedad por su capacidad intelectual. Después para mí viene el Noble Populismo, este atrae a las masas en otra forma de concientizacion, atrayéndoles con cordura, sensatez , razón y análisis a todos en conjunto sin separación de estándares con una sola causa y condición: La Humana. El respecto al hombre en su integridad como ser humano en independencia de todo lo que en él concurre como ser social y a unados todos por la libertad, la democracia y tolerancia de unos con los otros. Tú puedes ver que el padre de Elían González es ahora Héroe Nacional de la República. ¿Cuál fue su heroísmo? Que lo lleno de beneficios, haciéndole el juego a la politica del jefe de la revolución para otro enfrentamiento con el enemigo imaginario en el tiempo en que muchos están aún dormidos y le siguen la jugada. En que campo de batalla demostró él su heroicidad donde sí se demuestra y se arriesga la vida y se convierte en héore. Las manipulaciones otorgadas, manipulaciones logradas por el gobierno de Cuba para mantener la confrontación como ellos llaman con el IMPERIO. El estadounidense prisionero con quince años. Esa es otra de las piezas del juego que se utilizarán no sabemos, ni cómo ni cuando. Pero así será.
- ¿Dónde estamos maestro?

Preguntó Abel al doctor en ciencias políticas y el contestó.

- Estamos atrapados, atrapados en un SURREALISMO como en las películas de Luis Buñuel y no sabemos como salir de esta trampa que ellos mismos crearon y ahora no saben como deshacerse de la trampa. La trampa se llamó el experimento socialismo-comunismo que no dio resultados. Y ahora se enfrentan a una realidad que va más allá de sus expectativas y no saben como resolver el problema. La trampa en la que caímos todos, la trampa de esa sociedad perfecta que nunca existirá. Y en el proyecto que concienzudamente sabemos que no resultará de forma positiva y nos empecinamos en seguir llevándolo a cabo solo por el amor y apego al PODER, porque asi es lo que él enseñó a todos sus seguidores. AMAR EL PODER.
- ¿Y qué hacer maestro?

Abel inquieto, un joven deseando saber más para calmar su sed de conocimiento no adquirido antes ni en su carrera universitaria.

- El tiempo y las masas dirán... ellos solo dirán... ellos solo tienen el destino en sus manos. No podemos olvidarnos del MALECONAZO en 1994 que inicio el auge de la rebeldía popular, demostrando que ellos pueden cambiar el curso de la nación. Las masas pueden cambiar el rumbo de la historia y hacer su propia historia. El destino de este noble pueblo que ha esperado por más de cincuenta años para que se cumplierán las profecías de: La Revolución Cubana y su máximo líder Fidel Castro. Sí viene ese cambio en la forma que venga, que nadie sabe como ha de ser. Las primeras etapas tendrán que asumir ciertas formas de fuerza y poder para re-educar a las masas que han estado deprovistas de educación civil por muchos años. Se puede decir que el cambio podría traer un periodo de recuperación que cualquiera diría que es otra dictadura, no es así es necesaría la re-educación de las masas para volver a la democracia que nunca conocieron. Se implantó la educación socialista y se echo a un lado la educación civilizada de las masas. El comportamiento y el respecto de un humano a otro humano, sin distinción de ninguna clase. Todos merecemos nuestro espacio en este mundo tan complejo de ideas, actitudes, ambiciones en las que vivimos diariamente. Y que sea respetado ese espacio, sin transgresión al espacio de cada uno. Y así obtendremos la paz entre nosotros, empezando por nuestro respeto mutuo. Como diría Benito Juárez :
  EL RESPETO AL DERECHO AJENO, ES LA PAZ.
- Y así es mi colega Abel y vamos a vernos de nuevo algún día para estrecharnos las manos en un nuevo encuentro en una nueva Cuba. Ahora tengo que irme colega.
- Me queda una pregunta maestro. La última pregunta maestro, la podrás hacer en el próximo encuentro. Decide tú donde nos vemos.
- Nos vemos en la Plaza Cadenas de la Universidad de La Habana. A la misma hora de siempre.
- Así será Abel, te lo prometo, estaré allí con tú última pregunta y quizás mi última respuesta.

Los dos se levantaron y caminan hacia la puerta principal del atesorado lugar de los muertos en La Habana, el Cementerio de Colón. Unos pasos antes se separaron, es mejor así para seguir despistando a la policía política.

El profesor se quedó detrás mirando a sus alrededores camina despacio, ya no tiene apuros en llegar los tiempos se están cumpliendo y ahora solo es ver como pasan los acontecimientos en La Habana para esta fecha del año 2015. Abel camina rápido, salió a la calle vio un gran cartel en el edificio donde se declaró el carácter socialista de la revolución en las calle 23 y 12.

Esa gran pancarta dice: Doce horas de bloqueo equivalen: A toda la insulina necesaria para los sesenta y cuatro mil pacientes de diabetes del país. Abel leyó aquel cartel diciéndole, comunicándole la palabra BLOQUEO y esa es la pregunta que le tiene a su profesor el doctor en ciencias políticas Luis Olivares en su otro encuentro que como él mismo dice tal vez es el último encuentro entre los dos. «Las personas que pasan por el área de 23 y 12 y leen el cartel ignoran que esta es otra forma de manipulación. Cuando leen algo que en realidad no tiene la base auténtica de la credibilidad y solo lees e interiorizas sin a las claras saber sí lo que se dice es cierto o no. Y sí influye en nuestra forma de pensar, manejando nuestras ideas que al final deciden nuestras actitudes. Y pueden definir o alterar nuestro futuro.

«Bloqueo… bloqueo… bloqueo que hay en realidad en esa palabra que tanto usamos y no sabemos exactamente que es y que nos quiere decir: La Palabra Bloqueo. ¿Bloqueo de qué? ¿Cuál es ese bloqueo del que tanto nos hablan y tanto se abandera la gente en el poder?» Esas son palabras e ideas que transitan con pensamientos mientras camina por una de las barriadas más concurridas del Vedado. La esquina que en otros años fue diferente por sus atractivos culturales y de entretenimiento. Ahora es solo eso la Esquina de 12 y 23 en el Vedado. La Habana, Cuba. Donde queda la historia de un día con su malévola inteligencia declaró el carácter: SOCIALISTA DE LA REVOLUCIÓN CUBANA en ese mismo edificio de la famosa esquina se encuentra en remodelación por más de cinco años y sus antiguos moradores albergados por toda la La Habana. El famoso Sarrá del Vedado. Siguió su camino y pensó en su amigo de escuela Martín, «como irán sus problemas con la policía política. ¿Recuperá su posición en la Facultad de Sicología? Serán justos con él» y así continuó con todas esa cosas en su mente. Sabe que tiene muchas cosas que contarle sobre sus encuentros con el profesor Olivares que ya el próximo será el último de los encuentros entre el pasado por conocer y el futuro por ver en la Cuba que trata de contunuar igual.

El día pasa y la noche se va acercando y es cuando esta se apodera de todos y la gente quiere vivir su vida en la isla. Donde casi todo o todo está prohido y con muchas regulaciones que hacen la vida un poco imposible a cada ciudadano. «Me acordé de un letrero que leí en casa de un amigo hace unas noches atrás que decía: PROHIBIDO… PROHIBIR. Y me di cuenta del mensaje y es que así hemos vivido todos estos años que se nos ha prohibido vivir. Viviendo sin vivir». Martín pensaba sentado en la sala de su casa esperando por las investigaciones de la policía política y sí podría al fin continuar impartiendo clases en la Universidad de La Habana.

Su mente en ocasiones no lo deja concatenar sus ideas, se mezclan en su cerebro y no sabe como conducirlos.

Su vida se vio truncada en los momentos que menos pensó. Tiempos en que la tensión entre los dos vecinos supuestamente se acabó y otras tendencias llevarían el país a otras soluciones políticas. Conoce solo a Cuba, su país donde nació y ha vivido toda su vida. No tiene idea de como puede ser la vida fuera de esa isla rodeada de agua, donde todo está controlado y a su vez manipulado por una cuadrilla de gánster gobernante. Todo en el poder de los militares con el general-presidente a la cabeza y las operaciones por el presidente retirado detrás del telón.

Gilberta en su banquito sentada en su cuarto con el oído puesto en su radio donde se entera de todo lo que no se dice en los medios oficiales del país, el radio, la televisión que son controlados por el estado. Y el gobierno tiene prohibida a esta emisora de radio. Radio Martí que rompe con: La censura que es la madre de toda ignorancia y desconocmiento popular. Oye las noticias y dicen: Un grupo de médicos cubanos varados en Colombia, que desertan de sus servicios en Venezuela. Oyó la noticia y sintió paz, al menos Viviana la hija de Esther ya está en Miami con su hermano en Hialeah y se dijo: «Gracias a Dios y ojalá que estos puedan resolver pronto Dios mío y llegar a la tierra prometida». Siguió atentamenta oyendo a la emisora antireglamentaria por el gobierno solo por decir la verdad: Radio Martí. La emisora que la ha ayudado a entender lo que pasa en Cuba. Radio Martí le enseñó a diferenciar el proceso en que vive la isla. Las noticias continúan y ahora dicen: Venezuela y Colombia en confrontación en la linea fronteriza. Gilberta oyó la noticia y empezó a buscar explicación diciéndose: «el presidente de Venezuela es un buen alumno bien adoctrinado como ha aprendido de los hermanos de aquí que utilizan la misma tácticas de inventar problemas, tensiones y confrontaciones con otros para entrener al pueblo y que no piensen en la falta de los alimentos básicos, no piensen en la falta de luz, no piensen en todas esa cosas que nos pasa a nostros por más de cincuenta años» y seguía pegada la radio cuando Clarisa baja las escaleras de la barbacoa. La noche avanza y Clarisa necesita salir a respirar el aire con sabor a sal al que ya extraña y ya se ha acostumbrado a respirar todas estas noches, allá en el malecón de La Habana de San Cristóbal. Clarisa camina por Galiano con muchas ilusiones en que Enzo volverá y ella se casaría con él y se iba a Italia a vivir, sueña despierta contoneándose como solo ella sabe hacer por la calle Galiano y su sueños seguían en su cabeza y sin darse cuenta se encontró con su amiga y vecina Maritza que le dijo:

- Mijita al fin sales.
- Sí... sí... Maritza, la vida continúa y por desgracia en esta La Habana que nos tocó vivir y ya me la sé casi de memoria.
- Así es Clarisa... no nos queda de otra mi amiga... seguir y ver hasta donde llegamos... sí es que llegamos algún lugar... que lo dudo.
- Ese es problema, que no vamos a ningún lugar y nos quedamos siempre en el mismo lugar, inmóvil ni pa' un lado ni pa'l otro.

Las dos caminan y pasan frente al Hotel Deauville.

La noche es hermosa en La Habana dando su misterio de la noche y lo entrega a las dos amigas que caminan respirando ese aire que barre la superficie del mar y cuando llega hasta ellas les toca sus labios dándole ese sabor a sal que tanto ellas disfrutan en la noche de malecón. Cuando Maritza dijo:
- Oye Clarisa, fíjate si ves a Xiomara y a su amigo... sí... sí... su amigo Rocío. Yo hace dos o tres noches que no los veo.
- ¡No me digas eso! Les habrá pasado algo y no nos hemos enterado. Tú sabes que aquí se dice en las noticias lo que ellos quieren que se sepa. Lo demás lo ocultan. Y nadie se entera de lo que pasa aquí.
- ¡Ay, madrecita... madrecita... ojalá no les haya pasado algo a esas dos criaturas tan frágiles. O hayan deportado a Rocío.

Dijo Clarisa muy preocupada por sus amigas de las noches de trabajo en el malecón de La Habana.
- No pienses mal... no pienses así. Quizás yo... entre tantas gentes aquí en todas estas noches no los pude ver.
- Yo no sé que decirte en estos días he visto más policías que antes. Yo creo que están preparando el terreno pa' la visita del papa.
- ¿Tú crees eso?

Preguntó Maritza que es más entretenida y vive al margen de lo que sucede en el país.
- Sí... sí... lo creo, siempre lo hacen cuando alguien viene. No importa quién sea, el problema es que La Habana luzca radiante con un nuevo maquillaje, aunque por dentro se esté cayendo como pasa todos los días a pedazos como a nosotros en el solar y los edificios a la redonda. Allí donde nadie va arreglar nada , ni nadie llega a saber nada ni como estamos, si nos cayó un pedazo del techo en la cabeza cuando dormíamos o si llueve más adentro que afuera cuando vienen esos torrenciales aguaceros de estos meses del año.
- Es verdad Clarisa. Pero que podemos hacer hija.Todo ha sido así por muchos años... y ♪pasarán más de mil años muchos más y estaremos en las mismas... nada más...♪

Y empezó Maritza a tararear esa vieja melodía y las dos seguían, ya han pasado la esquina frente al Hotel Nacional y tratan de buscar con sus ojos a Rocío y a su amiga Xiomara. No los ven allí, no los encontraron. Sus pasos continuaron y caminan hacia el Hotel Riviera. Ahí la Seguridad arremete la vigilancia, están allí más en número que en cualquier otra zona es la zona de alta seguridad. Muchos turistas, muchos carros del año. Y muchos en LA BUSCA, cazándola como a veces ellos mismos dicen cazando la oportunidad de llevarse a alguien, que un pez pique en el anzuelo y puedan hacer su noche. Entonces Clarisa dijo a su compañera:
- Óyeme... óyeme... Maritza... demos media vuelta y salgamos de aquí lo más rápido posible.
- Me dijiste que querías encontrar a Rocío y Xiomara ¿verdad? Y en eso estamos.
- Sí... sí... pero tantas... y tantas personas juntas me ponen nerviosa, ya yo no sé que hacer cuando se pone la cosa tan complicada.

- Sígamos por aquí y allí en la esquina viramos y con los ojos bien abierto por todo... una nunca sabe.
- Sí... sí... vamos que todavía no me he fortalecido lo sufuciente pa'la batalla. Las dos caminan y por la acera frente al malecón habanero. Les preocupa que no hayan visto a Xiomara y a su amigo Rocío, su paso ahora es lento y un carro azul oscuro las seguía a corta distancia un descapotable el carro seguía su pasos hasta que uno de ellos gritó:
- Mademoiselle... mademoiselle.

Clarisa y Maritza seguían caminando sin querer oír a aquel hombre que las llama, y él grita:
- Mademoiselle... mademoiselle. S'il vouz plait... S'il vouz plait...
- S'il vouz plait... mademoiselle...

Repetía el turista para lograr la atención de las hermosas criaturas. Las dos se reían y el carro se detuvo frente a ellas, el hombre salió del carro y les abrió la puerta indicándoles un paseo por el malecón de La Habana. Ellas montaron y las preocupaciones se dispersaron un poco en la busca de Rocío y Xiomara. Las dos jóvenes mujeres sentadas en un descapotable, el aire les bate el pelo y rosa su la piel de su cara se sintieron diferentes dando un paseo en un carro elegante y descapotable por el malecón en la ciudad mística, como es La Habana con todos esos encantos que solo en ella se hallan y cede sin mesura en una noche en La Habana, Cuba.

El mes de julio corría con su celebración de unos de los días gloriosos de la revolución cubana, el 26 de julio de 1953. Se acerca agosto el mes caliente, el mes de las fiestas carnavalesca en La Habana y el malecón se llena de todo eso: música, ron, cerveza, conga, rumba, reguetón, pachanga, con todo en movimiento desde la punta de los pelos de la cabeza hasta las punta de los pies todo eso y lo demás en fiesta. Se inunda el malecón de gentes que bailan y mueven su cuerpo hasta la última partícula movible en el y el sudor que corre por su piel. La bulla, las broncas, el sudor caliente y entre otras cosas más. Así se diluye el problema central, el problema esencial que todos viven en la nación y la sociedad cubana que va en decadencia de todo como diríamos desde la A a la Z. Los valores ya no se conocen ya se hace difícil distinguir entre lo normalmente aceptado hasta lo obsceno. Las barreras se han roto, se confunden y las generaciones venideras siguen copiando y hundiéndose en ese lodo del proceso involutivo de la sociedad en que se está viviendo. Educación y salud pública como alardea el gobierno cubano que ofrece gratuitamente y es como: ECHARLE PERLAS A LOS CERDOS. Por qué no solo de pan y agua vive el hombre. Muchas otros valores hacen falta para cultivar e insentivar la vida en ellos y que vean la vida en otra perspectiva la que se les ha negado vivir por décadas. Teniendo en cuenta que la educación ni la salud pública constan de la calidad necesaria que indiquen el progreso social, aún andamos lejos y por esos todos esos males nadan juntos. Además educación y salud no son regalos del gobierno. Es su obligación social para con su pueblo, para eso es su gobierno para servir al pueblo con calidad y respeto.

A pesar de todo lo comenzado en las nuevas relaciones con el enemigo de siempre muchos habaneros y otros en la isla están enfrascado en como salir.

No ven otra alternativa a la inmovilidad gubernamental y salir de Cuba está a la orden del día por dondequiera que se pueda salir. Unos a España, la madre patria, otros a México, Ecuador, Canadá, Italia y otros paises de Europa; pero aún hay quién se lanza al agua arriesgándolo el todo por el todo como su única salida y así se reparten los cubanos por el mundo en busca de LA LIBERTAD que se les niega en su tierra natal. El número de cubanos llegando a las costas de la Florida se incrementa. Las esperanzas de seguir en la isla se están perdiendo en la población que desde el 17 de diciembre del 2014 pensaron y creyeron en la buena voluntad del vecino del norte; pero no creen en la buena voluntad de su propio gobierno, el castrense que cada vez hunde más la isla. Los Castro y su represión se recrudece en las calles, los disidentes son apresados, maltratados, golpeados y así apelando a uno de sus últimos recursos. La entrevista con el Papa Francisco. EL MISIONERO DE LA MISERICORDIA. Y que él les oiga, les dedique unos minutos a sus palabras con una sola idea en sus mentes: «actuará el papa como CristoJESÚS: EL AMIGO QUE NUNCA FALLA. Con está decisión ellos piden esa oportunidad de reunirse con el Santo Padre cuando visite la isla próximamente. Con fe y con amor los disidentes esperan la visita y muchos dicen con ese amor que Cristo nos enseño porque: AMOR CON AMOR SE PAGA. Y La esperanza viva en sus corazones.

Hoy es domingo 26 de julio de 2015, una gran fecha para la casta gobernante que celebra el inicio del movimiento que luego se alzara en las montañas de Oriente y se iniciara la guerra contra el tirano de turno Fulgencio Batista. Hoy es un día también de celebración para salir a las calles y pacíficamente reclamar los derechos que le han sido arrebatados son las mujeres de Las Damas de Blanco en su desfile por la Quinta Avenida de Miramar y el encuentro en TODO MARCHAMOS. El gobierno cubano mantiene su misma posición a pesar de todo lo que el pueblo de Cuba realmente espera después de la nueva era iniciada el 17 de diciembre de 2014.

Ofelia camina muy rápido por la calle Obispo, quien la ve en su apuro al caminar tal vez no se imagina que esa mujer anda en sus trajínes de la busca, en el bisne como ella misma lo llama, tratando de hacer unos CUC más que le dé la oportunidad de comprar en La shopping donde único se puede comprar lo que la población necesita para vivir. Y esa moneda, el CUC no es con la que el gobierno le paga a sus trabajadores. Ofelia quemando el plástico como se decía hace muchos años que no eran tan duros como estos que esta pasando la isla.

«No es lujo, es la necesidad, nuestra necesidad», piensa con una bolsa grande en una de sus manos. Camina con miedo hoy es un día diferente para todos. La policía en cada esquina de la ciudad. Ella se ha involucrado en la venta de pinturas. No conoce mucho del negocio; pero se busca más que en los bisnes anteriores, por general pinturas habaneras, el capitolio con sus carros americanos de los años 50, negras santeras con el tabaco en la boca tirando las cartas en la plaza de la catedral, otros paisajes cubanos, cañaverales, los mogotes de viñales, las playas de varadero... nada de un Servando Cabrera o Tomas Sánchez, aún así en su desconocimiento y la ilegalidad o no de lo que hace en Cuba donde todo o casi todo es ilegal. Siguió su camino a San Isidro, el miedo creció y creció tanto que decidió volver al solar, hoy es domingo y su hija está con Las Damas de Blanco tiene miedo, no quiere verse más en la estación de policía y empezó a caminar despacio mirando al suelo se acerca a su calle y ya veía el portón del solar de San Isidro, se sintió mejor, el solar es su santuario allí ha vivido toda su vida allí creció y crecieron sus hijos, puso los pies en el solar y se encontró con su vecina Gilberta y le dijo:
- ¡Hola Gilberta! ¿Cómo anda la cosa?
- Aquí... ya tú me ves tratatando ser y de seguir adelante.
- Así andamos todos hija, siguiendo a ver hasta donde.
- Se llevaron a Eutimio al hospital hace unos días. ¿Tú lo sabías?
- No... no Gilberta no lo sabía... salgo muy temprano... ya tú sabes a inventar y como dice el dicho: EL QUE MADRUGA DIOS LO AYUDA. Y me voy pa' la calle temprano.
- El esposo de su hija vino y se lo llevaron. No he sabido más de ellos.
- Esperemos por Libertad ya nos contará.

Dijo Ofelia que se ve cansada y muy nerviosa en sus trajínes de la calle Obispo en la venta de sus cuadros a los turistas.
- Sí... sí... es la única forma que tenemos pa' saber sobre él.

Dijo Gilberta que parece estar tan cansada como su vecina, quizás no de sus trajínes; pero sí de todo lo que envuelve su vida y los tiempos difíciles que les tocó vivir a todos en su isla paradisiaca para algunos e infernal para todos.
- Bueno te dejo Gil, estoy tan cansada.
- Yo también, no se porque.

Contestó Gilberta con una voz que no sonó normal a los oídos de Ofelia. y entonces dijo:
- Te acuerdas de aquel 17 de diciembre del año pasado cuando yo las llamé a ti y a Lilita... corrán... corrán que el hombre del bigotón dice que el general-presidente va a dar una gran noticia.
- ¡Cómo no me voy a acordar de ese día! mujer. Ese día fue único pa' nosotras tres que empezamos a ver la vida y al mundo diferente .
- Pero na' todo parece que va seguir igual. Nos ilusionamos con aquella noticia y yo ya veía a mi hermano Vicente de vuelta y que mamá lo viera antes de irse de este mundo.

Gilberta con sus lágrimas que empiezan a asomarse en sus ojos y se las seca con sus propias manos.

- No te pongas así Gil la esperanza es lo último... sí lo último que se pierde y todavía tenemos esperanza ¿verdad?

Gilberta no contestó, su silencio fue la mejor respuesta. Ella se pierde en todo ese andamiaje que hay en su medio con las nuevas relaciones entre los dos paises. Y no dijo una palabra más y su amiga la abrazo con un gesto de solidaridad unidas en las mismas penas. Y siguió su camino a las escaleras al final del pasillo del solar de San Isidro. Las dos amigas habían nacido con el triunfo de la revolución de Fidel Castro, crecieron allí en el mismo lugar donde todavía están, tuvieron sus hijos y aún allí están unidos a la cadena de la miseria, pobreza y a las penurias que han llevado sobre sus hombros por años y años por las no cumplidas promesas y hoy en día en el siglo XXI todo está igual en el mismo lugar, sin moverse, es como si las leyes de la física no se cumplen en este espacio y en este tiempo, cuando todo está en constante movimiento y la tierra gira y sigue girando y en Cuba ni esto parece tener efecto, la dinámica de la vida no se observa no existe, todo sigue igual, paralizado, estático en los tiempos del siglo XXI.

Tomasa se levantó muy temprano se sentó al borde de su cama a pensar necesita hacerlo un poco más en el paso que va dar hoy. Al otro lado está Kiko su hijo tendido en el otra camita personal en que duerme noche tras noche, soñando en que algún día su vida será mejor para él. Lo miró con ese amor de madre que quiere hacer todo por su hijo hasta morir sí esto fuera necesario. La felicidad de su hijo abandonado primero por su padre y más tarde por esa revolución benefactora que llegó en 1959 y proclamó ser de los humildes y para los humildes con sus hijos que serían la esperanza del mundo. Ellos que ya crecieron, se hicieron hombres y sus esperanzas se desaparecen ante sus ojos. Y ella madre que por verle sonreir y alegrarle a él su vida hará lo que tenga que hacer por el bienestar de su único hijo. Devolviéndole cada día de su infelicidad en la felicidad que él se merece. Su infelicidad crece allí en el otro solar de San Isidro. Fue a su pequeña cocinita a colar un poco de café, se sentó frente a la sola ventana que tiene el cuarto a mirar. En la hornilla de luzbrillante está la cafetera. Ella espera por el café se colará y encendió el último cigarro que le queda, empezó a fumar pensó que el cigarro la ayudaría a discernir más sus pensamientos con los que se levantó está mañana. Ella se ve en la obligación de hacer algo por su solo hijo, sacrificando todo por él. Esta vez por tal de que él encuentre su felicidad. «Si obtuviera una visa para viajar a Ecuador esa seria una buena opción». Pensó Tomasa mientras inhala un poco del humo que luego hacía salir por la nariz, seguía mirando por la ventana y el cielo se torna azul muy azul para ella, el ruido de la cafetera la sacó de sus pensamientos que todavía le ocupan su mente, preguntándose sí es una o no la solución al problema de su hijo en Cuba. Su hijo inadaptado por años desde que se dio cuenta que aquel no es su espacio. «El no se adapta a la vida aquí, nunca se adaptó», se decía a ella. Después que cumplió en prisión por posesión ilegal de dólares, Kiko no volvió hacer el mismo y cuando salió de la prisión queriendo integrarse de nuevo a la sociedad nunca le dieron la oportunidad.

Su vida se acabó, se convirtió en un renegado dentro de su misma sociedad que debió acogerlo. Aceptándolo e iniciando con él el nuevo proceso de readaptación en la nueva sociedad que en realidad es inadaptable a muchos.

Sí busca trabajo nunca se lo dan, se cierran todas las puertas habidas y por haber para él en una sociedad como la que existe en Cuba que no hay muchas que se abran. «¿Qué hacer Dios mio? ¿Qué poder hacer por él?» Son las preguntas que saltan en su cabeza sin aún encontrar una respuesta. Se levantó de su silla, se sirvió un poco de café en su pequeña tacita de todos los días y volvió a su silla cerca de la ventana, necesita aire para que sus pensamientos fluyan en su cabeza. «La solución, ¿Cuál solución sería pa' mi hijo Dios Santo?... ¿Cuál?... ¿Cuál padre?». Más preguntas y se llevó la taza de café a sus labios, volvió a llevarse el cigarro a su boca y una bocanada de humo salió como una nube de su boca esparciéndose por el pequeño espacio y saliendo a través del enrejado metálico de su ventana hacia afuera del cuarto y vio como este humo se pierde ante sus ojos, perdiéndose como ella misma se pierde en todo esta compleja situación que vive desde que su hijo fue preso y luego liberado sin esperanzas de rehacer su vida en la Cuba revolucionaria en manos de los hermanos Castro. No quiso pensar más y se levantó de su silla y se fue allá al altar donde están sus santos que tanto la han ayudado a vivir desde que la vida la enfrentó con el problema cuando aún era muy joven y vivía con su madre ahí en el mismo cuarto del otro solar de San Isidro. Tomasa era muy joven, transcurrían los primeros años de la revolución de Fidel Castro y ella se desenvolvía en ese mundo, una noche visitando un bar de la barriada se encontró con alguien que se acercó pidiéndole ayuda con sus santos. Esa persona había ascendido en la escala gubernamental desde los primeros años de la revolución. Ella lo consagró y nunca le pidió nada a cambio hoy necesita su ayuda y ese es el pensamiento que la ha mantenido en vela toda la noche, pedir ayuda, no para ella, sino para su hijo Kiko que lo ve morir de tristeza y ella no puede seguir así de brazos cruzados ante el dolor de su hijo inadaptado. Se arrodilló encendió una vela y empezó a orar a sus muertos y siguió el proceso y tomó los caracoles en sus manos y los tiró a lo largo del altar y vio que decían y la aprobación de sus santos a su plan, sus ojos se abrieron, brillan en la oscuridad donde la única luz es la de vela que incide en sus ojos y los hacía ver como luceros en la noche sin estrellas. Se alegró de ver sus caracoles darle respuesta a su pregunta en ir o no ir a pedir ayuda. La que tanto necesita en estos momentos, recogió los caracoles y aprentándolos fuertemente con sus manos los llevó a su pecho y dijo: «Gracias... gracias a todos... gracias a todos mis Santos». La mañana es joven aún y Tomasa hizo su decisión de ir a pedirle ayuda a aquel que ella un día ella ayudó hace muchos años atrás y fue a ponerse algo que luciera mejor y salir a ver al hombre que podía extenderle una mano. Corrió a su improvisado armario que ocupa una esquina de su cuarto con un cordel amarado a unos clavos de pared a pared y allí cuelga sus ropas miró y volvió a mirar y encontró algo que le serviría para la ocasión, se preparó y salió a la calle decidida y firme a buscar la ayuda. Se dirige al Ministerio de Educación allí trabaja el señor o compañero que ella va a pedirle la ayuda para su hijo Kiko. Camina despacio aún tiene tiempo para llegar y poder hablar con él de su problema que es el problema de su hijo. Llegó al ministerio ubicado en La Habana Vieja, se acercó la persona vestida de uniforme y le dijo:

- Buenos días, compañera
- Buenos dias.

Contestó la persona que vestía uniforme de milicias.
- Mire compañera yo vengo a ver al compañero Noralto Císnero.
- ¿Tiene Ud. una cita con él?

Preguntó la miliciana en posta en la puerta del edificio del organismo del estado.
- No... no... no tengo cita con él. Somos viejos amigos desde hace muchos años cuando él vino de Oriente con el Ejército Rebelde.
- Mire acérquese allí y aquella compañera la atenderá.

Tomasa caminó hasta donde se encuentra una mujer muy elegante vestida que le preguntó:
- ¿A quién viene Ud. a ver?
- Yo vengo a ver al compañero Noralto Císnero.
- Espere un momento déjeme llamar a su oficina.

La señora tomo el teléfono y llamó a la ofiicina del compañero. Le preguntaron el nombre de la visitante, ella dio el nombre y colgó.
- ¿Tiene Ud. alguna identificación?
- Sí... sí... aquí está.

Tomasa sacó su carné de identidad y lo extendió la señora, se sintió nerviosa por primera vez en muchos años. Estando en aquel lugar que nunca antes había visitado. La señora le devolvió el carné de identidad y le señalo como llegar a la oficina del señor Císnero. Ella fue hasta el elevador, subió y llegó al piso número tres que así indica su pase con la oficina número 305. Se bajo y buscó el número 305 casi al final del pasillo. Tocó en la puerta y alguien contestó con una voz juvenil muy jovial.
- Pase... pase Ud. señora. El señor Císnero la espera en su despacho.

Tomasa entró y la joven le indicó apuntándole con el dedo la puerta del despacho del señor Císnero. Tomasa abrió la puerta y entró allí está frente a ella el mismo Noralto Císnero que ella había conocido hace más de cuarenta años, cuando el subió de la Sierra Maestra y llegó a La Habana. Noralto Císnero fue un joven de la zona rural de la Sierra Maestra, un hijo de campesinos que prestó sus servicios como mensajero en la guerrilla comandada por Fidel Castro cuando apenas tenía once años que comenzó haciendo este trabajo, ayudando a los alzados. En aquel tiempo apenas sabía leer y escribir y llegó a La Habana con el triunfo de la revolución y ahora es un asistente del ministro de educación en Cuba. Al verla dijo:
- ¡Oh, cuanto honor Tomasa... cuantos años han pasado desde aquel día hasta ahora!
- Así mismo Noralto, muchos años... ¿verdad?
- Tomasa; pero cuéntame como te ha ido en todos estos años.
- Tú sabes Noralto en la lucha que nos ofrece la vida día a día.
- Es así... es así mismo es y tenemos que seguir luchando.
- Y dime a qué debo el honor de tú visita.
- Noralto he pensado mucho llegar hasta aquí. No fue fácil pa' mí tomar esta decisión; pero bueno aquí estoy. Yo y mi... mi hijo.

Tomasa vaciló por un momento en seguir la conversación con Noralto los nervios no se lo permitían, sus palabras casi no podían salir de su boca.

Calló por unos minutos y luego continuó diciendo:
- Necesito ayuda Noralto... necesito tú ayuda.
- ¿Cómo puedo ayudarte?

Contestó Noralto a su vieja amiga de muchos años, allá por los sesenta cuando triunfo la revolución.
- Necesito una cantidad de dinero. Recuerdas aquella vez tú me dijiste en cualquier problema o necesidad en que pueda ayudarte ahí estaré presente y es esa la razón por la que hoy estoy aquí. Yo no acepté dinero en aquel momento; pero ahora sí lo necesito por mi hijo.
- Mira escribe en este papel la cantidad de dinero que necesitas y yo arreglaré el asunto.

Tomasa tomó el pedazo de papel y escribió el número con una nota devolviéndole el papel al señor Cisnero y el dijo:
- Dame unos días, una semana más o menos y yo mismo te lo haré llegar lo que necesitas o mi secretario personal.

Tomasa le parecía mentira oír aquellas palabras. Desde aquel año en que se encontró en los caminos de la vida con Noralto Císnero no lo había vuelto a ver. Solo sabía que trabaja en el ministerio de educación. Y dijo:
- Gracias Noralto... gracias sabía que podía contar con tú ayuda, no sé como darte las gracias. Ahora me voy.

Ella se levantó lo miró fíjamente a sus ojos y se abrazaron, ella le dio un beso en la mejilla. Dio media vuelta y salió del despacho del señor Císnero con muchas cosas en su cabeza que no quería recordar, «han pasado tantos años», se dijo. Y apresuró su paso hasta llegar al elevador, subió al elevador y bajo le devolvió el pase a la miliciana, le dio las gracias. Ya en la calle camina más despacio, empezó a sentirse más tranquila y siguió con sus pasos lentos, pasó frente al Hotel Ambos Mundos y leyó una tarja metálica que decía: Aquí se hospedo Ernest Hemingway. Se tiró el chal que lleva por el cuello y siguió rumbo al mar a encontrarse con el aire que choca en sus sienes y sus pensamientos se fueron allá a los años del principio de la revolución cuando conoció a Noralto Císnero en un bar de La Habana y se contaron sus vidas y sus historias, él le prometió volver y nunca lo hizo, espero y espero por él días, noches, meses, años y después de su resguardo que ella misma le hizo con sus santos. Él no volvió y se dijo: «Ojalá que esta vez no me quede esperando y siguió su camino mirando al mar, sí mirando ese mar y los reflejos de su luz, se dirige ahora a su lugar de siempre el otro solar de San Isidro. Tomasa tiene fe en que esta vez él cumplirá con su palabra.

Llegó a su cuarto cuando kiko dijo:
- Mamá Tomasa, se me escapó temprano ¿Dónde has estado?
- Na' fui a caminar temprano a respirar aire fresco fuera de estas cuatro paredes de las que apenas salgo todos los días de mi vida.
- Es verdad mamá. La vida no ha sido como yo hubiera querido pa' nosotros. No sé... me hubiera gustado otra vida pa' nosotros mamá. Al menos un lugar más amplio y decente donde poder vivir y poder traer a mis amigos y vivir como realmente se debe. Pero no... no... tuvimos esa suerte mamá Tomasa.

Tomasa oyó la palabra suerte y pensó: «la vida es así, unos tienen, otros tienen poco y otros no tienen nada». No quiso dar marcha a todos sus ideas y pensamientos en estos momentos donde todo no tiene explicación para ella y solo dijo:
- La vida es así hijo y debemos conformarnos.
- Yo no... yo no me conformo, mamá Tomasa ... no... no.

Repitió Kiko que cada día se siente más marginado, acorralado en Cuba confrontando la situación cubana que lo mínimiza cada día más como ser humano y a veces piensa que él no existe.
- ¿Ya te desayunaste?

Preguntó Tomasa para desviar el curso de la conversación ahora que ella tenia su cabeza llena de tantas cosas inexplicables para ella y para su hijo.
- No... no... me levanté y me senté aquí a pensar como resolver mi problema... no puedo seguir así esperando que el maná me caiga del cielo mamá todas las puertas se me cierran aquí.
- Así es hijo... así lo he visto por todos estos años; pero un día, un día el menos imaginado pa' ti. Las cosas van a cambiar, te lo juró hijo por mi madrecita. Y tú maná del cielo caerá porque te llegó tu tiempo, hijo te llegó.
- ¡Ojalá, mamá Tomasa!... ojalá así sea porque ya yo no sé como continuar viviendo aquí.

Tomasa le puso una mano sobre el hombro a su hijo y solo repitió:
- Ya verás... ya verás, hijo mío es solo cuestión de esperar.

Y se metió en su pequeño espacio que es la cocinita de su cuarto a prepara un desayuno para los dos.

Ofelia en el solar en su cuartico. Con su hijo Ramiro enfrente. Cuando ella le pregunta:
- Hijo... hijo ¿Y qué hay con la plaza en turismo?
- Na' ma... na'... todavía no me han dado la respuesta.
- Yo te vuelvo a decir Ramiro... yo no confío en esa gente, cuando hay dinero por el medio la gente no cree ni en su madre y más ahora aquí en este país que todo es dinero y dinero y con esa maldita carga de tener dos tipos de dinero el peso cubano y el dichoso CUC. Ya yo me temía que algo así pasará que te engañaran y te robaran el dinero y no puedes hacer na'... nada.

Ramiro oía a su madre y no supo que decir. El agente de empleo le dijo que todo está en manos de la Seguridad en la investigación de su caso y toma algún tiempo investigar en el CDR y con su delegado de la circunscripción y luego dijo a su madre:
- Vamos a darle unos días más y ver que pasa mamá Ofelia.
- Vamos a ver... vamos a ver... vamos a ver. Ya yo estoy igual que un ciego hijo... ya yo estoy igual, ya yo no veo... no veo mijito. Me siento ciega en mí misma ante tanto abuso.

Y el llanto apareció, lágrimas en sus ojos, la vida se torna de un color grís y es un círculo cerrado al punto de la desesperación para una mujer que lucha día a día por vencer y no sabe como ganar la batalla.

Llegó agosto y las cosas permanecen igual. El anhelo de ver llegar a Los Yumas a la isla y los cubanos en la espera de esos eventos.

En un mes llegará el Papa Francisco y la igleasia católica se prepara para este gran evento religioso, que muchos a unos cuantos años nos acordamos de aquellos primeros años de la revolución en que se nos enseñó o trato de enseñarnos e implantarnos: LA NO EXISTENCIA DE DIOS. Y ahora al cabo de muchos años Las Santas Cruzadas vuelven asomarse a reclamar lo que se les confiscó o para una reforma que más que religiosa la que necesitamos es una reformación política. Cambios que preparen el camino de una transición de una oligarquía a un pluralismo democrático que con lleve a la conjunción de todos los intereses en la isla y de todos los grupos disidentes unidos para la conquista de los derechos de sus ciudadanos. Los cubanos en su casi convicción total de que el papa nos ayudará, igual que ayudó Juan Pablo II cuando le tocó jugar su papel en Europa Socialista a lograr el cambio que tanto necesita nuestra la sociedad en estos tiempos de crisis en todos los ordenes en la isla: politicos, ecónomicos y social en la que estamos viviendo por décadas. ¿Ayudará el papa Francisco y la iglesia católica a los disidentes y a sus familiares presos? Hay que ver que pasa y no adelantarnos a los acontecimientos. El hombre y la religión de nuevo el dilema en la Cuba de las revoluciones. Aquella que empezó en 1959 y se quedó ahí en esa revolución que tanta PROMESAS se le dio a su pueblo y hoy al cabo de casi sesenta años se pierde en su punto inicial, absorbida por los que prometieron en hacerla real, única y propia para la isla de Cuba.

Xiomara la amiga de Rocío-Juan Carlos piensa en todas las cosas que la rodean y habían pasado hace unos día atrás, necesita hablar deshogar sus penas y su dolor, se siente culpable de lo que había ocurrido aquel día en La Cuevita. La Candonga de La Habana, donde fue buscando una nueva apariencia para su amigo Rocío y algo quizás para ella misma. Está sola aunque muchas gentes caminan arriba y abajo del malecón; pero para ella está sola y triste tiene su cabeza baja mirando al suelo y en ese momento alguien le dice:
- ¡Hola!... ¡Hola! Mi amiga, mijita nos hemos cansado de buscarles y buscarles casi toda las noches a ti a Rocío y no los encontramos por ningún lao. ¿Qué pasa cuéntame? Por fin encontraron lo que Uds. tanto... han buscado y deseado.
- No... no... no Maritza lo que hallamos fue un vendaval peor que el de Bartólo que es mucho decir tú no te lo puedes imaginar.
- ¿Qué pasó?... ¿qué pasó Xiomara?
- Ni sé como empezar a contarte lo que nos pasó.

Sus manos tiemblan y el grito encerrado sin poder contenerlo más salió de muy dentro de ella. Maritza la abrazó y las dos lloran unidas. En ese momento llegó Clarisa y dijo:
- ¡Eh, y a Uds. que les pasa!... se murió alguien.
- ¡Ay, Clarisa... Clarisa...Tú no sabes na'... tú no sabes nada de lo que hemos tenido que pasar Rocío y yo!

Dijo Xiomara sin casi poder hablar con sollozos entrecortados y cogida de la mano de su amiga Maritza.
- Pero cuéntanos... cuéntanos... ¿qué pasó?

- Se acuerdan que Rocío necesitaba una peluca. Y yo le dije vamos a La Candonga de La Cuevita que allí seguro la encuentras. Bueno nos levantamos temprano ese día y nos fuimos a La Cuevita a su Candonga, la de La Habana. Había más gentes que otras veces que yo la había visitado, aquello era una locura. De pronto la gente empezó a correr y a dispersarse la policía empezó a pedir carné de identidad y a esposar a todo aquel que no tenía la identidad que ellos pedían. Cuando vimos eso tratamos de salir del lugar y caminar lo más rápido posible disimulando un poco nuestro apuro en salir de allí. Rocío le entró miedo y salió corriendo yo le seguí detrás los policías corrían detrás de nosotros de tanto correr nos alcanzaron y al pobre Rocío lo agarraron, tirándolo al suelo y empezó a sangrar por la naríz yo me aterroricé viendo aquello le daban golpes y a mí también, mira mis brazos como están llenos de moretones por dondequiera nos montaron en un carro-jaula y nos llevaron para la estación de la policía de San Miguel del Padrón. Nos metieron en una celda muy oscura, tres noches allí con una sola comida al día. Algunos policías venían en la noche solicitando servicios sexuales.
¡Ay!... ¡Ay!...¡Dios mío!... No quiero acordarme... ni acordarme quiero de todo lo que hemos pasado Rocío y yo en esos días. Y más él, que el policía le dijo que lo deportarían a su provincia de origen en cuanto se aclare todo lo de La Cuevita en La Candonga de La Habana.
- ¡Qué pena! Xiomara.

Dijo Clarisa que se había identificado con el dolor de Rocío y su deseo de quedarse en La Habana y no volver a ese campo como el mismo lo llama a su lugar de origen, allá en las lomas de Oriente. Y no supo que decir ni que pensar en lo que le había pasado a sus amigos al ir a La Cuevita, La Candonga de La Habana.
- ¿Cómo es posible?... ¿Cómo es posible?

Gritó Clarisa en un estado de no entendimiento al oír la historia contada por Xiomara. Las tres jóvenes mujeres se quedaron allí postrada en su dolor sin poder salvar a Rocío de su desdicha con la policía y con su vida en la Cuba comunista de los Castro. La noche se transformó en una noche negra para estas jóvenes mujeres en su diario luchar por la supervivencia en los avatares de la vida de cada noche de malecón habanero. Se hizo nada para ellas los ánimos faltan para seguir imaginando que estaría ahora pasando Rocío-Juan Carlos. Su amigo de la vida nocturna en el malecón de La Habana. El sufrimiento siempre las unió desde el primer momento por las mismas razones y hoy se unen de nuevo por la razón de Rocío que también tiene derecho a vivir su vida en Cuba donde parece que ya no existen ni estos derechos a vivir y ser respetado como quiera que seamos. Somos humanos con el mismo derecho a un espacio en este gran mundo en el que vivimos. La tres lloran como si se tratase de la muerte o desaparición física de un ser querido y así podía considerarse en este caso de Rocío que había sido desterrado al lugar que nunca quiso volver por ser victima de su orientación sexual y donde el gobierno cubano no acaba de en su sistema legal darle un espacio a ser dignamente respetados como sere humanos.

Libertad sigue en el hospital con su esposo Eutimio hoy los habían visitado toda la familia. Según los médicos su condición es estable sus riñones están afectados por muchos años y todo es esperar mejoría con el tratamiento de la hemodialísis. Libertad sentada en un sillón metálico frente a la cama de su esposo Eutimio con la cabeza baja y un pañuelo blanco entre sus manos.

Pensando en todo y haciendo un recuento de toda su vida pasada juntos, desde la fábrica de tabacos Partagas donde se conocieron hace muchos años sus pensamientos transcurrían veloces por su mente sin detenerse como cuando uno corre y corre y sigue corriendo para llegar al meta final y ve que la meta se aleja y se aleja cada vez más. Así se halla Libertad en estos momentos en le hospital Calixto García. Tratando de llegar al final de la meta de la vida que un día le entregaron.

Otro domingo de agosto y Las Damas de Blanco cumplen con sus marchas y también con la esperanza de que el Papa Francisco en su vista el mes próximo les dé la audiencia que ellas piden y oiga sus suplicas como quienes le suplican a Dios. Y ÉL las escucharía. Han sido muchos años y aún en la espera que de alguien les oiga y les crea la razón de su infatigable lucha por la libertdad de sus prisioneros y por la LIBERTAD de Cuba. Creen que en esta visita se cumplirán sus deseos y el de la mayoría de la población cubana que por miedo no hacen los que ellas hacen cada domingo después de la misa en la iglesia de Santa Rita en Miramar. Ante todo hay que ganar conciencia del papel que le toca jugar a todo un pueblo que necesita cambios urgentemente porque tal vez después será demasiado tarde en esta lucha de: TODOS POR EL BIEN DE TODOS. Cuando el pueblo entienda que no es la lucha de un grupo es la lucha de: TODOS POR LA NECESIDAD DEL CAMBIO.

Mañana es el lunes de las citas con el profesor Olivares y Abel espera casi contando las horas para ésta que supuestamente será la última de sus citas a oír la verdad oculta que solo se pude saber por un testigo viviente de los hechos ocurridos que no han sido explicados en los libros de historia ni hay acceso por otras vías a todo aquello que no le conviene a los jefes de gobierno que se sepa y que el pueblo pueda conocer: LA VERDAD. El profesor Olivares también piensa en este encuentro y en su mente trata de recorrer todos los aspectos para que no se quede algo sin decir al joven Abel en ésta su última cita en el recinto universitario donde se ha escrito parte de la rebeldía histórica del proceso revolucionario cubano por los estudiantes de esa alta casa de estudios habanera antes de 1959. Ellos que representan la vanguardia de la sociedad. Después del 1959 los estudiantes universitarios no han jugado el papel de tomar conciencia y que ellos también pueden producir cambios junto con la clase intelectual. Lo que no pasa en la isla desde 1959 cuando un primero de enero todo pasó a una sola mano en el control total y absoluto del país. Hasta el control de los estudiantes universitarios y su organización, la FEU en manos de la UJC y estos controlados por el Partido Comunista de Cuba.

Abel se levantó muy temprano ya camina al lugar de la cita que él mismo había escogido no sabe porque exactamente o quizás si tenga alguna explicación para él que hasta ahora ni el mismo se la ha dado cuenta.

Sube la escalinata de la Universidad de La Habana, testigo material de muchas manifestaciones y protestas en otros gobiernos donde hasta el mismo Fidel Castro protagonizó, participó y empezó sus afanosos planes y deseos de destacarse como dirigente político estudiantil rebasando su mente. Y ahora en estos momentos que el papel se invierte trata de controlar a los estudiantes universitarios. Porque sabe y está convencido de la fuerza pujante que ellos representan en la sociedad y que es determinante para el éxito. Él ya tiene la experiencia cuando él jugó su papel en esos momentos de la historia de Cuba. Abel llegó a la plaza Cadenas, hoy Plaza Ignacio Agramonte, miró a los alrededores y se sentó en un banco y mira hacia la Escuela de Derecho que queda frente a sus ojos. Su mente viajó en el tiempo en esos momentos le parecía ver a aquellos jóvenes que sí vivieran en estos tiempos ellos hubieran hecho lo mismo luchar hasta la muerte por lograr lo que se necesita: EL CAMBIO, siguió allí por unos minutos con sus ojos cerrados y se los imagina entrando y saliendo de sus aulas y en sus caras ve las caras de nuestros mártires universitarios como a Jose Antonio Echeverria entre otros que supieron reconocer el papel que les tocó jugar en aquel tiempo cuando se necesitó un cambio. Ellos hoy harían lo mismo en contra de esta dictadura de más de medio siglo. Entre sus pensamientos sintió que una mano que se posó sobre su cabeza y le decía:

- ¿En que piensas o en que sueñas?

El profesor Olivares sacó al joven Abel de esos recuerdos que ahora no se aplican a los tiempos en que se vive en Cuba. Estos estudiantes de la Universidad de La Habana de ahora están atados, controlados por las fuerzas del Partido Comunista y su oganización juvenil, la UJC y no saben como participar en esta lucha de hoy, porque entre ellos no hay confianza, la perdieron un día al dejarse someter al capricho del número UNO que todavía parece seguir siendo dirigente estudiantil y es el dueño de sus actos. Cuando Abel contestó:
- En su espera profesor y viendo que el tiempo pasa y que por esta plaza de la Universidad de La Habana han pasado tantos y tantos héroes unos anónimos y otros no; pero todos por la misma causa.
- Así mismo es Abel ya tú lo has dicho en el mismo escenario en otros tiempos y con otros jóvenes. ¿Estamos listo?

Preguntó el profesor Olivares decidido a contestar lo que podría ser la última pregunta.
- Sí... sí... yo estoy listo y pienso que sería mejor irnos al parque de los cabezones y allí con más tranquilidad podemos llevar a cabo esta conversación.

Los dos se levantaron del banco que ocupan y se fueron al parque de los cabezones a un costado del recinto universitario donde están los bustos de diferentes figuras destacadas en la vida de la Universidad de La Habana. Cuando el profesor dijo:
- Aquí estamos Abel. ¿Cómo comenzamos hoy?
- Yo tengo una pregunta que tal vez es la última o no. No estoy seguro todavía.
- ¡Lanza la pregunta colega!

Gritó el profesor, él que es muy amigo de enseñar con la verdad en las manos abiertas y en su boca.
- ¿Qué es realmente el BLOQUEO?
- Bloqueo... bloqueo.

Repetía el profesor como aludiendo a una palabra MÁGICA que ha sido usada, explotada, reusada y hasta contaminada por el gobierno de Fidel Castro y su hermano. Tratando de encontrar la mejor de sus explicaciones al fenómeno del BLOQUEO que es la bandera utilizada para justificar todos los errores cometidos desde 1959 para así mantenerse en el poder por siempre.

- Mira Abel, este país no está bloqueado. El bloqueo aquí es como una equación matemática cuando tú necesitas encontrar el valor de la incógnita y despejas la equación y vas simplificando y simplificando hasta que llegas al valor de la apreciada incógnita del problema. El bloqueo aquí se llama: FIDEL CASTRO. Ese es el único bloqueo que tiene este país y es un bloque interno, no externo. Ese llamado bloqueo que ellos mismos burlan no existe ni ha existido nunca. Ellos tienen acceso a todo sin bloqueo. Lo que sí están ellos bloqueando es al PUEBLO. EL PUEBLO ES EL ÚNICO QUE ESTÁ BLOQUEADO EN ESTE PAÍS. SIN PODER DAR PASOS FIRMES. Bloqueado estamos por ellos mismos que no dan la oportunidad de abrir y realizar los cambios para una sociedad mejor acorde con los tiempos que se vive en el mundo: ESE SÍ ES EL BLOQUEO QUE TENEMOS Y QUE TANTO NOS AFECTA A TODOS Y SE LLAMAN LOS CASTRO Y SU CAMARILLA de octogenarios que no quieren reconocer que les llegó su hora.
- Entonces, ¿Cómo pudiera desenfrenarse, eliminar ese obstáculo que nos impide continuar hacia delante maestro?

Preguntó Abel que no entendia muchas de las complicaciones en este aspecto.

- Tendríamos que empezar de CERO. Tendríamos que abrirnos paso a una nueva CONSTITUCIÓN. Donde el partido comunista deje de ser la fuerza máxima y rectora de la sociedad. Ese es el bloqueo o obstáculo a vencer. Seguir con ese empecinamiento con las ideas del comunismo y su partido único estando por encima del estado y de todas las instituciones hasta de las estructuras militares y civíles es lo que bloquea el curso de la historia. Disolver el partido comunista sería lo primero. Entrando a un espacio de multipartidismo y la participación de todos los estratos sociales que nos forman como pueblo que traería el balance que necesitamos, donde todo tuviésemos la misma oportunidad de ser oído y someterlo a la votación o preferencia popular. Ya ahí comenzaría nuestra nueva historia democrática. Empezaríamos a escribir esa nueva parte de nuestras vidas y de nuestro pueblo. Sociedad perfecta no existe ni existirá; pero sí podemos mejorarla en el tiempo con nuestra buena voluntad y tolerancia de los unos a los otros, no importa como pensemos, no importa como seamos. Lo único que importa es: NOSOTROS COMO SERES HUMANOS. Construyendo una sociedad para TODOS Y PARA EL BIEN DE TODOS.

Abel se quedó callado a veces le parece que es muy largo el camino a recorrer y sí las condiciones estarían dadas. Cuando preguntó:
- ¿Cree Ud. maestro que las condiciones están dadas?

- Esto es algo multifactorial muchos factores dentro de la misma sociedad, acuérdate que estamos hablando de la sociedad en que vivimos y esta sociedad está compuestas por hombres y mujeres, ancianos y niños. Es más fácil preparar una masa de hombres profesionalmente que cambiarles su modo de pensar que al fin y al cabo es lo que define la situación. El pensamiento, las ideas y como estas funcionan. Otro factor es el tiempo recuerdad que es más de medio siglo oyendo las mismas frases y repitiendo las mismas consignas que por muy viejas que sean y aún sin mucho aplicación real en la actualidad se siguien diciendo y confunden los conceptos a nuestros problemas actuales; pero quizas funcionan en la mente de los más viejos que se resisten a los cambios por temor a lo desconocido o por no jugarse el todo por todo en la nueva aventura. Recuerda el dicho: ES MEJOR UN MALO CONOCIDO QUE UN BUENO POR CONOCER. Todas estas cosas hay que conjugarla en un único objectivo lograr que las masas entiendan que llegó la hora. La hora del cambio que no es tiempo de seguir dejándose dormir por nuevos esquemas que al final no resultan, no resuelven el problema clave y sigue lo mismo acuérdate: ES EL MISMO PERRO CON DIFERENTE COLLAR. Y entonces se repite y repite lo mismo y algunos piensan que son cambios y no lo son realmente. La rigidez política sigue.

Abel oía y oía ordenando las palabras en su mente y buscando la solución al problema cubano y se astraía en sus pensamientos y no dijo nada por un tiempo y el profesor se dio cuenta que analiza y también se quedó callado y no dijo una palabra más.

- ¿Cree Ud. que debe disolverse el partido comunista?

Preguntó Abel como una solución al obstáculo primordial en la sociedad cubana.

- Mientras las Vacas Sagradas estén a la cabeza eso nunca pasará. Sería una solución primaría al problema. La filosofía del comunismo y su ideología murieron desde los cambios y derrumbe de la Unión de Repúblicas Socialistas Soviéticas. Este es el último bastión en el mundo con el obtuso empecinamiento de Fidel Castro tratando de avivarlo llamándolo: Socialismo del Siglo XXI en otras parte de América Latina. La forma de convivir con diferentes ideas y la capacidad de exponerlas eso es DEMOCRACIA. Y así se puede convivir, solo respetando siempre la posición opuestas y poniendo en juego la capacidad de aceptación de la derrota sí esta llegará a producirse. Hay que saber perder también y esto es cuestión de transparencia de común rejuego y entendimiento entre las masas que conforman la sociedad. Lo que cuesta más trabajo es que se reconozca la necesidad de un cambio en las masas primero que comprendan ESA NECESIDAD DE CAMBIAR y sepan llevarla a cabo de la mejor manera posible poniendo sobre la mesa los intereses de todos. No es fácil; pero no imposible de realizar. Abel la economía del país está destruida se cerraron muchos centrales azucareros la producción a mermado a escala muy inferior. En el aspecto político la revolución a perdido mucho prestigio, ya nadie cree en la revolución cubana y con el último de los sucesos el fusilamiento de los tres jóvenes negros por desviar la lancha ese hecho sepultó, enteró a la revolución, la opinión pública internacional ya no ven con los mismos ojos a la llamada revolución de los pobres y para los pobres. Llevada por Fidel Castro. La revolución se muere o murió aunque muchos le quieren darle oxigeno puro a su propia conveniencia.

El profesor Olivares ve que el tiempo vuela cuando se encuentra en estas valiosas discusiones con el joven Abel y miró su reloj y dijo:

- Abel no sé sí he podido satisfacer todas tus inquietudes. Ya el tiempo se nos ha ido y no sé si tienes más preguntas en la que pudiera ayudarte.
- No sé profesor... no sé son tantas cosas que no sé decirle en este momento.
- Tengo fe en el mejoramiento humano en cada instante de nuestras vidas. Y todo lo bueno por hacer siempre será para este pueblo.

Dijo el Porfesor Olivares que siempre pone al ser humano primero y después a las ideas en todas sus formas y contenidos.

- Yo, también. Profesor.
- Muchos acontecimientos pueden ocurrir, la visita del papa Francisco en que todos tenemos puestos nuestros ojos y esperanzas. ¡Qué vendrá!... nadie lo sabe.
- Así es... nadie lo sabe maestro.

Los dos se levantaron del banco en el parque de los cabezones que es como todos los estudiantes universitarios llaman a ese lugar, sin vacilar se abrazaron y Abel dijo:

- Gracias profesor... gracias por todo este tiempo que Ud. me ha dedicado. Ahora conozco más y se cuál es mi papel en la historia que sigue.
- Exitos... muchos éxitos colega en sus manos está el proceso que todos necesitamos. Uds., los jovenes, el futuro, la esperanza y la fuerza impulsora de lo nuevo que vendrá para nuestra patria. Llegó el momento.

Se estrecharon las manos y Abel dijo:
- Más pronto que nunca marcharemos TODOS por las grandes avenidas de las ciudades de nuestro país enarbolando no una consigna, no una bandera, no una fotografía. No un grupo o otro grupos. Sino todos unidos: POR LA RECONCILIACIÓN NACIONAL.
- Ojalá... ojalá así sea por el bien de todos querido amigo Abel.
- Se volvieron a abrazar.

Se separaron y el profesor bajo las escaleras del costado del edificio universitario. Abel dio sus primeros pasos y lo mira hasta que se perdió al atravezar la puerta que da a la calle. Abel pensó en ese mismo momento que otro encuentro para discutir y anallizar la posición del Santo Padre Francisco cuando visite la isla proximamente y echo a correr detrás de él y gritó:
- Prefesor... profesor Olivares... profesor Olivares.

El profesor de dio cuenta que alguien lo llama, miró y detuvo su caminar en ese momento diciéndole:
- Dime muchacho... dime olvidé algo.
- No... no profesor es que he pensado sí Ud. me permitiera una cita más y analizar otro aspecto que no sé que dirección tomará y me gustaría oír sus palabras al respecto.
- Bueno, déjame ver mi agenda y ver que espacio tengo. Yo viajaré a España en octubre 2 en horas de la noche... a ver... a ver y es domingo, podría ser el domingo anterior. ¿Qué te parece?
- Muy bien... muy bien maestro ¿Dónde?
- Frente a la embajada de España.

Contestó el profesor casi sin pensar lo que decía.
- De acuerdo... de acuerdo. Allí nos veremos. Esta vez entre las diez y la diez y media de la mañana.

Dijo el profesor Olivares que revisa su agenda de trabajo. Abel dio media vuelta y echo andar, el profesor Olivares hizo lo mismo. Los dos caminan en dirección opuestas y en sus mentes corren muchas cosas en sus esfuerzos de encontrar la mejor solución al problema cubano. A ese inmovilismo en que estamos desde que se reanudaron las relaciones diplomáticas entre los dos países. Tratando de explicarse que hay detrás de todo este rejuego político. Iniciado el 17 de diciembre del 2014. «¿Qué se estará manejando por parte del gobierno cubano? ¿Cuáles son ahora sus objectivos?

Después de la intensa lucha anti-yanqui, anti-imperialista de la que el pueblo cubano ha vivido por más de cincuenta años». Se pregunta Abel mientras camina y ve alejarse a su maestro. Los dos a pesar de sus análisis políticos, no saben qué ni cuál es el motivo de este tratamiento. Ahora que las corrientes del socialismo del siglo XXI corren por sur América en forma tambaleante. ¿Se habrán perdido ya estos planes de propagar el socialismo en América Latina? O las cosas no salieron como ellos planearon o pensaron que saldría esta expansión por el territorio. «Venezuela, su economía va en picada, su gobierno ganando cada vez más en impopularidad. Se convencían los Castro que el socialismo es ya una ideología que moría día a día». Tratando de vislumbrar lo que ha de venir para la Cuba Socialista de más de medio siglo en el experimento donde las cosas andan de mal en peor. Y tal vez podría salvarse Venezuela de esta catástrofe que se cierne sobre los pueblos latinoamericanos que creen y se dejan llevar por los cantos de sirenas que entonan sus gobiernos con la bandera del POPULISMO, atrayendo a los pobres y aprovechándose de su ignorancia llevándoles hasta donde sus planes dan», el profesor Olivares pensando que unos días no será un testigo presencial de lo que ocurra en la isla.

Muy temprano en la mañana un hombre vestido con traje negro toca la puerta del cuarto del otro solar de San Isidro. El cuarto de Tomasa, la santera. Tomasa ya se había levantado y está sentada frente a su única ventana en su cocinita del cuarto mirando hacia afuera y saboreando un calientico café y un cigarro popular sujeto entre sus labios cuando oyó los toques en su puerta, se levantó de su silla y se encaminó a la puerta y pensó: «¿Quién será tan temprano? Que viene a oír su caridad». Abrió la puerta y el señor de traje negro dijo:

- Buenos días. ¿Es Ud. Tomasa Mendizaval?
- Sí, la misma. ¿En qué puedo servirle?
- No... no... señora solo vine hacerle entrega de este sobre de parte del señor Noralto Císnero.
- ¡Oh!... ¡Oh!... sí... sí muchas gracias... muchas gracias. Dé Ud. al señor Císnero mis más profundo agradecimiento y dígale: Qué Dios se lo pague.
- Que tenga Ud. un buen día señora.

Dijo el visitante y dio media vuelta y salió del otro solar de solar de San Isidro. Tomasa entró dentro del cuartico y pasó por delante de Kiko su hijo que aún duerme en su cama personal. Lo miró y se dijo: «Kiko... Kiko mijo vencimos una parte... sí hemos vencido una parte». Y continuó camino a su cocinita, volvió a su silla frente a la ventana, no se atrevió abrir el sobre, lo dejó sobre su mesita de la cocina. Esperaría por Kiko que se despertará. «Y ahora quizás las puertas empiezan abrirse a su hijo que tanto a tratado en ser mejor e integrarse a la sociedad. Y ellos no se lo han permitido, no le han dado la oportunidad que él necesita. «Ahora lo que quiero es que se vaya lejos y encuentre aunque sea muy lejos de mí una nueva vida. Una nueva oportunidad a vivir su vida.

La que ha dejado de vivir desde que aquel policía le encontró aquellos pocos dólares en el bolsillo y tuvo que ir a la cárcel por estar el dolar penalizado en esa época y cumplir tres años. Y total ahora vienen Los Yumas y los dólares ya bailan por toda la isla en manos de los turistas compitiendo con el CUC, dejaron de estar penalizados, ni estarán más tal vez». Así piensa Tomasa en este momento y sintó alivio y regocijo por el bienestar de su hijo. Kiko se levantó y salió a lavarse la cara al bañito del solar. Entró al cuarto y dijo:
- Buenos días, ma Tomasa.
- Buenos días hijo... buenos días...

Tomasa no dijo una palabra más y mira el sobre que está encima de su mesita de la cocina y volvió a mirarlo de nuevo y al fin dijo:
- Kiko... Kiko mijito... ven acá que tenemos que hablar.
- ¡Ay, madre Tomasa! Ya se lo que Ud. me va a decir... ya lo sé.
- No... no... lo sabes. Esta vez estoy segura que no lo sabes hijo mío.

Kiko vino y se sentó en la otra silla frente a su madre y dijo:
- A ver... a ver... digame ahora lo que Ud. me quiera decir.
- Mira Kiko... ves ese sobre ahí en la mesa Kiko. ¿Sabes lo que es?

Preguntó Tomasa a su hijo. Ella que quiere que al fin él viva como un ser humano. Lejos aunque sea así, pero con la dignida que todo ser merece.
- No... no... tengo idea ma Tomasa.
- Esa es tú carta de libertad.
- ¡Oh!... ma que hace esa carta de libertad ahora aquí sobre la mesa. Yo la tengo en una caja encima del escaparatico suyo.
- No... no...no... Kiko yo no me refiero a esa carta de libertdad que te dieron cuando cumpliste los tres años en esa prisión de Guines y nunca has sido libre aún fuera de esa cárcel. Saliste de la prisión chiquita y te encerraron en vida en la prisión grande que es toda esta isla donde vivimos. Ni acordarme quiero de lo tanto que pasamos los dos en esos tres años viajando a la prisión de Guines.
- ¿Y qué carta es esa que Ud. me habla ma Tomasa?

Preguntó Kiko que no tiene una idea de lo que viene para él.
- ¡Ah!... ¡Ah!... Kiko la libertad que tú tantos deseas. Porque aunque un día cumpliste con la ley. Ellos aún te mantuvieron preso aquí día a día, noche a noche. Y donde te amenazan con aplicarte la ley de peligrosidad y vives encerrado en este solar día y noche. Ahora al fin vas a ser libre de verdad mijo... de verdad. Te lo juro Kiko.

Tomasa dijo y sus ojos se aguaron y lo abrazó fuerte, muy fuerte contra su pecho deseándole toda la suerte que una madre puede desear a un hijo.
- No entiendo que Ud. me quiere decir ma Tomasa. No... no entiendo.
- Ya entenderás hijo... ya entenderás. Mira aquí tienes el dinero para tú visa y tú pasaje por la embajada de Ecuador.
- No, ma Tomasa... no... no juege así... ma...no juege así de esa manera conmigo ma Tomasa... no... no juegue conmigo ma.
- Kiko... Kiko no es juego... no es juego hijo. Te llegó tú hora mijo... te llegó tú hora Kiko. Un hombre puede cometer errores, estos no pueden atarlo auna vida miserable y degradada pa' toda su vida. Así que toma este sobre y resuelve que Dios está y estará contigo hijo.

Repitió Tomasa a su hijo Kiko. Él enmudeció por completo, no sabe que decir y tampoco que hacer. Sí gritar, llorar de alegría o salir corriendo y ver como obtener su visa y su pasaje para irse... irse y que otros horizontes se abrán frente a sus ojos. Entonces dijo:
- ¿Es verdad ma Tomasa?... ¿Es verdad lo que Ud. me está diciendo?
- Así es hijo... así es... Porque ese amor de una madre con amor se paga a un hijo como tú Kiko. Tú te lo mereces hijo tú has sido un buen hijo, lo que pasó es que naciste en Cuba y con está revolución equivoca que ofreció mucho y no dio nada a todos nostros.

Kiko se levantó de su silla y se preparó para vestirse e ir a buscar a su amigo Efraín que sabe más que él de estas cosas. Se tomó un buche de café y salió a la calle con su sobre muy bien guardado en su bolsillo.

En los domingos de septiembre continuaron los arrestos de Las Damas de Blanco en su dominical marcha desde la iglesia de Santa Rita en Miramar más de cincuenta disidentes fueron llevados a las estación de policías en La Habana. Las Damas de Blanco mantenían su fe y aguardan por la visita del Santo Padre que vive en Roma.

Kiko camina muy rápido le parecía que el tiempo no le da para hacer todo lo que debe hacer cuando cree que que ya está llegando al final del martirio que ha vivido en su país donde nació y creció; pero sin futuro. Sube por la calle San Isidro y mira a ambos lados, su alegría es indescriptible se podía solo ver en sus ojos que brillan como luceros nocturnos en la noche como los de su madre Tomasa en el cuarto oscuro con sus santos y sus muertos.

Entró a la calle Obispo llena de gentes y turistas con su manos en los bolsillos teme perder su carta de libertad que le había entregado su madre, la negra Tomasa y de pronto oyó una voz que grita:
- Kiko... Kiko... óyeme asere... óyeme... ¿Qué pasa mi consorte?

Kiko no oía a su amigo que le grita, él va metido en sus planes que se habían iniciado esta mañana cuando su madre le dio la gran noticia de hoy.

Kiko salió de su ensimismamiento y dijo:
- ¡Ah, eres tú! A tí mismo ando yo buscando mi socio, vamos... vamos... caminemos y te cuento la nueva.
- La nueva kiko... la nueva... sí siempre soy yo él que te trae la nueva a ti Kiko.

Dijo Efraín quién no sospecha la nueva que Kiko trae hoy para él.
- Bueno hoy me tocó a mi... asere ¿Qué te parece?
- Dime... dime... ¿Cuál es la nueva?
- Me voy de aquí... mi hermano... me voy... me piro asere de verdad.
- ¿Pa' dónde te vas Kiko?
- Yo ni sé hasta ahora; pero sí estoy seguro que me voy de aquí.
- ¡Ah, Kiko no te hagas el trágico asere! Y no me vengas con ese cuento ahora de que te vas... ¿pa' dónde Kiko?
- No... no... Efra... no me estoy haciendo el trágico. Esa es la verdad asere, lo que te estoy diciendo es la pura verdad.
- Pero... pero ¿cómo... cómo?... cuéntame.
- Mira mi madre me dio este sobre y aquí esta el dinero pa' to lo que necesito hacer y tú me vas a ayudar ¿verdad?

- Coño... mi hermano... no faltaba más. Mira lo primero es el pasaporte cubano se demora de unos cuarenta y cinco días y después ir al embajada de Ecuador a obtener la visa y de ahí un paso el pasaje por la linea aérea que ellos te digan puedes viajar a Ecuador. Te felicito Kiko... te felicito. Sí hay un amigo al que yo le deseo que se vaya y se encamine en otro lugar fuera de aquí es a Ud. mi socio. Aquí ha habido mucha... pero que mucha injusticia con Ud. Mi amigo y socio, te llegó tú hora asere...
- Vamos a meterle mano al asunto. Que el tiempo es oro Efra... oro.

Los amigos salieron a sus gestiones de la salida del país y Efraín es su guía en esta gestión de salir para Ecuador.

Ofelia y Gilberta en el solar de San Isidro en espera de lo que todos esperan que la vida del cubano mejorará. No se ve mejoria alguna aún, mucho descontento con las dos monedas circulando el peso cubano y el CUC, al que no todos los cubanos tienen acceso. Cuando Ofelia dijo:

- Óyeme... óyeme Gilberta... esto está imposible hice unos quilitos hace una o dos semanas fui al mercado y me quede de nuevo pela como el gallo de Morón... pela... pela... y cacareando mi amiga esto es mucho con demasiado ya yo no sé que hacer que inventar.
- Los precios Ofelia... los precios siguen muy altos y no se ve que ellos tengan intenciones de ayudarnos rebajando un poco los precios. Todo está carísimo y la pensión no da. Y eso que antes contaba con la pensión de mamá, te puedes tú imaginar ahora como anda la cosa... dura... muy dura... amiga.... muy dura. Sin salvavida ahogándonos todos, mientras ellos en su bienestar de siempre.
- ¿Sabes algo de Lilita y Eutimio?

Preguntó Ofelia a su amiga Gilberta que le había dicho sobre el ingreso de Eutimio.

- Sí... sí... ella estuvo por aquí... de corre en corre tú sabes vino a cambiarse de ropa y llevarse algunas cosas al hospital. Eutimio sigue ahí más o menos me dijo.
- Ojalá mejore el pobre viejo.

Dijo Ofelia, que se lamenta de que las cosas sean como son en la Cuba con su revolución de 1959.

- ¡Ay, han sufrido tanto los dos desde que su hijo fue muerto en Angola y después ella solita luchando ahí con todo. Yo no sé de donde saca fuerza Lilita pa' seguir.

Decía Gilberta cansada de su carga que lleva a cuesta por años también.

- La vida... amiga la vida... que nos enfrenta a todo y tenemos que vencerlas.
- Yo no sé... yo no sé... aún tengo fe en Enzo que vuelva y ver sí se casa con Clarisa.
- Ojalá mi amiga porque sí esto va... como va y Los Yumas no acaban de venir en masa como los necesitamos pa' que nos ayuden a levantarnos del piso donde estamos. Yo no sé que será de nosotros.

Hoy es de 7 de septiembre se celebra El Dia de La Caridad del Cobre y Clarisa se había prometido visitar a Ochún, su madrecita, se vistió de amarillo y se puso un turbante blanco. Ella salía del cuarto cuando Ofelia y su mamá Gilberta dijeron:
- Pe... pe... pero... ¿Quién es esa mi madre?
- Soy yo... o es que ya no me conocen. Todavía no he puesto un pie en Italia y ya no me conocen. Pues qué diré yo cuando me vaya y regrese un día aquí mismo a este lugar el solar. Entonces sí que no me van a conocer de verdad. ¡Se quedarán boquiabierta!

Dijo Clarisa con cierto sarcásmo, pensando en su sueño que espera se haga realidad pronto.
- Si... soy yo la misma Clarisa... Clarisa la del solar de San Isidro, en La Habana.
- Oye mijita es que vas arrasando... vas arrollando con todo.
- No... no... ya yo arrollé en los carnavales en el malecón. Ahora voy a consagrarme... sí... sí a consagrarme a mi Santa... Ochún. Mi madre espiritual.
- ¡Ay, mi madre es verdad... hoy es el día de la virgen de La Caridad!

Contestó Ofelia asombrada de como se le fue el día de la virgen, la patrona.
- Sí, hoy es su día.

Afirmó Gilberta hablando suave y resignada de todo lo que está pasando. Y dijo:
- Y Clarisa va a la iglesia de La Caridad del Cobre.
- Bueno, las dejo a Uds., que tratan de arreglar el mundo. Que les diré de antemano que no tiene arreglo. Aunque Uds. así lo quieran hacer y lo deseen. Yo me voy arreglar el mío con mi Virgen de La Caridad del Cobre en su casa.

Dijo Clarisa y camina firme llena del gozo que le hacia falta hace uno días.
Clarisa se ve como nunca parecía la Virgen Ochún. La mulata... la mulata bella con aquel amarillo que constrasta con el color de su piel. Sus ojos grandes... muy grandes y aquellas cejas finas y alargadas que adornan su cara. Parecía una virgen de verdad. Clarisa la del solar de San Isidro en La Habana, Cuba. Salió a calle y todo el mundo tiene que mirarla, llama la atención con su caminar a todo aquel que pasa cerca de ella y hubo alguién que le canto:
♪Esa mujer lo que quiere es que la miren... Esa cosa bella lo que quiere es que la miren.♪
Clarisa oyó la melodía cantada y le devolvió una sonrisa al que se la dio como piropo y siguió altanera robándose la vista de todos en su calle de San Isidro. Clarisa pasea por las calles de su ciudad La Habana airosa, contenta, con deseos de vivir más que nunca antes, su fe crece con el tiempo. Pasa por el Prado en ese mismo instante vio a unos policías se llevan arrastrándo a los limonesros, pordioseros y mendigos que deambulam por la zona del Capitolio. Los miró y se acordó de Rocío su amigo del malecón que fue deportado a su lugar de origen. Es ilegal en su propio país. No lo entendía y preguntó a una transeúnte:

- ¿Qué pasa? ¿Qué está pasando aquí? ¿Qué hacen esas bestias atacando a esos pobres gentes infelices?
- Na' hija que viene el Papa Francisco y no quieren que vea la pobreza y la mendicidad de nosotros en las calles. Eso es y nada más.
- Pero no me diga Ud. que eso esto es así, el Papa Francisco con su misericordía... como es posible. Él no aceptaría una cosa como esta.
- Así es, ver pa' creer hija, este mundo anda alrevé, que sé yo.

Contestó la persona que le habla. Una mujer mayor de unos cincuenta a sesenta años o más de edad. Con su cabeza blanca en canas y una jaba colgando de su brazo mirando aquella estampa de la Cuba que hizo una revolución y ahora nadie entiende lo que esta pasando en esa Revolución.

- ¿Y a dónde los llevan a esos pobres?
- Dicen que unos al siquiátrico de Mazorra y otros a Las Guásimas, muchos se niegan ir. Tú ves ese señor que está hablando con la policía. Él dice que fue combatiente en la guerra de Angola y mira ahora como lo tratan. Lloró y suplicó a los guardias que no lo metieran en la jaula y se negó tirándose al suelo por eso lo arrastran como si fuera un animal como lo hacen con Las Damas de Blanco.

Dijo la señora mayor Y Clarisa pensó inmediatamente en su hermana.

- ¡Ay, Dios mío!... Dios mío hasta donde hemos llegado en este país.

Dijo Clarisa que en su mente está lo que le hicieron a Zoe y a Yadira los bestias entrenados por la Seguridad del Estado para salvaguardar lo que ya no tiene salvaguarda. La dictadura castrista en la isla de Cuba desde el 59.

- Eso no es nada mijita... lo que nos falta. Gracias a Dios que yo no estaré aquí pa' no sufrir más desmanes ni tener que ver lo que ellos hacen a nuestra gentes. No creen en nadie ni viejo ni en joven ni medio tiempo ni en combatiente de Angola ni limosneros que valga, son unos degeneraos, abusadores sin clemencia con el prójimo.

Clarisa siguió su camino con la perturbación de lo que acaba de ver. Le parecía mentira lo que había visto con sus propios ojos y solo dijo asimismo: «Ojalá que las cosas no empeoren Dios mío. Ojalá». Y siguió su camino a la iglesia de la Virgen de la Caridad del Cobre en La Habana. Llegó a la iglesia de la Virgen de La Caridad del Cobre lleva unas flores para dedicárselas a la virgen y una vela que le encendería en su nombre y en el de todo los cubanos a La Patrona de Cuba. Se arrodilló e inclinó su cabeza, empezó a rezar a Ochún y su relación se hizo más y más cerca a Virgen y su mente se fue transformando y con sus ojos cerrados podía ver parte de su futuro y vio que Enzo regresa por ella y su corazón late muy rápido y sus ultimas palabras fueron Gracias Virgencita... Gracias Ochún de mí alma.

Hoy es un gran día, es 20 de septiembre de 2015 y llega a la isla el Santo Pontífice. El Papa Francisco en quién muchos o todo el pueblo de Cuba tiene cifrada sus esperanzas. Las calles de La Habana se adornan y engalanan. La plaza de la revolución con una pintura gigante del Santo Padre. La Habana se viste hoy con sus mejores galas para recibir al Misionero de la Misericordia.

- ¿Quién lo iba a decir?

Decía Gilberta sentada en su banquito mirando la llegada del papa a La Habana.
- Me lo dirían cuando yo era una niña y no lo creería ni yo misma. Después de tantos gritos de: PIONEROS POR EL COMUNISMO, SEREMOS COMO EL CHE. No... no... es que sino lo estuviera viendo diría que estoy soñando, que no es cierto lo que mis ojos ahora ven.

Volvió a repetir Gilberta que no sale del asombro de otra vista de un Santo Padre a la isla esclava.
- ¿De qué hablas mamá?

Preguntó Belén que se encuentra en la barbacoa y ahora baja al oír lo que decía su madre.
- Ven hija... ven baja... es la llegada del Papa Francisco. El Salvador que también muchos creen que va hacer mucho por nosotros.

Belén bajo de la barbacoa y dijo:
- Este es el tercero en venir. Los Papas que ahora nos visitan más que nunca antes. La primera vez me sorprendió que casi ni lo creía por lo que me habían dicho e inculcado en los círculos de estudios del comité de base de la UJC. Que nos decían: LA RELIGIÓN ES EL OPIO DE LOS PUEBLOS. Ya nada me sorprende es como un juego, otro más. Ellos con nosotros dentro de esta baraúnda de intereses de unos y todos. Y se agaran del primer clavo caliente que encuentren cuando se dan cuenta que ya no pueden más. Después en la universidad las filosofías pre-marxistas, después el Materialismo Diálectico e Histórico, las Económías Políticas de HP y al final de todo esto no sabemos lo que es. Ni adonde vamos a parar. Y quizás volvemos al mismo punto, convergemos de nuevo.

Gilberta oí a su hija y no la reconocía, se acuerda de cuando ella estuvo peleada sin hablarle casi un año o más con su hermana Clarisa viviendo aquí en este pequeño cuarto de cuatro por cuatro, bajo el mismo techo por culpa de la dichosa política del sistema y las creencias religiosas. Y dijo:
- Las cosas son así. Belén ver pa' creer, es un día tras otro así lo has visto tú mijita... ¿verdad?
- Sí... sí asimismo lo he visto y lo seguiré viendo que remedio no me queda... que seguir y tratar de entender lo que está sucediendo en este país.
- Tú ves, ya vas asilmilando mejor la situación hija, poco a poco ya verás. Todos los caminos conducen a Roma.

Decía la madre a la hija que trata de entender desde sus puntos de vistas lo que se está desarrollando en la isla. Cuando Gilberta continuó diciéndole:

- Mira cuando yo era una niñita me acuerdo como sí fuera hoy, mamá Evangelina llegó un día insultada aquí al cuarto y yo le pregunté, mamá: ¿Qué le pasa Ud. hoy?... que la veo tan perturbada y ella me contestó: Hija problemas de adultos... problemas de adultos. Yo seguí insistiendo mamá digame que le pasa. Ella me contestó no sé sí lo vas a entender hija cuando te lo cuente porque ni yo hasta ahora lo entiendo, y empezó diciéndome: Mira hija esta revolución se dice que es de los humildes y para los humildes. Puedes tú encontrar personas más humildes y nobles que las monjas y los sacerdotes que dedican su vida a Cristo y están dispuesto a sacrificarse por el bien de los demás, como es posible que ahora este gobierno los expulse del país y les confisque sus propiedades. No es justo y no habrá una revolución justa sin CristoJesú. Yo no entendía mucho en ese momento lo que mamá Evangelina me explicaba sobre la causa de su estado de ánimo y ahora puedes ver a más de cincuenta años otras cosas están pasando en Cuba. Ahora amamos a Cristo lo glorificamos, lo bendecimos, lo adoramos y rezamos todas las noches antes de acostarnos y somos militantes del partido comunista... Tú ves que a cada santo le llega su día. Y a nosotros esta al llegarnos con Lo Yumas, porque hasta el general-presidente va a empezar a comulgar los domingos hiendo a misa de nuevo.
- Eso es lo mismo que yo no entendí, hasta hace poco que veo las cosas más claras y es mejor dejarlas así como están mamá.

Alguien grita en el pasillo del solar y Belén reconoció la voz diciendo:
- Ese es Kiko, que viene gritando como siempre que trae la última vamos a ver cuál es la última ahora pa' Kiko.

Kiko llegó y asomó su cabeza en la puerta del cuarto de Gilberta y dijo:
- ¡Caballeros... caballeros... felicítenme con la última que les traigo!
- ¿Cuál es la última Kiko?

Preguntó Gilberta a ella que no le gusta quedarse atrás con la última.
- Uds., no lo van a creer... seguro que no van a creerlo, segurito estoy que no lo van a creer.
- Pero acaba hijo... acaba de decir la última.

Se hizo un silencio en el cuarto que ni las moscas se oían en ese momento cuando Kiko dijo:
- Me voy... me voy... me piro... me piro de todo esto y mucho dolor por todos Uds. que se quedan; pero me piro... me piro...
- ¿Cómo es eso Kiko?

Preguntó Gilberta, su hija Belén solo escucha las palabras de su amigo Kiko y suenan en su cabeza: «Me Voy... Me Voy... Me Piro... Me Piro» y bajo la cabeza para disimular lo que siente.
- Sí... sí es la decisión mía y la de mi madre. Desde que salí de la prisión no he tenido la oportunidad de re-hacer mi vida como un ciudadano más. Al contrario me cierran y se me siguen cerrando las puertas. Ellos me obligan a abandonar mi patria porque vivir así es no vivir. Por eso prefiero irme a otros lugares y empezar de nuevo. Empezar de nuevo mi vida.

- Felicidades... felicidades... yo siempre lo he dicho Kiko que tú eres un buen hombre con buen corazón tú tienes razón ya cumpliste con la ley cumpliste con la sociedad y aún te hacen arrastrar esa pena atada a ti dondequiera que vas, es como si llevaras un grillete invisible amarado en unos de tus tobillos. Eso no es vida hijo.
Vete... vete... y empieza de nuevo a vivir tú vida.

Gilberta se levantó de su banquito y le dio un beso y un abrazo a Kiko. Belén que mira lo que pasa hizo lo mismo y le dijo al oido:

- Mucha suerte kiko... mucha suerte y cuídadate Kiko, cuídate mucho.

Gilberta continuó diciendo:

- Nosotros estábamos aquí viendo la llegada del Papa Francisco tengo fe en que él haga algo por nosotros los necesitados, los pobres, los desvalidos porque eso es lo que haría JesuCristo, lo hizo en su tiempo que estuvo entre nosotros aquí en el tierra. ¡Defender al pobre! Siempre del lado de los pobres.
- ¡Ojalá!... ¡Ojalá así sea mi tía eso es lo que más yo deseo pa' todos!

Dijo Kiko como desengañado, sin esperanzas de todo y por todo lo que ha visto y aprendido en estos últimos días. La llegada del Papa Francisco fue el gran evento en la isla en este año 2015. Ahora esperemos su agenda para Cuba. Los arrestos a disidentes continúan a lo largo de toda la isla. Algunos se les prohibió que fueran al recibimiento del embajador de la paz y la misericordia. Todos tienen puesta su fe en este viaje y poder diálogar con el Papa y que él conociera por sus propios testimonios la verdad que se vive en la isla de Cuba.

Hoy es domingo 21 de septiembre del 2015. La visita papal continúa en la isla con una misa masiva en la Plaza de la Revolución. Los disidentes en su misma lucha, unos apresados en su propio domicilio y otros arrestados en estaciones de la policía. Otros golpeados y arrastrados en el caso de Las Damas de Blanco por mujeres uniformadas miembros de la policía política que las maltratan y golpean sin ningún tipo de consideración. Ni aún por ser mujeres como ellas. La visita del Papa Francisco a Cuba en La Habana le dio la oportunidad de reunirse con Fidel Castro en su casa del Punto Cero. Así decía el noticiero nacional de televisión. Todos oían la noticia y no hubo comentarios. Quizás muchos no esperaban que esto sucediera cuando el propio Fidel Castro no es el presidente de la isla en forma oficial o al menos eso se dice que no lo es y detrás de bambalinas él sigue siendo el presidente retirado en ACTIVO. Al menos lo hizo de ese modo el Papa Francisco cuando le concedió una vista en su propio casa en el Punto Cero rompiendo los protocolos tal vez de su visita a la isla de Cuba y su apretada agenda. El estelar de noticias en la televisión cubana seguía cubriendo la visita del SANTO PADRE en la isla.

Todo los que veían y oía las noticias en la isla; sin hablar... sin comentar... aunque sintieran el deseo de hacerlo. Eventos de gran resonancia mundial están ocurriendo en la isla. En La Habana. El noticiero Nacional de Televisión decía: Las Fuerzas Armadas Revolucionaria de Colombia continúan en sus reuniónes con el gobierno para encontrar una negociación pacifica al desarme y cese del fuego y deposición de las armas en la selva colombiana.

En busca de la reconcialiación entre la guerrilla y el gobierno de Colombia y entonces surge la pregunta: ¿Por qué no buscar la reconcialiación en casa primero y luego en la casa ajena? Nosotros también estamos necesitados de estos mecanismos de la reconciliación que tantos buscamos y necesitamos. Los disidentes, ellos no tiene armas de fuego para pelear, solo cuentan con su DIGNIDAD y su HONRA para seguir la lucha y obtener los que se les arrebata a todos sin la oportunidad de reunirse, oírles o concederle SUS DERECHOS HUMANOS. En un país donde: LOS MALOS DUERMEN BIEN. Por qué no buscar la reconciliación con su propio pueblo y después ayudar y cooperar a la reconciliación de otras partes del mundo tamnién en conflicto.

¡Libertad!... ¡Libertad!... ¡Libertad! es lo que se oía.
¡Libertad!... ¡Libertad!... ¡Libertad! es un coro a una sola voz.

Porque José Martí dijo:
TERRIBLE ES. LIBERTAD HABLAR DE TI PARA EL QUE NO LA TIENE.
LOS MALVADOS NO NECESITAN EL CASTIGO DE DIOS, NI DE LOS HOMBRES.
PORQUE SU VIDA CORROMPIDA ES PARA ELLOS UN CASTIGO.

Continuaron los gritos que se oyen, es el pueblo reclamando... reclamos que deben ser oídos. Gritan todos, cientos y cientos de cubanos frente a la Embajada de Ecuador en La Habana. Así amaneció este día en La Habana. Ellos reclaman su derecho. Su derecho a ser oídos o al menos una explicación una respuesta a su situación por parte de la diplomacia Ecuatoriana.

¡Libertad!... ¡Libertad!... ¡Libertad!... continúan los gritos.
La policía custodia la sede diplomática con un cerco que impede a ellos el acceso a la embajada, después que esta embajada expidió visas a cubanos para viajar a ese país sudamericano las cosas no han sido como ellos pensaron y ahora reclaman, parece que han sido estafados y quieren su dinero o su visa para viajar. Allí está Kiko y su amigo Efraín entre tantos y tantos otros cubanos exigiendo su derecho. Ellos lo han vendido todo hasta su casa para alcanzar la LIBERTAD y ahora algo no funciona bien en el proceso que ellos mismos han iniciado. Otro ardid político que parece ser de Fidel Castro y su sequito a ellos les gusta usar estas miniobras sutiles para crear problemas en otros países de la región. Ideas macabras en mentes macabras, así viejo como está sigue generando ideas para hacer daño a su pueblo. Lo que ellos no pensaron es que esta vez los problemas empiezan dentro del país donde tienen tantos y tantos problemas más sin resolver y escapando el pueblo les alivia unos años más, ganando más tiempo.

Una estrategia, otra válvula de escape a la crisis cubana. Los visados para Ecuador tarde o temprano tendrán problemas en otros países y eso es lo que ellos buscan crear el caos, el desorden y de cierta manera perjudicar a los Estados Unidos por esta avalancha de cubanos que tendrían tal vez que asumir una posición al respecto en un desequilibrio regional creado por los Castro. La causa es la misma: LOS CUBANOS EN BUSCA DE SU LIBERTAD AL PRECIO QUE SEA NECESARIO. DECIDIDOS A EMPEZAR DESDE CERO.

Kiko y Efraín se miran el uno al otro sin dar gritos. Kiko no quiere verse envuelto en problemas judiciales y menos ahora que casi está logrando sus objetivos salir de la isla-prisión. Y le dijo a Efraín:
- Mira Efraín esto se está poniendo malo asere... pero malo.
- Ten paciencia mi socio. Tú pagaste tú dinero alguien tiene que responder por eso.

Las gente se aglomeran al cerco policial bordeando la embajada y seguían los gritos de:
¡Libertad!... ¡Libertad!... ¡Libertad!...
En ese momento se oyó a un joven que decia:
- Yo estoy aquí desde muy temprano en la mañana y no me iré hasta que no me devuelvan mi dinero o me resuelvan el problema. Yo pagué los más de dos mil CUC en todo esto. ¡No es peso cubano... son CUC! Qué no es lo mismo ni se escribe igual y que son míos y hay que devolvermelos o darme la visa pa' Ecuador.

Grita el joven en alta voz frente al cerco de policías que custodian la sede de la embajada de ecuatoriana en La Habana, Cuba. Los que protestan seguían gritando: ¡Libertad!... ¡LIbertad!... ¡Libertad!

La policía agarró a unos y los esposa llevándoles a rastra hasta el camión-jaula que usa la policía política en estos casos. Kiko miró, no quiso actuar y pensó: «es mejor esperar y estarse quietecito en base aquí a ver hasta donde llega esto, reclamamos lo nuestro y nada más, es nuestro derecho».

Las Damas de Blanco preparándose para otro domingo de desfile después del misa en la la iglesia de Santa Rita. Algunas se hallan reunidas en la sede de la organización cuando Yadira dijo:
- Qué decepción hermanas... Qué decepción siento aquí en mi corazón, como humana primero y como católica que siempre he sido... Qué decepción. Qué desengaño en quién tenía puestas mis esperanzas. Qué desilusión en él que supuestamente representa a Dios en la tierra... Qué dolor llevo aquí en mi alma. No lo puedo creer, nunca lo pensé... no... no lo pensé nunca... nunca que no tuviera en su apretada agenda al menos diez o quince minutos para nosotras. Para oírnos, para que interceda por nosotros. No fue asi. Sí tuvo tiempo para visitar a Fidel Castro y no tuvo un minuto para nosotras. Este es el Misionero de la misericordia. Así le llaman. ¿De que lado está su misericordia? No del lado de los pobres, de los desvalidos. Está de parte de los poderosos. No sé... no sé que pensar ni que decir... que Dios me perdone, pero me siento tracionada por el que todos llaman EL MISERICORDIOSO, que no la tuvo para con nosotras que tanto necesitamos su misericordia.

Una dama de blanco le contestó a Yadira diciéndole:
- No mires a a los hombres. Mira hacia CristoJesú que es nuestra guía y ÉL nunca nos fallará.

El Papa Francisco se fue de la isla y no le concedió a los disidentes un tiempo, aunque sea el mínino para oírles unas o dos palabras. El misionero no cumplió con su misión de misericordiosa esta vez. Pero sí bendijo al diablo en su casa del Punto Cero.

El Santo y el diablo bajo un mismo techo en el Punto Cero. Increible; pero cierto. Sin entendimiento ni explicación. Ni religiosa ni humana lo indecible.
La vida seguía igual a pesar de casi cumplirse un año de la reanudación de las relaciones bilaterales entre los dos viejos enemigos, ahora nuevos amigos... SI AMIGOS SE PUEDE DECIR. Llegó el mes de diciembre del 2015 hoy es 17 el Día de San Lázaro. Los cubanos siempre celebran el día del viejo de las muletas y los perros. Hoy hay algo más que celebrar un día como hoy en el año 2014 los gobiernos de Estados Unidos y Cuba anunciaron su nueva era de relaciones diplomáticas. Los cubanos hoy se van al Rincón a cumplir con sus promesas al viejo Lázaro y así transcurrió el primer aniversario del nuevo inicio. Sin mucho que aportar por el gobierno de la isla. Y exigiendo demasiado al gobierno de los Estados Unidos. Muchos ruidos y pocas nueces. Los arrestos, acoso, prohibición a los disidentes sin cambio alguno permanecen en el mismo punto sin moverse sin apertura a lo que se pensó que vendría con el inicio de la nueva era entre Cuba y Estados Unidos. Cuba en su misma posición, cambios lentos o casi ninguno donde se pude decir que a tientas y con miedo a enfrentar la realidad. La realidad que se observa con una simple ojeada a la vida en el país y la vida de sus habitantes.
Gilberta en su cuartico del solar de San Isidro, sentada en su mismo banquito y frente el silloncito de la vieja Evangelina, ausente físicamente y presente en la mentes de sus familiares. Gilberta está sola y le había encendido su vela al Santo le rezó y pidió que el año que viene sea el mejor de los años para ellos en la isla. Miró al silloncito vacío donde acostumbraba estar la señora Evangelina sentada gran parte del día y le dijo:
- Mamá, ve ud., ha pasado un año ya de aquel 17 de diciembre que presentí que algo bueno venía pa' to nosotros. Ese día la alegría fue tan grande que grité a Ofelia y Lilita que vinieran a ver las noticias por el televisor y nos ilusionamos hasta pensé en mi hermano Vicente con la idea de volverlo a ver. Ya Ud. puede ver como han sido las cosas... no como esperábamos ni como pensábamos. Los Yumas están llegando, están viniendo gota a gota. Yo pensé que sería más abierto que llegarían en montones y la vida nuestra cambiaría. Na' vieja seguimos igual o peor. Sin entender muchas cosas mi vieja... aún sufriendo la escasez de muchas cosas y la diferencia entre el peso y el CUC que nos golpea tanto a todos. La cuenta no da. Yo no entiendo bien de eso por mucho que trato de explicarme a misma que es lo que pasa... no lo logró entender mamá.

Gilberta le habla a su madre, con ella podía desahogarse todo esa pena que lleva dentro y a veces cree que se morirá así con esa gran pena en su corazón y luego le dijo:

- Tengo hoy como aquel día 17 de diciembre del año pasado un presentimiento. Y es que Enzo. ¿Se acuerda Ud. de Enzo mamá? Sí Enzo, mamá, el italiano que estuvo saliendo con Clarisa y le hizo promesa de volver y casarse con ella. Bueno Ud. quizás no se acuerda de Enzo; pero me levanté con Enzo en la cabeza hoy como aquel 17 de diciembre que me levanté con el presentimiento de que el viejo Lázaro nos tenía una buena noticia y así fue aunque aún no veamos los resultados ni las cosas muy claras todavía, sin resultados aparentes todo bajo dominio y control del gobierno, no nos dejan levantar cabeza mamá. Pue' a Enzo lo veo volver y casarse con Clarisa y nadie sabe mamá y hasta nosotros nos vamos con Enzo a Italia. ¡Ay, mamá!... cuanto me dolería déjarle, si así fuera. Pero me la llevo conmigo en mi corazón mamá es como sí Ud. se fuera con nosotros. Aquí las cosas se ven igual y a veces creo que todo va a permanecer igualito como siempre sin cambio, los de arriba más ricos y nosotros los de abajo más pobres. Esto de irnos es solo un sueño que tal vez nunca se cumple. Hasta ahora estamos con las relaciones con Los Yumas; pero nosotros, seguimos igualito mamá,

igualito... igualito, como Ud. nos dejo...

Gilberta sin darse cuenta sus lágrimas caían en su regazo y con su cabeza mirando al suelo seguía la conversación con su madre la anciana Evangelina Mendieta que no está entre ellos.

- ¿Cómo seguir viviendo mamá?... ¿Cómo?... ¿Cómo seguir?...

Gilberta se desepera, sin saber que hacer ni que camino escoger esperando la respuesta a la pregunta que ha hecho a su madre muerta. Se levantó del banquito y se arrodilló ante el viejo de las muletas y oró y le pidió por todos y así pasó la noche del 17 de diciembre para Gilberta en el solar de san Isidro.

Hoy es quizás el último encuentro de Abel con su profesor, el doctor en ciencias políticas y profesor de la Escuela de Periodismo, el profesor Olivares. Abel ya está en el lugar de la cita en espera del maestro. La cita es frente a la Embajada de España en La Habana. Miró a sus alrededores como siempre la inquietud y la duda de que alguien lo estuviera siguiendo, siguió allí por unos minutos más y vio como se aglomeran las gentes buscando su ciudadanía española y poder viajar a la madre patria cuando vio al profesor salir de la embajada de España cruzó la calle y se saludaron cuando el profesor dijo:

- Aquí estamos de nuevo colega. En nuestra aventura. Decifrando todo esto en que nos encontramos.
- Las cosas son así maestro... así son.

Repitió el joven que según los planes hoy es el último encuentro.

- Bueno caminemos que tenemos un clima hermoso hoy, un día de diciembre. Las Navidades a celebrarse. ¡Las ya no más prohibidas Navidades que por tantos años nos privaron!

Dijo el profesor y su voz se oyó como cuando se logra un éxito que ya no se espera.

- Yo no tuve el privilegio ni de conocer Las Navidades nadie me habló de lo que era ni de lo que significan para todos. Viví como en otro mundo y a solo noventa millas de aquí seguía otro mundo muy diferente al nuestro al que tampoco conocí y ahí sigue y seguirá. Y nosotros aquí tratando de crear esa sociedad nueva y a ese hombre nuevo. Hombre Nuevo por ver y crear.
- Errores... y los errores se pagan de una forma u otra pero siempre se pagan. Y eso es lo que estamos nosotros pagando nuestros errores, nuestros desaciertos en estos caminos tan complejos de la sociedad humana en que nos tocó vivir. Bueno... ¿Qué es lo nuevo que nos queda por discutir?

Añadio el profesor Olivares ansioso por oír la última pregunta.

- La visita del Papa... sí del Papa Francisco. El Misionero de la Misericordia como le llaman.
- Estamos en unos de los más complejos fenómenos que pudiéramos encontrar en la historia de la humanidad. La religión, el hombre y la existencia de algo sobrenatural. Verdaderamente complejo Abel. Muy complejo...
- ¿Cuál es específicamente tú pregunta?

Dijo el profesor Olivares buscando el centro de lo que se pregunta.

- Yo, profesor crecí en un ambiente totalmente ateo. Mis padres no creen en Dios y así han vivido toda su vida. Me explican que en la escuela se les prohibia hasta decir: Dios mío. Y ahora todo cambia así como, sin explicación y los papas comienzan a visitar la isla con más frecuencia cada vez.
- Intereses... intereses... son solo los intereses de un lado y del otro lado. Los intereses y la política a veces o casi siempre navegan juntos. Recuerda que el papa representa a un estado osea que a su vez es jefe de estado con el rango como otro jefe de estado y a su vez representa a DIOS EN LA TIERRA. Son dos cosas que parecen incompatibles. Y ni tú ni yo podemos definir donde empieza una o acaba la otra. y El papa Francisco nos visitó como reconciliador de la nueva era que se aproxima. ¿Cómo jefe de estado o cómo misionero de la misericordia? ¿Quién sabe? Sí fue como misionero de la misericordia. ¿Por qué no le concedió una audiencia a los disidentes que son los que más necesitan su misericordia y apoyo en su lucha desigual contra el poder imperante, que los encarcelan, maltratan, golpean y hasta los desaparecen. Ahí esta el fenómeno en el Misionero de la Misericordia. Y es como se dice: NO HAY PEOR CIEGO QUE EL QUE NO QUIERE VER Y NO PEOR SORDO QUE EL QUE NO QUIERE OÍR. Esta es la situación en las que nos encontramos. El misionero de la misericordia se olvidó de muchas cosas que NADIE PUEDE OLVIDAR EN LA HISTORIA DE NUESTRO PUEBLO.
- Se olvidó de los miles de fusilamientos que empezaron en mismo enero del año 1959 en la fortaleza San Carlos de la Cabaña en La Habana encabezados por Ernesto Che Guevara, su coterráneo y por el ahora general-presidente: Raúl Castro en Santiago de Cuba.

- Él se olvidó de los miles y miles de cubanos muertos ahogados en el estrecho de la Florida en busca de libertad y más de la libertad religiosa a la que se les arrebato desde el principio de la revolución.
- Se olvidó de los éxodos masivos ocurridos en 1965, 1980, 1994.
- Se olvidó de los fusilamiento en la causa Número Uno de 1989.
- Se olvidó de los injustamente muertos del remolcador 13 de Marzo.
- Se olvidó de los cubanos muertos con el derribo de las avionetas de Hermanos al Rescate.
- Se olvidó del fusilamiento de tres jóvenes de la raza negra por querer ser libres.
- Se olvidó de la muerte del disidente Orlando Zapata.
- Se olvidó de la muerte de la fundadora de Las Damas de Blanco, Laúra Pollán.
- Se olvidó de la muerte de Oswaldo Payá y Harold.
- Se olvidó de los desmanes de que son victimas los que protestan en las calles, reclamando sus derechos.
- Él se olvido de todo. Y al final para completar SU OLVIDO fue allí a BENDECIR AL DIABLO. En su refugio en su madriguera del Punto Cero. El Santo Padre frente a frente al Diablo. Y no tuvo un minuto dos minutos tres minutos para oír a los deposeídos a los pobres a los que no tienen NADA. Solo el valor y el coraje de enfrentarse a la dictadura más horrenda que hayamos tenido que luchar con los únicos medios que están a su alcance que son: SUS IDEALES, SU DIGNIDAD Y SU HONRADEZ. Y SU AMOR A DIOS Y A LA PATRIA.
- Y no solo eso cuando un disidente trato de acércarse a él y entregarle una carta y los guardias nacionales junto con sus guardaespaldas lo agararon y le impidieron su acto de entrega.
- Luego dijo que no vio NADA... NADA... su burda ceguera llegó al colmo de los colmos.
- ¿Es realmente el misionero de la misericordia el papa Francisco?
- No creo... no lo creo... en su misericordia el se puso y estuvo del lado del poder. Estoy seguro que ha actuado opuesto a como hubiese actuado CristoJesú poniéndose del lado de los pobres, de los que realmente lo necesitan en su apoyo en horas como estas en las que hay que tomar partido de un lado y ese lado reclamando a voces alrededor del mundo es: LA LIBERTAD DEL PUEBLO CUBANO. Porque esto fue lo dijo San Francisco de Asís. El Santo, el sí Santo de La Misericordia:
- Señor,
- Hazme un instrumento de tú paz:
- Allí donde haya odio, que yo ponga amor,
- Allí donde haya ofensa, que yo ponga perdón;
- Allí donde haya discordia, que yo ponga unión;
- Allí donde haya error, que yo ponga la verdad;
- Allí donde haya duda, que yo ponga la fe;
- Allí donde haya la desesperación, que yo ponga la esperanza;
- Allí donde haya tinieblas; que yo ponga luz;

- Allí donde haya tristeza; que yo ponga alegría.
- Señor,
- Haz que yo busque:
- Consolar y no ser consolado,
- Comprender y no ser comprendido,
- amar y no ser amado.
- Porque;
- dando es como se recibe,
- Olvidándose de SI es como UNO se encuentra.
- Perdonando es como se recibe perdón,
- Y muriendo es como se resucita a la Vida.
- Esa es la verdad de San Francisco de Asís, el santo.
- Recuerda que la iglesia católica cubana esta vendida y chantajeada.

Dijo el profesor Olivares y todo su cuerpo tiemble de oírse a él mismo en la oración de San Francisco de Asís. Abel no pronunció una palabra aún en su mente resuenan as palabras de San Francisco de Asís cuando el profesor dijo:
- Este sí es San Francisco de Asís. EL SANTO.

Los dos se quedaron mirando el uno al otros, sobran las palabras, los hechos hablan por ellos mismos y entonces el tiempo pasó como siempre pasa entre los dos amigos de dos generaciones, muy desiguales y diferentes, unidos en el deseo en la busqueda de LA VERDAD. El profesor se levantó del banco en que se habían sentado. El sol se levanta en lo alto un día más en La Habana. El profesor regresaría con su familia en España y dejaría sin su intención aquel escenario en que había vivido toda su vida y tal vez sin aún acabar su obra. Y se acordó de Violeta Parra a la que siempre ha admirado por la pureza en su lírica en la poesía y empezó a cantar:

♪Miren como nos hablan de libertad
cuando allá nos privan en realidad
Miren como pregonan tranquilidad
Cuando nos atormenta la autoridad
Qué dira el santo padre
que vive en Roma
que le están degollando a sus palomas
Miren como nos hablan del paraíso
cuando nos llueven balas como granizo
Miren el entusiasmo con la sentencia
Sabiendo que mataban a la inocencia
Que dirá el santo padre
vive en Roma
que le están degollando a sus palomas
El oficia la muerte como un verdugo
tranquilo esta tomando su desayuno
Que dirá el santo padre
que vive en Roma, sí que vive en Roma...♪

Abel oía al profesor cantando aquella canción y se detuvo en seguir repitiendo la última estrofa en su mente: «Qué dirá el santo padre... Qué dirá el santo padre...Que dirá el santo padre que vive en Roma»...

Y con esa expresión que se quedó por unos minutos como un látigo en sus pensamientos que laten unos detrás del otro golpeando sus neuronas, camina junto al profesor al que ya no oía en su canción y los dos siguieron y sin darse cuenta se perdían en el tiempo y el tiempo se perdió. No hubo adiós, ni palabras, es como sí fuese el fin de los dos en aquel indefinido tiempo de sus vidas.

Diciembre del 2015 ya casi se despide el año hoy es 25 de diciembre y como nunca antes desde la visita de Juan Pablo II. El Papa de los papas se celebra La Natividad. El nacimiento de Cristo hace más de dos mil años. El pueblo de Cuba tiene hoy la oportunidad de celebrarla al fin y al cabo las barreras ya han sido rotas hace años atrás. Hoy Cuba vuelve a ser católica, apostólica y Romana con la ayuda del papa Francisco. EL MISIONERO DE LA MISERICORDIA y otras yerbas a ver quién se las come y convenza. Él junto al arzobispo de La Habana en la isla que se encuentra en una DISCORDIA NACIONAL. Entre los poderosos y los desposeídos. Unos agarrados al PODER como una sanguijuela y los otros luchando en desventajas de todo tipo; pero aún con la fe muy alta en que algún día las cosas necesariamente, inexorablemente tienen que cambiar, es solo cuestión de tiempo y el minuto, la hora, el día ya están llegando. Los cubanos, no todos... Los de la élite gobernante pudieron celebrar La Nochebuena y los que reciben ayuda de sus familiares en los Estados Unidos y otras partes del mundo con sus remesas en moneda dura que los ayudan a sobrevivir. Otros no, porque no les alcanza su sueldo ni para vivir. Pero hoy es diferente en el solar de San Isidro en La Habana. Hoy Gilberta se siente mejor a pesar de la ausencia de su madre. Clarisa está feliz, Avelino en silencio; pero ahí con su familia en el cuartico del solar, Belén mirando como todo pasa a su alrededor y convencida una vez más que la utilizaron por muchos años y que su hermana Clarisa tuvo razón cuando se negó a seguir en el preuniversitario en el campo, diciéndole que la explotan, trabajando en el campo, sembrando, recolectando y al final no veía los resultados. ¿Y qué?... Nada ganó ni obtuvo después de tantos sacrificios... así piensa Belén sentada en el silloncito de su abuela la anciana Evangelina Mendieta. En paz descanse. Enzo, el italiano puso sus pies en La Habana y eso representa la alegría en el cuartico de cuatro por cuatro del solar habanero. Gilberta con sus presentimientos y sus realidades y toda la familia reunida con el visitante extranjero que alivia la carga a todos y esta vez vino con la decisión de casarse con la bella mulata del solar de San Isidro. Clarisa, que hoy se ve como una estrella de cine, de esas de Hollywood que tanto las gentes admiran aunque le disguste al gobierno de Cuba que así sea. Clarisa se vistió de gala con un vestido blanco a media pierna con mangas a mitad del brazo con un escote que deja toda su espalda al descubierto casi hasta la cintura, al frente adornado con piedras blancas, parecía como si fuera una novia a punto de contraer matrimonio. Con Enzo que no le quita sus ojos de encima. Hoy es un día de fiesta Enzo volvió a La Habana. El italiano y Clarisa se fueron al Hotel Deauville. Pasó la primera noche de Enzo en La Habana.

Hoy es otro día y Gilberta ya está levantada es muy temprano y le gusta hacerlo todo temprano en el caso que Enzo y Clarisa vuelvan del hotel y quieran estar ahí en el cuartico en familia. Encendió el radio para oír las noticias, no las noticias nacionales, no le interesa saber lo que pasa en Cuba, ya no cree lo que dicen en las noticias tanto de la radio como de la televisión. Todo es un cuento, el cuento de siempre, el cuento de nunca acabar, el cuento de la buena pipa que ya no es tán buena de tanto repetirlo. La revolución marcha bien, luchar, trabajar, avanzar, seguir adelante. Lo oyó decir de Fidel Castro antes de retirarse y todavía lo sigue oyendo todos los días. Como oyó también decir: «Hacia el futuro con paso firme y seguro. ¿De que futuro habla este loco? Sí aquí no hay futuro pa' nadie, los más jóvenes se están hiendo, los del medio nos estamos retirando y lo que queda es un vejentorio quejándose de que la pensión no alcanza pa' na'. ¿Hasta donde nos vas a llevar?». Viejo loco. Eso en la cabeza de Gilberta y seguían las noticias por Radio Martí que es la emisora que a ella le gusta y la mantiene al día de las cosas que pasan en la isla que nunca la radio ni la televisión nacional dicen al pueblo. Radio Martí decia: Unos 8 mil cubanos varados en la frontera de Costa Rica con Nicaragua. El gobierno de Daniel Ortega se opone a que los cubanos transiten por su territorio vía a los Estados Unidos de América. Gilberta oyó aquella noticia y se intristeció pensó en Kiko que se había ido a Ecuador hace unas semanas y tal vez es unos de los cubanos varados en centroamérica. Y se dijo: «Así son todos, desde los de aquí, los hermanos Castro hasta sus seguidores en latinoamérica les gusta formar este tipo chanchullo de teatro y crisis. Total que más le da a Daniel Ortega dejar a estos infelices de aquí pasar por el territorio nicaraguense, acaso él es el dueño del país como se creen los de aquí, los dueños de la finca adquirida en 1959. La verdad que todos son iguales, cortados con la misma tijeras. Eso lo hacen intencionalmente para crear el problema y que quizás los Estados Unidos tengan que intervenir para que se forme de nuevo el que vienen... vienen los yanquis a atacarnos. Pero no ya ese cuento, ya ese cuento no lo pueden hacer más se les gasto la cuerda y la música de oído con ese cuento de ataque constante y nos tenían en ese tira y jala año trás años. Y a los yanquí no les interesa atacarnos; pero así nos entretienen y justifican todas nuestras desdichas y penurias».

Son como el perro hortelano... ni comen... ni dejan comer. ¡Déjennos en paz!

Gritó Gilberta cuando Belén dijo:
- Mamá Gilberta ¿Con quién peleas ahora?
- Na'... hija soy yo hablando sola, oyendo las barbaridades que algunos gobiernos se otorgan solo pa' fastidiar a los demás y hacer la vida a uno imposible y difícil creando más problemas y desorden.
- ¿Qué pasó ahora?
- Na'... na'... después te cuento hija.

Gilberta no quiso decirle la noticia a Belén.
«Todavía ella vive como entre dos aguas, además Kiko anda por esos lugares, allá por esa vuelta y podía afectarle saber lo que él está pasando por querer ser libre».

Prefirió quedarse callada y tampoco le diría a Tomasa para no mortificarla, confía en que eso será una cosa momentánea y los paises vecinos los ayudarán a seguir su camino en busca de la LIBERTAD en los Estados Unidos de América.
- Está bien mamá Gilberta... está bien.
Respondió Belén desde la barabacoa. Las noticias continúan en Radio Martí y decia: A pesar de el restablecmiento de las relaciones entre Cuba y Estados Unidos el número de balseros llegando a las costas de la Florida se ha incrementado en estos días. Los cubanos temen a perder la Ley de Ajuste y a la vez no confían en los planes de los hermanos Castro con este inesperado acercamiento. Y a pesar de las nuevas relaciones la situación en isla es la misma. Gilberta seguía, con su oído pegada al radio. La emisora Radio Martí le da algo que ella misma no sabe explicarse, se sentía reconocida que es alguien y que alguien se preocupa por ella y por todos en la isla. El tiempo se le va volando oyendo con esa veracidad que ella confía en las noticias de Radio Martí. Seguían las noticias Una parejas de cubanos fueron deportados a la isla desde Mexico a La Habana el 15 de noviembre pasado en su deseo de llegar alos Estados Unidos. Los más de ocho mil cubanos varados en la frontera de Costa Rica con Nicaragua en espera de la solución. El presidente Daniel Ortega insiste en no abrir la frontera y apesar de todas la dificultades los cubanos están optimistas de que alguna solución vendrá a está crisis migratoria creada por gobierno de Cuba y sus aliados en sur y centro América. «Una estrategia más de los hermanos Castro para empujar al gobierno de los Estados Unidos a declarar no válida La Ley de Ajuste. Esos tienen los hermanos Castro que con cierta astucia manejan sus problemas echando las responsabilidades a los otros a la oveja negra que muchos cren que es los Estados Unidos que carga todas las culpas como el totí. Los Castro pa' eso tienen número el uno el crear caos, me acuerdo del 1980 que hicieron lo mismo». Pensó Giberta.

Kiko en la frontera con mucha fe y esperanzas cree que más tarde que nunca pisaría tierra estadounidense y al fin será LIBRE. Allí están todos victimas de la manipulación del binomio cubano que tanto nos afecta y su seguidor de Nicaragua. Viviendo en condiciones no muy favorables pero inquebrantablemente unidos todos en su espera y aún alguien que lava sus ropas y las tendía al sol tararea:

♪ Vacilón.. que rico vacilón... cha... cha... que rico cha... cha... cha.♫

Alegría porque hay esperanzas, al menos aquí hay esperanzas allá en la isla ya la habían perdido por completo... «y cantar para no llorar y espantar las penas» asi le cuenta uno de los varados a Kiko en la frontera con Nicaragua desde donde se ve una hilera de guardias nicaragüense de la frontera con armas y escudos para impedirle su transito por el país en busca de LIBERTAD. Otros no correrán la misma suerte y unos trescientos serán deportados a la isla esclava. Los paises centroamericanos se reunirán para hallarle la solución inmediata a esta crisis de los: CUBANOS VARADOS en territorio de la América Central.

En La Habana se prepara para despedir el año uno más que pasa por nuestras vidas y todavía en la época primitiva, sin los cambios que todos desean y esperan. Los Estados Unidos y Cuba abrieron sus respectivas embajadas en sus capitales Washington, D.C. Y La Habana las cosas van lentas a pasos de tortuga y tortuoso es el camino entre los dos paises para llegar a acuerdos que fortalezcan la nueva relación. Las esperanzas ya no son verdes como siempre acostumbramos a decir ahora recorren el espectro con todos sus colores y mátices y al final se pierde en ese conjunto de todos a la vez. Porque crece la duda ante los reales cambios que se necesitan en la isla para continuar en el contexto mundial. Hoy el 31 de diciembre Gilberta en su cuarto del solar. Este fin de año va ser diferente para ella. Enzo está en Cuba y esto representa mucho para ella y su familia. Clarisa y Enzo se casarán en el 2016 en los primeros días de enero. No habrá fiesta de boda, no hay condiciones para una cosa como esa. Ellos han vivido toda una vida en el solar de San Isidro en un cuarto de cuatro por cuatro con una barbacoa en la que apenas caben todos ellos como familia. Así han sido sus vidas de generación en generación y aún siguen en el mismo lugar el cuarto del solar. Lo que no imaginó Gilberta que pasara en toda su vida, ella se ilusionó y soñó con la revolución iniciada en 1959 que les prometió tanto y tantas cosas y todavía está en el mismo cuartico y han pasado más de medio siglo. Su madre se fue con la esperanza de mejorar algún; pero no, se decepcionó en el camino de miseria y así se fue. Ya el amargo sabor de la vida se había acumulado tanto que al final de sus días no creía en nadie como ella misma acostumbró a decir en alta voz.

Todos están allí en el cuarto y muchos han venido a felicitar a Clarisa por las buenas nuevas a los dos a Enzo y a su novia Clarisa. Muchos pasan y se asoman al cuarto y los felicitan, otros se sientan el pasillo del solar. Ellos, todos en diferentes formas y maneras celebran el fin del año 2015. A un año y unos días que se proclamara el regreso de los yanquis y las nuevas relaciones entre los dos paises. La nueva Era en la vieja Cuba del 1959.

Porque todavía en Cuba estamos como en esos años de 1959. La isla se queda ahí en ese tiempo sin que el mismo se mueva. Su tiempo cero en que la isla y sus habitantes han estado por más de medio siglo. «Todos en las mismas en la espera de los cambios, mañana se cumplirá un año más del triunfo de la revolución de Fidel Castro. Ya vamos para cincuenta y siete años nos estamos montando en los sesenta, cuando casi se pasa la edad de la jubilación. Se puede decir que los que nacimos en ese año ya nos estamos preparando para retiro... y ¿retirarse para qué? Sí la pensión no alcanza. Y lo que nos dan ni un por ciento es en CUC. Tal vez hay que seguir doblando el lomo para sobrevivir en la Vieja Cuba con su nueva era». Así piensan los presentes sin mover sus labios los pensamientos corrían por sus cabezas y ellos allí en la espera de siempre por el cambio esperado por todos en la isla.

Enzo que con sus euros garantiza un fin de año diferente para los vecinos del solar. Ellos fueron a la shopping hoy, es fin de año: «A botar la casa por la ventana, como decimos en la isla. Y así es para todos hoy. Hasta cuando durará la FELICIDAD en la casa del pobre». Ese es el pensamiento de Gilberta que desde una esquina mira a todos, familiares y amigos recostada a la pared del cuarto del solar de San Isidro cuando Ofelia su vecina le dijo:
- ¿Qué Gilberta, no estás contenta? Clarisa se casa en unos días y se irá... a Italia y empezará otra vida muy distinta a la que aquí llevó, no porque ella lo quisiera. La necesidad... La necesidad a la que nos vimos todos pa' poder seguir viviendo en este lugar, nuestra tierra donde se nos niega vivir dignamente.

Gilberta oía a su amiga y calla. No está segura de lo que vendría después y su mente se arruina pensando y no quiso hacerlo un día como hoy y solo dijo:
- Sí, tú tienes razón amiga... tú tienes razón. Mira sentémonos allí, juntas como siempre hemos estado juntas, la única que falta es Lilita que también nos ha acompañado en las buenas y en las malas.
- Así mismo. ¿Cómo seguirá Eutimio?
- Es mejor no pensar en eso y oremos por ellos. Todo se lo déjamos a Dios en sus manos. Y hay que seguir, verdad. Ofelia hay que seguir.

Gilberta dijo, ella que se sentía más triste que alegre; pero no quiere demostrarlo a nadie en esta ocasión.
- Ahora disfruta este momento con tú hija y su futuro esposo y mañana dirá, será otro día.

Ofelia dijo a su amiga Gilberta en una forma de verle una sonrisa en sus labios en un día como hoy. Clarisa lista para su nueva vida. Ya hoy es primero de enero del 2016 y como todos los años se celebra el triunfo revolucionario que un día se apoderó, se adueñó y se robó la vida y destino de todos en la isla en el año 1959. La vida de todos cambio pero no para bien, sin saber a donde realmente iban a parar. Todavía siguen algunos con la idea de su gloriosa revolución que nunca ha mostrado sus glorias.

En unos días ella será la esposa de Enzo y podrá montar el avión e irse a Europa con él. Ella no está todavía en el cuarto del solar de San Isidro. Está en el cuarto del hotel con su futuro esposo Enzo, el italiano que en unos dias firmará en la embajada de Italia sus nupcias y ella será LIBRE... LIBRE... como el viento. Pensaba ella mirando al mar desde el balcón de su habitación y sus ojos se perdían a lo lejos y regresan lentamente a la orilla y allí se detuvo cuando vio el muro del malecón y piensa en sus amigas en todas a la vez Xiomara, Maritza; pero más en Rocío. Aquel ser frágil que le inspiró a ella a entender más la vida y su naturaleza. Empezó a quererlo como a un hermano, el hermano que ella no tuvo, sus pensaminertos se detuvieron en él por un largo rato y se pregunta: «¿Dónde estará?... ¿Dónde estará Rocío? Lo habrán deportado a Oriente, donde él nunca quiso volver... a ese lugar que nunca lo aceptó ni lo ayudó a vivir sea como fuere.

Si pudiera ayudarlo de alguna manera... si pudiera hacer algo por él... esas fueron sus ultimas palabras que corrieron por su mente cuando Enzo le dijo:
- ¿En qué piensas, mi amor?
- En todo Enzo... en todo... en mi vida pasada y mi vida presente.

- ¿Eres feliz, mi amor Che sera... Che sera?

Preguntó Enzo, el italiano, el salvador de Clarisa que quiere hacerla feliz.

- No sé decirte como me siento mi Enzo. Es una mezcla de alegría y de tristezas a la vez. Solo yo puedo entenderme a mí misma en estas circunstancias en la que me encuentro. Este es mí país, aquí nací y aquí lo dejo todo... todo... mi famila y mis amigos que también son parte de mí. Es algo que solo nosotras podemos entender.

Y le vino a su mente el nombre de ellas: «Xiomara, Maritza y Rocío. Y este ultimo que había marcado su vida desde el primer momento que lo conoció se solidarizó con sus penas. Su juventud, su inocencia, su soledad y sus flaquezas vagando en la capital del país sin familia, sus nobles sentimientos, todo dejó una huella imborrable en Clarisa que lo conoció mejor en sus historias contadas en las noches de malecón. «¿Dónde estará ahora?». Fue su ultima pregunta en mente sin poder contestar. Enzo la mira y sus ojos recorrían la figura de Clarisa, «sempre bella, sempre bellíssima», se decía a el mismo cuando le dijo:

- Amore mio... amore mio. Tutto va bien. Sí... sí... andiamo.

Ella se levantó y corrió hacia él y lo abrazo y unas lágrimas se asomaron en sus ojos. Enzo sintió la cálida gota que caía y corre sobre su espalda y se dio cuenta que ella, Clarisa llora, llora de alegría y de felicidad con una mezcla de dolor y se fundieron así en un abrazo por un largo rato.

- Vamos... vamos al cuarto de San Isidro.

Dijo ella, Clarisa que quiere compartir sus últimos ratos con su familia del solar.

- Sí... sí... vamos... vamos.

Contestó él complaciente a su futura esposa Clarisa. La mulata de fuego del San Isidro en La Habana, Cuba. Salieron a la calle el sol casi en lo alto, la mañana caliente para este mes del año. Enzo mira todo en su entorno y ve muchos jóvenes sentados en las aceras que circundan el hotel con sus laptop y teléfonos celulares y preguntó:

- ¿Che cosa é questo?
- No... no nada ... no te preocupes mi amor son los jóvenes que vienen a servirce de eso... de eso... que ahora llaman wuai-fai y hablan con sus familiares en Miami y otras partes del mundo es la única forma en que pueden hacerlo.
- E'incredibile... incredibile.

Contestó Enzo y los dos siguieron su camino por la calle Galiano hasta llegar a San Isidro. Gilberta en su cuartico, oyendo su emisora Radio Martí que da las noticias del mediodía y decía: La llegada de balseros a la costa de la Florida sigue en aumento, así como los cubanos que salen del país para entrar en los Estados Unidos por tierra. Muchos aún varados en la frontera con Nicaragua. Los gobiernos centroamericanos buscan una solución a la crisis humanitaria de los cubanos, y otros que van llegando vía aérea a México y de allí al fin a tierras de LIBERTAD. Los dos llegaron al cuartico de San Isidro, mañana es el día de su unión y Enzo hoy quiere celebrarlo abriendo una botella de champán con toda la familia en un día, él y Clarisa se van a Italia.

- Hola... hola... hola... ciao... ciao... ciao.

Gritan los dos al llegar al cuarto de solar. Cuando Gilberta dijo:
- ¡Ay, hijos que bueno que están aquí!, se acerca el día de su partida y quiero disfrutar estos raticos con Uds.
- Sí... mamá Gilberta y nosotros también con Uds.

Las dos, madre e hija se abrazaron. Allí están Avelino su padre, su hermana Belén y su hermana Yadira con sus hijos que han venido a despedirse de su tía Clarisa, que en un día será LIBRE y se va a Europa, a Italia. Todos se sentaron alrededor de los novios. Y Clarisa les dijo:
- Bueno nos queda un día más y luego me iré con Enzo mi esposo a Italia y antes quiero decirle algo a todos Uds. Primero que nunca... pero nunca me olvidaré de quién soy. Ni de donde vengo. Siempre seré Clarisa, la misma Clarisa de aquí del solar de San Isidro en La Habana. Donde pase mis mejores años a pesar de todos las dificultades y problemas por los que nos hemos visto pasar todos estos años en nuestras vidas en familia..

Gilberta, Belén, Avelino y Yadira oyen a Clarisa y hasta a su padre Avelino se le aguaron los ojos. Ellos saben cuanto había hecho su hija Clarisa para ayudarlos en estos difíciles años vividos en Cuba con el periodo especial de Fidel Castro. Todos se unioeron en un abrazo de familia y Enzo mira la escena en aquel momento en que todos se hacen uno, unidos en el amor que lo puede todo y lo da todo, el amor de padres y el amor de hijos. Cuando Enzo dijo:
- ¡Ore per festeggiare!... ¡sí festeggiare!... ¡festeggiare!

Enzo abrió la botella de champán gritando: Vivire l'amore... vivire l'amore... viva l'amore y empezó a cantar:

♪...M'innamoro di te anche se non vuoi
e mi hai detto che non ami mai
M'innnamoro di te perche devo amare
e peche sei tu so cantare
E'uniemozione e cosa che e talmente mia
tu se vuoi de'alla notte de andar via...♪

Todos oían Enzo cantando en italiano esa vieja canción que recuerdan a Gilberta aquellos años en que a veces se sintió feliz a pesar de todas los malos momentos pasados y la música la sacó de esos difíciles momentos que después se fueron haciendo más y más difíciles para todos a continuar la vida en la isla. Ella tararea la canción con Enzo y solo exclamó:
- ¡Qué bella canción de mis tiempos!
- Sí... sí... ¡bellíssima!... ¡bellíssima!

Decía Enzo a su ahora también madre cubana: Gilberta. La mamá de Clarisa su futura esposa. Mañana es el día para Enzo y Clarisa. Todos se sintieron por una vez más unidos compartiendo con los novios. La vida debe seguir pensó Gilberta en aquel momento y sintió esa misma mezcla de alegrías y tristezas un día antes de las nupcias de Clarisa y Enzo. Ellos no podrán ir con ellos a la embajada solo los novios y luego se irán al esperado y deseado lugar por Clarisa para empezar la otra vida que es la que ella siempre a deseado y no podido tener en su tierra, Cuba y desde allá Italia ayudar a la su familia en La Habana en el mismo solar del que salió, el de San Isidro.

Llegó febrero del 2016 y La Habana sigue siendo el lugar de grandes acontecimientos históricos realmente inesperados e inexplicables para muchos.

La historia hecha por los hombres en su propios tiempos vividos. La Habana es maquillada de nuevo para los eventos que se apróximan. Uno y el más importante de los eventos es la visita del presidente de los Estados Unidos de América el próximo mes de marzo. Se anunció hoy febrero 18 por La Casa Blanca. Después de casi noventa años que un presidente estadounidense no visitará la isla. El pueblo cubano ahora tal vez más alegre que aquel día en que se anunció el restablecimiento de las relaciones a nivel de embajadas. El pueblo cubano está lleno de ESPERANZAS y esas esperanzas están depositadas en la visita y la gestión del primer presidente afroamericano Mr.Barack Obama al hacer esta histórica visita a la isla caribeña. Los cubanos del exilio un poco escépticos ante esta decisión del presidente de los Estados Unidos de América de visitar la isla-prisión, esclavizada por más de cincuenta años y en Miami los del exilio histórico, con sus esperanzas de regresar un día a la isla libre sin la presencia de los que la han destruido como lo han hecho hasta nuestros días. Hoy se esparció la noticia por todas partes y los viejos amigos del dominó conversan el el pasatiempo sobre el tablero. Los cuatro sentados pensando la jugada a realizar cuando Fabián dijo:
- Oyeron Uds., caballeros. La verdad que le zumba el mango. Oír una cosa como esa a estas alturas después de más de cincuenta años soportando y soportando en la espera de que desaparezcan del mapa los asnos de los Castro. Y ahora este presidente va a Cuba … ¿A qué?... ¿A qué?... va ese hombre a Cuba... ¿A qué?

Los demás que rodean la mesa de juego no pronunciaron palabra. Se hizo silencio y solo el ruido de las fichas del dominó se oían al tirarse sobre el tablero hasta que Juan Luis dijo:
- Bueno… bueno mi opinión es que este presidente quiere acabar con estas tensiones entre los dos países por más de medio siglo y ayudar al pueblo de Cuba. La beligerancia no a dado frutos.
- Hay que ser muy ingenuo para pensar que así puede ayudar al pueblo Cuba. Lo que puede hacer es legitimar la dictadura.

Contestó Fabián, él nunca creyó en que esta sería la vía de solución al problema de la dictadura más antigua del hemisferio.

- Nadie puede conocer más la situación de Cuba que nosotros mismos los cubanos que de allí salimos por estar en desacuerdo con el desgobierno al que hemos sido victima por más de cincuenta años. Lo único que puede obtenerse de ahí es unos cuantos años más de dictadura castrista y el pueblo va seguir en las mismas o peor. Los cubanos conocemos bien la mala calaña y reputación de los dos. Con promesas y mentiras y más mentiras por casi sesenta años.

Dijo Fabián irritado, no entendía la razón de la vista presidencial a la isla.

- Hay que darle la oportunidad al presidente y va algo bueno sale de todos esto.

Contestó Juan Luis, él no muy seguro de lo que pueda pasar con este evento histórico en la isla sometida a la voluntad de una dinastía por muchos años.

- No lo creo. La soberbia es más grande que ellos mismos y nunca van a ceder o reconocer que su sistema no resuelve ni funciona, no trabaja. ¿Cuál sería ahora el camino a tomar? Para seguir justificando sus errores de años y años.
- Yo creo que el señor Obama ya en este que es su último periodo en La Casa Blanca y querrá irse con algunos creditos para la historia de los Estados Unidos y la historia entre los dos países, ser el primer presidente que rompió con la DISTENSIÓN entre los dos paises, no más beligerancia.
- Y qué harán ellos para justificar sí ya los dos países se reconcilían y volvemos a SER AMIGOS. Como antes ¿A dónde vamos ahora a parar con todo esto?
- Todo puede ser de manera simbólica cuando hay intereses por el medio recuerden esa guerra que siempre los Castro anuncían y utilizan a alguien o algo para iniciar la guerra interna anti-yanqui. No podemos olvidar a Elían González, no podemos olvidar a los cinco espías, no podemos olvidar las amenazas constantes de ataque del IMPERIALISMO a la isla. El bloqueo que no existe. Y ahora al norteamericano Alán Gross. Todo hay que analizarlo dentro de contexto actual. El mundo va hacia otra dirección. Los problemas y las tensiones entre países se resuelven de otra forma con el diálogo, la diplomacia y negocianes bilaterales con acuerdos mutuos.

Dijo Fabián a su viejo amigo. Ellos que habían esperado por muchos años por un acontecimiento, no de esta índole.

- Veremos que pasa… veremos que pasa amigo mío. Yo recuerdo lo que nos pasó cuando Bahía de Cochinos y también fue un demócrata.

El juego dominó siguió su curso sobre le tablero y todos hicieron silencio, es mejor y esperar por los acontecimientos se produjeran y ver los resultados.

La Habana una vez más formando parte de todos estos sucesos políticos y religiosos. En días pasados tuvo lugar unos de los eventos sin precedentes en la historia del mundo con más de cuatrocientos años sin una relación religiosa el Papa Francisco. El misionero de la misericordia se reunió en La Habana con el Patriarca de la Iglesia Orthoxa Rusa Kirill I. La reconciliación llegó también a la iglesia y sus dos máxmos representantes que se reunían en La Habana, Cuba. Iglesias que se habían separado en el 1054 y ahora las dos ramas más importantes del cristianismo volvían unirse en amistad y devoción religiosa. La reconciliación no se llevó a cabo ni en Roma ni en Moscú ni en Geneva, nada más y nada menos que en La Habana, Cuba. La capital cubana es ahora la reina por un día en la política mundial. La Habana reconciliadora de los irreconciliables en algunas partes del mundo. La Habana reconcilia a las Fuerzas Armadas de Colombia con el gobierno colombiano. La Habana estrecha las manos a Kirill I de Rusia y al Papa Francisco. El misionero de la misericordia. Todo en La Habana, Cuba.

Ahora es la ciudad de la mediación de la negociación para ambos lados que la utlizan en el mejor terreno para reunirse y lograr sus objetivos donde La Habana juega su mejor papel favoreciéndose a uno y absolutamente a uno el gobierno de la isla sirviendo de cause a la nueva ola entre los reconciliados. Sin dar paso a que realmente necesitamos todos en la isla.

La Habana después de este encuentro seguira siendo la misma. La misma Habana de siempre con su historia pasada y presente; pero con muy incierto futuro. Las partes llegan se reconcilian, resuelven su supuesto problema y La Habana sigue igual flotando en su onda de vaivén que no la saca adelante, llevándola hacia atrás. El gobierno participa en las reconciliaciones extranjeras. No reconciliándose en su misma casa con su propio pueblo, no lo oye, no le da el espacio que piden. La ley del embudo en su máxima expresión de desigualdades entre el PODER del gobierno cubano y los desarmados disidentes en la isla.

Llegó el momento en que el Papa Francisco y patriarca ruso Cirilo I en el gran encuentro con sus acuerdos y conversaciones y llegó el momento en que el Papa Francisco dijo:
    No quiero irme sin dar un sentido agradecimiento a Cuba.
    Al gran pueblo cubano y a su presidente.
    Agradezco su disponibildad activa,
    "Sí sigue así Cuba será la capital de la unidad"

Concluyó el Santo Padre Francisco. El misionero de la misericordia alabando a Cuba y a su gobierno por la unidad obtenida en la reconciliación de las dos ramas del Cristianismo y por la posibilidad que da a su encuentro en La Habana, Cuba después de su separación por más de cuatrocientos años. El papa vuelve en este momento a referirse a la UNIDAD. Lo que signfica unión sin división ni caminando unos delantes y otros detrás sin oír unos y no oyendo a otros sin sobreestimar a unos y subestimar a los otros sin darle el frente a algunos y darle la espalda a los otros. Esta es su segunda visita a Cuba. La Cuba que tanto necesito de él en aquella visita de septiembre del 2015 cuando el misionero de la misericordia por un momento se olvidó de dar un acto de misericordia a los disidentes cubanos en la isla. Regresa y no tiene de nuevo en su apretada agenda ni así tampoco lo contempló la oportunidad de traer en su misión de misericordia un poco a los que más la necesitan a los que tanto se la han pedido, los pobres, los sin poder, los desvalidos, los marginados, los que cada día dentro de la isla luchan por eso que él aboga la UNIDAD. Abogando por la unidad. La unidad debe empazar dentro de Cuba y luego nos ocuparíamos de alcanzar la unidad en cualquier parte del mundo. La Habana, la capital de Cuba puede jugar un mejor papel como mediador y negociador de la UNIDAD y LA RECONCILIACIÓN, empezando por casa entre gobierno y opositores al régimen. Cuando la unidad y la reconciliación nuestra dentro de la isla se haya logrado en La Habana o cualquier otro punto de la isla. Entonces SÍ podemos decir:
LA HABANA ES LA CAPITAL DE LA UNIDAD.
Como dijo el papa Francisco: El misionero de la misericordia que da a unos y priva a otros de esa que tanto necesitamos... su misericordia.

El 2016 cargado de muchos eventos de gran importancia histórica a llevarse a cabo en La Habana, la capital de la isla. Ninguno de ellos en favor de la unidad y reconcialiación nacional que necesita poderosamente la isla. Donde se violan los derechos elementales del hombre por la dictadura de los hermanos Castro.
   Gilberta con su radio en la emisora que la hace sentirse diferente, se siente parte de ese otro proceso, al que antes tal vez no le dio la merecida importancia.
   Oye las noticias de Radio Martí y decían: Visitará proximamente la isla de Cuba el presidente de los Estados Unidos de América. En el mes de marzo el presidente Barack Obama pondrá sus pies en tierra cubana y podrá ver el Juego de Béisbol entre Cuba y Tampa Bay en el estadio del Cerro: El Latinoamericano. Después de más de ochenta años en que un presidente norteamericano visitará la mayor de La Antillas. Gilberta oyó aquello y le pareció que es un sueño. Ella está sola en su cuartico de cuatro por cuatro del solar de San Isidro y pensó «ahora sí parece que todo va ir tomando forma. El presidente de los Estados Unidos en La Habana. ¿Quién me lo iba a decir? Ni yo misma me lo creo que estará pasando con nosotros... somos o no somos... »
- ¡Qué confusión Dios mío!

Grito Gilberta y exhaló todo el aire que tenía en sus pulmones. Y pensó en gritar como aquel 17 de diciembre del 2014; pero prefirió callar y seguir oyendo las noticias de Radio Martí que dice más noticias y ahora el locutor anuncia y en el mismo mes el famoso grupo de rock: Los Rolling Stones ofrecerán un concierto en La Habana, Cuba.

- ¿Cómo?... ¿Cómo?... no... no... no... no puedo creerlo Dios mío, todos estos milagros a la vez... ¿qué está pasando aquí? Estas noticias me van a matar del corazón. ¡Ay, Dios mío que será esto!

Grito Gilberta. Nadie pudo oirla en ese momento sola en su cuarto.

- ¡Oh... no! Esto si es un chiste... no...no... no lo puedo creer. Esto es un chiste... un chiste... Los Rolling Stones en La Habana en Cuba. Lo increible... quizás creible, después de tanat mala propaganda hacia ellos.

Decía Gilberta y luego empezó hablar con ella misma en voz alta.

- Cómo es posible que Los Rolling Stones vengan a Cuba, aún me acuerdo cuando estudiaba en la secundaría y nos decían horrores de Los Rolling Stones, igual que de Los Beatles y todos esos grupos de música en inglés y del rocanrol. Nos decían que eran adictos a las drogas que eran mariguaneros que hacían esto... y esto otro. Yo no lo creo que será un chiste y no de buen gusto, después de las PROHIBICIONES ahora vienen aquí Los Rolling Stones. Y tal vez es por invitación como cuando lo hicieron hace muchos años aún lo recuerdo cuando Billy Joel y Rita Coolidge nos visitaron. Yo me quedé con le deseo de verlos como tantos otros cubanos como yo cuando estuvieron en el teatro Karl Marx, allá por los años setenta y fue solo por invitación a los militantes de la Unión de Jóvenes Comunistas y el Partido Comunista de Cuba. Todos los demás fuimos discriminados por no tener la militancia a esas organizaciones del gobierno. No... no... no sé que decir. Sí es esto es verdad. Hay que darles las gracias a Los Rolling Stones de antemano por traernos su música que tanto nos prohibieron cuando yo era joven.

Y empezó a tararear:
>Satisfaction... satisfaction... satisfaction
>That's what I say
>Hey... hey... hey...

Entre los sonidos Gilberta se quedó allí con su radio en la emisora que la saca de Cuba a otro mundo y el locutor continuó con sus noticias y dijo:
José Martí nuestro apóstol dijo:
>La unica fuerza y la unica verdad
>que hay en nuestra vida es el amor
>El patrio no es más que amor
>La amistad no es más que amor.

Gilberta oía y pensó en su madre la anciana Evangelina Mendieta, su hermano Vicente, su hija Clarisa, allá en Italia en el lugar que ella deseo siempre y lo consiguió para empezar su nueva vida y pensó en todos en sus amigos del solar, en Ofelia y su familia, en Libertad y su familia, el Julián, el amigo de su hermano Vicente de la niñez y vecino del solar de San Isidro.

Entendió que es verdad que solo lo que cuenta en esta vida es el AMOR. En sus diferentes formas y maneras y una paz le llegó a su espíritu. El radio siguió su programación habitual. Y ella allí en su mismo sitio de siempre.

La Habana, la hermosa capital de Cuba vuelve a experimentar el apuntalamiento temporal cuando se hace necesario. Le tocó al estadio de pelota de La Habana con su pasatiempo nacional. La pelota, el juego de béisbol que allí se llevan a cabo en la barriada del Cerro, el ya famoso estadio Latinoamericano. Hay que presentarlo lo mejor posible al presidente de los Estados Unidos. Él se sentará a ver el juego en compañia de su familia y de su anfitrión el gobierno de la isla para presenciar el encuentro entre la selección Cuba y los Tampa Bay de Florida.

Kiko ya no está en la isla. La vida y la de su país lo había llevado por otros deroteros fuera de su Cuba y ahora Efraín está solo, su amigo y compañero de aventuras ahora KIko corría su propia aventura en Ecuador para luego intentar llegar a la frontera con los Estados Unidos y acogerse a la LEY DE AJUSTE CUBANO. Efraín ama la pelota como todo cubano y ya se había enterado que el equipo de Tampa Bay jugará en Cuba con la selección nacional cubana en la visita del presidente de los Estados Unidos a La Habana. Efraín se pasa parte del tiempo en La Peña del Parque Central, donde sí uno quiere aprender las reglas del juego tiene que ir a la peña que no es una peña literaria es una Peña Béisbolera a ver o a discutir por su equipo en el juego de pelota. Discutir por el mejor de los mejores en el campo de pelota en la pelota cubana. Efraín comenzó a sentir cierta esperanza de poder ir al Latinoamericano a ver el encuentro entre los dos equipos. Quince invitaciones serán para los miembros de la peña béisbolera del Parque Central. «Yo, Efraín soy un peñero, así que seguro tengo una invitación para ir al juego». Así pensó Efraín sentado al borde de la entrada de su casa en La Habana.

La gente en La Habana celebra el anunció de la visita del presidente de los Estados Unidos. «Pareciera cierto o no; pero el pueblo cubano siente tremenda admiración por el presidente Barack Obama que con su habilidad e inteligencia, quizás cúlmine la dictadura de los hermanos Castro.

En la Plaza de la Revolución con una gigantesca imagen del presidente. La misma que hace hasta unos días ocupó la imagen del Guerrillero Heroico. Increíble e increíblemente; pero cierto» Penso Efraín.

El pueblo de Cuba nunca se sintió separado de su vecino del norte solo a noventa millas y viven en mundos muy diferentes. Cuba al que se vive en su vecino más próximo. El gobierno que se impuso en 1959 se dio a la tarea de crear el odio hacia la potencia vecina. Esa fue su tarea principal del MEA CULPA a los Estados Unidos y que todos le creyésemos sus juegos de crear un enemigo que nos iba a destruir y desaparecer nuestra isla de la faz de la tierra. Lo hicieron por más de cincuenta años. Cuando la MENTIRA disfrazada toma forma de VERDAD y muchos creían y tal vez aún creen en el ataque del IMPERIALISMO como a ellos le gusta llamar a los Estados Unidos de América. Los más jóvenes crecieron oyendo y creyendo, sin análisis, solo porque él dice que nos van a atacar y tenemos que estar preparados. Y tirar bien con el rifle como sancionó el guerrillero legendario en sus discursos. La mentira dicha todos los días y redicha, se convirtió en una VERDAD indiscutible. Había que encontar un culpable y echarles TODA la culpa y crear a un enemigo para depositar en ese enemigo imaginario todos sus fracasos, todos los errores, todos los desacertados proyectos. Todas las palabras que sí se pudierán tragar hoy tendría que tragárselas todas juntas y callar... y hacer silencio un gran silencio, porque la historia demostró que MENTIRAS, solo fueron... eso MENTIRAS y ENGAÑOS.

Gilberta en su banquito sentada, muchas cosas están pasando por su cabeza y ella sigue como espectadora viendo todo como se desliza frente sus ojos y le dan el inicio de pensar y ubicar cada cosa en su lugar. El mes de febrero está en sus finales y las cosas van de igual a peor. Sabe por su hija la dama de blanco que la represión y las detenciones siguen cada domingo en su marcha por la Quinta Avenida de Miramar desde la iglesia de Santa Rita. Los agentes siguen haciendo de las suyas, abusando del poder que le concede la dictaura de Castro. No nos confundamos, todo es igual sin nombre que poder darle aún. ¿Qué diría el Héroe de Yaguajay que no fue comunista. «Estos son esbirros de la gestapo castrista», así le dijo Yadira a su madre que la mantiene al tanto de los acontecimientos en las marchas de todos los domingos. Gilberta está sola en su cuarto del solar de San Isidro y piensa en todas estas cosas y hoy es lunes 29 de febrero del 2016. Hoy es le día de ELEGUA y se fue allí donde tiene al ELEGUA que Clarisa le pidió con amor y suplicas encarecidamente que lo atendiera al ELEGUA, al ELEGUA de todos y con esa idea Gilberta se levantó de su banquito y se arrodilló al ELEGUA y le encendió una vela y su paz se hizo en ella. Siguió allí con su cabeza tocando al suelo por unos minutos. Luego se levantó y miró al ELEGUA que tiene un poco aceite del que se unto en sus dedos e hizo la señal de la cruz y también vio cinco bolas dentro de una latica con los colores azul, rojo, amarillo, negro y blanco y se fue a su banquito de nuevo frente al silloncito de su madre Evangelina Mendieta, se sentó y le dijo:

- Ve Ud. mamá ahí estuve frente a ELEGUA, pidiéndole mamá, pidiéndole como cuando Ud. también lo hacía por todos nosotros. Mamá los tiempos cambian a veces cambian tan lentamente que uno no se da de cuenta y otras veces son tan rápidos que no los concevimos ni nosotros mismos. Si Ud. supiera las cosas como van es casi como un sueño que nunca se realizaría; pero así son las cosas. Le empezaré diciendo que la gente anda loca... loca mamá de alegría porque el presidente de los Estados Unidos viene a visitarnos y todos tenemos tanta fe y esperanza en él y en su visita que contamos los días que faltan para que el presidente esté aquí en Cuba en La Habana con nosotros. ¿ No es pa' volverse loco uno mamá?. ¿Quién lo diría mamá?... ¿Verdad? Pues asimismito es como se lo estoy diciendo yo su hija Gilberta que la extraña mucho.

Ella le habla su madre que había muerto el año pasado con la gran tristeza en su corazón de no haber visto a su hijo Vicente que lo mandaron a los Estados Unidos en 1980 en contra de su voluntad y nunca más han sabido de él. Ella se comunica con su madre de esta forma y siente tranquilidad cuando lo hace un baño de paz le cae encima y la vida le es más llevadera en estos momentos tan difíciles para continuar viviendo en Cuba.

- Bueno mamá la dejo voy a dar una vuelta por el mercado a ver que hay. No tengo mucho dinero pue' Ud. sabe como e' la cosa; pero siempre se me paga algo. Todo sigue carísimo mamá y los CUC no se ven ni decir los buenos días. Clarisa nos prometió ayudarnos desde allá, espéremos que así sea mamá y seguir con la carga que llevamos arriba.

Gilberta se levantó del banquito se fue a la cocinita y en una esquina tiene colgados sus ropas del día, se hecho una bata encima y salió del cuarto de San Isidro a caminar y a buscar. Necesita salir de solar aunque sea con la excusa de comprar lo que necesita aunque sabe que no tiene los CUC que son los que caminan en la isla. Tiene que salir a respirar el aire fresco fuera de las cuatro paredes que conforman su cuarto de cuatro por cuatro en el solar de San Isidro en La Habana. Desde que su mamá falleció y Clarisa se fue a Italia se siente muy sola, su único acompañante es el radio y solo Radio Martí que es la emisora que le gusta oir. Belén y Avelino se van muy temprano a trabajar hacer los pesos cubanos que puedan convertirse en CUC cuando se pueden reunir y comprarlos en las tiendas de cambio y entonces poder comprar algo en La shopping que valga la pena aunque sea para comer. Porque por la libreta de racionamiento todo es igual a nada, es como que no existe. Pero aún está ahí aunque no sirva para nada al pueblo, se convertirá en una pieza de museo. Gilberta seguía a paso lento quiere sentirse nueva y volver a vivir a pesar de los tantos problemas que hay a su alrededor. «Belén en ese trabajito de mala muerte que encontró como ella misma lo llama pero bueno, va tirando hasta que otra cosa aparezca», pensaba Gilberta mientras camina rumbo a cualquier lugar por la primera esquina que pudiera desviarse en su camino a esos lugares a los que se puede comprar algo con el peso cubano. Siguió su camino y desde lejos vio el tumulto, el gentío aglomerado frente al puesto de viandas, se apresuró en llegar y dijo:

- ¿Y aquí que hay?
- ¡Ay, hija... las papas hija... llegaron las papas!

Dijo una señora blanca en cana de una estatura mediana que tal vez no llega a los cinco pies de estatura y vestida con una bota de casa a cuadros blanco y negros con su jaba de saco colgando del brazo y Gilberta dijo:

- ¡Ah!... las papas... al fin se acordaron de nosotros... se acordaron que nosotros aún existimos que estamos vivos.
- Como Ud. lo dice... asimismo es. Se olvidaron de nosotros y ahora mira esto es una guerra... es un zafarrancho de combate por las dichosas papas y todos por lo mismo llevar algo que comer a la casa.
- Es la causa de todos señora y así estamos hace más de cincuenta años y seguimos penando y penando.
- Yo tengo fe con mi mulatico, el color cartucho...

Dijo la señora con su cabeza más blanca que las nubes que corrían por encima de ellas por sus canas.

- ¿Quién es su mulatico señora?... Sí es que se pude saber.

Preguntó Gilberta interesada en el nuevo personaje político que la señora ha depositado su fe y ella desconocía y la señora lo llamó: Mi mulatico color cartucho.

- Mija, tú no te a' enterao. El presidente de los Estados Unidos que viene a visitarnos. Yo tengo mi fe puesta en él. Desde que lo vi la primera vez me enamoré de él. Él es diferente a los demás, lo puedes reconocer a simple vista y creo en su buenas intenciones de querer ayudarnos a todos nosotros aquí en Cuba.

- Sí... sí... esa misma es mi fe en él; pero conociendo a los de aquí que son tan testarudo hasta el tuétano. Yo no sé que decirle mi viejita. Porque aquí una cosa dice el borracho y otra el bodeguero así decía mi madre que En Paz Descanse. Cuando de los hermanos Castro se trata, no hay arreglo con el imperio que ellos han llamado por más años que los que yo tengo encima. ¡Ojala haya ese arreglo que tanto Cuba necesita!

Gritó Gilberta inhalando todo el aire que pudo en ese momento que la revitaliza

- Sí... es cierto porque aunque el número 1 se dice que se retiro. Yo creo que aún él está dominando el juego en el terreno y es el que decide y mueve las fichas en el tablero. Y él otro seguro que siempre va a él a contarle y pedirle permiso por esto o por aquello que él quiera hacer aquí con nosotros.

Dijo la anciana que parecía estar al día en lo que sucede en la isla.

- Todo es question de esperar y esperar, yo a veces me canso de esperar.

Gilberta dijo, ella que está en la cola para las papas y tiene que seguir esperando por sus papas por la libreta de abastecimiento. El tiempo pasó y Gilberta se fue a casa con sus libras de papas al menos papas tiene para hacer algún plato a la hora de la comida y camina por las calles de La Habana con su jaba a cuesta y con el pasó a medio ritmo, le llevo dos hora y media en la cola y se sentía cansada, fátigada y el sol caliente en este mediodia de febrero, levantó la cabeza y vio una gran pancarta en la fachada de un edificio que decía:

EL MISTERIO DE LA REVOLUCIÓN ESTA EN LAS MASAS.
FIDEL CASTRO

Lo leyó y se dijo: «Sí... sí... esto ya no es un misterio de las masas... Fidel. Esto se llama el embrujo de las masas que tú mismo creaste y en el que todos estamos metidos esperando salir y Ojalá se acabe con la visita del presidente de los Estados Unidos. Que creo que no te hace ninguna gracia de que venga a visitarnos porque te conocemos y sabemos de la pata que cojeas; pero es tiempo ya... es tiempo ya... de resolver nuestro gran problema que son Uds., los Castro con toda sus gentes y parentela que nos tienen aquí aterrillao, nos han hecho talco por años y años». Gilberta pensando en silencio mientras camina se habla a ella misma y en ocasiones la ira se le sube a la cabeza como ella dice y sus pensamientos fluían libremente de lo que no podía decir a toda voz; pero si podía pensar al menos pensar. Llegó al solar de San Isidro y ya en la puerta del cuarto entró y dejó su cuerpo caer en el banquito cerca de la puerta. Las gotas de sudor corrían por sus sienes y por su frente, recogió su saya y se la puso entre las piernas para no sentir tanto calor y solo dijo:

- Mamá, ya estoy aquí y conseguí unas papas, algo es algo ¿verdad? Mejor que nada. Del lobo un pelo como Ud. decía muchas veces.

El mes de marzo hizo su entrada. Marzo del 2016, un marzo único en la historia de Cuba. La vista del presidente de los Estados Unidos de América.

Los cubanos en su embulló del día a día en la espera y los fánaticos del béisbol que es casi toda la isla con sus ojos solo están puesto en el juego y encuentro de los Tampa Bay y el equipo Cuba en el estadio Latinoamericano.

Por varias semanas los comités de defensa de la revolución conocidos como los CDR y la Federación de Mujeres Cubanas conocidos la FMC y otras organizaciones gubernamentales se movilizan para darle la mejor presentación al estadio Latinoamericano donde se llavará a cabo el encuentro entre los equipos de Estados Unidos y Cuba. Hoy el pueblo se moviliza de nuevo para darle una nueva pintura a la fachada y a sus alrededores. Efraín pensó que es el mejor momento para entrar en ese ambiente y poder conseguir una invitación para ver el juego de pelota. Se levantó temprano para montarse en los camiones que los llevarán hasta el estadio del Cerro. Llegó al Cerro y se encontró con alguien al que él preguntó:
- Oye... oye... asere... ¿Cómo es la bolá esta del mantenimiento al estadio pa'l juego de pelota con Los Yumas?
- Bueno mi hermano hay que esperar por el que nos orienta y nos dice que hay que hacer. Hay mucho trabajo por hacer mi hermano unos pintan, otros arreglan el techo, otros arreglan problemas eléctricos o de plomeria y así van las cosas, todo depende de cuál es tú experiencia.

Efraín se quedó callado. Él no tiene mucha experiencia, «pero podía al menos utilizar la brocha gorda y pintar». Pensó cuando preguntó:
- Y tú crees que podamos ver el juego de pelota los que estamos aquí cooperando en esta tarea de reparación y remodelación del estadio Latinoamericano voluntariamente, mi hermanito y ver el encuentro entre los dos equipos, Cuba y los Tampa Bay...
- No... no... no mi hermano ni lo pienses mi hermano. La bolá es diferente, los que van a ver el juego vienen por invitación con nombres y apellidos y un código de seguridad. Las invitaciones son personales e intransferibles y todo el que viene tiene que pasar el filtro del G-2. Tú sabes de la Seguridad del Estado mi socio... eso no es así... como así, como tú piensas y por seguros que son los militantes de la UJC y el Partido Comunista los que van a invitar a presenciar el encuentro de estos equipos.

Efraín enmudeció no supo que decir, se dio cuenta una vez más de como manipulan las autoridades los eventos ya sean deportivos o culturales siempre manipulados. Cuando el interlocutor dijo:
- Fíjate que ni nosotros que venimos a trabajar y poner este estadio a que luzca como nuevo y no vamos a tener una invitación en la mano para poder ver el juego de pelota.

Más desilusión cayó sobre Efraín y no dijo una palabra más y en su mente se dijo: «Esta gente no me cogen a mí más pa' sus cosas que vayan a trajinar a su madre. Esto... no... no me voy a dejar trajinar de nuevo así por estos comunistas de mier.. mi plan se jodió. Mi útima esperanza es agarrar una invitación por la peña en el Parque Central. Y se quedó allí callado para no llamar la atención. «Mirando y dejando me voy echando». Se dijo.

Gilberta en su cuartico mirando la televisión que en este momento el Noticiero Nacional de Televisión y el locutor decía: El presidente de Venezuela Nicolás Maduro fue condecoderado con la medalla José Martí impuesta por nuestro presidente Raúl Castro. Gilberta oyó la noticia y se dijo: «Pero hay que ver como esta gentes actúan a unos días de venir el presidente de los Estados Unidos. Viene el Maduro que ya no está maduro, sino que se está pudriendo y viene a ser condecorado y recibir la medalla José Martí restándole importancia a la llegada del presidente americano.

¿Qué rejuego caballeros! Yo no sé que creer... ni que decir de estas gentes que nos desgobiernan». Las noticias continúan en le noticiero de televisión diciendo: Arrestan a terrorista en Bélgica después del atentado perpetrado en días pasados en la nación europea. Gilberta se paró de su banquito y apagó el televisor. No quiere arruinarse la noche. Desea más que nunca mantenerse positiva y ver el mundo mejor que se acerca para todos los cubanos en la isla con la llegada del presidente de los Estados Unidos de América.

La Habana hoy esta de fiesta, es 20 de marzo del 2016 y el presidente de los Estados Unidos de América pone sus pies en tierra cubana después de más de ochenta años. Casi una centuria ha pasado entre los dos paises, tan cerca uno del otro, vecinos geográficos y enemigos creados por sus ideas y diferencias políticas. Es un día lluvioso de esos que pasan al principio del año, las temperaturas agradables y la familia Obama baja la escalerrilla del avión presidencial FORCE ONE en el aeropuerto internacional José Martí en La Habana, Cuba. Cubriéndose con sombrillas todos se bajan del avión, allí al final no lo espera el general-presidente Raúl Castro como debió ser, otros miembros, como el canciller cubano y otros del gobierno le dan la bienvenida al presidente de los Estados Unidos de América en visita oficial de dos días.

Le restan importancia a su llegada. Los Castro que no aceptan derrotas de ningún tipo. El mandatario estadounidense sostendrá encuentro con la disidencia y con los nuevos empresarios que generan el cambio en una economía a levantar que ha sido devastada por años por mal manejo y errores de los rercursos naturales y humanos de la isla. El presidente colocó una ofrenda floral al Héroe Naciona José Martí en el Parque Central en La Ciudad de La Habana. El presidente hablará al pueblo cubano desde el Teatro Alicia Alonso. A pesar de la llegada del presidente norteamericano la represión continúa, puede decirse que ha aumentado en estos días contra todo disidente, unos en prisión domiciliaria y otros atacados por la policía como a Las Damas de Blanco que gritan: ¡CUBA SÍ!... ¡CASTRO NO!... ¡CUBA SÍ...CASTRO NO!...

Porque José Martí dijo: NO HAY PARA ODIAR LA TIRANÍA COMO VIVIR BAJO ELLA.

Ofelia entra al solar de San Isidro y vio la puerta del cuarto de su amiga Gilberta entreabierta y le tocó diciéndole:
- Gilberta... Gilberta ¿Estás ahí?
- Sí... sí... pasa estoy aquí... pasa.
- Oye... óyeme... llegó el presidente de los Estados Unidos. ¡Viste!

- Sí... no me digas nada que estoy muy digustada de como operan estas gentes del gobierno. Estos comunistas... Imagínate que el presidente de aquí ni se asomó a recibirlo en el aeropuerto. Eso es una falta de delicadeza de educación y de diplomacia hacia un país que merece su respecto a pesar de nuestras diferencias.
- Bueno que se puede esperar de ellos. Que saben que tienen los días contados y se agarran de cualquier clavo caliente que les resuelva el problema de mantenerse más y más en el poder.
- Sí... sí... pero eso no es así. Hay que tener un sentido que vaya más allá de la política y es ser educado. Tú sabes porque te lo digo Ofe. hay que tener cordura, sensatez y actuar acorde a los tiempos.
- El presidente de los Estados Unidos viene con la mejor de sus intenciones pa' con nosotros y estos comunistas de... es mejor que no diga lo que quiero decir. El presidente llegó y como es de esperar, el presidente cubano debía estar allí dándole la bienvenida. No... no fue... no fue a recibirlo... eso es una falta de respeto y de educación al menos así me parece a mí. Y estoy segura que número 1 se lo aconsejó diciéndole: No vayas a recibirlo, al número 2, tú sabes.

Dijo Gilberta indignada por la actitud de su gobierno ante la llegada del presidente de los Estados Unidos de América.

- Que más esperar de ellos Gilberta que se están ahogando en esto mismo que ellos crearon y ahora no saben como seguir a flote. Y no saben ahora que hacer. Veremos que dice el viejuco de todo esto. Porque algo dirá, estoy segura... segurísima que algo va a decir.
- Mejor que no diga nada porque al decir algo a lo mejor LA CAGAZÓN se formó y nuestras esperanzas se deshacen.

Gilberta le decía a Ofelia. Ella que no acepta la actitud cubana de hipocritas.

- Y nosotros sí necesitamos a Los Yumas. No solo los necesitamos, los queremos como vecinos y hermanos y ahora este es el momento de que al fin se acabe esa GUERRA LOCA en la que nos han mantenido por todos estos años. El don Armando... sí porque le llaman algunos cuando quieren hablar mal de él y no quieren que alguien los denuncie y los eche pa'lante y entonces lo llaman ARMANDO GUERRA.
- No me sabía esa. Tú ves cada día nos espabílamos más nosotros los cubanos. Ojalá... ojalá sigamos así y un día no muy lejano lleguemos hacer quién necesitamos SER y acabemos con esta dictadura de años de una vez.

Ofelia dijo ya está hastiada de todo lo que pasa en la isla.

- Oye y hablando de todo un poco La Habana Vieja la tomaron por asalto casi todas las calles están cerradas y quieres tú saber porque. A ver... a ver adivina, adivinador... Gilbertica... adivina.
- No sé... Ofelia no tengo idea... acuérdate que este pueblo anda loco... loco... loco de verdad con la llegada del presidente.

- Claro que tiene que estar loco Gilberta. ¿Tú puedes imaginarte? No... no... es que estoy segura que nunca te imaginaste al presidente de los Estados Unidos de América en la Catedral y después se va a cenar al Paladar de San Cristóbal... sí... sí al San Cristóbal de La Habana.
- No, me digas tú eso Ofelia...
- Sí... así mismo es como lo oyes.
- Tú ves me gustaría estar allí y estrecharle la mano al presidente y toda su familia. Bueno aunque no sea así, estoy muy feliz de que este aquí con nosotros.
- Yo también... muy feliz... porque algo muy bueno a de venir pa' nosotros.

Dijo Ofelia para que sus esperanzas se mantuvieran vivas y que el presidente americano haga y ponga sus esfuerzos en que el pueblo de Cuba tome las riendas de su destino y no en las manos de los hermanos Castro que ya ha sido mucho con demasiado abuso por más de cincuenta años. Se quedo pensativa por unos minutos y le salto una pregunta en su cabeza tendrá que cumplirse el refrán: «NO HAY MAL QUE DURE CIEN AÑOS, NI CUERPO QUE LO RESISTA. Cuando estas palabras saltan en su mente solo se dijo: «¡AY!...¡AY DIOS SANTO, NO LO PERMITAS ASÍ». Tendremos que esperar más años con estos asnos encimas de nosotros. Se dio un golpe en la cabeza con su mano derecha como para sacar aquel pensamiento de su mente y dijo:

- Bueno, ahora me voy a mí cuarto que el día de hoy es perdido. La Habana está llena de segurosos por dondequiera con la visita del presidente de los Estados Unidos y es mejor que me quede en el cuarto quietecita, sino quiero ir al estación de policía de Zanja.
- Sí... sí... mi amiga es mejor que por hoy no salgas a la calle a bisnear como tú dices y te lleven a la cárcel estos policías desconsiderados.
- Mañana será otro día, Dios dirá.

Dijo Ofelia y salió del cuarto de Gilberta que se sentó en su mesita donde tiene el radio para oír su emisora favorita Radio Martí que da las noticiasy el locutor decía: Un jóven norteamericano de visita en Korea del Norte fue sancionado hoy a quince años de trabajo forsozo por el gobierno de ese país norkoreano. «Eso es lo que yo digo, los americanos no deben ir a visitar ese país, es igual a estos de aquí. Ese joven que es el presidente se cree el Rey de Korea del Norte. Que abuso castigar a un joven a quince años por una cosa como esa. Se ensañan con los americanos son todos iguales con esa misma forma de pensar heredada de abuelo a padre y ahora a hijo, se adueñan de las gentes y de sus mentes. Así lo veo yo en la televisión parecen roboses, manejados con cuerdas, marchan sincronizadamente, aplauden sincronizadamente como seres programdos automatizados para actuar de esa manera.

Ese es el COMUNISMO nos roba nuestra identidad como ser humano nos roba el alma. Nos crea un vacío interior sin poder llenar.

Como es posible que una cosa así nos pase a nosotros, seres humanos que poseemos un órgano que nos da la capacidad de pensar, analizar, discernir, comparar, establecer relaciones, diferenciar el bien del mal. ¿Y cómo estas cosas pasan?» Esa es la forma de pensar de Gilberta en su banquito sentada y con el oído puesto al radio lo más bajo posible para no buscarse un problema con los chivatones que están a la orden del día sirviéndole al gobierno y a veces uno no sabe como distinguirlos, están entre nosotros y le sirven al G-2. La Seguridad de Estado. Hay que cuidarse de ellos que son los que mantienen este gobierno y nos tienen a nosotros como estamos en este país. Como esclavos de todos ellos. A Gilberta Radio Martí la ha instruido de tal manera que ahora piensa por sí misma. Gilberta es ahora Gilberta si dejarse manipular.

Los cubanos del exilio en una de sus ciudades Hialeah. LA CIUDAD QUE PROGRESA. Gracias a todos sus residentes allí, algunos cubanos exiliados en los Estados Unidos de América. Los cubanos que han hecho grandes logros en esta tierra de oportunidades que nos da el chance de hacer realidad nuestros sueños. Los Estados Unidos de América en que ahora vivimos. Viviana la doctora en mediciana que había desertado en Venezuela, buscando la Libertad en su apartamento con su hermano Conrado. Cuando él la llama y le dice:

- Mira... mira mi hermana quiero mostrarte algo.

Los dos se sentaron frente a computadora y Conrado le mostró algo que se anuncia diciendo está es CMQ-Cadena Radio Digital transmitiendo desde un punto en la isla de Cuba. De la Cuba que será libre y para Uds. el mayor exponente del Filín José Antonio Méndez y La Gloria Eres Tú y comenzó a oirse:
♪Eres mi bien lo que tiene extasiado
Porque negar que estoy de ti enamorado
De tú dulce alma que es toda sentimiento
De esos ojosos negros de un raro fulgor que me dominan
que me incitan al amor
Eres un encanto eres una flor
Dios dice que la gloria está en cielo
Que es de los mortales el consuelo al morir
bendito Dios porque al tenerte yo en vida
no necesito ir la cielo tizu
Si alma mía la gloria eres tú.♪

Los dos hermanos escuchan a José Antonio en unos de sus grandes éxitos de todos los tiempos: La Gloria eres Tú. Los dos unidos en otra tierra que los había abrigado su mamá allá en la isla a solo noventa millas de distancia. La canción del filin' terminó. Y el locutor decía y ahora un tributo a la grande, a la siempre grande Guarachera de Cuba Celia Cruz con la interpretación de: Por si acaso no regreso y oía:
♪Por sí acaso no regreso,
yo me llevo tú bandera,
lamentando que mis ojos,
liberada no te vieran
Porque tuve que marcharme,
todos pueden comprender,

        yo pensé que en cualquier momento a
           a tú suelo iba a volver
          Pero el tiempo va pasando,
           y tú sol sigue llorando
           las cadenas siguen atando,
           pero yo sigo esperando,
             y al cielo rezando
         Y siempre me sentí dichosa
        de haber nacido entre tus brazos
            y aunque ya no esté
       de mi corazón te dejo un pedazo
   por sí acaso, por sí acaso no regreso
Pronto llegará el momento que se borre el sufrimiento;
      guardaremos los rencores, Dios mío,
         y compartiremos todos,
           un mismo sentimiento
      Aunque el tiempo haya pasado,
         con orgullo y dignidad,
          tú nombre he llevado;
        a todo el mundo entero
         he contado tú verdad
      pero, tierra ya no sufras más.♪

Los jóvenes oían a Celia... simbolo de nuestra Cuba. Ellos no tuvieron la oportunidad de oirle allá en su tierra natal y ahora ellos están en misma tierra que le abrió a ella sus puertas y sus brazos hace más de cincuenta años. A ellos le queda la esperanza. Sí... muy dentro de ellos queda la esperanza de que un día no muy lejano ellos volverán a la tierra que los vio nacer sintiendo mucho que no pasará así con la Gran Celia Cruz de Cuba.

Los jóvenes se miraron al terminar la canción intrepretada por Celia. Sin decir una palabra dejando al tiempo y en las manos de Dios el regreso de todos a una Cuba Libre. Cuando Conrado dijo:
-   Te acuerdas de Los Zafiros mi hermana.
-   Bueno siempre me encantó su música. Fueron únicos en su estilo.
-   Te acuerdas de Habana que dice asi.

    ♪Habana... Habana... hermosa hermosa Habana... linda son tus calles♪...
-   Ahora tenemos unos nuevos Zafiros. ¿Quieres oírlos?

Preguntó Conrado.
-   ¿Cuáles son esos nuevos Zafiros? Conradito que tú me hablas.

Contestó Viviana un poco desorientada.
-   Ven... ven... a oír a los nuevos Zafiros con su nueva versión de Habana.

Ella se quedó en su asiento esperando por la nueva versión de Habana en la computadora y Conrado se fue a Youtube y encontró a los nuevos Zafiros que cantan sentados en el malecón:

       ♪...Obama... Obama... hermano Obama
          no es de mi agrado decirte que
            en la calle todo está igual

> Obama... Obama... hermano Obama
> Ahora tú eres santo
> una estrella de cine
> pero me toca contarte a ti
> es que todo sigue estando igual
> y en dolar están vendiendo hasta el pan
> Así es como estamos aquí Obama
> se cree que algo en Cuba va a cambiar
> Que hasta embajada hay ya
> Y esto está de p....
> Obama... Obama... hermano Obama.♪

Los hermanos se miran pensando en todos los cubanos esperanzados en la isla-prisión por la visita del mandatario norteamericano. Todo es incierto en estos momentos. Los cubanos conocen bien... a sus dictadores. Viviana con una mano en la frente y mirando fijamente a su hermano dijo:
- Yo creo que nada va a cambiar, ya puedes oír a los nuevos Zafiros como cuentan como está la cosa. Hasta el pan por dólares vendido está. ¿Qué se puede esperar de ellos?
- Algo debe suceder es mucho lo que hemos pasado desde que ellos se robaron el destino de Cuba.

Dijo Conrado a su hermana que lo mira con deseos de seguir oyendo lo que piensa sobre la situación política en la isla cantada por los nuevos Zafiros.
- No sé que decirte mi hermano han sido muchos años... muchos años. Recuerda que empezamos en la escuela primaria diciendo todos los días lo mismo: Seremos como el che y por el comunismo. Eso te va calando hasta los huesos y crees en todo y te ilusionas de todo lo que dicen y de todo lo que oyes.
- Fue así yo estoy de acuerdo contigo y me pasó a mí en la universidad, el control sobre uno, sobre lo que dices, lo que piensas, y cuando hay una votación es unánime. Nadie está en desacuerdo todos levantamos la mano automáticamente y aprobamos lo que sea hasta que expulsen a un estudiante que a ellos les parece que es un desviado desde su ideología hasta su sexo se le cuestiona y lo sacan de la universidad aún siendo nuestro mejor amigo y quizás el mejor estudiante, solo por pensar diferente por ser diferente.

Decía Conrado que lo había experimentado en su propia carne.
- Lo sé... lo sé... y también pase por esas cosas, cuando estudiaba en la escuela de medicina. Ellos tienen sus planes. Fíjate como nos preparan como profesionales en medicina y luego nos exportan, nos mandan al exterior a trabajar y nos pagan con el peso cubano... ¿y quién coge la moneda dura?, el dolar... ¿a dónde va aparar?... a sus arcas porque nosotros no los vemos. Ni el pueblo de Cuba los ve. Nunca los vi en todo este tiempo trabajando en Venezuela.

Dijo Viviana que acaba de salir de su misión en Venezuela. Y continuó:.

- Me di cuenta en Venezuela, allí están haciendo lo mismo que hicieron con Cuba y la están destruyendo. Venezuela está atravezando una crisis económica que la van a llevar a situaciones sin precedentes y esta es una maniobra desde Cuba. El poder es lo más importantes para todos ellos. No les interesa el pueblo; pero lo confunden, y más a las clases más pobres en ocasiones semi-analfabetos o analfabetos que creen en todo lo que le dicen sin un análisis de la realidad política. Estos nos ven a nosotros los médicos como el mayor logro gracias al chavismo. ¿A qué precio? Al precio de oficializar el socialismo-comunismo que se disfraza con el nombre de Socialismo del Siglo XXI. Es solo una mascara que cubre el verdadero rostro del socialismo-comunismo que vivimos en Cuba.

Conrado oía a su hermana en cuanto a lo que pasa en Venezuela. Ella lo había vivido es su propia experiencia trabajando como médico en el país suramericano.

- La desinformación es unos de los peores daños que tenemos. Tú no puedes imaginarte cuantas cosas ahora sé que en Cuba no sabía. Sobre Cuba. La realidad que no nos cuentan, la que no nos dicen ni en la radio ni en la televisión ni los periódicos. Cuantas verdades ocultas para todo un país por más de cincuenta años. Esa es la razón por la que estamos como estamos, esa es la razón por la que no se deja la libertad del internet. Para mantenernos en la oscuridad sin saber y así nos manipulan más y mejor a su antojo. ¿Cuántas cosas y hasta cuando?

Esas fueron las últimas palabras de Conrado a su hermana. Los dos frente a la computadora conversando sobre la realidad cubana y la última versión de HABANA por los Nuevos Zafiros cubanos en el malecón de La Habana y ellos en su apartamento de Hialeah.

Gilberta en el cuarto del solar de San Isidro, sentada en su banquito de siempre viendo las noticias por la televisión y anuncian: El presidente de los Estado Unidos de América hablará desde el teatro Alicia Alonso a todo el pueblo de Cuba, será transmitido por estos canales de la televisión cubana.

Gilberta oyó y se dijo: «Ya lo sabía, me lo imaginé que iba a ser así en un local cerrado para que vayan solo la gente que ellos escogen y quieren que participen y les conviene a ellos que vayan a oír y aplaudir al presidente. No lo hacen en un lugar abierto. No conviene, ellos saben más que el diablo que está entre ellos. No en un lugar donde ellos no puedan controlar, como siempre. Temen que alguien allí mismo empiece a gritar:

¡CUBA SÍ!... ¡CASTRO NO!... ¡CUBA SÍ!... ¡CASTRO NO!...

«Seguro que son los militantes de ambas organizaciones controladas por ellos los comunistas los que militan en la unión de jóvenes Comunistas y los que militan el partido comunista, solo ellos van a oír al presidente de los Estados Unidos». Gilberta seguía pensando en la noticia que acaba de oír en la televisión. «Otra de las manipulaciónes de la visita del presidente que es una visita de: Te quiero; pero lejos. Habla y vete. Es así como actúan ellos los conozco por la caga, como al pájaro. Y yo no sé... ese teatro siempre se llamo García Lorca y ahora de la noche a la mañana le cambian el nombre y le ponen Alicia Alonso, como sí ella se hubiera muerto y en homenaje postúmo lo hacen... no entiendo... no lo acabó de entender. Alguien me dijo que el presidente Raúl Castro lo hizo porque Alicia le hizo un ballet a Vilma Espín. ¡Hasta donde hemos llegado caballeros! Y hasta donde llegaremos con todo esto». Con todo en su mente con la cabeza entre su manos sentada en su mismo banquito en el cuarto del solar de San Isidro.

La disidencia continúa en su demostración con TODOS MARCHAMOS incluida Las Damas de Blanco, hoy es el día que el presidente Barack Obama se dirige al pueblo cubano, paralelamente Las Damas de Blanco se movilizan y las turbas las arrastran, las golpean de nuevo. Esas mismas organizadas por el gobierno y toman las calles gritando: ¡Esta calle es de Fidel!... ¡Esta calle es de Fidel! para impedir el paso de Las Damas de Blanco y siguen gritando las hordas fascistas que responden al gobierno castrista de la isla ya casi por sesenta años. ¿Es Fidel el dueño hasta de las calles cubanas? Podríamos preguntarnos. La turba entrenada, sirviendo de esbirros a la dictadura. La turba acéfala porque no piensa mientras otros piensan por ellos, los utilizan, manejan y se dejan manejar. ¿Hasta cuando la turba permanecerá sirviendo? ¿Cuando despertará... ¿qué intereses tiene? ¿ A quién defiende?... ¿A quién estas responden? Estas dominadas por el estado? Son muchas las preguntas que solo las hordas supuestamente comunistas o oportunistas podrían contestar. ¿Defienden al pueblo de Cuba en su necesidad de un cambio en busca de otro camino alternativo al que ya han conocido por más de cincuenta años? Y no funciona, ni funcionará. El presidente de los Estados Unidos está muy claro en el objetivo de su visita a la isla que el pueblo de Cuba conozca que estamos en una nueva era. La guerra fría se acabó y que hoy la enteramos. No más beligerancia aunque los Castro la tomen como instrumento para jugar con las mentes de aquellos que oyen a Fidel Castro diciendo: No confío en la política de los Estados Unidos de América.

Sembrando la semilla de la desconfianza, la cizaña que también iría a los corazones de los cubanos que quieren seguir dejándose manipular por sus palabras. Su odio enfermizo hacia el norte es la causa de muchos males que empiezan dentro de él mismo. ¿Quiso ser Martiano Fidel Castro? No... no... no... Fidel Castro utiliza a José Martí cada vez que le conviene en sus discursos usando sus pensamientos y sus versos a su favor, a su maldad y su inteligencia para lo malo... es el diablo vestido de uniforme. Y ahora aquí el presidente de los Estados Unidos les pone el reto en sus mentes en sus manos y en sus ideas diciéndoles como antes dijera nuestro Gran José Martí cuando dijo: Cultivo una Rosa Blanca
     en junio como en enero

>   para el amigo sincero
>   que me da su mano franca.
>   y para cruel que me arranca el corazón
>   con que vivo,
>   cardo, ni ortiga cultivo;
>   CULTIVO UNA ROSA BLANCA

El presidente de los Estados Unidos de América vino y sembró, plantó en las mentes de los cubanos y sus nuevas generaciones que ambos países no son enemigos. Fue un enemigo creado con propósitos y malas intenciones desde el principio y todavía se quiere seguir sembrando la duda. El presidente de los Estados Unidos de América trajó la semilla de la Nueva Rosa Blanca, como la quiso José Martí sin crear reservas que más bien destruyen las buenas intenciones. Estamos en el siglo XXI otras corrientes idelógicas corren por el mundo y es la DEMOCRACIA que tanto se necesita en Cuba y a la que ellos no quieren aceptar como en otros paises de América Latina.

El socialismo del siglo XXI no es nada nuevo es el mismo que caduca y se muere sin rehabilitación, porque: NO FUNCIONA, ES UN SISTEMA INOPERANTE A LA SOCIEDAD HUMANA. PORQUE NOS CONSIDERAN OVEJAS SEGUIDORAS DEL GRAN REBAÑO. Ahí radica su error. SOMOS SERES CON LA CAPACIDAD DE PENSAR y es quizás lo que Marx y Engels no tuvieron en cuenta y Lenin les siguió en el experimento aplicándolo a la SOCIEDAD HUMANA. José Martí al supuesto enemigo le entregaría una ROSA BLANCA. Porque en José Martí ante TODO. LA HUMANIDAD PRIMERO y detrás de esa GRAN HUMANIDAD... ÉL. Ese fue nuestro apóstol, no había un interés ni algo más sagrado que LA HUMANIDAD para él. Y en esa humanidad su pueblo... su pueblo cubano y así lo demostró y murió aquel 19 de Mayo de 1895. José Martí, el pensador, el ilustre, el perdonador, el diplomático, el político, el humano que todo cubano conoce. No él, que Fidel Castro utilizó en su gesta revolucionaria declarándolo el AUTOR INTELECTUAL DEL ATAQUE AL CUARTEL MONCADA ni él que Fidel Castro quiere mostrar al mundo.

El presidente estadounidense también dijo: NO venimos a imponerle a Cuba nuestro sistema. Nuestro sistema se basa en el: DERECHO DEL INDIVIDUO.

Cuba, su sistema se basa en el: DERECHO DEL ESTADO. Una verdad como nunca antes quizás nadie ha oído y tampoco puede refutar aunque le den el nombre de SOCIALISMO. Ese sistema está basado en el DERECHO DEL ESTADO SOBRE EL INDIVIDUO que causa la ruina de todo ser humano. Anula su vida y su existencia. Con que claridad pone el presidente de los Estados Unidos de América las cartas sobre la mesa, ahí en sus propias narices con la verdad... expuesta, desnuda... innegable... La verdad de TODOS. El gran visionero Martín Luther King dijo: NO HAY QUE TENER MIEDO A LOS CAMBIOS, TENEMOS QUE ASIMILARLOS. Y el presidente dijo: CREO EN EL PUEBLO CUBANO. LA LIBERTAD ES EL DERECHO DE TODO HOMBRE A PENSAR, A SER HONESTO, A HABLAR. Como también decía el apóstol José Martí. Los tiempos apuntan ahora más que nunca a los versos martianos. Estamos en tiempos de paz de reconciliación, de bienestar para toda la humanidad y no de un grupo de ella. Martí murió con esa fe que un día todos pudiéramos vivir en PAZ, en esta nuestra gran casa, el planeta, tierra.

El general-presidente Raúl Castro en la conferencia de prensa cito:
NO SE PUEDE POLITIZAR EL TEMA DE LOS DERECHOS HUMANOS. ESO ES INCORRECTO. Con que base político!-social y capacidad de análisis se otorga el general-presidente, que politizar con los derechos humanos es incorrecto acaso quién puede decidir sí un asunto tan político, no lo es. ¿Qué es lo que considera el general-presidente correcto. ¿cuál es su concepto en materia de DERECHOS HUMANOS. Tendríamos que preguntar al general-presidente que entiende por DERECHOS HUMANOS a los que él se refiere que no es correcto politizar? Es correcto para el general-presidente que un país no se celebren elecciones por más de cincuenta años. Es correcto para el general-presidente que se den promesas a un pueblo y nunca se cumplan.

Es correcto para el general-presidente que cuando alguien disiente se le castigue con la cárcel, con golpes, maltratos y arrastren a mujeres indefensas por los pelos en la calle, se olvidó el general-presidente que él viene de una mujer. Es correcto para el general-presidente que un pueblo no tenga el derecho a elegir lo que cree es mejor para su sociedad, a pensar en la forma que sea dándole la oportunidad a decidir su destino, su futuro. Al que han estado amarrados, acorralados por más de cincuenta años. Lo que él considera muy, muy personalmente que es lo que se define como correcto o incorrecto a su conveniencia. Los DERECHOS HUMANOS SON DERECHOS POLÍTICOS INALIENABLES DE CADA SER HUMANO. Sino se puede politizar con algo tan digno y noble del ser humano, que son sus DERECHOS. ¿Con qué otra cosa podría politizarse? Los derechos humanos es como dice la palabra DERECHO. Es un DERECHO. No negociable, es algo inherente a nuestra propia naturaleza, nacemos con ellos. Y se nos debe respetar por siempre y para siempre. Respetando nuestros derechos conseguiremos la paz que tanto necesitamos. En sus palabras el presidente de los Estados Unidos de América dejó bien claro la posición de los Estados Unidos. Solo queda al PUEBLO DE CUBA tomar su decisión. A la juventud cubana abrirse a los caminos hacia la democracia, la tolerancia en todos los aspectos y órdenes de la vida, la diferencia de opinión, el multipartidismo que es lo que hace a una sociedad genuina de ser lo que es una sociedad civilizada en tono con los tiempos que se viven en el mundo de hoy.

Llegó el momento esperado en La Habana, Cuba el encuentro de béisbol entre el selección de Cuba y Los Tampa Bay en el estadio del Cerro En el ya legendario Latinoamericano. Efraín se pasó el día de ayer en la Peña del Béisbol en el Parque Central con los deseos de ganarse la oportunidad de ir al juego de hoy. Las invitaciones para el juego nunca llegaron, todos se quedaron con el deseo de ir al Latinoamericano y disfrutar del encuentro amistoso entre los dos equipos. En Efraín, ese su deseo, su mayor que cualquier esfuerzo para ver el juego de pelota.

Y hoy se levantó temprano para ir caminando hasta el Cerro a ver sí la suerte lo acompaña y alguien le tira un cabo con una invitación para entrar al estadio. Camina lento es temprano para llegar al Cerro, en su cabeza solo una idea entrar al juego de pelota, presenciar con sus propios ojos el juego entre los equipos en su demostración, «que en realidad los dos son muy buenos equipos para este certamen». Pensó, mientras camina al estadio del Cerro. «Sí pudiera aunque sea entrar y sentarme en lo último de las gradas, con eso me conformo esta vez». Se decía asimismo. Y éste pasó a gran velocidad por su cabeza. Pensó en su amigo Kiko que no se sabe ahora exactamente en que lugar está, confiando siempre en que lo logrará y como le hubiera gustado a él compartir con él este momento del juego de pelota.

Muchas gentes se mueve en las calles, muchos tal vez con la misma intención de Efraín, ver el juego de pelota. Siguió caminando les faltarían unas cuadras para llegar cuando para su sorpresa encontró un cerco de policías a unos cuantos metros del estadio Latinoamericano. Muchos como él están allí. La policía no les permite seguir su camino hacia el estadio, la policía cercando el estadio a una gran distancia para que nadie pudiera tener acceso al juego. Solo los invitados que van llegando en transporte brindado por el gobiernos a aquellos que ya tienen sus invitaciones intransferibles con nombres apellidos y un código. Efraín sintió que su entusiasmo y su deseo de ver el juego de pelota habían sido destruido en un instante. La policía no permite continuar. Algunos discutían con la policía. Él no quiso hacerlo, conoce como trabaja la policía y no quiere ir preso y menos un día como hoy, se alejó un poco del lugar, se sentó al borde de la acera. Desde allí al menos podría enterarse de como va el juego. Otros llevaron su radio portátil y al menos podían oírlo, se conformó Efraín hoy ante la imposibilidad de hacer otro sueño realidad. Hoy se conformará con estar allí, no dentro del estadio Latinoamericano viendo el juego de pelota que es lo que más ha deseado y no pudo ser. Al menos se conformaron con oírlo en la radio. Una vez más un joven con deseos de hacer realidad sus sueños en su tierra en su país que lo vio nacer y sus sueños se rompen ante sus ojos por las irregularidades y arbitrariedades del gobierno. «Siempre la policía... siempre el gobierno con sus medidas y ordenes de mando muchas veces ilógicas, siempre trabas y más trabas a todas las cosas... siempre... siempre... siempre lo mismo con lo mismo, días a días, noches a noches, hasta cuando... hasta cuando». Las palabras brotan en su mente sentado en el borde de la acera con la cabeza baja sostenida entre sus manos. El solo podía oírse asimismo y al menos se deshoga y le hace sentirse mejor. Su impotencia lo enferma... lo invalida a seguir por estos caminos que le había tocado recorrer en su país, Cuba y en su capital La Habana. Se quedó allí y no quiso pensar más y conformarse con lo que le había tocado, una vez más derrotado en una guerra desigual donde los que tienen el poder. Lo controlan y lo tienen todo hasta las armas para defenderse, sí fuera necesario.

La Habana se prepara para el otro gran evento nacional. LOS ROLLING STONES EN CONCIERTO en Cuba. «Increíble... realmente increíble; pero cierto Los Rolling Stones. ¿Quién lo diría? Nadie lo diría. Ni lo pensaría que esto pudiera suceder, en la isla anti-foráneos especialmente con la música en inglés. Después que el gobierno cubano con su propaganda en contra de todos, ya los había difamado hasta la médula al igual que Los Beatles. Nos decían las más inescrupulosas cosas de ellos en la escuela y ahora ellos Los Rolling Stones están aquí en La Habana, en La Habana Castrista». Pensó un fan al enterarse de la gran noticia. Los Rolling Stones en La Habana donde darán un concierto al aire libre en la Ciudad Deportiva. Los fans de Los Rolling Stones creen que es un sueño hecho realidad. Ellos ahora en los cincuentas y sesenta años o más de edad esperan disfrutar de un concierto de Los Rolling Stones. Gracias a Mike Jagger y su grupo.

La represión por parte de los servidores del régimen continúan, ataques, golpes, encarcelamientos a todo aquello y aquel que luche por el CAMBIO a la democracia. Más balseros llegando a las costas de la Florida y más cubanos varados en centroamérica. La Habana exigiendo y dando poco o nada. Continuaron así las cosas después del visita del presidente de los Estados Unidos a la isla. Hoy en la Ciudad Deportiva en La Habana, Cuba el gran concierto de Los Rolling Stones. La Ciudad Deportiva se va llenando de gentes desde temprano. Hoy Efrían sino quiere dejar de ser testigo ocular de este evento único en la historia castrense de la isla de Cuba por muchos... muchos años y él ya está allí dentro de la Ciudad Deportiva. Efraín no conoció a Los Rolling Stones en la época que en Cuba desde la Universidad de La Habana hasta cualquier empleado de cualquier trabajo era expulsado si le gustaba, admiraba o era atraído por la música de estos grupos que el gobiernos siempre los vio como fantasmas y los tuvo como: UNA FUENTE DESVIACIÓN IDEOLÓGICA DE LA JUVENTUD en su propósito de CONSTRUIR EL HOMBRE NUEVO. O MEJOR DICHO LOS ROBOTS NUEVOS. Así fue como se fue desarrollando una campaña contra todo lo que no estuviera en los acuerdos o en los dictamines Partido Comunista y hasta trato de prohibirse su radiodifusión. Hoy están aquí en carne y hueso frente a una multitud inimaginable y otra multitud que tuvo que conformarse con oírlos y verlos desde las azoteas de las casas alrededor de la instalación deportiva y otros hasta desde la calle para TODOS en una fiesta rocanrolera a disfrutar de los sonidos y la voces de Los Rolling Stones. Había que estar allí para verlo y disfrutarlo, porque las palabras no podrían describir lo que allí pasa. Los Rolling Stones, se cumplió su deseo traerle un poco de fiesta y alegría al pueblo cubano y así fue. Tanto es que hasta la FARC en sus negociaciones de PAZ, se escaparon al ver a Los Rolling Stones en la Ciudad Deportiva en La Habana, Cuba.

ALGO ÚNICO, ALGO ESPECTACULAR que por muchos años se hablará y quedará en la historia y en los corazones de todos los cubanos. Ahora que empezamos nuestra nueva historia.

Satisfaction... Satisfaction... satisfaction... gritan todos.

Efraín se sintió contento compartiendo con su gente en la Ciudad Deportiva y a su vez triste, pensó en su amigo el Kiko quizás ya pisando tierras de libertad y él se consuela asimismo oyendo la música de Los Rolling Stones sabiendo que un día... un día todo va a ser diferente y Kiko y él volverán a estrechar sus manos y rememorar sus tiempos en La Habana y en sus solares de San Isidro.

Hoy, 28 de marzo del 2016 y el periódico Granma. Órgano del Partido Comunista de Cuba pública una Carta del comandante en jefe retirado Fidel Castro al Presidente de los Estados Unidos de América. Dijo el locutor de la televisón cubana. Gilberta en su cuarto frente a su televisor de diecinueve pulgadas a color que gracias al italiano Enzo ella y su familia disfrutan hace unos años. Anuncian el Noticiero Nacional de Televisión y el locutor empezó hablando de la carta del presidente retirado al presidente estadounidense.

Gilberta se concentró a oír aquella noticia que pondría a los cubanos a pensar en esta inesperada misiva. «Él sentado en su silla de rueda y al cumplir los noventa años de los que a dedicados su mayoría hacer el daño que ha hecho a todos los cubanos y a otros países de sudamerica donde ha tratado de regar y sembrar su semilla de odio a todo lo humano.

Con su base marxista-leninista que más bien es fidelista». Se dijo Gilberta al acabar de oír aquella noticia. Sí éste señor, Fidel Castro se atrevió a responder y no solo a responder, sino en la forma arrogante y prepotente que lo caracteriza, así respondió. Se olvidó de su ideario martiano, se olvidó de las enseñanzas de humilda en su Colegio Jesuita donde estudió en su adolecencia. Se olvidó de todo la diplomacia que se debe tener en cuenta cuando dos países están en conflictos de la manera que estos sean o se encuentren. Se olvidó de TODO, como otros muchos se olvidan de TODO cuando están en juego sus intereses. No los de los pueblos sino sus propios intereses, más bien decir sus intereses personales. Cuando su ego es muy grande... tan grande que no cabe en él mismo. Su megalomanía lo enferma hasta el punto de querer declararle la guerra a las mismas leyes de la naturaleza. Las leyes a las que todos los seres estamos sometidos, las de la biología humana, nacemos y un día morimos y la vida sigue. No ha de seguir con gentes como él que han hecho y hacen tanto... tanto daño a la humanidad. Después de su muerte todavía su fantasma correrá por Cuba y otros países del mundo y América Latina porque gentes como él se otorgan el derecho de continuar arruinando la vida de los pueblos. Con la corriente POPULISTA que emergen, no nos dejemos engañar aquellos que aún creen que fue un héroe de la humanidad. Nunca lo fue. Sí un oportunista de cada instante dado en su vida, escalando hasta llegar al máximo sin importat como. «con casi noventa años, ya le llegó su turno de oír y esperar ser oído, si alguien aún cuenta con la voluntad de oírle, porque quizás no encuentre a alguien que quiera oír sus cuentos. No sus cuentos como Las mil y una noche. Sino sus cuentos políticos con los que trata de envolver al pueblo cubano, dormido... oyendo como una nana que se nos canta para dormir.

No... no... ya no estamos dispuestos a oír sus cuentos ni sus mentiras de casi más de medio siglo. Nos toca a nosotros asumir el papel histórico de cambiar lo que tú no aceptas y eres el obstáculo número uno que padecemos once millones de habitantes por más de cincuenta años.

Estamos dispuestos a construir lo que tú destruiste con tú obtusa mentalidad». Pensó Gilberta mientras oía la noticia y dijo:

- Lo sabía... lo sabía que el viejo la cagaba. Sino era a la entrada era a la salida. Y ahí lo tenemos diciendo la barbaridad el viejo caguilitroso.

Gilberta se quedó callada por un momento para seguir oyendo el contenido de la carta leída en el noticiero de la televisión. Miró al silloncito de su mamá Evangelina y comenzó a decirle:

- Ve Ud. mamá como son las cosas el viejo LA CAGO. Ud. perdóneme por usar esta expresión; pero no encuentro otra en este mismo momento. No encuentro como llamar este inesperado gesto que solo hace agravar más nuestra situación en la que nos hundimos cada día más. Lo ve Ud. mamá es HIPÓCRITA, lo llamó HERMANO. Eso es el gesto más despreciable y la hipocresía más grosera que yo haya oído en todos los días de mi vida. Dirigiéndole una carta a un presidente que con sus mejores intenciones viene a extendernos la mano amiga y así lo demostró y expresó cuando recito: La Rosa Blanca. Un gesto de amistad, un gesto de solidaridad, un gesto de querer empezar una nueva era. No... no... él no quiere que empecemos una nueva era... no... él quiere que sigamos como estamos y como hemos vivido todos estos años en miseria, penurias y desesperación.
Mamá estamos perdidos... estamos perdidos mamá. Muchos no se dan cuenta. Y ahora esta carta que razón tiene esta carta. Mamá yo creo que es el Alzheimer. Sí esa enfermedad en que las personas mayores y pierden el sentido de todo... hasta el de vivir... Él está senil mamá, eso es lo único que me cabe pensar, su mente se detuvo allá y a allá se quedó. Yo no puedo imaginar que este señor con su senilidad nos destruya lo que ya hemos avanzado con los Estados Unidos. Quiera él o no los cambios tienen que venir por su propia naturaleza y deben fluir sin más obstáculos. Él no puede deternernos, no podemos dejarnos detener mamá... No... no... no negamos a seguir: ¡TODO TIENE QUE CAMBIAR!

Gritó Gilberta enardecida, hablándole a su madre a la anciana que ya no está allí físicamente. Para Gilberta sí está allí y ella la oye cada que vez que ella la necesita y hoy Gilberta necesita ser oída por su madre y alcanzar un poco de tranquilidad en su desesperada vida que lleva por mucho tiempo.

Efraín en su cuarto acaba de coger el periódico Granma en sus manos y le llamó la atención el titular: Carta de Fidel Castro a Obama. Y empezó a leer aquella carta que el presidente en retiro envía al presidente de los Estados Unidos. La leyó y le surgió la primera pregunta ¿Sí este señor no cuenta como presidente que hace enviando este tipo de carta? «No lo entiendo». Se contestó asimismo Efraín, encerrado en su pequeño cuarto. Y siguió pensando. «Sí al menos fuera para darles las gracias, tal vez lo entendería mejor. Pero llamarlo hermano me parece irónico y sarcástico de su parte.
ummh... ummh que se traera el viejo loco entre manos». Efraín se levantó y cerró la puerta de su cuarto se sentó mirándose frente al espejo que tiene colgado en la pared y empezó a hablar como si le estuviera hablando a la cara al propio comandante en jefe retirado: Fidel Castro si lo tuviera frente a él y le decía:

- Oye... oye viejo... viejo deja ya esa talla, ya esa talla no funciona viejo loco. Todo el mundo aplaudió al presidente Obama en el teatro. Sí Uds. pensaron en controlar a los allí presente no pudieron viejo loco. Sean de la Unión de Jóvenes Comunistas o sean del Partido Comunista. ¡Qué estoy seguro que fue así. Porque conozco tus maniobras y sé como lo planeas todo para que todo salga como Uds. quieren. Falseando la realidad. Todos lo aplaudían con cierto miedo, se notó en las cámaras de la televisión hasta los escogidos tenían miedo aplaudir las magistrales palabras del presidente de los Estados Unidos. ¡Que si tuvo el valor de decirte la verdad en tus propias narices a ti y a toda tú camarilla vejentoria octogenaria aferrada al poder! Que también deben irse a plan pijama o retirarse, no sé adonde. Den la oportunidad a los jóvenes con iniciativa como dijo el presidente de los Estados Unidos para que no se pierdan esas mentes llenas de esperanzas e inquietudes que pueden salvar la patria. Porque sé que lo estabas viendo y oyendo allí en tú madriguera sentadito en tu sillita de rueda en el Punto Cero.
Déjate ya de traqueteo con el pueblo. No nos apliques más tu mente presidiaria. Ese maquiavelismo trágico que aprendiste en la prisión. Porque tú sí sigues siendo un presidiario y estás aplicando todo lo que aprendiste en la prisión en Isla de Pino. No nos cojas más de punto. Porque nos has estado cogiendo de punto por más de medio siglo, viejo senil. Deja eso ya viejo que no te conviene. Ya tú estas pa' descansar viejo y deja a este pueblo decidir y construir su propio destino. Estamos cansados de ti y de todos Uds. los Castro. Váyanse a donde quieran. Te aseguro que no los molestaremos. Pero déjennos construir lo nuestro a nuestra manera. A tú hermano lo cagaste, porque... parece, no estoy seguro, que él piensa diferente. Pero tú eres un obstáculo para él y pa' to nosotros. No estes escribiendo más cartica que nadie las va a leer ya viejo me tienes... No te hagas el vacán ni el bravucón que sabemos que tú soberbia es grande y es la que te mantiene desvelao pa' seguir mandando. Duerme descansa, recoge tus serpentinas que ya tus carnavales se acabaron viejo, ya pasaron. Deja la muela viejo loco. Deja de seguir haciéndonos la vida un yogur como nos has hecho todos estos años viejo... viejo por favor basta ya... basta ya de muela sucia.

Hasta retirado sigues haciendo daño y jodiendo... ¡Coño!... No jodas más viejo e' mier.. y vete pa' la pin... ¡Ah! Y quiero aclararte algo. No digas más lo que dijiste en esa cartica: que no necesitas que el imperio te regale nada. Nosotros sí los necesitamos a nuestros hermanos estadounidenses. Tú y tú familia quieren aparentar que no lo necesitan; pero nosotros sí. Los cubanos todos los necesitamos viejo... Nosotros sí estamos necesitado de TODO; pero tú sabes lo que más necesitamos es SER LIBRES. Más que cualquier otra cosa. Eso es lo primero que necesitamos y sí Uds. desaparecen nosotros podremos recontruir el país con la ayuda de nuestros hermanos los americanos. Porque yo sí le llamo de verdad hermanos, hermanos de corazón porque lo siento aquí. No tú que parece más bien que lo usaste en forma de burla. Sí una burda, más que una palabra dicha con sinceridad, porque tú no conoces la sinceridad. Tú no sabes y nunca has sido sincero. Dices una cosa y por detrás haces otra. Y por favor es hora ya que nos dejes en paz. No jodas más y vete... vete y déjanos ser feliz aunque sea una vez y para siempre en nuestras vidas. Han sido casi sesenta años viejo loco. ¡Déjanos ya coño! Tú no te cansas de joder y joder y seguir jodiendo. Y ahora te voy a cantar una canción pa' despedirme de ti. No quiero oír más de ti por favor viejo loco. No quiero oirte más. Y oye esto que canto pa' ti y chúpatela que es de menta la que te canto viejo indigno:

♪Era la isla más bella descubierta por Colón
Y llegó ese maric.. e hizo una mierda de ella
Se acabo la mortadella, la malta, la condensada, el queso
la jamonada, el dulce y el salchichón
¡Y dice ese mari.. que en Cuba no falta nada!
Ya no hay tomates, no hay ají, ni hay
papa, falta el café, no hay azúcar, no hay panque
ya no se come congrí, no hay ajiaco, no hay fabada
ya no hay carne entomatada, no hay nísperos, no hay anón
¡Y dice ese maric.. que Cuba no falta nada!
No hay especies, no hay comino, falta la sal, no hay tostadas
ya nadie como ensalada, no hay cebolla, no hay tocino
no hay cerveza, ron ni vino, no hay garbanzos ni empanadas
se acabó la limonada el mango, piña y melón
¡Y dice ese mari... que en Cuba no falta nada!
Se acabaron las tortillas, falta el pan y las galletas
aquella rica chuleta, no ajo, ni empanadillas
no hay tasajo, no hay morcilla.
Se acabaron las asadas y aquellas carnes saladas
y el sobrocito lechón.
<u>No hay verguenza, no hay honor</u>
<u>No hay virtud, ni sensatez</u>
<u>No hay respeto, ni honradez. Ni escrúpulo, ni pudor</u>
<u>No alivio para el dolor de mi patria atormentada,</u>
<u>Está Cuba acorralada, llena de desilusión</u>

♪¡Y dice ese mari... que en Cuba no falta nada!♪

Efraín sintió como un peso se va perdiendo de encima, a la vez que sus ojos se llenaron de lágrimas por la impotencia de vivir sin poder pensar, sin poder decir lo que siente, sin poder actuar como quisiera hacerlo. Cuanto deseó que pudiera ser real y poder decir todo lo que siente por dentro y gritar a todos los vientos a alguien que ha causado tanto daño a su pueblo y trata y quiere seguir causando daño y se tiro en su cama y allí se quedó mirando al techo de su cuarto, buscando la solución al problema de Cuba.

De pronto le vino a su mente que debía visitar a Tomasa en el solar y conversar con ella. Se levantó y salió a la calle con la idea fija de ir a ver a Tomasa, la madre de Kiko, su amigo. Camina rápido atravezó la calle Obispos cientos de personas entre ellos turistas caminan por Obispo, siguió su camino y oyó a un grupo de jóvenes que han formado un coro en la misma esquina que cantan diciendo:

♪Vino el presidente... vino el presidente
Se alegró mucho la gente... se alegró mucho la gente
Cubanos... cubanos ya se fue el presidente... se fue el presidente
Y ahora oigan su canto
Así como lo digo yo oigan su canto... oigan su canto.♪

Efraín oyó e inmediatamente se dio cuenta del estribillo: Cubanos oigan su canto los jóvenes nos alertan a oir las palabras del presidente de los Estados Unidos que acaba de visitar la isla. Se repetía en su mente: «Oigan su canto... oigan su canto... oigan su canto», pensó en quedarse allí coreando con el grupo, recapacitó: «la policía... la policía... puede llegar y empezar a dar porazos a todos, mejor sigo mi camino». Se dijo y al fin vio la calle de San Isidro, extraña los encuentros con su amigo Kiko ahora en Ecuador.

Llegó a la puerta del solar, le tocó en la puerta a Tomasa que está es sus tareas de atender a sus santos y a los que vienen a buscar su ayuda. Alguien abrió la puerta y le dijo:
- La señora está ocupada, siéntese y espére que ella lo atenderá
- Oh, sí... sí... como no esperaré por ella.

Unos minutos más tarde Tomasa salió de su cuartico donde trabaja, levantó la cortina que cubre la puerta y al ver a Efraín le dijo:
- Efraín... Efraín que bueno que has venido. He estado pensando en ti en todos estos días. ¿Cómo estás?
- Bien... bien... sí así se puede decir. Señora Tomasa.
- Dame unos minuticos que acabe con esta familia y ya te atiendo.

Dijo Tomasa que regresó al cuartico y solo se vio su figura desaparecer trás la cortina que cubre la puerta del cuartico de los santos de la negra Tomasa. Algunas personas esperan los servicios de Tomasa sentados en su pequeño espacio que es como su salita del cuarto del solar. Muchos venían a consultarse con ella y la mayoría buscando ayuda y la protección con planes abandonar el país, ya sea por agua o por aire. Buscando ayuda. Tomasa se asomó a la puerta y dijo:
- Ven... ven Efraín podemos conversar aquí frente a los santos, yo quiero que ellos oigan también nuestra conversación.

Efraín se nota asustado, nervioso se levantó de la silla que ocupa y siguió los pasos a Tomasa. Los dos se sentaron frente al altar de los santos de la negra Tomasa y ella empezó a rezar. Efraín la mira, él no sabe rezar, nadie antes lo ha enseñado hacerlo y su vista fija en Tomasa, que reza muy bajito y con sus ojos cerrados. Terminó de rezar y dijo:
- Bueno hijo, dime que bueno te trae por aquí. Ya yo te había extrañado todos estos días desde que Kiko se fue pa' ese lugar.
- Vine a darle una vueltecita y ver si sabe algo de Kiko.
- No... no... no he sabido nada de Kiko y ya van a pasar tres o cuatro semanas de que se fue pa' Ecuador. Me preocupa de cierta manera y no me preocupa de otra.

Dijo Tomasa convencida de que Kiko llega a su tierra prometida.
- Yo he oído rumores de que el gobierno de Ecuador los va a deportar a Cuba esto sí me preocupa a mí señora Tomasa, Ud. sabe lo que significa pa' uno verse un día libre aunque pasando algunos trabajos y otro día sin más acá y más allá verse de nuevo en esta isla-prisión, donde sí no hay chance pa' nadie mi vieja... pa' nadie esto cada minuto que pasa se pone peor y peor... ¿A dónde vamos a parar? O ¿A dónde esto va a parar?
- NO SABEMOS. A veces pienso que es una bomba de tiempo.

Muy bajito dijo Tomasa al amigo casi hermano de kiko, su hijo. Y dijo:
- No te pongas así Efraín, ten fe y todo va ir tomando su cause, mira vamos a decir esto juntos aquí frente al altar de mis santos pa' que nos oigan a los dos, yo sé como tú aprecias y quieres a mí hijo: Padre nuestro que estás en...

Efraín repetía la oración que hace la madre al hijo que se ha ido buscando lo que siempre deseo. SER LIBRE. Y no se lo permitieron en su propio país.

Tres generaciones, las tres atrapadas en los mismos sucesos. Las tres victimas del mismo experimento opresor, la sociedad nueva que surgiría, el desencadenamiento de las ideas marxistas-leninistas que comenzó el primero de enero de 1959. Tres generaciones marcadas por el mismo estigma de la llamada revolución cubana. Tres generaciones estoicamente viviendo los tiempos que les tocó vivir. Tal vez estos tiempos hubieran sido diferentes para los cubanos. Y hoy Cuba no estaría destruida, porque lo que queda de Cuba son las ruinas del desastre a donde las locuras de un hombre llevó a todo un país y a su pueblo.

Evangelina Mendieta nació en 1935, vivió toda su vida en el solar de San Isidro. Desde su temprana edad se enfrentó al trabajo, trabajando toda su vida con la esperanza de mejorar algún dia, éste que nunca llegó y un día encontró la muerte desatendida en una carretilla en la calle en espera de que la potencia médica le diera los auxilios que necesitó. La potencia médica ya no es tan potente, sus médicos los envian a Venezuela a buscar la divisa, la moneda dura para que la dictadura militar continue su gesta revolucionaria. Esa fue la vida y muerte de Evangelina. Gilberta su hija joven llena de esperanzas, deseos y anhelos nació con la llamada revolución cubana.

Abrió sus ojos allí en el mismo cuartico de cuatro por cuatro del solar de San Isidro, también pensó que un día la vida mejoraría para ella y toda la familia. Aún no ha llegado ese día y se pasa el día sentada en su banquito cerca de la puerta del cuarto del solar. Sola la mayor parte del tiempo llena de memorias y recuerdos. Las esperanzas que tenía se han ido disipando en el tiempo que ha recorrido por más de cincuenta años y todavía... NADA.

Tiempo que ha sido muy largo para ella, ahora ya en sus más de sesenta años, allí en el mismo sitio, en el mismo lugar de siempre acompañada muchas veces de por su radio oyendo su emisora que la transporta que la lleva fuera de la realidad cubana que le ha tocado vivir. Radio Martí.

Clarisa, muy joven nació al principio de los noventas, muchos cambios en esa era. Marcó el empiezo de la gran era: EL PERIODO ESPECIAL EN TIEMPO DE PAZ. Donde se le pedía al pueblo sacrificios y más sacrificios todos los días. A la élite gobernante estos sacrificios ni le rosaba la piel, el pueblo se sacrificaría más y más. Nació y crió en el mismo solar de San Isidro con su ángel como se dice en la isla. Soñadora, alegre, simpática, hija de Ochún como le dijo al nacer la negra Tomasa a toda la familia. Con sus brios en la vida. Un día vio que su vida no estaba allí en el mismo sitio de su abuela, la anciana Evangelina ni en el mismo sitio que su madre, Gilberta. Se dio cuenta que la llamada reovolución cubana, ni era para ella, ni había sido para sus antepasados, ni va a ser nada para NADIE. Por eso ella se trazó su plan, un día salir de allí del sitio de generaciones vividas, donde el tiempo se detenía. La habanera Clarisa salió y ahora vive feliz en su nueva tierra Italia.

La Habana la añora y ella a La Habana, nunca podrá olvidar La Habana su ciudad con sus noches alegres habaneras hasta donde se podía. Se fue... se fue lejos a empezar de nuevo... una nueva vida fuera de su isla caribeña.

Los cubanos siguen saliendo o escapando de la isla-prisión como pueden unos varados en Costa Rica, en Panamá, otros saliendo para Ecuador, Colombia y aún tratando Guyana como vía de escape del totalitarismo de estado. Y estado de terror y dictadura de generales. Los cambios no se han acercado. Ni se ven venir. La disidencia luchando contra viento y marea.

«¿Un diálogo podría ser una solución en esta crisis económica, social y política que atraviesa la isla?». Eso, es solo una pregunta en la mente del doctor en Ciencias Políticas, graduado en la Universidad Lomonosov de Moscú. El doctor Luis Olivares en España, Madrid. Se ha reunido con su familia hace solos unas semanas. Y ahora está alli en su despacho frente a su computadora y en su mente con una sola idea crear el sitio en internet llamado: Centro de Estudios Políticos Paralelos y de Convergencia. Y empezó así.

Ficha técnica Número Uno:
    I.   País: Estados Unidos de América. Colonia Inglesa.
    II. Capital: Washington, D.C : Distrito de Columbia. En honor al descubridor Cristóbal Colón.
    III. Forma de Gobierno: República. Democracia Constitucional. Elecciones Presidenciales cada cuatro años. Voto Popular.

1776- hasta el presente.
IV. Constitución: La Carta Magna de los Estados Unidos de América. Sagrada: Nosotros el pueblo de los Estados Unidos...
V. Ramas del gobierno: Ejecutivo. Legislativo. Judicial. Separadas. Balanceadas.
VI. E PLURIBUS UNUM

Ficha Técnica Número Dos:
I. País: Cuba. Colonia Española.
II. Capital: La Habana.
III. Forma de gobierno: ¿República? ¿Democracia? ¿Constitucional? ¿Elecciones Presidenciales? Desde 1959 a la fecha: Ninguna de estas que aparecen se cumplen.
IV. Constitucion. La de 1940. Derogada por el dictador de la isla a su propia conveniencia. Impuesta la actual de 1976. Reformada por propios intereses en 2002.
V. Ramas del gobierno: UNA. Todo esta concentrado en un solo mando y un solo poder del jefe. EL DICTADOR. Que ejecuta hasta matando para dar escarmientos.
VI. Elecciones: Ninguna. Con UN jefe absoluto. Nueva forma de monarquia caribeña.

NOTA ACLARATORIA: Un mal en nuestros países de América Latina. Los gobiernos que toman el poder. Por la vía que hayan utilizado a excepción cuando es por la vía constitucional. Cuando llegan al poder cambian la constitución a su antojo. Abusando de la ignorancia de sus pueblos que la aprueban. Aplicando el POPULISMO ASTUTO.

Ejemplos: Cuba: Fidel Castro. Venezuela: Hugo Chávez. Nicaragua: Daniel Ortega. Bolivia: Evo Morales que intentó el cambio para perpetuarse como ya lo habían hecho los gobiernos no constitucionales de Cuba y Venezuela.

Gracias al pueblo Boliviano que dijo un rotundo: NO. Abrió los ojos a tiempo antes que les cayerá la desgracia sel Socialismo del Siglo XXI.

Evo Morales no pudo lograr su objectivo de cambiar la constitución de su país.

¿Por qué estos gobiernos no quieren permitir los procesos de elecciones sean los que nos llevan a la democracia que necesitamos y no al totalitarismo de facto? Tenemos que seguir caminando por estos caminos de irrealidad política o que con UNA BUENA VOLUNTAD se pueden remediar los desgastes causados por años y años de perseverar lo que no da frutos. Son sistemas estériles por su propia naturaleza anti-humana. Populismo y neototalitarismo es a donde se encaminan. Se venden y disfrazan de justos para que las masas populares los compren y que algún día los sacarán hacia adelantes con muchas PROMESAS. La historia a demostrado todo lo contrario. Si comparamos el número de abanderados del socialismo-comunismo en el mundo con los que no lo abanderan, se pude ver que los que son pueden, ser contados con los dedos de la manos, con sus modificaciones para perpetuarse en el poder. Por tanto quién puede estar en la vía equivocada ellos, o nosotros. Es un simple análisis de números que con llevaría a soluciones de grandes problemas en lo que ahora se encuentran esos paises con sus pueblos padeciendo los errores de sus malos gobiernos. Copiando y siguiendo sistemas POLÍTICOS ERRADOS.

Todo debido a los aires del nuevo socialismo. El socialismo del siglo XXI. Esos aires vinieron desde La Habana tratando de seguir la expansión de lo que ellos consideran resolvería el problema de América Latina. Las corrientes Bolivarianas que no llevan a cabo el real y verdadero pensamiento del Libertador de América. Porque como bien dijo el presidente de los Estados Unidos al visitar la isla: TODOS SOMOS AMERICANOS.

Las corrientes progresistas no tiene que ser necesariamente socialistas o comunistas. Pueden ser eso PROGRESISTAS. Sin aruinar la vida de sus pueblos. Esto no pasa en los Estados Unidos de América. Los presidentes no se toman el poder de cambiar LA CONSTITUCIÓN. Algo tan sagrado por basarse en los derechos de su pueblo y los deberes de su gobierno en sus decisiones. Y no en los derechos del presidente. El presidente es elegido a: SERVIR A ESE PUEBLO QUE LO ELIGIÓ. NO A ROBARLES SUS DERECHOS. NADIE ESTÁ POR ENCIMA DE LA LEY, NI EL PRESIDENTE. GRACIAS A LA CONSTITUCIÓN. Como pasa en algunos de nuestros paises de América Latina.

Los pueblos que amen la democracia y la libertad tienen y deben estar muy claros y convencidos de: A QUIÉN eligen. Y A QUIÉN le otorgan el derecho a gobernarlos. Porque después que se instalan en el poder no lo quieren dejar y nace la CORRUPCIÓN y LA TIRANÍA, que luego es un mal que nadie a veces tiene las formas ni posibiliadades de acabar con ese mal que va creciendo con el tiempo y hay que encontrar nuevas formas para acabar con el mal ya enraizado, ya establecido por años y años confundiendo a la mayoría. En muchas ocasiones ni las más pensadas vías nos conducen a resolver el problema. La no violencia sería la indicada. La diplomática, el negociar con el adversario político. Si esto no ocurre como es el caso que nos ocupa en que los que desgobiernan no quieren oír a los opositores. Y aquellos que pudieran actuar de mediadores desvían estos recursos de la mediación para el lado del poder, como no se espero en la mediación de la iglesia católica en Cuba. Aún el papa Francisco NO LOS OYÓ. NO LOS VIO. Cuando disidentes trataron de acercarse al carro papal y entregarle una carta y la policía política junto con los guardias del papa se lo impidieron.

No se pude adorar a dos Dioses. O se está con Dios. O se está con el Diablo. Y esto fue lo que lo sucedió. El papa Francisco. EL MISIONERO DE LA MISERICORDIA. ¿Cuál es su misericordia? En ese instante se olvidó el papa Francisco de su real papel en la tierra. Estar al lado de los desposeídos, de los pobres de la tierra. Y se alió al Diablo en La Habana en Cuba.

¿Cómo hubiera actuado CristoJesú en su lugar? No hay ni que preguntarlo. Estamos seguro que su posición no sería la que él asumió, el misionero de la misericordia en este momento. ¿A quién él representa aquí en la tierra? Se olvidó de su misión de misericordia para con los disidentes en la isla.

NO LE DIO LA AUDIENCIA QUE NECESITABAN A UN GRUPO DE MUJERES INERMES, CON LA ESPERANZA DE SER OÍDAS.

Aunque fuesen quince minutos, diez minutos y no fue así. Entonces llega el momemto en que hay que buscar otras vías y es cuando llega el momento de llamarle al PAN... PAN... y al VINO... VINO y hacer la diferencia necesaria en el momento dado por la reconciliación nacional en el país que tanto la necesita en este momento histórico donde las tensiones políticas parecen estar disminuyendo a nivel mundial y la guerra fría quedó atrás, ahora solo forma parte de la historia de la humanidad.

Porqué José Martí dijo:
    EL QUE PONE DE UN LADO, POR VOLUNTAD U OLVIDO UNA
    PARTE DE LA VERDAD.
    CAE A LA LARGA POR LA VERDAD QUE LE FALTO.
    QUE CRECE EN LA NEGLIGENCIA Y DERRIBA LO QUE SE
    LEVANTA SIN ELLA.

Quizás un concenso internacional de apelación a la justicia en el país en cuestión. Hay que buscar otras vías en que se pueda lograr las esperanzas de RECONCILIACIÓN NACIONAL DEL PUEBLO CUBANO. En las nuevas relaciones entre Cuba y los Estados Unidos está muy lejos la solución a los problemas en la isla. El restablecimiento de las relaciones "DIPLOMÁTICAS" entre los eternos enemigos solo a noventa millas uno del otro. Más que otra cosa, estas relaciones no se encaminaran a resolver los problemas del pueblo cubano, así parece ser. Parece algo simbólico en la historia de los dos países que por más de cincuenta años se mantuvieron aislado, separados por sus diferencias políticas y la ya no existente Guerra Fría. Esta nueva relación parece sostener y mantener la dictadura por más tiempo. Las corrientes nuevas como el POPULISMO Y EL NEOTOTALITARISMO que con sus artes y sus mañas pretenden crear una sociedad más justa y resulta que con mañas y artes en la oratoria de la política engañan a sus pueblos y les hacen creer que este es el sistema más humano, con justicia social para TODOS. Lo que en la práctica no es así. Existen élites privilegiadas que disfrutan de todos los beneficios que le roban a sus pueblos con grandes sumas de capitales en otros países, mientras sus pueblos buscan alimentos en la basura.

Estas nuevas corrientes son establecidas en América Latina por las nuevas llamadas revoluciones con cambios muy sui generis.

Y aquí puede aplicarse la Ley de Darwin de Evolución y Selección Natural de las Especies que de acuerdo con Darwin los más adaptados biológicamente sobrevivirán al medio ambiente donde residen.

Apelando en este sentido no a los más preparados biológicamente sino a los más preparados intelectual y educacional, se den a la tarea de ayudar a los que por su bajo nivel de escolaridad son suceptibles a ser engañados, a ser manipulados, a ser utilizados y en ocaciones ni se dan cuenta de que esto ocurre.

Y con ciertos planes de progreso social como es el derecho a la educación y a la salud lo ven todo resuelto cuando estos beneficios no es más que la obligación que los gobiernos deben y tienen que cumplir con sus pueblos.

Pero solo de pan y agua no vive el hombre.

El hombre necesita otras libertades para realizarse como SER HUMANO.

Porque nacemos LIBRES. Esta mayoría que se conforma, se confunde y se resigna a aceptar lo que le corresponde por derecho propio. No es una bondad del gobierno. Es esa su obligación ofrecerle a su pueblo la salud, la educación y la seguridad. Y no ven que aceptando se están comprometiendo y atando sus libertades que son arrebatadas, diciéndoles les damos educación gratuita, salud gratuita. ¿Y lo demás cuando me toca? Seria la pregunta hacerles a esos gobiernos que se entronizan y rechazan los cambios que brindarán el progreso a la nación.

Negándoles el renacimiento como repúblicas democráticas. Y entonces se atan a un sistema donde se violan los elementales derechos del hombre de ese tiempo y el de las futuras generaciones por venir. En el caso de la Constitución Cubana que dice que el Partido Comunista es la fuerza rectora eterna. Y ¿qué dirán las generaciones futuras? Están de acuerdo que esto sea así. Sí todavía ellos no han nacido, quién contó con esa eterna voluntad.

Las promesas no cumplidas... Las mentiras cultivadas deben ser la luz que haga despertar a esos pueblos. Y rompan las cadenas que los ata en un compromiso que puede ser para siempre. Sí algo no desvía el curso de estas nuevas corrientes del populismo y el neototalitarismo en América Latina. El profesor Olivares siente cada vez más con el deseo de continuar y seguir en la construcción de su página en la internet buscando la forma de ayudar a aumentar el conocimiento a nuestros compatriotas y a su vez en nuestros países latinoamericanos y alrededor del mundo que tanto les ayudaría al momento de tomar la decisión seria de elegir el sistema político que más les conviene a la mayoría. Como es la decisión de QUIÉN nos va a gobernar y por qué tiempo este será el gobierno elegido por la mayoría popular y represente sus intereses.

Porque José Martí dijo:
ES ABOMINABLE ÉL QUE SE VALE DE UNA GRAN IDEA
PARA SERVIR SUS ESPERANZAS PERSONALES
DE GLORIA O PODER AUNQUE PARA ELLOS
EXPONGA LA VIDA.

LA PATRIA NO ES DE NADIE Y SÍ ES DE ALGUIEN, SERÁ,
Y ESTO EN ESPÍRITU DE QUIÉN LA SIRVA CON MAYOR
DESPRENDIMIENTO E INTELIGENCIA.
UN PUEBLO NO ES LA VOLUNTAD DE UN HOMBRE SOLO,
POR PURA QUE ELLA SEA, NI EL EMPEÑO PUERIL DE REALIZAR
EN UNA AGRUPACIÓN HUMANA EL IDEAL CANDOROSO DE UN
ESPÍRITU CELESTE, CIEGO GRADUADO DE LA UNIVERSIDAD
BANBOLEANTE DE LAS NUBES.

Y siguió allí postrado pensando en muchas cosas que pudieran resolver el problema nuestro, el problema de los cubanos por más de cincuenta años.

«Sin los Castro se acaban nuestros problemas. El acercamiento de Washington, D. C a Cuba es como decir que Estados Unidos, su gobierno piensan que el restablecimiento y acercamiento de Estados Unidos podría conferirle a la isla un D.C: Una Havana, D.C. Semejante al que goza la nación norteamericana, su capital. Representando la mejoría para los cubanos. Yo no lo pienso». Se dijo asimismo. Lo que más podría suceder es que el D.C se corresponda a una: D: dictadura. Y una C: Castrista. Entonces sí estamos presente en una Havana, D.C. ¿Por qué tiempo? No se sabe.

Nadie sabe aún. Lo que necesitamos es: Una Habana, D.C. En este caso sería lo que todos esperamos: Una D: por derrotado. Y una C: por el castrismo que ha durado demasiado, casi sesenta años. Porque sí las cosas siguen como vamos se instauraría la dinastía de los Castro y su monarquía en el Caribe. Empezando por Castro I, en 1959, seguido por Castro II en el año 2006, cuando el UNO decide "RETIRARSE". Y tal vez Castro III. Porque, como todos esperamos que se cumpla en el año 2018 el actual gobernante cede el paso, no sabemos sí al pluripartidismo y vamos a elecciones libres, no controladas, con observadores internacionales. O sigue la cadena Castro.

Entonces el obstáculo debió resolverse en el último Congreso del Partido Comunista de Cuba. Con la siguiente solución: DISOLVER el Partido Comunista, dejando de existir. Porque si se piensa que va haber elecciones en el 2018. Hay entonces que enmendar la Constitución que ellos mismos nos implantaron donde dice:
    EL PARTIDO COMUNISTA DE CUBA ES LA FUERZA
    RECTORA DE LA SOCIEDAD ENCARGADA DE DIRIGIR
    Y ORIENTAR LOS ESFUERZOS COMUNES HACIA
    LOS ALTOS FINES DE LA CONSTRUCCIÓN DEL
    SOCIALISMO.

Tendríamos que resolver este problema primero para seguir adelante, lo que ni se mencionó en el VII Congreso del Partido Comunista. Entonces o nos mienten o están jugando con nosotros como muchas veces han hecho.

Sí seguimos con el partido único como máximo jefe de todo y todas las instituciones seguimos perdidos, navegando con el non pros ultra en nuestras vidas para siempre, ¿dónde está la solución al problema? Volvemos al surrealismo. ¿Cómo resolver el problema?

Posibilidad número uno, que todos estén esperando la muerte del dictador Castro I y entonces: TODOS BOCA ABAJO Y ABAJO EL SOCIALISMO. POR UNANIMIDAD. Con posibilidad CERO de que así ocurra hasta ahora.

Porque: A LOS HOMBRES LES IMPORTA MÁS. A LOS HOMBRES QUE
    LLEGAN CON EL DESEO ADONDE NO LLEGAN CON EL MERITO, CON LA
    AMBICIÓN DONDE NO LES LLEGA EL PATRIOTISMO. LES IMPORTA MÁS
    QUEDAR PRIMERO QUE SALVAR LA PATRIA.

Posibilidad número dos: «El mal sigue creciendo sin cura a mediano plazo y largo plazo. Con soluciones abstractas, nunca se concretarán y se repite el ciclo de más de cincuenta años». Se decía asimismo. Y siguen los intereses de un pueblo en juego, de un pueblo con una carga insoportable por mucho tiempo. Es tiempo ya de que la carga se alivie o elimine por otros métodos.

Métodos inteligentes y humanos que surjan del propio pueblo en la solución de sus problemas, políticos, económicos y sociales en los que está inmerso, o mejor dicho atascado.

José Martí dijo:
    COMO LOS CUERPOS RUEDAN POR UN PLANO INCLINADO,
    ASÍ LAS IDEAS JUSTAS POR SOBRE TODO OBSTÁCULO Y VALLA,
    LLEGAN A LOGRO.
    SERÁ DADO A PRECIPITAR O ESTORBAR SU LLEGADA.
    IMPEDIRLA JAMÁS.
    UNA IDEA JUSTA QUE APARECE, VENCE.
    LOS HOMBRES MISMOS QUE LA SACARON DE SU CEREBRO,
    DONDE LA FECUNDARON CON SUS DOLORES,
    Y LA ALIMENTAN LUEGO QUE LA TRAEN A LA LUZ,
    NO PUEDEN APAGAR SUS LLAMAS QUE VUELAN
    COMO ALAS Y ABRAZAN A QUIÉN QUIERE DETENERLAS.

No los intereses de un grupo o intereses personales. Las democracias más antiguas del hemisferio entre ellas está la de los Estados Unidos de América.

Cabría preguntarnos. Seria hasta cierto punto observar lo positivo de la democracia en los Estados Unidos y adaptarlarla al contexto del país en cuestión. Quizás funcione y se hallarían soluciones a nuestros problemas sociales, políticos y económicos que nos carcomen cada día como sociedad en latinoamérica. Sino buscamos soluciones a nuestros problemas y nos empecimanos en La Internacional Comunista y en La O y el Martillo.

Entonecs estamos perdidos en la busca de la mejor solución en los intereses de la mayoría que al fin al cabo es la que más necesita que se resulevan sus problemas y son los que más sienten el peso sobre sus espaldas de los errores que cometen los gobiernos. Hay que pensar en soluciones prácticas para todos, no inclinando la balanza a un solo lado, no es justo, no hay equilibrio, el sistema sigue imbalanceado. Entonces vienen de forma natural e inherente así misma las explosiones sociales. Los hombres se sienten acorralados como animales en su jaula y desechamos al un lado su capacidad natural de PENSAR Y RAZONAR. Y de poder separar lo justo de lo injusto, el mal del bien. Nuestras sociedades nunca van a ser sociedades PERFECTAS por nuestra propia naturaleza humana. Somos quizás lo más PERFECTO creado, aún IMPERFECTO.

La ideología marxista nació, se puso en práctica y nunca se desarrolló, no dio visos de lo que se esperaba en su teoría. Y entonces murió, aunque muchos seguidores continúan soñando con el milagro que nunca se va a producir. Se aferran por su propia conveniencia a UNA CAUSA MUERTA.

Ya nadie aboga, ni defiende el Manifiesto Comunista, ahora es solo historia, en sus páginas quedará como una experiencia de la que hay que sacar sus resultados positivos, sí los hay.

CREAN MÁS EN DIOS Y MENOS EN LOS HOMBRES.

Las sociedades son diversas. TODOS merecemos nuestro espacio y que este sea respetado y tolerados entre sí, el de unos a los otros.

EL apóstol dijo:

SABER LEER ES SABER ANDAR
SABER ESCRIBIR ES SABER ASCENDER.

Su pensamiento es grande, vigente y transciende a cualquier tiempo así con estas simples palabras se puede decir cuanto necesitan nuestros pueblos de saber leer y saber escribir y entonces no serían llevados por otros hábiles hombres de mente hasta donde ellos quieren llevarnos a favor de sus propios intereses.

LA IGNORANCIA MATA A LOS PUEBLOS
Y ES PRECISO MATAR LA IGNORANCIA.

Estos son los problemas que más nos golpean y perjudican a nuestros pueblos. La educación que es la que nos eleva y nos lleva a los puntos más altos que aún ni nosotros mismos conocemos e imaginamos. Y están por ser descubiertos.

HONRAR... HONRA

Así dijo ese cubano de todos los tiempos. El gran José Martí. El pensador, él que escribió los Versos Sencillos, él que escribió La Edad de Oro. Al decir estas simples dos palabras me vino a la mente como hacerla prevalecer, como hacerlas sentir y ponerlas en tiempo presente, honrando a seres de tiempo pasado. Porque como él dice: HONRAR... HONRA. Existieron hombres visionarios con una capacidad de pensar única y esta capacidad la pusieron en función de sus pueblos de sus gentes, crearon una nueva nación en el nuevo hemisferio para el bien de su tiempo y el bien de generaciones futuras. Ellos escribieron lucharon por la independencia de las Trece Colonias de Norteamérica. Ellos escribieron La Constitución de los Estados Unidos de América y previeron que todo el poder no estuviera concentrado en manos de un solo hombre donde ponían el peligro la vida de sus conciudadanos y se dieron cuenta que sus conciudadanos necesitan ser protegidos y necesitan también tener el poder de ser:
RESPETADOS SUS DERECHOS.

Y como HONRAR... HONRA... HONREMOS A: George Washington, Thomas Jefferson, Benjamin Franklin, James Madison, John Adams y Alexander Hamilton y otros.

Gracias a ellos los Estados Unidos de América está donde está y estará y seguiremos estando... por siempre y para siempre. Ojalá así sea que un día, hombres como estos en nuestros tiempos hagan de La Habana. La Habana, D.C. Que tanto todos necesitamos en Cuba. Solo por acercarle un tanto asi a su DEMOCRACIA en la capital de los Estados Unidos de América y sus cincuenta estados en su gran talento y habilidad de permitir vivir a todos y ser todos respetados. Se levantó de su silla a respirar un poco de aire freso y se dirigió al radio que está frente a su escritorio y se oyó:

♪El útimo.. se que soy el último remántico
Soy aquel que cuando da una flor sin decir nada...
sabe ver y comprender por la expresión de tú rostro
y el temblor que hay de tú mano si me amas.♪

Oía la música y creyó que ojalá, no fuera él el último romántico del mundo, que ojalá hayan muchos... muchos románticos con las buenas intenciones de hacer de este: MUNDO, UN MUNDO MEJOR PARA TODOS.

Volvió a su silla frente a la computadora y pensó que aún existen paises en peligro en latinoamérica y decidió crear la ficha y empezó.

Ficha Número tres:
   I. País: Venezuela. Colonia Española.
   II. Capital: Caracas.
   III. Forma de gobierno: Se repite la historia de Cuba desde 1959 hasta la fecha.
   IV. Constitución: Trastocada en 1999. Cuando el Chavismo asumió el poder. Se repite la historia de Cuba.
   V. Ramas de gobiernnos: Se desconoce como funciona, parece que unas están supeditadas al poder único presidencial.
   VI. Elecciones: Ninguna. Con UNO. No existe la separacón de poderes. Habilidad Presidencial sin presidencia. (Aquí debemos señalar el bajo nivel educacional del mandatario hace su función como presidente más ineficiente.

José Martí dijo:
EL DERECHO MISMO, EJERCITADO POR GENTES INCULTAS, SE PARECEN AL CRIMEN.

El profesor se acercó a la ventana del cuarto y desde allí puede ver frente a él parte de Madrid. Y se pregunta: «¿Seré yo el último remántico?». Y siguió viendo las gentes caminando por la plaza y las palomas revoloteándoles a todos en sus alrededores y todos juntos y se mente se lleno de esperanzas. La música en el radio continúa y ahora se oía:
♪Tú llegaste a mi cuando me voy
tú eres luz de abril, yo tarde grís
Eres juventud, amor, calor, fulgor de sol,
trajiste a mi tú juventud cuando me voy
Entre candilejas te adoré
Entre candilejas yo te amé
La felicidad que diste a mi vivir se fue
No volverá, nunca jamás lo sé muy.♪
Se oyeron unos pasos que se acercan, el profesor no levantó la cabeza sabe de quién se trata y es ella, su esposa Alicia Covarrubias, su compañera de muchos años compartidos. Él está sentado en aquella silla de alto espaldar mirando por la ventana el escenario que se desarrolla frente a su mirada. Alicia llegó y se sentó en el brazo de la silla y le dijo:
- En que piensas Luigí.
Como ella lo llama en muchas ocasiones en alusión al escritor italiano Luigí Pirandello, quién un día dijo:
Cualquiera pude ser un héroe de un tiempo
a otro tiempo.
Pero un caballero es algo que tenemos que ser siempre.
Así es como Alicia Covarrubias ve siempre a su esposo y por eso lo llama Luigí en ocasiones, el gran caballero italiano de las letras.
El silencio reino por unos minutos entre aquellos dos seres que se conocían como las palmas de sus manos. Habían compartido casi toda sus vida juntos y ahora volvían a reunirse después de un corto periodo de separación. Él en La Habana, y ella y sus hijos en Madrid. Cuando él le contestó:
- No puedo dejar de pensar en La Habana en mi Habana.
- No... no... no... nuestra Habana, porque yo también la extraño. Yo también la amo. Es también mi Habana.
Dijo Alicia casi al oído de su esposo.
- Su magia me atrapa en cada instante de mi vida. Sus calles, sus edificios, unos apuntalados, otros cayéndose a pedazos, sus gentes caminando por sus calles, su bullicio, sus barrios marginales, su polucionado rio Almendares, su malecón y al Gran Cristo de La Habana que se levanta junto al mar de todos los días, su embrujo me detiene en el tiempo. Estoy más allá que aquí.
Decía el profesor Olivares a su esposa. Cuando Alicia Covarrubias le dijo:

- Mira salí a la calle y encontré esto, y es un regalo para ti. Sé por ti mismo como siempre te gusto la música americana y te cohibías de oírla y disfrutarla por tú condición de educador y militante del partido comunista. Ahora eres libre y puedes oír lo que tú desees oír, ¡Abrelo!... ¡abrelo!... ¡abrelo!
- No... no mejor abrelo tú y así me llevo la sorpresa, lo oiremos aquí juntos los dos.

Contestó el profesor. Alicia se dispuso a poner el disco compacto en la computadora y se oía:

♪I see tres some green, red roses too
I see them bloom for you and me
And I think to myself
what a wonderful world
I see skies of blue and clouds of white
The bright blessed day and the dark sacred night
And I think to myself
What a woderful world
The colors of the rainbow so pretty in the sky
Are also in the faces the people going by,
I see peoples shaking hand saying how do you do.
They are really saying I love you
I see babies crying, I watch then grow
they'll learn much more than I'll never know
And I think to myself
What a wonderful world.
Yes, I think to myself
WHAT A WONDENFUL WORLD♪...

La música sumió a la pareja en un éxtasis. Solo ellos se comunican sin palabras, sin mover sus labios y disfrutaron de esa pieza musical que los arrastra allá, a los tiempos de prohibicines, a los tiempos de sentirse perseguidos. En los tiempos en que la vida se volvía automatizada. Sin poder pensar, sin poder dejar que los sentimientos y los impulsos lo hicieran por nosotros, aquellos tiempos de pena y de lejanía de todo lo real e imaginario.

Lejanía del mundo exterior en que realmente vivían, lejanía de la verdad de la que no conocían y ahora conocen y ahora son ellos... ellos mismo, pueden pensar por sí mismos... pueden actuar por sí mismo. Se miran el uno al otro cuando Alicia dijo:

- Luis... Luis... es como sí naciéramos de nuevo. La vida nos dio una nueva oportunidad y ahora somos libres. Un mundo nuevo se abre ante nosotros. Y Cuba está ahí en el mismo sitio, solo el tiempo podrá decir que pasará allá en la isla hermosa.
- No perdamos esos deseos, esas esperanzas de que un día volveremos a La Habana. No a esta Habana que ahora tenemos si no a la que todos anhelamos tener.
- Sí... sí la que todos soñamos porque sé que tú también sueñas con esa Habana... La Habana Nuestra.

El profesor y doctor en ciencias políticas oía a su esposa y sus dulces palabras entran en su corazón y en su mente y pensaba: «Sí... sí... de esas esperanzas que perduran toda la vida, que son eternas y siguen ahí detrás de nosotros pisándonos los talones y no renunciamos nunca a ellas.
Porque las llevamos muy... muy dentro de nosotros. Esa es mi esperanza que algún día no muy lejano me asome a mi ventana de allá de mi casa y vea un espectáculo como este que ahora veo frente a mí. Y yo no sea, no sea yo el último romántico del mundo». Cuando dijo:
- Porque como dijera el Martí Nuestro:
Oculto en mi pecho bravo
la pena que me lo hiere.
El hijo de un pueblo esclavo
Vive porl él, no calla, y no muere.

Los dos se abrazaron frente a la ventana y miran la vida, la vida que le abre ahora los brazos y le da la oportunidad de empezar de nuevo.
«Mañana será otro día y seguiré en mi proyecto del Centro de Estudios Paralelos Políticos y de Convergencia. Porque al final es como el viaje de la semilla y convergermos en el mismo punto». Se dijo y terminó diciendo:
Gracias a Dios, por todo.
Los dos salieron del cuarto para caminar y caminar por estos nuevos senderos que le ofrece la vida. Siempre con La Habana y Cuba en sus mentes y esperar por el tiempo que les queda por recorrer en este peregrinaje humano. Caminan tomados de la manos los dos enamorados eternos de la vida y todas esas cosas misteriosas que la envuelven. Cuando Luis Olivares dijo a su esposa quiero decirte algo amada mía, algo que lo dijo un gran hombre de letras: Aquel que escribió El Ingenioso Hidalgo Don Quijote de La Mancha, Miguel de Cervantes y Saavedra y en esa obra clásica para el mundo entero y de nuestras letras españolas, que entre tantas dijo tantas verdades, esas que ni siquiera hay que analizar. Son la verdad PURA y hablándole a su inseparable amigo Sancho, dijo:

La libertad Sancho:

Es unos de los más preciosos dones que a los hombres dieron los cielos, con ella no pueden igualarse los tesoros que encierra la tierra ni el mar cubre.

Don Quijote de La Mancha, II Cap:58

Epílogo

Vino el presidente Obama desde Washington, D.C. y lo esperamos aquí con los brazos muy abiertos, para ver si en desierto en que nos encontramos, aún una oportunidad tengamos de rehacer nuestras vidas en nuestra Cuba querida. Vino el presidente Obama desde Washington, D.C., con sus cantos de glorias, avivando las memorias de los que estamos aquí. Vino el presidente Obama desde Washington, D.C., con sus buenas intenciones de darnos las manos aquí y el hermano Castro no lo recibió allí. Vino el presidente Obama desde Washington, D.C. y los cubanos queremos que se cumpla: La Habana, D.C. El presidente Obama vio La Habana, no La D.C, que esperamos los cubanos que un día sea así. El pueblo cubano escuchó a Obama y descubrió la verdad, por eso no pararemos hasta alcanzar nuestra dignidad. Trajo la nueva semilla de la Rosa Blanca que el motor arranca y poder alcanzar que nos libre del opresor... ¡ya!

www.ingramcontent.com/pod-product-compliance
Lightning Source LLC
Chambersburg PA
CBHW062122280526
45788CB00001B/18